" (...) definire con precisione una [illegible]
Io parlo italiano, certamente. Ma gli abitanti della mia città parlano in modo diverso da quello del capoluogo della regione confinante; la mia famiglia usa normalmente delle espressioni che i nostri vicini di pianerottolo non userebbero mai; io, personalmente, preferisco certe forme e mio fratello ne preferisce certe altre, ma tutti quanti, io, mio fratello, i miei vicini e gli abitanti del capoluogo della regione confinante, parliamo la stessa lingua, tant'è vero che ci capiamo senza tante difficoltà".

(S. CECCATO - C. OLIVA, *"Il linguista inverosimile"*,
Mursia, Milano, 1989, 46)

Giampaolo Panza

GIOVANNI BATTISTA MORETTI

L'ITALIANO

come prima o seconda lingua

nelle sue varietà scritte e parlate

---

grammatica descrittiva di riferimento
con prontuario di verbi regolari e irregolari
con indicazioni di analisi testuale
con note di retorica e stilistica

– per competenze a livelli avanzati

– per insegnanti a stranieri

volume I

forme - strutture - usi

3ª edizione riveduta e aggiornata

EDIZIONI GUERRA

3. 2. 1.
2000 99 98 97 96

ISBN 88-7715-074-2

Fotocomposizione e stampa: Guerra guru srl - Perugia 1996

PREMESSA
(per studenti stranieri e loro insegnanti)

Il percorso di apprendimento di una seconda lingua, da parte di chi ha già il pieno dominio della propria lingua madre, si snoda, molto genericamente parlando, attraverso due fasi fondamentali.

Nella prima fase si tende principalmente all'acquisizione di strumenti comunicativi, soprattutto del parlato, indispensabili in situazioni di frequente ricorrenza.

La seconda fase (costituita da livelli di competenza di grado intermedio e avanzato) si distingue per una via via più attenta e sistematica analisi di forme, strutture e usi vari tanto del parlato, quanto dello scritto. E ciò, nel naturale desiderio di captare i meccanismi logici e psicologici da cui dette forme, strutture e usi sono motivati.

L'attività didattica nella prima fase trova oggi il sussidio di apprezzabili testi dalla diversa ispirazione metodologica e dai contenuti variamente organizzati.

La seconda fase presenta invece spazi in questo senso piuttosto sguarniti e disadorni.

Quest'opera è stata dettata dalla sommessa ambizione di offrire un non indegno contributo a coloro che si trovano in questa seconda fase dell'apprendimento dell'italiano, nonché ai Colleghi che vi svolgono attività didattica.

Essa, tanto nei criteri didattici che la ispirano, quanto nelle sue parti teoriche ed applicative, è frutto della preziosa e quasi trentennale esperienza che ho vissuta (e vivo) presso l'Università italiana per stranieri di Perugia quale docente di Linguistica italiana e di Retorica e stilistica, in Corsi di vario livello, a contatto con discenti di differenti età, cultura e motivazione, e provenienti da paesi i più diversi. E' il prodotto di ripetuti confronti con le variegate esperienze linguistiche di questi discenti, di risposte a domande, di soluzioni a problemi, di puntuali esercitazioni. E' il risultato dello sforzo quotidiano di dar conto, ragionandoci su, di ogni forma e struttura di una certa significatività in uso nell'italiano contemporaneo.

Una annosa e operosa attività è insomma raccolta nelle pagine di questa grammatica descrittiva, ragionata e di consultazione.

Ad essa si aggiunge un volume di esercizi e di testi di verifica, anche questi frutto di puntuali sperimentazioni. Ogni esercizio e testo è dotato di soluzioni ('chiavi') che, come i Colleghi sanno, a livelli avanzati è assai laborioso fornire, data la diversità di verosimiglianti contesti situazionali e linguistici in cui ciascuno con creativo gioco della fantasia potrebbe essere inserito.

Qualsiasi giudizio sulle proprietà e qualità dell'opera spetta ora esclusivamente a studenti, studiosi e insegnanti che avranno la bontà di prestarle un po' di attenzione.

A me è riservata la sommessa speranza che almeno una qualche piccola utilità ne ricavino. Sarebbe già una buona ricompensa al non poco impegno che è costato descrivere questa bella lingua, analizzarla, spaziando nella vasta realtà attuale del suo repertorio: nella ricchezza delle sue varietà funzionali-contestuali (registri, sottocodici), sociali (lingua media e lingua popolare), geografiche (italiani regionali) e, all'occorrenza, anche storiche; e darne inoltre probanti testimonianze con esempi tratti dal vario parlato e dal vario scritto (per quest'ultimo, oltre che dai settori della narrativa, anche da quelli della saggistica, della trattatistica e, in special modo, della pubblicistica, come il settore che più degli altri oggi si rivela fonte quotidiana di aggiornamento linguistico per sempre più vasti strati della popolazione).

A conclusione di questa presentazione, mi corre il dovere e il piacere di ringraziare le colleghe Giuliana Grego Bolli e Antonella Cernetti Paoloni che con me da tempo collaborano, e che hanno dato un contributo preziosissimo per la buona riuscita di quest'opera. Esse infatti, in stretto contatto con me e fra loro, nella realtà quotidiana dell'attività didattica nei vari Corsi di lingua a livello intermedio, avanzato, di formazione insegnanti e di aggiornamento, hanno collaborato a predisporre strategie didattiche, a sperimentare materiali 'esercitativi' e di verifica, suggerendone anche di volta in volta, all'occorrenza, le correzioni e gli aggiustamenti necessari. Hanno inoltre seguito il complesso lavoro di stesura del testo. Il loro contributo in questo senso è stato assai prezioso per la rifinitura di più di un particolare dell'opera.

L'autore

NOTA ALLA TERZA EDIZIONE

Quest'opera che, come si dice anche in Premessa, è nata soprattutto nel desiderio di giovare a studenti stranieri di italiano e a loro insegnanti, ha tuttavia ricevuto, nel tempo, lusinghiera accoglienza anche fra studenti e insegnanti italiani.

Della presenza di questi graditi lettori non si poteva non tenere conto in sede di revisione e di aggiornamento di questa edizione.

AVVERTENZA PER L'USO DELL'OPERA
da parte di studenti stranieri e loro insegnanti

L'**opera**, allo scopo di evitare un'eccessiva voluminosità (e dunque una sua poco pratica maneggevolezza), **è stata divisa in due volumi**: il primo contiene **la parte espositiva**, teorica; il secondo (come già accennato nella Premessa) contiene l'**apparato 'esercitativo' con relative soluzioni o 'chiavi'**; ed è diviso in capitoli con titolazioni corrispondenti alla parte teorica.

E dunque ciascun volume può essere adoperato indipendentemente dall'altro.

Per quanto riguarda il primo volume, occorre dire che, essendo, come ho già detto, mia intenzione di coprire con questo lavoro lo spazio didattico dei gradi avanzati della competenza linguistica, esso è stato organizzato, anche tipograficamente, nel modo che segue:

a) le parti dedicate prevalentemente al grado intermedio (3°/4° livello) sono evidenziate tipograficamente da un corpo grafico tecnicamente definito 'corpo testo' (o corpo 11);
in esse i settori della grammatica vengono tutti esplorati, ma alcuni (ad esempio, la morfologia e la sintassi del verbo) in maniera più analitica di altri; e ciò per la necessità di consolidare e approfondire nozioni già acquisite a livelli iniziali;

b) le parti dedicate ai livelli avanzati (inclusi anche i corsi per la formazione e l'aggiornamento degli insegnanti) si distinguono per un corpo grafico più piccolo ('corpo 10') e per una filettatura che le riquadra;
esse sono dedicate all'analisi e alle precisazioni dei fatti della grammatica, alle descrizioni delle varietà degli usi e alla loro frequenza, nonché alle ragioni logiche e psicologiche che li motivano.

In tal modo:
le parti dedicate ai gradi intermedi possono essere lette indipendentemente dalle altre, perchè presentano una loro autonomia espositiva;
le parti dedicate ai gradi superiori, essendo di approfondimento, **risultano le naturali,** anche se non indispensabili, **prosecuzioni delle prime**;
nel suo insieme, l'opera risulta unitaria e può essere letta senza soluzione alcuna di continuità.

Un articolato indice analitico e, nel corso della trattazione, **puntuali rinvii a specifici paragrafi offrono** la possibilità di **una spedita consultazione dell'opera.**

FONOLOGIA E GRAFEMATICA

suoni, segni (e parole)

Capitolo I

1 - SUONI E LETTERE

Catene di suoni e di segni grafici - Le lettere dell'alfabeto - Uso delle lettere maiuscole - Vocali e consonanti - Dittonghi e parole - Iato - Digrammi e trigrammi - Le sillabe - La pronuncia.

1.1 CATENE DI SUONI E DI SEGNI GRAFICI

a) padre - maniera - quaderno - libro - vento - festa
b) collega - ciliegia - càmice - amiche
c) scuola - sciare - maniglia - figli
d) roso - rosso - pala - palla
e) rotto - cotto - tetto - letto

Definire la nozione di 'parola' è assai difficile; per alcuni addirittura impossibile. Tuttavia non abbiamo alcun dubbio a indicare come 'parole' le ventidue 'unità linguistiche' scritte qui sopra.

Secondo una definizione tradizionale (che, almeno per quanto riguarda la lingua italiana, conserva una sua buona validità), si dice 'parola', ciascun segmento della catena parlata e del testo scritto, tale che: a) non possa essere interrotto da altri segmenti, b) sia mobile, c) possa comparire da solo, d) abbia un significato (cap. 4 e 5).

Le ***parole parlate*** sono formate da *suoni* o *fonemi*. Le ***parole scritte*** sono formate da *lettere* o *grafemi*.

Lo studio della organizzazione e della funzione dei vari suoni (fonemi) in una lingua si chiama ***fonologia*** o ***fonematica.***

Lo studio della classificazione e della funzione dei segni grafici (grafemi) di una lingua in relazione ai suoni rappresentati si chiama ***grafematica.***

In italiano, in generale, a ogni suono, corrisponde una lettera. Ma 'in generale' non significa 'sempre'.

Negli esempi in a), si ha proprio la corrispondenza esatta fra suoni e segni: nella prima parola (*padre*), cinque suoni distinti, cinque lettere (*p a d r e*), altrettanto distinte; nella seconda (*maniera*), sette suoni, sette lettere (*m a n i e r a*); e così via.

Ma già in b) questa esatta corrispondenza non c'è. Una lettera (/*c*/ o /*g*/) può corrispondere a un suono, per dir così, 'duro' (come in *collega*) o 'molle' (come in *ciliegia*). A volte, per rendere lo stesso suono 'duro', c'è bisogno non di una, ma di due lettere (come in ami*ch*e). Dunque 'due' lettere per 'un' suono: talvolta solo per farlo più marcato (come /*ll*/ in *collega*, /*tt*/ in *cotto* nell'esempio in e). Ma marcare più o meno un suono può voler dire rendere significati diversi: come nelle coppie di parole in d) *roso*/*rosso, pala*/*palla*.

Talvolta una sequenza di due lettere corrisponde a due suoni (come nell'esempio in c], /*sc*/ di *scuola* o /*gl*/ di *sigla*); altre volte invece la stessa sequenza serve a rendere un suono solo (come, ancora in c], /*sc*/ di *sciare* e /*gl*/ di *figli*). A volte uno stesso abbinamento rende sempre lo stesso suono (come, ancora in c], /*gn*/ di *gnomo*). A volte per rendere un suono c'è bisogno di una sequenza di tre lettere (come /*gli*/ di *maniglia*).

Accade anche (come nell'esempio in d]) che una stessa lettera possa servire a due suoni diversi: come /*o*/ che in *rotto* si pronuncia con suono chiuso (*ó*) e in *cotto* si pronuncia con suono aperto (*ò*); e come la /*e*/ che in *tetto* ha suono chiuso (*é*) e in *letto* ha suono aperto (*è*).

Ogni parola, perché possa essere capita, va pronunciata e scritta in un determinato modo.

Il modo corretto della pronuncia si dice ***ortoepìa*** (dal greco *orthós*, 'corretto' e *épos*, 'parola' = 'parola corretta'); il modo corretto della scrittura si dice ***ortografia*** (dal greco *orthós*, 'corretto', e *graphía*, 'scrittura' = 'scrittura corretta').

1.2 LE LETTERE DELL'ALFABETO

L'insieme delle lettere o grafemi si chiama ***alfabeto*** (dalle due prime lettere, *álpha* e *béta*, dell'alfabeto greco).

Le lettere dell'alfabeto italiano sono:

- minuscole: a, b, c, d, e, f, g, h, i, l, m, n, o, p, q, r, s, t, u, v, z.
- maiuscole: A, B, C, D, E, F, G, H, I, L, M, N, O, P, Q, R, S, T, U, V, Z.

Ciascuna lettera ha, diciamo così, un nome con cui può essere pronunciata da sola:

a, bi, ci, di, e, effe, gi, acca, i, elle, emme, enne, o, pi, qu, erre, esse, ti, u, vu (o vi), zeta.

A queste ventuno lettere che costituiscono l'alfabeto italiano ne vanno aggiunte altre cinque di alfabeti stranieri, che servono a scrivere parole provenienti da altre lingue:

J, j, (i lungo), K, k (cappa), W, w (vu doppio), X, x (ics), Y, y (ipsilon).)

Si hanno così 26 lettere che, variamente combinate, formano il ricchissimo patrimonio di parole che costituiscono la lingua italiana [(1)] nel repertorio delle sue varietà funzionali-contestuali (registri più o meno formali, linguaggi tecnici o professionali), sociali (la lingua comune o standard e la lingua popolare), geografiche (lingue regionali e dialetti), e storiche (una lingua cambia nel tempo) (cap. 68).

1.3 USO DELLE LETTERE MAIUSCOLE

Scrivendo, ***le lettere maiuscole*** generalmente si usano:

- quando si inizia un'opera, un brano, un capitolo:
– C'era una volta un re molto vecchio.
- per ricominciare il discorso, dopo un punto fermo o interrogativo o esclamativo:
– C'era una volta un re molto vecchio. Era vedovo e aveva un figlio e una figlia.
- dopo i due punti quando inizia un discorso diretto:
– Carlo disse: "Scusami, non sono potuto venire".
- con i nomi propri (di persone, di animali, geografici ecc.):
– Carlo, Lucia, Micio, Asia, Perugia
- per i titoli di libri, giornali, film, rubriche radiofoniche o televisive, opere d'arte ecc.:
– I promessi sposi, La nazione, Ladri di biciclette, Pantheon
- con i nomi di festività religiose, civili, di periodi storici, dei secoli:
– Pasqua, Rinascimento, Illuminismo, gli anni Ottanta
- con i nomi che indicano enti, uffici pubblici e privati, società:
– Fiat, Ministero dei trasporti, Corte dei conti
- spesso, per manifestare il rispetto che si ha per una persona, si scrivono con lettera maiuscola gli appellativi e i pronomi che ad essa si riferiscono:
– Signore, Signora, Dottore, Avvocato, Egregio Professore, Gentile Signorina, Lei, Ella ecc.

[(1)] E' un altissimo numero di parole difficilmente calcolabile (4.1); che tuttavia appare insignificante se confrontato con il numero di quelle che con le stesse 26 lettere si potrebbero formare. Secondo i calcoli fatti con un computer pare che con esse (come si legge nel periodico 'Panorama' del 15-1-1989) si possano fare 243.373.844.957.207.290 miliardi di combinazioni, e cioè di parole. Numero pressoché illeggibile; e certamente inimmaginabile nella sua reale consistenza.

1.4 VOCALI, CONSONANTI E SEMICONSONANTI

Le ***vocali*** sono suoni prodotti dall'aria che uscendo dal canale orale non incontra ostacoli.

Se invece l'aria, nel suo percorso di uscita, incontra ostacoli più o meno resistenti, produce rumori - più che suoni - detti ***consonanti*** [1]. Tali ostacoli vengono frapposti disponendo in modo diverso gli organi della bocca e della gola (in particolare, le labbra, la lingua e la laringe).

L'alfabeto italiano ha *cinque vocali* (*cinque lettere*) che corrispondono a sette suoni:

a, ***e*** aperta (*lètto, gèsso, bène...*), ***e*** chiusa (*tétto, vétta, réte, ...*), ***i***, ***o*** aperta (*pòrta, lòtta, còtto...*), ***o*** chiusa (*sótto, mótto, vólo...*), ***u***.

Quando si scrive non si indica se una /*e*/ o una /*o*/ è aperta o chiusa. Nel suono invece la distinzione è chiara.

Un suono aperto o chiuso può dar luogo a significati diversi: (il) *vénti* (numero) - (i) *vènti*, (la) *bótte* - (le) *bòtte*, (la) *pésca* - (la) *pèsca*.

Le rimanenti lettere costituiscono le ***consonanti***, alle quali corrispondono *quindici suoni*. E ciò perché la lettera *h* in italiano non è di per sé un suono, bensì un segno distintivo di suoni (/*ch*/, /*gh*/) [2].

Prendono il nome di ***semiconsonanti*** o ***semivocali*** taluni particolari suoni intermedi fra vocali e consonanti. Essi sono per lo più costituiti da /*i* /, / *e* /, *u* /, allorché, unite a vocale, vengono pronunciate con apertura del canale orale intermedia fra quella per il suono vocalico (più chiusa) e consonantico (più aperta); sicché se ne produce un caratteristico fruscio simile a quello di consonante fricativa *(ieri, uovo)*. In tal modo fra le due vocali si viene a creare uno iato (1.6).

1.4.1 PRECISAZIONI SU SUONI, LETTERE E PAROLE

accento In un vocabolario il suono aperto delle /*e*/ e delle /*o*/ viene, di solito, indicato da un accento grave (con direzione da sinistra a destra):
– ròsa, pèsca; che si distinguono così da *rosa, pesca* che si pronunciano *rósa - pésca,* con accento acuto (con direzione da destra a sinistra).

omografia Le parole che, pur avendo un suono o un accento diverso, si scrivono con le stesse lettere si dicono *omografe* (= con uguale grafia):
– pésca - pèsca, sùbito - subíto

---

[1] Consonanti, da *consuonare*, 'suonare insieme'; infatti per essere pronunciate devono essere accompagnate da altri suoni: bi, ci, gi, effe ecc.

[2] Ecco che cosa ne dice P. Bembo, nel 1500, in 'Prose della volgar lingua', "la H, perciò che non è lettera, per sé medesima niente può; ma giugne solamente pienezza e quasi polpa alla lettera, a cui ella in guisa di servente sta accanto".

***la lettera* 'h'** La lettera /*h*/ non ha un suono proprio. Essa serve a rendere duro (o velare) il suono di /*c*/ e /*g*/ davanti a /*i*/ ed /*e*/ (*chi, che - ghi, ghe*); e si usa scrivere davanti ad alcune voci del presente indicativo del verbo *avere*: ho, hai, ha, hanno.

***la lettera* 'n'** All'interno di una parola, la lettera /*n*/ davanti a /*p*/ e / *b*/ diventa /*m*/:
– in + prudente → imprudente; con + baciare → combaciare

consonanti Secondo il *luogo* di articolazione, e cioè secondo il punto in cui un organo (lingua, labbra, denti, palato e velo palatino) ostacola il flusso d'aria dai polmoni, i suoni consonantici si distinguono in:

bilabiali:	b, p, m
labiodentali:	f, v
dentali:	t, d, n.
alveolari:	s, z, r, l
prepalatali:	c (+ i, e), g (+ i, e), ci (+ a, o, u), gi (+ a, o, u)
palatali:	gn, gl (+ i), gli (+ a, e, o, u)
velari:	c (+ a, o, u), ch (+ i, e), q (+ ua, uo, ue, ui), g (+ a, o, u), gh (+ i, e)

Secondo il *modo* di articolazione i suoni consonatici si distinguono invece in:

occlusivi	(chiusura temporanea del canale di flusso d'aria): p, b, m, t, d, n, gn, ch (+ i, e), gh (+ i, e) q (+ ua, ue, ui, uo), c (+a, o, u), g (+ a, o, u)
costrittivi	(restringimento del canale di flusso d'aria): f, v, s, sc (+ e, i), sci (+ a, o, u), l, r, gl (+ i), gli (+ a, e, o, u)
affricati	(tra occlusivi e costrittivi): z, c (+ e, i), g (+ e, i)

L'individuazione dei suoni consonantici può avvenire anche mediante altri tratti distintivi, come, ad esempio, presenza e assenza di sonorità, a cui si fanno cenni qui di seguito. Su questo particolare argomento riteniamo comunque sufficientemente indicative le notizie date fin qui:

/*c*/, /*g*/ hanno due suoni: uno *duro* (o velare), quando sono seguite da /*a*/, /*o*/, /*u*/ (*ca, co, cu - ga, go, gu*); uno *molle* (o palatale) quando sono seguite da /*i*/ o da /*e*/ (*ci, ce - gi, ge*).

/*s*/, /*z*/ hanno anch'esse un doppio suono ciascuna: uno *dolce* (o sonoro), come in *sbirro* (= *zbirro*) e in *zero* (= *dzero*), e uno *aspro* (o sordo), come in *sera* e in *zio* (= *tsio*).

suoni scempi I suoni di durata breve rappresentati graficamente da una sola consonante si dicono *scempi*:
– camera, topolino, libro, manico

suoni doppi I suoni di durata più lunga rappresentati graficamente da due consonanti si dicono *doppi*:
– collo, carro, mamma, nonna

/*q*/ si raddoppia graficamente solo nella parola *soqquadro*. Negli altri casi il raddoppiamento si indica scrivendo *cq*:
– acqua, acquistare, acquartierare

/*q*/ si scrive sempre seguita da /*u*/, suono al quale si accompagna sempre quando si pronuncia:
– quadro, questo, quintale

1.5 DITTONGHI E TRITTONGHI

a) piog gia, pie tra, piag gia, piu ma
b) sguar do, suo no, guer ra, gui da
c) cai mano, sei, boi cottare, cau sare, pleu rite
d) guai, miei, suoi, tuoi, a iuo la

/*i*/ e /*u*/ insieme con un'altra vocale, che può seguire o precedere, formano combinazioni vocaliche indivisibili che fanno parte dello stesso gruppo di suoni e che si chiamano ***dittonghi***.

I dittonghi, come si vede dalle parole in a), b), c), sono:
io, ie, ia, iu - ua, uo, ue, ui - ai, ei, oi, au, eu.

La /*i*/ e la /*u*/ possono anche associarsi con altre due vocali formando combinazioni a tre che prendono il nome di ***trittonghi***. Essi, come si può vedere dalle parole in d), sono:
uai, iei, uoi, iuo.

1.6 IATO

a) ma estro, po eta, ole andro, torne o
b) pa ura, leggi o, circu ito, bri o, bu e
c) ri entro, ri apro

Le coppie di vocali di queste parole vengono pronunciate e scritte in gruppi sillabici separati (da sole o con altre lettere o suoni) perché non formano dittongo.

Questo genere di separazione si chiama ***iato*** (dal latino *hiatus*, 'separazione').

Lo *iato* si ha:

• quando non sono presenti /*i*/ o /*u*/, come nelle parole in a);

• quando la /*i*/ e la /*u*/ sono toniche: e cioè su di esse poggia la voce nel pronunciare la parola, come nelle parole in b);

• dopo il prefisso *ri*, come nelle parole in c).

1.7 DIGRAMMI E TRIGRAMMI

I suoni rappresentati da due lettere si dicono *digrammi*, e sono:

gl seguito da /*i*/ in fine di parola: fogli, figli, tagli
ch seguito da /*e*/ e /*i*/: china, amiche
gh seguito da /*e*/ o /*i*/: ghiro, paghe
ci seguito da /*a*/, /*o*/, /*u*/: ciabatta, bacio, ciuco
gi seguito da /*a*/, /*o*/, /*u*/: giara, mogio, giusto
gn: gnomo, regna, sogni, vigneto
sc seguito da /*i*/ o /*e*/: scivolare, scegliere

I suoni rappresentati da tre lettere si dicono ***trigrammi***, e sono:
gli seguito da altra vocale: figlia, moglie, migliore, figliuolo
sci seguito da /*a*/, /*o*/, /*u*/: sciare, sciogliere

1.7.1 PRECISAZIONI SU DIGRAMMI E TRIGRAMMI

***gruppo* /gl/** In alcune parole, ciascuna delle due consonanti del gruppo /*gl*/ riprende il suo suono, che per /*g*/ è velare:
– negligenza, gliceridi, glicemia

***digramma* /sc/** Nelle parole *scienza* e *coscienza* e nelle loro derivate il digramma /*sc*/ conserva /*i*/ nonostante ci sia già /*e*/: scientifico, scienziato, incosciente, coscienzioso

1.8 LE SILLABE

Se si pronunciano lentamente parole come *pane, tavolo, parolina, muratorino*, ci si accorge che la voce tende ad appoggiarsi sulle vocali; sicché ne risultano tante piccole combinazioni di 'consonante' + vocale, ciascuna espressa con una sola emissione di fiato.

Così: pa ne, ta vo lo, pa ro li na, mu ra to ri no

Queste combinazioni si chiamano *sillabe*.

Sillabe sono anche i segmenti che risultano se si pronuncia lentamente, ad esempio, la parola *onesto* (*o ne sto*), o *collinetta* (*col li net ta*), o *aiuola* (*a iuo la*), o *strano* (*stra no*).

Le *sillabe* infatti, oltre che da consonante + vocale, possono essere formate da una sola vocale (*o, a*), o da due consonanti seguite o inframmezzate da una vocale (*sto, col, net*), o da un trittongo (*iuo*), o da tre consonanti e una vocale (*stra*).

Ci sono parole che non possono essere frazionate e che risultano dunque formate da una sola sillaba:

– che, te, blu, tre

In italiano non è possibile nessuna sillaba formata da sole consonanti; deve esserci almeno una vocale.

E' invece possibile avere sillabe formate da una sola o da due o da tre vocali: *a iuo la, pa io.*

Le ***sillabe*** sono dunque le più piccole combinazioni di suoni, pronunciabili senza interruzioni al loro interno, in cui ogni parola può essere divisa.

Conoscere la giusta divisione delle parole in sillabe significa 'andare a capo' correttamente quando, scrivendo, non è possibile contenere una parola intera in fine di riga.

Significa anche pronunciare correttamente le parole quando le si voglia scandire lentamente, magari per sottolinearne (intensificarne) il significato (enfasi: 49.6).

1.8.1 PRECISAZIONI SULLE SILLABE

composizione Una sillaba può essere formata:

- da una sola vocale, da un dittongo o da un trittongo:
  – a mo re, e ro e, au men to, a iuo la
- da una vocale preceduta o seguita da una consonante:
  – in te ro, an co ra
- da una vocale preceduta da due o tre consonanti:
  – sto ria, stra da
- da una vocale fra due consonanti:
  – a nel lo, fer ro

numero di sillabe Secondo il numero di sillabe in cui è divisibile, una parola può essere:

- *monosillaba*, se è formata da una sola sillaba:
  – blu, re, me
- *bisillaba*, se è formata da due sillabe:
  – ra na, gat to

• *trisillaba*, se è formata da tre sillabe:
– par ti re, ta vo lo

• *polisillaba* (= con più sillabe), se è formata da più di tre sillabe:
– por ta to re, in tol le ran za

divisione sillabica Per la divisione in sillabe occorre ricordare che:

• due consonanti uguali appartengono a due sillabe diverse.
– at to, col let to, car roz zel la

• /*l*/, /*r*/, /*m*/, /*n*/ seguite da altra consonante entrano nella sillaba che precede:
– al me no, ar me no, am pu ta re, in ter no

• più consonanti, la prima delle quali non sia /*l*/, /*r*/, /*m*/, /*n*/, fanno parte dello stesso gruppo sillabico:
– a stro, a spro, im bo schi re, ca pra, a bro ga re

1.9 LA PRONUNCIA

Per quanto riguarda la lingua scritta (lessico e strutture grammaticali), è per lo più assai difficile riconoscere la regione linguistica di provenienza di un qualsiasi autore.

E' invece spesso assai facile riconoscere (almeno orientativamente: nord, centro, sud dell'Italia) l'origine linguistica della maggior parte dei parlanti, sia a causa della pronuncia, sia a causa dell'intonazione (o accento).

E questo fatto sembra confortare la tesi di quei linguisti che affermano che un modello 'standard' di pronuncia della lingua italiana non esiste. Essi ci ricordano, a buona ragione, che al di sopra delle pronunce fortemente caratterizzate in senso dialettale locale, esistono pronunce regionali normalmente accettate nel repertorio delle varietà della 'lingua comune': sono infatti parte della lingua comune (68.2.2, 68.2.8).

Secondo altri linguisti una pronuncia modello esiste invece, ed è in lenta espansione, anche se non viene quasi mai insegnata nelle scuole. Questo modello "è la lingua delle scuole di recitazione, degli annunciatori televisivi, dei doppiatori cinematografici, avente alla base il modello fiorentino depurato di alcuni tratti idiomatici" [1].

E anche in questa tesi c'è una buona dose di ragione.

A tutt'oggi tuttavia la prima tesi sembra prevalere: le differenze regionali ci sono, sono ben evidenti e sono della gran parte degli italiani. Non si deve comunque dimenticare che gli italiani sono arrivati a possedere una

[1] L. Serianni, 'Grammatica italiana', Torino 1988, pag. 12.

'lingua media comune' (con un tasso di analfabetismo considerabile fisiologico del 2,2%) alla fine degli anni Ottanta di questo nostro secolo (26.6, 68.1). Ciò vuol dire che per eliminare le differenze regionali (ma è poi necessario?) ne occorrerà ancora molto di tempo. Soprattutto se si tiene conto del fatto che coloro ai quali si tende a guardare come a veri e propri modelli del parlato, data la loro specifica attività (insegnanti, operatori radiotelevisivi ecc.), risentono essi stessi più o meno marcatamente della regione linguistica di provenienza.

Capitolo II

2 - ACCENTO, TRONCAMENTO, ELISIONE

L'accento tonico - L'accento grafico - Il troncamento (o apocope) - L'elisione.

2.1 L'ACCENTO TONICO

a) blu, virtù, poté, povertà, università

b) mese, appena, perfezione, marinaretto

c) tavolo, implorano, giocherebbero, telefonandosi

d) telefonano, andandosene, iscrivetemelo

Tutte le parole in a) (a una, a due, a tre o a quattro sillabe) quando vengono pronunciate richiedono che la voce poggi sull'ultima vocale dell'ultima sillaba. Per questo, per evitare confusione, quando non sono monosillabiche (come *blu*), scrivendole, richiedono un segno detto *accento grafico*.

Tutte le parole in b) richiedono che la voce poggi sulla vocale della penultima sillaba; e ciò, indipendentemente dal numero delle sillabe che hanno: minimo due, naturalmente.

Tutte le parole in c) richiedono che la voce poggi sulla vocale della terzultima sillaba; anche in questo caso, indipendentemente dal numero di sillabe di cui sono composte, da tre in poi.

Tutte le parole in d) richiedono che la voce poggi sulla vocale della quartultima sillaba; anche in questo caso, indipendentemente dal numero di sillabe, da quattro in poi.

Questo appoggio della voce con maggiore intensità si chiama ***accento tonico,*** e la sillaba e la vocale accentate si dicono *toniche*. Le vocali non accentate si dicono *atone*.

Ad esempio, nella parola *scrivere* la sillaba *scri* e la vocale /*i*/ sono toniche, le altre (*ve* e *re*) sono atone.

In base alla sillaba su cui cade *l'accento tonico*, una parola può essere:

– *tronca* con accento sull'ultima sillaba: umanità, dormì

– *piana* con accento sulla penultima sillaba: séte, cammìno, topolìno

– *sdrucciola* con accento sulla terz'ultima sillaba: càttedra, anticàmera

– *bisdrucciola* con accento sulla quart'ultima sillaba: andàndosene, portàteglielo.

In italiano le parole sono *piane* per la maggior parte, e non ce ne sono con accento oltre la quartultima sillaba.

2.2 L'ACCENTO GRAFICO

Quando si scrive, nei seguenti casi *è di norma segnare l'accento grafico:*

• sulle parole tronche formate da più sillabe e terminanti in vocale:
– perché, trattò, umanità

le parole tronche terminanti per consonante non richiedono l'accento:
– andar, saper, partir

• sui monosillabi terminanti con più di una vocale, l'ultima delle quali sia tonica:
– già, giù, più, può, ciò

fanno eccezione *qui* e *qua*;

• su certi monosillabi che rischierebbero di confondersi con loro omografi:
è (verbo), *ché* (= perchè), *sé* (riflessivo), *né* (congiunzione), *lì*, *là* (avverbi di luogo), e pochi altri.

2.2.1 PRECISAZIONI SULL'ACCENTO GRAFICO

presenza o assenza di accento Parecchi monosillabi a seconda che siano scritti con l'accento o senza, cambiano di significato:

è (verbo 'essere': *è* bello)	*e* (congiunzione: io *e* te)
sé (pronome: pensa a *sé*)	*se* (congiunzione: *se* vuoi)
né (congiunzione: *né* tu *né* io)	*ne* (pronome atono: *ne* voglio più)

sì (avverbio: disse di *sì*)	*si* (particella pronominale: *si* lava)
là (avverbio: guarda *là*)	*la* (pronome: non *la* vedo; articolo: *la* casa)
lì (avverbio: vengo *lì*)	*li* (pronome: non *li* vedo)
dì (nome: due volte al *dì*)	*di* (preposizione: *di* ferro)
ché (congiunzione causale)	*che* (congiunzione esplicativa, pronome, aggettivo)
tè (bevanda)	*te* (pronome personale)

• la terza persona singolare dell'indicativo presente del verbo *dare* si può scrivere con o senza l'accento (*dà - da*); e ciò, pur avendo come omografa la preposizione *da*;

• il pronome riflessivo *sé* rafforzato da *stesso* e *medesimo* può conservare o non l'accento: *se stesso - sé stesso, se medesimo - sé medesimo*;

• alcuni grammatici consigliano di scrivere *sù* (con l'accento) quando è avverbio per distinguerlo da *su* preposzione (*vieni sù - un libro su Napoli*); ma un consiglio non è un obbligo, perciò si può tranquillamente scrivere: *vieni su* (senza accento);

• I monosillabi che non abbiamo nominato rifiutano l'accento; perciò si scriverà: *fa, va, sta, fu, re, blu* ecc.

omografia Sappiamo che, eccettuate le parole tronche e i monosillabi qui sopra ricordati, l'accento tonico non si scrive. Tuttavia ci sono casi di omografia che possono creare confusione di significato. Sicché in certi casi può essere utile indicare con l'accento la sillaba tonica:
– àmbito - ambìto, sùbito - subìto, àncora - ancòra, lèggere - leggére, malèdico - maledìco, càpitano - capitàno
In taluni casi l'accento finale distintivo è obbligatorio:
– (tu) parti - (lui) partì, (io) mangio - (lui) mangiò

2.3 IL TRONCAMENTO (O APOCOPE)

– nessun professore, nessun errore, nessuno sbaglio, quello scenario, quel panorama, far qualcosa, fare storie, andar per funghi, andare in giro, buon per lui, buono buono

Quando si devono pronunciare due parole strettamente congiunte, come quelle degli esempi qui sopra, molte volte, per ragioni di buon suono (*eufonia*), si toglie (si tronca) alla prima parola l'ultima vocale (*nessun problema*).

Questa soppressione prende il nome di ***troncamento*** o ***apocope*** (69.2.1).

Il troncamento si può effettuare quando la parola ha più di una sillaba e se la vocale da sopprimere è preceduta da */l/, /m/, /n/, /r/,* e non ci sia una pausa:

– far pazzie, un sol uomo, andiam per funghi, così fan tutte
La parola troncata non si apostrofa mai.
La parola che segue il più delle volte comincia per consonante.
A volte il troncamento interessa l'intera sillaba finale della parola:
– grande → gran, quello → quel, santo → san, bello → bel

2.3.1 PRECISAZIONI SUL TRONCAMENTO E ALTRI MUTAMENTI

il troncamento è di norma:

• con *buono, uno, nessuno, ciascuno, alcuno*, davanti a parole maschili che cominciano per vocale o consonante, eccetto *s + consonante* (*s impura*), *z, gn, ps*.
L'eccezione vale anche per lo più se la parola che segue è una preposizione.
Se la parola che segue è il pronome *lo*, si preferisce non troncarla.
– ciascun professore, buon alunno ...; ciascuno scolaro, buono psicologo, ciascuno di voi ....; nessun lo sa - nessuno lo sa;

• con *bello* e *quello* si tronca l'ultima sillaba davanti a nomi maschili che cominciano per consonante, eccetto *s impura, z, gn, ps*: bel tempo, bel momento, quel tempo, quel momento; ma: quello zaino, bello sbaglio

• con *santo* (si tronca l'ultima sillaba) davanti a consonante eccetto *s impura:* san Costanzo, san Giovanni, san (o santo) Stanislao; ma santo Stefano;

il troncamento è possibile con:
• *grande, frate, suora:* possono avere troncata l'ultima sillaba davanti a nomi che cominciano per consonante:
– gran chiasso, fra Giovanni, suor Maria

• *tale, quale*: si possono troncare davanti a nomi maschili e femminili che cominciano sia per vocale che per consonante:
– la qual cosa, un tal errore
Va dunque ricordato che, poiché troncamento non è elisione (2.4), *tale* e *quale* tronchi non avranno mai l'apostrofo, né al maschile, né al femminile.
– qual è, il tale e il tal altro

casi di apostrofo:
Le seguenti parole richiedono l'*apostrofo* finale come segno di troncamento, e non di elisione:

• *po'* (= poco), (a) *mo'* (= modo), be' (= bene):
– un po' di pane, a mo' d'esempio
– Va be'. Lo ritaglio, il suo bell'articolo (...) (A. Baricco, in 'la Repubblica' 24-5-1996)

• gli imperativi in 2ª persona singolare: *di'* (dire: dici), *fa'* (fare: fai), *da'* (dare: dai), *sta'* (stare: stai), *va'* (andare: vai): *sta'* buono, *di'* tutto a loro...

• gli imperativi, usati come esclamazioni: *to'* (da 'togliere', prendere), *ve'* (vedi):

altri mutamenti riguardanti la parola

I mutamenti che le parole singole possono subire sono detti *metaplasmi* (69.2.1). Essi avvengono mediante la *sottrazione,* la *aggiunzione* o la *permutazione* di uno (o più) elementi non etimologici componenti le parole. L'apocope è uno di tali mutamenti; ed è quello che per l'uso frequente che se ne fa ha definitivamente assunto, per dir così, stabile 'dignità' grammaticale (cfr. n. 1 a pag. 285). Altri metaplasmi sono: l'*aferesi,* la *sincope,* la *protesi*, la *metatesi*, l'*epentesi*, e l'*epitesi.* Si veda in 69.2.1.

2.4 L'ELISIONE

– (l*o*) l'ho saputo - (m*i*) m'incammino - (c*i*) c'entrano
(t*i*) t'ho sentito - (l*a*) l'aula

La vocale finale di una parola che, incontrandosi con la vocale iniziale di un'altra parola, produce cattivo suono (*cacofonia*) viene soppressa ('elisa'). Quando si scrive, al suo posto si mette un segno grafico chiamato ***apostrofo*** (dal greco *apóstrophos*, 'rivolto indietro').

Questo genere di soppressione di chiama ***elisione.***

L'elisione si differenzia dal troncamento perché si può avere solo nell'incontro fra due vocali: terminale in una parola e iniziale in un'altra; e perché, scrivendo, occorre segnalarla con l'apostrofo:
– l'anima, l'uomo, quell'orologio, quell'elica

2.4.1 PRECISAZIONI SULL'ELISIONE

l'elisione è di norma in certi casi:

• con gli articoli, *lo, la, una,* e con le preposizioni articolate da *lo* e *la*:
– l'uovo, dell'uovo, l'erba, sull'erba

• con *bello* e *quello*:
– bell'areo, quell'auto

• con *ci* davanti alle voci di *essere* che cominciano per *e* (alcune del presente, e tutto l'imperfetto indicativo):
– c'è, c'erano, c'eravate

• con la parola *santo*:
– sant'Agostino, sant'Angela, sant'uomo

spesso si fa elisione:

• con *grande, questo*:
– grand'uomo, quest'anello

• con *povero* ma per lo più davanti al nome *uomo*:
– pover'uomo

• con le particelle *mi, ti, ci, vi, si, lo, la, ne*:
– se l'è presa, se n'è andato, tu m'incoraggi

• con la preposizione *di*:
– d'oro, d'estate, d'inverno

• con *gli*, articolo e pronome, davanti a */i/:*
– gl'italiani, gl'indicammo la strada

Per quanto riguarda:

uno, alcuno, nessuno, ciascuno, occorre dire che hanno il troncamento al maschile e l'elisione al femminile. Richiedono dunque l'apostrofo al femminile e lo rifiutano al maschile (2.3.1):
– un'aula - un uomo, nessun'aula - nessun uomo

Capitolo III

3 - **INTERPUNZIONE, INTONAZIONE**

L'interpunzione - I segni di interpunzione - L'intonazione.

3.1 L'INTERPUNZIONE

– ci cacciarono dicendo che eravamo stupidi Sandra aveva quattordici anni e io poco di più io ti farò un nido dove mi verrai a trovare le avevo detto io ti aspetterò va bene dove farai il nido farò il nido in quello spino oh che bel nido così non ci vede nessuno stiamo nascosti dissi io non ti piace nasconderti ella fece cenno di no ma rise come sapeva ridere sua sorella che era ormai grande

E' questo un brano tratto da "75 racconti" di Corrado Alvaro. E' stato trascritto privo della *punteggiatura:* e cioè di tutti quei preziosi segni grafici con cui in un discorso scritto si cerca di indicare i giusti toni, la giusta intonazione, le pause più o meno lunghe, il ritmo e altre varie sfumature espressive. Che son tutte cose con cui l'autore avrebbe modulato il suo discorso se invece di scrivere avesse raccontato a voce ai suoi interlocutori.

Trascritto fedelmente (anche con i necessari 'a capo' e con le dovute maiuscole) il brano è il seguente:

– "Ci cacciarono dicendo che eravamo stupidi. Sandra aveva quattordici anni, e io poco di più.

«Io ti farò un nido dove mi verrai a trovare», le avevo detto: «Io ti aspetterò. Va bene?»

«Dove farai il nido?».

«Farò il nido in quello spino».
«Oh, che bel nido!».
«Così non ci vede nessuno, stiamo nascosti», dissi io. «Non ti piace nasconderti?». Ella fece cenno di no, ma rise come sapeva ridere sua sorella che era ormai grande."

Se avessimo provato a fornire noi il brano di una punteggiatura nostra, forse non ci saremmo trovati del tutto d'accordo con l'autore.

La punteggiatura è un fatto molto soggettivo: perché soggettive sono le intenzioni di chi scrive, la conoscenza che egli ha della situazione, l'atteggiamento logico e psicologico da lui assunto nei confronti dei fatti narrati; soggettivi sono il suo carattere e i suoi umori.

Questa personalizzazione delle cose comunicate è a volte talmente accentuata che solo la lingua parlata può renderne le intime sfaccettature fornendo, in aiuto alle parole, un variegato e duttile complesso di segni: dalla modulazione della voce, ai gesti, alla mimica (elementi tutti che costituiscono i ***tratti prosodici*** o ***soprasegmentali*** e ***cinesici***) (3.3).

Al confronto, l'apparato dei segni grafici offerto dalla punteggiatura può risultare povero e scarno (3.3.1). E' tale tuttavia da piegarsi anch'esso, quando occorra, alle esigenze dell'individuo per una retta interpretazione delle sue intenzioni comunicative.

La ***punteggiatura*** (o ***interpunzione***) è l'insieme di segni grafici non alfabetici che aiutano ad articolare le frasi, a mettere in rilievo i loro elementi oppure le loro particolari intonazioni.

Interpunzione e ***tratti prosodici*** rientrano nel dominio della 'pragmatica', che si occupa degli usi della lingua nella dinamica degli atti comunicativi (31.2, 35.2.1, 41.8.1, 46.1, 53.9, 64.1, 69.1).

3.2 I SEGNI DI INTERPUNZIONE

I segni di punteggiatura sono:

• *punto* o *punto fermo* (.): è un segno di pausa lunga e serve in genere (53.9) a segnalare la conclusione di una frase o di un periodo:
– Ho lavorato molto, sono stanco e affamato. Smetto.
il punto serve anche per le abbreviazioni:
– Prof., Dott., Sig., Sig.ra, aff.mo ecc.

• *punto interrogativo* (?): è un segno di pausa lunga e chiude un periodo in forma di domanda; può anche segnalare l'incertezza di un dato:
– Dov'è andato Carlo?
– Cino da Pistoia (1270-1336?)

• *punto esclamativo* (!): è un segno di pausa lunga e chiude con tono enfatico un'espressione di comando o una particolare reazione emotiva (ammirazione, meraviglia, preghiera, invocazione, minaccia, insofferenza, rabbia ecc.):

– Stai zitto!
– Che bello!
– Mamma mia che noia!
– Ancora lui!

• *punto e virgola* (;): serve a separare con una pausa abbastanza decisa due frasi di uno stesso periodo [1] o gli elementi di un elenco lungo e complesso:
– Non l'ho visto; perciò non l'ho salutato.

• *due punti* (:): indicano una pausa media e servono a introdurre un discorso diretto, una enumerazione o una spiegazione:
– Carlo disse: «Non mi piace.»
– I colori della bandiera italiana sono: rosso, bianco e verde.
– Tu hai questa virtù: di tranquillizzare le persone.

• *virgola* (,): è forse (insieme al punto fermo) il segno di interpunzione più usato. Indica la pausa più breve nel discorso. Il suo uso è giustificato da ragioni soggettive di comprensibilità e di leggibilità. Serve a dividere le frasi di un periodo (*Carlo leggeva, ascoltava musica, fumava*) o gli elementi di una enumerazione all'interno di una frase (*Carlo, Luigi, Giovanni sono compagni di scuola, di giochi, di studio*). Sempre in una frase, separa il vocativo (*Tu, amico mio, non puoi inquietarti così!*); oppure l'attributo e l'apposizione con i relativi complementi (*Carlo, quel buono e bravo ragazzo, abita sotto di me.*)
Serve anche a inserire incisi e a separare interiezioni, esortazioni e simili (*ah, che male*!)

• *virgolette* (« »" " ' '): servono per introdurre e chiudere un discorso diretto [2] o per mettere in evidenza una parola, un'espressione, una frase, un titolo:
– Luigi disse: "Verrò presto."
– Questo libro si intitola "I promessi sposi".

• *puntini di sospensione* (...): si usano per lasciare in sospeso un discorso o una parola, quando, per qualche ragione, non si vuole o non si può concluderlo:
– Guarda, Carlo, se mi fai inquietare, io ...
– Accid ...

• *lineetta* o *trattino* (-): si può usare come tratto di unione fra due parole per formarne una composta (*fine-settimana*); serve anche per introdurre un discorso diretto (*Carlo disse: - Verrò presto.*) [2], per delimitare un inciso (*Io*

---

[1] A proposito del punto e virgola, ecco una gustosa annotazione: "In quest'ultima settimana, leggendo Eugenio Scalfari e Giorgio Bocca, ho notato un confortante ritorno del punto e virgola, caduto in disuso da tempo. Nessuno ne userà mai tanti come Vittorio G. Rossi, ma va bene così. Ha un suo fascino, il punto e virgola, senza l'imperiosità del punto e la leggerezza della virgola. E' discreto." (G. Mura, in 'la Repubblica' [sport], 17-2-1991).

[2] Questi segni grafici introduttori di discorso diretto possono anche mancare. E ciò, per ragioni di stile; come nel seguente brano in cui, tramite una rapida e bonariamente ironica successione di

-disse Carlo- al tuo posto non ci andrei.), per separare le sillabe di una parola, soprattutto nell'andare a capo (*pa-ne*);

• *dieresi* (¨): in poesia, indica che le due vocali di un dittongo devono essere lette separatamente:
– "l'azzurra *visïon* (= visi-on) di San Marino" (G. Pascoli)

• *asterisco* (*): serve a indicare una nota a piè di pagina o a sostituire un nome proprio che non si ricorda o che si vuol tacere; in questo caso, di solito viene ripetuto tre volte:
– Lì abitava il conte di ***.

• *parentesi tonde* (): servono per racchiudere parole che non hanno un rapporto necessario con il resto del discorso (un inciso, una spiegazione, un chiarimento, l'autore di una citazione, di un'opera, una data, un rinvio in un testo ecc.):
– Carlo (lo spero tanto) presto tornerà a casa guarito.

• *parentesi quadre* [ ]: a volte servono per inserire chiarimenti all'interno di parentesi tonde; ma soprattutto per inserire, in un testo di un altro autore, proprie parole o correzioni o lettere e parole mancanti;

• *sbarra* (o *barra*) *diagonale* (/): per lo più si mette tra due parole per indicare una doppia possibilità:
– Si cercano parlanti inglese e/o francese.

• *graffa* ({ }): serve per raggruppare concettualmente due o più righe.

3.3 L'INTONAZIONE

In 3.1 si è detto dell'importanza che hanno i *tratti prosodici* o *soprasegmentali* per la loro funzione distintiva degli elementi significanti. Tra di essi, un posto assai importante spetta all'intonazione che è data dalle variazioni di tono che costituiscono la curva melodica della frase nel suo complesso o in uno o più dei suoi componenti (parole o sequenze di parole); variazioni di tono che permettono di dare informazioni supplementari soprattutto di carattere affettivo. Di essa e di altre cadenze sonore che caratterizzano il nostro parlare si fa qualche cenno qui di seguito, in 3.3.1, e in 47.2.

Qui ci limitiamo a riportare alcune frasi indicando con freccette le modulazioni della voce per ottenere le variazioni intonazionali fondamentali.

Le intonazioni fondamentali sono:

• *intonazione conclusiva:* segnala la conclusione della frase abbassando la nota dalla vocale tonica dell'ultima parola:

---

immaginarie battute di dialogo divise da virgole, si narra un cordiale incontro fra due uomini politici, un tempo irriducibili avversari:

- (...) caro Giuliano, caro Marco, le nostre radici comuni, il nostro impegno per la democrazia, grazie di essere venuto, grazie a te per aver sostenuto il governo. (C. De Gregorio, in 'la Repubblica ', 5-2-1993).

– Carlo è partito stamattìna.

• *intonazione interrogativa:* per fare una domanda si alza la nota sull'ultima sillaba dell'ultima parola:

– Carlo è partito stamattìna?

• *intonazione sospensiva:* segnala che un'espressione non è ancora finita, che, dopo una breve sospensione, ci saranno altre parole per completarne il senso. Si può avere mantenendo le stesse note delle sillabe precedenti, oppure alzando la nota sulla vocale tonica per poi riabbassarla:

– Me l'avevano detto che   non volevi venire.

– Me l'avevano detto   che non volevi venire.

3.3.1 PRECISAZIONI SULL'INTONAZIONE

Quando si parla, è con l'*intonazione* che si danno specifici significati a parole singole o a loro sequenze anche frasali: per distinguere, ad esempio, una frase interrogativa da una affermativa o da una esclamativa, o una proposizione principale da una secondaria. Ma, soprattutto, l'intonazione, al di là della semplice enunciazione, serve a rendere informazioni supplementari di tipo connotativo (4.4.1, 15.2.2), affettivo, estetico che nella punteggiatura hanno solo labili riscontri (3.1), e mediante le quali i sentimenti e le emozioni marcano in senso soggettivo il discorso.

– Una enunciazione: *Carlo parla con Luigi.*
– Una domanda: *Carlo parla con Luigi?*

In questi due esempi, parlato e scritto si equivalgono nel precisare i tipi di comunicazione. Stesso contenuto, diverso significato: intonazione diversa nel parlato, diversa punteggiatura nello scritto: 'punto fermo', 'punto interrogativo'.

– Un comando: *Carlo, parla con Luigi!*
– Una esclamazione di meraviglia: *Carlo parla con Luigi!*
– Una esclamazione di gioia: *Carlo parla con Luigi*!
– Una esclamazione di rabbia: *Carlo parla con Luigi*!
– Una esclamazione di compiacimento: *Belle parole*! (le parole sono veramente belle)
– Una esclamazione di biasimo: *Belle parole*! (= brutte parole)

Sono tutte espressioni che nella lingua scritta vengono contrassegnate da un 'punto esclamativo', e che per questo si definiscono 'frasi esclamative'. Ma quale differenza di significato l'una dall'altra! Differenza di significato che nella lingua parlata, per le ragioni ricordate qui sopra, si noterebbe facilmente, e che invece nello scritto abbisogna della precisa conoscenza della situazione e del discorso di cui ciascuna frase è parte, o della esplicita indicazione che noi abbiamo messo a fianco in inciso (48.2, 48.2.1; cfr. anche in 24.1 la 'modalità').

LESSICO E FORMAZIONE DELLE PAROLE

Capitolo IV

4 – LESSICO E FORMAZIONE DI PAROLE (1º)

Il lessico - Il lessico ha bisogno continuo di nuove parole - La suffissazione - L'alterazione.

4.1 IL LESSICO

Prende il nome di ***lessico*** il complesso di parole [(1)] e locuzioni che in un sistema linguistico danno forma espressiva, comunicativa, scritta e parlata a tante diverse idee di cui si compone il nostro pensiero [(2)]. Esiste dunque un lessico della lingua italiana, un lessico della lingua inglese, francese, tedesca, spagnola, e così via.

Non sembra possibile calcolare il numero delle parole e delle locuzioni che costituiscono l'intero patrimonio lessicale di una lingua, e dunque anche di quella italiana. E questo, perché ancora oggi è pressoché impossibile avere un esatto conteggio delle parole e locuzioni che di essa dovrebbero costituire eventuali vari dizionari di per sé completi: come quello storico (che risulti dall'esame dei testi significativi della lingua), quelli tecnico-scientifici o professionali (della lingua della medicina, ad esempio, o della

---

[(1)] Per la definizione della nozione di 'parola' si veda in 1.1.
[(2)] Il pensiero si compone di idee (= 'gli oggetti che il nostro spirito vede') e l'espressione del pensiero mediante il discorso si compone di parole'. Parlare delle idee e delle parole, vuol dire parlare due volte delle idee: una prima volta delle 'idee in se stesse', una seconda volta delle idee in quanto 'rappresentate mediante le parole'. Il prospetto delle diverse specie di parole rispecchierà perciò quello delle specie di idee". (P. Ricouer, 'La metafora viva', Jaca Book, Milano, 1986, pp. 68-69; in cui si cita anche P. Fontanier autore di 'Les figures du discours', Paris, 1968).

chimica o della matematica o dello sport o della politica o delle varie attività commerciali, artigianali o culturali ecc.), e quelli dei vari dialetti locali e regionali [1].

Si calcola che il solo vocabolario comune della lingua italiana (e cioè quello contenente non solo le parole di più o meno largo uso comune, ma anche quelle tecnico-scientifiche o professionali o locali che godono di una certa circolazione fuori delle aree specifiche di origine) dovrebbe registrare intorno a 200 mila parole. I migliori vocabolari scolastici riferiti alla lingua comune ne registrano da un minimo di 60/70 mila a un massimo di 120/140 mila.

4.2 IL LESSICO HA BISOGNO CONTINUO DI NUOVE PAROLE

200 mila parole come patrimonio lessicale 'comune' non sono poche; ma molte di più all'occorrenza se ne potrebbero aggiungere (n. 1, pag. 13). E, nella realtà, se ne continuano ad aggiungere sia prendendole in prestito da altre lingue (oggi, in particolare dall'inglese), sia formandole direttamente. E tutto questo per l'esigenza di esprimere nuove idee, per riferire nuove invenzioni della tecnica e della scienza, per nuovi modi di dire o per la necessità di precisare concetti, nozioni all'interno di particolari settori dell'attività intellettuale, professionale, industriale ecc. [2].

Per soddisfare queste esigenze, il metodo più produttivo consiste nel formare nuove parole usufruendo di quelle che già fanno parte del patrimonio lessicale, mediante la *derivazione*, la *composizione* e l'*abbreviazione*.

La ***derivazione***[3] consiste nell'aggiungere una particolare particella

---

[1] Dizionari in questo senso sono stati compilati, per la verità, e parecchi (storici, della lingua del commercio, della chimica, della giurisprudenza, dialettali...), ma son ben lontani dall'essere completi.

[2] Si consideri che il linguaggio "è esposto non soltanto al mutamento in generale, ma anche a cause non linguistiche di mutamento (...): la comparsa di oggetti naturali o culturali nuovi nel campo della denominazione, il sedimentarsi di credenze in parole-chiave, la proiezione degli ideali sociali in parole emblematiche, il rafforzamento o la caduta di tabù linguistici, la dominazione politica o culturale di un gruppo linguistico, di una classe sociale o di un àmbito culturale, tutte queste cose fanno sì che il linguaggio, almeno al livello della semantica della parola (...), è esposto a forze sociali la cui efficacia fa rimarcare il carattere non sistematico del sistema", e fa almeno "dubitare che il termine di codice possa applicarsi rigorosamente al livello lessicale del linguaggio". (P. Ricouer, cit., pag. 169).

Ecco una parola nuova nel seguente esempio da 'L'Espresso', 24-9-1995, pag. 78: "La giovane *mutandista* di questa foto è per l'America un'immagine sacrilega (...)". (Per chiarire: la giovane della foto in questione appare in abito succinto che lascia maliziosamente intravedere le mutandine).

Eccone un'altra creata dalla 'vis polemica' di un giornalista che ce ne spiega ironicamente anche il significato, pur già chiaro di per sé: *cerchiobottaio*. I *'cerchiobottai'* "sono quelli (...) che danno un colpo al cerchio e uno alla botte, perché fa tanto equilibrio, moderazione obiettività, e via dicendo". (M. Pera, in 'Panorama', 28-9-1995, pag. 32) (Si veda anche in 52.2.1.2. nota 1).

[3] Una delle principali, vere ed insite cagioni della vera e propria ricchezza e varietà della lingua italiana, è la sua immensa facoltà dei derivati, che mette a larghissimo frutto le sue radici. (...) La pazza idea pertanto (che è l'ultimo eccesso della pedanteria) di voler proibire la formazione di nuovi derivati, è lo stesso che seccare una delle principali e più proprie ed innate sorgenti della ricchezza di nostra lingua". (G. Leopardi, 'Zibaldone', pp. 1240-1241, 29-6-1821).

alla fine (i *suffissi*) o all'inizio (i *prefissi*) di una parola che funge da base:
– (forte + mente) → fortemente, (pre + mettere) → premettere
Queste operazioni prendono il nome di *suffissazione* e *prefissazione*.
La ***composizione*** consiste:
• nel mettere insieme una o più parole per formarne una soltanto con un suo proprio significato:
– (capo + stazione) → capostazione, (porta + ombrelli) → portaombrelli
• nel raggruppare più parole per rendere un solo significato:
– biglietto omaggio, ufficio personale

L'***abbreviazione*** consiste nel ridurre con tagli la lunghezza delle parole:
– (bicicletta) → bici, (fotografia) → foto
Sono da considerarsi abbreviazioni anche le *sigle* che vengono usate come parole vere e proprie:
– (Unione Italiana Lavoratori) → UIL, (Fabbrica Italiana Automobili Torino) → FIAT

Le parole di nuova formazione prendono il nome di ***neologismi*** (dal greco *néos* 'nuovo' e *lógos* 'parola'). Si considerano neologismi sia le parole recentemente prese in prestito da altre lingue (come *camper* o *perestrojka*, entrate in uso negli anni Ottanta), sia quelle nate, sempre di recente, da altre parole (come *fonoteca* o *(tele)fax*, nate anch'esse all'inizio degli anni Ottanta).

Si dicono invece ***arcaismi*** (dal greco *arkaîos*, 'antico') le parole considerate ormai decadute dall'uso; decadute completamente o solo relativamente a un particolare formale (fonetico, grafico o morfologico) o relativamente a un certo significato. Ad esempio, la parola *lai* (= lamenti) pur registrata dai dizionari, non è più in uso. La parola *giuoco* ha ormai lasciato definitivamente cadere la *u* ed è più usata con la corrispondente *gioco*.

4.3 LA SUFFISSAZIONE

Come si è accennato più sopra, *la suffissazione* consiste nel far derivare nuovi nomi, aggettivi, verbi, avverbi aggiungendo una particella detta ***suffisso*** a una parola-base (nome, aggettivo, verbo, avverbio), secondo il seguente schema:

a) nome *ide a*	→	aggettivo *ide ale*	→	verbo *ide are*		
b) aggettivo *attiv o*	→	nome *attiv ismo*	→	verbo *attiv are*	→	avverbio *attiva mente*

c) verbo → nome → aggettivo
realizz are *realizz azione* *realizz abile*

d) avverbio → nome
pressappoco *pressappoch ismo*

e) avverbio → verbo
indietro *indietr eggiare*

Nell'esempio in a) un nome costituisce la base di partenza per derivarne un aggettivo e un verbo: in questo caso è bastato togliere la desinenza, isolando la sua radice (la parte che contiene il significato base), e aggiungere un suffisso: *ale, are.*

Con il medesimo procedimento (e cioè aggiungendo un suffisso a una parola base) da un aggettivo si può far derivare un nome, un verbo, un avverbio; da un verbo si può far derivare un nome o un aggettivo o un altro verbo; e da un nome un aggettivo, un verbo, un altro nome.

A seconda che siano derivate da un nome, da un aggettivo o da un verbo, le parole sono rispettivamente dette *denominali, deaggettivali* o *deverbali.*

4.3.1 PRECISAZIONI SULLA SUFFISSAZIONE

nomi da aggettivi Tra i suffissi più comuni per derivare *nomi da aggettivi* ci sono:

– *ezza - izia*, per sostantivi per lo più astratti: bell-ezza, alt-ezza, content-ezza ..., amici-zia, immond-izia, giust-izia

– *aggine*, per sostantivi indicanti per lo più qualità negative o difetti fisici: testard-aggine, lung-aggine, sfacciat- aggine..., zopp-aggine

– *ismo - esimo,* per sostantivi indicanti dottrine, atteggiamenti o caratteristiche: ideal-ismo, attiv-ismo, ottim- ismo..., cristianes-imo, pagan-esimo

– *ia,* per sostantivi indicanti una nozione astratta o un'idea collettiva o una condizione sociale: allegr-ia, gelos-ia, pazz-ia, borghes-ia

– *ore - ura,* per sostantivi astratti: ross-ore, chiar-ore, grigi-ore..., brav-ura, alt-ura, fresc-ura

E pochi altri: *itudine, eria, ume, anza, enza.*

aggettivi da nomi Tra i suffissi più comuni per derivare *aggettivi da nomi* ci sono:

– *ato*: fortun-ato, isol-ato, vellut-ato

– *uto*: forz-uto, panci-uto, baff-uto

– *ario*: per molti aggettivi di relazione (10.4.4): ordin-ario, or-ario, ferrovi-ario

– *ale*: per molti aggettivi di relazione (10.4.4): vit-ale, mort-ale, music-ale

– *are*: popol-are, element-are

– *ano*: per molti aggettivi aggettivi di relazione (10.4.4): fium-ano, paes-ano, itali-ano

– *ile*: per molti aggettivi aggettivi di relazione (10.4.4): primaver-ile, signor-ile, serv-ile

– *evole* (27.1.1): onor-evole, amor-evole, amich-evole
– *istico-astico*: per molti aggettivi di relazione (10.4.4): art-istico, affar-istico, entusi- astico, fant-astico
– *oso* (27.1.1): per aggettivi indicanti presenza o abbondanza di una qualità: fam-oso, paur-oso, noi-oso
– *aneo - ineo*: istant-aneo ..., fulm-ineo
– *ino,* per aggettivi con idea di somiglianza: mar-ino, sal-ino, corv-ino
– *iero*: cost-iero, salott-iero
– *ivo* (27.1.1): att-ivo, sport-ivo, est-ivo
E pochi altri: *aceo, igno, ico, ifico* (27.1.2).

nomi da nomi Tra i suffissi più comuni per derivare *nomi da altri nomi* ci sono:
– *aio*: per lo più, per nomi di persone che esercitano un dato mestiere o di luoghi con una determinata destinazione o caratterizzazione: forn-aio, campan-aio, fior-aio ..., ghiacc- iaio, poll-aio, vesp-aio
– *ario*: come per il precedente: lampad-ario, besti- ario, bibliotec-ario
– *aiolo*: per alcuni nomi che indicano un mestiere, una occupazione: arm-aiolo, poll-aiolo, donn-aiolo
– *iere*: per nomi che indicano in genere arti e mestieri: giardin-iere, fontan-iere, ferrov-iere
– *ista*: per nomi che indicano aderenza a un atteggiamento dottrinale o una professione: marx- ista, futur-ista ..., farmac-ista, giornal-ista, concert-ista
– *eria*: per nomi indicanti per lo più negozi o laboratori; questo modo di formare nomi è oggi assai comune: barbi-eria, segh-eria, latt-eria, panin-eria, ragazz-eria, quizz-eria, jeans-eria
– *ificio*: per nomi indicanti lavorazione, fabbricazione di qualcosa (27.1.2): magl-ificio, calzatur-ificio, pan- ificio
– *ile*: per nomi indicanti assai spesso una destinazione: can-ile, cort-ile, fien-ile
– *iera*: generalmente per nomi indicanti strumenti o recipienti o luoghi destinati a qualche specifica funzione: conigl-iera, frutt-iera, zupp-iera
– *ata*: per esprimere nozioni verbali astratte (occh- iata, ragazz-ata) o l'estensione di una nozione temporale (mattin- ata, ser-ata) o una quantità contenuta in un oggetto (cucchiai- ata, bracci-ata) o un colpo, un urto (coltell-ata, gomit-ata)
– *eto - eta*: assai spesso per nomi collettivi che indicano luoghi con una certa quantità di piante: cann-eto, pin- eta, fagg-eta
– *aglia*: per nomi collettivi ai quali spesso si unisce un'idea di disordine, di brutto: vest-aglia, gent-aglia, nuvol- aglia
E pochi altri: *ite, ato, ale, ame, ano* [(1)].

(1) Cfr. anche n. 1 a pag. 445.

verbi da aggettivi Tra i suffissi più comuni per derivare *verbi da aggettivi* ci sono:
– *are* - *ire*: attiv-are, calm-are, chiar-ire, marc-ire
– *izzare* - *eggiare*: spesso l'azione reca un certo valore frequentativo: banal-izzare, formal-izzare, grand-eggiare, verd-eggiare
– *ificare* (dal latino *ficare*, 'fare'): umid- ificare, solid-ificare

nomi da verbi Tra i suffissi più comuni per derivare *nomi da verbi* ci sono:
– *ato, ito, ata, uta, ita* (27.1.2): ulul-ato, usc-ita, cammin- ata, sprem-uta, sal-ita
– *aggio*: lav-aggio, fiss-aggio, allun-aggio
– *mento* (27.1.2): per esprimere un'idea verbale astratta: cambia-mento, insegna-mento, lega-mento
– *tore* - *trice*: per lo più per nomi di persone in relazione a una loro particolare attività: mura-tore, salva-tore, danza-trice, tessi-trice
– *zione* - *sione*: ammoni-zione, divi-sione
– *ura:* di solito si aggiunge al tema del participio passato: apert-ura, chius-ura
toio - *soio*: in genere per nomi indicanti luoghi con particolari destinazioni; oppure strumenti: galoppa-toio, matta- toio, abbevera-toio ..., ras-oio
– *ante* - *ente*: per participi presenti con funzione sostantivale (27.1.2): pass-ante, cant-ante, suppl-ente, sorg-ente
E pochi altri: *ino, one, torio, eria, anza, enza, io*.

verbi da nomi Tra i suffissi più comuni per derivare *verbi da nomi* ci sono:
– *are* - *ire*: form-are, arrost-ire
– *eggiare*: vel-eggiare, ond-eggiare
– *ificare*: vin-ificare, pietr-ificare
– *izzare*: lott-izzare, terror-izzare

aggettivi da verbi Tra i suffissi più comuni per derivare *aggettivi da verbi* ci sono:
– *ante* - *ente*: per participi presenti con funzione aggettivale (27.1.1): brillante, dol-ente
– *ivo* - *io*: definit-ivo, fuggit-ivo ..., rest-io, nat- io
– *evole*: per aggettivi che generalmente esprimono la capacità di compiere o di ricevere un'azione: bast-evole, mut- evole, lod-evole, biasim-evole
– *bile* (27.1.1), da verbi per lo più transitivi, generalmente per aggettivi che esprimono la possibilità o la necessità di un'azione per lo più in forma passiva: leggi-bile (= che può o deve essere letto), lava-bile, manovr-abile.

4.4 L'ALTERAZIONE

1a) (*ragazz* o) → ragazz ino → ragazz etto →
ragazz one → ragazz uccio → ragazz in etto →
rag azzaccio → ragazz ett accio → ragazz ucolo → ragazz uolo

1b) (*macchin* a) macchin ina → macchin etta →
macchin ona → macchin uccia → macchin accia →
macchin ett accia

2) (*grand* e) → grand icello

3) (*parlar* e) → parl ottare → parl icchiare

L'***alterazione*** è un particolare tipo di suffissazione che non cambia il significato della parola di base, ma gli dà una specifica sfumatura riguardante: a) una dimensione (*grande - piccolo*: ragazz *one* - ragazz *ino*); b) un valore (*positivo - negativo*: ragazz *etto* - ragazz *accio* - ragazz *ucolo*).

Ambedue questi tipi di alterazione, al di là del significato primario (*denotazione*) proprio della parola, possono riferire in aggiunta -e in dipendenza dalla specifica situazione- valori particolari, propri del mondo affettivo del parlante o di gruppi di parlanti (*connotazione*): ragazz-*inetto*, ragazz-*ettaccio*.

La parola alterata, pur acquistando autonomia lessicale, resta legata alla sua parola di base. E' per questo che non si può derivare una parola da un'altra di tipo diverso (un nome da un aggettivo, ad esempio). Pertanto un nome resta nome (*macchina → macchinona*), un aggettivo resta aggettivo (*bello → bellino*), un verbo resta verbo (*mangiare → mangiucchiare*), un avverbio resta avverbio (*certamente → certissimamente*). (Per l'alterazione degli avverbi si veda in 18.11).

4.4.1 PRECISAZIONI SULL'ALTERAZIONE

denotazione, senso e connotazione Più sopra si accennava al fatto che nel procedimento di alterazione ha un ruolo molto importante il mondo affettivo del parlante, il suo sentimento, il suo stato emotivo che evoca nella parola significati aggiuntivi secondari (*senso*) sul momento in cui parla o scrive.

Per esempio nel nome alterato *paesetto*, il suffisso *(ctto)* può, di in volta in volta, richiamare il significato di 'piccolo paese', 'grazioso paese' 'paese insignificante', 'paese a me caro' ecc.

Una conseguenza dell'alterazione può anche essere il significato 'accessorio' (*connotazione*) che la parola assume nell'uso di un intero gruppo linguistico - più o meno ristretto - per uno 'spostamento' da esso stabilmente accettato, dal significato 'primario' (*denotazione*). Si pensi alla diversa connotazione di alterati come: *omaccio, omaccione, omuncolo, omino, omicino, omarino.*

tipi di alterati Se l'alterazione riferisce un giudizio di quantità (*grande - piccolo*), allora si hanno gli ***accrescitivi*** e i ***diminutivi*** (*ragazz one - ragazz ino*).

Se riguarda un giudizio di qualità (*positivo - negativo*), allora si hanno i

vezzeggiativi (valore di simpatia: *ragazz uccio*) e i ***peggiorativi*** (valore di disprezzo: *ragazz accio*).

diminutivi Alcuni suffissi per formare *diminutivi:*
– *ino* [1]: quadern-ino
– *etto* (anche con valore vezzeggiativo): giornal-etto, bac-etto
– *ello* (anche con valore vezzeggiativo): alber-ello
– *icello* (anche con valore vezzeggiativo): pontic-ello
– *uccio - uzzo* (con valore peggiorativo o vezzeggiativo): vestitut-uccio, labbr-uzzo)
– *otto*: ragazz-otto
– *icci(u)olo*: port-icci(u)olo
– *acchiotto*: volp-acchiotto
– *iciattolo*: mostr-iciattolo
– *ucolo - uncolo* (con valore peggiorativo): maestr- ucolo, om-uncolo
– *icchio* (con valore peggiorativo: avvocat-icchio

accrescitivi Alcuni suffissi per formare *accrescitivi:*

– *one*: ragazz-one
In questo tipo di alterazione può accadere che un nome femminile diventi maschile (si veda nota a pagina precedente):
– (una febbre) → una febbr-ona → un febbr-one
– (una donna) → una donn-ona → un donn-one
Talvolta, al mutamento di genere si accompagna anche un particolare significato: (la veglia) → il veglione (= serata di ballo)

– *acchione* (con senso di ironia o simpatia): furb-acchione
– *accio* (con valore peggiorativo): cappell-accio
– *astro* (con valore peggiorativo se la base è offerta da un nome, attenuativo se la base è offerta da un aggettivo): poet-astro, verd-astro

curiosità (falsi alterati) Ci sono nomi che sembrano alterazioni di altri, coi quali invece, per ciò che riguarda il significato, non hanno nulla a che vedere:
– grillo - grilletto, colle - colletto, merlo - merletto
– colla - collina, lato - latino, matto - mattino
– preda - predella,
– matto - mattone, monte - montone, burro - burrone, botte - bottone - bottino ecc.

suffissi alterativi di verbi I seguenti suffissi, alterando la parola verbale, danno a un'azione un valore *diminutivo, accrescitivo, intensivo, frequentativo* (o *iterativo*) (23.2.3):
– *erellare - ellare*: gioch-erellare, gir-ellare
– *acchiare - ecchiare - icchiare - ucchiare:* rub-acchiare, sonn-ecchiare, canticchiare, - mangi-ucchiare

[1] Può accadere che un nome femminile così alterato diventi grammaticalmente maschile: donna → donnina → donnino, finestra → finestrina → finestrino.

– *olare*: trem-olare
– *azzare - uzzare*: svol-azzare, tagli-uzzare
– *ettare - ottare*: spezz-ettare, parl-ottare
– *acciare*: sfil-acciare

parole alterabili Come si è visto, nella maggior parte dei casi sono i nomi a subire alterazioni.

Ma possono subirla (anche questo si è visto), anche i verbi.

E possono subirla anche gli aggettivi (e non solo per indicazioni di grado: 11.1, 11.1.3, 11.1.3.1, 11.1.4):

– bell-ino, bell-occio, cari-ino, car-in-netto, car-uccio, verd-astro, giall- ognolo, grand-icello ecc.

nomi con suffisso superlativo Non di rado accade che ragioni di enfasi (dettate, ad esempio, da particolare apprezzamento di persone nel campo dello sport o dello spettacolo, oppure da particolare familiarità nei rapporti interpersonali, o anche da finalità persuasive, quali la reclamizzazione di qualche prodotto [49.6]) inducano ad alterare i nomi con il suffisso *-issimo,* tipico del grado superlativo degli aggettivi; e ciò, spesso con buona efficacia comunicativa (si veda anche in 11.1.3.1):

– Il campionissimo, la partitissima, la canzonissima, salutissimi.
– La via di Napolitano al 'governissimo' (titolo in, 'la Repubblica', 9-4-1991)

Nel seguente esempio, si noti il senso di profonda ammirazione e simpatia che ha suggerito a un cronista l'alterazione del nome proprio del grande tenore Luciano Pavarotti:

– (...) la serata in cui *Lucianissimo* ha mostrato al mondo la forza lirica dei suoi sessant'anni. (in, 'la Repubblica', 20-11-1995).

A proposito di questo esempio, di passata va comunque rilevato che il buon effetto ottenuto dall'alterazione del nome, che già di per se stessa costituisce *iperbole* (69.2.1), è inficiato dall'insistenza su quest'ultima che fastidiosamente si prolunga nell'espressione: *ha mostrato al mondo la forza lirica dei suoi sessant'anni.*

Può anche accadere che il suffisso si aggiunga al sostantivo già alterato (11.1.3.1):

– (la veglia) → il veglione → il veglionissimo

combinazioni di suffissi In qualche esempio si è visto che i significati si possono anche sovrapporre aggiugendo due suffissi insieme:

– ragazz -in -etto, macchin -ett-accia, alber-ell-ino ecc.

altri nomi alterabili Per la possibile alterazione di nomi con doppio plurale, si veda in 8.2.

Capitolo V

5 – LESSICO E FORMAZIONE DI PAROLE (2º)

La prefissazione Prefissazione e suffissazione - Composizione - I conglomerati - Le unità lessicali superiori - Abbreviazioni e sigle - Prestiti e calchi - Uso figurato di parole - La metafora - Esempi da titoli di un giornale - Lingua media comune e repertorio linguistico.

5.1 LA PREFISSAZIONE

– (scrivere) → ri scrivere, (corrente) → contro corrente, (felice) → in felice

La ***prefissazione*** è un procedimento per derivare parole, e consiste nell'aggiungere una particella detta ***prefisso*** all'inizio di una parola base.

Anche in questo caso, come per l'alterazione, muta il significato, ma non la categoria di appartenenza della parola: il verbo rimane verbo, il nome rimane nome, l'aggettivo rimane aggettivo.

I prefissi possono apportare *valori spaziali* (*inter*-azione, *intra*-vedere), *temporali* (*ante*-guerra, *pre*-sentire), *qualitativi* (*in*-felice, *ben*-pensante, *de*-vitalizzare) e *quantitativi*, anche intensivi (*mini*-gonna, *arci*-noti, *r*-ammorbidire).

Tra i prefissi più in uso ci sono: *ante, con, estra (extra), contro, inter, para, sovra, tra, dis, arci, in, semi, de, ri* ecc.

5.1.1 PRECISAZIONI SULLA PREFISSAZIONE

relazioni o valutazioni Si è detto che i prefissi più comuni per formare nomi e aggettivi possono indicare *relazioni spaziali* e *temporali*, o *valutazioni qualitative* e *quantitative*.

relazioni spaziali o temporali Tra i prefissi che indicano *relazioni di tipo spaziale e temporale* sono compresi:

– *ante* - *anti* - *pre* (= 'davanti', 'prima'): anteguerra, antipasto, antimeridiano, prebarba, prenatale

– *con* - *com* - *sin* (indicano unione, collegamento; *con* diventa *com* davanti a *b, p* [1.4.1.]) : concorrente, comprova, sincronico

– *contro* - *contra* (indicano opposizione): controcorrente, contraddittorio

– *extra* - *fuori* (= 'fuori'): extraparlamentare, fuoriserie

– *inter* - *intra* -*intro* - *infra* - *endo* (= 'dentro'): interazione, internazionale, intramuscolare, intromissione, infrastrutture, endoscopia

– *multi* - *poli* (indicano molteplicità): multinazionale, polisportiva

– *neo* (= 'nuovo'): neonato, neoformazione

– *oltre* - *ultra* - *meta* (= 'oltre'): oltretomba, ultrasuoni, metalinguistico

– *para* (= 'accanto'; indica affinità, somiglianza): parastatale

– *post* - *retro* (= 'dietro', 'dopo'): postmoderno, retromarcia

– *sopra* - *sovra*: sopratassa, sovranazionale

– *sotto* - *sub*: sottoposto, subordinazione

– *vice* - *pro* (= 'al posto di'): vicepreside, prosindaco

E ancora: *trans* - *dia* (= 'attraverso'); *cis* (= 'al di qua'); *circum* - *circon, anfi* - *peri* (= 'intorno').

Non mancano neppure prefissi corrispondenti a una preposizione articolata: ad esempio, nel sostantivo *allerta* (da *all'* erta).

valutazione Tra i prefissi che esprimono una *valutazione qualitativa* (nel senso di: *favorevole* - *contrario*), o *quantitativa* (da *zero al massimo)* sono compresi:

– *arci* - *super* - *stra* - *iper* - *ultra* - *extra* (indicano la massima intensità di qualcosa): arcinoto, supercinema, extravergine, straordinario, ipertensione, ultrasuoni

– *ben* - *mal* - *eu* (= 'bene') - *caco* (= 'cattivo'): benpensante, maldicenza, eufonia, cacofonia

– *bi(s)* (= 'due volte'): bisnonno, bivalente

– *dis* (indica separazione): discontinuo, disattento

– *in* (*ir, im*) - *a* - *non* (tutti con significato negativo; *in* diventa *ir* davanti a *r* e *il* davanti a *l*; diventa *im* davanti a *b* e *p*): infelice, irregolare, illetterato, imponente, asociale, noncurante

– *sotto* - *ipo* (= 'sotto'): sottosviluppato, ipotensione

– *mini* (= 'piccolo') - *maxi* - *mega* (= 'grande'): minigonna, maxigonna, megalitico

– *non*: noncurante

– *pan* - *omni* - *onni* (= 'tutto'): panellenico, omnicomprensivo, onnipotente
– *pseudo* (= 'falso'): pseudoragionamento, pseudonimo
– *s* (con funzione negativa): scontento, svantaggio
– *semi* - *emi* - *mezzo* (= 'metà'): semideserto, emisfero, mezzosoprano
– *senza*: senzatetto

prefissi di verbi Tra i numerosi prefissi sopra elencati si ritrovano anche quelli che servono per formare verbi da altri verbi:

– *contra* - *contro*: contrapporre, contraddire, controbattere

– *de* - *dis* (hanno una generica funzione negativa): decongestionare, dispiacere

– *s*: può avere valore negativo (*scontentare*), o peggiorativo (*sragionare*) o intensivo [1] (*sbattere, scancellare*)

– *inter* - *intro* - *infra* - *fra* (= in mezzo): interporre, introdurre, inframmettere, frapporre

– *ri* - *re* (indicano il ripetersi dell'azione: significato iterativo): rifare, restringere

– *rin* (con valore intensivo): rinchiudere, ringiovanire

– *tra* - *tras* - *stra* (= oltre): trasportare, straripare, trapassare

– *a* - *in, im* - *co(n), com*: (porre) → apporre, imporre, comporre; (correre) → accorrere, incorrere, concorrere ecc.

5.2 PREFISSAZIONE E SUFFISSAZIONE

C'è un consistente gruppo di verbi, nomi e aggettivi che risultano derivati dalla contemporanea aggiunta, a una base per lo più nominale, di un prefisso e un suffisso o di più prefissi o più suffissi. E da questi poi, ancora per prefissazione o suffissazione, si possono avere altri derivati:

– ab-bell-ire, abbelli-mento, in-vest-ire, investi-mento, invecchi-are, invecchia-mento, s-bracci-are, col-leg-are, pre- serv-are, pre-serv-azione, inter-vist-are, ri-modern-are, af-fatic-ato, sfacci-ato ecc.

[1] Un prefisso o un suffisso hanno un *valore intensivo* (o *rafforzativo*) se rafforzano 'in profondità', per dir così, il significato di una parola. Anche *iper, super* e *ultra,* ad esempio, hanno valore intensivo (o rafforzativo).

5.3 COMPOSIZIONE

– porta ombrelli - ago puntura - alto piano - auto grafo - oto rino laringo iatria

Una ***parola*** si dice ***composta*** quando è il risultato dell'unione di almeno due parole.

Formare parole per composizione è uno dei modi più diffusi per l'arricchimento del patrimonio lessicale. E ciò soprattutto per quanto riguarda linguaggi dei settori tecnici e scientifici.

Un nome può essere composto:

• *da un verbo e da un nome* se è il risultato di una frase in cui il verbo funge da predicato e il nome da complemento diretto:

– oggetto che segna le pagine di un libro → segnalibro
– oggetto che serve a tritare la carne → tritacarne
– oggetto che serve a posare la cenere → posacenere

• *da un nome e da un aggettivo, da due nomi* o *da due aggettivi*, se è il risultato di una frase fornita di predicato nominale:

– la donna è gentile → gentildonna
– lo spino è bianco → biancospino
– il ferro è battuto → ferrobattuto
– la carta è moneta → cartamoneta
– è dolce e amaro → dolceamaro

5.3.1 PRECISAZIONI SULLA COMPOSIZIONE

parole tecnico-scientifiche In molte parole tecnico-scientifiche l'elemento verbale viene dal greco:

– *crazia* (da un verbo che significa *comandare*): burocrazia
– *fagia* (da un verbo che significa *mangiare*): antropofagia
– *filia* (da un verbo che significa *amare*): esterofilia
– *fobia* (da un verbo che significa *temere*): claustrofobia
– *fonia* (da un verbo che significa *suonare*): telefonia
– *grafia* (da un verbo che significa *scrivere*): telegrafia
– *mania* (da un verbo che significa *essere matto*): tangomania
– *patia* (da un verbo che significa *soffrire*): telepatia
– *scopia* (da un verbo che significa *vedere*): radioscopia

elemento compositivo dotto A volte la parola verbale base funge da secondo elemento ed è italiana, mentre il primo elemento componente è una voce dotta:

– *auto* (= se stesso): automobile, autocontrollo
– *tele* (= distanza): telecomunicare

auto, tele Gli elementi *auto* e *tele* hanno assunto in seguito anche il significato delle due cose tra le più comuni e indispensabili nella nostra moderna società, *auto(mobile)* e *tele(visione),* e servono a comporre tante parole con alla base questi loro significati:
– autodromo, autoparco, telesceneggiatura, teleascoltatore

base non verbale I composti con *base non verbale* possono risultare da:
– *nome + aggettivo*: cassaforte, girotondo, pastasciutta
– *aggettivo + nome*: altopiano, galantuomo, bassofondo
– *nome + nome*: cartamoneta, pesoforma, cassapanca
– *aggettivo + aggettivo*: grigioverde, sordomuto, agrodolce
– *avverbio + aggettivo:* sempreverde, altoparlante, nonvedente

trattino Gli elementi che formano un nome composto potrebbero restare distinti mediante un *trattino*, specie se la composizione ha carattere di novità ed è sentita come provvisoria. E' il caso proposto dal seguente esempio in cui si ha un calco da astronauta: Torna l'*astro-naufrago* (titolo in, 'la Repubblica' 18-3-12992).

5.4 I CONGLOMERATI

I ***conglomerati*** sono delle vere e proprie frasi, o loro spezzoni, che l'uso costante ha cristallizzato in nomi composti, sempre maschili e invariabili:
– il viavai, il saliscendi, il tiremmolla, il fuggifuggi, il corricorri, il pigiapigia ecc.

5.5 PAROLE-MACEDONIA

Prendono il nome di ***parole-macedonia*** quelle composte da monconi di più parole unite in modo arbitrario:
– Confindustria (= confederazione + industria), Confesercenti (= confederazione + esercenti), Fininvest (= finanziari + investimenti), polstrada (= polizia + strada)

5.6 LE UNITÀ LESSICALI SUPERIORI

– occhiali da sole - carro attrezzi - cessate allarme - ufficio personale - gatto delle nevi - fai da te

Si chiamano ***unità lessicali superiori*** certi insiemi di parole, le quali (come negli esempi qui sopra), pur conservando ciascuna la sua forma e la sua funzione, concorrono a formare un unico significato:
– il ferro da stiro, la macchina da scrivere, la camicia da notte, la camera

da letto, gli occhiali da sole, il non so che (ma anche: nonsoché), la leva apertura cofano vano portabagagli, la resa dei conti ecc.

Per spiegarci meglio. All'interno di queste unità le parole (tutte insieme) presentano un solo significato, ma ciascuna conserva una sua specifica funzione: tanto che può essere analizzata di per sé (43.2.1).

In *il ferro da stiro*, *da stiro* indica la finalità; in *il cane paliziotto*, *poliziotto* è apposizione. Nonostante ciò, queste parole sono talmente legate fra loro dal senso che concorrono a formare, da non tollerare inserimenti di altre parole.

L'unità *macchina da scrivere*, ad esempio, non tollererebbe l'inserimento di un aggettivo (macchina *vecchia* da scrivere) o, peggio, di un complemento di specificazione (macchina *di Luigi* da scrivere); l'aggettivo dovrebbe stare prima o dopo l'unità, e la specificazione dopo; allo stesso modo che dovrebbero stare prima o dopo un nome (una unità sintattica è, in questo senso, un nome):

– vecchia macchina da scrivere - macchina da scrivere vecchia, macchina da scrivere di Luigi.

Altra proprietà delle unità lessicali (proprietà che è tipica delle parole singole [1.1]) è la loro mobilità all'interno di un testo:

– Io ti regalo *gli occhiali da sole* → *Gli occhiali da sole* te li regalo io.

• Tipi particolari di unità lessicali superiori sono costituite da *coppie di sostantivi* di cui il secondo qualifica il primo. Le combinazioni possono avvenire per ellissi della preposizione (38.9): ufficio personale (= ufficio del personale), vagone letto, treno merci, busta paga, biglietto omaggio...

• Unità lessicali possono anche essere formate da *due sostantivi* di cui il secondo ha il valore di proposizione relativa:

problema base (= problema che sta alla base), legge delega, visita lampo, personaggio chiave, pesce pilota, modello campione ecc.

• Com'è facilmente intuibile, questa delle unità lessicali superiori è una classe di nomi aperta a continui arricchimenti.

Non di rado infatti accade di sentire la necessità di aggregare occasionalmente parole per concetti per i quali non esiste il nome corrispondente; come nel seguente esempio in cui appare un 'dietro le quinte' accompagnato dal suo articolo e dal suo aggettivo:

– Vedremo anche *un divertente dietro le quinte* della grande serata di musica italiana di Cinecittà (...). (in, 'la Repubblica', 21-1-1991)

5.7 ABBREVIAZIONI E SIGLE

Come si è già ricordato (4.2), le parole possono anche nascere per ***abbreviazione*** di altre parole: di cui comunque conservano il significato:

– (cinematografo) → cinema, (frigorifero) → frigo, (automobile) → auto, (fotografia) → foto ecc.

Non dissimili dalle parole abbreviate sono le ***sigle***: (o *acronimi*) parole formate dalle lettere iniziali della 'cosa' indicata (industria, laboratorio, partito politico, associazione, ente ecc.).

Le sigle risultano un modo molto comodo ed economico per evitare di pronunziare più parole; e non di rado facilitano la comprensione internazionale. Vengono usate come veri e propri nomi con il loro articolo, con i loro possibili aggettivi; di solito anche, come nomi propri, con la iniziale maiuscola:

– la (gloriosa) Fiat (= Fabbrica Italiana Automobili Torino), la Cgil (= Confederazione Generale Italiana Lavoratori, il (piccolo) Pri (= Partito Repubblicano Italiano), il Csm (= Consiglio Superiore della Magistratura), la Cee, la Cia, gli Usa, l'Onu, un Ufo ecc.

Talvolta le sigle sono usate anche come *aggettivi*:
- I consiglieri *dc* (= democristiani) hanno votato contro.

5.8 PRESTITI E CALCHI

Tra i modi di arricchimento di una lingua c'è anche quello di ricorrere al patrimonio lessicale di lingue straniere, prendendo in prestito o in qualche modo ricalcando parole o espressioni [1].

In linguistica si chiama ***prestito*** qualunque termine venga ceduto da una lingua a un'altra. Il termine ceduto può conservare la sua forma originaria; si dice allora che è un *prestito integrale* o *non adattato* (*sport, film, garage, pullman, glasnost...*). Può invece subire adattamenti; si tratta allora di *prestito adattato: treno, bistecca* (dall'inglese *train* e *beefsteak*), *paltò* (dal francese *paletot*).

E' facile intuire l'altissimo numero di prestiti (integrali e non), che nel corso dei secoli sono entrati a far parte della lingua italiana: prima di tutto dal mondo latino e, per lo più tramite il latino, dal greco; poi, via via, da altre lingue; principalmente le germaniche, l'arabo, il francese, lo spagnolo e l'inglese [2].

Un particolare tipo di prestito è detto ***calco***. Il tipo più evidente è soprattutto il *calco-traduzione* che consiste nel formare una parola o una

---

[1] Si veda anche in 68.2.8. Questa di una lingua adeguata alle necessità del comunicare è un'esigenza sentita in ogni tempo. Eccone una testimonianza che abbiamo tratta da un articolo di A. Verri apparso in uno dei primi numeri de 'Il Caffé', un periodico che veniva pubblicato a Milano fra il 1764 e il 1766: "Consideriamo ch'ella è cosa ragionevole, che le parole servano alle idee, ma non le idee alle parole, onde noi vogliamo prendere il buono quand'anche fosse ai confini dell'universo, e se dall'inda, o dall'americana lingua ci si fornisse qualche vocabolo ch'esprimesse un'idea nostra, meglio che con la lingua italiana, noi lo adopereremo, sempre però con quel giudizio, che non muta a capriccio la lingua, ma l'arricchisce, e la fa migliore".

[2] Per fare un esempio, nel 1986, il 'Dizionario di parole nuove' di M. Cortelazzo e U. Cardinale (Loescher editore) tra il 1964 e il 1984 registrava circa tremila parole e locuzioni nuove, di cui circa seicento prestiti da altre lingue, in particolare dall'inglese.

espressione nuova sul modello (spesso quasi in perfetta traduzione) di una parola o di un'espressione di una lingua straniera.

Per esempio, la parola *minigonna* è nata in tempi assai vicini a noi (1965) ricalcata sul modello inglese 'miniskirt'; l'espressione *fine-settimana* è un calco dall'inglese 'week-end'; la parola composta *ferrovia* è un calco dal tedesco 'Eisen bahn' e dall'inglese 'rail way'.

5.8.1 PRECISAZIONI SULLA PROVENIENZA DEI PRESTITI

i latinismi La lingua italiana ha ereditato dalla latina un ricchissimo patrimonio di parole che si possono dividere in due gruppi: quelle propriamente 'derivate', perché direttamente trasmesse nell'uso parlato (senza soluzione di continuità) di tante generazioni di utenti; e quelle 'recuperate' a distanza di secoli da persone colte nei testi scritti.

Le prime hanno subito modifiche e trasformazioni, anche assai profonde, del resto inevitabili data l'usura del parlato:

– (dicere) → dire, (dum interim) → mentre, (manducare) → mangiare, (bibere) → bere ecc.

Le seconde invece appaiono molto meglio conservate, spesso addirittura intatte:

– (scientia) → scienza, (species) → specie, (societas) → società, (virtus) → virtù, (speculari) → speculare, (confabulari) → confabulare ecc.

Queste seconde (*i latinismi*) sono dei veri e propri *prestiti*.

le lingue di origine Le lingue (oltre alla latina, naturalmente) da cui più numerosi in varie epoche sono entrati prestiti nell'italiano sono:

• le *germaniche*: hanno contribuito ad arricchire soprattutto l'italiano delle origini:
– guerra, guardia, schiena, scherzare, brindisi ecc.

• la *greca*: ha dato un consistente contributo sia attraverso il passaggio dal latino all'italiano (poeta, poema, sarcofago...), sia, alle origini, attraverso il contatto con il mondo bizantino (molo, gondola, basilico...)

• l'*araba*: tra i secoli IX e XI d.C. gli Arabi hanno anch'essi molto contribuito all'arricchimento del lessico italiano, specie nell'agricoltura, nelle scienze, nel commercio, nelle tecniche e nell'industria:
– arancia, zucchero, dogana, magazzino, nadir, zenit, algebra, alcool, talco, alchimia ecc.

• la *francese*: il contributo di questa lingua è stato continuo, specialmente fino al secolo XVI, e poi nel XVIII:
– lira, passaggio, viaggio, dama, cavaliere ..., progresso, civilizzare, filantropo, controllare, risolvere, organizzare ecc.

• la *spagnola*: sostanziosi apporti si hanno da questa lingua soprattutto tra la seconda metà del XVI secolo e la fine del XVII:
– etichetta, sfarzo, flotta, fanfarone, vigliacco ecc.

• l'*inglese*: assai consistente è il contributo dato da questa lingua a quella italiana in particolare nel secolo XX, specialmente nella seconda metà. Numerosi sono i prestiti che godono di larghissimo uso, sia non integrati (film, sport, goal, network, computer, raid, sponsor, killer, self-control...), sia integrati (costituzionale, inflazione, selezione ...). Occorre comunque avvertire che il numero di prestiti dall'inglese, pur consistente, è tale da non guastare gli equilibri lessicali. Nel 1972, su 150.000 parole del lessico di lingua comune furono stimati in non più dell'1,4%. Risulta anche che nel 'lessico di frequenza dell'italiano parlato' (selezionato nel 1993 e calcolato in 15.641 parole) gli esotismi in genere incidono per una percentuale dello 0,30% (cap. 68). Anche i calchi da questa lingua sono assai numerosi (cartoni animati, contattare, acculturazione, obiettore di coscienza, fine settimana...).

5.9 USO FIGURATO DI PAROLE - LA METAFORA

Un altro modo assai diffuso per arricchire e rinnovare il lessico è il ricorso a *cambiamenti e trasferimenti di significato.* Una parola può, nel tempo, lasciar cadere il significato d'origine e assumerne un altro per similitudine.

Ad esempio, la parola *testa* che in latino indicava un vaso per i fiori [1] (come ancora oggi nel napoletano e nel perugino [*testaccia*]) , è passato (prima scherzosamente nel parlato) a indicare, per somiglianza, una parte del corpo. La stessa sorte ha avuto *testo* che dal significato originario di *tessuto* è passato a indicare un *tessuto di pensieri* (28.2), e cioè un *discorso*. Per la stessa ragione, *muscolo*, dal significato latino di 'piccolo topo', è passato a indicare un elemento del corpo umano.

Il più delle volte il significato originario e quello nato per analogia convivono: come in *gru* (uccello, e macchina elevatrice di carichi), in *penna* (di uccello e oggetto per scrivere) e in *capo* (parte del corpo umano, e persona al vertice di qualche organismo) ecc.

Questi usi che si fanno di parole per associazioni di idee prendono (in senso generale) il nome di *metafore*.

La ***metafora*** consiste nella sostituzione di un termine proprio con un altro che lo richiama per somiglianza, per associazione di idee.

Qui sopra si è accennato a *gru* e *testo* per scarti di signficato in questo senso. Ma di questo genere di scarti è ricco e fiorito sia il lessico della 'lingua all'uso medio' (5.11), sia l'individuale parlare quotidiano, sia la lingua scritta di opere di narrativa, di saggistica, di trattati di varia cultura, della stampa quotidiana e periodica ecc. L'uso che si fa di questi scarti ci è talmente abituale che ormai sembra come sfuggirci la carica di inventività che li fa fiorire e li distingue [2].

---

[1] Ma prima ancora indicava 'corazza di tartaruga'.

[2] Assai spesso "quando parliamo vogliamo dire qualcosa di diverso da ciò che le nostre parole significano. Quando ciò che intendiamo comunicare non è compatibile con ciò che la nostra espressione significa letteralmente allora stiamo parlando in modo non letterale". (A. Akmajian e Altri, 'Linguistica', Il Mulino, Bologna, 1994, pag. 277). E' il caso, appunto della *metafora*, come è anche il caso dell'*ironia*,

E intanto, di scarto di significato in scarto di significato, è normale per noi dire che il sole e la luna *si alzano,* le montagne hanno *i piedi*, i fiumi hanno un *letto*, la foresta ha *un cuore*, le vie sono *arterie*, la vita *pulsa*, i grandi palazzi sono *alveari*, le macchie di verde dei giardini pubblici sono *polmoni* per una città, la quale rischia in continuazione di essere *soffocata* o *strozzata* o *paralizzata* dal traffico; con la conseguenza che il cittadino *perde la bussola* o *le staffe* o *la testa*; e tutti diventano *api impazzite*. E via immaginando; anche per il tipo di metafora che ha il nome di *catacresi*: che indica parole delle quali l'uso quotidiano ha fatto dimenticare l'origine per senso traslato (69.2.1).

Le parole si offrono a tutti, strumenti docili, malleabili, in grado di assecondare qualsiasi esigenza comunicativa. Questo usarle figurativamente ci viene spontaneo, naturale. E così, nelle quotidiane realtà comunicative, il vocabolario di ciascuno di noi (ricco o povero che sia di per sé) può impreziosirsi di mille sfumature, di sorprendenti novità di significati. E ciò, in relazione alle situazioni, agli argomenti, alla mutevolezza degli stani d'animo, allo spessore del gusto e della immaginazione personale (69 n. 9)

Grazie a questa nostra inesauribile capacità creativa, risultano definitivamente acquisite alla lingua comune fiorite espressioni come:

– ondeggiare del grano nei campi, tuonare parole di fuoco, lasciare (o rimanere) di gelo (o di stucco), fulminare con lo sguardo, sibilare parole velenose, avere nervi d'acciaio, trepidare di foglie, oscillare dei pensieri, altalena dei giorni, parabola della vita, rosso vivo, capelli di rame, occhi di carbone, anima cristallina, uomo di paglia, uomo di fegato, occhio di lince, sguardo assassino, lacrime amare, cuor di leone ecc.

E per questa stessa creatività le pagine dei giornali si animano di titoli come i seguenti:

– Il marco scivola, il dollaro corre - Marcia trionfale per il dollaro. Banche centrali alla finestra - Ala selvaggia, l'Italia a terra - Fiat, ora si ricuce - Una banca di film per il futuro. – Genoa schizza via, Bari insegue (si tratta di squadre di calcio) - Fiammata a novembre dei prezzi all'ingrosso - La gavetta del giovane avvocato - Alzata una cortina fumogena di tipo legislativo.

5.10 ESEMPI DA TITOLI DI GIORNALE

A conclusione di questi due capitoli (4 e 5) che trattano di lessico e formazione di parole, riteniamo utile aggiungere a quelli già riportati qui sopra una serie di titoli tratti dal quotidiano 'la Repubblica' del giorno 8-1-1991 (si noti, di un solo giorno); titoli in cui si riassumono con dovizia le varietà d'uso della parole così come siamo venuti ricordando: ricorso alla composizione, al prestito, alle sigle, alla figurazione ecc. (68.2.5.).

del *sarcasmo*, dell'*iperbole*, dell'*allegoria* e di tante altre 'figure' del discorso, per le quali si rinvia ai paragrafi 69.2 e 69.2.1, nonché agli accenni che se ne fanno ai paragrafi 53.9 (alla voce 'anacoluto' e 64.1.

– Lo *scoop*, uno scandalo per la Rai
– Fra i cinque alleati il *cuneo* per gli *omissis*
– Quei tre *referendum* che fanno paura ai partiti *pigliatutto*
– Il *'Gr1'* nella *tempesta* per l'elenco dei gladiatori
– *Congelati* i salari in Cecoslovacchia
– Truffavano i commercianti prestando denaro *gratis*
– Venezia, tre ore *sotto torchio* l'*ex* ministro della Difesa (...)
– Trentatré nuovi questori. E Napoli è *superpremiata*
– Il *jazz* italiano ha perso Ubaldo Maestri
– Orioli *perde la testa*
– Gaudenzi, 17 anni, è il *numero 1* del *tennis junior*
– Peggiora il *deficit* pubblico
– A Prato *crisi* senza fine
– Esplode auto di consigliere *Dc* (1)
– La *notte dei coltelli. Maxi rissa* fra bande di immigrati
– Fantastico: (2) ancora un *brivido* per un *numero* sbagliato
– Sulle valute *soffia il vento* del Golfo (3). Governatori *a consulto* in Svizzera mentre oro e dollaro *s'impennano*
– La Bocconi (4) come Harvard. Via al *master* internazionale
– Scatterà l'inchiesta per la *Bnl* (5) di Atlanta
– *USA* il credito *affonda*
– *Ibm 'dimagrisce'* e *taglia* il personale
– Lewit in liquidazione, una *tegola*
– *Unipol*(6) holding *ricapitalizzata*
– *Si riaccende la 'stella'* delle Generali (7)
– Nelle borse mondiali oro *superstar*. Il petrolio e il dollaro *hanno spiccato il volo*
– Il *Pri* chiede *luce* sui fondi della *Fai*

5.11 LINGUA DELL'USO MEDIO E REPERTORIO LINGUISTICO

Dalle varietà lessicali geografiche (dialetti, lingue regionali), sociali (lingua popolare, gerghi) e funzionali-contestuali (sottocodici settoriali, registri) giunge, senza soluzione di continuità, alla lingua dell'uso medio scritto e parlato un

(1) Qui la sigla è usata come aggettivo (= consigliere democristiano) (5.7).
(2) 'Fantastico' era una popolare trasmissione televisiva.
(3) Si accenna al Golfo Persico e alle complicazioni dei rapporti internazionali che vi si accesero tra il 1990 e il 1991.
(4) La Bocconi è una università italiana.
(5) La Bnl è la Banca Nazionale del lavoro.
(6) Compagnia di assicurazioni.
(7) Compagnia di assicurazioni.

nutrito contributo di parole ed espressioni (cap. 68). E vi si assestano per lo più perdendo la coloratura d'origine: *pizza, legaccio, pedalino, ecologia, orbita, lunghezza d'onda, incremento, mettere alle corde, andare al tappeto, imbufalirsi, incavolarsi, imbranato, bucarsi* (= assumere droga tramite iniezioni), *sniffare* (= assumere droga per via nasale), *balle* ecc.

Dal parlato popolare al parlato colloquiale comune non sono pochi i contributi di parole ed espressioni un tempo considerate volgari e da interdire: *cazzata, incazzarsi, stronzata, casino, incasinato* ecc.: "(...) il Museo dei bidoni (...); l'artigianato che (...) un sessantottino sotto il mare; il nostalgico del liceo (...), e via *cazzeggiando*, per citare soltanto le perle di questi ultimi giorni". (G. Pansa, in 'L'Espresso', 1-10-1995, pag. 57) - "*Cazzeggiare* prediletta dei quattordici gruppi e gruppetti (...)". (A. Socci, in 'il Giornale', 11-10-1995).

MORFOLOGIA
(natura e struttura delle parole)
- I -
le parti variabili del discorso

Capitolo VI

6 - CATEGORIE DI PAROLE

Natura grammaticale e funzione logica delle parole - Morfologia, sintassi e morfosintassi - Le categorie grammaticali (o parti del discorso).

6.1 NATURA GRAMMATICALE E FUNZIONE LOGICA DELLE PAROLE

a) Io, benché stanco, andrò in campagna con lui oggi.
b) La ragazza beve una fresca aranciata a lenti sorsi.
c) Il cagnolino adesso aspetta il suo pranzo in silenzio.

Sono tre sequenze linguistiche con senso compiuto (tre frasi [31.1]) che, pur composte ciascuna dallo stesso numero di parole (nove), trasmettono informazioni diverse. E ciò perché le parole che le compongono hanno significati diversi.

Le parole di una lingua sono tante, come si è ricordato anche in precedenza (4.1), perché tante sono le idee da trasmettere. E per questa esigenza molte di più, all'occorrenza, se ne potrebbero formare (si veda nota in 1.2).

Tuttavia le ventisette parole che compongono le tre frasi sopra proposte, in contrasto con le loro diversità di significato, potrebbero essere raggruppate in base a 'tipi' di categorie presenti nella nostra mente per cui sono state, diciamo così, costruite. Risulta qui infatti che alcune indicano esseri o 'cose' (*ragazza, cagnolino, campagna, biblioteca, aranciata, sorsi, pranzo, silenzio*): e sono ***nomi*** *(o* ***sostantivi*** *perché il nome corrisponde all'idea di sostanza);* altre sostituiscono parole che indicano esseri o 'cose' *(io, lui)*: e sono ***pronomi***; altre recano precisazioni per questi esseri o 'cose': e, se sono precisazioni in senso qualitativo o possessivo (*stanco, fresca, lenti, suo*), sono ***aggettivi***, se sono precisazioni in senso determinativo (*la, il, una*), sono ***articoli***; altre indicano azioni, fatti (*andrò, beve, aspetta*): e sono ***verbi***; altre ancora introducono rapporti di tipo più o meno chiaramente locativo (*in, a, con*): e sono ***preposizioni***; mentre una introduce un rapporto di tipo oppositivo (*benché*): ed è una ***congiunzione***; altre infine forniscono indicazioni circostanziali di tipo temporale *(oggi, adesso)*: e sono ***avverbi***. In base a questo genere di classificazione, le parole degli esempi sopra proposti sono raggruppabili in appena otto categorie; otto gruppi di parole dalla diversa natura *(nomi, aggettivi, pronomi, articoli, verbi, preposizioni, congiunzioni, avverbi)*.

Avere in qualche modo consapevolezza di tutto ciò è indispensabile per comunicare con parole. E' infatti proprio negli atti di comunicazione (e le frasi sopra proposte lo sono) che le parole entrano in combinazioni svolgendo *funzioni logico-sintattiche* le quali, esattamente in base alla loro *natura* (e *struttura*), potranno essere: di argomento o di una sua precisazione, o una sua predicazione, o una sua collocazione nello spazio o nel tempo; e così via. E tutto, come risposta a possibili domande del tipo: di chi (di che cosa) si parla? che cosa fa? perché? come? quando? dove? quanto?

Riconoscere nel discorso la funzione delle parole in relazione alla loro natura e struttura, è operazione non dissimile (per fare un esempio molto approssimativo) dal riconoscimento di un coltello fra le altre posate; riconoscimento che avviene mediante l'individuazione dei particolari elementi (lama e impugnatura) di cui si compone. Solo in base alla sua individuazione è possibile farne l'uso (le sue funzioni) per cui è stato costruito (la sua natura).

Ecco una serie di nove parole corrispondenti alle *nove categorie* in cui tutte le parole possono essere raggruppate (6.3):

benché miei i verranno evviva amici da tardi me

Queste parole, messe come sono l'una accanto all'altra senza nessun genere di relazioni logico-grammaticali, al di là del loro significato singolo, non contribuiscono a formare alcun significato d'insieme. E va notato che questo significato singolo - fatta eccezione per *evviva, benché, tardi* - è già il frutto di combinazioni di tipo logico-grammaticale: *verranno* si forma da *venire*, *miei* ha una terminazione (*i*) che indica il genere maschile e il numero plurale, *amici* ha una terminazione (*i*) che indica il genere maschile e il numero plurale ecc. Ecco le stesse parole combinate in modo che ciascuna possa svolgere la funzione logica, propria della sua natura grammaticale:

evviva i miei amici benché tardi verranno da me

Adesso si è di fronte a una sequenza di parole che ha un suo significato d'insieme. Un vero e proprio messaggio.

6.2 MORFOLOGIA, SINTASSI E MORFOSINTASSI

analisi grammaticale Si osservi ciascuna parola della frase seguente:
– Gianni sfoglia distrattamente le pagine di una rivista.

Gianni: nome proprio di una persona, maschile, singolare
sfoglia: voce del verbo sfogliare, modo indicativo, tempo presente, 3ª persona singolare

distrattamente: avverbio di modo
le: articolo determinativo, femminile, plurale
pagine: nome comune di cosa femminile plurale
di: preposizione semplice
una: articolo indeterminativo, femminile, singolare
rivista: nome comune di cosa, femminile, singolare

Descrivere a una a una le parole (anche nell'ambito di una frase), in base alla loro 'natura' e alla loro propria 'struttura' è fare *analisi grammaticale.*

Lo studio della *natura*, della *formazione* e della *flessione delle parole* in base alle categorie grammaticali cui appartengono è proprio di quella parte della grammatica che si chiama ***Morfologia*** (dal greco *morphé*, 'forma', e *logìa*, 'studio', 'studio della forma').

analisi logica Si osservino le parole della frase di cui sopra in base alla loro funzione logica:
Gianni: argomento di cui si parla e a cui si accorda il predicato (funzione di soggetto)
sfoglia: che cosa si dice del soggetto (funzione di predicato)
distrattamente: modo di compiere l'azione (determinazione di modo)
le pagine: argomento-oggetto dell'azione (determinazione dell'oggetto)
del libro: appartenenza delle pagine (specificazione)
suo: riferimento al soggetto, quale possessore del libro (attributo del soggetto)
Descrivere la funzione logico-sintattica (di soggetto, di predicato, di comple-

Lo studio della funzione *logico-sintattica (o grammaticale) delle parole,* e cioè del loro comportamento globale nel discorso è proprio della ***Sintassi*** (dal greco *sýntaxis*, 'ordinamento, sistema' o *syntàssein*, 'ordinare insieme') (31.3); o, sarebbe meglio dire, della ***Morfosintassi*** (associazione di procedimenti e strumenti di analisi offerti sia dalla *Morfologia* sia dalla *Sintassi*).

Della *Sintassi* ci occuperemo in due sezioni apposite di quest'opera.

6.3 LE CATEGORIE GRAMMATICALI (O PARTI DEL DISCORSO)

parti variabili e *invariabili*

Le *categorie grammaticali* (dette anche *parti del discorso*) nella lingua italiana sono nove.

Di esse, cinque sono *variabili: articolo, nome, aggettivo, pronome, verbo*. Sono variabili in quanto possono flettersi per realizzare accordi grammaticali di *genere* (maschile e femminile); di *numero* (singolare e plurale); di *persona*, (1ª, 2ª e 3ª):

– Il mio amico la saluta.
– I miei amici le salutano.
– La mia amica lo saluta.
– Le mie amiche li salutano.

Le altre quattro categorie sono *invariabili;* non cambiano cioè le loro terminazioni, in quanto non hanno bisogno di realizzare alcun accordo grammaticale con altre parole della frase di cui fanno parte.

Esse sono: *avverbio, preposizione, congiunzione, interiezione*.

radice, desinenza, tema

Le parole variabili hanno una parte che non muta che si chiama *radice,* e una parte, quella terminale, che può mutare, e che si chiama *desinenza* (o *terminazione*):

cas-*a*, cas-*e*, grand-*e*, grand-*i,* recit-*ano*, recit-*ando*

Alla radice si può aggiungere un *suffisso* (indicante, ad esempio, il modo del verbo o il grado dell'aggettivo). Questa terminazione, insieme con la radice, forma, prima della desinenza, un segmento di parola che prende il nome di *tema:*

– *recit-ass* ero, *recit-erebb* e, *bell-issim* e

6.3.1. PRECISAZIONI SULLE CATEGORIE GRAMMATICALI

alterabilità delle parti invariabili Talvolta le parti invariabili subiscono alterazioni grammaticali (ad esempio, l'avverbio *felicemente* → *felicissimamente*). Ma tali alterazioni non rispondono ad esigenze di accordo di genere, di numero, di persona, di tempo o di modo.

curiosità storica Fu un grammatico greco, Dionisio Trace (II secolo a. C.), a stabilire il criterio di suddivisione delle parole in *categorie grammaticali.* Tale criterio, ripreso poi dai grammatici latini, in particolare da Elio Donato (IV sec. d. C.), è giunto fino a noi attraverso la tradizione medioevale e moderna.

Capitolo VII

7 - I NOMI (1º)

Il nome - Il genere del nome - Formazione del femminile.

7.1 IL NOME

– donna, gatto, libro, bontà, pioggia, mattina

Il ***nome*** è una parte variabile del discorso che indica *persona, animale, cosa, concetto, fenomeno* o *fatto naturale.* Esso è anche detto *sostantivo* in quanto corrisponde all'idea di sostanza.

Il nome è la parola significante delle tante 'idee' che compongono il nostro pensiero, e che possono avere riferimenti precisi nella realtà concreta (*bambino, elefante, albero, artista, ruscello, penna*); o nel mondo -reale, ma non percepibile coi sensi - logico e psicologico (*bellezza, arte, cattiveria, dolore, felicità, meraviglia*); o nel mondo della pura immaginazione, della mitologia, della fiaba e della fantascienza (*centauro, ippogrifo, fata, strega, marziano*); nel mondo della varia cultura insomma.

Molti nomi sono formati da sigle di organizzazioni politiche, sociali, culturali, sportive, di industrie, di aziende, di uffici ecc.: *ONU, DC, PSI, PDS, COOP, UPIM, FIAT* (5.7).

7.1.1 PRECISAZIONI SUL NOME

le funzioni del nome negli atti comunicativi All'interno della frase, il nome, per sua natura, può svolgere pressoché tutte le funzioni logiche essenziali e aggiuntive (complementari) descritte nella sintassi.

Può fungere da *soggetto*, da *oggetto diretto* o da *complemento introdotto da preposizione*; può avere anche funzioni simili a quelli di *attributo* (36.1) e, in non pochi casi, di *verbo* [(1)]:

– Il bambino (*soggetto*) gioca.
– Saluto il bambino. (*oggetto*)
– Gioco col bambino. (*determinazione di relazione*)
– Carlo, il mio bambino (*apposizione del soggetto*), gioca.

classi di nomi A seconda del tipo di 'cose' che designano, i nomi si possono distinguere in varie classi:

• *nomi propri,* se si riferiscono a particolari 'individui' all'interno di distinte categorie o specie. Essi si scrivono, di solito, con la lettera maiuscola:
– Carlo, Lucia, Italia, Sardegna, Lombardia, Tevere, Trasimeno, Everest, Vesuvio

• *nomi comuni,* se designano i componenti di una stessa categoria o specie. Essi si scrivono di solito con la lettera minuscola:
– persona, nazione, isola, regione, fiume, lago, montagna, vulcano

• *nomi collettivi* (dal latino *colligere*, 'raccogliere'), se indicano un insieme, un gruppo di elementi della stessa categoria o specie:
– popolo, gente, pubblico, squadra, bosco, gregge, flotta

• *nomi concreti*, se si riferiscono a entità percepibili attraverso uno o più dei cinque sensi:
– libro, banco, collina, sole, terra, fumo

• *nomi astratti,* se indicano un concetto, una nozione che non è percepibile attraverso nessuno dei cinque sensi:
– eleganza, generosità, gioia, pessimismo, cattiveria

concreti e astratti Questa dei nomi concreti e dei nomi astratti è una distinzione che non va intesa troppo rigidamente.

Ci sono nomi, come *Dio, anima, angelo* ecc., che, specialmente per un credente, sono concreti. E ci sono nomi considerati astratti che possono essere usati come concreti. E' il caso di *potenza* e *celebrità* in questi due esempi:
– Erano presenti molte *celebrità* dello spettacolo.
– Tra le *potenze* occidentali si è giunti ad un accordo sul disarmo nucleare.

Sono da considerarsi in un grado intermedio tra concretezza e astrattezza nomi come *partenza, arrivo, caduta* ecc.

---

(1) Per tutto ciò si rinvia ai capitoli appositi nelle parti riguardanti la Sintassi.

<u>usi sostantivati</u> Qualsiasi altra parola può svolgere la funzione di nome (o sostantivo):
– Il *leggere* mi rilassa. (verbo)
– Mi dici il *perché*? (avverbio)
– Bisogna rispettare il *privato* degli altri. (aggettivo)
– Con tutti questi tuoi *ma* e *però* guasti sempre tutto! (congiunzione)
– I *miei* mi aspettano. (pronome)
– La *a* è una preposizione. (preposizione)
– Lo apostrofò con un *eih*! piuttosto deciso che non prometteva niente di buono. (interiezione)
– Davanti a Tevere ci vuole *il*. (articolo)

7.2 IL GENERE DEL NOME

I nomi, in base al ***genere***, si distinguono in *maschili* e *femminili.*

Per i nomi che indicano esseri animati - persone o animali - la suddivisione si effettua in base al sesso; corrisponde cioè al genere reale: *professore, professoressa; padre, madre; leone, leonessa.*

Per la gran parte dei nomi tuttavia, il riferimento al genere reale è impossibile; la loro appartenenza a un genere piuttosto che all'altro è puramente convenzionale; si basa su nozioni comuni e su classificazioni grammaticali.

Un mezzo per determinare il genere dei nomi è la *desinenza.*

Sono di ***genere maschile***:

• i nomi che terminano in ***-o:*** il tavolo, il sogno, il giorno, il pensiero;
fanno eccezione: la *mano* e l'*eco* (nome, quest'ultimo, che al singolare può essere anche maschile e che al plurale è solo maschile);

• i nomi - quasi tutti prestiti - (5.8) che terminano per consonante: il film, il bar, lo sport, il rock, lo spot.

Sono di ***genere femminile***:

• i nomi che terminano in ***-a***: la paura, la calma, la ruota, la vita;
sono comunque numerosi i nomi *maschili* (in gran parte di origine greca) che terminano in ***-a***: il papa, il poeta, il clima, il dramma, il panorama, il problema ecc.

• i nomi che terminano al singolare in ***-i*** (tutti di origine greca): la sintassi, la crisi, la stasi, l'analisi, la sintesi, la parentesi;

ma il *brindisi* è maschile;

• i nomi che terminano in *-tà* e in *-tù*; la bontà, la felicità, la città, la virtù, la schiavitù;

Possono essere ***maschili*** o ***femminili***:

• i nomi che terminano al singolare in *-e*: il giornale, il ponte, il dolore, la chiave, la quiete, la fede.

7.2.1 PRECISAZIONI SULLA DETERMINAZIONE DEL GENERE

Per quanto riguarda la determinazione del ***genere*** dei nomi di 'cosa' (concreti e astratti), si può dire in particolare che, in mancanza di riferimenti a elementi reali, tendenzialmente vengono raggruppati sulla base di classificazioni o nozioni comuni, per cui comunque solo l'esperienza e la consultazione del vocabolario possono orientare. In questa sede ci si limita a indicazioni per gruppi di nomi dal largo uso.

per lo più femminili Sono per lo più *femminili:*

• i nomi di *frutti*: la pera, la mela, la castagna, l'albicocca;

ma i nomi degli *agrumi* e dei *frutti esotici* sono maschili: il limone, il cedro, il pompelmo, il kiwi, il mango, l'ananas;

• i nomi di *continenti*, di *nazioni*, di *regioni*,di *isole*, di *città*: l'Asia, l'Europa, la Francia, la Polonia, la Campania, la Toscana, la Sicilia, la Perugia etrusca, la Roma dei Cesari;

sono comunque numerosi i nomi di nazioni maschili: il Camerun, il Venezuela, il Belgio, il Perù;

tra le regioni italiane sono maschili: il Piemonte, il Trentino-Alto Adige, il Veneto, il Friuli, il Lazio, l'Abruzzo (o gli Abruzzi), il Molise;

maschile, tra le isole, è il Madagascar, e tra le città il Cairo;

• i nomi di *scienze* e di *nozioni astratte*: la filosofia, la retorica, la grammatica, la storia, la fiducia, la noia, la vigliaccheria;

non mancano le eccezioni come: il diritto, il coraggio, l'accordo.

per lo più maschili Sono per lo più *maschili:*

• i nomi degli *alberi*: il melo, il pero, il castagno, l'olivo, il frassino;

non mancano le eccezioni: la quercia, la betulla, la vite, la sequoia;

• i nomi dei *metalli* e degli *elementi chimici*: l'oro, l'argento, il rame, l'idrogeno, l'azoto, l'ossigeno;

• i *punti cardinali*: il Nord, l'occidente, il meridione;

• i nomi di *monti, fiumi, laghi* e *mari*: il Cervino, l'Everest, il Po, il Danubio, il Nilo, il Garda, il Trasimeno, il Mediterraneo, il Pacifico;

anche in questo caso sono numerose le eccezioni; si hanno infatti nomi di monti e fiumi che sono femminili: la Maiella, la Marmolada, le Dolomiti, la Senna, la Loira, la Dora;

• i nomi dei *mesi* e dei *giorni* della settimana: gennaio, febbraio, aprile, il lunedì, il sabato.

La *domenica* è femminile. E questo perché in latino, fra i cristiani si chiamava 'dies dominica': dove 'dies' ('giorno') è femminile e 'dominica' ('del Signore'; 'il giorno del Signore', dunque) è aggettivo (femminile, naturalmente). Coll'andare del tempo l'aggettivo 'dominica' venne usato come semplice sostantivo; poi mutò in 'domenica' ma restò femminile.

nomi di associazioni sportive Per quanto riguarda i nomi di squadre di calcio e di associazioni sportive occorre precisare:

• sono *femminili*, quando il nome è un aggettivo sostantivato relativo al nome della città: la Casertana, la Triestina, la Fiorentina;

• sono *maschili* quando conservano il nome della città: il Torino, il Bologna, il Napoli, il Perugia;

unica eccezione: la Roma;

• se prendono il nome della nazione, ne conservano il genere: il Brasile, il Messico, l'Italia, la Spagna;

7.3 FORMAZIONE DEL FEMMINILE

Come si è già detto, soltanto per i nomi di persona e di animale si può parlare in senso proprio di *genere maschile* e di *genere femminile*. E da un genere all'altro si passa mutando la *terminazione* (o *desinenza*).

Negli altri casi si tratta di nomi che sono o solo maschili o solo femminili. E solo apparentemente alcuni di questi ultimi sembrano dotati di maschile e di femminile; in realtà, col mutare della terminazione, cambia anche il significato del nome.

I particolari esplicativi sono contenuti nei seguenti sottoparagrafi.

7.3.1 CAMBIAMENTO DI TERMINAZIONE

In generale i seguenti tipi di nomi passano dal maschile al femminile cambiando la desinenza o aggiungendo un suffisso:

• se hanno *desinenza* ***-o***, assumono la *desinenza* - ***a***

figli o – figli a
nonn o – nonn a
gatt o – gatt a
cavall o – cavall a

• se hanno *desinenza* ***-a***, assumono il *suffisso* ***- essa***

poet a	–	poet essa
pirat a	–	pirat essa
duc a	–	duch essa

anche alcuni nomi che al maschile terminano in *-o* formano il femminile mediante il suffisso *-essa*:

avvocat o	–	avvocat essa
diavol o	–	diavol essa

• se hanno *desinenza* ***-e***, alcuni assumono la *desinenza* ***- a***

signor e	–	signor a
padron e	–	padron a
portier e	–	portier a

altri assumono il *suffisso* ***-essa***

dottor e	–	dottor essa
professor e	–	professor essa
leon e	–	leon essa

• se hanno *suffisso* ***-tore***, assumono ***-trice***

pit tore	–	pit trice
at tore	–	at trice
guida tore	–	guida trice

• se hanno *suffisso* ***-sore***, assumono ***-ditrice***

posses sore	–	posse ditrice
difen sore	–	difen ditrice

non così il *confessore*, il *successore*, l'*assessore*, e altri, i quali, tradizionalmente indicanti persone di genere maschile, continuano ancora oggi a essere grammaticalmente maschili.

7.3.2 FEMMINILI PARTICOLARI

I nomi seguenti formano il femminile in modo del tutto particolare:

re	–	regina
dio	–	dea
stregone	–	strega
gallo	–	gallina
cane	–	cagna
eroe	–	eroina

7.3.3 NOMI INDIPENDENTI

Vi sono nomi che presentano radici differenti per il maschile e per il femminile:

uomo	–	donna
padre	–	madre
fratello	–	sorella
marito	–	moglie
maschio	–	femmina
papà (babbo)	–	mamma
frate	–	suora
toro	–	vacca
fuco	–	ape
montone	–	pecora

7.3.4 NOMI DI GENERE COMUNE

Alcuni nomi di persona o animale (per i quali ultimi si veda in 7.3.6]) presentano un'unica forma comune per il maschile e per il femminile. Sono detti anche *promiscui* o *epiceni* [(1)]. L'articolo e un eventuale aggettivo servono in questi casi all'individuazione del genere. Si tratta di:

• alcuni nomi e participi presenti sostantivati che terminano, naturalmente, in ***-nte***:

il cantante	–	la cantante
il mandante	–	la mandante
il negoziante	–	la negoziante
il birbante	–	la birbante

• alcuni nomi che terminano in ***-e*** e in ***-a***

il preside	–	la preside
il consorte	–	la consorte
l' (lo) erede	–	l' (la) erede
il nipote	–	la nipote
l' (lo) atleta	–	l' (la) atleta

• i nomi terminanti in ***-ista***, ***-cida***, ***-iatra***

l' (lo) artista	–	l' (la) artista
il giornalista	–	la giornalista
il pianista	–	la pianista
il suicida	–	la suicida
l' (lo) omicida	–	l' (la) omicida
il parricida	–	la parricida
il pediatra	–	la pediatra
il geriatra	–	la geriatra
lo psichiatra	–	la psichiatra

---

(1) *Epiceno:* dal gr. 'epíkoinon' = comune, promiscuo.

A questi vanno aggiunti altri (non numerosi) nomi che, pur potendo essere riferiti a persone di ambedue i sessi, tuttavia sono grammaticalmente femminili; e richiedono dunque la concordanza al femminile di eventuali articoli e aggettivi:

– la persona, la spia, la guardia, la sentinella

– il nostro amico Carlo è *una brava persona.*

Il nome *sosia* è invariabile nel genere e nel numero che sono distinguibili mediante articolo e aggettivi: *il (la, i, le)* sosia.

7.3.5 LA PROFESSIONE E IL GENERE

Il processo sociale in atto, che vede le donne intraprendere carriere e accedere a cariche fino a oggi appannaggio quasi esclusivo degli uomini, ha creato problemi grammaticali di non facile soluzione, a cui spesso si danno risposte incerte e contraddittorie.

Così accade che, specie per i nomi indicanti una professione o una carica di recente aperte alle donne, si ponga accanto al maschile l'appellativo 'donna': *donna poliziotto, donna magistrato, donna soldato* (ma anche *soldatessa*), *donna vigile* (ma anche *vigilessa*) [(1)].

Altre volte si ricorre al nome maschile senza alcuna variazione; così: *il senatore* (anziché *la senatrice*) Susanna Agnelli, *il deputato* (anziché *la deputata*) Luciana Castellina, *il presidente* (anziché *la presidentessa*) della Camera Nilde Iotti, *l'avvocato* (anziché *l'avvocatessa*) Tina Lagostena Bassi.

Altre volte ancora (ed è tendenza sempre più marcata) si lascia invariato il nome originariamente maschile e lo si fa precedere dall'articolo a da un appellativo femminile: *il* presidente / *la* presidente, *il* deputato / *la* deputato, *il* manager / *la* manager ecc.: Forse è per questo signora ministro che lei conserva (...) un atteggiamento incongruamente ilare. (M. Mafai, in 'la Repubblica', 2-9-1993).

Ma ormai la tendenza a distinguere anche in questi casi il femminile con la desinenza che gli è tradizionalmente propria si va sempre più diffondendo. Si veda in proposito il gustoso titolo con il quale viene annunciata in 'la Repubblica' del 4-7-1994 la nuova edizione del vocabolario della lingua italiana edito da Zanichelli: "La finale in 'a' per 800 parole maschili.

[(1)] "Allarmi, arrivano le soldate!" E' questo il titolo scherzosamente ironico di un articolo su 'La Nazione' del 24-11-1992, in cui si dà notizia dell'arruolamento di un primo contingente di 29 donne soldato nell'esercito italiano. Donne che, per altro, nel corso dell'articolo vengono denominate 'donne soldato' o 'soldatesse'. A titolo di informazione occorre precisare che la loro 'ferma', avendo carattere sperimentale, è durata solo due giorni. Ora, a quasi un anno di distanza, un tribunale amministrativo riconosce alle donne il diritto a fare il soldato. Ecco un titolo in proposito su 'la Repubblica' del 28-8-1993: "Il Tar dice sì alle soldatesse. Incostituzionale vietare alle donne le stellette".

Ecco la 'vocabolaria'. Zingarelli promuove l'ingegnera e l'avvocata".

Una società inarrestabilmente si evolve, e la sua lingua -che del resto ne è uno degli specchi più sensibili- con essa.

Comunque le incertezze rimangono. In un articolo in 'la Repubblica' del 29-11-1995, la giornalista Silvana Mazzocchi ne dà buona testimonianza come mostrano i due seguenti esempi:

– (...) *Carla* del Ponte, *procuratore* generale della Confederazione, entra nel suo ufficio.

– *Carla* del Ponte) (...). *Lei, la magistrata* di cui Giovanni Falcone diceva che era (...).

Nel seguente esempio, si noti, l'attributo *(noto)* riferito a una signora ma concordato con il suo appellativo professionale (maschile: *architetto*): *(...) Sabina Rocca, architetto milanese noto* per il suo impegno civile (...). (in 'Panorama', 30-11-1995, pag. 37).

7.3.6 NOMI DI ANIMALI DI GENERE PROMISCUO (O EPICENI) [1]

Non pochi nomi di animali, soprattutto non domestici o insetti, presentano un'unica forma, maschile o femminile, che serve a designare sia l'animale maschio che l'animale femmina: la zebra, la balena, la farfalla, il gambero, l'usignolo, lo scorpione.

In questi casi, per distinguere il genere, si fa seguire al nome l'appellativo *maschio* o *femmina*: la balena *maschio*, la balena *femmina*, l'usignolo *maschio*, l'usignolo *femmina*, lo scorpione *femmina*, lo scorpione *maschio*.

Si può anche usare l'espressione *la femmina dell'usignolo*, *il maschio della balena*.

7.3.7 NOMI DI COSA APPARENTEMENTE DOTATI DI MASCHILE E FEMMINILE

All'inizio di questo paragrafo si è già accennato ai nomi di cosa che sembrano dotati di maschile e femminile. A questo proposito va notato che:

• per alcuni la variazione di genere è solo apparente; in realtà si tratta di parole diverse con un significato se sono maschili e con un altro se sono femminili:

---

[1] Cfr. 7.3.4 n. 1.

maglio (martello)	–	maglia (indumento)
cero (candela)	–	cera (delle api)
baleno (lampo)	–	balena (cetaceo)

• altri presentano la stessa forma per il maschile e per il femminile; ma a identità di forma non corrisponde identità di significato; il quale infatti è diverso per il maschile e per il femminile:

il fine (scopo)	–	la fine (termine)
il radio (elemento chimico)	–	la radio (apparecchio trasmittente)
il capitale (beni)	–	la capitale (di uno Stato)

Capitolo VIII

8 - I NOMI (2º)

Il nome in base al numero - Nomi con doppio plurale - Nomi invariabili - Nomi difettivi - Il plurale dei nomi composti - Nomi alterati e derivati.

8.1 IL NOME IN BASE AL NUMERO

singolare e plurale
– libr o - libr i, cas a - cas e, chiav e - chiav i

I nomi si possono distinguere in base al *numero*: *singolare* e *plurale*.

Il *singolare* indica un solo essere animato, una sola cosa o un solo insieme collettivo: uomo, cane, libro, idea, flotta.

Il *plurale* indica più esseri animati, cose o insiemi collettivi: uomini, cani, libri, idee, flotte.

desinenze
Anche per differenziare il numero (come per differenziare il genere) l'italiano fa uso delle *terminazioni* (o *desinenze*).

A questo proposito, in generale si può dire che:

• i nomi in -***a***
se sono femminili, hanno il plurale in -***e***: maestra - maestre
se sono maschili, hanno il plurali in -***i***: problema - problemi

• i nomi in -***o***
hanno il plurale in - ***i***: maestro - maestri, carro - carri

• i nomi in -***e***
hanno il plurale in - ***i***: fiore - fiori, chiave - chiavi

8.1.1 PRECISAZIONI SUL PLURALE DEI NOMI IN *-A*

i nomi maschili

in -***a, -ca, -ga*** formano il plurale
in ***-i, -chi, - ghi***:

il poet a	i poet i
il patriar ca	i patriar chi
il colle ga	i colle ghi
ma: il bel ga	i bel gi

i nomi femminili

in ***-a, -ca, -ga, -ìa, -cía, -gìa*** formano il plurale
in ***-e, -che, -ghe, -ie, -cìe, -gìe***:

l'aul a,	la mos ca,	la colle ga,	la scrivan ìa,	la farma cìa,	la bu gìa
le aul e,	le mos che,	le colle ghe,	le scrivan ìe,	le farma cìe,	le bu gìe;

costituiscono eccezione l'*ala* e l'*arma* che al plurale fanno le *ali* e le *armi*.

i nomi femminili

in -***cia, -gia,*** in generale, alcuni formano il plurale
in -***cie***, - ***gie***, se questa terminazione è preceduta da vocale
altri in -***ce***, -***ge***, se questa terminazione è preceduta da consonante:

la cami cia, la vali gia	le cami cie, le vali gie (ma anche: vali ge) [1]
la provin cia, la spiag gia	le provin ce (ma anche: le provin cie)

8.1.2 PRECISAZIONI SUL PLURALE DEI NOMI IN *-O*

i nomi maschili terminanti in

-o, -ìo, -io, -cio, -gio, -glio formano in genere il plurale in
-i, ìi, -i, -ci, -gi, -gli:

il lett o,	il legg ìo,	il principio,	il ba cio,	il passag gio,	il fi glio
i lett i,	i legg ìi,	i princip i,	i ba ci,	i passag gi,	i fi gli;

ma: *uomo* e *dio* hanno plurale irregolare: *uomini* e *dei*;
il femminile *man-o* forma il plurale regolarmente: *man- i*;

ec o, che al singolare può essere maschile e femminile, al plurale è solo maschile *e chi* (7.2);

• alcuni nomi con la terminazione in ***-io*** (con ***i*** atona) al plurale possono confondersi nella pronuncia e nella grafia, o solo nella pronuncia, col plurale di altri nomi; tuttavia oggi si tende a distinguerli affidandosi semplicemente al contesto piuttosto che a mezzi grafici particolari:

---

[1] Un esempio: "E a viale Mazzini sono pronte le *valige*" (titolo in 'la Repubblica', 27-5-1993)

assassino	- assassinio	assassini	- assassini (o assassinî)
suicida	- suicidio	suicidi	- suicidi (o suicidî)
àrbitro	- arbìtrio	àrbitri	- arbìtri (o arbitrî)
prìncipe	- princìpio	principi	- princìpi (o principî)

i nomi maschili terminanti

in *-**co**, -**go*** alcuni formano il plurale
in ***-chi, -ghi***
altri in ***-ci, -gi***
E' assai complesso fornire indicazioni certe per quanto riguarda questo gruppo di nomi; le oscillazioni sono infatti amplissime.
In via generale si può dire che:

• i nomi che hanno l'accento tonico sulla penultima sillaba formano il plurale in *-chi* e *ghi*:
il fuo co — i fuo chi
l'alber go — gli alber ghi
ma non mancano le eccezioni: ami co - ami ci, gre co - gre ci

• i nomi che hanno l'accento tonico sulla terzultima sillaba formano il plurale in *-ci* e *-gi*:
il medi co — i medi ci
il biolo go — i biolo gi

Anche a questo proposito le eccezioni non mancano: incari co - incari chi, obbli go - obbli ghi.

Di alcuni nomi sono presenti le due forme: chirur go - chirur gi e chirur ghi, intona co - intona ci e intona chi, mani co - mani ci e mani chi, stoma co - stoma ci e stoma chi.

I *nomi* che terminano in *-logo* presentano analoghe incertezze; anche se, in generale, si può dire che:
– hanno il plurale in *-ghi* quelli che *indicano cose* (monolo go - monolo ghi, dialo go - dialo ghi);
– hanno il plurale in *-gi* quelli che *indicano persone* (psicolo go - psicolo gi, archeolo go - archeolo gi; ma: astrolo go - astrolo gi e astrolo ghi.

da maschili a femminili
Alcuni nomi maschili terminanti in ***-o*** al plurale diventano femminili con terminazione in ***-a***:

l'uov o	le uova
il pai o	le pai a
il centinai o	le centinai a
il migliai o	le migliai a
il migli o	le migli a

Il nome *uovo* in una possibile alterazione resta maschile anche al plurale: l'*ovetto* (dalla variante parlata *ovo*) - gli *ovetti*.

8.1.3. PRECISAZIONI SUL PLURALE DEI NOMI IN *-E*

i nomi maschili e ***femminili*** terminanti

in **-*e*** formano il plurale in **-*i***

il fior e, la paret e, i fior i, le paret i

i ***nomi femminili*** terminanti

in ***-cie -gie, -glie*** formano il plurale in - ***ci, -gi, -gli***

la superfi cie, l'effigie, la mo glie

le superfi ci, le effi gi, le mo gli

Rimane invariato la *specie* (plur. le *specie*).

Per i terminanti in *-ie* si veda in 8.3

8.2 NOMI CON DOPPIO PLURALE

• Un cospicuo gruppo di *nomi maschili* in ***-o*** ha il plurale regolare in ***-i***; oppure può cambiare genere e terminare in ***-a***:

l'urlo	gli urli - le urla
il grido	i gridi - le grida
il ginocchio	i ginocchi - le ginocchia
il corno	i corni - le corna

• Non di rado il *significato* dei due plurali è *diverso*:

il braccio
i bracci (di cose) - le braccia (del corpo)

il dito
i diti (i diti pollici, i diti mignoli) - le dita (in genere)

il membro
i membri (di un gruppo) - le membra (del corpo)

il lenzuolo
i lenzuoli (in genere) - le lenzuola (il paio necessario per un letto)

Questi nomi al plurale consentono l'alterazione sulla forma maschile: i ditoni, i gridolini, i lenzuolini.

• Tra questi si può collocare anche un piccolo gruppo di *nomi che hanno doppia forma*, sia per il singolare che per il plurale senza variazioni di significato:

l'orecchio - gli orecchi	l'orecchia - le orecchie
la strofa - le strofe	la strofa - le strofi

• Il nome *frutto*, al maschile singolare può essere usato in senso proprio (*la mela è un frutto*) e in senso figurato (*il frutto del mio lavoro*); il suo plurale è regolare: *frutti*.

Il femminile singolare la *frutta* ha un senso collettivo (come genere alimentare); il suo plurale, le *frutte*, è desueto.

8.3 NOMI INVARIABILI

Alcuni nomi conservano la stessa forma per il singolare e per il plurale. La definizione del numero è affidata dunque all'articolo, all'eventuale aggettivo e al verbo.

Essi si possono raggruppare nel modo che segue:

• i nomi che terminano *con vocale accentata*;
– il caffè - i caffè, la città - le città, la virtù - le virtù

• nomi formati da una sola sillaba (*monosillabi*):
– il re - i re, il tè - i tè, la gru - le gru

• i nomi che terminano *in consonante* (si tratta quasi sempre di prestiti):
– il goal (gol), il film, il bar, il tram, il quiz
i goal (gol), i film, i bar, i tram, i quiz

In alcuni casi, specialmente se il nome non è ancora entrato nell'uso comune, si possono trovare plurali formati secondo le regole della lingua d'origine:
– il broker - i brokers, il tour-operator - i tour-operators

a indicare il numero di tali sostantivi possono essere (si è detto) l'articolo o un aggettivo o il verbo; quando non anche il senso generale della frase che li contiene:
– (...) lo costringono a *ultimatum* senza seguito. (M. Franco, in 'Panorama', 4-7-1991)

• i nomi che risultano l'*abbreviazione di altri nomi*:

l'auto(mobile)	– le auto(mobili)
la bici(cletta)	– le bici(clette)
la moto(cicletta)	– le moto(ciclette)
il frigo(rifero)	– i frigo(riferi)
la foto(grafia)	– le foto(grafie)
la radio(trasmettitrice)	– le radio(trasmettitrici)

• i nomi che terminano in *-i:*

l'analisi	– le analisi
la tesi	– le tesi
l'oasi	– le oasi
il brindisi	– i brindisi

• alcuni nomi maschili in *-a:*
– il sosia - i sosia, il vaglia - i vaglia, il boia - i boia
In questo gruppo vengono ricompresi i nomi di animali esotici:
– il boa - i boa, il gorilla - i gorilla, il cobra - i cobra, il lama - i lama

• i nomi femminili in *-ie:*
– la serie - le serie, la congerie - le congerie, la barbarie - le barbarie

8.4 NOMI DIFETTIVI

Alcuni nomi mancano (difettano) di plurale o di singolare.

difettivi di plurale

Si usano solo al singolare:

• alcuni *nomi collettivi*: la roba, la prole

• numerosi *nomi di malattie*: il vaiolo, la peste, il colera, la malaria

• i *nomi dei metalli e degli elementi chimici*: l'argento, l'alluminio, lo zolfo, l'ossigeno.

Alcuni si possono usare al plurale, ma con significato alquanto diverso: i bronzi di Riace, i ferri del mestiere, gli ori della Real Casa

• i *nomi dei mesi e delle festività:*. novembre, dicembre, Pasqua, Natale

• alcuni *nomi astratti* e *nomi di scienze* e *di indirizzi culturali*: il coraggio, l'onore, la superbia, l'aritmetica, la geografia, la chimica, la filosofia, il Rinascimento, il Decadentismo

• alcuni *nomi* che si riferiscono a *generi alimentari*: il grano, l'orzo, l'avena, il burro, il riso, il latte

• alcuni *nomi* che si riferiscono a *sensazioni fisiche* e *psicologiche*: la fame, la sete, il sonno, la stanchezza, il nervosismo, la rabbia

• le *entità uniche* in natura: l'equatore, l'occidente, il meridione, l'universo

difettivi di singolare

Si usano generalmente al plurale:

• i nomi di *cose formate da due o più parti*: gli occhiali, le forbici, i pantaloni, le manette

Non di rado, nel linguaggio colloquiale o pubblicitario si usa *l'occhiale*, il *pantalone*; in questi casi il singolare può stare a evidenziare un particolare tipo di occhiali o di pantaloni

• i nomi che si riferiscono a *cose* o *eventi plurimi*: le stoviglie, le vettovaglie, i dintorni, le percosse, le dimissioni

• alcuni *nomi dotti* che all'origine, in latino, erano già plurali: le nozze, le esequie, le ferie

8.5 IL PLURALE DEI NOMI COMPOSTI

I nomi composti formano il plurale in maniera differente, a seconda dei loro componenti, e non in base a regole assolute. Ecco alcune indicazioni generali:

• composti da ***nome + nome***

a) se sono dello stesso genere, di solito si modifica il secondo sostantivo: – l'arcobaleno - gli arcobaleni, la cassapanca - le cassapanche

b) se sono di genere diverso, si modifica il primo: il pescespada - i pescispada

non così i nomi *ferrovia, banconota, boccaporto* che hanno tanto uniti i loro componenti da formare ormai un tutto unico; sicché, come qualsiasi altro nome, cambiano la parte terminale: *ferrovie, banconote, boccaporti*

c) se hanno come primo elemento la parola *capo* e sono maschili: possono cambiare questo primo elemento (*il capostazione - i capistazione, il capogruppo - i capigruppo*); oppure possono cambiare il secondo elemento quando sono sentiti come un tutto unico (*il capoluogo - i capoluoghi, il capolavoro - i capolavori);* se sono femminili restano invariati *(la caporeparto - le caporeparto, la caposala - le caposala*)

• composti da ***nome*** + ***aggettivo***

al plurale modificano tutti e due i componenti: la cassaforte - le casseforti, la terracotta - le terrecotte, il caposaldo - i capisaldi

non così *palcoscenico*, che al plurale fa *palcoscenici*; *pellerossa* invece può avere *pellirosse*, e può restare invariato

• composti da ***aggettivo + nome***

di solito, modificano solo *il secondo elemento*: il francobollo - i francobolli, il biancospino - i biancospini

ma i composti con l'aggettivo *mezza* modificano anche questo componente: la mezzanotte - le mezzenotti, la mezzaluna - le mezzelune

• composti da ***aggettivo + aggettivo***

di solito, mutano solo il secondo componente, in quanto il nome così formato viene sentito come un tutto unico: il pianoforte - i pianoforti, il chiaroscuro - i chiaroscuri

• composti da ***verbo + nome femminile singolare***

di solito restano invariati: il portacenere - i portacenere, il cavalcavia - i cavalcavia

• composti da ***verbo + nome maschile singolare***

vengono sentiti come un tutto unico; pertanto mutano il secondo elemento: il passaporto - i passaporti, il segnalibro - i segnalibri

• composti da ***verbo + nome plurale***

restano invariati: il battipanni - i battipanni, l'asciugacapelli - gli asciugacapelli

• composti da ***avverbio*** o ***preposizione + nome***

se il composto risulta dello stesso genere del sostantivo che lo compone, al plurale cambia la parte terminale: (la camera →) l'anticamera - le anticamere, (il pranzo →) il dopopranzo - i dopopranzi

se il composto è di genere diverso del nome che lo compone, al plurale rimane invariato: (la scuola →) il doposcuola - i doposcuola, (la terra →) il retroterra - i retroterra

• composti da ***verbo + verbo***

rimangono invariati: il saliscendi - i saliscendi, il toccasana - i toccasana

• composti da ***più parole***

formano il plurale in modi diversi, che solo il vocabolario e la pratica possono indicare: il ficodindia (da fico d'India) - i fichidindia, il fiordaliso - i fiordalisi, la messinscena - le messinscene, il pomodoro - i pomodori / i pomidoro / i pomidori

• le ***unità lessicali superiori*** (5.6)

cambiano la prima parola componente, se questa è un nome: il biglietto omaggio - i biglietti omaggio, il ferro da stiro - i ferri da stiro, il pulsante accensione fari antinebbia - i pulsanti accensione fari antinebbia

se l'unità è formata da aggettivo e nome, ambedue vanno al plurale: la falsa testimonianza - le false testimonianze

se la prima parola componente è un verbo o una parola invariabile, tutto resta immutato: il cessate il fuoco - i cessate il fuoco, il non so che - i non so che.

Capitolo IX

9 - GLI ARTICOLI

Generalità - Forme dell'articolo - L'articolo maschile - L'articolo femminile - Casi di presenza e assenza di articolo - L'articolo partitivo - Le preposizioni articolate.

9.1 GENERALITÀ

L'***articolo*** (dal latino *articulus*, 'piccola giuntura') è una parte variabile del discorso che si premette a un nome o sostantivo per la funzione accessoria di precisarne il genere e il numero, e per distinguere se è definito o indefinito, determinato o indeterminato.

Esso concorda con il nome nel genere e nel numero, e stabilisce con esso un legame assai stretto:

– *Un* buon libro è *un* grande amico.

– Sto leggendo *il* libro che mi hai regalato.

L'articolo si può anteporre a qualsiasi parte del discorso, se questa svolge funzione di sostantivo. Dove c'è un articolo c'è infatti sempre un nome. (7.1.1):

– Niente mi piace tanto come *il leggere.*

– Bisogna fare *il bene.*

– Non capisco *il perché* di tutto ciò

Gli articoli possono essere: *determinativi* e *indeterminativi.*

In generale si può dire che l'***articolo determinativo*** indica un oggetto determinato, specifico, e l'***articolo indeterminativo*** indica un oggetto impreciso, indeterminato.

a) Questa è *una* Roma che non conoscevo.

b) Questa è *la* Roma che non conoscevo.

In a) il parlante comunica che c'è più di un particolare, più di una caratteristica di *Roma* che lui non conosce; questa che adesso conosce per la prima volta è una fra le possibili, non ben determinata.

In b) il parlante comunica invece che una sola era la parte o la caratteristica di *Roma* da lui non conosciuta; ed era quella, ben determinata, che adesso ha davanti a sé.

"*Una* gallina timida *un* giorno fece coccodè in mezzo a *un* prato in prossimità di *una* cava di tufo. Le rispose *l'*eco. *La* gallina fece coccodè *un'*altra volta e *l'* eco rispose di nuovo. *La* gallina credette di aver trovato *un'*amica timida come lei che le rispondeva ma non voleva farsi vedere. Ogni giorno andò in mezzo a*l* prato a fare quattro chiacchiere con *la* sua amica timida come lei". (L. Malerba, 'Le galline pensierose')

In questo breve testo gli articoli indeterminativi *una* e *un* introducono un dato 'nuovo' (*una gallina, un prato, un'amica*) non ancora definito e precisato. Lo stesso dato, divenuto 'noto' è successivamente preceduto dagli articoli determinativi *la* e *il* (*la gallina, il* [a+il] *prato, la sua amica*).

L'articolo indeterminativo (*un'*) davanti a 'altra volta' sta a indicare un punto nel tempo impreciso e, di solito, imprecisabile. L'articolo determinativo (*l'*) davanti a 'eco' sta a indicare un fenomeno acustico specifico, singolare, noto.

La scelta fra l'articolo determinativo e l'articolo indeterminativo, allo stesso modo che per 'noto' / 'nuovo' ('conosciuto' / 'non conosciuto), si opera anche nei casi di 'classe' / 'membro' [(1)], come nel seguente esempio:

"*Il* gufo reale, che co*l* gufo comune o allocco vive nei boschi d'Italia (...), può raggiungere un peso di oltre 2 chili (...).

Egli non attacca *l'*uomo (...). la natura ha provvisto *il* gufo di armi micidiali per cacciare (...). *Un* semplice topolino è ingoiato intero (...)". (L. Ferretti - S. Lombardi, 'Uomo e natura').

In questo esempio gli articoli determinativi *il* (*gufo*) e *l'(uomo)* indicano la 'classe' (*dei gufi*) e il 'genere' (*umano*); si potrebbe anche usare il plurale: *i gufi, gli uomini*. L'articolo indeterminativo (*un*) viene usato per designare un singolo membro di una classe o di una specie: non *il topolino* (la classe dei topolini) ma *un* semplice, singolo *topolino*.

Naturalmente le distinzioni fatte non sono sempre così rigide. Accade spesso che l'articolo indeterminativo e l'articolo determinativo si possano usare indifferentemente senza sostanziali cambiamenti di significato:

---

(1) Usiamo qui questi due termini, 'noto' / 'nuovo', (tipici della grammatica del discorso) richiamandoci al discorso generale relativo all'informazione: che è del resto una delle ragioni fondamentali per cui una lingua si studia nelle sue articolazioni formali. Un'informazione - sia pure breve come una semplice frase- è in genere costituita da una parte (l'argomento: ciò di cui si parla) che è (o si suppone) 'nota' e presente alla mente dell'interlocutore; e da una parte (ciò che si dice sull'argomento) che invece allo stesso interlocutore risulta 'nuova', e perciò propriamente informativa. La prima parte si chiama 'dato' o 'noto' o 'tema', la seconda 'nuovo' o 'commento' o 'rema': *Tuo fratello Carlo* (dato o noto) *è stato tanto gentile con me* (nuovo o commento). Si tratta in fondo, di una distinzione abbastanza corrispondente a quella tradizionale di 'soggetto' e 'predicato' (32.7, 33.1).

– Prendiamo *il* tè o *il* caffè (= *un* tè o *un* caffè)?
– *La* macchina (= *una* macchina) va tenuta bene.

Ancora due esempi di usi distintivi:
– Ho *la* figlia che mi si sposa. (il parlante fa intendere di avere una figlia unica o fra altri figli maschi)
– Ho *una* figlia che mi si sposa. (qui si è portati a pensare che il parlante abbia più di una figlia)

Si veda, nel seguente esempio, come l'articolo determinativo serva a sottolineare la unicità di un significato:
– (...) Casini ricorda che la questione del valore della vita umana diventa "*la*" questione sociale (...). (in, 'la Repubblica', 6-4-1991).

9.2 FORME DELL'ARTICOLO

articolo	determinativo		indeterminativo	
	maschile	femminile	maschile	femminile
singolare	il lo (l')	la (l')	un uno	una (un')
plurale	i gli	le		

9.2.1 L'ARTICOLO MASCHILE

Gli articoli determinativi ***il*** e ***i*** e l'articolo indeterminativo ***un*** si usano davanti ai nomi maschili che iniziano per *consonante*, eccezion fatta per *s* impura (*s* + consonante), *z, gn, pn, ps, x*:
– il cielo, i pianeti, un fiume, il mare, i laghi, un ruscello

Gli articoli determinativi ***lo (l'), gli*** e l'indeterminativo ***uno*** si premettono ai nomi che cominciano:
• con vocale: in questo caso l'articolo determinativo singolare è di norma *l'* (forma elisa di *lo*); l'articolo indeterminativo è *un* (forma elisa di *uno* ma privo di apostrofo):
– l'albero, gli elefanti, un amico

gli si può elidere davanti a nomi che iniziano per *i* (2.4.1): *gli* (*gl'*) industriali

• con *z:* lo zucchero, uno zaino, gli zii
• con *gn:* lo gnorri, uno gnomo, gli gnomi
• con *ps, pn:* lo psicologo, uno psichiatra, gli pseudonimi, gli pneumatici; per quanto riguarda il gruppo *pn* comunque va detto che è molto frequente anche l'uso degli articoli *il* e *un*:
– *il* - *un* pneumatorace - *i* pneumatoraci
– *I* pneumatici tutto confort (titolo in 'La nazione', 23-4-1991)
• con *x*: lo xilofono, uno xenofobo
• con *s* impura (*s* + consonante): lo specchio, lo sci, gli sbagli, uno storico
• con *i* semiconsonante (*j*): lo Jonio, uno iettatore, gli Jugoslavi

9.2.2 L'ARTICOLO FEMMINILE

L'articolo determinativo femminile è ***la*** che si elide in ***l'*** davanti ai nomi che cominciano per *vocale*. Il plurale è ***le*** che raramente si elide davanti ai nomi che cominciano per *e*;
– la storia - le storie, la mela - le mele, l'aula - le aule, l'isola - le isole, l'erba - le erbe (ma anche l'erbe)

L'articolo indeterminativo è ***una*** che si elide in ***un'*** davanti a nomi che cominciano per *vocale*:
– una fiaba, una storia, un'elica, un'isola

9.2.3 PRECISAZIONI SULL'USO DEGLI ARTICOLI

stranierismi Nonostante le tante incertezze e difformità che si registrano, si può dire che in generale davanti ai nomi stranieri si usa lo stesso articolo che si userebbe con un nome italiano con l'iniziale dal *suono* corrispondente.

Si dice pertanto *il chifel* (dal tedesco *kipfel*, 'cornetto'), *lo chiffon* (francese *chiffon*: un tipo di stoffa), *lo shampoo* (inglese, 'lavatura dei capelli'). Si dice *il jet* (dall'inglese *jet airplane*, tipo di aereo), ma *lo jacquard* (dal francese Jacquard: tipo di punto a maglia) e *lo (uno) junker* (tedesco *junker*, membro della nobiltà tedesca prussiana).

Tuttavia davanti a parole che iniziano per *h* e *w* pronunciata all'inglese rimangono molte incertezze. Davanti a *whisky*, ad esempio, ora si trova *l'* ora si trova *il*. E così davanti a *western* e *week-end*. Per fare ancora un esempio, davanti al nome del famoso poeta *Heine* si trova usato ora *l'* (*l'Heine*), ora *lo* (*lo Heine*).

dèi Al plurale *dèi* (singolare *dio*) si antepone *gli* (*gli dei*) in quanto la forma antica era *iddei* (singolare *iddio*); e quindi *gli iddei*. Poi la parola è mutata ma l'articolo (*gli*) è rimasto.

indeterminativo Per designare un'opera d'arte pittorica (in rari casi anche letteraria) spesso si fa precedere il cognome dell'autore dall'articolo indeterminativo:
– *un* Morandi, *un* Piero della Francesca
– Per *un* Tiziano Mantova sfida Usa e Giappone (titolo in 'la Repubblica', 6-1-1991)

9.2.4 CASI DI PRESENZA E ASSENZA DI ARTICOLO DETERMINATIVO

nomi propri di persona

In generale, con i *nomi propri* e *cognomi di persona* l'articolo determinativo si omette:

– Hai visto *Luigi*?
– *Menichelli* giocava con la Juventus.

A questo proposito ci sono comunque delle eccezioni:

• si usa l'articolo quando il nome è preceduto da un aggettivo qualificativo, o è comunque determinato (da una frase relativa, ad esempio, o da una specificazione):

– *La* grande Eulalia (titolo di un romanzo di P. Capriolo)
– E' questo *l'*Antonio che amo.
– Ho chiamato *il* Francesco del terzo piano.

se il nome è qualificato da un altro nome, ma posposto, l'articolo può essere o non essere usato (dipende dal tipo di situazione comunicativa):

– Questo è Antonio, figlio di mio fratello.
– Questo è *l'*Antonio figlio di mio fratello. (= uno specifico fra altri con lo stesso nome di comune conoscenza)

• i nomi femminili possono avere l'articolo quando sono usati in linguaggio familiare; e ciò avviene soprattutto nelle aree linguistiche settentrionali e centrali:

– Chiama un po' *la* Lucia, per favore (ma anche: Lucia)
– Hai visto *la* Carla? (ma anche: Carla)

• i cognomi femminili sono per lo più preceduti dall'articolo; specie se sono di donne celebri:

– *la* Sereni, *la* Duse, *la* Morante

• i cognomi maschili rifiutano in genere l'articolo, salvo in certe aree linguistiche settentrionali e in certe espressioni di valore ironico o simili:

– Rossi (*il* Rossi) si è fatto una macchina nuova.

Ma davanti ai cognomi di uomini illustri del passato, si tende ancora oggi a usare l'articolo: *l'*Alighieri, *il* Manzoni;

anche davanti al nome che ricorda il luogo di nascita di un artista, e che è il suo appellativo, si usa sempre l'articolo:

– *il* Caravaggio, *il* Perugino, *il* Bassano

• l'articolo è richiesto nei casi in cui il cognome sia accompagnato da un elemento di precisazione (aggettivo, sostantivo anche con preposizione, o proposizione):

– *L'*Orlando e *il* Di Mauro *del primo tempo* bastano (...). (in 'Corriere della sera' [sport], 1-2-1993)
– Ho imparato a conoscere *il* Rossi *che si occupa di cucina.*

nomi geografici

Con i *nomi propri* geografici l'articolo *si omette*:
• davanti ai nomi di città:
– Roma è la capitale d'Italia.
– Da qui si vede Assisi.

Fanno eccezione *L'Aquila, La Spezia* e alcune altre città estere come *L'Avana, Le Havre, La Mecca, L'Aia, Il Cairo,* in cui l'articolo è ormai parte integrante del nome stesso.

Si usa comunque l'articolo con i nomi di città accompagnati da un aggettivo, o in qualche modo determinati:
– Ho visitato *la* Perugia *etrusca.*
– Trema la Verona degli affari. (titolo in 'la Repubblica', 26-1-1993)
– Non è più *la* Palermo in cui (...) poteva vivere tranquillo (...). (G. Bocca, in 'la Repubblica', 22-5-1996)
– Ma è ancora *una* Palermo da stato d'assedio (...). (G. Bocca, cit.)
– Sono questi il simbolo di *una* Napoli che non cambia. (in 'il Giornale', 23-5-1996)

• davanti ai *nomi di piccole isole* italiane: Capri, Lipari, Vulcano ecc. ma: *la* Sicilia e *la* Sardegna (isole grandi).

Con alcune piccole isole comunque si usa l'articolo: *il* Giglio, *l'*Elba, *la* Maddalena, *l'*Asinara.

In generale, indipendentemente dalla loro grandezza, si omette l'articolo davanti ai nomi di isole straniere: Cuba, Maiorca, Sant'Elena, Cèlebes.
Anche in questo caso non mancano eccezioni: *il* Borneo, *il* Madagascar.

L'articolo è sempre presente quando si tratta di arcipelaghi o gruppi di isole: *le* Eolie, *le* Canarie, *le* Baleari.

• davanti a *nomi di stati e regioni* con le preposizioni *in* (nei complementi di moto a luogo e stato in luogo) e *di* (nel complemento di specificazione):
– abitare in Umbria, andare in Brasile, la regina d'Inghilterra, i capi di governo di Francia e di Germania

parentela

L'articolo *si omette* con i *nomi di parentela* al singolare (*padre, madre, fratello, sorella, zio, zia, suocera, suocero, genero, nuora, cugino, cugina, cognato, cognata, marito, moglie*) preceduti da un possessivo (che non sia *loro* e *proprio:* 12.2.1):
– mio padre, tuo fratello, suo suocero

Si usa invece l'articolo se questi stessi nomi vengono alterati, se fra il possessivo e il nome si frappone un aggettivo, se il possessivo è posposto:
– *il* mio cuginetto, *la* mia diletta moglie, *la* figlia mia.

Con i nomi *mamma, babbo* e *papà*, salvo in certi casi di usi regionali, è richiesto l'articolo.

Dipende sempre da usi regionali avere o non avere l'articolo con i nomi *nonno* e *nonna*.

possessivi

L'articolo si mette sempre davanti a pronomi o aggettivi possessivi:

– Questo è *il mio* appartamento, quello è *il suo*.

Si fa eccezione, come si è visto qui sopra, in presenza di certi nomi di parentela al singolare.

in presenza di preposizione

L'articolo *si omette* anche in certi casi di *sostantivi* (non precisati da attributi o altro) *preceduti da preposizione*, la quale pertanto sarà semplice anziché articolata. Naturalmente, il giusto uso è piuttosto suggerito dall'esperienza che da scarse indicazioni come le seguenti (che richiamano comunque, tutte espressioni dal generico valore modale, qualificativo):

• con certe *locuzioni avverbiali*: in tempo, in ritardo, in anticipo, in fretta, in cima, in fondo, a piedi, per inciso, per scherzo ecc.

• in *complementi di modo* introdotti da *con* ed equivalenti ad avverbi di modo: con pazienza (= pazientemente), con attenzione (= attentamente), con impeto, con piacere ecc.

• in alcuni *complementi di luogo e di tempo* introdotti da *in, a, di:* in città, in campagna, in chiesa, a teatro, a casa, a pranzo, di ora in ora, di giorno in giorno, di casa in casa ecc.

• in *complementi di modo, di qualità, di strumento*, con preposizioni *con, in, a, di, su:* parlare a bassa voce, barca a vela, agire con calma, agire di forza (di prepotenza), camminare in punta di piedi, consegne su ordinazione, uomo di cuore (d'ingegno) ecc.

• nel *complemento di materia* con preposizioni *di, in:* anello d'oro, cravatta di seta, statuetta in legno, cancello in ferro battuto ecc.

• in *complementi* introdotti dalla preposizione *da*, e *indicanti* una *destinazione*, un *fine*; e nei complementi *predicativi*: sala da pranzo, occhiali da sole, comportarsi da amico, farla da padrone ecc.

• in *locuzioni verbali* del tipo: avere pazienza (fretta, bisogno...), avere fame (sete, freddo, caldo, sonno...), prendere fiato (congedo, tempo) ecc.

altri casi di omissione

L'articolo può essere anche omesso in casi di necessità di concisione, e cioè:

• spesso in *titoli di libri, capitoli, paragrafi*:

– Grammatica italiana

– Coniugazione riflessiva
– Ossi di seppia (titolo di un'opera di E. Montale)

• nei *cartelli segnaletici, negli avvisi*: divieto di sosta, senso unico, oggi sciopero

• in *taluni proverbi*: paese che vai usanza che trovi, buon vino fa buon sangue

• nello *stile telegrafico* (38.9) (telegrammi, titoli di articoli giornalistici, pubblicità economica, appunti):
– Comprata macchina nuova.
– Vendo moto prezzo modico.
– Esplode auto di consigliere regionale Dc (titolo in 'la Repubblica' del 8-1-1991)

• negli *usi allocutivi*: mio caro amico - egregio avvocato, come sta? - studia, figliolo mio.

9.3 L'ARTICOLO PARTITIVO

– Mi dai *del* (= un po' di) vino?
– Ho comprato *della* (= un po' di) frutta.
– C'erano *dei* (= alcuni) ragazzi che giocavano.

del, dello, della

Gli ***articoli partitivi*** al singolare *del, dello, della* indicano una quantità non determinata di un tutto divisibile in parti.

Non si può, pertanto, usarli con i nomi che indicano un elemento singolo, considerato come un tutto unico e indivisibile.

Sarebbe impossibile dire: "Ha commesso *del* reato". (semmai: *dei* reati), "Questo bambino ha *del* raffreddore." (ma *il* raffreddore).

dei, degli, delle

Gli articoli partitivi al plurale *dei, degli, delle* sono sempre usabili quando di un insieme di elementi si vuole indicare una parte imprecisata:
– Ha commesso *dei* reati.
– Gli regalerò *delle* cravatte.

presenza di preposizione

Quando l'articolo partitivo è preceduto da una *preposizione*, è consigliabile - talvolta è obbligatorio - ricorrere a costrutti differenti: "Mi sono fatto indicare la strada *da dei* passanti", ha, come possibile alternativa, "Mi sono fatto indicare la strada da alcuni passanti". Ma in una frase del tipo "Ho visto una mostra *di dei* pittori umbri", la eliminazione del partitivo è d'obbligo: "Ho visto una mostra di pittori (di alcuni pittori) umbri".

9.4 LE PREPOSIZIONI ARTICOLATE

Le preposizioni semplici ***di, a, da, in, con, su,*** incontrandosi con un articolo determinativo, formano una parola unica, la ***preposizione articolata,*** come risulta dal seguente schema:

articoli								
	singolari					plurali		
preposizioni	il	lo	l'	la	l'	i	gli	le
a	al	allo	all'	alla	all'	ai	agli	alle
di	del	dello	dell'	della	dell'	dei	degli	delle
da	dal	dallo	dall'	dalla	dall'	dai	dagli	dalle
in	nel	nello	nell'	nella	nell'	nei	negli	nelle
su	sul	sullo	sull'	sulla	sull'	sui	sugli	sulle

Per quanto riguarda la preposizione ***con***, è ampiamente in uso la forma articolata *col*, mentre è rara la forma articolata *coi*. In tutti gli altri casi si preferisce mantenere separati articolo e preposizione; ciò per evitare possibili confusioni di significato (per ragioni di omofonia e di omografia): *collo, (il collo), colla (la colla), colle (il colle), cogli (tu cogli).*

Per ragioni analoghe alle precedenti o per evitare un cattivo suono restano separate dal loro articolo le preposizoni ***per, tra*** e ***fra:*** *per la (la perla), per il (*preferito a *pel), per i (*preferito a *pei), fra le (*non *fralle), tra la (*non *tralla)* ecc.

E' forse superfluo dire che le preposizioni articolate, proprio perché provviste di articolo, si usano nei casi in cui quest'ultimo si può usare. Nel caso contrario, si usano le preposizioni semplici (9.2.4):
– Questa è una foto *di* mia madre e questa *della* mia sorellina.

Capitolo X

10 - GLI AGGETTIVI (1º) - I QUALIFICATIVI (A)

L'aggettivo - Le funzioni sintattiche dell'aggettivo - Tipi di aggettivi - Gli aggettivi qualificativi - Genere e numero degli aggettivi qualificativi - Concordanza dell'aggettivo qualificativo - Collocazione dell'aggettivo qualificativo - Gli aggettivi di relazione - Sostantivazione dell'aggettivo qualificativo.

10.1 L'AGGETTIVO [1]

– Carlo ha una *bella* casa.
– Lavoro in *questo* ufficio da anni.
– Mi presti il *tuo* libro?
– In casa abbiamo *due* televisori.
– Lucia ha *poche* amiche.

In questi esempi le parole *bella, quella, tuo, due, poche* specificano, rispettivamente, una qualità, una collocazione, un possesso, una consistenza numerica definita o indefinita del nome a cui stanno vicino. Queste parole si dicono *aggettivi*.

---

[1] "Mediante il nome noi che parliamo indichiamo l'oggetto del nostro pensiero e mediante il verbo ne specifichiamo l'azione: e il nome e il verbo sono appunto le parti essenziali del discorso. Ma con l'aggettivo noi abbiamo la possibilità di variare quasi all'infinito la realtà dei nomi. Nel qualificare il nome, l'aggettivo lo specifica, lo chiarisce, lo varia, lo adorna, lo mortifica o lo esalta ecc. Pensiamo, per esempio, a un sostantivo come 'vita': la sua immagine è generica e disadorna; ma con l'aggettivo si caratterizza e può acquistare mille sfumature diverse (una 'vita' può essere qualificata come: breve o lunga, facile o difficile, felice o penosa, bella o brutta, eroica o vile, serena o drammatica, raccolta o dissipata, onesta o disonesta, utile o inutile, sana o torbida, oscura o trasparente, semplice o complicata, e così via, quasi all'infinito)." (S. Battaglia - V. Pernicone, 'La grammatica italiana', Torino, 1968, pag. 154).

L'***aggettivo*** (dal latino *adiectivus*, 'che si aggiunge') è una parte variabile del discorso che si accompagna ('si aggiunge') al nome da cui dipende, per qualificarlo o determinarlo; a questo nome si accorda (salvo le rare volte in cui risulta invariabile) nel *genere* e nel *numero*.

10.2 LE FUNZIONI LOGICHE E SINTATTICHE DELL'AGGETTIVO

funzione attributiva

Il nome può svolgere le funzioni logico-sintattiche di soggetto, di oggetto e di complemento con preposizione. L'aggettivo lo accompagna e lo precisa svolgendo quella che in sintassi si chiama *funzione di attributo*. Di conseguenza, si avrà, di volta in volta, l'attributo *del soggetto*, l'attributo *dell'oggetto*, l'attributo *del complemento:*

– *Carlo, felice*, andava a scuola.
– Perché non parliamo di *questi interessanti argomenti*?
– Si stendeva davanti a noi una *pianura immensa*.

funzione predicativa e avverbiale

Estensioni della funzione attributiva dell'aggettivo sono: la funzione *predicativa* (del soggetto e dell'oggetto) e la funzione *avverbiale* (anche in 33.1, 35.2b, 39.2.1, 39.3 e 69.2.1: *sillessi*). In questi casi l'aggettivo concorda col soggetto o con l'oggetto.

– *Carlo* è *felice*. (funzione predicativa = predicato nominale)
– Giudico *felice Carlo*. (funzione predicativa dell'oggetto)
– *Carlo andava a scuola felice*. (= *felicemente:* funzione avverbiale)

sostantivazione

Come le altre parti del discorso, anche l'aggettivo può essere *sostantivato* e svolgere tutte le funzioni proprie di un nome o sostantivo (10.4.5.1):

– Abbiamo parlato *del bello* e *del buono*. (aggettivi sostantivati con funzione di complemento di argomento)

significato verbale

Non pochi aggettivi recano in sè anche significati propri del verbo: *accettabile* (= che può essere accettato), *lavabile* (= che può essere lavato), *pauroso* (= che fa o che ha paura), triste (= che è triste o che dà tristezza), *attivo* (= che agisce), *indicativo* (= che indica), *carnivoro* (= che mangia carne), *fumogeno* (= che genera fumo), ecc. (cap. 27).

In questi casi, la funzione sintattica dell'aggettivo si avvicina molto a quella di un predicato verbale. Funzione che è anche ricostruibile.

– Vorrei una macchina *trasformabile* in aereo. →
Vorrei una macchina *che si potesse trasformare* in aereo.
– Il cane è ormai un animale *onnivoro*. → Il cane è ormai un animale *che mangia tutto*.

10.3 TIPI DI AGGETTIVI

Un aggettivo si aggiunge a un nome:

a) per attribuirgli una qualità; aggettivi di questo tipo si dicono *qualitativi*: bello, piccolo, scuro, caldo, gentile, intelligente

b) per determinarne la posizione nello spazio, l'appartenenza, la consistenza quantitativa e numerica; aggettivi di questo tipo si dicono *determinativi* (o *indicativi*): questo, quello, mio, vostro, poco, tanto, tre, ventidue, terzo, cinquantesimo

10.4 GLI AGGETTIVI QUALIFICATIVI

– Abita in un *bel* quartiere.
– Ha i capelli *neri*.
– E' un ragazzo *alto* per la sua età.
– E' un uomo *intelligente*.
– E' una ragazzina *timida*.
– Sono persone *generose*.
– Ho acquistato un tavolo *ovale*.

Un ***aggettivo*** si dice ***qualificativo*** quando di un nome precisa (come si può vedere negli esempi) l'aspetto, il colore, la grandezza, una qualità intellettuale, psicologica, morale, la forma.

Numerosissimi sono gli aggettivi qualificativi, perché numerosissime sono le possibilità di precisare le 'cose' che si presentano nel mondo della nostra realtà sensibile, concettuale, affettiva (n. 1 a pag. 91).

Proprio per questo, si può affermare che quella degli aggettivi qualificativi rimane una classe 'aperta' [1] data la possibilità che sempre l'uomo ha di precisare, qualificare nuovi concetti, forme, tipologie, rapporti ecc.

10.4.1 GENERE E NUMERO DEGLI AGGETTIVI QUALIFICATIVI

classi

Per lo più gli aggettivi qualificativi sono variabili nella formazione del genere e del numero in cui si possono distinguere nelle seguenti *classi* o *gruppi:*

---

[1] Con la qualifica di 'aperta' si intende dire che la classe degli aggettivi può continuamente arricchirsi di nuovi elementi. Allo stesso modo sono 'aperte' le classi dei nomi, quella dei verbi e quella degli avverbi. Non è così per gli aggettivi dimostrativi, possessivi, indefiniti, numerali e interrogativi, che appartengono a classi 'chiuse', difficili da ampliarsi.

1ª classe - raggruppa gli aggettivi che hanno *quattro terminazioni:*

–o per il maschile sing. ***–i*** per il masch. plur.
–a per il femminile sing. ***–e*** per il fem. plur.
buon o - buon i
buon a - buon e

2ª classe - raggruppa gli aggettivi che hanno due terminazioni:

–e per il maschile e il femminile singolari
–i per il maschile e il femminile plurali:
giovan e - giovan i

3ª classe – raggruppa quegli aggettivi che terminano in:

–a per maschile e femminile singolari
–i per il maschile plurale
–e per il femminile plurale
ottimist a - ottimist i
ottimist a - ottimist e

		singolare	plurale
1ª classe	maschile	o	i
	femminile	a	e
2ª classe	maschile	e	i
	femminile		
3ª classe	maschile	a	i
	femminile		e

invariabili

Alcuni aggettivi qualificativi sono *invariabili*: hanno cioè un'unica forma per maschile e femminile e per singolare e plurale.

Essi sono:
• *pari* e i suoi derivati: dispari, impari:
– Il dottore riceve solo nei giorni *pari.*
– I nostri attaccarono con forze *impari.*

• *super*: benzina super, modello super

• alcuni aggettivi che indicano *un colore*: rosa, viola, lilla, blu:

– un romanzo rosa, la maglia rosa, una camicetta viola, delle camicette viola, due magliette blu

• coppie di aggettivi che indicano una *gradazione di colore*:
– giacca verde scuro, scarpe marrone chiaro, camicia rosa pallido
Gli elementi componenti le coppie potrebbero essere uniti da un trattino:
– rosso-scuro, marrone-chiaro

• gli aggettivi indicanti colore seguiti da un sostantivo che ne precisa la gradazione:
– capelli rosso rame, occhi verde mare

• gli aggettivi composti dalle preposizioni *da, a, per* + *avverbio*: dabbene, dappoco, ammodo (o ammodino), perbene:
– uomo dabbene, uomini dabbene, ragazza ammodo, ragazze ammodo, persona perbene

• *avvenire* (*a venire*) in funzione di aggettivo:
– i mesi avvenire (a venire), le generazioni avvenire

• alcuni aggettivi composti da *anti* + *sostantivo*:
– trattamenti anticellulite, sistema antifurto, leggi antimafia

• le seguenti parole usate con funzione aggettivale: *niente* (pronome indefinito), *sì, no, bene* (avverbi [18.8.1]), *in, out* (stranierismi): *niente sigarette*, oggi - è una giornata *no* - è un vestito *in*.

altri composti

Gli aggettivi composti da una coppia di aggettivi nella flessione di genere e di numero mutano solo la terminazione del secondo componente. I due elementi componenti possono formare una parola unica o (specie se la composizione ha il carattere della novità) essere divise da un trattino:
– le figlie primogenite, i figli primogeniti
– la musica latinoamericana, i ritmi latinoamericani
– la materia tecnico-scientifica, la materie tecnico-scientifiche

Accade spesso che il primo elemento di tali composti perda la sillaba (o le sillabe) finale:
– la guerra franco-prussiana, il trattato nippocinese, il partito socialdemocratico

terminanti in -co, -go, -ìo, -io

Gli aggettivi terminanti in *-co, -go, -ìo, -io* formano il plurale maschile e femminile allo stesso modo dei nomi:
– poco - pochi, poca - poche, largo - larghi, larga - larghe, stantìo - stantìi, stantìa - stantìe, vario - vari (o varii), varia -varie

bello

Quando *bello* viene messo prima del nome, si comporta come l'articolo determinativo (2.4.1, 9.2.1, 9.2.2):

(il) *bel* libro, (lo) *bello* scatto, (l') *bell'*orologio,
(i) *bei* libri, (gli) *begli* scatti, (gli) *begli* orologi,
(la) *bella* casa, (l') *bell'*aula, (le) *belle* auto.

buono

Se premesso al nome, per il maschile e il femminile singolare, *buono* si comporta come l'articolo indeterminativo. La formazione del plurale è invece regolare (2.3.1, 9.2.2, 9.2.1):

– (un) *buon* libro, (uno) *buono* scatto, (una) *buona* pensione; (un') *buon'*anima; ma: (un') *buona* operaia; *buoni* libri, *buone* operaie

grande

Quando è al singolare maschile e femminile, *grande* davanti a consonante può rimanere intero o può essere troncato in *gran* (2.3.1, 2.4.1):

– grande / gran libro, grande / gran partita.

Nel linguaggio familiare, lo stesso troncamento può avvenire anche per il plurale:

– Sono stati dei *gran* gol.
– Lei si faceva *gran* pianti (...). (N. Ginzburg, 'Le voci della sera')

santo

Premesso a un nome proprio maschile che comincia per consonante, *santo* diventa *san*; si apostrofa (*sant'*) dinanzi a nome che comincia per *vocale*; se a cominciare per vocale è un nome femminile, l'obbligo dell'elisione è solo davanti ad *a* (2.4.1):

– san Francesco, sant'Agostino, santa (sant') Elisabetta, sant'Agata

Negli altri casi (singolare femminile e plurale maschile e femminile) si comporta regolarmente:

– santa Lucia, santi Francesco e Giovanni, sante Lucia e Scolastica

10.4.2 CONCORDANZA DELL'AGGETTIVO QUALIFICATIVO

a) una vecchi*a* fotografi*a* - delle vecchi*e* fotografi*e*
un vecchi*o* ritratt*o* - dei vecch*i* ritratt*i*

b) un abit*o* elegant*e* - degli abit*i* elegant*i*
una giacc*a* elegant*e* - delle giacch*e* elegant*i*

c) un discors*o* ottimist*a* - dei discors*i* ottimist*i*
una person*a* ottimist*a* - delle person*e* ottimist*e*

d) una moto e una macchina ross*e* - un ragazzo e una ragazza biond*i*

Di norma l'aggettivo qualificativo concorda nel *genere* e nel *numero* con il sostantivo o con i sostantivi a cui si riferisce (a, b, c).

Se è riferito a più sostantivi di genere diverso, di solito prende la terminazione del plurale maschile (d).

10.4.2.1 PRECISAZIONI SULLA CONCORDANZA DELL'AGGETTIVO QUALIFICATIVO

in presenza di più nomi Quando l'aggettivo è riferito a *più nomi:*

• se i nomi sono dello stesso genere, diventa plurale e si accorda ad essi nel genere:

– La polizia ha fermato un uomo e un giovane sospett*i*.
– La polizia ha perquisito una moto e una macchina sospett*e*.

• se i nomi sono di genere diverso, assume per lo più la terminazione del maschile plurale:

– Carlo, Maria, Lucia e Giovanna giocano tranquill*i*.
– La polizia ha scoperto documenti e lettere sospett*i*.

• se ci sono due nomi al plurale di cui il secondo è femminile e si riferisce a cosa inanimata, si può avere un'accordo per contiguità al femminile plurale:

– La polizia ha scoperte documenti e lettere sospett*e*.

Dall'esempio si può notare che tale accordo al femminile plurale può lasciare, però, aperto il dubbio se l'aggettivo si riferisca a entrambi i nomi o solo a quello con cui concorda.

in presenza di più aggettivi Se un nome al plurale è seguito da *più aggettivi* qualificativi:

• essi saranno al plurale e dello stesso genere del nome quando di questo indicano caratteristiche affini:

– Bevemmo vini bianch*i* e frizzant*i*.
– Il cielo era coperto di nuvole bass*e* e grigi*e*.

• saranno invece al singolare se si riferiscono a entità differenziate che il sostantivo ricomprende:

– Scendono in campo le squadre italian*a* e ingles*e*.
– I popoli italian*o*, frances*e*, spagnol*o*, iugoslav*o* e grec*o* sono mediterranei.

in presenza della congiunzione 'o' Se due o più nomi congiunti da *o* sono seguiti da un aggettivo che si riferisce a tutta la serie, di solito l'accordo si fa con l'ultimo nome:

– Vuoi un cappello o una cravatta nuova? (ma anche: nuovi)

in presenza di nomi collettivi In presenza di un *nome collettivo* seguito da un complemento partitivo al plurale, l'aggettivo concorda con il nome se gli è messo subito vicino, altrimenti concorda con il complemento:

– E' passato un gruppo rumoros*o* di ragazzi.
– E' passato un gruppo di rumoros*i* ragazzi (di ragazz*i* rumoros*i*).

colore Un aggettivo che indica un *colore,* se è precisato da un sostantivo, resta (come si sa [10.4.1]) invariato insieme al nome stesso:

– Aveva i capelli *rosso rame*.
– Sono stoffe *verde bosco*.

10.4.3 COLLOCAZIONE DELL'AGGETTIVO QUALIFICATIVO

L'aggettivo qualificativo, a seconda che abbia una *funzione restrittiva* o *descrittiva* (epiteto [69.2.1]), può collocarsi prima del nome o dopo.

Tale scelta risulta spesso essenziale ai fini del significato e delle caratteristiche stilistiche del discorso:

– La scossa di terremoto ha fatto crollare o ha gravemente lesionato le *case vecchie* del paese. (i danni riguardano solo le case vecchie: *funzione restrittiva*)

– La scossa di terremoto ha fatto crollare o ha gravemente lesionato le *vecchie case* del paese. (tutte le case erano vecchie: *funzione descrittiva*)

– (...) due occasioni per mostrare se davvero la Juve *nuova* è anche una *nuova* Juve. (M. Crosetti, in 'la Repubblica', [sport], 18-8-1991)

Ogni giorno mancano *nuovi* programmi. Speriamo di fare un programma *nuovo* (slogan pubblicitario)

Ma per tutto ciò si veda in 35.2b e in 35.2.1.

10.4.4 GLI AGGETTIVI DI RELAZIONE

Tra gli aggettivi qualificativi si può individuare un gruppo particolare: quello degli ***aggettivi relazionali*** (o *di relazione*); così chiamati perché derivano da un sostantivo e conservano con esso una relazione stabile. Hanno per lo più terminazione in *-ale, -ico, -istico, -ano, -ario:*

– (voce) vocale (= relativo alla voce), (biologia) biologico (= relativo alla biologia), (calcio) calcistico (= relativo al calcio), (Sicilia) siciliano (= relativo alla Sicilia, abitante della Sicilia), (finanza) finanziario (= relativo alla finanza).

Molti di essi possono essere trasformati nel corrispondente *di + nome*:

– Ho conosciuto un ragazzo *romano* (= *di Roma*).

Gli aggettivi relazionali hanno in generale *funzione restrittiva*, e perciò si collocano dopo il nome (10.4.3, 35.2.1, 40.2.1):

– Ascolto spesso *musica operistica*. (non: *operistica musica*)

10.4.5 SOSTANTIVAZIONE DELL'AGGETTIVO QUALIFICATIVO

Come si è ricordato, fra l'aggettivo e il nome c'è più di un'analogia, sia nella forma, sia nell'uso. E per di più essi vanno costantemente insieme. Questo fa sì che l'aggettivo possa sostantivarsi (assumere cioè funzione di sostantivo) più spesso di qualsiasi altra parte del discorso (10.2).

Naturalmente, la sostantivazione può avvenire nell'ambito di contesti in cui sia assente ogni ragione di ambiguità. Dire, ad esempio, *il francese* fuori da un reale contesto significa non dare alcun concreto significato. Diverso e inequivocabile è invece dire: "Carlo parla *il francese*", o "*Il francese* è un popolo con caratteri mediterranei".

Per quanto riguarda il *genere*, un aggettivo sostantivato ha tendenza a prendere il maschile specie se riferito a condizioni e categorie sociali, psicologiche o logiche. Se però è riferito a persone, esso tende ad assumere il genere di quelle che è chiamato più spesso a qualificare:

– il buono, il bello, il giusto, il malato, il passante
– le bionde, le more, le casalinghe, i militari

10.4.5.1 PRECISAZIONI SULLA SOSTANTIVAZIONE

Ecco i ***casi di sostantivazione*** degli aggettivi qualificativi;

• l'aggettivo diventa sostantivato se sottintende il nome; che è un uso particolarmente invalso per evitare fastidiose ripetizioni:

– Ha un debole per *le bionde*
– Scrivo con *la sinistra*.
– Parla tre lingue oltre che *l'italiano* (la lingua italiana)

• sono ormai comunemente sostantivati molti aggettivi che esprimono una condizione:

– il malato, il sano, il timido, l'assente, i presenti

• allo stesso modo, risultano comunemente sostantivati numerosi aggettivi plurali che indicano una condizione fisica, sociale, psicologica propria di una categoria di individui [(1)]:

– i sani, i ricchi, i poveri, gli emarginati, gli innamorati, gli arrivati, le bionde, le more, le casalinghe, i pensionati, i romantici, i cinici, gli scettici

Talvolta, con lo stesso valore collettivo, si trovano tali aggettivi anche al singolare:

– il ricco, il passante, il cinico, l'emarginato

• l'aggettivo sostantivato può sostituire un nome astratto:

– il bello (= la bellezza), il buono (= la bontà), il vero (= la verità), il giusto (= la giustizia)

[(1)] Di recente, nel linguaggio giornalistico e giuridico si è imposto l'aggettivo sostantivato i *pentiti*, che indica gli imputati che collaborano con la giustizia anche semplicemente per ottenere una riduzione della pena.

Negli ultimi anni, nel linguaggio politico-sociologico si è affermato l'uso degli aggettivi sostantivati *pubblico* e *privato* per indicare la sfera dei comportamenti, delle relazioni della vita pubblica e quelli della vita personale, privata dell'uomo.

• aggettivi sostantivati al plurale possono indicare nomi di popoli, di abitanti di una città o di una regione:
– i francesi, gli asiatici, gli europei, i latini, i napoletani, i pugliesi, gli umbri, i francesi, gli inglesi

Il sostantivato usato al singolare per indicare una più o meno vasta comunità sociale tende di solito a evidenziare una caratteristica stereotipata:
– *L'italiano* ama la buona cucina.
– *Il milanese* è un gran lavoratore.

• al plurale, l'aggettivo sostantivato può indicare i fedeli di una data confessione religiosa, o di un dato partito o gruppo politico:
– i musulmani, i cristiani, i buddisti
– i repubblicani, i democristiani, i radicali

• al singolare maschile, l'aggettivo sostantivato può indicare il nome di una lingua o di un dialetto:
– il francese, l'italiano, l'inglese, il cinese, il siciliano, il napoletano, il romanesco

• per non pochi aggettivi qualificativi l'uso sostantivato assai frequente ha fatto decadere l'originaria funzione aggettivale: il rasoio (= coltello rasoio), la capitale (= la città capitale), la cattedrale (= la chiesa cattedrale), la finale (= la gara finale).

Capitolo XI

11 - GLI AGGETTIVI (2º) - I QUALIFICATIVI (B)

I gradi dell'aggettivo qualificativo - Il comparativo - Il superlativo relativo - Il superlativo assoluto - Comparativo e superlativo da diversa radice.

11.1 I GRADI DELL'AGGETTIVO QUALIFICATIVO

a) La mia città è *bella.*
b) La mia città è *più bella di questa.*
c) La mia città è *la più bella del mondo.*
d) La mia città è *più interessante che bella.*
e) La mia città è *bellissima.*

Molte volte usiamo aggettivi per esprimere qualità di persone, animali, o cose senza fornire alcuna indicazione sul grado (di 'quantità' o di 'intensità') in cui tale qualità è posseduta (come nell'esempio in a); in tal caso l'aggettivo è al ***grado positivo.***

Altre volte stabiliamo una comparazione (69.2.1) tra persone, animali, cose sul grado con cui possiedono una qualità (esempio in b), o un confronto tra due qualità che uno stesso essere o cosa possiede (esempio in d); in tal caso l'aggettivo è al ***grado comparativo.***

Altre volte esprimiamo una qualità che un essere o cosa possiede al grado più alto relativamente ad altri esseri o cose (esempio in c), o in senso assoluto (esempio in e); l'aggettivo sarà allora al ***grado superlativo:*** rispettivamente, ***relativo*** o ***assoluto.***

11.1.1 IL COMPARATIVO

un confronto

Il grado ***comparativo*** serve a stabilire tra due termini un *paragone,* che può riguardare:

a) il grado di intensità (in maggiore, minore o uguale misura) con cui una stessa qualità è posseduta da due esseri o cose;

b) il grado di intensità (in maggiore, minore o uguale misura) con cui due qualità sono possedute da uno stesso essere o cosa:

a1) Carla è *più simpatica di Flavia.*
a2) Carla è *meno simpatica di Flavia.*
a3) Carla è *simpatica come Flavia.*

b1) Carla è *più simpatica che bella.*
b2) Carla è *meno simpatica che bella.*
b3) Carla è *tanto simpatica quanto bella.*

Se dal confronto risulta una relazione di non-uguaglianza fra i due termini, si ha un *grado comparativo di maggioranza* (a1 - b1) o *di minoranza* (a2 - b2). Se invece risulta una relazione di uguaglianza, si ha un grado *comparativo di uguaglianza* (a3 - b3).

maggioranza e minoranza

I *comparativi di maggioranza* e *di minoranza* si formano anteponendo all'aggettivo, rispettivamente, *più* o *meno.*

Si possono rafforzare con avverbi di quantità: *molto, assai, tanto, parecchio, abbastanza, poco* ecc.

Il secondo termine di paragone può essere preceduto dalla preposizione *di* o dalla congiunzione *che.*

– Sono *più* stanco *di* te.
– Sono *(molto) più* stanco *che* annoiato.
– Sono *(assai) più* stanco la mattina *che* la sera.

La preposizione ***di*** si usa:

• quando il secondo termine di paragone è costituito da un nome o da un pronome non preceduti da altra preposizione:

– Carlo è (molto) più alto *di* Giacomo.
– Francesco è meno alto *di* te.

• quando il secondo termine di paragone è costituito da un avverbio di luogo o da un avverbio di tempo (o da una locuzione corrispondente che non inizi con altra preposizione); in questi casi si può comunque usare anche *che*:

– Qui è più silenzioso *di* (*che*) laggiù.
– Oggi ha fatto più (meno) caldo *di* (*che*) ieri. (qualche giorno fa)

La congiunzione ***che*** si usa:

• quando il secondo termine di paragone è costituito da un nome o da un pronome preceduto da preposizione:

– I signori Bianchi sono (assai) più cordiali con *noi che con* i signori Neri.

• quando si mettono a confronto due qualità predicative dello stesso soggetto:

– Questa stanza è più larga *che* lunga.

• quando si mettono a confronto due verbi:

– In molti casi è più facile parlare *che* agire.

• quando si mettono a confronto due avverbi di modo:

– Si cambia con maggiore facilità esteriormente *che* interiormente.

• quando si mettono a confronto due avverbi di tempo o di luogo; in questo caso comunque (come si è più sopra accennato) si può usare anche *di*:

– Più oggi *che* ieri (ma anche: più oggi *di* ieri) è un'impresa trovare un lavoro.

uguaglianza

Si è detto che il grado ***comparativo di uguaglianza*** si ha (come negli esempi in a3 - b3) se, in un confronto, una certa qualità risulta posseduta nella stessa misura da due esseri o cose; oppue se due qualità di un essere o cosa risultano della stessa misura.

• Il comparativo di uguaglianza si forma premettendo al secondo termine di paragone *quanto* o *come*.

Il primo termine può essere preceduto dai correlativi: *tanto* e *altrettanto* (in correlazione con *quanto* o *che*), *così* (in correlazione con *come*). Questi avverbi correlativi si usano di norma solo quando il paragone si stabilisce fra due qualità:

– Siamo (*così*) stanchi *come* voi.

– L'ultimo libro che ha scritto è interessante *come* i precedenti.

– L'esito di questa situazione è *tanto* (*altrettanto*) allarmante *quanto* (*che*) imprevedibile.

• Il comparativo di uguaglianza si può formare anche premettendo al secondo termine del confronto le locuzioni: *non meno di (che), non più di (che), allo stesso modo di (che)* e (talvolta, specie nei registri linguistici più familiari) *uguale a*:

– Io sono stanco *non meno di* (*uguale a*) te.

– (...) un omone *non meno lungo che* rigido (...). (G. Clerici, in 'la Repubblica', 27-4-1991)

11.1.2 IL SUPERLATIVO RELATIVO

relazione fra uno e più

Il ***superlativo relativo*** esprime il grado più alto o più basso di una qualità posseduta da esseri o cose in relazione ad altri (più di due) esseri o cose: i quali possono essere rappresentati da un nome plurale o collettivo, oppure da un pronome; o sono sottintesi:

a) *Il più simpatico dei tuoi amici*, secondo me, è proprio Lorenzo.
b) Claudio è *il meno intonato del gruppo*.
c) *Tra noi il più spiritoso* è Alessandro.
d) *L'operaio* oggi *più ricercato* (sottinteso: fra gli operai) è forse l'idraulico.

Gli esempi indicano che, come il comparativo, anche il superlativo relativo si forma con gli avverbi *più* o *meno, preceduti* però *dall'articolo* determinativo in due possibili sequenze:

a) articolo + *più (meno)* + aggettivo + nome
b) articolo + nome + *più (meno)* + aggettivo

Se il secondo termine di paragone è espresso (non sempre infatti lo è, come nell'esempio in d), può essere introdotto da *di*, *tra*, *fra*.
tra, fra accentuano il valore partitivo.

relazione fra due Se la relazione è stabilita tra due elementi, l'aggettivo, pur formalmente al grado superlativo relativo, funziona come un vero e proprio comparativo:
– Tra Carlo e Luigi *il più intraprendente* è il secondo.
(equivale a: Luigi è *più intraprendente* di Carlo.)

proposizione relativa La relazione può essere stabilita con una proposizione relativa di valore comparativo. Essa può avere il verbo al *congiuntivo* o (nei registri linguistici meno formali) all'*indicativo* (61.1.1.3) :
– Questo è il più bel film *che io abbia (ho) visto.* (come a dire: *fra i tanti da me visti*)

11.1.3 IL SUPERLATIVO ASSOLUTO

Il ***superlativo assoluto*** (dal latino *absolutus*, 'libero', 'sciolto') esprime una qualità al massimo grado, senza stabilire alcun confronto con altri termini:
– Sei stata *bravissima*.
– E' *molto bella* questa casa.
– Hai le mani *fredde fredde*.
– Paperon de' Paperoni è *straricco* (*arciricco*).

Esso si può formare:
• aggiungendo la desinenza *-issimo* all'aggettivo di grado positivo:
– bellissimo, difficilissimo, ignorantissimo

• premettendo all'aggettivo di grado positivo un avverbio di quantità: *molto, tanto, assai, oltremodo* (meno frequente):
– molto bello, tanto stanco, oltremodo difficile

• per sottolineare il grado, *molto, tanto* e *assai* possono essere messi dopo l'aggettivo (la posposione di *assai* è molto frequente in certe zone linguistiche meridionali [18.12]):
– Questo film è *bello assai.*
– E' *alto molto* per la sua età il tuo Giorgio.

• premettendo all'aggettivo di grado positivo un avverbio qualitativo o quantitativo: *particolarmente, notevolmente, grandemente*; e (meno di frequente, e con un po' di voluta, e a volte scherzosa, esagerazione anche a contrario) [1] *oltre misura, esageratamente, smisuratamente, smodatamente, mostruosamente, dannatamente*:
– notevolmente difficile, esageratamente paziente, mostruosamente bravo

– (...) tutto potrebbe tornare *dannatamente difficile.* (sentita alla radio, 18-9-1995)

• aggiungendo al grado positivo i prefissi *arci-*, *stra-*, *super-*, *sopra- (sovra-), ultra-*, *extra (estra-), stra-*, *iper:*
– arcinoto, stravecchio, superrapido, sovraffollato, ultracentenario, extralungo, ipersensibile

Dalla lingua della pubblicità possono giungere formazioni scherzosamente paradossali; come la seguente, sentita alla televisione il giorno 13-12-1995, che aveva il chiaro scopo di coinvolgere i bambini:
- Questa sera un film *arcistrafantastico.* (dove già *fantastico* avrebbe di per sé significato superlativo)

• nel parlato, ripetendo, anche più di due volte, l'aggettivo di grado positivo: *bello bello, bello bello bello, stanco stanco:*
– E' stata una giornata *bella bella bella!*

11.1.3.1 PRECISAZIONI SUL SUPERLATIVO ASSOLUTO

derivazione latina Vi sono aggettivi che formano il superlativo assoluto, derivandolo dal latino, con i suffissi *-errimo* e *-entissimo*:

---

[1] Sono abbinamenti assai ricorrenti, specie nel parlato in cui ci si abbandona facilmente a effetti di *enfasi* (69.2.1.). Si pensi, ad esempio, a una frase del tipo "E' una ragazza *mostruosamente bella*", in cui la combinazione 'avverbio + aggettivo' tra loro logicamente contrastanti (*ossimoro* [69.2.1]) sortiscono un significato d'insieme, anche con una nota di affettiva esagerazione (*iperbole* [69.2.1]), di indubbia efficacia.

positivo	-errimo		positivo	-entissimo
acre	acerrimo		munifico	munificentissimo
celebre	celeberrimo		benefico	beneficentissimo
integro	integerrimo		malefico	maleficentissimo
misero	miserrimo		benevolo	benevolentissimo
salubre	saluberrimo		malevolo	malevolentissimo
aspro	asperrimo		maledico	maledicentissimo

Tali forme sono tutte di uso letterario, e nelle situazioni meno formali sono sostituite, quando esistono, da quelle regolari (*integrissimo, miserissimo, salubrissimo*), oppure si fa ricorso ai già accennati avverbi (*tanto, molto* ecc.) e alla ripetizione: (*molto celebre, misero misero*)

ampio L'aggettivo *ampio*, accanto al superlativo regolare *ampissimo*, ha la forma *amplissimo* che è la più usata e che deriva dal desueto (latineggiante) *amplo*.

bello, brutto In frasi esclamative tipiche del parlato, il superlativo assoluto di *bello*, e *brutto* può essere formato premettendo *un (una) gran*, o facendo seguire *forte*:
– E' *un gran bel (brutto)* film!
– Ma è *brutto (bello) forte* questo spettacolo!

intensificazione Un modo oggi piuttosto diffuso di rendere intensivo il superlativo assoluto è quello di ripetere gli avverbi *molto* e *tanto*. Se poi si interpone la congiunzione *ma*, la partecipazione affettiva del parlante si rivela anche più marcata:
– Sei stato *molto molto gentile*. Ti ringrazio.
– Quello che hai detto era *tanto ma tanto interessante*.

avverbi Si è detto che un aggettivo può formare il grado superlativo assoluto anche mediante avverbi o espressioni avverbiali come: *proprio, del tutto, completamente, sul serio, seriamente, veramente, davvero, per davvero, terribilmente* ecc.; tali avverbi rendono più intensivo il grado, se posposti all'aggettivo:
– Grazie. Sei stato *proprio gentile*.
– E' *interessante veramente*.
– Sono *stanco sul serio*.
– Li ho visti *proprio soddisfatti*.
– E' *completamente (del tutto) impazzito*.
– Questa storia è *davvero (terribilmente) strana (strana per davvero)*.

tutto Anche l'aggettivo *tutto* premesso a un altro aggettivo può formare il superlativo assoluto:
– Siete *tutti sporchi*. Andatevi a lavare, su!

composto con avverbio Un aggettivo invariabile composto con avverbio può fornare il superlativo con *-issimo*, ma resta invariabile: famiglia perbenissimo, ragazze ammodissimo

uso metaforico Valore di superlativo assoluto dal significato colorito e vivace acquista un aggettivo che sia seguito da un altro dal significato metaforico:
– bagnato [o ubriaco] *fradicio*, morto *stecchito*, stanco *morto*, secco *allampanato*, grasso *impallato*, pieno *zeppo*, ricco *sfondato*, nuovo *fiammante*, matto *spaccato*, buio *pesto*

espressioni Anche espressioni come *da morire, da incantare, da non credere, da lasciare senza fiato, da mozzare il fiato, da lasciare a bocca aperta, da lasciare di stucco* ecc., se messe dopo l'aggettivo apportano un significato non dissimile dal grado superlativo assoluto con una intensificazione dell'ordine affettivo:
– stanco da morire (= molto stanco), bella da lasciare senza fiato, ingenuo da lasciare di stucco

superlativo di un sostantivo Si è già ricordato (4.4.1) come, specie nel linguaggio della pubblicità, dello sport, l'uso del suffisso *-issimo* serve a modificare un sostantivo: il *campionissimo*, la *finalissima*, la *poltronissima*, il *presidentissimo*, l'*aranciatissima*, la *partitissima* (Milan-Inter di domenica prossima).
– I filmissimi (titolo di una rubrica televisiva)
– Prezzissimi (pubblicità in un negozio di abbigliamento)
– Governissimo sui conti pubblici (titolo in 'la Repubblica, 19/2/1992)

Talvolta questo superlativo si forma sul nome alterato:
la *veglia* → il *veglione* → il *veglionissimo* (di Capodanno)

11.1.3.4 COMPARATIVI E SUPERLATIVI DA DIVERSA RADICE

più forme di grado

Alcuni aggettivi possono formare il comparativo di maggioranza e il superlativo sia in forma regolare, sia derivandoli da altra radice:

positivo	compar. di mag.	sup. relat.	sup. assol.
buono	migliore	il migliore	ottimo
cattivo	peggiore	il peggiore	pessimo
grande	maggiore	il maggiore	massimo
piccolo	minore	il minore	minimo
molto	più	il più	il più

Le forme, per dir così, regolari sono: *più buono, il più buono, buonissimo, più grande, il più grande, grandissimo, più piccolo, il più piccolo, piccolissimo, moltissimo.*

meglio, peggio

Invece dei comparativi *migliore* e *peggiore* si possono trovare usati, specialmente nel parlato familiare, i comparativi avverbiali invariabili *meglio* e *peggio*:

– Metti il *vestito meglio*. *Quello peggio* lascialo per i giorni da lavoro.

altre forme di grado

Nell'italiano contemporaneo si sono conservate dal latino talune forme di comparativi e superlativi, di cui non si ha più la radice del grado positivo e che di comparativo e superlativo non hanno più il significato. Ad esempio, *esteriore* non significa 'che sta più fuori', ma soltanto 'esterno'. Per tale ragione *primo* e *ultimo* hanno un superlativo assoluto regolare con *-issimo* (*ultimissime* notizie, *primissima* qualità).

Ecco le forme in questione:

da comparativi latini	da superlativi latini
anteriore	———
esteriore	estremo
inferiore	infimo
posteriore	postremo (postumo)
superiore	supremo (sommo)
ulteriore	ultimo
———	primo

Capitolo XII

12 - GLI AGGETTIVI (3º) - I DETERMINATIVI (A)

Gli aggettivi determinativi (o indicativi) - Gli aggettivi possessivi - Collocazione degli aggettivi possessivi - Gli aggettivi dimostrativi.

12.1 GLI AGGETTIVI DETERMINATIVI (O INDICATIVI)

– Porto in vacanza la *mia* famiglia.
– *Questa* famiglia è numerosa.
– Qui abitano solo *due* famiglie.
– In Umbria *poche* famiglie sono numerose.
– *Qualsiasi* vestito le sta bene.

Gli ***aggettivi determinativi*** indicano ('determinano'), del nome, l'appartenenza (*la mia famiglia*), la collocazione nello spazio (*questa famiglia*) oppure la consistenza numerica (*due famiglie*) o non precisamente quantificata (*poche famiglie*) o qualificata (*Qualsiasi vestito*).

Essi si dividono in: *possessivi, dimostrativi, numerali, indefiniti.*

Si è già ricordato (n. 1 in 10.4) che gli aggettivi determinativi, a differenza dei qualificativi, costituiscono un gruppo 'chiuso' numericamente stabile nel tempo.

12.2 GLI AGGETTIVI POSSESSIVI

– Il *mio* appartamento è all'ultimo piano.
– Le *tue* paure sono infondate.
– I *suoi* genitori sono in campagna.
– In genere, gli animali amano i *loro* piccoli.

– Ciascuno si tiene i *propri* guai.
– L'opinione *altrui* va rispettata.

L'***aggettivo possessivo*** serve a specificare sia la 'cosa' posseduta, con cui si accorda, sia la persona del possessore; e in base a quest'ultimo varia la sua forma in corrispondenza dei pronomi personali soggetto di 1ª, 2ª e 3ª persona singolare e plurale:

persona		singolare masch.	singolare femm.	plurale masch.	plurale femm.
1ª sing.	io	mio	mia	miei	mie
2ª sing.	tu	tuo	tua	tuoi	tue
3ª sing.	egli, ella esso, essa	suo	sua	suoi	sue
1ª plur.	noi	nostro	nostra	nostri	nostre
2ª plur.	voi	vostro	vostra	vostri	vostre
3ª plur.	essi, esse	loro	loro	loro	loro

A questi, come è anche indicato dagli esempi introduttivi, vanno aggiunti:
• *proprio*, che, usato in sostituzione di *suo* e *loro*, si riferisce sempre al soggetto
• *altrui*, che è invariabile

12.2.1 PRECISAZIONI SUGLI AGGETTIVI POSSESSIVI

proprio L'aggettivo *proprio*, di solito usato per la 3ª persona, è sempre riferito al soggetto, e si usa più frequentamente di *suo* e *loro*, se questo soggetto è indefinito:
– Ognuno dovrebbe conoscere i *propri* (ma anche i *suoi*) limiti.

L'uso di *proprio* è comunque d'obbligo quando la frase sia impersonale (abbia cioè soggetto generico [22.4]).
– Bisogna essere consapevoli dei *propri* limiti.

Talvolta, per evitare di incorrere in equivoci, è preferibile usare *proprio* anziché *suo* e *loro*:
– Appena Lucia ha ricevuto notizie di Francesca ha avvisato la *propria* famiglia (la *sua* famiglia).
In questo esempio, il possessivo *propria* indica chiaramente la famiglia di Lucia, soggetto della frase; l'uso di *sua* (come indicato in parentesi) potrebbe riferirsi tanto alla famiglia di Lucia quanto a quella di Francesca. Solo la precisa conoscenza della situazione (e talvolta non basta) potrebbe risolvere l'ambiguità.

Si usa *proprio* anche per rafforzare il possessivo, in particolare di 3ª persona singolare e plurale:
– C'è riuscito con le *sue proprie* forze.
– Ci sono riuscito con le *mie proprie* forze.

In presenza di *proprio* l'articolo determinativo è d'obbligo anche con i nomi di parentela al singolare (9.2.4):
– il proprio fratello, la propria madre

altrui L'aggettivo *altrui* è invariabile, si riferisce a un possessore (o a più) indefinito (13.1.2); significa 'di altri', non di rado considerati come 'prossimo' (*altrui* = 'del prossimo'); abitualmente si pospone al sostantivo, ma può anche precederlo:
– Bisogna rispettare *l'opinione altrui* (= *l'altrui opinione*).

intensificazione L'aggettivo possessivo può essere rafforzato dal dimostrativo *stesso* che può precederlo o seguirlo:
– Hai ripetuto le *mie stesse* parole (le *mie* parole *stesse* - le *stesse mie* parole).

omissione del possessivo Il possessivo generalmente non si usa quando il riferimento al possessore è evidente:
– Andiamo a casa. (sott. *nostra*) (ma: Andiamo a casa *tua*)
– Mi fa male un braccio. (sott. *mio*)

articolo Per l'uso dell'articolo in presenza degli aggettivi possessivi si veda in 9.2.4.

12.2.2 COLLOCAZIONE DELL'AGGETTIVO POSSESSIVO

L'aggettivo possessivo generalmente si colloca prima del nome. Se viene posposto, accentua, vivacizza l' espressione sia scritta che parlata:
– Io cercai di tenere un atteggiamento noncurante, come se fossi un po' distratto e immerso in pensieri *miei* (...). (A. Tabucchi, 'Notturno indiano')
Per maggiori precisazioni su questo argomento, si veda in 35.2.2.

12.3 GLI AGGETTIVI DIMOSTRATIVI

a) Sono molto affezionato a *questa* casa.
b) *Quel* giorno la mia vita cambiò.
c) Con *codeste* idee chi ti potrebbe prendere sul serio?

Gli ***aggettivi dimostrativi*** si usano per indicare esseri animati o cose in rapporto alla loro collocazione nello spazio (es. in a), nel tempo (es. in b), o in riferimento a concetti già espressi nel discorso (es. in c).
Quasi tutti si collocano (35.2.2) sempre prima del loro sostantivo con cui concordano, e non sono mai preceduti dall'articolo (che ha funzione analoga).

singolare		plurale	
maschile	femminile	maschile	femminile
questo quello, quel codesto	questa quella, quell' codesta	questi quegli, quei codesti	queste quelle codeste

Gli aggettivi dimostrativi hanno i seguenti usi:

• *questo*, indica una vicinanza rispetto a chi parla:
– Vuoi *questo* libro? (vicinanza nello spazio)
– *Questa* notte non ho dormito affatto. (vicinanza nel tempo)
– Non mi piacciono *questi* pettegolezzi. (vicinanza nel discorso)

Non è raro, soprattutto in registri linguistici colloquiali, trovare le forme abbreviate (dell'arcaico *esto*) *sto, sta, sti, ste*:
– Che è tutta *sta* confusione?

Nel caso di *stamattina, stasera, stanotte, stavolta* il dimostrativo si è unito al sostantivo formando un composto avverbiale stabile (*sta* + *sera* ecc.).
– Ci vediamo *stasera*.

• *codesto* (o *cotesto*), indica una vicinanza rispetto a chi ascolta.
Questo aggettivo non gode oggi di largo uso; si tende a sostituirlo con *questo* o *quello*. E ciò forse per una generale esigenza pratica di semplificazione della lingua più comune che tende a lasciare *codesto* a usi regionali (in Toscana, per lo più) e al linguaggio burocratico e amministrativo:
– Per il certificato di diploma, il sottoscritto, fa riferimento a quello da lui inviato a *codesto* Istituto.

• *quello*, indica lontananza rispetto a chi parla e a chi ascolta:
– Guarda bello *quell'*aquilone! (lontananza nello spazio)
– *Quel* giorno vidi Luca per l'ultima volta. (lontananza nel tempo)
– Che significano *quelle* parole che hai detto? (lontananza nel discorso)

L'aggettivo *quello* (analogamente a *bello* ricordato in 10.4.1) nella sua flessione si comporta come l'articolo determinativo:
(il) *quel* libro - (i) *quei* libri
(l') *quell'*orologio - (gli) *quegli* orologi
(lo) *quello* studente - (gli) *quegli* studenti [1]
(la) *quella* strada - (le) *quelle* strade
(l') *quell'*opera - (le) *quelle* opere

---

[1] Ecco un esempio di uso difforme dalla regola: *Quei* (invece di 'quegli') scandalosi sei. (titolo in 'la Repubblica', 5-5-1993).

12.3.1 PRECISAZIONI SUGLI AGGETTIVI DIMOSTRATIVI

questo, quello I dimostrativi *questo* e *quello*, specialmente nella lingua parlata, possono venire rafforzati da *qui, qua, lì, là* posposti al sostantivo:
– Mi passi *quella* rivista *lì*, per favore?
– *Questi soldi qui* sono per l'affitto, *questi* altri *lì* per la spesa.

rilievo affettivo Quando l'indicazione è già sufficientemente chiara di per sé, la presenza di *questo*, e talvolta di *quello* rende significati di rilievo per lo più affettivo:
– Era troppo per *questo* mio vecchio cuore!
– Gli ho dato una di *quelle* lavate di capo memorabili!

altri aggettivi dimostrativi Altre *forme dimostrative* sono:
• *certo*, in genere col significato (spesso dispregiativo) di 'di questo genere', in contesti affettivamente marcati (rabbia, sdegno, ironia, scherzo...):
– *Certe* parole non si dicono, bambino mio. (*certe* parole = parole di questo genere, parole così brutte)
Fuori da questi significati, *certo* si comporta da aggettivo o pronome indefinito (13.1.2);

• *tale*, in genere usato in contesti dal sapore letterario in sostituzione di *questo*, per richiamare qualcosa già menzionato in precedenza (non di rado affettivamente marcato in senso negativo):
– Se ne andò sbattendo la porta, dimenticando che *tale* (= questo) comportamento offendeva tanto sua madre.
Fuori da questo significato, *tale* ha valore di aggettivo o pronome indefinito (13.1.2);

• *simile, siffatto (sì fatto)*, quest'ultimo assai meno frequente del primo, e spesso dal sapore tra letterario e antiquato: hanno lo stesso valore in genere affettivamente marcato in senso negativo di *certo* e *tale*:
– Non lo avevo mai sentito dire *simili* assurdità.
– Non dovresti frequentare *siffatti* individui.

• *stesso, medesimo* (quest'ultimo meno frequente del primo), hanno valore dimostrativo con significato di identità o di somiglianza:
– Tutti i giorni la *stessa* vita: lo *stesso* autobus, lo *stesso* ufficio buio e cupo, la *stessa* scrivania, la *stessa* angoscia.
Molte volte, *stesso* (raramente *medesimo*) serve a dare particolare rilievo a sostantivi, pronomi personali e aggettivi possessivi:
– Sua *madre stessa* lo riteneva responsabile. (in questo caso, *stessa*, assume il significato di 'persino', 'addirittura')
– Lo *stesso professore* lo aveva consigliato di presentarsi all'esame. (in questo caso, *stesso* assume il significato di 'in persona', 'personalmente').
– L'ho fatto io, con le mie *stesse mani*.

• *altro*, è aggettivo dimostrativo se preceduto da articolo; negli altri casi ha valore di aggettivo o pronome indefinito (per altre precisazioni si veda in 13.1.2):
– Due volte la settimana vado a Roma, gli *altri* giorni sto qui.

• hanno funzione dimostrativa anche aggettivi del tipo:
suddetto, detto, predetto, anzidetto, su accennato, sopra detto, sunnominato, citato, sottoscritto, e simili, in uso quasi esclusivamente nel linguaggio burocratico o in opere i cui argomenti sono (come questa grammatica) a carattere descrittivo e classificatorio:
– Gli aggettivi *suddetti* sono tipici del linguaggio burocratico.
– Gli autori *citati* sono tutti della seconda metà dell'Ottocento italiano.

Capitolo XIII

13 - GLI AGGETTIVI (4º) - I DETERMINATIVI (B)

Gli oggetti indefiniti - Gruppi di aggettivi indefiniti - Gli aggettivi interrogativi - Gli aggettivi esclamativi - L'aggettivo relativo.

13.1 GLI AGGETTIVI INDEFINITI

– Non ho *nessun* amico in questa città.
– L'ho letto in un *certo* giornale.
– Mi faccio la barba *ogni* mattina.
– Ci volle *molto* coraggio quella volta lì.

Gli ***aggettivi indefiniti*** indicano esseri animati o cose (con cui concordano) non determinati (non definiti) in senso quantitativo (per lo più) o qualitativo. Essi formano una categoria assai numerosa e varia.

Eccone l'elenco; quelli in parentesi hanno un uso piuttosto raro.

Aggettivi indefiniti			
singolare		plurale	
maschile	femminile	maschile	femminile
ogni	ogni	–	–
ciascuno	ciascuna	–	–
quale che	quale che	quali che	quali che
qualunque	qualunque	–	–
qualsiasi	qualsiasi	(qualsiasi)	(qualsiasi)
qualsivoglia	qualsivoglia	–	–
tutto	tutta	tutti	tutte

qualche	qualche	–	–
alcuno	alcuna	alcuni	alcune
(taluno)	(taluna)	taluni	talune
–	–	certuni	certune
certo	certa	certi	certe
tale	tale	tali	tali
quale	quale	quali	quali
altro	altra	altri	altre
altrui	altrui	altrui	altrui
poco	poca	pochi	poche
alquanto	alquanta	alquanti	alquante
parecchio	parecchia	parecchi	parecchie
molto	molta	molti	molte
tanto	tanta	tanti	tante
troppo	troppa	troppi	troppe
altrettanto	altrettanta	altrettanti	altrettante
diverso	diversa	diversi	diverse

Generalmente, questi aggettivi (essendo 'indefiniti') non sono preceduti da articolo o da aggettivo dimostrativo.

13.1.1 GRUPPI DI AGGETTIVI INDEFINITI

Gli aggettivi indefiniti si possono suddividere in quattro gruppi: *collettivi, negativi, singolativi, quantitativi:*

Gli ***indefiniti collettivi*** raggruppano in sé le singole unità di un numero indefinito (*ogni, tutto, ciascuno*), o si riferiscono a una unità la quale, in maniera indefinita, può rappresentare l'insieme (*qualunque, qualsiasi, qualsivoglia*):
– *Tutti* gli uomini sono mortali.
– Telefonami a *qualunque* ora.

Gli ***indefiniti negativi*** escludono un dato non ben definito: *nessuno, veruno* (antiquato)
– Non ho *nessun* appuntamento oggi.

Gli ***indefiniti singolativi*** si riferiscono a esseri animati o cose singoli, oppure considerati singolarmente, ma non precisati: *qualche, alcuno, certo, tale, taluno, quale, altro* ecc.:
– Resterò in città solo *qualche* giorno.

Gli ***indefiniti quantitativi*** indicano una quantità imprecisata e generica: *poco, alquanto, parecchio, molto, tanto, troppo, altrettanto, diverso, vario*:

– C'è *troppo* chiasso qui.

13.1.2 PRECISAZIONI SU ALCUNI AGGETTIVI INDEFINITI

a) ***fra gli indefiniti collettivi***

• *tutto* indica la totalità, l'intero, l'insieme:

– La legge vale per *tutti* i cittadini di questo stato.

– Si è mangiata *tutto* questo dolce.

Di norma (come mostrano gli esempi) *tutto* precede il sostantivo e il suo articolo o il suo aggettivo dimostrativo. Vi sono però espressioni avverbiali con preposizione in cui si collega direttamente al sostantivo:

– di tutto cuore (ma con tutto il cuore), in tutta sincerità, di tutto punto, a tutta velocità, a tutto spiano, a tutta birra, a tutto gas ecc.

Se, come spesso avviene, *tutto* è collegato con un numerale cardinale, allora fra i due si interpone, per ragioni eufoniche, la *e*:

– *Tutti e* (*tutt'e*) *quattro* frequentano l'università.

Se *tutto* segue il sostantivo (sequenza di gusto ricercato) si ha una intensificazione del significato di totalità:

– La *popolazione tutta* manifestò contro quel barbaro crimine.

• *ogni* è solo singolare, è invariabile e precede sempre il sostantivo; indica una totalità i cui componenti vengono però considerati singolarmente (a uno a uno):

– A *ogni* giorno la sua pena.

– *Ogni* medaglia ha il suo rovescio.

Può anche avere un valore distributivo:

– Deve prendere questa compressa *ogni* otto ore.

• *ciascuno* ha flessione analoga all'articolo indeterminativo (9.2); ha significato analogo a *ogni*, e precede sempre il sostantivo:

– A *ciascun* giorno la sua pena.

– *Ciascun'*offerta (*ciascuna* offerta) verrà valutata attentamente.

• *qualunque* è invariabile e indica essere animato o cosa, che -in quanto simile a tutti gli altri della sua specie o categoria- per chi parla o scrive risulta indifferente; talvolta si trova anche preceduto da articolo indeterminativo:

– *Qualunque* cosa dirai, non ti crederò.

Di solito questo aggettivo si antepone al nome. Se viene posposto, allora: o risulta accentuato il significato di indifferenza, oppure *qualunque* può assumere un valore dispregiativo:

– Vorrei un giornale *qualunque*. Giusto per passare il tempo. (*qualunque* = uno o un altro giornale è assolutamente indifferente)
– E' una persona *qualunque*. (*qualunque* = anonima, non vale molto)

• *qualsiasi, qualsivoglia* (quest'ultimo meno comune, ma più intensivo del primo a causa del componente 'si voglia'), anch'essi invariabili, hanno significati e usi analoghi a *qualunque*; il primo trova uso, pur raro, anche al plurale:
– Per lui farei *qualsiasi* cosa.
– (...) la mia partecipazione a un *qualsivoglia* complotto (...). (in 'la Repubblica', 26-2-1992)

• *quale (quali) che,* specie al plurale, ha uso più frequente dei precedenti che sostituisce:
– *Quali che* fossero i suoi consigli, non li ascoltava mai.

b) ***fra gli indefiniti negativi***
• *nessuno* è solo singolare, significa 'nemmeno uno' e ha flessione simile all'articolo indeterminativo (*nessuno, nessun, nessuna, nessun'*):
– *Nessuna* persona può passare per lì senza essere notata.
Se posposto al verbo, deve essere segnalato da un'altra negazione (*non, né*). In questo caso ha significato analogo ad *alcuno*, di cui è però più frequente, soprattutto nel parlato. La negazione manca quando *nessuno* è accompagnato da un altro aggettivo indicante quantità:
– Io *non* vedo *nessun* libro qui.
– C'era una scarsa o *nessuna* speranza di ritrovarlo vivo.
Talvolta (soprattutto nel linguaggio letterario) *nessuno* si trova preceduto da articolo o da aggettivo determinativo che sottolineano l'idea di mancanza assoluta:
– *La nessuna* cura che aveva di sé la rendeva sciatta e trasandata.

In particolari usi enfatici può anche avere il superlativo assoluto:
– *Nessunissimo* dubbio per il direttore di Rai 3 (...). (in 'la Repubblica', 24-2-1993)

• *veruno* ha il medesimo significato e uso di *nessuno*, ma, ormai desueto, è assai poco comune, anche nei registri linguistici più formali.

c) ***fra gli indefiniti singolativi***
• *qualche* è solo singolare, è invariabile e indica una quantità indefinita, sì, ma limitata, di esseri o cose:
– Resterò in città solo *qualche* giorno.

• *alcuno* al singolare si usa per lo più in frasi negative (e perciò segnalate da negazioni come *non, né, senza*) col significato di 'nessuno'; al plurale corrisponde a *qualche*:
– Lo seguì, ma senza *alcuna* (= con *nessuna*) voglia.

– Passavano solo *alcuni* ritardatari. (= passava solo *qualche* ritardatario)

Al singolare ha la stessa flessione dell'articolo indeterminativo (*alcuno, alcun, alcuna, alcun'*).

• *certo* funziona da aggettivo indefinito solo se anteposto al nome; se posposto, è aggettivo qualificativo col significato di 'sicuro'. Al singolare è preceduto dall'articolo indeterminativo che sembra sottolineare l'indeterminatezza:

– Era tutto intento a scrivere su *certi* fogliacci ingialliti.

– Ti debbo dire *una certa* cosa.

Nel parlato, *certo,* in una intonazione pacata, può assegnare al sostantivo un senso limitativo, attenuativo:

– Ho una *certa* fame. (= ho fame ma non è una gran fame)

– Ha una *certa* età, ma dobbiamo riconoscerle ancora un *certo* fascino.

In altri casi (dipende anche qui dall'intonazione) può assumere invece valore accrescitivo o dispregiativo:

– Ha *certe* mani!

– Ho *certi* dolori!

Accompagnato a un nome proprio di persona *certo* ha il significato di *tale*:

– Ti ha cercato un *certo* signor Bianchi.

Per talune accezioni di *certo* si veda anche in 12.3.1 e 35.2.1.

• *tale* si usa solo con persone (o cose personificate) di cui dà una indicazione indefinita; è invariabile nel genere, variabile nel numero; può essere preceduto da articolo indeterminativo:

– Mi sono rivolto a un *tale* professor Rossi.

Può essere preceduto da *questo* (raro) e da *quello* con valore rafforzativo:

– C'è *quel tale* dottor Franchi che vuole parlarti.

– Vorrei definire *questa tale* questione.

In correlazione con *quale* o con se stesso, esprime identità:

– E' *tale* e *quale* suo nonno.

– *Tale* il padre, *tale* il figlio.

Talvolta *tale* assume il significato di 'così grande' e introduce una proposizione consecutiva:

– Mi dà una *tale* noia *che me ne debbo andare.*

Per *tale* dimostrativo, si veda in 12.3.1

• *taluno* si usa in registri linguistici formali, e per lo più al plurale come sinonimo di 'alcuni':

– Il reperto viene reputato di scarsa importanza da *taluni* studiosi.

Ha significato analogo *certuni,* che è comunque in disuso.

• *quale* vede oggi pressoché limitato il suo uso al rafforzamento di *certo* a cui viene posposto, e in correlazione con *tale*:

– In *certo qual* modo lo ammiro.

– E' una figlia *tale* e *quale* a me.

• *altro* indica diversità, differenza o aggiunta rispetto a un termine già noto:
– Raccontaci un'*altra* barzelletta.
– Ma questa è un'*altra* faccenda.
– Prendi un *altro* caffè?
Preceduto dall'articolo ha valore dimostrativo per indicare ciò che resta:
– *Gli altri* ospiti arriveranno a momenti.
Preceduto dall'articolo o da *questo*, e accompagnato a un nome di tempo, *altro*, con valore dimostrativo, assume il significato di 'scorso' o di 'prossimo':
– *L'altra estate* sono andato in Grecia.
– *Quest'altro mese* mi trasferirò a Milano.

Si può unire ai pronomi *noi* e *voi* per rafforzarli (e ciò soprattutto in certe varietà regionali parlate del centro Italia):
– *Noi altri* (o *noialtri*) abbiamo già fatto tutto quanto potevamo; adesso pensateci *voialtri*. (si veda in 15.2.2)
Non di rado *altro* si trova in correlazione con *alcuni* e con se stesso in sequenze descrittive:
– *Alcune* persone bevevano vino, *altre* persone bevevano bibite, *altre* persone ancora bevande calde.

• *altrui* significa 'di altre persone', 'del prossimo'; indica dunque un'appartenenza imprecisata; è invariabile (12.2.1):
– E'invidioso dell'*altrui* fortuna (della fortuna *altrui*).

d) ***fra gli indefiniti quantitativi***
• *poco* indica una piccola quantità o grandezza indefinita:
– Avevo *pochi* soldi in tasca.

• *molto* indica una quantità o una grandezza notevole.
– Avevo *molti* soldi in tasca.

• *tanto* ha, rispetto a *molto* di cui è equivalente, un valore più intensivo:
– Avevo *tanti* soldi in tasca.
Proprio per questo valore intensivo, *tanto* è più usato di *molto* (quasi d'obbligo, ormai) in alcune espressioni affettive della lingua corrente:
– Ciao, *tante* cose!
– Ti voglio *tanto* bene.

• *troppo*, di valore affettivo, indica quantità o grandezza indefinita che, a giudizio di chi parla o scrive, eccede la giusta misura, il giusto limite:
– In questa stanza c'è *troppo* fumo.
– Ha *troppi* riguardi, per lui, purtroppo!

• *parecchio* indica quantità o misura giudicata dal parlante più che sufficiente:
– Aveva *parecchi* abiti.

• *alquanto* ha un senso apparentemente più attenuato di *parecchio*, di cui è meno usato:
– Dimostrò *alquanta* pazienza a sopportarlo.

• *altrettanto* esprime uguaglianza di numero o misura relativamente a un altro termine di confronto:

– Nell'aula c'erano dieci ragazzi e *altrettante* ragazze.

• *diverso* e *vario* si possono ricondurre al gruppo degli aggettivi indefiniti quantitativi; essi infatti quando sono anteposti al sostantivo assumono un significato analogo a *parecchio* e *alquanto*:
– *Varie* volte era andato sulle rive di quel lago.
– Dalle *diverse* pizzerie uscivano gruppetti di allegri ragazzi.

• *poco, molto, tanto, diverso* e *vario* possono essere alterati:
– C'erano *pochissime* persone oggi al cinema.

• *poco, molto, troppo* hanno spesso usi sostantivati:
– Viveva *del poco* che riusciva a guadagnare.

13.2 GLI AGGETTIVI INTERROGATIVI

– *Che* giorno è?
– *Quale* giornale leggi di solito?
– *Quanto* zucchero ci vuoi nel caffè?

Gli ***aggettivi interrogativi*** servono per domandare informazioni sull'identità, sulla quantità, sulla qualità di esseri o cose a cui si riferiscono (quasi tutti concordando) e a cui si antepongono.

Essi sono:

singolare		plurale	
maschile	femminile	maschile	femminile
che quale quanto	che quale quanta	che quali quanti	che quali quante

13.2.1 PRECISAZIONI SUGLI AGGETTIVI INTERROGATIVI

Sugli aggettivi interrogativi occorre precisare quanto segue:
• *che* è invariabile e ha significato analogo a *quale* di cui, specie nelle frasi interrogative dirette, è più frequente:
– Ma *che* idee ti passano per la testa?
Nelle frasi interrogative indirette *che* e *quale* godono pressoché della stessa frequenza d'uso; con una preferenza, forse, per il diffusissimo *che* nelle situazioni più colloquiali:
– Non so *che* (*quale*) decisione prendere.

• *quale* si flette nel numero, è invariabile nel genere, ha significato equivalente a *che*; e a questo viene preferito nelle domande dirette riguardanti la specie, la qualità del sostantivo a cui si riferisce:
– *A quali* discorsi ti riferisci?
– *Quale* (= *che* genere di) futuro ci toccherà?
Davanti a vocale, anche nei registri linguistici formali, *quale* si può troncare (si badi, non si elide: non vuole dunque l'apostrofo) in *qual* (si veda in 2.3.1):
– *Qual* è la strada per il centro?
– *Qual* buon vento ti porta?

• *quanto* introduce una domanda sulla quantità; è variabile sia nel genere che nel numero:
– *Quanti* soldi hai speso?

13.3 GLI AGGETTIVI ESCLAMATIVI

Gli aggettivi *che*, *quale*, *quanto* possono essere usati anche con funzione di esclamativi:
– *Che* meraviglia!
– *Quale* onore!
– *Quanta* roba!

• *che* esclamativo è frequentissimo con funzione avverbiale (= quanto), soprattutto nella lingua parlata, davanti al solo aggettivo:
– *Che* buono!
– *Che* bello!
– *Che* sciocco!

In questa funzione, nell'uso colloquiale, in espressioni di risentimento più o meno bonario, può essere posto fra l'aggettivo e il verbo copulativo
– Curioso *che* sei! Pensa ai fatti tuoi!
– Stupido *che* sono stato!

13.4 L'AGGETTIVO RELATIVO

L'aggettivo relativo *il (la) quale, i (le) quali* ha un significato non dissimile dal dimostrativo *questo*. Esso introduce una proposizione relativa dopo una pausa marcata (come un punto fermo), stabilendo uno stretto legame fra il sostantivo a cui si accompagna e il sostantivo o concetto dell'enunciato precedente:
– "(...) invita i partiti a rinnovare e a rendere trasparenti i loro metodi di gestione finanziaria e di selezione del personale politico: compiuta *la quale* opera di rinnovamento morale, si potrà (...)". (M. Riva, in 'la Repubblica', 3-7-1992).

Capitolo XIV

14 - GLI AGGETTIVI (4º) - I DETERMINATIVI (C)

Gli aggettivi numerali (cardinali, ordinali, frazionari, moltiplicativi, numerativi).

14.1 GLI AGGETTIVI NUMERALI

a) Sono arrivato *cinque* giorni fa.
b) Questo è il mio *sesto* giorno di ferie.
c) E' una bottiglia da *mezzo* litro.
d) In dicembre si prende una *doppia* mensilità.
e) E' stato assente una *ventina* di giorni.

Gli ***aggettivi numerali*** (a differenza degli indefiniti) indicano quantità ben determinate, numerabili, come dice il loro stesso nome.

Essi possono essere divisi in:

• *cardinali* (come nell'esempio in a), così chiamati perché rappresentano il 'cardine', il fondamento della numerazione.

Essi indicano una quantità numericamente precisa, sono tutti plurali e invariabili nel genere.

Fa eccezione *uno* che è, ovviamente, singolare, e che ha il femminile (*una*):
– uno, due tre, dieci, novantacinque, cento, mille
– un bicchiere, due bicchieri, centodieci bicchieri, una rosa, due rose

• *ordinali* (come nell'esempio in b) che in una serie numerica determinano il posto, l'ordine di successione.

Sono variabili, e pertanto concordano nel genere e nel numero con il sostantivo a cui si riferiscono:
– primo, secondo, terzo, decimo, novantacinquesimo, centesimo, millesimo

– i primi arrivati, le seconde classi, la decima posizione

• *frazionari* (come nell'esempio in c), che indicano una o più parti di un tutto; si formano con un numero cardinale unito a un ordinale:
– un terzo, due quarti, otto decimi
– Guadagna *un terzo* di quanto guadagna suo fratello.

• *moltiplicativi* (come nell'esempio in d), che possono indicare:
a) quante volte una data cosa è maggiore di un'altra (*doppio, triplo, quintuplo, sestuplo...*);
b) le parti che compongono una data cosa, o gli usi, gli scopi che essa può avere (*triplice, quadruplice, centuplice...*):
– triplice strato di legno, duplice scopo
Tutti sono invariabili nel genere, e di solito si usano al singolare.

• *numerativi* (come nell'esempio in e), possono indicare:
a) una quantità approssimativa (una *decina*, una *quindicina*, una *quarantacinquina...);*
b) l'età di una persona (*quindicenne, ventenne, trentaduenne, quarantaduenne...*);
c) in metrica, gruppi di versi o di sillabe; in musica, la misura di una battuta (*quartina, sestina, ottava... bisillabo, decasillabo, quinario, quaternario...).*

14.1.1 PRECISAZIONI SUGLI AGGETTIVI NUMERALI

i cardinali

• Si è detto che i numerali cardinali sono plurali e invariabili nel genere:
– quaranta cartoline, ventidue alunni, quindici penne

uno fa eccezione; è infatti singolare, e ha il femminile *una*:
– uno straccio, un libro, una camicia

uno è spesso difficilmente distinguibile dall'articolo indeterminativo con il quale condivide anche la flessione (*uno, un, una, un'*):
– un etto di prosciutto, un'elica di aereo, uno sbaglio solo

• i numerali cardinali formati con *uno*, se precedono il sostantivo possono o no avere il troncamento; se sono posposti non possono averlo:
– Un tempo la maggiore età si raggiungeva a *ventun* (*ventuno*) anni.
– Carlo Rossi, di anni *trentuno*.

• i cardinali che si compongono con *tre* prendono l'accento; non è raro tuttavia trovarli senza:
– ventitré, trentatré... ventitre, trentatre

• da *undici* a *sedici* il numero si compone con la parola *dieci* mutata in *-dici* dopo il cardinale, più o meno modificato, che indica le unità:
– undici, dodici, tredici, quattordici, quindici, sedici

• dal *diciassette* in poi le unità sono sempre posposte alle decine:
– diciassette, diciotto, diciannove, quarantasei, sessantasette

• da *venti* in poi le decine fanno cadere la vocale finale davanti a *uno* e a *otto*:
– quarantuno, quarantotto, sessantuno, sessantotto

• le decine dopo *venti* e *trenta* finiscono in *-anta*:
– quaranta, cinquanta, settanta

• i composti di *cento* si formano aggiungendo i numeri fino a *novantanove*:
– centouno, centodieci, centosedici, centoventuno, centoquarantuno

• le centinaia si formano premettendo il numero delle unità al *cento*:
– duecento, settecento, novecento

• per i composti di *mille* si procede allo stesso modo che per i composti di *cento*:
– milleuno, milledieci, millecentouno... fino a millenovecentonovantanove.

• le unità, le decine e le centinaia di migliaia si formano cambiando *mille* in *mila*:
– duemila, diecimila, centomila, duecentomila

• il plurale di *mille* è *mila*. I composti di *mille* si usano spesso divisi da una *e*:
– mille e duecento, mille e quattrocentouno
Gli stessi composti non di rado si pronunciano abbreviati:
– mille e due (= milleduecento), mille e quattro (= millequattrocento)

• quando si indicano *i secoli* dal *1.200* in poi si può tacere la cifra delle migliaia, il numerale diviene sostantivato e prende l'iniziale maiuscola (1.3):
– il Duecento, il Quattrocento, il Novecento

• per indicare *i decenni* più vicini al nostro tempo si può usare direttamente il nome della decina preceduto dal sostantivo 'anni' (e ciò, almeno fino a quando, terminato il secolo, si sarà entrati nel Duemila):
– gli anni venti, gli anni trenta, gli anni ottanta

• i cardinali si possono usare come *sostantivi*, oltre che (come si è detto) per indicare il secolo, anche per indicare le ore, i giorni del mese (salvo il primo che richiede l'ordinale), un voto scolastico, una misura o un anno; in quest'ultimo caso, se ci si riferisce al nostro secolo si possono omettere le migliaia e le centinaia:
– sono le undici - Oggi è il nove - Ho preso sette a storia - Di scarpe porto il trentasette - Sono del '55 - Il '68 segnò l'inizio di forti lotte studentesche.

• *miliardo* e *milione*, che sono sostantivi, si pronunciano e si scrivono separati dai numeri (unità, decine e centinaia) che li compongono:
– due miliardi, trenta miliardi, cento milioni

• *zero*, *milione*, *miliardo*, essendo sostantivati, hanno la flessione al plurale:
– gli zeri, i milioni, i miliardi

• con *tutti* e *tutte* il numerale è preceduto da una eufonica *e* (13.1.2);
– tutti e due, tutte e quattro, tutti e cento

• i cardinali generalmente *si collocano prima del sostantivo* a cui si riferiscono, salvo in certi casi di linguaggi commerciali (come nel seguente esempio):
– Vendute *numero dieci* paia di scarpe: lire *seicentomila*.

gli ordinali

• I numerali ordinali determinano il posto, l'ordine, la successione in una serie numerica:
– primo, secondo, terzo, quindicesimo, ventesimo, trentunesimo, cinquantaquattresimo, centesimo, millesimo

• a differenza dei cardinali, gli *ordinali sono variabili* nel genere e nel numero secondo l'accordo con il sostantivo a cui si riferiscono:
– Il prim*o* ministr*o* si è dimesso.
– Prenda la second*a* travers*a* a destra.
– Avanti i prim*i* due concorrent*i*.

• i primi dieci ordinali hanno una forma specifica derivata dal latino:
– primo, secondo, terzo, quarto, quinto, sesto, settimo, ottavo, nono, decimo.
Gli altri si formano aggiungendo il suffisso *-esimo* al numero cardinale, che fa cadere la vocale finale, davanti a *-unesimo* e *ottesimo*
– vent-i → vent esimo, cent o → esimo, trentatré → trentatre esimo, quaranta → quattresimo (cinquesimo...)

• gli ordinali si usano *nelle successioni* di re, imperatori, pontefici; di capitoli, paragrafi, canti, atti, scene; nella indicazione dei chilometri, nei numeri frazionari ecc:
– Vittorio Emanuele secondo, Giovanni ventitreesimo, capitolo primo, sesto paragrafo, atto terzo, scena quarta, undicesimo secolo, secolo diciottesimo, decimo chilometro, un terzo, due quinti, la ventesima parte

• per indicare *le successioni* di dinastie o di pontefici o le distanze chilometriche si può usare un ordinale composto dall'ordinale delle decine o del centinaio e dall'ordinale delle unità:
– Luigi decimoquarto, Giovanni ventesimoterzo (o vigesimoterzo), centesimoquarto chilometro

• anche per indicare *i secoli* vengono abitualmente usati gli ordinali:
– il I secolo d.C. (dall'anno 1 all'anno 100)
– il II secolo d.C. (dall'anno 101 all'anno 200)
– il III secolo d.C. (dall'anno 201 all'anno 300)
E così avanti fino al XII secolo.
Dal XIII secolo (1201 - 1300) in poi si può usare anche il numero cardinale (il Duecento, il Trecento...)
– il XIX secolo → l'Ottocento (1801 - 1900)
– il XX secolo → il Novecento (1901 - 2000)

• come i cardinali, anche gli ordinali possono avere un *uso sostantivato*:
– Ieri sera alla Scala c'è stata *la prima*.
– Mia figlia è stata promossa *in seconda*.

• il primo giorno di ogni mese viene indicato di solito con l'ordinale:
– il primo gennaio, il primo aprile

• gli ordinali si possono rappresentare con le *cifre romane* (II, III, IV, V, VI, VII, VIII, IX, X, C, D, M ...), o con quelle arabe seguite da un segno esponente (1°, 4°, 20°...).

• l'aggettivo *ennesimo* è costruito come gli altri aggettivi ordinali utilizzando il simbolo matematico *n* che indica un qualsiasi numero intero in una sequenza e il suffisso *-esimo*.
Esso indica un posto indefinito ma elevato in una sequenza numerica:
– Farò l'*ennesimo* tentativo per dissuaderlo.
– Si è preso l'*ennesima* multa.

i frazionari

I numerali frazionari si compongono di un numero cardinale (detto *numeratore*) e di un numero ordinale (detto *denominatore*).
Sono più usati come sostantivi che come aggettivi:
$\frac{2}{3}$ (due terzi), $\frac{4}{5}$ (quattro quinti)

• l'aggettivo *mezzo* indica 'denominatore due' e si accorda sempre al sostantivo quando lo precede; può accordarsi o no se lo segue:
– mezzo chilo, mezza misura
– Sono le quattro e *mezza* (le quattro e *mezzo*).

i moltiplicativi

Abbiamo due differenti serie di aggettivi moltiplicativi, a seconda del significato; ciascuna serie è composta di pochi elementi:

a) alcuni moltiplicativi indicano quante volte una data cosa è maggiore di un'altra (*doppio, triplo, quadruplo...*):
– *Triplo* salto mortale per Ranieri (titolo in 'la Repubblica; 1-2-1993)

b) altri indicano le parti di cui si compone una data cosa, o i suoi possibili scopi o usi:
– La parete esterna è stata isolata con *triplice* strato di materiale isolante.
– La cosa è fatta così per quel *duplice* scopo di cui si diceva.

i numerativi

I numerativi costituiscono un gruppo di numerali derivanti dai cardinali o dagli ordinali mediante particolari suffissi per significati diversi:

•- *ina*:
a) aggiunto a un ordinale può indicare tipi di strofe distinte in base al numero dei loro versi o, in musica, una misura ritmica:
– terzina (la terzina dantesca), quartina, sestina; ma: ottava
b) aggiunto a un cardinale da *dieci* a *sedici*, o alle decine da *venti* a *novanta*,

assegna un significato di approssimazione a un numero indicante età, quantità o misura (*decina, tredicina, quindicina, ventina, trentina...*):
– Peserai sì o no una *sessantina* di chili.
– Avrà una *ventina* d'anni.
– Fumo una *decina* di sigarette al giorno.

• *–enne*, unito a un cardinale da *dieci* a *novantanove* indica l'età di una persona; è usato spesso come sostantivo:
– decenne, quattordicenne, sessantenne...
– E' un giovane *diciannovenne*.
– Ci sono molti *ottantenni* oggi in Italia.

• *–ario*, unito a un numerale latino:
a) distingue i versi poetici in base al numero delle sillabe (*ternario, quaternario, quinario...*),
b) indica l'età di persona o avvenimento calcolata in decine da *cinquanta* a *cento* (*cinquantenario, settuagenario, ottuagenario, centenario*); ma anche: *millenario.*
miliardario indica persona ricca a miliardi.
Questi aggettivi possono anche indicare un sistema numerativo o ritmico:
– sistema (ritmo) binario, ternario, quinario

• *–etto*, unito a un ordinale indica il numero degli strumenti musicali (da *quattro* a *otto*) per cui è stato composto un brano musicale:
– quartetto, quintetto, ottetto

Per indicare due o tre voci o strumenti ci sono: *duo* (o *duetto*) e *trio*.

terzetto serve in particolare a indicare simpaticamente o negativamente un insieme di tre persone: un *terzetto* di ragazzi vivaci e simpatici, un *terzetto* di giovinastri.

• *entrambi* (femm. *entrambe*) e *ambedue* (invariabile) hanno il significato di 'tutti e due'. Si collocano sempre prima del nome e del suo articolo:
– *Entrambi* i miei fratelli vivono all'estero.
– *Ambedue* le ragazze studiano medicina.

• *ambo* (per lo più usato nella forma invariabile del singolare) come aggettivo significa 'tutti e due', 'l'uno e l'altro'; richiede l'articolo davanti al nome a cui si riferisce:
– Divieto di sosta in *ambo* i lati.

Capitolo XV

15 - I PRONOMI (1º) - I PERSONALI (A)

I pronomi - I pronomi personali con funzione di soggetto - Omissione dei pronomi-soggetto

15.1 I PRONOMI

– Ho visto Carlo ma non *gli* ho parlato.
– La tua casa mi piace, ma preferisco la *mia*.
– Non voglio questo libro; voglio *quello* sul tavolo.
– Di quei fichi ne ho mangiati solo *alcuni*.
– Ecco il regalo *che* ho comprato per la mamma.
– *Chi* è?
– "Ecco il pane". "Uh *quanto*!"

gli sta per 'a Carlo'; *tua* sta per 'tua casa'; *quello* sta per 'quel libro'; *alcuni* sta per 'alcuni fichi'; *che* sta per 'il regalo'; *chi* sta per 'quale persona'; *quanto* sta 'per quanto pane'.

Il ***pronome*** (dal lat. *pronomen*, 'al posto del nome'), è una parte variabile del discorso che sta al posto del nome e ne fa le veci assumendone il genere e il numero, e svolgendone tutte le funzioni logico-sintattiche.

I pronomi possono essere: *personali, possessivi, dimostrativi, indefiniti, relativi, interrogativi, esclamativi*. E ciò, a seconda che indichino persona, possesso, collocazione, quantità indefinita, o che mettano in relazione due frasi, o che introducano una domanda o una esclamazione.

15.2 I PRONOMI PERSONALI CON FUNZIONE DI SOGGETTO

I pronomi personali si dividono in due gruppi ben distinti fra loro per funzione e forma:

a) quelli che in una frase fungono da soggetto;
b) e quelli che fungono da complemento.

I pronomi personali che fungono da soggetto sono:

persona	singolare		plurale	
	maschile	femminile	maschile	femminile
1ª	io	io	noi	noi
2ª	tu	tu	voi	voi
3ª	egli, esso lui	ella, essa, lei	essi, loro	esse, loro

Con essi concorda il verbo: nella persona, nel numero e, quando è possibile, anche nel genere:

io part *o* – *noi* part *iamo*
tu part *i* – *voi* part *ite*
egli (*ella*) part *e* – *essi* (*esse*) part *ono*
essa *è* partit *a* – *esse sono* partit *e*

15.2.1 OMISSIONE DEL PRONOME-SOGGETTO

Molte volte, poiché la terminazione del verbo indica chiaramente la persona, il pronome-soggetto viene taciuto:

– Non posso venire oggi. (*io*)
– Mi *fate* questo favore? (*voi*)

Il pronome-soggetto viene comunque espresso nei *casi di enfatizzazione del soggetto*; e cioè: a) quando sia marcato, b) quando sia messo in contrapposizione con un altro pronome-soggetto, c) quando sia posto dopo il verbo, d) quando sia preceduto da *anche, pure, neanche, nemmeno, neppure*:

a) *Voi no*, non ci andrete.
b) *Io* leggevo, *loro* ascoltavano.
c) Ci vado *io*.
d) *Anche voi* ci andrete.

15.2.2 PRECISAZIONI SUI PRONOMI PERSONALI SOGGETTO

io, tu I pronomi di 1ª e 2ª persona *io* e *tu* (e i pronomi non soggetto loro corrispondenti), diversamente da quelli di 3ª persona, in realtà non sostituiscono il nome della persona a cui si riferiscono; hanno con essa solo un rapporto logico. In "Carlo si è laureato. *Lui* sì che è bravo"!, *lui* è indicativo della persona di *Carlo* e del suo nome; nome che potrebbe anche essere ripetuto *(Carlo sì che è bravo).* Invece in *Ti sei laureato. Tu sì che sei bravo!, tu*, che pure indica una precisa persona, non è sostitutiva del suo nome. Se infatti il nome -mettiamo, *Luigi* venisse pronunciato, il verbo dovrebbe concordarsi in 3º persona, e ne scaturirebbe una frase con tutt'altro riferimento: *Ti sei laureato. Luigi sì che* è (e non *sei*) *bravo*!

Questo fatto consente che nel linguaggio familiare, specialmente con i bambini (anche per assecondare in ciò una loro naturale inclinazione), al posto di *io* e *tu* si usi il nome corrispondente (e perciò la terza persona) per connotare affettivamente qualche rimprovero, o sollecitazione o constatazione. Si tratta della cosiddetta *allocuzione inversa* per la quale il parlante usa l'espressione che dovrebbe invece usare l'interlocutore se si rivolgesse a lui:

– *La mamma* ti ha detto (= *io* ti ho detto) di stare buono.
– *La nonna*, te lo fa *la nonna*. (= *io*, te lo faccio *io*)
– *Il papà* vorrebbe (= *io* vorrei) tante cose dal *suo* bambino! (= da *te*)
– (una signora rivolta a suo marito:) Che mi regalerà per il mio compleanno *il mio amato maritino?* (= che mi regalerai, marito mio, per ...)

Fuori dall'àmbito affettivo, un parlante può usare la terza persona singolare invece della prima, allorché parla come rappresentante della carica che ricopre o dell'attività che svolge, e spesso con atteggiamento tra familiare e paternalistico.

– *Il vostro direttore* è (= io sono) orgoglioso di voi.
– (al telefono) "*E' il dottor Rossi in persona* (= è proprio lei...) che parla?" "*Sì, è proprio il dottor Rossi* (= sono proprio io...) che parla".

espressione del pronome Si è ricordato che in italiano il pronome personale soggetto può anche non essere espresso: la terminazione del verbo è sufficientemente indicativa.

– Tornerò (*io*) tardi stasera; non dovresti (*tu*) aspettarmi.

Nei seguenti casi è tuttavia necessario esprimerlo:

• quando il verbo è sottinteso:
– "Chi lo vuole?" "*Io!*"
• in frasi indipendenti con l'infinito (altrimenti non si capirebbe) (25.2, 48.2):
– *Tu dire* queste parole! Mi meraviglio.
• in frasi secondarie con gerundio o participio aventi soggetto diverso dalla frase reggente (25.2); ancora per ragioni di comprensione:
– *Partiti voi*, Carlo si è sentito terribilmente solo.
• quando al pronome segue un'apposizione o una proposizione relativa:
– *Io, idraulico casalingo*, i rubinetti in casa mia li accomodo da me.
– Sei stato *tu che hai detto questo di me*?
• nelle successioni di frasi con diverso soggetto:
– *Voi* preparate i fogli, *loro* li tagliano, *noi* li incolliamo.

• quando si vuole mettere in evidenza la persona-soggetto, magari in contrapposizione con altri soggetti di altre frasi:
– *Tu* suona che *io* ascolto.
– *Io* sì che ci vado!

• quando il soggetto è posto dopo il verbo (per ragioni di messa in evidenza), o dopo gli avverbi *anche, pure, neanche, nemmeno, neppure*:
– "Che fai?" chiesi *io*. "Studio" rispose *lui*.
– "*Tu* ci vai?" "*Io* no'." "*Neanche noi* ci andiamo".

• in presenza del congiuntivo, quando una stessa terminazione verbale serve per più persone:
– E' necessario che *io* parl*i*.
– E' necessario che *tu* parl*i*.
– E' necessario che *lui* parl*i*.

me, te Le forme oblique *me* e *te* sostituiscono *io* e *tu* nella funzione di soggetto (16.1.1.1):

• nei paragoni di uguaglianza:
– Lo conoscono *quanto te*. (= quanto lo conosci tu)

• in espressioni esclamative:
– Povero *me*!
– Beato *te*!

• in funzione predicativa:
– Io, *fossi te* (= tu), ci andrei.

In questa funzione, tuttavia, nel caso di identità con il pronome-soggetto e in presenza della copula *essere*, si preferisce la consueta forma soggetto:
– Sei sempre *tu*!
– Io sono *io*, tu sei *tu*.

In presenza di *altro verbo copulativo,* si usano invece le forme *me* e *te*:
– Io *sembro te*, tu sembri *me*.
– E' come se io *fossi diventato te* e tu *fossi diventato me*.

• in espressioni del tipo: compreso *me* - eccetto *te* - *me* escluso - salvo *te*.

tu Il pronome di 2ª persona singolare può funzionare da soggetto generico come forma impersonale (si veda in 22.4.3).
– L'acqua era così limpida che *tu avresti potuto* (= si sarebbe potuto) vedere il fondo.

tu, voi, lei, loro I pronomi-soggetto di seconda persona singolare e plurale sono: per i rapporti di familiarità, *tu* - *voi*; per i rapporti formali, *lei* - *loro*.

Essi -detti anche *allocutivi* (dal lat. 'alloqui' = rivolgere la parola) - così differenziati, sono elementi propri della *deissi sociale* (1), in quanto codificano il tipo di relazione sociale fra i diretti protagonisti di un atto comunicativo:

---

(1) Si definisce *deissi* (dal gr. 'deîxis' = dimostrazione) l'insieme dei riferimenti alla situazione (riferimenti detti anche 'coordinate spazio-temporali') in cui si realizza (si attualizza) un enunciato. In particolare, tali riferimenti riguardano *i partecipanti* alla comunicazione e *il momento* e *il luogo*

– *Tu*, Carlo, e *lei*, signora, accomodatevi qui.

L'uso più comune che si fa di questi pronomi è il seguente:

• *tu* e *voi* si usano per rivolgere la parola a persone con cui si ha buona confidenza (parenti, amici, bambini ecc.), e in situazioni non soggette a formali convenzioni sociali, come nei messaggi pubblicitari ed elettorali (*vesti giovane, vota socialista*...). (Per il *voi di cortesia* si veda poco più sotto).

• *lei* e *loro* si usano nei rapporti di formale cortesia, o, comunque, di non marcata familiarità. Si ricollegano alla 3ª persona perché, nell'usarli, è come se non ci si rivolgesse direttamente all'interlocutore interessato, ma alla 'signoria', all''eccellenza', all''autorità' che essa può rappresentare:

– *Lei*, signore, dovrebbe sedersi qui, per favore.

In presenza di un pronome di cortesia, di solito l'aggettivo o il participio concorda al maschile o al femminile, a seconda del sesso dell'interlocutore:

– *Lei*, signor Rossi è molto buon*o*. (raro e antiquato, eccessivamente cerimonioso: buon*a*)

– Temo che *lei*, signorina, si sia annoiat*a*, oggi.

In certi casi di particolare deferenza *lei* e *loro* possono anche essere scritti con la lettera maiuscola:

– Ho pensato che *Lei*, Signor Presidente, per ...

Accanto al pronome di cortesia *lei* c'è anche il cerimonioso *Ella*, che però, ormai, viene usato soltanto in casi di particolare ufficialità:

– *Ella*, signor Presidente, ha voluto farci l'onore di ...

Con questa forma è ricorrente l'accordo al femminile dell'attributo:

– *Ella*, eccellenz*a* reverendissim*a*, è troppo attent*a* ai problemi del mondo per non sapere che...

• Per il plurale di cortesia si può scegliere fra *voi* e *loro*.

Sempre più spesso si sente usare *voi* [(1)].

Quest'ultimo è d'obbligo quando ci si rivolge, nello stesso tempo, a persone con cui si hanno rapporti di familiarità e ad altre con cui si hanno rapporti di più o meno formale cortesia (si veda anche il primo esempio di questa pagina):

– *Voi* due, *tu*, Carlo, e *lei*, signora Bianchi, dovre*ste* seder*vi* qui, per favore.

• *voi* come forma di cortesia si preferisce certamente a *loro* in situazioni formalmente meno marcate:

– al bar (domanda a clienti): "*Loro* che cosa prendono?"

– in casa(a invitati anche non molto familiari): "*Voi* che cosa prendete?"

---

dell'enunciazione. I mezzi linguistici che concorrono a formare la deissi si dicono *deittici* o *orientativi* (29.5, 63.3.2), e possono essere pronomi (come *io, tu, voi, lei, loro*), avverbi (come *qui, adesso, ieri, in quel momento*), possessivi e dimostrativi (come *mio, loro, questo, quello*), verbi (come *andare* e *venire*), tempi verbali, nomi preceduti da articolo determinativo o da aggettivo dimostrativo. La deissi è uno degli aspetti del lato pragmatico della comunicazione (n. 1 pag. 132).

(1) "E bisognerà cominciare con l'ammettere che il *lei* (...) non ha mai goduto di buona stampa. (...) Né è un caso che l'autorità inappellabile dell'uso abbia finito, se non per cassare, almeno per far apparire cerimoniosa e pedante la forma plurale *loro*, correntemente sostituita da un più pratico, scorrevole *voi*". (G. Roscioni, in 'la Repubblica', 22-8-1991).

• *voi* è anche il pronome di cortesia della corrispondenza commerciale:
– In riferimento alla merce che *voi* ci avete richiesto in data (...), ci duole comunicarVi...

A conclusione di queste varie distinzioni, va comunque detto che studi molto recenti hanno mostrato come oggi "si tenda sempre più a usare l'allocutivo confidenziale, dando del *tu* anche in situazioni formali e con interlocutori non conosciuti". Ad esempio, nelle trasmissioni radio aperte alla partecipazione degli ascoltatori e nei giornali che accolgono lettere e annunci dei lettori, è stato notato che "non ci si rivolge più all'interlocutore, anche sconosciuto, dandogli del *lei*, ma soltanto dandogli del *tu* (...) nelle conversazioni scompaiono i cognomi, sostituiti quasi sempre dal solo nome". Ciò tuttavia non risulta il frutto di un generico democraticismo. Sembra, ad esempio, che la tendenza all'uso del *tu* sia diffuso più fra i giovani di 'classe alta' che fra quelli di 'classe bassa'; dove invece si manifesta una certa prevalenza dell'uso opposto (forse anche per una sorta di difesa mediante un *lei* formale contro un *tu* di potere). Insomma "l'espansione del *tu* pare segnalare non tanto solidarietà e confidenza crescenti, quanto l'appartenenza a un gruppo: spesso non è altro che un modo per differenziarsi rispetto agli 'altri'" [1]

egli, ella - lui, lei I pronomi di 3ª persona singolare *egli, ella* si riferiscono esclusivamente a persona, e godono di larga frequenza d'uso in contesti giudicabili formali, letterari [2]:
– Ora *ella* era pallidissima (...). (A. Moravia, 'I racconti')
– *Egli* sedeva tutto il giorno al capezzale della moglie (...). (A. Moravia, 'I racconti')

• In loro sostituzione, nei registri linguistici meno sorvegliati sono sempre più frequenti *lui* e *lei* (si veda qui poco oltre):
– Era una bella casa - *lei* disse (...). (N. Ginzburg, 'Le voci della sera')
– (...) *lui* lo prevenne (...). (F. Tomizza, 'Fughe incrociate')

• Gli stessi *egli, ella*, se posti dopo il nome a cui si riferiscono, concentrano su di esso l'attenzione dell'interlocutore:
– La Thibedeau è *anch'ella* un'ex velocista (...). (in, 'la Repubblica', 16-1-1991)

esso, essa Un tempo, con una certa rigidezza, *esso* ed *essa* erano riservati per animali e cose; *essa* tuttavia poteva anche essere usata per persone.
Oggi questa distinzione è sempre meno rispettata anche in registri formali.

• Anche *esso, essa*, se posti dopo il nome - soggetto a cui si riferiscono e che richiamano, concentrano su di esso l'attenzione dell'interlocutore (specie se seguiti da avverbi come *sì, no, veramente*):

---

[1] G. Berruto, 'Sociolinguistica dell'italiano contemporaneo', NIS, 1989, pag. 95.
[2] A questo proposito ci piace riportate la seguente simpatica divagazione: "(...) non solo i miei alunni non mi stanno a sentire: non mi sto a sentire nemmeno io. Mi sento un 'esso' estraneo all'io che parlo, al tu con cui potrei dialogare, all'egli maestoso, che non a caso nessuno usa mai". (D. Starnone, 'Fuori registro', Feltrinelli, Milano, 1991, pag. 104).

– (...) il terrore atomico metteva in gioco, *esso* sì, la sorte stessa del pianeta. (E. Scalfari, in 'la Repubblica', 16-1-1991)

– La verità (...) è impossibile stabilire dove *essa* risieda (...). (B. Valli, in, 'la Repubblica', 28-1-1911)

essi, esse Le forme pronominali - soggetto per il plurale maschile e femminile per esseri e cose sono *essi* e *esse* rafforzabili come le forme al singolare:

– Carlo e sua sorella, *essi sì* che se ne intendono di queste cose!

lui, lei, loro Nei casi di registro linguistico non marcatamente formale, e nei casi di intensificazione affettiva, i pronomi di 3ª persona più ricorrenti con funzione soggetto sono, come si è accennato poco sopra, *lui, lei, loro* (che più normalmente funzionano da pronomi-complemento).

Questa preferenza ha anche una giustificazione, economica e pratica, di semplificazione: tre pronomi (*lui, lei, loro)* contro sei *(egli, esso, ella, essa, essi, esse*). C'è chi sostiene (e a buona ragione, anche se con qualche esagerazione) che questo uso è ormai un dato di fatto da tenere nel conto dovuto [1].

D'altro canto, il loro uso può anche servire a uscire da certe difficoltà. Ad esempio, *ella*, fuori di Toscana, suona piuttosto letterario; ed *essa* serve soprattutto per cose inanimate. Sicché *lei* elimina ogni problema:

– (...) il mercato tirava (...) e *lui*, benché arricchito, poteva permettersi di vivere di rendita. (F. Tomizza, cit.)

– *Lei* tirò un sospiro e ricominciò. (N. Ginzburg, cit.)

Usi di questo genere hanno esempi illustri assai lontani nel tempo:

– (...) *lui* si trasformò in giovenco (...). (G. Boccaccio, 'Decameron')

– *Lei* sopra l'altre cose belle è bella (...). (da una canzone di M.M. Boiardo)

• *lui, lei, loro* si usano dunque con molta frequenza:

a) o posposti al verbo; o dopo *anche, neanche, neppure, nemmeno, come* e *quanto*; o in frasi ellittiche del verbo; o in opposizione con altri pronomi-soggetto:

– Ciò indurrebbe infine a ipotizzare che fosse stata per prima *lei* (...). (F. Tomizza, cit.)

– *Neanche loro* sono venuti.

– Ho lavorato *quanto lei*.

– "Chi l'ha detto?" "*Lui*".

– *Lei* si faceva dei gran pianti (...). E *lui* rientrando la trovava col viso gonfio, gli occhi rossi. (N. Ginzburg, cit.)

– *Tu* no, *lei* sì.

Ecco un esempio in cui l'uso comune farebbe evitare *egli* e *ella:*

– *Lui, lei*, l'altro (titolo in 'L'opinione', 22-9-1992)

b) in particolari casi di ridondanza per enfasi, sia nello scritto, sia (soprattutto) nel parlato, dopo il nome soggetto: che, dunque, richiamano per sottolinearlo;

---

[1] "Anche la scuola (...) si dovrebbe decidere a insegnare che le forme normali sono *lui, lei, loro*, e che queste hanno delle varianti 'raffinate', *egli, essa, essi, esse*, da usare, con parsimonia, quando si scrive". (A. Troncon - L. Canepari, 'Lingua italiana nel Lazio', Roma 1989, pag. 78).

questo uso sembra più frequente che con i pronomi *egli, ella, esso, essi:*
– Molti corrono dietro al re per avere il comando di quella nave. Ma tutti dicono che Cortez l'avrà *lui*. (da un vecchio film programmato in tv il 17-8-1990)
– Il Vincenzino l'aveva sposata, *anche lui*, senz'amore. (N. Ginzburg, cit.)
– Il Vincenzino, *lui*, era sempre uguale. (N. Ginzburg, cit.)
– L'onorevole Andreotti, *lui*, non ha nemmeno questi problemi (...). (E. Scalfari, in 'la Repubblica', 26-7-90)

• In tutti i casi sopra accennati, *lui, lei, loro* generalmente vengono riferiti a persona; oggi tuttavia vengono sempre più usati per animali e cose; per i quali comunque nei registri più sorvegliati è più frequente l'uso di *esso, essa*.
– Ho una gattina meravigliosa io. Fra le gatte del vicinato è *lei* (*essa*) la più bella!
– (...) sul ruolo da assegnare alla tivù. E' *a lei* che (...). (in 'Il manifesto', 27-9-1995).

noi *noi* è il pronome di 1ª persona plurale (singolare: *io*):
– *Noi* ce ne andiamo. Ciao.
noi può essere anche usato:
• come soggetto al posto di *io* in atti solenni di autorità civile o religiosa, o in altri atti ufficiali. E' quello che si chiama *pluralis maiestatis* (= il plurale della autorità):
– (potrebbe dire in pubblico il Papa): *Noi* benediciamo il popolo dei cristiani.

• al contrario, come manifestazione di modestia (*pluralis modestiae*) per esprimere opinioni o giudizi personali:
– (uno scrittore potrebbe scrivere): *Noi* pensiamo che ...

'noi' inclusivo Nella lingua familiare *noi* può essere usato per attenuare un po' la severità di certi rimproveri, o la freddezza di certe affermazioni, o il severo distacco dei rapporti di cortesia; oppure per dar calore al discorso con una sfumatura di benevolenza, o per rendere più convincente un invito a far qualcosa.
Si tratta di un *noi* (per lo più sottinteso) detto 'inclusivo' in quanto include affettivamente la persona che parla:
– Eh no, non esager*iamo* adesso!
– Come *stiamo*? *Stiamo* bene? (invece di: Come stai?...)
– La mamma al suo bambino: "E adesso *ci mangiamo* tutta questa bella minestrina!"

noialtri, voialtri *noialtri* e *voialtri* sono forme pronominali (non solo con funzione soggetto) di 1ª e 2ª persona plurale tipiche del parlato. Esse servono a sottolineare, delimitandola, l'appartenenza della persona del parlante o dell'interlocutore a un gruppo che si contrappone a quanti non ne fanno parte. Con *voialtri* tale appartenenza assume non di rado connotazione spregiativa (13.1.2):
– Questa terra la lavoriamo *noialtri* con le nostre mani.
– Cose di questo genere solo *voialtri* potevate pensarle.

Capitolo XVI

16 - I PRONOMI (2º) - I PERSONALI (B)

I pronomi personali con funzioni di complemento - Le forme toniche - Le forme atone - Concordanza del participio passato in presenza del 'si' impersonale - Le forme riflessive - La particella 'ne' - Origine dei pronomi personali - Pronomi atoni abbinati (o combinati o associati).

16.1 I PRONOMI PERSONALI CON FUNZIONI DI COMPLEMENTO

I pronomi personali che possono svolgere funzioni di complemento si dividono in due gruppi dalle forme distinte:

a) *tonici (o forti)*,

b) *atoni (o deboli)*.

Essi sono:

	forme atone		forme toniche	
persone	mas.	fem.	mas.	fem.
1ª sing.	mi	mi	me	me
2ª "	ti	ti	te	te
3ª "	lo, gli	la, le (gli)	lui	lei
1ª plur.	ci	ci	noi	noi
2ª "	vi	vi	voi	voi
3ª "	li, loro (gli)	le, loro (gli)	loro	loro
3ª riflessivo sing. e plur.	si	si	sé	sé

16.1.1 LE FORME TONICHE

Si dicono ***tonici*** (o ***forti*** o ***disgiunti*** [dal verbo])) i pronomi provvisti di accento tonico, in quanto su di essi si appoggia il tono della voce.

Generalmente posti dopo il verbo, su di essi si concentra l'attenzione dell'informazione data dall'insieme verbo-pronome:

– (Chi guardava?) Guardava *me*, non *te*.
– (A chi l'hai detto?) L'hai detto a *me* o a *lui*?

In casi di messa in rilievo (enfasi) come negli esempi seguenti in e), e in f), possono essere anteposti al verbo.

Senza preposizione fungono da complemento oggetto diretto (come in a] negli esempi seguenti); preceduti da preposizione, fungono da complementi di varia natura:

a) Ha salutato *me*, non *te*, o *lui*!
b) Tu dallo *a me*. Io poi lo renderò *a loro*.
c) Abbiamo parlato *di voi* ieri.
d) Questo *per te* questo *per lei*.
e) No grazie, *per me* non lo fare: io non ne ho bisogno.
f) *A noi, a noi*, dallo *a noi*!
g) D'ora in avanti ciascuno dovrà pensare *a sé*, cari miei.

La forma tonica è di norma quando ci sono più pronomi in coordinazione fra loro, o uno o più pronomi in coordinazione con altri termini:

– Chiamano *me* e *te* (non: *Mi, ti* chiamano)
– Inviteranno *te, lui*, Carlo e sua sorella. (non *Ti, lo*, Carlo e sua sorella inviteranno)

16.1.1.1 PRECISAZIONI SULLE FORME TONICHE

me, te Si è già ricordato (in 15.2.2) che *me* e *te* possono fungere da soggetto: dopo *come* e *quanto*, nelle esclamazioni, in certi particolari espressioni (*compreso me, eccetto te*...); e che possono avere anche funzione predicativa:

– Ho lavorato *quanto te*, oggi.
– *Te* beato!
– Tutti ci andranno, *escluso te*.
– *Fossi te*, ci penserei bene prima di farlo.

te Al di là dei casi sopra ricordati, nell'area linguistica toscana il pronome *te* è molto diffuso con funzione di soggetto:

– Pensaci *te*, per favore.
– Lo faremo *io* e *te*.

lui, lei, loro Di *lui, lei, loro* con funzione di soggetto si è già parlato in 15.2.2.

16.1.2 LE FORME ATONE

Si dicono ***atoni*** (o ***deboli*** o ***congiunti*** o ***clitici*** o ***particelle pronominali***) i pronomi che, privi di accento tonico autonomo, si appoggiano al verbo che segue (in tal caso si dicono *proclitici*: *mi* ha visto, *gli* ho parlato), o si uniscono alla parte terminale di determinate voci verbali (modi non finiti e imperativo) formando una sola parola (in tal caso si dicono *enclitici* [16.1.2.1]: parla*mi*, veder*lo*). In presenza di queste particelle pronominali comunque, il tono di voce insiste sul verbo che, concentrando su di sé l'attenzione, lascia in ombra l'informazione che le riguarda:

– (Questo ti chiedo di fare) *Mi* compri il giornale?
– Compra*mi* il giornale.
– Dovresti comprar*mi* il giornale.

Le forme atone si usano solo con funzione di complemento oggetto diretto o di complemento oggetto indiretto (o di termine): *mi* = 'me' e 'a me', *ti* = 'te' e 'a te' ecc.

Nello specchietto fornito all'inizio del capitolo si può notare che i pronomi di 1ª e di 2ª persona singolare e plurale maschile e femminile hanno la stessa forma (*mi, ci, ti, vi*) per ambedue le funzioni.

Invece i pronomi di 3ª persona singolare e plurale hanno forme diverse (*lo, gli, la, le, li*):

– Carlo *mi* (= *me*) ha chiamato e *mi* (= *a me*) ha parlato. (uguali nella forma diversi nella funzione logica)

– Dovevo parlare con Carlo. Così *lo* (= *lui*) ho chiamato e *gli* (= *a lui*) ho parlato. (diversi nella funzione logica e nella forma)

– Hai visto Carlo e Luigi?" "No, non *li* (= *loro*) ho visti, ma ho visto Maria e (*la*) *l'* (= *lei*) ho invitata. (uguali nella funzione oggetto diretto, ma diversi nella forma riguardo al genere e al numero).

I pronomi *lo, li, la, le, gli, loro,* quando non si riferiscono a persona, hanno il valore di dimostrativi o indicativi (17.2.1):

– Vedi *quel libro*? Me *lo* prendi, per favore?

16.1.2.1 PRECISAZIONI SULLE FORME ATONE

elisione I pronomi atoni di 1ª e 2ª persona singolare e plurale (*mi, ti, ci, vi*) si possono elidere davanti a vocale. Tuttavia, in generale, nella lingua d'oggi, salvo in rari casi di vere cacofonie (come con *ci* + *i* o *e*), si tende a non eliderli (2.4.1):

– m'(*mi*)invitano, c'(*ci*)indicarono la strada, v'(*vi*) interesserà

• *lo, la, li, si* di solito si elidono solo davanti a parola che comincia con la stessa vocale con cui essi stessi terminano (2.4.1):

– l'ho aiutato - l'hanno sentita - li (l') invitammo - si (s')incamminarono

• Non si ha mai elisione con i pronomi atoni complemento indiretto di 3ª persona:

– L'ha vista e *le* ha parlato.

forme di cortesia Le forme atone per la 2ª persona di cortesia sono:

• *la* (oggetto diretto) e *le* (oggetto indiretto): l'una e l'altra per il singolare tanto maschile quanto femminile:

– *La* saluto, signor Rossi, *le* manderò una cartolina.
– *La* saluto, signora Rossi, *le* manderò una cartolina.

• per il plurale: *li*, *le* (oggetto diretto maschile e femminile), *loro* (oggetto indiretto maschile e femminile per lo più posposto al verbo):

– Signori, *li* prego, si accomodino.
– Signorine, *le* devo salutare.
– Signore e signori, rivolgo *loro* il mio saluto.

• per il plurale oggetto indiretto è assai frequente la forma atona *vi*:

– Signori e signore, *vi* prego di accomodar*vi* nell'altra stanza. (assai insolito sarebbe: prego *loro* di accomodar*si*...). (Per gli usi delle forme di cortesia si veda in 15.2.2).

'gli' per 'a loro' La forma oggetto-indiretto di 3ª persona singolare maschile *gli* (= a lui) nei registri linguistici meno formali (ma non di rado anche in quelli più accurati) viene normalmente usato come forma atona corrispondente della tonica *(a) loro* che ne è priva:

– Ho visto Carlo e Lucio (Carla e Lucia) e *gli* ho parlato. (non corretto: "e *loro* ho parlato"; formale e pesante: "e ho parlato *(a) loro)*

– (...) c'è chi lancia (...) appelli ai magistrati palermitani chiedendo*gli* di rimanre al loro posto. (F. Viviano, in 'la Repubblica', 5-1-1995)

Anche la forma femminile *le* (= *a lei*), nella lingua d'oggi trova sempre più spesso in *gli* un sostituto (e ciò, in analogia con le forme doppie di cui si parlerà fra poco). Ma è un uso che nelle forme più accurate si tende giustamente a evitare:

– Ho visto Lucia e *le* ho detto tutto. (meno formale: Ho visto Lucia e *gli* ho detto tutto).

lo La forma *lo,* oltre che funzionare come pronome di genere maschile, può assumere un valore neutro e riferirsi a una frase intera precedente o successiva (54.2.1, 54.3.1, 54.4) o alla parte nominale di un predicato (33.1.1):

– "Dov'è andato Marco?" "Non *lo* so." (= non so *dove sia andato Marco*)
– Io *lo* sapevo *che Marco non sarebbe partito,* perché era occupato.
– Carlo non è ancora *medico*, ma *lo* sarà presto.

la La forma *la*, con valore neutro, talvolta insieme ad altre particelle, può concorrere a formare espressioni verbali di aspetto intensivo (si veda in 22.3.1.1):

– smetterla, prendersela, sbrigarsela, godersela, farcela ecc.:
– Smetti*la* di far chiasso.
– Non te *la* prendere!

lo, la, li, le Queste forme pronominali, riferite a cose e essere animati possono trovarsi con funzione di oggetto in costrutti impersonali con *si:*

– Spesso le guerre si perdono perché *le si combatte* su troppi fronti. (in 'L'Espresso', 24-9-1995, pag. 56)

particolari usi pragmatici anaforici Per particolari usi pragmatici dei sostituenti anaforici *lo, li, la, le, gli* si veda in 33.1.1, 33.2.3, 39.1.4, 39.3.1, 40.1.2, 54.2.1, 54.3.1, 54.4.

ci Oltre che riferirsi alla 1ª persona plurale con funzioni oggetto diretto e oggetto indiretto (= *noi* e *a noi*), *ci* può svolgere le seguenti altre funzioni:

– può essere particella riflessiva di 1ª persona plurale:

– *Ci* siamo alzati presto.

• insieme alla particella 'si' può segnalare la costruzione impersonale di un verbo riflessivo (22.4.2):

– *Ci* si è alzati presto stamattina.

• può funzionare da pronome dimostrativo equivalente a: *con (a, da, di, su) questo (questa, questi, queste, ciò)*:

– E' un bravo ragazzo. *Ci (= su di lui)* conto molto.

– "Sei andato da Luigi?" "Certo. *Ci* sono andato e *ci* ho parlato." (= Sono andato *da lui* e ho parlato *con lui*).

– Mia madre? *Ci* (= *a lei*) penso sempre.

Con questo significato può avere anche una funzione rafforzativa (enfatica) di richiamo o di anticipazione:

– *Con Carlo* io *ci* studio spesso.

– *Ci* penso, *ci* penso, *agli esami*!

• può avere funzione avverbiale di luogo (*ci = lì, in quel luogo*) (18.6.1):

– *Ci* andrò e *ci* resterò.

• in perifrasi con *essere* (*esserci*) può significare *esistere* (23.2.6):

– *C'era* una volta un re.

• Con funzione locativa può sostituire una proposizione dipendente da un verbo di moto:

– "Sei andato *a comprare il giornale?*" "No, ma *ci* andrò, sta' tranquillo."

Con funzione assimilabile a quella locativa appare anche l'uso pronominale di *ci* in sostituzione del complemento retto da *prendere* + *per* o da *passare, ridurre* + *a* o da *trasformare (trasformarsi), scambiare* (e altri) + *in*:

– Per uno del nord mi *ci* prendono spesso.

– A funzionario ti *ci* passeranno presto.

– "Anche il baco da seta si trasforma in farfalla?" "Sì, *ci* si trasforma anche lui".

• la forma espletiva *ce* (o *ci*), può servire da rinforzo, anche fonico, in certe espressioni come:

– ce l'ho - non ce l'avevo - con chi ce l'hai? - c(i) ho freddo - c(i) ho caldo - non ci vedo - non ci sento - ci restai male ecc.

vi E' una particella che, oltre che riferirsi alla 2ª persona plurale come oggetto diretto e oggetto indiretto (= *voi* e *a voi*), e come riflessivo, può servire da avverbio di luogo (= *lì, in quel luogo*) allo stesso modo di *ci*, di cui è però meno frequente, e formare perifrasi con essere (*esservi*):
– *Vi sono* troppi libri su questa scrivania.

si La particella *si* può svolgere le seguenti funzioni:
• pronome riflessivo (22.3):
– Lucia *si* specchia. (singolare)
– Lucia e Maria *si* specchiano. (plurale)
– Carlo e Mario *si* scrivono. (plurale reciproco)

• particella di costrutti impersonali (*'si' impersonale*), (22.4.2):
– Qui *si* sta bene. (= stiamo bene)
– Spesso *si* ha (= abbiamo) paura di parlare.

• in certe regioni linguistiche, soprattutto dell'Italia centrale, nel parlato si usa spesso la forma impersonale con *si* preceduta dal pronome soggetto *noi*. E' una forma che serve anche a mettere in rilievo l'espressione (22.4.3, 33.2.3):
– *Noi si* è andati alla festa ieri.
– *Si* è andati alla festa ieri *noi*.

• può fungere da marca (segnale) di forma passiva (*'si' passivante*: 22.2.1) di verbi transitivi in 3ª persona singolare e plurale seguiti da oggetto diretto; il quale, per questa ragione, assume funzione di soggetto (Vendono *libri* [attivo] → *Si* vendono *libri* [passivo]): in questi casi il *si* segnala anche che, dal punto di vista semantico, colui che agisce è generico e non va espresso (39.4.1), e che, dal punto di vista grammaticale, l'ausiliare richiesto è *essere*:
– (Abbiamo studiato molta grammatica oggi). → *Si è studiata* molta grammatica oggi.
– (Facciamo esercizi di ginnastica qui.) → *Si fanno* esercizi di ginnastica qui.

mutamento di forma *mi - ti - ci - vi - si - gli*, in unione con *lo - li - la - le - ne* (che iniziano con *l* e *n*) cambiano *la -i* in *-e*: *me - te - ce - ve - se - glie* (16.3):
– "Mi dai il giornale?" "*Te lo* do fra un po'".
– Ho qui la collana per Lucia. *Gliela* darò domani.

La particella *si* si trasforma in *se* davanti a *la* e *ne* (*se la, se ne*), mentre restano invariate le particelle *mi, ti, ci o vi* che eventualmente la precedono:
– Non *ci se ne* libera con un'alzata di spalle. (E. Scalfari, in 'la Repubblica', 5-6-1994)
– Vorrei che almeno *mi se ne* desse ragione. (in, 'la Repubblica', 7-1-1996)

forme enclitiche Tutte le forme atone trattate sin qui possono formare una sola parola con il verbo alla cui parte terminale si uniscono, se questo è all'infinito, al participio o al gerundio, oppure se è alla 2ª persona singolare e plurale o alla 1ª plurale dell'imperativo.

In questi casi le particelle (in quanto si appoggiano alla parola precedente) si dicono *enclitiche* (16.1.2):

– Carlo vuole veder*ti* e parlar*ti*.

– Voglio ringraziare Carlo mandando*gli* un regalino.

– Ringrazio cotesto Istituto per il prestito concesso*mi*.

– Porta*mi* tante rose.

raddoppiamento di iniziale Con le forme dell'imperativo in 2ª persona singolare *va'* (andare), *fa'* (fare), *da'* (dare), *sta'* (stare), *di'* (dire), le seguenti particelle enclitiche raddoppiano la consonante iniziale e diventano: *mmi, mme, tti, tte, cci, cce, llo, lli, lla, lle*:

– dimmi - dimmelo - falle un piacere - dacci quel giornale - statti un po' zitto - vacceli a prendere.

enfatizzazione Un tipo di messa in rilievo della funzione-oggetto si ha iniziando la frase con la particella tonica premessa a quella atona e al verbo (oppure ponendo quest'ultimo fra le due); magari addirittura mescolando le due forme, indiretta e diretta (*anacoluto, frase con enfasi:* 32.4, 49.6, 53.9):

– Te *ti* sposerei subito. (dal film 'Conoscenza carnale')

– Voglio salutare te per primo. *A lui lo* vedo sempre.

– *A me* quanto accade (scusatemi ancora) *mi* sembra una vergogna (...). (E Scalfari, in 'la Repubblica', 31-12-1995).

– Se hanno fatto questo scherzo a me, *a te ti* ammazzano. (dal film 'A muso duro', 1974)

in presenza di sintagma nominale coordinato Si è già ricordato (16.1.1) che in presenza di un complemento oggetto diretto o indiretto l'eventuale coordinazione con una forma pronominale atona non è possibile; occorre usare la forma tonica corrispondente. Stesso comportamento si ha in caso di coordinazione di due o più forme pronominali (che devono essere tutte toniche):

– (forma errata: Carlo *mi* ha invitato e *mia moglie)* → Carlo ha invitato *me* e *mia moglie.*

– (forma errata: Voglio parlar*gli* e *a Lucia)* → Voglio parlare *a lui* e *a Lucia.*

– (forma errata: *Me* lo ha tetto e *a te)* → Lo ha detto *a me* e *a te.*

16.1.3 CONCORDANZA DEL PARTICIPIO PASSATO E DEL PREDICATIVO IN PRESENZA DEL *'SI'* IMPERSONALE

participio (33.2.3)

Riguardo alla terminazione del *participio passato* in costrutti impersonali con la particella *si*, va precisato quanto segue:

• quando il verbo nella forma attiva richiede l'ausiliare *avere*, il participio passato prende la terminazione in *-o* come all'attivo quando ha il soggetto *noi*:

– *(Abbiamo* studiato molto.) → *Si è* studiat-*o* molto.

– *(Avremmo* mangiat-*o* molto di più.). → *Si sarebbe* mangiat-*o* molto di più.

• quando il verbo nella forma attiva richiede l'ausiliare *essere*, il participio passato prende la terminazione plurale in - *i* come all'attivo quando ha il soggetto *noi*:

– (*Noi siamo* partit-*i* alle quattro.) → *Si è partit-i* alle quattro.

Se però questo *noi* logico è riferito soltanto a esseri di genere femminile, allora il participio concorda con esso terminando in *-e*:

– (*Noi siamo* partit-*e* alle quattro.) → *Si è* partit-*e* alle quattro.

• la stessa terminazione in *-i* (o in *-e*) prende il participio passato di un verbo passivo:

– (Pote*vamo essere* punit-i.) → *Si* poteva *essere* punit-*i*.
– (Pote*vamo essere* punit-*e*.) → *Si* poteva *essere* punit-*e*.

predicativo

In costruzioni impersonali con la particella *si* anche gli aggettivi in funzione di predicato nominale (33.2.4) e di predicativo del soggetto (39.3) terminano in *-i* (oppure in *-e*):

– (Quando siamo onest-*i* siamo apprezzati.) → Quando si è onest-*i* si è apprezzati.
(Siamo cresciuti pover-*i*) → Si è cresciuti pover-*i*

16.1.4 LE FORME RIFLESSIVE

1ª e 2ª persona

I pronomi riflessivi per la 1ª e la 2ª persona singolare e plurale sono:

a) tonici, *me - noi, te - voi*, non di rado rafforzati dall'aggettivo determinativo *stesso:*

– La mattina custodisco *me (stesso)* e la mia bambina.

b) atoni: *mi (me) - ci (ce), ti (te) - vi (ve)*

– *Ci* alzammo in fretta e furia.
– *Me* la sbrigo in due minuti.

3ª persona

I pronomi riflessivi per la 3ª persona singolare e plurale, maschile e femminile sono:

a) tonico, *sé* (non di rado rafforzato da *stesso*):

– Parlava fra *sé* e *sé*

b) atono: *si* (*se*):

– *Si* compiange. (compiange *se stesso*)
– Carlo *se* la cava bene in matematica.

16.1.5 LA PARTICELLA *'NE'*

a) Quella mattina Carlo andò a scuola pieno di apprensione, ma *ne* uscì trionfante per la bella interrogazione.

b) Ho comprato una scatola di cioccolatini, e *ne* ho mangiati appena due.

c) Luigi? Non *ne* ho notizie.

La particella *ne* è un sostituente che può avere funzione di avverbio locativo (nell'esempio in a], *ne = di lì*), di pronome partitivo (nell'esempio in b], *ne = di essi*), e di pronome dimostrativo e personale con altri valori anche equivalenti a un possessivo (nell'esempio in c], *ne = di lui*).

Ancora qualche esempio:

– Stette a Taormina un mese. *Ne* (= di lì) ripartì con gran dispiacere.

– Gli ha dato una bottiglia di vino. *Ne* (= *del vino*) ha bevuti due bicchieri.

– Sono andato da mia madre e *ne* (= *da lei*) ho ricevuto il bacio del perdono.

– Moravia? *Ne* apprezzo molto i racconti (= apprezzo i *suoi* racconti)

16.1.5.1 PRECISAZIONI SU '*NE*'

in perifrasi idiomatiche *ne* (in virtù del suo valore partitivo e locativo) appare in un certo numero di verbi e locuzioni verbali, spesso intensive, anche combinato con altri pronomi atoni: *valerne* la pena, *averne* abbastanza, *farne* di cotte e di crude, *combinarne* di tutti i colori, *non poterne* più, *andarsene*, *venirsene*, *tornarsene*, *starsene*, *partirsene*... (22.3.1.1):

– *Ne ho combinate* di tutti i colori.

– *Me ne vado* a spasso.

enclitico Come altre particelle, anche *ne* può essere enclitico; e cioè può unirsi alla parte terminale di un infinito, di un participio, di un gerundio o dell'imperativo alla 2ª persona singolare e plurale e alla 1ª plurale, formando un'unica parola:

– Vorrei aver*ne* di più.

– Mandando*ne* una anche a Carlo lo faresti felice.

– Compra*ne* una anche a me di queste matite.

Con gli imperativi ricordati poco sopra in 16.1.2.1, (*va'*, *fa'* ecc.) si ha il raddoppiamento della consonante iniziale:

– Non mangiarle tutte per te. *Danne* una a tuo fratello.

altre funzioni Per altre funzioni di *ne*, si veda in 39.4.1, 40.3.1, 40.5.1, 42.1,1, 42.8.1, 43.1.1, 44.1.4.1, 54.1.3.

16.2 ORIGINE DEI PRONOMI PERSONALI

I pronomi personali, nelle forme toniche e atone derivano dal latino:

- *io* deriva da *ego, mi* da *mihi*, *me* è un prestito
- *tu* e *te* sono prestiti, *ti* deriva da *tibi*
- *egli* deriva da *ille*, *ella* da *illa*, *esso* da *ipse*, *essa* da *ipsa*, *essi* da *ipsi*, *esse* da *ipsae*, *lo* da *illu(m)*, *la* da *illa(m)*, *gli* da *illi*, *le* (= a lei) da *illae*, *lui* (dal latino parlato) *illui*, *lei* da *illei*, *loro* da *illoru(m)*
- *ci* deriva dalla forma avverbiale di luogo *ecce- hic* (= ecco qui), *vi* dall'avverbio *ibi* (= ivi), *ne* da *inde* (= di qui → di ciò, di questo...).

– Ti ho comprato due libri, ma *te li* darò per il tuo compleanno.
– Ho comprato una cravatta per papà. *Gliela* darò per il suo prossimo compleanno.
– *Ce lo* darai un biglietto in omaggio?
– Non siete venuti. *Ve ne* siete dimenticati?

In questi esempi, *te li, gliela, ce lo, ve ne* risultano abbinamenti di pronomi atoni-oggetto indiretto (*ti, gli, ci, vi* mutati in *te, glie, ce, ve*) e di pronomi- oggetto diretto (*lo, li*) o partitivo (*ne*).

I pronomi atoni-oggetto indiretto *mi, ti, ci, vi, si, gli* (cambiando per ragioni eufoniche in: *me, te, ce, ve, se, glie:* 16.1.2.1), il femminile *le* e il plurale *loro* (cambiando in *glie*) possono formare coppia con i pronomi-oggetto diretto *lo, li, la, le* e con il partitivo *ne*.

Naturalmente, ciascuno conserverà la sua specifica funzione di oggetto diretto o indiretto.

gli entra in combinazione formando un'unica parola: *glielo, gliela, gliene*...:

me lo	te lo	glielo	se lo	ce lo	ve lo
me la	te la	gliela	se la	ce la	ve la
me li	te li	glieli	se li	ce li	ve li
me le	te le	gliele	se le	ce le	ve le
me ne	te ne	gliene	se ne	ce ne	ve ne

Anche i pronomi abbinati possono essere premessi al verbo o formare una sola parola con l'infinito, il participio, il gerundio e l'imperativo in 2ª persona singolare e plurale o in 1ª plurale (*enclitici*: 16.1.2.1, 16.1.5.1)

– *Glielo* darai?
– Voglio dir*glielo*.
– Portate*mela*.
– Diamo*gliele*.
– Non gli faremo un gran piacere dicendo*glielo*.

Capitolo XVII

17 - I PRONOMI (3º) - I DETERMINATIVI

Pronomi possessivi - Pronomi dimostrativi - Origine di alcuni dimostrativi - Pronomi indefiniti - Sostantivi indefiniti - Pronomi relativi - Pronomi doppi - Pronomi interrogativi.

17.1 PRONOMI POSSESSIVI

– La mia casa è bella quanto la *tua*.
– I vostri amici sono anche i *nostri*.

mia e *vostri* sono aggettivi possessivi (in quanto si accompagnano a un nome), *tua* e *nostri* sono pronomi possessivi (in quanto fanno le veci di un nome).

I ***pronomi possessivi*** differiscono dagli aggettivi possessivi solo nel fatto che, invece di stare accanto a un nome, lo sostituiscono facendone le veci.

I pronomi possessivi richiedono sempre l'articolo:
– Carlo dice che se non hai l'ombrello devi prendere *il suo*.
– I genitori? Ciascuno ama *i propri*.

17.1.1 PRECISAZIONI SUI PRONOMI POSSESSIVI

anticipazione Il pronome possessivo può anche anticipare il sostantivo di cui fa le veci; sostantivo che verrà dopo come parte nominale del predicato (33.1):
– *La mia* è solo una semplice opinione.

sostantivazione Non di rado il pronome possessivo si usa con valore di *sostantivo*:
- per indicare una proprietà, anche in denaro:
– Di che ti lamenti? Ho speso *del mio*, non *del tuo*.

- per indicare i genitori o, più in generale, i familiari:
– Salutami *i tuoi*.

- *nostri* si può usare per indicare in generale il gruppo di cui si fa parte, sia pure per semplice occasionale simpatia (i colleghi di partito, i compatrioti, i componenti del gruppo sportivo o culturale, protagonisti vincenti o perdenti di un film ecc.):
– *I nostri* oggi non hanno giocato molto bene.

Il femminile può indicare:
- una lettera: Ho letto *nella tua* del ... che...
- un'opinione: Avete detto *la vostra*, adesso ascolterete *la mia*.
- la salute: (in un brindisi): *Alla nostra*!
- birichinerie o battute di spirito: Ne ha fatta (detta) ancora una *delle sue*.

17.2 PRONOMI DIMOSTRATIVI

– *Questa* sì che è proprio bella!
– Che significa tutto *ciò*?
– Chi è *costui*?

Analogamente agli aggettivi eventualmente corrispondenti, anche i ***pronomi dimostrativi*** indicano collocazione nello spazio, nel tempo o in riferimento a concetti già espressi nel discorso.
La loro differenza rispetto agli aggettivi sta nel fatto che invece di accompagnarsi a un nome lo sostituiscono, lo includono.

I pronomi dimostrativi che hanno i loro corrispondenti fra gli aggettivi dimostrativi sono: *questo, codesto, quello, stesso, medesimo:*
– Se qualcuno mi domandasse quale preferisco fra i due ventagli, direi che *questo* mi piace, *quello* no.
– Questo libro è lo *stesso* che mi hai regalato tu.

I dimostrativi che hanno esclusivamente funzione pronominale sono: *ciò* (riferito a cosa: = questa cosa, quella cosa, queste cose, quelle cose), *colui, colei, coloro, costui, costei, costoro* (tutti riferiti a persona); gli ultimi tre sono oggi poco usati:
– Mi pare giusto *ciò* che hai detto.
– *Colui* che arriverà per primo avrà un premio.

17.2.1 PRECISAZIONI SUI PRONOMI DIMOSTRATIVI

rafforzamento Non di rado, specie nella lingua parlata, accade che per ragioni di enfasi si faccia seguire il nome dal pronome dimostrativo (*questo, quello* ecc.) di richiamo (32.7):

– La musica, *quella* è la cosa che dà più soddisfazione nella vita (...). (L. Granello, la 'Repubblica', 18-8-1990)

ciò Al pronome neutro *ciò* nella lingua parlata è preferito *questo*:

– Non mi piace tutto *ciò* (tutto *questo*).

costui, costei, costoro Molte volte, soprattutto nel parlato, *costui, costei, costoro* esprimono un atteggiamento sospettoso, ostile o dispregiativo:

– Ma che vuole *costui*?

– Con *costoro* non vorrei avere nulla a che fare.

colui, colei, coloro Il più delle volte *colui, colei, coloro* si usano seguiti da una proposizione relativa (insieme al cui pronome equivalgono a *chi* [17.5.1]):

– *Coloro i quali* supereranno il concorso avranno certamente il posto di lavoro.

– Siamo stati ricevuti *da colui al quale* avevamo inviato la domanda.

stesso *stesso* (e non *medesimo*) combinato con l'articolo *lo* forma una locuzione sostantivale o avverbiale (*lo stesso = ugualmente*):

– fa lo stesso (= non importa) - scriverò lo stesso (= ugualmente) - partirò lo stesso

questi, quegli *questi* e *quegli* (corrispondenti nel significato locativo a *questo* e *quello*) sono pronomi dimostrativi di numero singolare riferibili solo a persona con funzione soggetto; godono oggi di uso non frequente, e limitato a contesti per lo più scritti e piuttosto formali:

– Carlo e Lucio erano grandi amici, dal fisico diametralmente opposto: *questi* era secco allampanato, *quegli* grasso impallato.

– Gli occorre una pausa per accertare quanto del proprio biglietto sia noto all'inquirente. Ma *questi* incalza chiedendo (...). (F. Tomizza, 'Fughe incrociate')

I pronomi *lo, li, la, le, gli, loro*, quando non si riferiscono a persona, fungono da dimostrativi o indicativi (16.1.2):

– "Da' un po' d'acqua ai fiori." "Perché non *gliela* dai tu?"

lo invariabile può anche sostituire un'intera proposizione o un elemento predicativo (16.1.2.1, 33.2.3, 39.3.1, 54.4):

– "Sai che Carlo è tornato?" "Sì, *lo* so."

– "Non so se Carlo sia bravo." "*Lo* è, *lo* è veramente."

– "Amicizia è *anche amarsi, stimarsi, e aiutarsi reciprocamente?*" "Certo che *lo* è".

17.2.2 ORIGINE DI ALCUNI DIMOSTRATIVI

• *questo, cotesto, quello* derivano dal latino parlato:
(ec) cu (m) istu (m), (ec) cu (m) tibi istu (m), (ec) cu (m) illu (m)

• *costui, costei, costoro* derivano dal latino parlato:
(ec) cu (m) istui, (ec) cu (m) istei, (ec) cu (m) istoru (m)

• *colui, colei, coloro* derivano dal latino parlato: *(ec) cu (m) illui, (ec) cu (m) illei, (ec) cu (m) illoru (m)*

• *stesso* deriva dal latino *istu (m) ipsu (m)*; *medesimo* deriva dal latino parlato *metispimu (m)*

• *ciò* deriva dal latino *ecce hoc*

17.3 PRONOMI INDEFINITI

– C'erano molte persone ieri in piazza. *Alcune* passeggiavano, *altre* sedevano ai tavolini dei bar.
– Abbiamo avuto *ciascuno* un biglietto omaggio.
– Non ho visto *niente*.
– Sigarette? Ne fumi *troppe*, mi pare.

I ***pronomi indefiniti***, come gli aggettivi eventualmente corrispondenti, accennano a esseri o cose in modo non determinato.

Diversamente dagli aggettivi, sostituiscono il nome, ne fanno le veci.

17.3.1 PRECISAZIONI SUI PRONOMI INDEFINITI

pronomi e aggettivi
I pronomi indefiniti che hanno aggettivi loro corrispondenti sono:

• tra i singolativi (che si riferiscono cioè a singole persone o cose non precisate): *alcuno, certo, tale, taluno, quale, altro, altrui*

• tra i collettivi (che raggruppano cioè singole unità di numero indefinito): *ciascuno, ciascheduno* (inusitato), *cadauno* (inusitato), *tutto*

• il negativo *nessuno* (e il poetico o arcaico *veruno*)

• tra i quantitativi (che indicano cioè una quantità imprecisata): *poco, alquanto, parecchio, molto, troppo, tanto, altrettanto*

solo pronomi
Gli indefiniti che funzionano soltanto da pronomi sono:

• tra i singolativi: *qualcuno, qualcheduno* (piuttosto antiquato), *qualcosa, qualche cosa, uno, alcunché, altri, certuno*

• tra i collettivi: *chiunque, chicchessia, checché* (non molto frequente), *ognuno*

• tra i negativi: *niente, nulla, nonnulla*

• *tra i quantitativi* non ci sono forme che funzionino solo come pronomi

osservazioni su alcuni indefiniti
• *uno* si usa spesso con valore impersonale (22.4.3):
– Quando *uno sta* male (= quando *si sta* male) si deve curare.

• *qualcuno* è solo singolare, e si riferisce solo a esseri animati:

– E' arrivato già *qualcuno*?

qualcuno, in certe particolari espressioni, si usa come complemento predicativo per indicare persona che riesce a distinguersi in senso positivo:
– Carlo ha tutta la stoffa per diventare *qualcuno*.

• *certuno,* sinonimo di *alcuno,* letterario, riferito a persona, si usa per lo più solo al plurale:
– Palermo è cambiata, per *certuni* in peggio (...). (G. Bocca,in 'la Repubblica, 22-5-1996)

• *alcunché* è la forma neutra di *alcuno*; ha un uso poco comune, e si trova specialmente seguito da partitivo aggettivale:
– Notammo *alcunché di sospetto*.

• *altri* (da non confondere con *altro*, pronome e aggettivo), significa 'qualcun altro'; è singolare, si usa per persone, per lo più in registri formali:
– Non gli piaceva che *altri* (= qualcun altro) gli facesse notare i suoi difetti.

• *chiunque* si riferisce a persona (= ogni [qualunque] persona) e si usa:
a) come semplice *indefinito*:
– Qui dentro *chiunque* può prendere la parola.
– (...) è dunque un'impresa che sconsigliamo a *chiunque* (...). (E. Scalfari, in 'la Repubblica', 25-1-1991)

b) come pronome *correlativo* (= ogni persona che...); in questo caso, collega due proposizioni, una principale e una relativa, con modo *indicativo* o *congiuntivo* (concessivo: 58.3):
– *Chiunque aveva (avesse)* disobbedito veniva punito. (= tutti coloro che avevano [avessero] disobbedito...)

• *chicchessia* (da *chi che sia* = chiunque sia) ha il significato del precedente, ma è piuttosto letterario e non si usa con valore relativo:
– Ho più diritto di *chicchessia* di parlare con te.

• *checché* (piuttosto letterario) ha valore neutro, si adopera in frasi subordinate concessive con il *congiuntivo*:
– *Checché* ti *abbia* detto lui, non mi interessa. (= qualunque cosa ti abbia detto...)

• *ognuno* è solo singolare, indica un insieme indefinito ed è seguito spesso da complemento partitivo:
– Che la terra giri intorno al sole *ognuno* lo sa.
– Comprerò un libro per *ognuno di loro*.

• *niente, nulla* corrispondono al neutro di *nessuno*. Molte volte si usano come sostantivo col significato di 'piccolezza', 'inezia', 'poca cosa':
– Non ho capito *niente*.
– "Grazie." "Di *niente.*"
– Quando eravamo bambini ridevamo *di (per un) nulla (nonnulla)*. (= per una inezia)

niente si può anche usare:

a) con funzione *avverbiale*, davanti ad aggettivo, avverbio e verbo; nel parlato familiare soprattutto:

– Non sono *niente buoni* questi spaghetti

– Non sto *niente* bene - Adesso *niente* fumare

b) con funzione di *aggettivo*, davanti a sostantivo (49.1.1):

– Oggi *niente* (= nessun) *film* alla televisione.

– *Niente sigarette*, caro signore, se vuole star bene.

– *Niente vino* oggi.

• *nonnulla* si usa solo come sostantivo:

– *Un nonnulla* lo fa sobbalzare di paura.

correlazione

Taluni pronomi indefiniti possono entrare in correlazione fra loro:

– aiutarsi l'un l'altro - vivere l'uno per l'altro - uno suona l'altro canta - alcuni ... altri - certuni ... altri

– Osserva quei bambini: *alcuni* giocano, *altri* stanno a guardare interessati, *altri* ancora guardano indifferenti.

usi particolari

Per gli usi particolari di alcuni indefiniti che possono funzionare anche come aggettivi, si veda in 13.1.2.

In quella sede si è accennato a un non frequente uso di *qualsiasi* come plurale. Qui proponiamo l'esempio di *qualunque* al plurale con 'essere' di uso piuttosto frequente:

– (...) legge obbligata e necessaria, *qualunque siano* gli esiti della trattaiva (...). (B. Palombelli, in 'la Repubblica', 18-5-1995)

17.3.2 SOSTANTIVI INDEFINITI

Significato analogo a pronomi indefiniti possono avere alcuni sostantivi, come *gente, persona, uomo,* se usati in senso indeterminato:

– Aspetto *gente* (= *qualcuno*) stasera.

– *Una persona* (= *uno*) non può essere sottoposta a simili stress.

Anche il sostantivo *tizio* col significato di 'persona di poca o nessuna importanza' è assimilabile al gruppo dei pronomi indefiniti; equivalente a *tale*:

– Non so chi sia, ma mi sembra un *tizio* qualsiasi.

17.4 PRONOMI RELATIVI

(frase principale)	(frase secondaria)
a) Ti ho portato il libro	*che* mi hai chiesto.
b) E' questa la casa	di *cui* ti parlavo.

che e (di) *cui* mettono in relazione la frase principale e quella secondaria, in quanto introducono questa mediante il sostituente di un nome di quella (*il libro - la casa*).

Il ***pronome relativo*** serve a mettere in 'relazione' una frase subordinata con una frase reggente sostituendo un termine (nome o pronome) incluso in questa:
– Ho visto Carlo *che* veniva da te. (sostituisce il nome *Carlo*)
– Rispondi tu *che* queste cose le sai. (sostituisce il pronome *tu*)

I pronomi relativi sono i seguenti:

invariabili	variabili
a - con funzione di *soggetto* e *oggetto diretto*	
che	il quale - i quali, la quale - le quali
b - con funzione di *complemento*	
(di/a/su/ con/per...) cui	del quale - dei quali, della quale - delle quali, al quale - ai quali..., sul quale - sui quali..., con il quale - con i quali..., per il quale - per i quali...

• *che* è invariabile; per sua natura svolge funzione di *soggetto* e di *oggetto diretto* e non può essere preceduto né da articolo né da preposizione. Gode di maggiore frequenza dei variabili corrispondenti:
– Non mi piacciono le persone *che* disturbano. (= *le persone* disturbano: soggetto)
– Si sono inquietate le persone *che* hai disturbato. (= tu hai disturbato *le persone*: oggetto)

• *cui* è invariabile, può fungere solo da *complemento*, ed è di solito preceduto da preposizione:
– Sono un po' chiassosi i ragazzi *con cui* giochi. (= tu giochi *con i ragazzi:* compagnia)
– Sono tante le ditte *presso cui* ho lavorato. (= ho lavorato *presso le ditte*: luogo)

• *il-(la) quale - i (le) quali*, invariabile nel genere, varia nel numero; forma un tutto unico con l'articolo (per funzioni di *soggetto* o di *oggetto diretto*) o con preposizione articolata (con funzioni di *complemento con preposizione)* [1].

---

[1] Senza articolo non fungerebbe più da pronome relativo, ma da indefinito, esclamativo o interrogativo.

Rispetto a *che* e *cui* è forse meno frequente, ma (come si può notare dagli esempi proposti) mette in maggiore evidenza il nome che sostituisce (proprio perché concorda con esso), e la frase che introduce:

– Coloro *i quali* lo accompagnano sono anche amici miei.

– Non sono di poca importanza le cose *delle quali* stiamo parlando.

– (...) a darvi il colpo di grazia sono stati gli iscritti e i simpatizzanti del partito socialista *i quali* hanno detto no a questa direzione (...). (G. Bocca, in 'La Repubblica', 17-12-1992).

17.4.1 PRECISAZIONI SUI PRONOMI RELATIVI

forme composte

• Le forme composte *il quale - i quali, la quale - le quali*, in funzione di soggetto e di oggetto diretto, sono per lo più limitate al linguaggio formale, soprattutto scritto.

Negli altri casi è preferito l'invariabile *che*.

Come complementi con preposizione invece si può dire che siano usati alla pari con la forma invariabile *cui*.

Quest'ultimo è comunque preferito quando è richiesta la preposizione *di*:

– Bisogna rivolgersi al direttore *il quale* solo (*che*, solo) è autorizzato a concedere questo genere di permessi.

– Ecco il vigile *con il quale* (*con cui*) ho parlato.

– E' un episodio *di cui* (meno usato: *del quale)* ho un lontano ricordo.

• Le forme composte sono comunque preferite:

a) dopo una pausa lunga (segnata da *un punto*, da *un punto e virgola* o da *due punti*):

– Si recò preoccupato in ospedale dal medico. *Il quale,* purtroppo, in quel momento era in visita.

b) quando ci può essere confusione sul genere:

– Ho conosciuto il fratello della ragazza *che* (= *il quale* o *la quale*?) lavora in banca.

frase relativa

La proposizione relativa può seguire la proposizione reggente o incunearsi in essa; l'importante è che il pronome relativo stia vicino al termine che viene sostituito (56.2.4):

– Non mi è piaciuto il film *che hanno dato alla televisione ieri sera.*

– Il film, *che hanno dato alla televisione ieri sera,* non mi è piaciuto.

che

Al di fuori delle sue proprie funzioni di soggetto e oggetto, il *che* relativo può avere altri usi nei quali si assimila al *che* congiunzione: (32.4, 49.6.1, 52.2.1.2, 53.9, 59.1):

• si adopera assai spesso con valori circostanziali (temporali, ad esempio, o locativi); ed è un uso che risale alle origini della lingua italiana:

– Il giorno *che* (= *in cui*) arrivasti pioveva.

– Tempo verrà ancor forse /*ch'* (= in cui) a l'usato soggiorno/torni la fera bella e mansueta. (F. Petrarca).

– La via *ch'* (= in cui) io mi ero messo (Brunetto Latini).
– (...) per i ventidue giorni *che* durò il sequestro (...). (in 'la Repubblica', 19-8-1993).
Questo uso è abituale per introdurre frasi dipendenti dall'espressione negativa *non esserci*:
– *Non c'era* giorno *che* non li incontrassimo.

• sempre più spesso, si adopera nel parlato e nello scritto più spontanei per introdurre un complemento indiretto segnalato poi dal pronome atono apposito; se ne ha in tal modo una forma di anacoluto (32.4, 52.2.1.2) in una sorta di pronome composto, dove il relativo indeclinato *che* finisce per servire da congiunzione di frase, mentre il pronome indiretto indica la funzione logica:
– Questo è il ragazzo *che gli* (= *a cui, al quale*) ho detto di venire.
– Perugia è la città *che ci* (= in cui, dove) sono nato.
– (...) un vigile urbano: *che gli* pendeva sì dal fianco una pistola, ma (...). (L. Sciascia, 'Il cavaliere e la morte')
– Craxi è un padrone *che*, se cade, *lo* sbranano. (I. Montanelli, in 'il Giornale' 15-7-1991)
– (...) le lunghe pause (...) sono quelle dell'uomo sicuro *che* nessuno *ne* approfitterà (...). (I. Montanelli, cit.)

• si adopera come sostantivo per lo più preceduto dall'articolo o da preposizione articolata per riassumere una frase precedente:
– Ha riso anche Peppino. *Il che* (= *la qual cosa*) fa proprio meraviglia (del *che* (= *della qual cosa*) ci si può meravigliare).

• Si noti nel seguente esempio l'uso sostitutivo che si fa del pronome relativo mediante altri pronomi:
– Cosa gli vai a chiedere a uno *che* stimi, *gli* (= *a cui*) vuoi bene e *lo* (= *che*) vedi affogare nei guai? (in 'la Repubblica', 10-7-1990)

cui
Come oggetto indiretto *cui* può anche fare a meno della preposizione *a*:
– La Signora *cui* (*a cui*) è stato dato quel sussidio è molto bisognosa.
Anche quando *cui* è usato come specificazione, può fare a meno della preposizione *di* e interporsi fra il nome specificato e il suo articolo, quasi con funzione aggettivale equivalente al possessivo *suo* (40.2.1):
– E' Moravia lo scrittore *la cui ultima opera* ti ho regalato. (= di cui ti ho regalato, l'ultima opera; = del quale ti ho regalato...)

17.5 PRONOMI DOPPI

a) *Chi* esce per ultimo chiude la porta.
b) Questo è *quanto* ho visto.

Nell'esempio in a) *chi* significa 'colui il quale'; nell'esempio in b) *quanto* significa 'quello che'.

Si dicono ***doppi*** quei ***pronomi*** che riuniscono in sé un pronome dimostrativo e uno relativo. Essi, a differenza dei pronomi relativi, non richiedono un termine a cui riferirsi perché lo contengono già in se stessi.

I pronomi doppi sono: *chi, quanto, quanti - quante*:

• *chi* indica solo esseri animati, non ha plurale:
– *Chi (= colui che)* vuol troppo nulla stringe.

• *quanto* ha un valore neutro singolare e senso collettivo; se usato al plurale, ha il maschile e il femminile e può riferirsi solo a esseri animati:
– *Quanto (= quello che)* hai detto è molto interessante.
– Aiutava *quanti (= tutti coloro che)* ricorrevano a lui.
– Sono stati i pescatori di pescespada a bloccare con le loro barche lo stretto di Messina prendendo in ostaggio *quanti* pensavano di raggiungere (...). (M. Mafai, in 'la Repubblica', 7-8-1991)

17.5.1 PRECISAZIONI SUI PRONOMI DOPPI

chi può avere le seguenti funzioni principali:
• soggetto nella reggente e nella relativa:
– *Chi* ha visto, deve parlare. (= *colui* [sog.] deve parlare *che* [sog.] ha visto)

• complemento indiretto nella reggente e soggetto nella relativa:
– Sarò grato *a chi* (= *a colui* [indiretto] *il quale* [sog.]) mi aiuterà.

• oggetto diretto nella reggente e soggetto nella relativa:
– Non ho visto *chi* (= *colui* [og.] *che* [sog.]) mi ha salutato.

• oggetto diretto nella reggente e complemento indiretto nella relativa:
– Non vedo *a chi* (= *colui* [og.] *al quale* [indiretto]) rivolgermi.

• oggetto diretto nella reggente e nella relativa:
– Non ho visto *chi* (= *colui* [og.] *che* [og.]) hai salutato.
• complemento indiretto nella reggente e oggetto nella relativa:
– Mi sono rivolto *a chi* (= *a colui* [indiretto] *che* [og.]) mi avevi presentato.

chi può fungere da pronome indefinito e non da pronome doppio:
• quando, con valore condizionale, significa 'se qualcuno':
– *Chi (= se qualcuno)* volesse quel libro potrebbe trovarlo in biblioteca.

• quando è usato in correlazione con altri *chi*:
– Ai giardini c'era *chi* leggeva il giornale, *chi* passeggiava, *chi* parlava con altri, *chi* portava a spasso il cane ecc.

quanto invariabile, ha valore neutro (= *tutto quello che*):
– Ricordati *di quanto* ti ho detto.

Viene anche usato con valore di sostantivo in espressioni del tipo *Questo è quanto*, per indicare che un dato argomento è ormai esaurito.

quanti può riferirsi a più esseri animati (per lo più persone) che siano o di genere indeterminato o maschili:
– Ammiro *quanti (= quelli che)* riescono ad avere sempre il pieno controllo di se stessi.

quante, non molto frequente, si riferisce a più esseri animati di genere femminile:
– Il giorno dopo il professore di storia interrogò *quante (= tutte le ragazze che)* erano state assenti.

17.6 PRONOMI INTERROGATIVI

– *Chi* chiama?
– *Che cosa* fate?
– *Che* fate?
– *Cosa* fate?
– *Quali* di questi libri hai letto?
– Ci sono molte persone. *Quante* saranno?

Si dicono ***interrogativi*** quei ***pronomi*** che introducono una frase interrogativa.

Quelli che hanno i corrispondenti fra gli aggettivi interrogativi sono: *che, quale, quanto.*

Quelli che hanno solo funzione di pronomi sono: *chi, che cosa, cosa.*

Naturalmente, gli interrogativi possono introdurre frasi interrogative tanto dirette che indirette:
– *Che* hai detto? (interrogativa diretta)
– Ti ho chiesto *che hai detto.* (interrogativa indiretta)

17.6.1 PRECISAZIONI SUI PRONOMI INTERROGATIVI

chi è il pronome interrogativo più frequente. Esso si usa riferito a persona o a essere animato generalmente al maschile singolare:
– Sono stato invitato da Carlo e da Luigi; non so da *chi* andare.

In presenza di *essere* o di un *verbo copulativo* può anche essere usato al femminile e al plurale:
– *Chi sono* queste persone?
– *Chi* ti *sembrano* diventate?

che, che cosa, cosa si alternano, si può dire, con uguale frequenza; forse *cosa* nel parlato è più diffuso oggi rispetto a *che cosa* (68.2.8):
– *Che [che cosa - cosa] fate?*

che da solo si può usare per indicare che non si è ben capito; con il significato di: che hai detto? - come (hai detto)? non ho capito bene, vuole ripetere, per favore? ecc.:
– "E' arrivato Gianni?" "*Che*?"

rafforzamento
chi, in particolare, ma anche *che* e *cosa* possono essere rafforzati con *mai*:
– *Chi mai* sarà?
– *Che* avrò detto *mai*?

Rafforzative sono anche espressioni del tipo *chi lo sa, chi sa, chissà*:
– Ha lavorato *chissà* quanto, povera donna!

17.7 PRONOMI ESCLAMATIVI

Che e *quanto* possono svolgere funzione di pronomi (oltre che di aggettivi) esclamativi.
Che cosa può avere solo funzione pronominale; ma *che* gli è preferito:
– Ih, *che (cosa)* hai fatto!
– "Quanto tempo hai aspettato?" "Uh, *quanto*!".

MORFOLOGIA
(natura e struttura delle parole)
- II -
le parti invariabili del discorso

Capitolo XVIII

18 - GLI AVVERBI

Gli avverbi - La forma degli avverbi - Tipi di avverbi - Avverbi qualificativi - Avverbi di tempo - Locuzioni avverbiali di tempo - Avverbi di luogo - Avverbi di quantità - Avverbi di giudizio - Avverbi interrogativi ed esclamativi - Avverbi presentativi (o indicativi) - I gradi e le alterazioni dell'avverbio - La collocazione dell'avverbio nella frase.

18.1 GLI AVVERBI

– Il fiume scorreva *lentamente.*
– Siamo arrivati *proprio* adesso.
– Puoi venire *qui* un momento?
– Ho lavorato *tanto.*
– Sei stato *veramente* gentile.

*L'**avverbio*** è una parte invariabile del discorso che precisa, modifica il senso di un verbo *(scorrere lentamente, venire qui, arrivare adesso, lavorare tanto*), di un altro avverbio (*proprio adesso*) o di un aggettivo (*veramente gentile*).

Le precisazioni apportate a un verbo possono essere di *valore spaziale, temporale, modale* o *quantitativo.*
Le precisazioni apportate a un altro avverbio o a un aggettivo esprimono giudizi di *valore quantitativo* o *qualitativo.*

18.2 LA FORMA DEGLI AVVERBI

Riguardo alla forma gli avverbi possono essere:
a) *semplici*, quando sono costituiti da una sola parola che ha per sua stessa natura valore avverbiale:

– adesso, ora, oggi, domani, ieri, prima, dopo, poi, sotto, sopra, bene, male, tardi, presto ecc.

b) *composti*, quando risultano formati da parole che hanno diversa natura originaria (preposizioni, pronomi, sostantivi...):

– perfino (= per fino), adagio (= ad agio), infatti (= in fatti), dappertutto (= da per tutto), sottosopra (= sotto sopra), suppergiù (= su per giù) ecc.

c) *derivati*, quando derivano:

• dall'unione di un aggettivo e del suffisso *-mente*; essi costituiscono la più numerosa categoria di avverbi:

– dolce-mente, tranquilla-mente, difficil-mente

• dall'unione di un nome o di una radice verbale e del suffisso *-oni;* essi costituiscono un gruppo piuttosto scarno:

– bocc-oni, tent-oni, penzol-oni

d) *locuzioni avverbiali*, e cioè espressioni costituite da due o più parole:

– in punto, in anticipo, a proposito, tutto a un tratto, a mano a mano, di fretta, di solito, di tanto in tanto, a rigore, a mala pena ecc.

18.2.1 PRECISAZIONI SULLA FORMA DEGLI AVVERBI

avverbi in -mente Gli avverbi terminanti nel suffisso *-mente* si formano aggiungendo quest'ultimo all'aggettivo nei seguenti modi:

• al femminile dell'aggettivo:

pazza → *pazzamente*, astuta → *astutamente*, strana → *stranamente*

• se l'aggettivo termina in *-e*, il femminile vi è già incluso: potente → *potentemente*, grande → *grandemente*, forte → *fortemente*

• per gli aggettivi che terminano in *-le*, e *-re* si fa cadere la vocale finale:

gentile → *gentilmente*, facile → *facilmente,* celere → *celermente*, posteriore → *posteriormente;*

la vocale finale rimane per gli avverbi derivanti da *folle* e *alacre*: *follemente, alacremente*

• anche per *benevolo*, *malevolo* e *leggero*, si fa cadere la vocale finale:

benevolmente, malevolmente, leggermente

pari, altri Dagli aggettivi *pari* e *altri*, mediante il suffisso *-menti* derivano gli avverbi *parimenti* (ma anche *parimente*) e *altrimenti*.

avverbi da sostantivi La lingua della pubblicità fa talvolta derivare avverbi anche da sostantivi: come, da *lana, lanamente*.

Ma la lingua della pubblicità, come si sa, è spesso alla ricerca di espressioni inconsuete, pur di richiamare, interessatamente, l'attenzione (18.4.1, 33.2.2, 38.9, 68.2.6)

modificazione Un avverbio in *-mente* non può modificare un altro avverbio in *-mente*. Ad esempio non si potrebbe dire: Lavora *grandemente silenziosamente*; caso mai, si dirà: Lavora *molto silenziosamente*.

suffisso in -oni Gli avverbi dal suffisso in *-oni* unito a un sostantivo o a una base verbale costituiscono una categoria molto limitata nella lingua di oggi:
– bocconi, ginocchioni, ruzzoloni, tentoni, balzelloni, ciondoloni, tastoni, carponi; e pochi più.

locuzioni avverbiali Le *locuzioni avverbiali* sono, come si può facilmente immaginare, numerosissime; e altrettante se ne potrebbero formare; sono infatti una classe aperta.

Tra le più caratteristiche sono:

• quelle formate da una preposizione e un sostantivo:
– a stento, a tastoni, di solito, di soppiatto

• quelle con ripetizione della preposizione *a* e del sostantivo (18.4.1):
– a mano a mano, a poco a poco, a brano a brano

• quelle con sostantivo o aggettivo o avverbio ripetuti:
– passo passo, bel bello, tenton tentoni, sotto sotto, or ora

• quelle con la correlazione delle preposizioni *di* e *in*:
– di ora in ora, di tempo in tempo, di bene in meglio, di volta in volta

18.3 TIPI DI AVVERBI

a) Curava *amorevolmente* i malati.
b) Ho finito *adesso*.
c) Andiamo *laggiù*.
d) Ho mangiato *abbastanza*.
e) Ha *certamente* detto la verità.
f) *Dove* siete stati?
g) Mamma mia, *quanto* siamo sfortunati!
h) *Ecco* i miei amici.

Gli esempi ci dicono che gli avverbi, in base al loro significato, si possono distinguere in: a) *qualificativi* (amorevolmente), b) *di tempo* (adesso), c) *di luogo* (laggiù), d) *di quantità* (molto) e) *di giudizio* (certamente), f) *interrogativi* (dove), g) *esclamativi* (quanto), h) *presentativi* (ecco).

Nel discorso, la loro funzione logico-sintattica di 'complementi avverbiali' (di luogo, di tempo, di modo ecc.) e di 'modificatori di grado' (di aggettivi e di altri avverbi [11.1.1, 11.1.3, 18.11]) si svolge in base a questa tipologia.

18.4 GLI AVVERBI QUALIFICATIVI

Gli ***avverbi qualificativi*** sono più propriamente detti ***di modo*** perché specificano il modo in cui si svolge un'azione.

Essi svolgono per il verbo una funzione simile a quella svolta per il nome dall'aggettivo qualificativo.

Una gran parte di questo gruppo è costituita da avverbi derivati e da locuzioni avverbiali. Gli avverbi che terminano in *-oni* sono tutti qualificativi:

– Ti sei comportato *saggiamente*.
– Guarda che ho detto *sul serio*.
– Camminava *carponi*.

18.4.1 PRECISAZIONI SUGLI AVVERBI QUALIFICATIVI

aggettivi con funzione avverbiale Per analogia di funzione, non di rado, aggettivi qualificativi al maschile si usano come veri e propri avverbi qualificativi; e spesso costituiscono con un verbo un insieme cristallizzato (35.2, 35.2.3):

– parlare piano, volare basso, correre forte, parlare italiano, parlare chiaro, lavorare sodo, guardare storto, vestire pesante, tenere duro ecc.

La lingua della pubblicità fa largo uso dell'aggettivo avverbiale; così che se ne ha una ricaduta sulla lingua comune e un conseguente sempre più largo impiego:

– vestire giovane (elegante, sportivo), mangiare sano, bere genuino, lavare più bianco ecc.

locuzioni avverbiali Assai frequenti sono le locuzioni avverbiali qualificative.

Meritano di essere ricordate:

• quelle formate dalla preposizione articolata *alla* + *un aggettivo* o un *sostantivo femminile*:

– pagare alla romana, vestire alla moda, vestire alla marinara, lavorare alla carlona, parlare alla buona ecc.

• quelle formate dalla preposizione *a* + un sostantivo ripetuti; oggi, comunque, si tende a omettere la preposizione iniziale (18.2.1, 18.5.2):

– (a) grado a grado, (a) corpo a corpo), (a) faccia a faccia ecc.

• alcune che sono molto ricorrenti nella lingua commerciale:

– chiavi in mano, auto su strada, tutto compreso ecc.

• certune alle quali l'uso (e talvolta l'abuso) non sembra avere ancora tolto originalità espressiva; ci riferiamo a quelle locuzioni avverbiali (e sono un buon numero) che di solito costituiscono la risposta a domande del tipo: "Come va?" "Come stai (sta)?":

– da poveri vecchi, da poveri ... giovani, da cani, a gonfie vele, si tira avanti, come Dio vuole ecc.

18.5 AVVERBI DI TEMPO

Gli ***avverbi di tempo*** collocano lo svolgimento dei fatti narrati in un punto sulla linea del tempo; questo punto può trovarsi a distanza più o meno prossima al momento in cui si parla o scrive:

– Verremo *presto*.
– Siamo arrivati *adesso*.
– Successe *secoli fa*.

Gli avverbi di tempo possono avere come unità di misura:

• la durata di un giorno:
– oggi, ieri, l'altro ieri, domani, dopodomani

• la durata di una porzione di giorno:
– questa notte, stanotte, questa mattina, stamattina, questa sera, stasera, ora, momento ecc.

• la durata di un anno, di un secolo, di un millennio ecc.:
– un anno fa, or è un anno, secoli fa, fra secoli, millenni or sono ecc.

Ma possono anche assumere significato situazionale avendo i fatti come punti di riferimento:
– prima, dopo, adesso, subito, sempre, mai, ancora ...

18.5.1 PRECISAZIONI SUGLI AVVERBI DI TEMPO

Tra gli avverbi di tempo più ricorrenti sono compresi:

• *ancora*, esprime la continuità dell'azione nel presente, nel passato e nel futuro:
– Carlo? A mezzanotte lo stavamo *ancora* aspettando.

frequente è l'uso di *ancora* in frasi interrogative che esprimono fastidio o incredulità rispetto al protrarsi o al ripetersi di una qualche situazione:
– Non è *ancora* pronto quel certificato?
– *Ancora* tu!?

• *mai*, può avere i seguenti usi:

a) può indicare fatti che non si svolgono o non si sono svolti in nessun tempo (in frasi negative o interrogative di dubbio):
– Roma non l'hanno vista *mai*.
– Sei andato *mai* a Roma?

b) usato da solo funge da avverbio negativo, più determinato e perentorio di *no*:
– "Me lo darai?" "*Mai*!"

c) può essere usato preposto al verbo nella espressione *mai che* (= 'non succedere mai che') seguita dal *congiuntivo*:
– Erano sempre gli altri a pagare. *Mai che* offrisse lui!
– *Mai che* arrivi puntuale!

d) può essere usato in proposizioni interrogative dirette e indirette con funzione espletiva-rafforzativa accanto a *chi, che, quale, perché, dove, come, quando, quanto* (17.6.1, in 47.2.4 e in 55.1.1):
– *Perché mai* se ne sarà andato?
– Mi chiedo *quando mai* mi capiterà un'altra occasione come questa.

• *ora, adesso*, indicano azioni che si svolgono nel presente o che sono appena terminate; in questo ultimo caso, possono essere anche raddoppiati o rafforzati: *or ora, adesso adesso, proprio ora, proprio adesso*:
– Sta parlando *adesso*.
– E' rientrato *proprio ora*.

• *già*, indica un'azione che, rispetto al momento in cui si parla o rispetto ai fatti narrati, si è conclusa, è giunta a termine, sta decisamente nel passato:
– Il treno è *già* partito.
– Questo film l'ho *già* visto.

• *ormai*, è, in tanti usi, sinonimo di *già*: indica un fatto giunto a maturazione, a compimento:
– E' arrivato *ormai* il tempo di tornare a casa.

Non di rado, *ormai* assume il significato di 'a questo punto', ed esprime rassegnazione o rinuncia per l'inevitabilità di un avvenimento:
– *Ormai* non ci resta che aspettare.

• *presto*, può indicare un fatto avvenuto prima del tempo stabilito (opposto a *tardi*):
– Ha quindici anni e già fuma. Ha cominciato *presto*!

presto può anche indicare un fatto che si svolgerà in un futuro immediato:
– Ci vediamo *presto*.

• *prima, precedentemente, dopo, poi*, indicano fatti che si svolgono anteriormente o posteriormente a punti precisati nel tempo o nelle situazioni narrate:
– "Io sono arrivato alle sette" "Oh, io molto *prima*!"
– Di questa faccenda parleremo *dopo*. *Prima* beviamoci un bel caffè!

Il significato temporale di *poi* può anche svolgersi, per ragioni pragmatiche, in significati modali:
a) il senso di successione nel tempo può mutarsi in successione ideale, simile a 'inoltre', 'per giunta':
– Non posso venire, è tardi. (E) *poi (eppoi)* ho troppo da fare.
b) può introdurre un'aggiunta con valore più o meno marcatamente oppositivo in senso logico o affettivo (più marcato di 'però'):
– Io non ci andrei. Tu *poi* fa' un po' quel che credi.
c) l'opposizione può attenuarsi nel significato equivalente a 'dopo tutto':
– Borgo Martino non era *poi* tanto lontano, ma lei non osava andarci per soggezione del marito. (N. Ginzburg, 'Le voci della sera')
In questi usi *poi* ha una specifica funzione di 'legamento di giudizio' (29.5).

• *sempre, talvolta, talora* (gli ultimi due piuttosto letterari) indicano fatti che si svolgono continuativamente o (i secondi due) con frequenza irregolare.
– Beato lui, è *sempre* allegro!
– *Talvolta* scoppiava in risate squillanti e irrefrenabili.

sempre, può anche servire a intensificare il significato di una frase:
– E' piccola, ma è *sempre* una gran bella casa questa.

• *spesso, sovente* (letterario), indicano fatti che si svolgono con una certa frequenza (maggiore di quella espressa da *talvolta* e *talora*):
– A Roma? Ci andavo *spesso* un tempo.

• *allora*, è molto frequente:
a) nel suo uso generale significa 'in quel tempo':
– Non immaginavo *allora* quello che sarebbe successo.
– La città viveva *allora* in una sua tranquillità provinciale.
b) se ripetuto, indica un passato da poco concluso:
– Avevamo *allora allora* finito di mangiare.
c) può essere usato come congiunzione con valore conclusivo:
– Se hai tanta voglia di cercarti un lavoro, *allora* deciditi a laurearti.
d) può introdurre frasi interrogative dirette o espressioni esclamative per sollecitare una decisione o una risposta (51.1.4):
– Dille la verità *allora*!
– E *allora*? Com'è andata ieri?

18.5.2 LOCUZIONI AVVERBIALI DI TEMPO

*Le **locuzioni avverbiali*** di tempo sono numerose:
– a un tratto, in tempo, per tempo, a tempo, prima o poi, prima o dopo, di buon'ora, di botto, all'improvviso, tutt'a un tratto, una volta, un tempo, nel frattempo ecc.

Quelle che si formano con le preposizioni *di ... in...* in correlazione indicano la progressione, l'evolversi di un fatto:
– di ora in ora, di tempo in tempo, di volta in volta, di giorno in giorno, di anno in anno, di minuto in minuto ecc.

Per quelle che si costruiscono con la ripetizione della preposizione *a* si tende oggi, come per le locuzioni qualificative, a omettere la prima *a* (18.4.1):
– (a) poco a poco, (a) mano a mano, (a) volta a volta

18.6 AVVERBI DI LUOGO

– Se volete discutere, andate *altrove*.
– In macchina mi piace stare *dietro*.
– Il tuo giornale sta *qui*.

Un ***avverbio di luogo*** può precisare: a) il luogo dove si svolge un fatto (*altrove*), b) lo spazio dove è collocato un essere o cosa (*dietro*), c) la distanza di qualcuno o qualcosa da parlanti e interlocutori (*qui*).

• Gli avverbi di luogo sono.

– qui, qua, lì, là, quassù, laggiù, sotto, sopra, dietro, davanti, fuori, dentro ecc.

• Le *locuzioni avverbiali* possono essere formate con preposizioni o con ripetizioni di parole:

– al di là, al di qua, al di sopra, di sopra, al di sotto, di sotto, al di dentro per di là, di su, di giù, terra terra, sotto sotto ecc.:

– *Di qua, di là, di su, di giù* li mena. (D. Alighieri, 'La divina commedia')

18.6.1 PRECISAZIONI SU ALCUNI AVVERBI DI LUOGO

Avverbi di luogo tra i più ricorrenti sono:

• *qui, qua*, indicano un luogo vicino a chi parla o scrive:
– Vieni *qui*, vicino a me.
Loro composti sono: *quaggiù, qui sotto, qui sopra*, ecc.

• *lì, là*, indicano un luogo distante da chi parla e da chi ascolta:
– La mia casa è *là*.
Spesso vengono comunque usati per indicare esseri o cose lontane da chi parla e vicine a chi ascolta:
– Carlo è *lì* da te?
Loro composti sono: *lassù, laggiù, lì sotto, là dentro* ecc.

• *qui, qua* e *lì, là*, danno, in generale, significati simili, ma non sempre sono intercambiabili; infatti:

a) *qui* e *lì* indicano un punto vicino (il primo) o lontano (il secondo) specificato da precisi riferimenti verbali e/o gestuali:
– Il gatto è *lì*, sul cuscino.
– Le chiavi io le metto sempre *qui*, in questo vasetto.
b) *qua* e *là* indicano un luogo in senso meno puntuale, più generico:
– I tuoi occhiali sono *là*, nell'altra stanza. (*qua*, in questa stanza)

• per *ci* e *vi* sostituenti locativi si veda in 16.1.2.1, 44.1.2,2, 44.1.3.1.

18.7 AVVERBI DI QUANTITÀ

– Avevo bevuto *troppo*, fumato *parecchio*, dormito *poco*. Mi sentivo proprio a pezzi.

Gli ***avverbi di quantità*** esprimono una quantità non ben definita, ma piuttosto riferita a un parametro di abbondanza, di scarsità o di giusta proporzione che il parlante ha in mente. Appartengono dunque alla variegata sfera della soggettività (24.1, 29.5).

Gli *avverbi* e le *locuzioni avverbiali* di quantità più frequenti sono:
– abbastanza, molto, assai, poco, tanto, troppo, più, meno, appena, nulla, niente, sufficientemente, a iosa, in abbondanza, oltre misura, in avanzo, a sufficienza, all'incirca, su per giù (suppergiù), più o meno, né più né meno ecc.

18.7.1 PRECISAZIONI SUGLI AVVERBI DI QUANTITÀ

usi e significati Per quanto riguarda usi e significati degli avverbi di quantità va tenuto presente quanto segue:

• *poco* può essere usato nella forma tronca *po';* nella espressione *un bel po'* ha il significato di *molto*, ma con aggiunto un marcato valore *affettivo:*
– Ho comprato un *po'* di frutta.
– Abbiamo aspettato *un bel po'* di tempo.

• *abbastanza,* significa 'in quantità sufficiente':
– Adesso basta. Abbiamo lavorato *abbastanza.*
Questo avverbio viene anche impiegato con funzione di aggettivo invariabile:
– (...) ha parlato *con abbastanza sincerità.* (E. Audisio, in 'la Repubblica', 3-4-1991)

• *affatto,* significa 'del tutto':
a) con questo suo significato si può trovare in frasi affermative:
– Il sì e il no sono *affatto* (= del tutto) opposti.
b) più spesso oggi si trova impiegato in frasi negative come rafforzativo:
– *Non* sono *affatto* (= per niente) d'accordo con te.
c) a causa di questo uso pressoché esclusivamente in frasi negative, ha acquistato esso stesso significato negativo; tanto che da solo può indicare una perentoria risposta negativa (49.1.1):
– "Ti annoi?" *"Affatto."*

• *altrettanto*, significa 'in uguale quantità o misura':
– All'estero Moravia è molto conosciuto e Calvino *altrettanto.*
Usiamo molto *altrettanto* nelle risposte a frasi di augurio:
– "Buon anno!" "Grazie, *altrettanto* a te".

• *assai*, significa 'molto':
– Ha dovuto impegnarsi *assai* per arrivare dov'è arrivato.

Con i verbi *sapere, ricordare, importare*, e simili, in frasi esclamative di vario valore affettivo, può assumere un significato totalmente contrario:
– M'importa *assai* a me di queste cose! (= non me ne importa niente)
– Sa *assai* lui di cucina!

• *troppo*, indica una quantità eccessiva (naturalmente, sempre secondo il giudizio di chi parla o scrive):
– "Hai mangiato?" "Anche *troppo*!"
Talvolta è usato per formare il superlativo di un aggettivo:
– Grazie, grazie, sei *troppo gentile*!

• *più* e *meno*, se sono seguiti da un aggettivo o da un avverbio, servono a formare il comparativo di maggioranza o di minoranza (11.1.1, 11.1.2), e, se preceduti da un articolo determinativo, il superlativo relativo; possono anche introdurre una proposizione comparativa (61.1.2):
– Oggi è *meno* freddo di ieri
– Il diamante è la *più* dura delle pietre.
– Questo pacco è *più* pesante di quanto pensassi.

scala di valori
Ecco alcuni avverbi di quantità più in uso ordinati secondo una scala di valori dal niente al moltissimo:
– nulla, niente, affatto, appena, pochissimo, poco, alquanto, abbastanza, sufficientemente, piuttosto, quasi, molto, parecchio, assai, tanto, moltissimo, troppo, eccessivamente
Fuori di questa gradazione ricordiamo i comparativi *più* e *meno*.

suffisso in -mente
Un gran numero di avverbi di quantità derivano da un aggettivo con suffisso *-mente*:
– abbondantemente, sufficientemente, eccessivamente ecc.

avverbi e aggettivi
Non è forse superfluo ricordare che molti avverbi di quantità hanno corrispondenti fra aggettivi e pronomi di quantità: *tanto, poco, molto, quanto* ecc..

18.8 AVVERBI DI GIUDIZIO

– "Sarai *certamente* stanco, tu." "*No, no,* anzi."

Si dicono ***di giudizio*** quegli ***avverbi*** che, negando o affermando o presentando come probabile o improbabile una situazione, manifestano l'opinione che ha il parlante su quanto si dice. Essi vanno dunque decisamente ricondotti alla sfera della soggettività (24.1, 29.5).

Nel nostro esempio, il primo parlante esprime una sua opinione riguardo alla condizione dell'interlocutore; quest'ultimo, negando, esprime una posizione del tutto contraria.

Gli avverbi di giudizio possono essere: di *affermazione*, di *negazione*, di *dubbio*.

• Gli avverbi di *affermazione* più frequenti sono:
– sì, appunto, certo, certamente, esatto, esattamente, davvero, sicuro, sicuramente, indubbiamente, ovviamente, proprio ecc.

• Quelli di *negazione* sono:
– non, no, neanche, neppure, nemmeno ecc.

• Quelli di *dubbio* sono:
– forse, probabilmente, facilmente, difficilmente ecc.

• Le *locuzioni avverbiali* sono:
– per certo, di certo, senza dubbio, di sicuro, all'incirca, press'a poco (pressappoco), per davvero ecc.

18.8.1 PRECISAZIONI SU ALCUNI AVVERBI DI GIUDIZIO

• *sì, no* possono sostituire (e questo è l'uso più frequente) un'intera frase:
– "Ha telefonato nessuno per me?" "*No.*" (= Per te non ha telefonato nessuno)
Tale uso *olofrastico*[1] non è riservato solo alle risposte:
– Tu quest'anno in vacanza ci sei andato, io *no*.

Quando sono a inizio di una frase, di solito hanno un valore rafforzativo, enfatico; lo stesso valore si ottiene con la ripetizione:
– *No*, questo proprio *non* me l'aspettavo!
– Noi *sì*, ce l'aspettavamo!
– Io *no*, *non* me l'aspettavo *no*!
– *No, no* e *no*! Questa sera *non* esci!

Valore rafforzativo si ottiene anche mediante le espressioni *sì che, no che* (*non*):
– *No che non* ci andrò.
– E invece *sì che* ci andrai.

sì, no possono avere anche uso aggettivale (10.4.1):
– giornata *sì* - questa è la volta *no*

• *mica* con particolare funzione pragmatica (49.1.1), *affatto* e (ma meno frequentemente) *punto* si usano come rafforzativi di una negazione:
– Parla piano, *non* sono *mica* sordo!

• *esatto, esattamente* si usano assai spesso in luogo di *sì*:
– "Dunque, lei afferma che a quell'ora si trovava nel suo ufficio". "*Esatto.*"

[1] Si dicono olofrastiche (dal gr. hólos, 'tutto intero' e phrastikós, 'dichiarativo') gli elementi linguistici che, da soli, corrispondono a una frase.

• *ni*, si usa in tono scherzoso o ironico quando non si vuole (o non si sa) rispondere con un deciso 'si' o 'no':
– Di certo, non sarà continuando a rispondere *ni* alle rivendicazioni che si sbloccheranno le trattative.

bene, come 'sì' e 'no' (10.4.1), in taluni particolari espressioni può avere funzione aggettivale:
– Appartiene alla società *bene*.

18.9 AVVERBI INTERROGATIVI ED ESCLAMATIVI

– *Perché* ieri sera non siete venuti?
– Mi piacerebbe tanto sapere *dove* vanno!
– *Quanto* sono stanca!

Gli ***avverbi interrogativi*** introducono una frase interrogativa diretta o indiretta; in quest'ultimo caso svolgono funzione di congiunzione.

Essi possono essere:
• di luogo: *dove* e i piuttosto letterari *ove, onde, donde*:
– *Dove* passi le vacanze quest'anno?

• di tempo: *quando*:
– *Quando* comincia il prossimo spettacolo?

• di qualità: *come*:
– *Come va?*

• di misura: *quanto, che:*
– *Quanto* costa?
– *Che* (= quanto) bella giornata oggi!

• di causa: *perché*, *come mai*:
– *Come mai* non rispondi?

mai, come già si è ricordato (18.5.1), può rafforzare anche *perché, quando, come* e *quanto*:
– *Quanto mai* sarà costato?

Questi stessi ***avverbi*** possono fungere anche da ***esclamativi*** e introdurre dunque una frase esclamativa:
– Mamma mia, *dove* sono capitato!
– *Come* sono felice di vederti!

18.10 AVVERBI PRESENTATIVI (O INDICATIVI)

L'unico componente di questo gruppo è *ecco*.

Esso serve ad annunciare, mostrare, presentare fatti, persone o cose.

E' una forma assai espressiva e di intensa carica enfatica, assai ricorrente nel discorso specialmente parlato.

A *ecco* si possono collegare in posizione enclitica le particelle *mi, ti, ci, vi, lo, li, la, le, ne*:
– eccomi, eccole, eccoti qui, eccone un po'

18.10.1 PRECISAZIONI SU *'ECCO'*

L'avverbio *ecco*:
• sottolinea l'improvvisa apparizione di qualcuno o qualcosa.
– *Ecco* a voi, il nuovo campione!

• sottolinea anche, spesso in modo ironico o polemico, un dato di fatto:
– *Ecco* i bei risultati dei tuoi tanti studi!

• serve a rispondere a qualche richiamo o esortazione:
– Luigi, dove sei?" *"Eccomi"*.
– "Spegni quella radio! Subito!" "*Ecco*!"

• può riferirsi a un discorso che segue o che precede per introdurlo o concluderlo; in quest'ultimo caso è spesso seguito dal participio passato:
– "Ma che cos'è questo benedetto teorema di Pitagora?" "*Ecco*, adesso te lo spiego."
– *Ecco* come andò.
– *Ecco* quanto ho da dirti.
– *ecco* fatto, *ecco* saldato il conto, *ecco* finita un'amicizia

• può essere accompagnato dagli enclitici *mi, ti, ci, vi, lo, la, le, ne,* per esprimere moti affettivi di stupore, di soddisfazione, di rincrescimento, di dispetto e simili:
– Ecco*vi* (finalmente)!

• per le stesse funzioni può essere accompagnato da indicatori di luogo nelle espressioni *ecco qui, ecco qua, ecco lì, ecco là*:
– *Ecco là* i nostri ragazzi (o, magari, rafforzando: Ecco*li* là ...).

• può essere seguito da un'intera proposizione dichiarativa o esplicativa retta da *che*:
– *Ecco che* arriva Luigi.

• può introdurre un infinito narrativo o dichiarativo (47.1.1):
– *Ecco giungere* in piazza, da tutte le direzioni, gruppi di dimostranti con bandiere e striscioni.

• può assumere altri valori fraseologici:
a) può segnalare un discorso reticente, esitante o evasivo:
– Beh... *ecco*... io veramente avrei un favore da chiederle.
b) può rafforzare un'affermazione:
– No, non mi muoverò di qui, *ecco*!
c) può sollecitare l'interlocutore:
– *Ecco*, bravo, così. Vedi che ci stai riuscendo!

18.11 I GRADI E LE ALTERAZIONI DELL'AVVERBIO

La maggior parte degli avverbi qualificativi (tranne quelli in *-oni*) e taluni di quantità, di tempo e di luogo possono avere i ***gradi*** comparativo e superlativo:
– Qui parleremo *più tranquillamente*.
– Abita *lontanissimo* da qui.

Il ***comparativo di maggioranza*** e ***di minoranza*** si forma premettendo gli avverbi *più* e *meno* al grado positivo:
– Non capisco, parla *più lentamente*.
– Guido ci raggiungerà *più tardi*.
– Laggiù in fondo, un po' *più lontano*, si intravvede il tetto di casa mia.

Il *secondo termine di paragone*, se è espresso, può essere preceduto da *di* o da *che*, come per gli aggettivi qualificativi (11.1.1):
– Abbiamo camminato più lentamente *di voi*.
– Hai lavorato meno volentieri *di (che) ieri*, mi pare.

Il ***superlativo assoluto*** si forma aggiungendo il suffisso *-issimo* alla radice dell'avverbio semplice; oppure ripetendo la parola o premettendo gli avverbi *molto, assai, tanto, troppo, proprio, veramente* ecc. (come per gli aggettivi):
– Questa mattima mi sono alzato *prestissimo (molto presto, presto presto)*.
– Sì, sì, ho capito *benissimo*!

Per gli avverbi terminanti in *-mente* il superlativo con *-issimo,* si forma da quello femminile dell'aggettivo:

– breve - brevissima - brevissimamente, rapida - rapidissima - rapidissimamente, acre - acerrima - acerrimamente, buona - ottima - ottimamente ecc.

Alcuni avverbi, come gli aggettivi corrispondenti, hanno ***forme particolari*** per il comparativo e per il superlativo assoluto:

positivo	comparativo di mag.	superlativo assoluto
bene male molto poco grandemente	meglio peggio più meno maggiormente	ottimamente (o benissimo) pessimamente (o malissimo) moltissimo pochissimo massimamente

Alcuni ***avverbi*** possono venire ***alterati***, al pari dei nomi, mediante suffisso. Tra questi, i più comuni sono:

bene	→	benino	benone	(benaccio)
male	→	malino	maluccio	(malaccio)
poco	→	pochino	pochetto	
tanto	→	tantino		
presto	→	prestino		
tardi	→	tardino		
forte	→	fortino		
piano	→	pianino		

– Non vai un po' *fortino* con questa macchina?
– "Come va?" *"Benino"*.

il grado nelle locuzioni
Anche alcune locuzioni avverbiali possono avere il comparativo o il superlativo (o ambedue):
– più per tempo - per tempissimo, più a posto - a postissimo, più a modo - a modissimo, più in fretta, meno in fretta ecc.
– "E' un ragazzo a posto Carlo?" *"A postissimo,* stai tranquillo."

locuzioni alterate
Talune locuzioni possono essere alterate al diminutivo: *a modino, a puntino, per benino* ecc:
– Abbiamo eseguito tutto *a puntino*.

18.12 COLLOCAZIONE DELL'AVVERBIO NELLA FRASE

posizione tendenziale

L'avverbio si mette di solito immediatamente vicino alla parola che deve precisare. Se questa parola è un aggettivo, in generale l'avverbio si tende a metterlo prima (*molto spiacente, certamente felice*) e, per lo più, senza altre parole interposte. Se è un verbo, si tende a metterlo dopo (*camminare lentamente, parlare piano*), anche con possibili interposizioni:
– E' una persona *molto cortese*.
– Il suo è stato un discorso *palesemente fazioso*.
– Parlava *lentamente*, come pesando le parole.
– Questa sera torno a casa *tardi*. Non aspettatemi.

Ogni modificazione di queste posizioni tendenziali conferisce alla frase un accento d'enfasi:
– Carlo è *bravo molto*.
– Ho *lentamente passeggiato* per i viali del giardino.

assai

L'avverbio *assai* nelle regioni del sud e in talune del centro generalmente si pospone (11.1.3):
– E' una persona *ricca assai*.

non

non, si mette sempre prima della parola modificata; e ciò, per la necessità di segnalare all'inizio una frase negativa (49.1.1):
– non venire, non bello, non velocemente

collocazione mobile

Quando un avverbio non modifica il significato di una singola parola, ma quello di un'intera frase non ha una posizione fissa. E così può collocarsi all'inizio, nel mezzo o alla fine della frase, a seconda del rilievo che gli si vuol dare:
– *Ieri* Carlo è partito per la Francia.
– Carlo *ieri* è partito per la Francia.
– Carlo è, *ieri*, partito per la Francia.
– Carlo è partito *ieri* per la Francia.
– Carlo è partito per la Francia *ieri*.

– *Prudentemente* avanzavano su per il viottolo.
– Avanzavano *prudentemente* su per il viottolo.
– Avanzavano su per il viottolo *prudentemente*.

Capitolo XIX

19 - PAROLE-LEGAMENTO: PREPOSIZIONI E CONGIUNZIONI

Le preposizioni - Tipi di preposizioni - Le congiunzioni - Congiunzioni e tipi di collegamenti -

19.1 LE PREPOSIZIONI

Le ***preposizioni*** sono parti invariabili del discorso che servono a stabilire la maggior parte dei rapporti accessori logico-grammaticali (di *possesso*, di *compagnia*, di *causa*, di *tempo*, di *luogo*, di *misura*, di *modo*, di *mezzo*, di *materia* ecc.) fra elementi all'interno delle frasi e delle proposizioni (50.4, 50.5), e un buon numero di rapporti accessori logico-grammaticali tra le proposizioni all'interno dei periodi (50.4, 50.5):

– Vado *a* teatro. (luogo)
– Cenerà *con* Giovanni. (compagnia)
– Lucia dipinge *coi* pennarelli. (mezzo)
– Camminava *lungo* lo stretto marciapiede. (luogo)
– E' questo il libro *di* Luigi? (possesso)
– L'ho offeso *per* non averlo salutato. (causa)

Gli elementi che le preposizioni possono collegare sono: a) *due sostantivi* (o due parole sostantivate) o un *aggettivo* e un *sostantivo*, b) *un verbo* e un *sostantivo* (o un elemento pronominale o sostantivato), c) *una proposizione con un'altra*, che abbia il verbo all'*infinito*:

– Ecco il *giornale di papà.* (collegamento fra due sostantivi: *giornale* e *papà)*

– *Niente di nuovo*? (collegamento fra due sostantivati: pronome -*niente*- e aggettivo -*nuovo)*

– E' un ragazzo *simpatico a tutti.* (collegamento fra un aggettivo e un pronome)

– *Ti ricordi di papà*? (collegamento fra verbo e sostantivo: *ricordarsi* e *papà*)

– *Speravo di fare* in tempo. (collegamento tra due proposizioni: la seconda con l'infinito *fare*)

In riferimento alla loro *funzione*, le preposizioni sono anche dette; *parole-legamento, parole grammaticali, connettivi, segni funzionali*, o, semplicemente *funzionali*.

Il loro nome deriva dal fatto che si prepongono al (si mettono prima del) secondo elemento del rapporto.

19.1.1 TIPI DI PREPOSIZIONI

Delle preposizioni si parla diffusamente nei cap. 37, 38, nonché nelle parti riguardanti la sintassi della proposizione e del periodo.

Qui sarà sufficiente ricordare che esse possono essere:

a) *proprie* (o *primitive*): costituite da parole che svolgono solo funzione di collegamento: *di, a, da, in, con, su, per, tra, fra*.

Esse combinate con un articolo determinativo danno luogo alle *preposizioni articolate: del, dei, alle, sugli*... (9.4);

b) *improprie*: parole che, a differenza delle precedenti, possono svolgere anche altre funzioni:

• di *avverbio*:
– avanti, davanti, dietro, sopra, sotto, dentro, entro, fuori, dopo, prima, oltre, verso, contro, senza ecc.:
– Parleremo *dopo*. (avverbio)
– Sono arrivato *dopo* Carlo. (preposizione)

• di *aggettivo*:
– secondo, lungo, salvo, vicino ecc.:
– Ti devo fare un *lungo* discorso. (aggettivo)
– Ho sentito un brivido *lungo* la schiena. (preposizione)

• di *sostantivo*:
– causa, via, tramite, mercè ecc.:
– Occorre aprire un nuovo *tramite* al nostro commercio. (sostantivo)
– Ti manderò quei soldi *tramite* vaglia postale. (preposizione)

• di *participio* (ma ormai con sola funzione di preposizione):
– durante, rasente, mediante ecc.:
– Camminava *rasente* il muro.

c) *locuzioni prepositive* (o *preposizionali*), che sono espressioni più o meno complesse formate da sostantivo o aggettivo o avverbio e da una o più preposizioni proprie (di cui una terminale):

– al di là di, al di qua di, al di sopra di, al di sotto di, al di fuori di, al di dentro di, dinnanzi a, davanti a, dietro a, fuori di, lontano da, vicino a, a favore di, in favore di, a causa di, insieme con, assieme a, nell'interesse di, per tramite di, in luogo di, al posto di, invece di, per causa di, grazie a, su da, su per, su di, da parte di, fino a, fin da, appresso a, rispetto a, fra di ecc.

Si potrebbe continuare ancora a lungo questa lista che, diversamente dalle precedenti, è aperta a sempre nuove formazioni:

– Un uomo saggio è *al di sopra di* queste piccolezze.

19.1.2 ETIMOLOGIA DELLE PREPOSIZIONI PROPRIE

latino	**italiano**
de	di (*de* quando è articolata: *del*)
ad	a (ad)
(dab) (= de + ab)	da
in	in (*ne* quando è articolata: *nel*)
cum	con
sursum	su
per, pro, prae	per
intra	tra
infra	fra

19.2 LE CONGIUNZIONI

definizione

Le ***congiunzioni*** sono parti invariabili del discorso che servono a collegare (congiungere) due proposizioni di uno stesso periodo (50.1) o (talune) due elementi di una stessa frase o proposizione (49.4.1), indicando al tempo stesso la funzione del rapporto stabilito:

– E' un ragazzo vivace *ma* simpatico. (collegamento di valore avversativo, in una stessa frase, fra due aggettivi)

– Fa freddo *perciò* chiudo la finestra. (collegamento di valore conclusivo fra due proposizioni)

– Non l'ho salutato *perché* non l'ho visto. (collegamento di valore causale tra due proposizioni)

analogia di funzione
Le *congiunzioni*, in questa funzione di collegamento, sono accomunabili alle *preposizioni*.
La differenza fra loro sta nel fatto che, mentre le prime operano, in genere, tra proposizioni componenti di uno stesso periodo, le seconde operano, in genere, tra elementi componenti di una stessa frase o proposizione.

Come le preposizioni, anche le congiunzioni, per le funzioni che svolgono, si dicono *parole-legamento, parole grammaticali, connettivi, segni funzionali,* o, semplicemente, *funzionali*.

tipologia formale
Le congiunzioni possono essere formate da un'unica parola, (*perché, mentre, quando, sebbene*...) o (le *locuzioni congiuntive*) da più parole (*visto che, dopo che, dal momento che, intanto che, secondo che*...).

19.2.1 CONGIUNZIONI E TIPI DI COLLEGAMENTI

Delle congiunzioni si parla assai diffusamente nei cap. 51, 52 e nei vari paragrafi della sintassi del periodo.
Qui sarà sufficiente accennare che, secondo il tipo di collegamento che stabiliscono, le congiunzioni si distinguono in:

a) *congiunzioni coordinative,* che istituiscono un rapporto di equivalenza logica e sintattica tra due proposizioni o fra due elementi di proposizione; il procedimento che consente tale equivalenza si dice *coordinazione* (51.1):
– Lucia *e* Luisa si salutano. (coordinamento di valore copulativo fra due elementi di frase, con funzione sintattica di soggetto)
– Fa freddo *perciò* chiudo la finestra. (coordinamento di valore conclusivo tra due proposizioni sintatticamente indipendenti)

b) *congiunzioni subordinative*, che stabiliscono un rapporto di dipendenza logica e sintattica tra due proposizioni; tale dipendenza si dice *subordinazione* (52.1):
– Lucia ascolta musica *mentre* studia. (collegamento fra due proposizioni, di cui la seconda dipende sintatticamente dalla prima della quale precisa una circostanza temporale)

Capitolo XX

20 - LE INTERIEZIONI

Le interiezioni (o esclamazioni) - Interiezioni e frasi - Tipi di interiezioni.

20.1 LE INTERIEZIONI (O ESCLAMAZIONI)

Le ***interiezioni*** o ***esclamazioni*** sono parole o espressioni invariabili di valore fortemente affettivo che manifestano reazioni e moti improvvisi e spontanei dell'animo (reazioni e moti di gioia, di dolore, di disappunto, di sorpresa, di risentimento, di sdegno, di insofferenza, di irritazione, di rabbia, di preghiera, di saluto, di richiamo, di sollecitazione, di incoraggiamento...):
– ah, aih, oih, oh, bah, uhm, uffa, mah, mamma mia!, perdiana, no!, evviva... dai!, su!, via!... ciao, salve, addio... eih!, oh, pst...su, coraggio, avanti, suvvia, forza...

Le interiezioni sono tipiche espressioni del *linguaggio parlato*.
Quando si trascrivono, sono assai spesso seguite da una *virgola* o concluse da un *punto esclamativo*.

20.1.1 INTERIEZIONI E FRASI

realtà situazionali
Naturalmente, più che per qualsiasi altra parola che goda di una sua articolazione fonica e grafica, il significato delle interiezioni prende consistenza solo all'interno di realtà situazionali e testuali in cui anche il concorso del tono di voce e del gesto è fondamentale.

indipendenza grammaticale

Al di là di questo collegamento che riguarda il significato, non esiste alcun rapporto di carattere grammaticale fra una interiezione e gli altri elementi di frase: soggetto, predicato o complemento che sia:

– *Ah* è vero che è sabato. (N. Ginzburg, 'Le voci della sera')

significato di frase

Data questa loro indipendenza sintattica, le interiezioni godono della possibilità di racchiudere il significato di intere frasi; di costituire grammaticalmente frase per proprio conto (31.2, 48.2.1).

Si pensi al silenzio che di solito si crea in una classe quando il professore impone: "Basta!" o "Silenzio!"; oppure quando apparentemente interroga: "Beh?" o "Allora?"

Si immagini quanti sentimenti diversamente inesprimibili può racchiudere una espressione come "Coraggio!" rivolta a un amico affranto da un dolore.

Si pensi anche allo stato d'animo tra ansioso e perplesso in "Eh?" nell'esempio seguente [1]:

– Pressione alta, - dissi. - *Eh?* (N. Ginzburg, cit.)

Con questa funzione frasale un'interiezione può incunearsi in un'altra frase a mo' di inciso (62.5):

– Chi semina vento, *ahilui,* raccoglie tempesta. (C. Rinaldi, in 'L'Espresso', 6-6-1996, pag. 59)

20.2 TIPI DI INTERIEZIONI

Le interiezioni possono essere distinte in:

a) *primarie,* o *proprie,* costituite per lo più da suoni inarticolati, anche onomatopeici, che hanno solo natura e funzione di interiezioni:

– ah, ih, uh!, pst!, uhm ecc.

b) *secondarie* o *improprie,* costituite da parole appartenenti ad altre parti del discorso che vengono usate occasionalmente o permanentemente con funzione interiettiva (nomi, aggettivi, verbi, avverbi, frasi intere):

– su!, dai!, coraggio!, bravo!, avanti!, buonasera! per favore ecc.

---

[1] Per le frasi (le esclamative) in cui l'ausilio delle interiezioni può essere fondamentale, si veda in 48.2.

20.2.1 PRECISAZIONI SUI SIGNIFICATI DELLE INTERIEZIONI

Le interiezioni primarie o proprie:

• *ah*, può esprimere più significati:

a) se pronunciato in tono acuto, lamentoso e prolungato, può esprimere dolore fisico o morale: "*Ah*!"

b) se pronunciata in modo secco, manifesta un moto di risentita soddisfazione per qualcosa di avvenuto e che si desiderava avvenisse; oppure un segnale di presa d'atto di qualche realtà o comunicazione:

– "Sai, Carlo, ce l'ha fatta. E' stato promosso". "*Ah*!".

– "Hai comprato l'anima?" "Quella bolletta nera, dei bottoni." "*Ah*!"

(N. Ginzburg; 'Le voci della sera').

c) se pronunciato in tono basso e prolungato, può esprimere il senso di soddisfazione liberatoria di chi esce da qualche fatica, impaccio o imbarazzo: - *Ah!...* (finalmente!)

• *aih*, per lo più ripetuta, è l'espressione di un dolore fisico o di un moto di disappunto:

– *Aih aih ahi*, che male!

• *bah,* esprime un senso di rassegnata sorpresa o di fastidio o di evidente disapprovazione:

– "I giovani d'oggi sono fatti così, non lo sapevi?" "*Bah*!"

• *beh*, pronunciata un po' strascicata, è molto comune nell'iniziare risposte a domande importanti, difficili o imbarazzanti; come un mezzo per prendere tempo per pensare:

– "Come mai sei in ritardo" "*Beh*, mi sono svegliato tardi".

• *boh*, può esprimere dubbio, indifferenza o incapacità a rispondere a qualche domanda. Il suo uso comunque implica che con l'interlocutore si abbia una certa qual familiarità. Altrimenti potrebbe suonare scortese:

– Mario al suo amico Giorgio: "Dov'è andato Luigi?" Giorgio: "*Boh*!"

• *eh,* è molto frequente:

a) se pronunciata chiusa (*éh*!) e con più o meno energia, può indicare impazienza, sorpresa, rimprovero:

– "Tu sei il più generoso di tutti noi." "*Eh*, non esageriamo adesso!"

b) se pronunciata aperta (*èh*), spesso anche in tono interrogativo, esprime disponibilità ad ascoltare ciò che altri vuol comunicare:

– Qualcuno chiama: *"Carlo!"*. Carlo risponde: *"Eh*?" (che significa: sì, sono pronto ad ascoltarti)

c) ancora aperta, può segnalare all'interlocutore che non si è capito ciò che ha detto e che si è disponibili ad ascoltare ancora:

– "E' uscito Giorgio?" *"Eh*?" (che significa: che cosa hai detto? Vuoi ripetere, per favore?)

d) chiusa o aperta e ripetuta, imita il suono di un ridere anche sarcastico e beffardo: *Eh, eh eh eh!*

• *eih*, serve soprattutto a richiamare l'attenzione di qualcuno, di cui, di solito, si fa seguire il nome:
– *Eih*, Carlo, senti!

• *ih*, per lo più pronunciata con suono prolungato, esprime sorpresa o disapprovazione davanti a situazioni non gradite:
– *Iiiih*, che hai fatto!

• *mah*, (o *ma*), è la congiunzione avversativa usata come interiezione per indicare incertezza, perplessità, imbarazzo davanti a situazioni sulle quali si sarebbe tentati di esprimere un giudizio negativo:
– "Hai sentito di Carlo? Vuole arruolarsi volontario nell'aeronautica militare." "*Mah*!"
Questa interiezione può anche servire come inizio di risposta a una domanda, sempre con lo stesso significato di incertezza o imbarazzo:
– "Scusi, ingegnere, quanti milioni di metri cubi d'acqua può contenere questo invaso?" "*Mah*..., è un invaso piuttosto grande..."

• *oh,* è molto frequente:
a) se pronunciata chiusa (*óh*), e magari con suono prolungato, indica lieta sorpresa, piacevole meraviglia, gioia:
– *Oh*! Che meraviglia quella spera di sole dietro quelle nuvole nere!
b) se pronunciata aperta (*òh*), anche con suono prolungato, può indicare soddisfazione per qualche risultato raggiunto, per la fine di qualche sforzo giunto a buon fine:
– *Oh*! Siamo finalmente arrivati!

• *oih*, di solito ripetuta, indica sofferenza fisica:
– *Oih, oih, oih*, che male di denti!

• *ps* o *pst*, serve come richiamo confidenziale:
– "*Pst*! Senti!"

• *uff, uffa, auf*, in situazioni non formali, esprimono noia, fastidio, insofferenza:
– *Uffa*, Carlo! Quante storie!

• *uh*, a seconda del tono e della lunghezza con cui viene pronunciata, può indicare dolore, fastidio, meraviglia; e può anche sottintendere cose che, per una qualche ragione, si pensa di non dire:
– "Da quanto tempo non fumi più?" "*Uuuuh*!"

• *uhm,* esprime dubbio, perplessità, esitazione nel pronunciare un giudizio:
– "Che ne dici di questo film?" "*Uhmmm*!"

Le interiezioni secondarie o ***improprie***

Si è già detto che così si denominano parole o espressioni appartenenti ad altre parti del discorso usate occasionalmente in senso interiettivo.

Possono essere:

• *nomi di animali* usati per esprimere giudizi per lo più negativi:

– somaro!, asino!, coniglio! (= timido o pauroso o vile), pollo! (= ingenuo, sciocco) ecc.

• *nomi, avverbi, aggettivi* o *verbi* usati per esprimere ordine, incoraggiamento, sollecitazione, biasimo, scoramento, perplessità (31.2, 48.2.1):

– avanti!, alt! stop! su!, suvvia!, coraggio!, forza!, scusa!, pardon!, vergogna!, sciocco!, maledetti!, oddio!, e mo'? no! dai! ecc.

Per questa funzione meritano un cenno a parte esclamazioni del tipo *capirai, figurati!, figuriamoci*!, che, a seconda della situazione, possono esprimere insoddisfazione, insofferenza, delusione, scontento, minimizzazione dei fatti; non di rado, anche un velo di più o meno scoperta ironia:

– "A che ora dovrebbe arrivare?" "A mezzanotte." "E adesso che ore sono?" "Le sette". "Ah, *capirai!*" (come a dire "Mamma mia, quanto c'è ancora da aspettare!"

– "Ti ringrazio tanto." "Oh, *figurati!*" (= per così poco!)

• *parole vere e proprie* o *suoni inarticolati* per aprire o tenere aperto o concludere un rapporto comunicativo; interiezioni di questo tipo servono a quella *funzione fàtica* di cui si parla in 46.2:

– pronto?, sì?, già!, senti, senta, scusi, per favore ecc.

• *parole di varia natura* grammaticale usate come saluti (con funzione molto simile alla precedente):

– addio, arrivederci, ciao, buondì, buongiorno, buona notte, di nuovo (arrivederci), ci vediamo, salve, salute, ecc.

• si possono considerare interiezioni anche le *onomatopee*; e cioè quelle espressioni con cui si tende a riprodurre qualche suono, come versi di animali, rumore di motori o di altre macchine, rumori d'acqua, d'aria ecc.:

– miao, bau bau, beeeh, chicchirichì, frrr, vvvvh, ffffh ecc.

Sono tutti suoni imitativi sui quali vengono esercitati tanto spesso, e simpaticamente, i bambini. E che non di rado entrano anche in poesia:

– "Nei campi c'è un breve *gre gre* di ranelle" (G. Pascoli)

– "*Clof, clop, cloch,*
cloffete,
cloppete,
clocchete,
chchch...
E' giù,
nel cortile,
la povera
fontana
malata;
che spasimo!
sentirla tossire."

(A. Palazzeschi)

MORFOLOGIA
(natura e struttura delle parole)
- III -
le parti variabili del discorso
il verbo
(morfologia ed elementi di sintassi)

Capitolo XXI

21 - IL VERBO E LE SUE FORME (1°) [1]

Il verbo - La coniugazione - Gli elementi che compongono una voce verbale - Verbi transitivi e intransitivi - Verbi predicativi e verbi copulativi.

21.1 IL VERBO

– Carlo *saluta.*
– Carlo *viene salutato.*
– Dio *esiste.*
– La ferita *duole.*
– Le stelle *brillano.*
– Luigi *è vivace.*
– La mamma *sembra stanca.*
– *Piove.*

Il ***verbo*** (dal lat, *verbum,* 'parola') è una parte variabile del discorso che, come si può vedere dagli esempi qui sopra, può indicare: a) un'azione compiuta o ricevuta da un soggetto (*saluta - viene salutato*); b) l'esistenza, o uno stato, una condizione di un soggetto (*esiste, duole, brillano*); c) il rapporto tra un soggetto e un suo attributo (*è vivace - sembra stanca*); d) un fatto, un evento (*piove*).

funzione logico-sintattica (o ***grammaticale***)

Nella dinamica degli atti comunicativi, all'interno di una sequenza frasale o proposizionale (31.6), al verbo è normalmente assegnata la 'centralità' della funzione informativa (la *predicazione* [31.1,33])

---

[1] Per schemi e modelli di coniugazione si veda ai cap. 65, 66 e 67.

21.2 LA CONIUGAZIONE

coniugazione

Caratteristica morfologica del verbo è la *coniugazione*: e cioè l'insieme organico degli strumenti grammaticali mediante i quali dell'azione o del modo di essere si può esprimere:

• la *modalità,* la *qualità* (reale, potenziale, eventuale, desiderata ecc.) mediante l'articolazione in modi: *indicativo, condizionale, congiuntivo, imperativo, infinito, participio, gerundio;*

• il *punto del tempo* (reale o in riferimento alla situazione) nel quale il fatto si colloca: *presente, passato* e *futuro*, nelle loro specifiche articolazioni;

• la *persona-soggetto* a cui il fatto si riferisce: *prima, seconda, terza;*

• il *numero* delle persone-soggetto: *singolare, plurale*;

• la *forma* (o *diàtesi* o *voce*) che indica la 'direzione' dell'azione: *attiva, passiva* o *riflessiva* (o *media*).

coniugazioni e vocali caratteristiche

Tre sono i tipi di coniugazione; e corrispondono alle tre classi in cui si dividono i verbi in base alla terminazione dell'infinito presente: *are* con *a* vocale caratteristica: am *a* re), *ere* (con *e* vocale caratteristica: tem *e* re), *ire* (con *i* vocale caratteristica: part *i* re).

la coniugazione più produttiva

Nell'italiano contemporaneo, delle tre coniugazioni quella attualmente più produttiva è la prima, in quanto un gran numero di verbi che nascono vengono automaticamente inseriti in questa: *criminalizzare, attualizzare, informatizzare* ecc.:

– Volete ottimizzare il turismo? Destagionalizzatelo (titolo - ironico - in 'il Giornale', 23-3-1992)

verbi regolari

Vengono detti *regolari* i verbi che in nessuna voce o forma della loro coniugazione mutano la radice, e che si flettono secondo il seguente *paradigma (o modello)* di base (si veda anche Appendice 1):

1ª coniugazione:	presente indicativo terminante in *-o* alla 1ª persona singolare (am *o*); passato remoto terminante in *-ai* alla 1ª persona singolare (am *ai*); participio passato terminante in *-ato* (am *ato*);
2ª coniugazione:	presente indicativo terminante in *-o* alla 1ª persona singolare (tem *o*); passato remoto terminante in *-ei* (*-etti*) alla 1ª persona singolare (tem *ei* - tem *etti*);

3ª coniugazione:	participio passato terminante in *-uto* (tem *uto*); presente indicativo terminante in *-o* alla 1ª persona singolare (part *o*); passato remoto terminante in *-ii* alla 1ª persona singolare (part *ii*); participio passato terminante in *-ito* (part *ito*).

21.2.1 GLI ELEMENTI CHE COMPONGONO UNA VOCE VERBALE

In un verbo è possibile riconoscere:

• la *radice*, che è portatrice del significato, e che nei verbi regolari non cambia mai: *am*, in amare, *tem*, in temere, *part*, in partire.

In certi casi, per indicare le persone è direttamente alla radice che si unisce la desinenza: *am* o - *am* iate, *tem* i, *tem* ano - *part* iamo, *part* a

• la *vocale caratteristica (o tematica)*, che (come si è detto) indica nell'infinito le tre coniugazioni: am *a* re, tem *e* re, part *i* re. Alcune voci ne sono comunque prive.

Radice e vocale caratteristica (o tematica) insieme formano il *tema* del verbo.

• la *desinenza*, che unendosi alla radice o al tema indica il *modo*, il *tempo* e la *persona*: am *o* (indicativo, presente, 1ª pers. sing.), parti *vamo* (indic., imperf., 1ª pers. plur.), teme *sse* (congiunt., imperf., 3ª pers. sing.), ama *ndo* (gerundio, pres.).

21.3 VERBI TRANSITIVI E VERBI INTRANSITIVI

a) Luigi *mangia* (che cosa?) → *una mela*.
b) Carlo *saluta* (chi?) → *Mario*.
c) Carlo *saluta* (→ ...).
d) Luigi → *passeggia* ← .
e) Carlo→ *dorme* ← .

Negli esempi in a) e b) l'azione (*mangia* - *saluta*) compiuta dal soggetto (*Luigi* - *Carlo*) ha come completamento (o complemento) di significato un 'oggetto' (*una mela* - *Mario*) su cui si estende, passa ('transita') direttamente (e cioè senza il tramite di una parola grammaticale [preposizione]), e che dunque la 'riceve'.

Nell'esempio in c) il soggetto (*Carlo*) compie un'azione (*saluta*) che lascia pensare, come completamento (o complemento) di significato, a un 'oggetto' (essere animato) su cui passa ('transita') ma che resta sottinteso; non è pensabile infatti un atto come 'salutare' senza la persona a cui è diretto.

Negli esempi in d) e in e) il verbo esprime un'azione o processo (*passeggia*), o uno stato (*dorme*) che coinvolge solo il soggetto (*Luigi* - *Carlo*), sul quale, per così dire, rimane, si esaurisce, e non si estende su nessun 'oggetto' a esso esterno.

Un verbo che ammette un complemento 'oggetto' (espresso o sottinteso) a esso collegato direttamente (39.1), senza il tramite di una preposizione (un *oggetto diretto*, dunque), si dice ***transitivo***.

Un verbo che non ammette un complemento oggetto diretto si dice ***intransitivo***.

21.3.1 PRECISAZIONI SUI VERBI TRANSITIVI E INTRANSITIVI

verbi in -are, -ire All'origine i verbi terminanti in *-are*, erano transitivi, i verbi terminanti in - *ire* erano intransitivi (esprimevano uno stato o una qualità). Molti di questi verbi conservano anche attualmente questa caratteristica.

transitivo senza oggetto diretto Un verbo transitivo conserva questa sua proprietà logica anche quando non ha l'oggetto diretto espresso (in quanto se ne deve presupporre la presenza):

– Carlo *scrive* (che cosa) *una lettera*. (oggetto espresso)
– Carlo *scrive*. (che cosa? oggetto non espresso, ma logicamente incluso)

transitivi indiretti Ci sono molti verbi intransitivi la cui azione va a terminare su un *oggetto indiretto* (o di *termine*); e cioè su un oggetto collegato mediante la preposizione *a*:

– Gianni *parla agli amici*.

Questi verbi sono chiamati *transitivi indiretti*.

Per esemplificare. Una frase con un verbo intransitivo come *giovare* che regge un complemento oggetto indiretto ("Gianni giova *agli* amici") non è diversa nel significato da un'altra frase con un verbo transitivo come *aiutare* che richiede un complemento oggetto diretto ("Gianni aiuta *gli* amici"). La differenza non è tanto logica, quanto grammaticale (presenza di oggetto con preposizione o senza preposizione). Per argomenti analoghi si veda in 39.1.1 e 54.3.1.

Ci sono verbi che, senza cambiare di significato, si possono costruire con l'oggetto diretto o indiretto (39.1, 40.1.1):

– Carlo ubbidisce (transitivo) *la mamma*.
– Carlo ubbidisce (intransitivo) *alla mamma*.

oggetto interno Alcuni verbi intransitivi possono avere un oggetto diretto chiamato *complemento dell'oggetto interno*, perché hanno la stessa radice del verbo o ne condividono il significato (39.1.2):

– vivere una bella *vita, morire* la *morte* del giusto, *piangere lacrime* amare, *dormire sonni* tranquilli.

oggetto diretto e indiretto Parecchi verbi transitivi possono avere insieme il complemento *oggetto diretto* e quello *indiretto* (quest'ultimo con funzione di beneficiario dell'azione [40.1.1]):
– Ho fatto *un regalo a Luisa.*
– Ho scritto *un bigliettino a mia zia.*

uso transitivo e intransitivo Non pochi verbi possono essere usati transitivamente e intransitivamente; sicché il complemento oggetto della costruzione transitiva diventa soggetto nella costruzione intransitiva. In questi casi comunque i significati cambiano:
– Carlo *ha suonato il campanello* → *Il campanello* alla porta *è suonato.*
Il professore *finisce la lezione* fra poco. → *La lezione finisce* fra poco.
Come si può anche notare dal primo esempio qui sopra, da questo cambiamento di significato scaturisce anche la necessità del cambiamento del verbo ausiliare: *avere* quando sono transitivi, *essere* (forse per richiamo a originari costrutti passivi) quando sono intransitivi (23.2.4)[1]:
– Il professore *ha* finito la lezione.
– La lezione *è* finita.

pensare Un caso particolare è costituito dal verbo pensare (anch'esso usabile transitivamente e intransitivamente) accompagnato da un pronome personale-oggetto di 3ª persona. Se questo pronome è atono, ha funzione di oggetto-diretto; se è tonico, ha funzione di oggetto-indiretto: *lo (la / li / le)* penso → penso *a lui (a lei / a loro).*

21.4 VERBI PREDICATIVI E VERBI COPULATIVI

– Carlo *gioca.*
– Carlo *è bravo.*
– Carlo *diventerà medico.*

Nell'esempio in a) il verbo (*gioca*) dà un'informazione di per sé compiuta. Negli esempi in b) e in c) i verbi (*è - diventerà*) completano il loro contenuto informativo mediante un elemento nominale (aggettivo o sostantivo: *bravo - medico);* e fanno da collegamento ('copula') fra questo elemento nominale e il soggetto.

[1] L'esempio che segue dimostra come un verbo intransitivo (*riuscire*) possa, impropriamente, (e forse distrattamente) essere usato transitivamente: *riuscire il sorpasso*, anziché *riuscire nel sorpasso*. Non di rado, proprio da improprietà come queste, nascono usi che il tempo normalizza. Nessuno può dire che non si sia di fronte a un caso del genere. I giornali (specialmente con le pagine sportive) sono fonti assai persuasive per la formazione linguistica dei numerosi lettori (68.2.5 e le note 1 alle pagg. 285 e 565):
– Boris, insomma, era piuttosto convinto di *riuscire il sorpasso.* (G. Clerici, in 'la Repubblica' [sport], 6-11- 1990).

I ***verbi*** che esprimono un significato compiuto (e sono la grande maggioranza) si dicono ***predicativi***.

I ***verbi*** che fungono da copula come il verbo *essere* si dicono ***copulativi***. Degli uni e degli altri si parla più diffusamente in 33.1.1 e 39.3.

Capitolo XXII

22 - IL VERBO E LE SUE FORME (2º) [1]

Forma attiva e forma passiva - Forme composte (o perifrastiche) - La forma riflessiva - Verbi non propriamente riflessivi - I verbi impersonali - Impersonali tipici - Verbi costruiti impersonalmente - Forme impersonali da un punto di vista logico.

22.1 FORMA ATTIVA E FORMA PASSIVA

a) Carlo *parte*.
b) Il cane *dorme*.
c) Il preside *ha convocato* i genitori.
d) I genitori *sono stati convocati* dal preside.

In a) e in c) il soggetto (*Carlo - il preside*) compie un'azione. In b) il soggetto (*il cane*) si trova in una certa condizione (*dorme*). In d) il soggetto (*i genitori*) riceve l'azione (*sono stati convocati*).

Un verbo, in base alla condizione di dinamicità del soggetto, può essere:
a) *attivo* (da *agire*), quando il soggetto compie l'azione ('agisce'), o dal soggetto scaturisce un determinato stato o una determinata condizione [2];

b) *passivo* (da *patire, subire*) quando il soggetto subisce ('patisce') l'azione; e si vuole dunque porlo in evidenza.

Le frasi degli esempi iniziali in a), in b) e in c) sono *attive* perché hanno il verbo *attivo*.
La frase in d) è *passiva* perché ha il verbo *passivo*.

---

[1] Per richiami e modelli di coniugazione si veda ai cap. 65, 66 e 67.
[2] Per una richiesta di informazione riguardante le frasi in a), b), c) bisognerebbe usare il 'dinamico' verbo 'fare': che cosa *fa* Carlo? *(parte)*, che cosa *fa* il cane? *(dorme)*, che cosa *ha fatto* il preside? *(ha convocato...)*; e ciò, a conferma che il soggetto in qualche modo 'agisce' anche in casi come in b).

Sia i verbi transitivi che quelli intransitivi (e dunque tutti verbi) hanno la forma (anche se non sempre il senso) attiva:
– Sandro *ha mangiato* la pizza. (trans.; forma attiva)
– Il cagnolino *abbaia*. (intr.; forma attiva)
Soltanto i verbi transitivi con oggetto diretto espresso possono avere la *forma passiva*:
– Sandro *ha mangiato* la pizza. (forma attiva) → La pizza *è stata mangiata* da Sandro. (forma passiva)
Ma la frase: "Sandro ha mangiato", non avendo l'oggetto diretto espresso, non si potrebbe fare passiva.

Il costrutto passivo (salvo quello con *'si' passivante* [22.2.1]) non ha, in genere, largo uso, segnatamente nel parlato medio. Servendo comunque alla enfatizzazione dell'oggetto dell'azione, lo mette in evidenza attribuendogli il ruolo di 'soggetto grammaticale' (39.4.1).
Per certi particolari costrutti attivi con significato passivo si veda in 54.5.1, 62.4.1.

22.2 LE FORME COMPOSTE (O PERIFRASTICHE)

Nella coniugazione di un verbo si dicono ***composte*** o ***perifrastiche*** quelle ***voci*** - attive, passive o riflessive - che si formano con l'aiuto di un verbo detto 'ausiliare' : *avere, essere, venire* o *andare* (23.2).

22.2.1 PRECISAZIONI SULLE FORME COMPOSTE

verbi ausiliari I verbi intransitivi nella loro coniugazione possono essere aiutati dai verbi *avere* o *essere*; i verbi transitivi attivi da *avere*; i verbi passivi da *essere* (per lo più) o da *venire* o *andare* (23).

'si' passivante Nella forma passiva con la particella *si* (*'si' passivante;* 16.1.2.1) l'ausiliare *essere* serve solo per formare i tempi passati composti:
– Si *è* studiata la storia. (non: si *è stata* studiata...).

Con il *'si' passivante* non può coesistere l'agente e cioè l'essere o cosa da cui si origina l'azione; la particella *si*, come nei costrutti impersonali (22.4.2), segnala infatti la genericità dell'agente (della fonte dell'azione).
– La porta è stata chiusa *dal vento*. → La porta *si è chiusa*. (non: *dal vento*)
Questo genere di forma passiva ha buon uso anche nel parlato.

i tempi al passivo Nei casi di costruzione passiva, *essere* con tutte le sue voci semplici e composte indica il tempo del verbo aiutato:
– Carlo è (*è stato - era - era stato* ...) interrogato in matematica.

venire, andare Come verbi ausiliari di senso dinamico (di 'moto'), *venire* e *andare* (quest'ultimo con significato di necessità) concorrono solo con le forme semplici a formare i tempi di senso passivo (23.2).
– La porta *viene* (non: *è venuta*) chiusa dal vento.
– Questi libri *andrebbero* (e non: *sarebbero andati*) riposti.

Di *andare* è possibile l'uso delle forme composte solo quando non c'è il significato di necessità (23.2):
– Quei libri *sono andati* (= sono stati) distrutti.

22.3 LA FORMA RIFLESSIVA

a) *La mamma* lava (chi?) → *Lucia.*
b) *Lucia* lava (chi?) → *Lucia.* = *Lucia* lava (chi?) → *se stessa.* = Lucia *si* ← lava.

Nell'esempio in a), una persona (il soggetto *la mamma*) compie l'azione e un'altra persona (l'oggetto diretto *Lucia*) la riceve.

Nell'esempio in b), una persona (*Lucia*) in qualità di soggetto compie l'azione, e la stessa persona (*Lucia*) la riceve in qualità di oggetto diretto.

Si dicono propriamente ***riflessivi*** quei verbi transitivi che esprimono un'azione avente per oggetto diretto lo stesso soggetto che la compie.

In altre parole, l'azione espressa da questi verbi, ritorna, 'si riflette', sul soggetto stesso. Accade così che la stessa persona sia contemporaneamente soggetto e oggetto diretto della propria azione.

Questa *funzione oggetto diretto* viene espressa con il pronome atono corrispondente alla persona del soggetto: *mi* (per *io*), *ti* (per *tu*), *ci* (per *noi*), *vi* (per *voi*), *si* (per *egli, esso, lui, lei, essi, ella, essa, esse, loro*):
– Io *mi* lavo, *mi* vesto e *mi* pettino in fretta.
– Tu *ti* lavi, *ti* vesti, e *ti* pettini in fretta.
– Egli (ella) *si* lava, *si* veste e *si* pettina in fretta.
– Noi *ci* laviamo, *ci* vestiamo e *ci* pettiniamo in fretta.
– Voi *vi* lavate, *vi* vestite e *vi* pettinate in fretta.
– Loro (essi, esse) *si* lavano, *si* vestono e *si* pettinano in fretta.

I verbi riflessivi richiedono *essere* come verbo ausiliare:
– Mi *sono* alzato (alzata) presto stamattina.
– Si *sono* alzati (alzate) presto stamattina.

22.3.1 VERBI NON PROPRIAMENTE RIFLESSIVI

a) *Mi addormento* tardi e *mi sveglio* presto.
b) Quando *vi arrabbiate* senza ragione, poi *vi pentite* anche, qualche volta, vedo.
c) *Ti sei mangiato* un bel gelato.
d) Carlo e Luigi ogni volta che *si incontrano si salutano* festosamente.

Si è detto che un verbo può dirsi propriamente riflessivo se è transitivo e ha come oggetto diretto il suo stesso soggetto.

Se così è, allora i verbi dei nostri esempi, pur avendo tutti la particella riflessiva (*mi, ti, ci, vi, si*) che indica che, in qualche modo, il soggetto è anche parte del fine dell'azione, tuttavia propriamente riflessivi non sono.

E' difficile, infatti, anche solo immaginare che io possa addormentare o svegliare me stesso; ed è ancor più difficile immaginare qualcuno che arrabbia e poi pente se stesso; oppure un Carlo (o un Luigi) che incontra e saluta se stesso.

Ma c'è una ragione grammaticale perché questi verbi siano compresi nel gruppo dei riflessivi; e viene dal fatto che questi verbi, hanno coniugazione analoga ai riflessivi: con particella riflessiva e con ausiliare *essere*.

E c'è anche una ragione logica: il soggetto è in qualche modo, se non l'oggetto, il beneficiario dell'azione.

I ***verbi non propriamente riflessivi*** sono:

• *i pronominali:* così detti perché nella loro coniugazione sono necessariamente accompagnati da una particella riflessiva: *addormentarsi, svegliarsi* (nel caso 'riflessivo', appunto), *pentirsi* e *arrabbiarsi* (esempi in a e b);

• *i riflessivi apparenti*: (esempio in c) che, pur avendo un oggetto diretto espresso (*un bel gelato*), sono anche accompagnati da una particella (riflessiva: *ti*) riferita al soggetto quale beneficiario reale dell'azione;

• *riflessivi reciproci*: che implicano che più soggetti si scambino un'azione (*incontrarsi, salutarsi*) risultando dunque al tempo stesso soggetti e oggetti dell'azione stessa (esempio in d).

22.3.1.1 PRECISAZIONI SUI VERBI NON PROPRIAMENTE RIFLESSIVI

Sono in buon numero i verbi che vengono compresi tra i riflessivi, sia per qualche somiglianza di significato, sia perché seguono lo stesso tipo di coniugazione: usano infatti le particelle pronominali proprie dei riflessivi e l'ausiliare *essere.* Essi sono in qualche modo assimilabili alla diatesi 'media' di talune lingue (la greca, ad es.) Ne parliamo qui di seguito.

pronominali Sono detti riflessivi pronominali quei verbi (come *arrabbiarsi, preoccuparsi, pentirsi, vergognarsi* ecc.) che sono assimilabili alla forma riflessiva in quanto si coniugano con la particella pronominale corrispondente al soggetto, e si servono dell'ausiliare *essere*.

In: "*Ci* preoccupiamo di te" e "Non *mi* meraviglio di queste cose", *ci* e *mi* non significano *noi* e *me* (*noi* preoccupiamo *noi* di te - *io* meraviglio *me* di queste cose).

Di questo gruppo fanno parte anche certi verbi transitivi (come *addormentare, svegliare, divertire, offendere*...) quando diventano pronominali (*addormentarsi, svegliarsi, divertirsi*...) per effetto dell'azione che si esaurisce sul soggetto:

– Il comico diverte *il pubblico*. → Il pubblico *si* diverte.

I riflessivi pronominali, quando sono all'infinito retto dai verbi causativi *fare* e *lasciare* (si veda in 54.5 e in 54.5.1), perdono il pronome riflessivo e si costruiscono come i verbi di una qualsiasi proposizione completiva infinitiva (54.5): e cioè con sostantivo o pronome che funge, al tempo stesso, da oggetto diretto del verbo causativo reggente e da soggetto dell'infinito stesso.

– Ho fatto *arrabbiare Carlo*.
– *Li* ho lasciati *divertire*.
– *Mi* hai fatto *vergognare* di te.

reciproci Si dicono *riflessivi reciproci* i verbi che esprimono un'azione che due o più soggetti al tempo stesso scambievolmentecompiono e ricevono:

– Lucia e Mario *si scrivono*. (Lucia scrive a Mario e Mario scrive a Lucia.)

Questi verbi sono sempre al plurale e le particelle che si possono usare sono: *ci, vi* e *si* (anche quest'ultima con senso plurale).

riflessivi apparenti Si dicono *riflessivi apparenti* i verbi provvisti, al tempo stesso, di una particella pronominale con funzione di oggetto indiretto (*mi* = *a me*, *ti* = *a te*...) e di un oggetto diretto:

– *Mi* sono sporcato *la camicia*. (= Ho sporcato la camicia a me [la mia...]).
– Non *ti* sei fatto *la barba*. (= Non hai fatto la barba a te [la tua...]).

Questo genere di costruzione è assai frequente, perché il parlante mediante la particella pronominale può manifestare il particolare interesse, la particolare intensità psicologica con cui partecipa all'azione. Una frase come "Adesso *mi* mangio un gelato", provvista com'è della particella *mi*, ha un significato affettivamente più intensivo della più semplice "Adesso mangio un gelato".

intensivi C'è anche un particolare tipo di verbi che per dare intensità al significato dell'azione usano le particelle *ne* o *la* insieme alle particelle riflessive mutate in *me, te, ce, ve, se*: *andarsene, venirsene, partirsene, rimanersene..., sbrigarsela, godersela, svignarsela, prendersela, ridersela...* (16.1.2.1, 16.1.5.1, 33.2.3)

Verbi così formati hanno un particolare aspetto intensivo: (23.4, 23.4.1)

– *Ce ne andiamo* a spasso.
– *Ve la siete data* a gambe ieri, eh!

22.4 I VERBI IMPERSONALI

– *Piove* e *fa notte*.
– *Si farà* in tempo?
– Non *è detto*.

I ***verbi impersonali*** esprimono avvenimenti di cui non si conosce o non si dice la fonte, l'autore, per così dire. Sono insomma avvenimenti che non possono essere attribuiti a un soggetto grammaticale effettivo.

(Di un soggetto grammaticale, del resto, i *verbi tipicamente impersonali* [22.4.1] non avrebbero alcun bisogno, avendo di per se stessi significato compiuto).

Per questa mancanza di soggetto grammaticale i verbi impersonali si coniugano alla *3ª persona singolare* di tutti i tempi e di tutti i modi.

22.4.1 IMPERSONALI TIPICI

Sono ***impersonali tipici*** i verbi che risultano sempre sprovvisti di soggetto grammaticale (32.6). Soggetto che, del resto, dal punto di vista logico, contengono in sé, per così dire, nel loro stesso significato: (pioggia) → *piovere,* (tuono) → *tuonare*, (neve) → *nevicare*, (lampo) - *lampeggiare* ecc.:

– *Tuona* e *lampeggia* che fa paura!
– *Fa notte* presto, adesso.

Questi verbi costituiscono un gruppo piuttosto ristretto riguardante *accadimenti atmosferici*:

– albeggiare, annottare, balenare, diluviare, fulminare, gelare, grandinare, imbrunire, lampeggiare, nevicare, nevischiare, piovere, piovigginare, piovischiare, diluviare, rischiarare, tuonare (tonare); e pochi più.

Per le forme composte, essi possono servirsi tanto dell'ausiliare *essere* (che risulta più frequente) quanto di *avere* (23.2.4); quest'ultimo in particolare nelle lingue regionali del centro-sud:

– *E'* / *ha* piovuto ieri.

A questi verbi bisogna aggiungere espressioni con il verbo *fare*:

– fare (farsi) giorno, fare (farsi) sera, fare (farsi) notte, fare bel (brutto) tempo, fare sereno, fare nuvolo ecc.

usi figurati

Naturalmente, se un verbo impersonale viene usato in *senso metaforico* (figurato) può essere costruito in forma personale (con un vero e proprio soggetto, dunque: 32.6.1); l'ausiliare sarà *essere*:

– Ma i rampicanti *che piovono* sulla strada dai muri più alti sono ancora popolati di assurde campanelle azzurre. (E. Patti, 'Le donne')

22.4.2 VERBI COSTRUITI IMPERSONALMENTE

Sono costruiti impersonalmente quei verbi che vengono privati del soggetto grammaticale esplicito o perché il parlante non lo conosce, o perché per una sua qualche ragione intende tacerlo; essi sono sempre in 3ª persona singolare:
- *Si farà* in tempo?
- Non *è detto*.

Per essere precisi, occorre comunque dire che, anche se sono detti impersonali, i verbi e le espressioni che qui di seguito indicheremo in a), b) c), d) e f) un *soggetto grammaticale* ce l'hanno. E' la frase che da essi dipende: è una *frase* (o *proposizione*) *soggettiva* (si veda in 54.2). Vengono definiti impersonali per comodità, perché in presenza di una proposizione soggettiva si usano, per concordanza, alla 3ª persona singolare, e anche perché normalmente il soggetto si identifica con esseri e cose, non con intere frasi.

si possono costruire impersonalmente (3ª persona singolare):

a) i verbi detti 'eventivi' (di *accadimento*): *accadere, avvenire, capitare, succedere, scappare, toccare, venire:*
- *Accadeva* che litigassero spesso.
- Mi *viene (scappa)* da piangere.
- Ci *è capitato* spesso di sbagliare.

b) i verbi che esprimono un giudizio di gradimento o non gradimento, di necessità, di convenienza, di sufficienza, di importanza, di apparenza: *dolere, addolorare, piacere, dispiacere, garbare, convenire, bastare, importare, bisognare, necessitare, sembrare, parere...:*
- Mi *è dispiaciuto* di non averlo visto.
- *Bisogna* partire subito per Roma.

c) i verbi che esprimono un moto o una reazione di meraviglia, di sorpresa, di rabbia, di sdegno, e simili; l'ausiliare è *avere*: *meravigliare, sdegnare, inquietare, sorprendere...:*
- Mi *meraviglia* che stiano tardando.
- Mi *ha sorpreso* che (il fatto che) se ne siano dimenticati.

d) numerose espressioni formate dal verbo *essere* (sempre in 3ª persona singolare) e da un *aggettivo* (al maschile singolare) o da un *sostantivo* o da un *avverbio*: *essere bello (brutto, necessario, importante, inevitabile...),essere un peccato (una vergogna, ora...), essere, bene (meglio, peggio...)*:
- *E' necessario* che tu venga.
- *E' ora* che vi decidiate.
- *Era una vergogna* che si comportassero così!

e) verbi transitivi e intransitivi (che per loro natura ammettono un soggetto) quando si fanno precedere dalla particella *si* (16.1.2.1); in questo costrutto (sviluppatosi per ragioni non chiare da quello riflessivo) la particella *si* è marca grammaticale e funziona da soggetto indefinito equivalente a un generico *uno* o a un affettivamente inclusivo (o comunque connotato in direzione del parlante) *noi* (15.2.2); tale particolare significato fa sì che questo costrutto sia preferito nel parlato a quello emotivamente più distaccato, di cui diciamo qui sotto in f):

– *Si è studiato* molto ieri.

– *Si parte*?

– *Si è trattato*, per lui, di un vero sacrificio. (P. Chiara, 'La stanza del vescovo')

Nella lingua parlata, col verbo *dire* spesso *si* viene taciuto:

– *Dice* che Luigi si sposa.

– "*Dice* ch'era un bell'uomo, e veniva dal mare (...)." (da una canzone di L. Dalla).

In un verbo riflessivo, in presenza dell'impersonale *si*, si sostituisce la omografa particella riflessiva *si* con *ci*; e ciò, per evitare fastidiose ripetizioni (16.1.2.1). La scelta della particella *ci* si giustifica per il richiamo già sopra accennato a un generico e logico soggetto *noi*:

– Al mare *uno si* diverte.) → Al mare *(noi) ci si* diverte.

– In estate *ci si* alza (= *uno si alza*) presto la mattina.

f) forme passive in 3ª persona singolare con l'ausiliare *essere*, *venire* o *andare* e il participio passato terminante in *-o*; in tale costrutto (rispetto a quello accennato in [e]) il parlante si rivela molto più distaccato, non coinvolto affettivamente:

– *E' stato deciso* di ascoltare il generale del Sismi (...). (in 'la Repubblica', 12-1-1996).

– Non *è detto* che non si arrivi in orario.

– *Va ricordato* che l'abbiamo promesso.

– Ci *venne ordinato* di partire subito.

– (...) quando uno di loro parla o straparla, *viene riferito* che sbraita (...). (A. Arbasino, in 'la Repubblica, 30-5-1996).

Come viene indicato anche da qualche esempio proposto, le forme impersonali dei verbi sopra elencati richiedono l'ausiliare *essere*, fatta eccezione per i verbi in c) e in f) per i quali si è data esplicita indicazione (rispettivamente: *avere* e *essere*, *venire* o *andare*).

Per quanto riguarda la terminazione del participio passato (se in *-o* oppure in *-i*) di tutte queste forme impersonali, si veda in 33.2.3.

Per altri cenni sui costrutti impersonali, si veda in 33.2.2 e 33.2.3.

forme imperativali

Tutti i verbi impersonali e costruiti impersonalmente, mancando della persona-soggetto, mancano dell'imperativo. Le forme dell'imperativo si fanno dunque con perifrasi verbali (con *dovere, potere, bisognare* ecc.):

– Si deve studiare. – Studiare bisogna. – Non si può entrare.

22.4.3 FORME CON SOGGETTO GENERICO

Si possono definire *impersonali* anche certe forme in cui il soggetto, pur grammaticalmente espresso o sottinteso e accordato col verbo, rimane comunque generico, indeterminato.

Tali forme sono:
• quelle che, costruite in 3ª persona plurale, non hanno un soggetto menzionato, sia pure indeterminato:
– Senti? Ti *chiamano*.
– Devo partire. Mi *hanno mandato* un telegramma.
– Le *avevano dato* il nome di Fulgenzia. (M. Tobino, 'Per le antiche scale')
Si noti nel seguente esempio una forma con preciso soggetto (*noi*) in marcato contrasto con un'altra priva di soggetto determinato:
– Noi li arrestiamo poi li *scarcerano*. (titolo in 'la Repubblica', 25-9-1990).

• quelle che hanno come soggetto grammaticale *uno, gente, qualcuno,* i quali tuttavia (17.3.1, 17.3.2), nella realtà, non indicano qualche particolare persona; non di rado, il verbo si trova al plurale:
– A sentire sempre gli stessi discorsi, *uno* alla fine si annoia.
– Le poche volte che *uno* le apre sono discussioni. (L. Satta, in 'la Nazione', 20-3-1983)
– Verrà *gente (qualcuno)* e ti *disturberanno*.
– *Gente che non ha niente* da mangiare. Eppure non *si lamentano*. (sentito alla TV, 14-10-1995)

• quella in 1ª persona plurale, con *noi* generico:
– A Perugia *siamo* abbastanza ospitali.

• quella che (tipica del parlare toscaneggiante) rimane tra personale e impersonale, usando sia il soggetto *noi* sia la particella impersonale *si* col verbo alla 3ª persona singolare (16.1.2.1, 33.2.3):
– *Noi si è parlato* molto ieri sera.
– *Ci si è divertiti* tanto *noi*.
– (...) un fantasma (...) con il quale l'autore si incontrerà (...) senza che *noi si possa sapere* nulla dell'incontro. (P. Mauri, in 'la Repubblica', 22-3-1992).
– *Noi si era* nei campi. (M. Tobino, 'Per le antiche scale')

• le forme, tipiche del genere narrativo scritto, nella 2ª persona singolare o plurale *(tu, voi)*, per lo più del condizionale (presente o passato), che il narratore usa spesso rivolgendosi confidenzialmente a ipotetici, indefiniti interlocutori; e ciò, nell'intento di coinvolgerli emotivamente in quanto egli viene raccontando (15.2.2):
– Or la squilla dà il segno // della festa che viene; // ed a quel suon *diresti* // che il cuor si riconforta. (G. Leopardi, 'I canti').
– *Avreste giurato* che nel vicolo non c'era nessuno. (A. Campanile: 'Gli asparagi e l'immortalità dell'anima')

– La routine era quella che tutte le mamme conoscono: *svegliati* la mattina, *fai* alzare i figli, *avviali* a scuola, *fai* la spesa, *cucina.* (M. Venier, in intervista a 'la Repubblica', 12-6-1995).

• le forme imperativali espresse con l'*infinito* per rivolgere ordini a interlocutori che risultano o sono volutamente considerati generici, indeterminati: negli ordini di tipo militare, negli avvisi pubblici, nelle scritte pubblicitarie, nella segnaletica stradale ecc.:
– *Non fumare.*
– *Disporsi* su due file.
– *Scattare* sull'attenti!

• certe forme di imperativo in 2ª persona singolare che, senza chiamare in causa particolari interlocutori, servono al parlante come *intercalari d'enfasi interiettivi* per manifestare, come fra sé e sé, stati d'animo di meraviglia, di indignazione, di ironia ecc. (24.1.3):
– Ma *guarda* siamo stati due ore a parlare. (C. Cassola, 'Una relazione')
– Ma *senti* un po' *tu!*

• certe forme con i verbi *andare*, *finire* o la perifrasi *andare a finire.* Il participio passato nelle voci composte ha la terminazione del femminile (*-a*) come per una concordanza con il sostantivo generico sottinteso 'la situazione', 'la cosa' (33.2.3):
– Sono curioso di vedere come *finisce.*
– Com'è *andata* ieri?
– *E' andata* che ce l'ho fatta. Sono stato promosso.
– Lo sapevo che *sarebbe finita* così. (C. Alvaro, 'Gente d'Aspromonte')
– Se continui a giocare, *va a finire* che perdi anche quel poco che hai vinto.

frasi predicative
Possono essere comprese fra le strutture impersonali anche le cosiddette *frasi predicative.* Si tratta di spontanee espressioni frasali prive di soggetto grammaticale e costituite dal solo predicato (aggettivo o nome o verbo all'infinito). Sono tipiche del parlato, in cui i riferimenti situazionali permettono un'agevole comprensione dei contenuti. In base alla loro funzione, risultano per lo più *interrogative* (47.2.3) ed *esclamative* (48.2):
– Che bello!
– Che (come) fare?

Capitolo XXIII

23 - I VERBI AUSILIARI - L'ASPETTO VERBALE [1]

Verbi 'ausiliari' in genere - Verbi ausiliari tipici - 'Essere' o 'avere'? - Verbi che richiedono 'essere' - Verbi che richiedono 'avere' - Verbi che possono richiedere 'essere' e 'avere' - Una indicazione pratica per la scelta dell'ausiliare - Altri significati di 'essere' - Altri significati di 'avere' - Verbi servili (o modali) - I verbi fraseologici - L'aspetto verbale .

23.1 VERBI 'AUSILIARI' IN GENERE

a) *Ho* mangiato troppo.
b) A quest'ora *saranno* arrivati.
c) *Sei stato* interrogato oggi in matematica?
d) *Vorrei* riposare un po'.
e) Mio marito *sta* riposando.

Negli esempi a) e b) i verbi *avere (ho)* e *essere (saranno)* aiutano a formare il tempo: *passato prossimo* e *futuro anteriore.*

In c) *essere (sei stato)* aiuta a formare un'azione in 'direzione' *passiva.*

In d) *volere (vorrei)* aiuta a precisare la modalità di un'azione *(riposare)* indicando che non è reale, ma *intenzionale.*

In e) *stare* (*sta*) unito a un gerundio (*riposando*) indica un particolare *aspetto* di un'azione: precisando che è in via di svolgimento.

Al di là delle specifiche indicazioni che abbiamo dato, si sarà notato che per ciascuna frase l'ausiliare precisa il tempo, la persona e il numero.

Un ***verbo*** che aiuta un altro a precisare in vario modo il suo significato

---

[1] Per schemi e modelli di coniugazione si veda ai cap. 65, 66 e 67.

svolge una funzione ausiliare (di aiuto): e per questo può essere genericamente definito ***ausiliare***.

Comunque, in base ai diversi significati che aiutano a dare, questi verbi si possono distinguere in: *ausiliari tipici, servili* (o *modali*) e *fraseologici*.

23.2 I VERBI AUSILIARI TIPICI

– *Avete* mangiato?
– Chi *è* arrivato?
– Mi *sono* riposato.
– Molte chiacchiere inutili *vengono* fatte qui.
– Le leggi *vanno* rispettate.

avere, essere, venire, andare sono ***ausiliari*** propriamente detti (o tipici).
Essi (come si è ricordato, oltre che in 23.1, anche in 22.2 e in 22.2.1) servono a formare i tempi composti e la 'direzione' attiva, passiva o riflessiva di un verbo indicando anche persona e numero.

Gli ausiliari più comuni sono *essere* e *avere;* ad essi si aggiungono *andare* e *venire.*

L'ausiliare ***essere*** aiuta a formare:

• i tempi composti di molti verbi intransitivi, di tutti i verbi riflessivi e dei verbi impersonali o costruiti impersonalmente (22.4.1, 22.4.2):
– *Sono* arrivato alle otto.
– A quell'ora ci *eravamo* alzati già.
– Si *è* studiato molto ieri.
– Ieri *è* (ma anche: *ha*) nevicato

• I tempi dei verbi passivi:
– La riunione *è stata* fissata per domani.

L'ausiliare ***avere*** aiuta a formare i tempi composti dei verbi transitivi e di un buon numero di intransitivi:
– *Avete* mangiato l'uva?
– Con chi *avevi* parlato?

L'ausiliare ***venire***, col suo senso di 'moto' (l'azione è 'diretta' dall'agente al soggetto), può sostituire *essere* nella formazione dei tempi semplici della forma passiva, soprattutto quando si voglia evitare confusione fra l'indicazione di un modo di essere o di un'azione: confusione che può essere creata dalla presenza di *essere* (22.2.1):
– La porta *viene (= è)* chiusa (dal vento)

L'ausiliare ***andare***, anche esso col suo senso di 'moto', aiuta a comporre la forma passiva (22.2.1):

• per lo più con significato di *dovere*, di *necessità*:

– Queste spese *vanno* fatte (= devono essere fatte).
– E sono loro infine che *vanno* ritenuti colpevoli (...). (G. Pansa, in 'la Repubblica', 2-10-1990)

• talvolta, con particolari verbi -quali *perdere*, *smarrire*, *distruggere*, *consumare*, *sprecare* e pochi altri -in sostituzione della forma passiva con *si*; ma con aggiunto un significato di allontanamento dal controllo, dal possesso:
– Molti libri *vanno* perduti (= si perdono) ogni anno nelle biblioteche.

23.2.1 'ESSERE' O 'AVERE'?

avere Per quanto riguarda la coniugazione dei tempi composti di un verbo *transitivo attivo*, non ci sono dubbi: l'ausiliare è *avere*:
– abbiamo visto, avevano studiato, avessero sentito

essere Non ci sono dubbi neanche per la costruzione della *forma passiva, riflessiva*, e *impersonale*: l'ausiliare è *essere*:
– sono stati visti, si erano alzati, si è studiato molto

essere o ***avere*** Il problema della scelta si pone quando c'è un *verbo intransitivo*: *essere o avere*?
– ho parlato, abbiamo tossito; – sono cambiato, siamo restati
Qui di seguito proveremo a dare indicazioni dell'ordine semantico e di tipo pratico, le più orientative possibili.

23.2.2 VERBI CHE RICHIEDONO 'ESSERE'

condizione acquisita

essere concorre a dare al verbo il significato (la 'modalità' [24.1]) di una *condizione acquisita* ('raggiunta') dal soggetto, di uno *stato* in cui il soggetto viene a trovarsi dopo essere 'partito' (essersi 'mosso') da una diversa condizione o stato iniziale. E' come una predicazione nominale (33.1). Indica dunque uno 'spostamento' (reale o figurato) del soggetto da una condizione o stato a un'altra condizione o stato [1] (come da un punto di partenza A a un punto di arrivo B: A → B).

E' questo il caso di tutti i verbi:
• che indicano un 'moto', reale o figurato, *verso* un luogo (o una meta) o *da* un luogo (o una meta) espresso o sottinteso (*andare, arrivare, partire* ecc.):
– *Siamo* partiti (per Perugia) alle sette. – *Siamo* partiti *da* Perugia alle sette.

---

[1] Questo che si dice è tanto vero che, ad esempio, di una persona che, dopo molto darsi da fare, abbia raggiunto una certa solida e privilegiata posizione o condizione sociale ed economica, che si vuole sottolineare si dice: "E' (un) *arrivato*". Per dare un'indicazione dell'ordine semantico, in questo caso il participio passato attribuisce al soggetto una qualità-status, una qualità-condizione acquisita (come un predicato nominale).

• che significano un 'venire alla luce', un 'manifestarsi' (come un 'nascere', un 'arrivare'): *nascere, sbocciare, apparire, sorgere, sbucare* ecc.:
– *E' sbucato* improvvisamente da una strada laterale.

• che significano un 'venir meno' (come un "morire", un "partire"): *morire, appassire, tramontare, sparire* ecc.
– I fiori *sono* appassiti.

• che significano un più o meno lento 'mutamento' (come uno 'spostamento' da una condizione a un altra); sono i verbi più numerosi di questo gruppo: *invecchiare, arrossire, impallidire, abbellire, migliorare, peggiorare, diventare, imbruttire, dimagrire* ecc. (23.2.4)
– *Sei* dimagrito molto, mi pare.

• che esprimono un 'accadimento' (verbi 'eventivi'); che indicano cioè il manifestarsi (come un 'arrivare', un 'apparire') più o meno improvviso e inconsueto di fatti: *accadere, succedere, capitare, toccare* ecc.):
– *E'* successo un grosso incidente vicino a casa mia.

• che sono in forma passiva[1] o riflessiva (come una predicazione nominale):
– E' stato svegliato e si *è* arrabbiato.

• costruiti impersonalmente: Non si *è* fatto in tempo.

• certi verbi di quiete (detti 'stativi') che esprimono la permanenza in uno stato o condizione: *stare, restare, rimanere, permanere* ecc.: – *Siamo* rimasti a casa ieri.

• i verbi (detti 'effettivi') che esprimono un giudizio di apparenza di stato o condizione: *sembrare, parere, risultare*: – Mi *è* sembrato un po' noioso questo film.

• Per una qual certa analogia con gli uni o gli altri fra i precedenti, richiedono *essere* anche certi verbi (intransitivi, naturalmente) che esprimono:
a) un 'giudizio' di convenienza, di necessità di opportunità, di valore - anche economico -: *convenire, bisognare, importare, bastare, volerci, costare* ecc.:
– Mi *sono* costati molto questi occhiali
– Non gli *è* convenuto accettare quel lavoro.
b) un 'giudizio' o un 'moto affettivo' di gradimento o non gradimento: *piacere, dispiacere, garbare, rincrescere* ecc.: – Gli *è* dispiaciuto molto di non poterti salutare.

23.2.3 VERBI CHE RICHIEDONO 'AVERE'

possesso di un risultato

avere concorre a dare a un'azione il significato ('la modalità' [24.1]) di un *risultato acquisito* dal soggetto: quasi un possesso. In *Ho studiato*, il parlante

[1] Si ricordi che le forme passive possono usufruire degli ausiliari di 'moto' *venire* e *andare*: Questi libri *vanno* letti (22.2.1, 23.2); ciò che conferma le nostre indicazioni.

sembra voglia comunicare di essere in possesso (*ho* = possiedo) del risultato di un atto (*studiare*) da lui compiuto.

verbi transitivi

Richiedono dunque *avere* (come si è già ricordato) i verbi *transitivi attivi* (che sia espresso o no l'oggetto diretto):

– *Ho* letto. – *Ho* letto il giornale.

tipi di verbi intransitivi

Per quanto riguarda i verbi intransitivi, dopo quanto si è detto sull'uso dell'ausiliare *essere*, si può dire molto semplicemente (e praticamente) che, per esclusione, richiedono *avere* tutti quegli intransitivi che non richiedono *essere*; e che, dunque, esprimono azioni, fatti, contemplati nella loro *caratteristica dinamica* (e non di modo di essere o condizione acquisita).

Tentando di schematizzare a livello di significato, si può comunque dire che richiedono *avere*:

• i verbi (non sono molti) che indicano un 'moto' (reale o figurato) considerato per se stesso, senza un 'necessario' riferimento a meta o scopo o luogo di partenza: *camminare, viaggiare, vagare, divagare, pellegrinare, pernottare, scorrazzare, soggiornare, trottare, galoppare* ecc.:

– *Ho* camminato per parecchi chilometri.

Può comunque capitare di trovare usato anche per questi pochi verbi l'ausiliare 'essere'. E ciò, forse, per una sorta di assimilazione al gruppo più numeroso di quelli che hanno un senso di 'moto'. L'esempio che segue potrebbe esserne rara testimonianza (anche se siamo propensi a pensare piuttosto a una svista di chi ha scritto o di chi ha stampato (n. 1 a pag. 210):

– (...) è la storia dei fondi neri, della miriade dei fondi bancari lungo i quali, secondo il pool, *è viaggiato* per anni il fiume carsico dei soldi (...). (L. Fazzo, in 'la Repubblica', 8-11-1995).

• verbi che indicano 'manifestazioni dinamiche' (fisiche, psichiche e intellettive) per lo più con particolare riguardo alla comunicazione, alla espressione orale e scritta: *parlare* (anche per gli animali: *abbaiare, pigolare, ruggire, muggire*...), *brontolare, agire, argomentare, aspirare, obbedire, pranzare, cenare, tossire, ridere, sorridere, sghignazzare, piangere, mugolare* ecc.

– *Hai* agito troppo impulsivamente.

• verbi (per lo più derivati da nomi o aggettivi) aventi valori di 'aspetto' o di 'modalità' del fatto (4.4.1): *agucchiare, amoreggiare, armeggiare, barcollare, campeggiare, largheggiare, meriggiare, sonnecchiare, scoppiettare, sputacchiare, tremolare, vaneggiare* ecc.:

– Anche Carlo *ha* amoreggiato qualche tempo con Franca.

• rari *verbi* terminanti in 'ficare' e 'ferare', che hanno insito l'oggetto:

– *nidificare,* (da *nido*), *fruttificare, panificare, legiferare, proliferare, vociferare* ecc.:

– Il parlamento su questo argomento *ha* già legiferato.

23.2.4 VERBI CHE POSSONO RICHIEDERE 'ESSERE' O 'AVERE'

Ci sono verbi che richiedono talvolta *essere*, talvolta *avere*. E ciò, in base a variazioni di significato (di 'modalità) o di costrutto grammaticale.

taluni verbi di 'moto'

• alcuni verbi di 'moto' (*correre, volare, navigare, emigrare,* ecc.) che prendono *essere* se è espresso il luogo di direzione o di partenza; altrimenti prendono *avere* [1]:

– *Sono* corso (= sono andato correndo) in giardino.

– *Ho* corso in giardino. (= Ero in giardino e mi sono messo a correre)

verbi impersonali tipici

I verbi *tipicamente impersonali* (*piovere, nevicare, tuonare*, ecc.), per i quali *essere* sembra comunque preferito nei registri linguistici formali; *avere* è più frequente nei parlati regionali dell'Italia centrale e meridionale (22.4.1). L'uso dell'uno o dell'altro ausiliare non apporta comunque nessun mutamento di significato:

– *E'* piovuto. – *Ha* piovuto.

piovere, nevicare, grandinare, balenare nei costrutti figurati richiedono sempre *essere* (22.4.1, 32.6.1): Mi *sono* piovute addosso mille beghe.

verbi servili o modali (23.3)

I *verbi servili* dovrebbero prendere l'ausiliare del verbo servito: (*Ha* mangiato.) → *Ha* voluto mangiare. - (*E'* uscito) → *E'* voluto uscire.

Nella lingua di oggi tuttavia, specie parlata, è sempre più accentuata la tendenza a costruire con *avere* questi verbi: "Non *ho* potuto venire "equivale a "Non *sono* potuto venire".

La ragione sembra basarsi sul fatto che i verbi servili hanno *avere* come ausiliare naturale: *Ho* voluto i suoi libri; e lo hanno anche quando il verbo servito è sottinteso: "Perché non sei venuto?" "Non *ho* potuto" (no: "Non *sono* potuto", caso mai: "Non *sono* potuto venire").

Questa prevalente richiesta di *avere* sembra una ragione pratica più che valida ad alimentare una preferenza sempre più diffusa:

– (...) *sono* voluta venire. (C. Alvaro, 'Gente in Aspromonte')

– *Avrei* dovuto stargli vicino; *avrei* dovuto essere con lui. (dal film 'Uomo bianco va' col tuo Dio')

Ma:

– *Avrei* voluto arrivare lassù (...). (M. Bontempelli, 'Miracoli')

– *Ha* dovuto tornare più volte (...). (C. Castellaneta, 'Viaggio col padre')

In presenza di un verbo riflessivo, i servili prendono *essere* se essi stessi

[1] Non pare tuttavia così convinto di tale distinzione l'autore del seguente titolo tratto da una pagina sportiva del quotidiano 'La stampa' del 4-7-1988: "Bontempi *è* volato a 48 all'ora". L'ausiliare giusto sarebbe *avere*. Ma tant'è. Non si dimentichi comunque la forza persuasiva che hanno i giornali sugli usi della lingua. E chissà che ...(n. 1, pag. 193).

assumono la forma riflessiva: ("*Ci siamo* alzati presto") → "*Ci siamo dovuti* alzare presto". Se è l'infinito a rimanere riflessivo, essi conservano il loro ausiliare naturale *avere*: ("*Ci siamo* alzati presto") → "*Abbiamo* dovuto *alzarci* presto":

– (...) mai *avrebbe potuto* associarsi ai borghesi. (G. Arpino, 'L'ombra delle colline')

– Mi *son dovuta* pettinare. (C. Cassola, 'La ragazza di Bube')

Si comportano spesso come servili anche i fraseologici *cominciare, iniziare, continuare, seguitare,* e simili:

– (...) durante la notte *era* cominciato a piovere. (G. Bassani, 'Il giardino dei Finzi-Contini')

– A un certo punto *avevano* cominciato a dargli noia.

verbi costruiti transitivamente e intrasitivamente

Occorre qui accennare anche ai verbi (abbastanza numerosi) che possono essere costruiti transitivamente e intransitivamente (*finire, cominciare, crescere, imbiancare, migliorare, peggiorare* ecc.). Essi se sono usati come *transitivi* prendono *avere*; se sono usati come intransitivi prendono *essere,* forse per richiamo a originari costrutti passivi (21.3.1, 23.2.2) [(1)]:

– *Hai cresciuto* una brava figlia. (transitivo). – Tua figlia *è cresciuta* molto. (intransitivo). – La situazione *è peggiorata*. (intransitivo). – *Abbiamo peggiorato* la situazione. (transitivo)

23.2.5 UNA INDICAZIONE PRATICA PER LA SCELTA DELL'AUSILIARE

Per quanto riguarda i verbi intransitivi, oltre alle indicazioni di ordine semantico date fin qui, se ne può suggerire una di tipo pratico, abbastanza funzionale, almeno per chi abbia buona conoscenza pratica dell'italiano.

Si può dire che richiedono *essere* quei verbi il cui participio può essere usato come 'attributo' del soggetto (e con esso dunque concorderà).

Ad esempio, *arrivare, partire, imbiancare, crescere, nascere, morire, divenire* ecc. ammettono i participi attributi (messi qui per maggior chiarezza al plurale maschile) *arrivati, partiti, imbiancati, cresciuti, nati, morti, divenuti* ecc.

Dunque richiedono *essere:*

– *Siamo* partiti alle 8.

– Le cime dei monti *erano* imbiancate.

Di conseguenza, gli intransitivi che non ammettono il participio passato con funzione di attributo richiedono *avere*. Di *ridere, camminare, viaggiare* ecc. non si potrebbe avere il participio passato plurale (sarebbero errati participi passati come: *risi, camminati, viaggiati* ecc.). Perciò: ausiliare *avere:*

– *Ho* camminato un po'. – *Abbiamo* parlato tanto.

[(1)] Il verbo *suonare* tuttavia oscilla tra *essere* e *avere*: La campana *ha* suonato. - La tua ora *è* suonata. "Le campane delle quarantamila chiese francesi *hanno* suonato a morto (...). (in 'la Repubblica', 27-5-1996)

23.2.6 ALTRI USI E SIGNIFICATI DI "ESSERE"

A proposito di *essere*, occorre ricordare che al di fuori della sua funzione ausiliare, questo verbo può avere altre funzioni e significati:

• può fungere da *copula* in un predicato nominale (33.1.1):
– Carlo *è* un ottimo medico.

• da solo, può avere il significato di *esistere, essere in vita*:
– Dio *è* (= esiste).
– Penso a tutti gli uomini che *furono*, che *sono* e che *saranno*.
Molte volte questo significato viene determinato (16.1.2.1) dalle particelle *ci* o *vi (valore presentativo)*:
– *C'era* (= esisteva, viveva) una volta un re.
– Di persone per bene *ve ne sono* tante.

• può avere il significato di *accadere*: – *Fu* (= accadde) così che Luigi si ammalò.

• se accompagnato da un *complemento con preposizione*, può avere uno dei seguenti significati: *stare (essere collocato), provenire, essere fatto, appartenere, trovarsi, parteggiare, consistere*:
– Il libro *è* (= sta) sulla tavola. – S. Francesco *era* di (proveniva da) Assisi.
– Questo anello *è* (= è fatto) d'oro. – Questa casa *era* di (apparteneva a) mio nonno. – Franco *è* della (= parteggia per la) Juventus. – Il difficile *è* (= consiste) nel cominciare.

23.2.7 ALTRI SIGNIFICATI DI "AVERE"

avere, quando non svolge funzione di ausiliare, esprime un significato di *appartenenza, possesso*: – *Ho* (= possiedo) una casa al mare.

23.3 I VERBI SERVILI (O MODALI)

– Non *posso venire* da te: prima *devo studiare*; e poi *voglio vedere* quel film alla Tv.

posso, devo, voglio. Ciascuno di questi verbi si accompagna a un infinito (*venire, studiare, vedere*), di cui indica il *soggetto* (io), il *tempo* e il *modo* (presente indicativo); e di cui precisa anche il *significato* trasferendolo dall'àmbito della realtà a quello della *possibilità*, del *dovere* o della *volontà*.
Si è detto già che precisano anche le persone e il numero.

Verbi con questo duplice servizio che riguarda il livello grammaticale e il significato si chiamano ***servili***.

I verbi servili per eccellenza sono: *potere, dovere, volere*.

La completezza del servizio sintattico che questi verbi svolgono giunge al punto che (23.2.4) assumono perfino l'ausiliare del verbo servito:
– (Non *sono* venuto.) → Non *sono* potuto venire.
– (Non *ha* studiato.) → Non *ha* voluto studiare.

Naturalmente, per svolgere la funzione di servili questi verbi devono essere accompagnati dall'infinito del verbo che deve essere servito.

In caso contrario (e cioè in assenza di infinito), essendo transitivi, prendono l'ausiliare *avere*:

– "Perché non sei venuto ieri?" "Non *ho* potuto." (ma: non *sono* [*ho*] potuto venire) – *Ho* voluto io questa mia brutta situazione.

Da aree linguistiche dell'Italia Meridionale è giunta nell'uso medio comune una variante a questo costrutto. Essa è formata da '*volere* + oggetto diretto (per lo più pronome atono: *mi, ti, ci, vi, lo, la, li, le*) + un participio passato' che gli si accorda con valore fra verbale e aggettivale: *Voglio fatta* giustizia. - La *volevano morta*. Il costrutto sembra essere l'abbreviazione di una proposizione completiva esplicita: Per domani il maestro mi *vuole preparato* a storia (= vuole che io sia preparato ...).

Poiché di un'azione indicano una modalità (della 'possibilità', della 'volontà', del 'dovere'), questi verbi vengono anche detti ***modali*** in quanto servono alla 'modalizzazione' (24.1).

23.3.1 PRECISAZIONE SUL VERBO "DOVERE"

In virtù del senso di necessità che gli è proprio, il verbo *dovere* può assegnare all'infinito:

• valore di *futuro*:
– Carlo *deve compiere* dodici anni il prossimo dicembre.

• significato di forte *probabilità*:
– "Che ore sono?" "*Devono essere* (= quasi certamente sono) le dieci."

Naturalmente, il maggiore o minore grado di sicurezza del parlante, oltre che dal verbo in sé, può essere indicato dal modo: indicativo, ad esempio, o condizionale; oppure da altri particolari contestuali:

– Sento arrivare una macchina. *Deve* essere papà. (forte probabilità) *Dovrebbe* essere papà. (buona possibilità) *Deve* essere papà. *Sono le otto*. (la puntualizzazione dell'ora indica comunque una forte probabilità)

23.3.2 ALTRI VERBI CON VALORE MODALE

Anche altri verbi possono accompagnarsi a un infinito (senza peraltro assumerne l'ausiliare) apportando particolari *valori modali* (24.1). Tra i più ricorrenti sono: *amare, usare, osare, ardire, sapere* (= essere capace), *sentirsi, lasciarsi*, e pochi altri:

– *Mi sentii* mancare. – Non *osava* presentarsi così mal messo. – Perchè *ti lasci* andare così?

– *Amiamo* pensare che anche gli animali inferiori (...) abbiano una qualche forma di organizzazione dell'esperienza (...). (in "La Repubblica", 6-8-1991)

Hanno *funzione modale* anche talune locuzioni predicative, come: *essere solito, essere uso*, ecc. Esse possono accompagnarsi all'infinito mediante o (più spesso) senza *di*: – *Sono solito* (*di*) alzarmi presto io la mattina.

23.4 I VERBI FRASEOLOGICI - L'ASPETTO VERBALE

a) Nel pomeriggio *ho cominciato* a studiare alle tre.
b) *Ho continuato* a studiare a lungo.
c) *Ho smesso* di studiare poco prima di cena.
d) Dopo cena *ho ripreso* a studiare per un po'.
e) Ancora *sto* studiando.
f) *Vengo* raccogliendo precise prove testimoniali.

In ciascuno di questi esempi, l'azione dello studiare è presentata in modo diverso: in a) al suo inizio, in b) nel suo continuare, in c) nel suo cessare, in d) nella sua ripetitività, in e) nel suo lento progredire, in f) nel suo graduale avvicinarsi a una conclusione.

Sono, questi, tutti 'aspetti' diversi di uno stesso verbo (*studiare*); modalità diverse di presentare un'azione.

Col termine di ***aspetto verbale*** si suole indicare una particolare modalità (24.1) di carattere 'quantitativo' che il soggetto parlante (o scrivente) assegna a un'azione; la quale può dunque presentarsi come 'perfettiva' o 'imperfettiva' (e cioè, intenzionale, iniziale (ingressiva), durativa, progressiva, ripetitiva, momentanea, puntuale o conclusiva).

Per esempio, la differenza fra "Carlo *parla* francese" e "Carlo *sta parlando* francese" non sta nel tempo (sono ambedue al presente) ma nell'*aspetto*: il primo è *continuativo* nella sua potenzialità (Carlo può sempre parlare francese), il secondo è *progressivo* (in questo momento Carlo parla usando il francese).

E così, la differenza fra "Parlai" e "Parlavo", non sta nel tempo: indicano ambedue azioni passate. La differenza sta nell'aspetto. La prima è un'azione presentata come finita, conclusa, (*aspetto perfettivo, puntuale*: tempo perfetto); la seconda è presentata come non ancora conclusa (*aspetto imperfettivo, durativo*: tempo imperfetto).

Tutti i ***verbi*** (*cominciare, continuare, smettere, riprendere, venire, andare, essere, stare* ecc) che, come quelli degli esempi sopra proposti, contribuiscono a formare *perifrasi con altri verbi* (messi all'infinito, per lo più preceduto da preposizione, o al gerundio) per esprimere un aspetto verbale, si dicono ***fraseologici*** (o ***semiausiliari*** o ***aspettuali***):

– *Ero lì lì per* rispondergli male.

– Non *smetti* mai *di* infastidire tu!

– Che cosa *state facendo*?

– (...) si parlava di guerra che *era per* scoppiare. (M. Tobino, 'Per le antiche scale')

– Guarì e *riprese a* scolpire (...). (N. Ginzburg, 'Lessico famigliare')

Naturalmente, il verbo fraseologico e l'infinito o il gerundio a cui si accompagna formamo un insieme sintattico indivisibile, un *unico predicato verbale*.

23.4.1 PRECISAZIONI SULL'ASPETTO VERBALE

L'aspetto verbale si può esprimere:

• con *mezzi morfologici*: per esempio, con l'imperfetto per indicare la duratività e la ripetitività (la 'imperfettività'), o con il passato remoto per indicare la momentaneità o puntualità (la 'perfettività').

In "Nel momento in cui *entrai* Carlo *mangiava*", l'atto del mio entrare coincide, già finito (*aspetto perfettivo*), con un 'punto' del mangiare di Carlo; mangiare che, dunque, rispetto al mio entrare, resta incompleto (*aspetto imperfettivo*).

• con *mezzi lessicali* (che sono dunque forniti dal vocabolario).

Per esempio: *incamminarsi*, significa 'cominciare a camminare', *addormentarsi*, 'cominciare a dormire'; *dormire* indica 'il durare dell'azione' ecc.

• per lo più, in perifrasi verbali con i *verbi fraseologici*:

a) *cominciare, iniziare, prendere, continuare, seguitare, insistere, provare, tentare, rischiare, finire, smettere, interrompere* ecc.: tutti seguiti da un *infinito* collegato per lo più dalle preposizioni *a* (specie se indicano l'inizio o la durata di un fatto) e *di* (specie se indicano la fine, l'interruzione di un fatto):

– *Comincio a* mangiare alle due.

– *Finisco di* mangiare alle tre.

b) *stare, venire* e *andare* seguiti da un gerundio:

– *Vengo* scrivendo una grammatica.

c) *essere per, stare per, essere sul punto di, essere (stare) lì lì per, avere in animo (mente) di* (che indicano, dunque, l'avvicinamento all'inizio di un fatto): tutti seguiti da un infinito:

– *Sono stato sul punto* (= ho rischiato) *di* perdere il treno.

– (...) *stava lì per lì per* accadere l'evento (...). (B. Placido, in 'la Repubblica', 29-10-1992).

– Forse non si è riflettuto a sufficienza sulla profonda anomalia della visita che le autorità giudiziarie italiane *avrebbero in animo di compiere* ad un imputato (...). (G.N. Modona, in 'la Repubblica', 26-10-1995)

Capitolo XXIV

24 - I MODI

Modalità e modi del verbo - L'indicativo - Il condizionale - Il condizionale nello scritto e nel parlato - L'imperativo - L'infinito, il participio e il gerundio.

24.1 MODALITÀ E MODI DEL VERBO

1) Stasera *invitano* anche Carlo.
2) Stasera *inviterebbero* anche Carlo.
3) *Invitino* anche Carlo stasera.
4) *Invitassero* anche Carlo stasera!
5) *Viene invitato* anche Carlo stasera?
6) *Carlo non lo* invitano stasera.
7) *Forse* stasera invitano anche Carlo.
8) *Penso* che invitano *(invitino)* anche Carlo stasera.
9) Stasera invitano anche Carlo *finalmente.*
10) Stasera invitano anche Carlo *purtroppo.*

Queste frasi hanno un medesimo contenuto proposizionale: *l'atto dell'invitare e il suo oggetto: Carlo*. Tuttavia esso, in ciascuna frase, assume un significato particolare per il 'modo' diverso (indicato primariamente dal verbo, ma anche da altri elementi) in cui il parlante ce lo presenta. Insomma, ciò che distingue queste frasi l'una dall'altra è la finalità comunicativa (capp. 46-49) che ha mosso il parlante a formularle [1]. Finalità comunicativa che si esprime nella 'modalità'.

---

[1] Non di rado accade che l'intenzione del parlante assegni al suo messaggio un significato del tutto opposto a quello letteralmente espresso: parlando ironicamente, ad esempio (69.2.1): *ironia, antifrasi.*

Analizziamo le frasi sopra proposte per trarne alcune conclusioni.

In 1) il contenuto in questione risulta una semplice asserzione (verbo al 'modo' indicativo: *invitano*): il parlante comunica un fatto e (salvo riferimenti intonazionali o contestuali a contrario che qui non appaiono) non sembra assumere qualche sua posizione in proposito. In 2) l'invito appare come eventuale-ipotetico (verbo al 'modo' condizionale: *inviterebbero*): il parlante mostra di prendere una certa distanza da quanto comunica. In 3) il parlante chiede ad altri di realizzare l'invito (verbo al 'modo' imperativo (esortativo): *invitino*); richiesta, il cui grado di determinazione da parte del parlante può essere precisato da tratti prosodici (3.1) o da altri elementi contestuali. In 4) il medesimo contenuto risulta (come viene indicato dal 'punto esclamativo') un'esclamazione, che il verbo (al 'modo' congiuntivo, tempo imperfetto: *invitassero*) fa uscire dal generico precisando essere originata da un sentimento di forte desiderio del parlante (l'atto risulta dunque potenziale). In 5) il 'punto interrogativo' segnala che il parlante rivolge una domanda in cui il verbo in forma passiva *(viene invitato)* pone in primo piano l''oggetto' dell'invito *(Carlo)* rendendolo grammaticalmente 'soggetto'. In 6) il contenuto in questione è negato *(non... invitano)* dal parlante, il quale mette anche in rilievo l'oggetto *(Carlo)* anticipandolo rispetto al verbo e richiamandolo mediante la particella pronominale corrispondente *(lo)*. In 7) e in 8) il parlante esprime una sua particolare riserva (o incertezza) riguardo alla realizzazione di quanto dice, rispettivamente mediante un avverbio (*forse*) e un verbo in proposizione principale *(penso)*; in 8) inoltre, ad accentuare la soggettività del giudizio, potrebbe anche concorrere, se usato, il 'modo' congiuntivo *(invitino)*. Infine, in 9) e in 10) il tipo di partecipazione psicologica del parlante rispetto a quanto egli stesso comunica (gradimento o no) è espresso da un avverbio (rispettivamente: *finalmente* e *purtroppo*).

Le frasi possono mutare di significato col variare non solo del loro contenuto, ma, come questi esempi ricordano, anche in base al diverso atteggiamento di chi parla o scrive nei confronti di un medesimo contenuto e della sua realizzazione. Ogni frase infatti, nella misura in cui si presenta come enunciato autonomo, deve "prendere posizione rispetto alla validità e alla relazione col mondo esterno del suo contenuto" [(1)]. In questo senso (capp. 46 e 47), le frasi si distinguono nei seguenti tipi fondamentali: *enunciativa (dichiarativa, assertiva), volitiva, potenziale, interrogativa* o *esclamativa*. Tipi che, a seconda del particolare grado di adesione, di impegno o di condizionamento di chi parla o scrive rispetto a quanto egli stesso comunica (accettazione o rifiuto totale o parziale, gradimento o non gradimento), possono svolgersi in quelli -più marcatamente soggettivi- caratterizzati per lo più da moti della sfera affettiva: la nostalgia, il rimpianto, la speranza, l'attesa, il timore, il dubbio, la perplessità, l'imbarazzo, la meraviglia, la sorpresa, il piacere, il dispiacere, la rabbia, l'indignazione, la minaccia, l'ironia, il sarcasmo ecc. E ciascun tipo fondamentale può, facoltativamente, distinguersi in base alla forma *attiva, passiva* o *riflessiva*, e *affermativa, negativa, enfatica*.

[(1)] L. Renzi - G. Salvi [a cura di], "Grande grammatica italiana di consultazione", Il Mulino, Bologna, 1991, vol. II, pag. 415.

Tali indicazioni tipologiche si definiscono 'modali' e si riconducono tutte alla categoria di significato della ***modalità*** [1]. 'Modalità' che risulta dunque -nella dinamica realtà degli atti di comunicazione- uno dei costituenti nucleari di frase: basilare quanto il soggetto e il predicato, ma indispensabile; diversamente da quelli di cui invece si potrebbe anche fare a meno (46.1, 46.2, 49.5).

L'espressione della 'modalità', si dice *modalizzazione*. Per essa, il parlante o scrivente si trova a disposizione indicatori ('modalizzatori') altrettanto numerosi quanto i significati sopra richiamati; indicatori, che possono essere offerti dall'intonazione, dalla mimica, dal lessico (avverbi, verbi, interiezioni ecc.) e, in buona misura, dalla grammatica. Fra i modalizzatori offerti da quest'ultima, i tipici e più ricorrenti (almeno per i valori fondamentali sopra ricordati) sono i *modi del verbo*. Ma occorre anche ricordare la funzione modalizzatrice di taluni tempi e persone del verbo e della sua diatesi, di perifrasi verbali, dei verbi ausiliari, di proposizioni parentetiche e no, nonché di particolari costrutti frasali.

La ***modalità*** è un costituente di frase mediante il quale chi parla o scrive manifesta il suo atteggiamento mentale e psicologico nei confronti di quanto egli stesso comunica e del suo interlocutore.

In base alla modalità una frase può essere definita (24.1) *dichiarativa, interrogativa, esclamativa* o *imperativa* (con varianti specificative più o meno soggettive), ed avere, facoltativamente, forma *attiva, passiva, riflessiva, affermativa, negativa, enfatica* (capitoli da 46 a 49).

I mezzi adatti ad esprimere la modalità sono numerosi e possono essere di tipo prosodico (3.1), lessicale e grammaticale (24.1). Fra questi ultimi, i tipici e, naturalmente, più ricorrenti, sono i *modi del verbo*, che saranno argomento di questo capitolo [2].

24.2 I MODI DEL VERBO [3]

Il ***modo*** è una categoria grammaticale propria del verbo che ha la funzione di esprimere il tipo di comunicazione instaurato col suo interlocutore dal parlante o scrivente, oppure il tipo di atteggiamento di quest'ultimo rispetto al suo stesso enunciato.

Il modo del verbo si riconduce dunque alla più vasta categoria semantica e logica della modalità (24.1).

---

[1] La 'modalità' equivale a quel costituente di frase (o, più in generale, di atto comunicativo) che in altre terminologie è la 'forza illocutiva o illocutoria'.

[2] Per più precisi riferimenti, si veda l'indice analitico.

[3] Per il congiuntivo, si veda cap. 26. Per schemi e modelli di coniugazione regolare e irregolare, si veda ai capp. 65-67.

I modi del verbo sono sette: quattro 'finiti' (*indicativo, condizionale, imperativo e congiuntivo*), e tre 'indefiniti' (*infinito, participio, gerundio*).

Si dicono ***modi finiti*** quelli che in ciascuna loro voce, oltre che esprimere il significato di un'azione o di una condizione o modo di essere, mediante un sistema articolato di apposite terminazioni (65.1) forniscono anche precise indicazioni (a) sull'argomento (o sugli argomenti) di cui danno informazione, (b) sulla collocazione nel tempo dei fatti comunicati e, non di rado, (c) su più specifiche modalità (24.2.1, 24.2.2, 24.2.3, 26, 64.2.2, 64.2.3).

Si dicono ***modi indefiniti (***o ***non finiti)*** quelli che, siccome sono privi di un sistema articolato di terminazioni, esprimono solo il significato di un'azione o di un modo di essere senza precisazioni di persona e di tempo (65.1). Per quanto riguarda la 'modalità', fatta qualche eccezione per l'infinito (di cui si dirà), ne contengono un'indicazione di per sé assai generica; ma opportunamente e flessibilmente generica, in quanto è pronta a chiarirsi nel contesto di specifici significati di frase in cui ciascuno di tali modi può trovare impiego (24.2.4, 64.2., 64.2.1):

– *Dicendo* questo, gli hai fatto dispiacere. (= Poiché *hai detto* ...: realtà)
– *Dicendo* questo, gli faresti dispiacere. (= Se gli *dicessi*...: potenzialità)

Poiché possono svolgere anche funzioni di 'nome' (sostantivo o aggettivo), questi modi sono anche detti ***modi nominali***.

A questo punto è forse utile ricordare che molte volte la scelta del modo verbale non dipende propriamente dai significati da comunicare, ma piuttosto dal gusto personale di chi parla o scrive (ragioni di stile) o dal tipo di registro linguistico (68.2.4) richiesto dalla situazione comunicativa (più formale, meno formale). In questi casi le indicazioni di 'modalità' verranno dal contesto. Ma su questo argomento torneremo più volte sia in questa sezione, sia in quella dedicata alla sintassi del periodo, sia nel cap. 68.

24.2.1 L'INDICATIVO

L'indicativo (64.2.2, 64.2.3) è il modo della realtà, della constatazione, dell'esperienza. Serve a constatare e ad esporre fatti certi, reali, esistenti (o tali immaginati o considerati da chi parla o scrive).

In "La terra *gira* intorno al sole" si esprime un fatto oggettivamente certo, inoppugnabile. In "Oggi *è* una bella giornata" si può essere di fronte alla constatazione di una realtà valida per tutti o all'espressione di uno che sta vivendo (lui solo) la realtà di un felice momento (la sua realtà).

La realtà dei fatti espressi con l'indicativo risulta incontestabile alla coscienza o alla immaginazione di chi parla o scrive [1], perché tali fatti: a) sono già avvenuti ("Ieri *è venuto* Carlo"); b) avvengono nel momento in cui vengono comunicati ("In questo momento Carlo *studia*".); c) per quanto riguarda il futuro, o sono considerati incontrovertibili ("Per molto tempo ancora la terra *girerà* intorno al sole"), o sono stati già programmati, decisi, previsti ("*Verrò* da te domani". - "*Mi laureerò* l'anno prossimo").

24.2.2 IL CONDIZIONALE

Il condizionale presenta l'azione o il modo di essere come eventuali-ipotetici; e cioè come realizzabili, nel presente o nel passato, ma subordinatamente a determinati condizioni o condizionamenti che possono essere espressi o sottintesi. Tali condizioni o condizionamenti sono per lo più indipendenti dalla volontà di chi parla o scrive (ne sia o no egli il soggetto grammaticale) e possono risultare: o già ben definiti ed esistenti o supponibili oppure suggeriti da opportunità di adattamento comportamentale a specifici aspetti situazionali. Sul genere di potenzialità di tali presupposti (sintatticamente: *protasi*), chi parla o scrive valuta il grado di probabilità di realizzazione dei fatti che ne dovrebbero conseguire (sintatticamente: *apodosi*), e, nell'esprimerli, mediante il condizionale manifesta (o tradisce) l'atteggiamento mentale o psicologico del consapevole distacco o del sospeso possibilismo o della cauta esitazione.

Per esemplificare: apodosi: *Vorrei parlarle* (protasi: se ha un po' di tempo). - *Ci verrei anch'io* (se non ti disturbo). – *Fumerei volentieri qualche sigaretta ogni tanto* (ma qui è proibito). - *Carlo si starebbe per laureare* (se è vero quel che si dice). - *Io* (se fossi stato al tuo posto) *non gli avrei dato retta*. - *Sarebbe venuto alle cinque* (mancano ancora due ore // oppure: ormai è inutile aspettarlo). - *Sarei partito ieri // domani* (ma non ho trovato posto in aereo).

24.2.2.1 FUNZIONI DEL CONDIZIONALE

Il condizionale (presente e passato) si può trovare in costrutti indipendenti [2] e subordinati (64.2.2) in cui trova impiego anche l'indicativo; fatta salva, naturalmente, la specificità modale apportata da ciascuno (indicativo: *certezza;* condizionale: *eventualità ipotetica*): Carlo non va al cinema perché *si annoia.*

→ Carlo non *andrebbe* al cinema perché *si annoierebbe.*

---

[1] A proposito di immaginazione, si sa che l'indicativo è anche il modo di chi àltera o falsifica la realtà.

[2] E ciò, differentemente dal congiuntivo, la cui potenzialità di tipo strettamente soggettivo richiede in genere di essere precisata da predicati reggenti. A proposito di questi diversi usi di condizionale e

'apodosi' in periodo ipotetico

Funzione tipica del condizionale (presente o passato) è quella di esprimere la conseguenza (apodosi) di una premessa condizionante (protasi) espressa o sottintesa nell'ambito del periodo ipotetico della possibilità e della irrealtà (58.2.2). E ciò, come si è detto, in proposizione tanto principale che subordinata:

– La *faresti* felice (principale) se andassi a casa sua. (possibilità)

– Credo che // *la faresti* felice (subordinata) se andassi a casa sua.

– *L'avresti fatta* (passato) felice se fossi andato a casa sua. (irrealtà nel passato)

– Per Natale *andrei* volentieri in montagna. (protasi sottintesa)

– (...) se ce ne fosse stato bisogno, non *avrebbe esitato a tuffarsi* dal più alto degli scogli. (M. Di Lascia, 'Passaggio in ombra') (possibilità nel passato)

– E' doveroso ma anche facile dare oggi sulla voce ai giovani sostituti procuratori di Catanzaro. Più difficile ma ancor più doveroso *sarebbe stato* ammonire a tempo debito un presidente del Consiglio che (...). (E. Scalfari, in 'la Repubblica', 12-10-1995) (in questo caso la condizione è data dalla proposizione infinitiva soggettiva, che equivale a: se si fosse ammonito...)

Per il passato, registri meno controllati consentono l'uso dell'*indicativo imperfetto* (per il suo aspetto di imperfettività: [25.1.1.2]):

– La *facevi* felice se andavi (fossi andato) a casa sua.

condizionale di distanziamento

Sia al presente che al passato, il condizionale può esprimere l'atteggiamento di prudente presa di distanza (*condizionale di distanziamento*) di chi narra fatti e fa anche intendere di non averne diretta o comunque piena conoscenza; o magari di non volerne essere in nessun modo coinvolto. E' questa la tipica modalità di chi, anche per professione, come il giornalista, è costretto a interessarsi di vicende di particolare delicatezza e responsabilità [(1)]:

– Carlo Rossi *sarebbe stato messo* in prigione. (come a dire: se è vera la notizia che ho sentito, Carlo Rossi...)

– Secondo l'accusa (...) la maggior parte delle apparecchiature *sarebbero state* residuati di guerra (...). (in 'La nazione', 5-9-1976).

– Ayrton Senna *sembrerebbe escluso* dal prossimo campionato (...). Il condizionale è d'obbligo perché in realtà la situazione *potrebbe* ancora mutare (...). (C. Marincovich, in 'la 'Repubblica' [sport], 11-2-1992) (qui l'autore stesso, giustifica l'uso del condizionale come segnale di opportuno atteggiamento prudenziale).

---

congiuntivo si vedano le analitiche indicazioni date ai capitoli 46-48 e 54-64 e ai paragrafi 26.1, 26.1.1, 26.1.2.

[(1)] Nel seguente esempio, si noti come il cronista, nei passaggi che il linguaggio dei politici fa dall'uso dell'indicativo all'uso del condizionale, colga con sapida ironia la logica di fondo che oscilla fra l'integralismo intransigente e il possibilismo più o meno opportunistico o prudente: "Ore 20,30. Il Pli (= Partito liberale italiano) abbandona i toni perentori e il cipiglio fiero, smarrisce per strada le certezze dell'indicativo, sposa i condizionali, si affida alla clemenza di Giuliano Amato." (= presidente del Consiglio dei ministri) (G.D'Avanzo, in 'la Repubblica', 19-2-1993).

futuro del (nel) passato

L'idea di intenzionalità, di disponibilità legata al condizionale consente che il tempo passato serva a esprimere il rapporto di posteriorità dei fatti narrati rispetto a un punto di riferimento collocato nel passato *(futuro del [nel] passato):*

– (Carlo dice che *finirà* entro un'ora [= che ha intenzione di finire...]) → Carlo *disse che avrebbe finito* entro un'ora. (= che aveva intenzione di finire...)

– Certe volte (...) ho pensato che Sciarmano sia stato il primo a sapere che io *sarei nata* (...). (M. Di Lascia, 'Passaggio in ombra').

– (...), mi dicevo che presto lo *avrei riavuto* tutto per me (...). (M. Di Lascia, cit.).

In questi casi, specie (ma non solo) nei registri linguistici meno sorvegliati, si può usare, in alternativa, l'*indicativo imperfetto* (per il suo aspetto di imperfettività [25.1.1.2]):

– Carlo disse che *finiva* (= avrebbe finito) entro un'ora.

Nel seguente esempio, per il futuro nel passato, si noti l'uso del condizionale passato e dell'imperfetto nei due segmenti di una frase temporale scissa per enfasi (49.6.1):

– (...) a quel punto gli chiedeva quando *sarebbe stato* che la mamma la *mandava* a conoscere la nipote. (M. Di Lascia, cit.)

disponibilità impedita

Per la stessa idea di intenzionalità, il condizionale passato può anche esprimere fatti desiderati o progettati per il reale futuro ma dei quali già nel presente si conosce la irrealizzabilità essendo nota la condizione impediente. Ne risulta dunque un periodo ipotetico della irrealtà che ha l'apodosi collocata nel passato:

– So che domani vai a Roma. Ci *sarei venuto* anch'io, ma ho da fare (oppure: se non avessi da fare).

– Una volta nella nostra cappella tenevano messe anche per il pubblico. Quest'anno no. *Saresti venuto,* vero? (G. Arpino, 'La suora giovane').

Anche in questi casi è possibile l'uso alternativo dell'*indicativo imperfetto* (25.1.1.2):

– A Roma domani ci *venivo* anch'io se non avessi da fare.

24.2.2.2 PRECISAZIONI SUL CONDIZIONALE SEGNATAMENTE NEL PARLATO

E' forse utile tornare a riflettere un po' su quel genere particolare di condizionamenti da noi definiti (24.2.2) come "suggeriti da opportunità o necessità di adattamento comportamentale a specifici aspetti situazionali", che, pur non esplicitati, ciascuno di noi intuisce, avverte, coglie, e in base ai quali (riluttante o no) regola il proprio modo di comportarsi. Tali aspetti variano col variare a) delle situazioni (più formali, meno formali, non formali), b) della funzione comunicativa (narrativa, espressiva, conativa, imperativa ...) o c) (forse più spesso) degli interlocutori (e in base al loro ruolo sociale, all'età, al sesso, al loro contingente stato umorale, alle loro azioni e reazioni). Sono tipi varî di condizionamenti che, dettati in genere dal desiderio o comunque dalla necessità di stabilire armonia di rapporti, non solo comunicativi, determinano le nostre scelte (o strategie) di comportamento, e dunque anche linguistiche.

E' così che si può spiegare, ad esempio, una frase come la seguente formulata da chi desiderasse far conoscere la propria casa a qualcuno: "Questa *sarebbe* la mia casa". Come 'sarebbe'? E' o non è? E', naturalmente, ma rapporto di cortesia suggerisce che la brusca referenzialità dell'indicativo si attenui nel senso di conciliante garbatezza del condizionale. Mediante il quale il parlante sembra quasi subordinare la verità di quanto afferma al punto di vista, all'approvazione o disapprovazione del suo interlocutore: che rappresenta un condizionamento non trascurabile.

Situazioni comunicative analoghe, soprattutto parlate, ricorrono con assoluta quotidianità. E il condizionale vi appare lo strumento pragmatico (nota 1 a pag. 285) tipico di un rapporto che predilige i modi della conciliante offerta o richiesta di disponibilità, della garbata proposta, della discreta esitazione, della valutazione rispettosa e misurata, della distaccata ironia, della domanda aperta e possibilista.

alcuni usi del condizionale presente o passato assai comuni nel parlato

Le espressioni qui di seguito proposte come esempio potrebbero avere la condizione o il condizionamento espressi o sottintesi (come suggeriti dalla situazione in sé). Noi abbiamo preferito questa seconda soluzione, ritenendola la più ricorrente nella realtà comunicativa. In parentesi accenneremo comunque a qualche esempio, e non sempre con l'esplicitante 'se'. Non di rado verrà fatto di notare che i significati potrebbero variare col variare del tipo di situazione:

• semplice potenzialità nel presente o nel passato: In casi come questo, qualcuno *parlerebbe (avrebbe parlato)* di tradimento.

• aperta offerta di disponibilità: *Pagherei* chissà che per un bicchier d'acqua. (Ma ho paura che sarà difficile averlo)

Qui il passato suonerebbe come un rammarico: *Avrei pagato* chissà che (...).

• richiesta gentile (con verbo di 'volontà'): *Vorrei* un caffè. - *Preferirei* rimanere sola. (Se non vi dispiace)

In casi come questo, soprattutto con i verbi 'volere' e 'desiderare', il richiedente potrebbe anche usare l'"imperfetto attenuativo' (25.1.1.2). E ciò, in particolare, come risposta a una richiesta fatta con l'imperfetto della medesima modalità da parte dell'interlocutore; il quale, per altro, non potrebbe usare il condizionale, ché (si veda più sotto) suonerebbe come provocazione: "Che desidera *(voleva, desiderava)*?" *"Volevo* (vorrei, *desideravo),* un caffè."

Qui il passato suonerebbe come rinuncia o rimprovero: *Avrei voluto un caffè* (esempio: ma ho fatto bene a non.../ ma tu...)

• richiesta resa più conciliante e gentile dalla forma interrogativa: *Mi daresti (potrei avere)* un bicchier d'acqua?

Qui il passato suonerebbe come richiesta di informazione.

• gentile invito, e rifiuto gentilmente esitante: *"Ci verresti* (vieni) al cinema con noi?" "Ma io, veramente, *avrei* da studiare."

Qui il passato suonerebbe come gentile richiesta di informazione con relativa gentile risposta.

• manifestazione di un desiderio (che potrebbe anche nascondere una richiesta): *Verrei* (tanto) volentieri a Roma con te. (Se non temessi di disturbarti) - Adesso sì che *mi fumerei* una bella sigaretta! (Non hai mica da offrirmela?)

• domanda per conferma: *Sarebbe* quello tuo genero? - Questo *sarebbe* il libro di cui mi parlavi? (Se non mi sbaglio questo potrebbe essere...)

Talvolta anche con qualche moto di meraviglia o incredulità o ammirazione o invidia: *Sarebbe* questa la tua Lucia? - Quel piccolino lì *parlerebbe* già cinque lingue?

• presentazione di qualcuno o qualcosa in tono discreto e sommesso (usando 'essere'): Questa *sarebbe* la mia biblioteca. (Anche se piuttosto modesta)

• sommesso intervento del parlante (per consiglio, proposta o altro gentilmente sollecitato dall'interlocutore), anche introdotto da un verbo corrispondente: Oddio, io qualcosa in testa ce l'*avrei* pure. (N. Boni, in 'La stampa', 8-8-1988) - "Tu che dici (pensi, consigli, suggerisci // *diresti, penseresti, consiglieresti, suggeriresti)* di fare stasera?" "Io *direi (penserei, consiglierei, suggerirei)* di fare una partitina a poker". (Se posso, io direi...).

Qui il passato suonerebbe come ripensamento su qualcosa che forse avrebbe potuto o dovuto essere fatto.

• opinione in tono attenuato (di chi, spesso anche il verbo 'dovere', mostra molta fiducia sulla probabilità di realizzazione): Una soluzione salomonica che *dovrebbe* mettere a tacere tutte le polemiche (...). (in 'il Giornale', 27-10-1995)

• opinione garbatamente a contrario: "Gli scalatori di alta montagna sono degli sconsiderati perché mettono a repentaglio la loro vita. Lei, dottore, che ne pensa?" "Ma io, veramente, non *sarei* così severo in proposito."

• presa di distanza ironicamente tagliente in forma di domanda: Un ipotetico professore a un ipotetico interrogato: "E tu *avresti studiato?*" (come a dire: "Checché tu insista a dire, non hai studiato proprio.") - "E quello *sarebbe* un bravo medico?" (si potrebbe dire di un medico che immeritatamente gode di buona fama)

• domanda in tono di incredulità o di risentimento per impedire o disapprovare fatti o progetti dell'interlocutore o di altri; o anche per provocare l'interlocutore stesso: Che *farebbe* tuo fratello stasera!? *Uscirebbe?!* (Come a dire: "Se ha un'intenzione del genere, se la tolga dalla testa.") - Tu *esporresti* un tale monumento in luogo pubblico? (I. Silone, 'Il segreto di Luca) - "Come sarebbe a dire?!" chiese il commissario sbarrando gli occhi. (P. Chiara, 'I giovedì della signora Giulia').

La stessa domanda al passato, può anche servire a smentire un fatto o a difendersi da qualche accusa: Anna: "E' stato Carlo a dire che Luigi...." Carlo: "Che cosa *avrei detto* io?".

24.2.3 L'IMPERATIVO

L'imperativo si usa per rivolgere direttamente ad altri un comando, un divieto, un invito, una concessione, un'esortazione, una preghiera, una sollecitazione, un consiglio, una minaccia:

– Carlo, *vieni*. – *Aspettatemi*, per favore! – *Entrate* pure. – Coraggio, *va'* da loro! – *Vieni* un po' qui!

intercalari - interiettivi

Ci sono certe forme imperativali (*senti, vedi, guarda, ma guarda un po'...*) che, soprattutto nel parlare, spesso si usano non hanno il significato del comando. Servono invece come intercalari di enfasi, e manifestano il tipo e il grado di partecipazione affettiva del parlante al discorso: meraviglia, indignazione, ironia ecc., come vere e proprie interiezioni (20.2.1, 22.4.3)

Non di rado accade anche addirittura che il parlante le usi tra sé e sé:

– Ma *guarda* un po' che sfortuna!

– Io, *vedi*, per conto mio, di queste cose non me ne voglio interessare.

– Ma *senti*. Non sapevo nemmeno che fosse sposato. (C. Cassola, 'Una relazione')

altre forme imperativali

Altre forme imperativali di indiscutibile efficacia espressiva possono essere costituite da interiezioni o sostantivi o aggettivi o avverbi.

Esse sono dunque fuori dai puri schemi verbali di cui qui ci si sta occupando: *oh, su, via, suvvia, avanti, forza, coraggio, aiuto* ecc. (20.2.1):

– *Forza*, Attilio, *forza*! (C. Alvaro, 'Vent'anni')

– *Su*, presto, ché bisogna raggiungere il comando (...). (G. Comisso. 'Giorni di guerra')

24.2.4 L'INFINITO, IL PARTICIPIO E IL GERUNDIO

L'***infinito***, il ***participio*** e il ***gerundio*** vengono considerati modi; ma (si è già detto) con una certa improprietà, se è vero che la funzione di modo verbale è quella che si è ricordata in 24.1.

Essi infatti anche per questo aspetto sono 'indefiniti' (come indica il loro nome). Perciò, nella maggior parte dei loro usi, assumono il valore del modo 'finito' a cui corrispondono trasformando in esplicita la proposizione in cui fungono da predicato (anche in 49.3, 53.1.1, 53.1.3, 64.2.1):

– Mi sono annoiato *a stare* (*stando*) qui. (forma esplicita: perché sto qui: realtà)

– Mi annoierei *a stare (stando)* qui. (forma esplicita: se stessi qui: potenzialità)

I modi indefiniti si usano in *proposizioni subordinate* in cui - ciascuno a seconda delle sue proprietà grammaticali - possono svolgere *funzioni sostantivali, attributive* o *circostanziali.* Di esse diamo qui di seguito (24.2.4.1), indicazioni generiche, rinviando, per i particolari, alla sezione dedicata alla sintassi del periodo.

24.2.4.1 PRECISAZIONI SUI MODI NON FINITI

funzioni dell'infinito

Le funzioni dell'*infinito* possono essere del tipo *esplicativo* (proposizioni completive) o *circostanziale* (prop. causali, temporali, finali ecc.) (64.2.1):

– Dice *di avere perso il treno*. (proposizione completiva: = dice che ha perso...)

– *Per essersi alzato tardi* (circostanza causale: = siccome si è alzato ...) ha perso il treno.

L'infinito si può usare anche in *proposizioni indipendenti* con valore *narrativo* o *volitivo* (proposizione imperativa o ottativa) (cap. 47-48):

– Carlo continuava a impappinarsi durante l'interrogazione di storia. E noi giù a *ridere*.

– *Mettersi* sull'attenti!

– Oh, *essere* a casa adesso!

funzioni del participio

Le funzioni del *participio* (presente o passato) possono essere del tipo *attributivo* o *circostanziale* (prop. relative, temporali, causali, ecc); il passato assegna ai fatti un valore di *immediata anteriorità* rispetto ad altri, oppure svolge una *funzione relativa-attributiva* (64.2.1):

– Contiamo le stelle più *splendenti.* (funzione attributiva: = che più *splendono.*

– Ho portato gli esercizi *fatti* (funzione attributiva: = che ho fatto...) *ieri.*

– *Dopo mangiato* (circostanza temporale: = dopo che avremo mangiato) discuteremo.

funzioni del gerundio

Le funzioni del *gerundio* possono essere del tipo *circostanziale* (prop. modali, temporali, causali ecc.); l'anteriorità espressa dal passato assegna ai fatti un valore preminentemente *causale* (57.2.2, 64.2.1):

– *Leggendo* (temporale: = mentre legge) fuma.

– *Avendo mangiato* (causale: = poiché ha mangiato) non ha fame.

Capitolo XXV

25 - I TEMPI - LE PERSONE [1]

Il tempo del verbo - I tempi dell'indicativo - Il presente - L'imperfetto - Il passato prossimo - Il passato remoto - I trapassati (prossimo e remoto) - Il futuro semplice - Il futuro anteriore - I tempi del condizionale - I tempi dall'imperativo - I tempi dei modi indefiniti (infinito, participio, gerundio) - La persona del verbo.

25.1 IL TEMPO DEL VERBO

a) Ieri *ho lavorato*, oggi, domenica, *mi riposo*, domani *tornerò a lavorare*.
b) Ieri mia moglie mi *ha regalato* il libro che *aveva comprato* l'altro ieri.

Nell'esempio in a), l'atto del lavorare è riferito al *tempo reale*. Nella linea reale del tempo infatti, in relazione al momento in cui si parla, c'è l'*oggi* per il presente, lo *ieri* per il passato, il *domani* per il futuro.

Nell'esempio in b), il tempo (passato) di un'azione (*aveva comprato*) è riferita al *tempo* (anch'esso passato) *di un'altra azione* della stessa frase (*ha regalato*): e di esso risulta anteriore.

La ***collocazione dei fatti nel tempo*** può avvenire:
a) *in senso assoluto*: e cioè 'libero' da riferimenti ad altri tempi del discorso; e dunque solo in riferimento al tempo reale rispetto al momento in cui si parla o scrive: 'prima' di questo momento (*anteriorità*), 'in' questo stesso momento (*contemporaneità*), 'dopo' questo momento (*posteriorità*):

– Ieri *abbiamo parlato* del nome. (*anteriore* rispetto ad adesso, che la frase viene pronunciata)

– In questo momento *parliamo* del verbo. (*contemporaneo* rispetto a questo momento in cui viene pronunciata la frase)

---

[1] Per schemi e modelli di coniugazione vi veda ai cap. 65, 66 e 67.

– Domani *parleremo* del pronome. (*posteriore* rispetto ad adesso, che la frase viene pronunciata)

b) *in senso relativo:* e cioè in riferimento a un'altra indicazione nel discorso, rispetto alla quale i fatti narrati possono essere *contemporanei*, *anteriori* o *posteriori*; l'indicazione di riferimento può essere data da altri verbi o da altre indicazioni temporali:
– *Mentre viaggiava scriveva* il suo diario. (*viaggiare* è contemporaneo a *scrivere*)
– *Mi telefonò* dopo che gli *avevo scritto.* (*scrivere* è anteriore rispetto a *telefonare*)
– *Ti scrisse* prima di *arrivare.* (*arrivare* è posteriore rispetto a *scrivere*)
– *Nel 1822* Napoleone *era* già *morto*. (anteriore rispetto all'indicazione data dall'anno)

la forma

Per quanto riguarda la loro *forma*, i tempi si distingono in:
a) *semplici,* se sono formati da una sola parola:
– parlo, parlasse, parlando

b) *composti* o *perifrastici*, se sono formati con l'aiuto di un *ausiliare* (23.2):
– ho parlato, avendo corso, eravamo partiti, andavano letti

25.1.1 I TEMPI DELL'INDICATIVO

L'indicativo ha otto tempi: quattro semplici (*presente, imperfetto, passato remoto, futuro semplice*; quattro composti (*passato prossimo, trapassato prossimo, trapassato remoto, futuro anteriore*).

25.1.1.1 IL PRESENTE

presente reale

Il presente indica fatti e situazioni che si estendono tra la fine del passato e l'inizio del futuro [1]: e, dunque, esistono o si stanno svolgendo nel momento in cui si parla o scrive:

---

[1] Questo fatto di avere già una radice nel passato e una possibile continuazione nel futuro spiega, forse, l'uso che si può fare del presente al posto del passato o del futuro di cui parliamo subito di seguito. Un'altra ragione è data dal fatto che nel contesto ci sono spesso parole che danno da sole i riferimenti temporali. Si aggiunga che il presente risulta anche morfologicamente uno dei tempi più semplici, forse perché di necessità più usati.

– Adesso *leggo*. (l'azione si svolge in questo momento)
– La terra *gira* intorno al sole. (ha cominciato tanti anni fa e durerà chi sa ancora per quanti anni: ma sta girando anche in questo momento in cui se ne parla; in casi come questo si è di fronte a un 'presente atemporale')

presente atemporale

L'uso del presente può prescindere da precise indicazioni temporali per esprimere l'universale, la legge, la norma dell'esperienza quotidiana in massime, sentenze, proverbi, ecc.; nonché per esprimere fatti consueti che si ripetono regolarmente, pur se non nel momento in cui si parla:

– Il bene *trionfa* sempre sul male. - Rosso di sera, bel tempo *si spera*. (proverbio) - Primavera *viene* il 21 marzo.

presente per futuro

Spesso, soprattutto quando si parla, se ci sono altre precise indicazioni temporali, si usa il *presente al posto del futuro*. E ciò, prima di tutto per la pratica ragione che questa voce verbale è assai più frequente e più facile da ricordare:

– *Domattina* alle 10, in piazza Grande, *facciamo* il comizio. (M. Tobino, 'Il clandestino')
– Dopo che Dini si sarà dimesso, entro dicembre, è possibile che (...). (M. Fuccillo, in 'la Repubblica', 30-10-1995)

Non di rado tuttavia questa preferenza ha valide ragioni psicologiche che ci fanno sentire i fatti del futuro come già nel presente: o per il desiderio di affrettarli o per il dispiacere che debbano accadere (si veda n. 1 a pag. 230) Questo è un particolare uso modale per particolari valori affettivi:

– Quando *sono grande* faccio il dottore.
– Fra un mese *finiscono* le vacanze. Peccato!
– Da domani *sei* una donna sposata come tutte le altre. (M. Di Lascia, 'Passaggio in ombra')

presente storico

Anche i fatti del passato (prossimo o remoto) possono ricondursi ai valori modali espressi col presente (come per un forte sentimento di presenza): o per sottolinearne l'importanza storica, o per sollecitare il mondo della fantasia o del sentimento degli interlocutori, o perché se ne conserva un vivo ricordo - (si veda nota a pag. 230)

– Napoleone Bonaparte *muore* il 5 maggio 1821.
– *Arriva* il lupo e *mangia* la nonna di Cappuccetto rosso.
– Questo giorno feroce *comincia* nell'animo di (...) un po' di tempo fa. (G. Pansa, in 'la Repubblica, 13-10-1990)
– Ed ecco la replica che Borrelli (...) *offre* ieri a metà mattina (...). (in 'la Repubblica, 12-3-1993)

Nell'espressione parlata e scritta dalla forma meno controllata, può accadere di trovare mescolanze di fatti narrati al presente e al passato prossimo o remoto e all'imperfetto (51.1.3 n. 1):

– E lei *era* una donna di strada, ma lui non lo *sapeva* e la *credeva* pura, e si *sposano*. *Prendono* un bellissimo appartamento. Ma lui *comincia* ad avere sospetti. (N. Ginzburg, 'Le voci della sera')

– *Mi svegliai* sudato come all'ospedale, ma adesso *stavo* bene e sulla panca *c'era* Talino che *aspettava* guardando i binari. *Mi metto* a guardarli anch'io e la tettoia *comincia* a riempirsi. (C. Pavese, 'Paesi tuoi')

25.1.1.2 L'IMPERFETTO

'imperfettività'

L'*imperfetto* è definito "il passato dell'aspetto del testimone oculare", [1] in quanto ripropone fatti e situazioni nell'atto del loro svolgimento o della loro esistenza dinanzi agli occhi del parlante o dell'ascoltatore o di ambedue:

– Con chi *passeggiavi* ieri per il Corso Vannucci?

Come tempo del passato, l'imperfetto si usa dunque per azioni che vengono presentate come non concluse (*imperfetto* = non finito, non concluso).

Esso è infatti il tempo tipico delle descrizioni, delle azioni ripetute col carattere dell'abitudine, delle situazioni contemporanee ad altre già concluse (perfette) o non ancora concluse (anch'esse imperfette), o dei fatti sul punto di iniziare (e dunque imperfetti):

– *Era* un bel vecchio che *aveva* i capelli candidi come la neve. (descrizione)

– Da bambino *studiavo* volentieri e *andavo* volentieri ogni giorno a scuola. (abitudine, ripetizione)

– Mentre *studiava*, *ascoltava* musica. (relazione fra due azioni contemporanee di tipo descrittivo: imperfette)

– Quando mi hai telefonato *mangiavo*. (relazione fra due azioni contemporanee di cui una conclusa e una non conclusa, e cioè imperfetta)

– Quasi *cadevo*, perbacco! (azione prossima a iniziare)

altri valori* e *usi modali

L'imperfetto, si è detto, ha l'aspetto della 'imperfettività'. E questa, nel suo tendere a 'perfezionarsi' (concludersi, realizzarsi) si può accompagnare a un senso di progressività che è capace di assumere più o meno sfumati *valori modali:* di desiderio, di intensità affettiva, di intenzionalità, di solennità narrativa, di ipotesi collocate nella irrealtà, di potenzialità.

---

[1] L.R. Palmer, 'La lingua latina', Torino 1977, pag. 370.

Perciò si può usarlo:

• *al posto del passato prossimo* o *remoto* per narrare azioni sentite con una certa intensità psicologica. Questo tipo di imperfetto (che qualcuno chiama 'imperfetto eroico', ma che è forse più preciso definire 'narrativo') ricorre in certi momenti in cui con particolare intensità emotiva si narrano fatti della storia o della cronaca (nei testi di storia, ad esempio, o -nei giornali- in articoli di cronaca di vario genere, specie sportiva o nei verbali di polizia o nelle commemorazioni):

– Il 5 maggio 1821 *moriva* Napoleone Bonaparte.

– Al cinquantaduesimo passaggio *rientrava* ai box per far controllare che cosa stava accadendo, ne *approfittava* per cambiare ancora le gomme, *rientrava* in pista ma *resisteva* poco più d'un giro lasciando via libera alla Ferrari. (U. Zapelloni, in 'il Giornale', 30-12-1990)

• *al posto del presente indicativo* o *condizionale*, per avanzare garbatamente una richiesta o per affrontare situazioni con un certo imbarazzo (*imperfetto attenuativo*); o anche, in particolare nel linguaggio semplice (dei bambini ad esempio), per esprimere un qualche invito a fare qualcosa ('imperfetto di cortesia' o 'stipulativo'):

– "Che *voleva* (= vuole), signore?" "*Volevo* (= vorrei) un caffè."

– Scusi, *volevo* dire... ci ha messo molto tempo? (M. Bontempelli, 'Miracoli')

– Ci *stavi* che *giocavamo* a ladri a carabinieri? Tu *facevi* il ladro, io *ero* il carabiniere. (= Ci staresti a giocare a ladri e carabinieri? Tu faresti il ladro, io sarei il carabiniere).

• *nel periodo ipotetico della irrealtà*, al posto del condizionale passato e del congiuntivo trapassato *(imperfetto irreale)*:

– Se *c'ero* (= ci fossi stato) io, questo non *succedeva* (= sarebbe successo)

– Se *riuscivamo* a metterli a posto, però, Mussolini la guerra non la *faceva*. (I. Calvino, 'Il sentiero dei nidi di ragno')

• al posto del *condizionale passato*, per significati di potenzialità nel passato con i verbi *dovere, volere, potere* e con *credere* intensivo se costruito in senso negativo: che sono usi risalenti lontano nel tempo e largamente ricorrenti sia nel parlato sia nello scritto:

– *Dovevi (avresti dovuto)* avvertirlo.

– Non *credevo (avrei creduto)* mai che ce l'avrebbe fatta (ce la faceva).

• *al posto del condizionale passato* per esprimere il 'futuro del passato': e cioè un'intenzione, nel passato, di compiere un'azione (24.1.2.2) *(imperfetto prospettivo)*:

– La mamma ha detto che *veniva* (= sarebbe venuta = aveva intenzione di venire)

– Ma se avessi saputo che *venivi* sarei rimasto in bottega. (C. Cassola, 'Il cacciatore')

• ancora, specie in registri meno formali, *al posto del condizionale passato* per esprimere fatti intenzionali proiettati nel futuro reale, ma dei quali al momento in cui si parla o scrive (vale a dire al presente) si conosce già la non realizzabilità (24.1.2.2):

– So che domani vai a Roma. Ci *venivo* anch'io, ma ho da fare.

– Per noi la sosta di domenica prossima *ci voleva*. (in: 'La nazione', 9-11-1987)

25.1.1.3 IL PASSATO PROSSIMO

'perfettività'

Il *passato prossimo* narra fatti e situazioni considerati conclusi ('perfetti') 'vicini' al presente; vicini: o realmente o per le loro conseguenze fisiche, culturali, storiche, psicologiche, scientifiche ecc. A conferma di tale vicinanza al presente, non si dimentichi che l'ausiliare che compone il passato prossimo è coniugato proprio al presente.

– Poco fa ti *ho telefonato*. (vicinanza reale al presente: *poco fa*)

– *E' nato* settant'anni fa. (è ancora qui: proiezione fisica nel presente)

– Dante *ha scritto* la 'Divina commedia'. (collegamento culturale col presente)

Nel seguente esempio, si noti la ripetitività di un fatto presentata dall'imperfetto (*aspetto imperfettivo, iterativo*) in opposizione alla puntuale unicità di un altro fatto narrato mediante il passato prossimo (*aspetto perfettivo*):

– *Perdevo* quasi due secondi al giro, e *ad un certo punto ho pensato* soltanto di cercare di conservare il secondo posto (...). (in: 'il Giornale', 1-10-1990)

Come si è già ricordato l'*ausiliare* che concorre a formare il passato prossimo va al *presente*.

passato prossimo per futuro anteriore

Come il presente può sostituire il futuro semplice, così il passato prossimo può sostituire con funzione modale il futuro anteriore; e ciò per il valore di anteriorità che li accomuna rispetto ad altri fatti e ad altre indicazioni temporali nel discorso:

– Ti do (= darò) questo libro quando l'*ho letto* io. (= l'avrò letto io)

– Ci ho un piano che se mi riesce, prima di domani *sono scappato* (...). (I. Calvino, 'Il sentiero dei nidi di ragno)

25.1.1.4 IL PASSATO REMOTO

lontananza dal presente

Il *passato remoto* narra fatti considerati remoti per una loro reale o psicologica 'lontananza' dal presente (con il quale, salvo il filo della memoria, non hanno alcun collegamento), e come facenti parte della storia (memoria, appunto) collettiva o individuale. Tipico del passato remoto è l''aspetto perfettivo', e cioè il considerare i fatti nel momento del loro concludersi; al punto che in una loro successione il fatto seguente non potrebbe verificarsi se il precedente non ha avuto termine (non è 'perfetto'):

– *Sciolse* i nodi del tovagliolo, lo *aprì*. (F. Tomizza, 'Fughe incrociate')

nello scritto

Il passato remoto è il tempo della narrazione che si può definire della 'memoria storica': che ha dunque il carattere della rievocazione distaccata (storia, romanzi, racconti, fiabe, biografie, autobiografie ecc.).

Per questa ragione ricorre frequentemente nella lingua scritta:

– Napoleone Bonaparte *morì* il 5 maggio 1821.

– S'*aperse* la finestra, *apparve* il viso della ragazzina bionda e *disse* (...) (I. Calvino, 'Il barone rampante').

Si noti nel seguente esempio come anche i fatti della cronaca sportiva possano rivestirsi di dignità letteraria per merito anche del passato remoto:

– *Tornò* sotto con rabbia il Milan e finalmente Donadoni *diede* corpo a uno schema per Serena: *eseguì* un diagonale che *sorvolò* il destinatario e *trovò* l'elegante Maldini all'impatto desiderato: *fu* incomparabile la bellezza dello stacco e dell'incornata: la parabola *superò* Tacconi e *finì* spiovendo nell'angolino opposto. (G. Brera, in 'la Repubblica, [sport], 25-8-1991).

nel parlato

Diversamente che nello scritto, il passato remoto non ha largo uso nel parlato; eccetto che in particolari zone dell'Italia centrale (ad esempio, in Toscana, dove sapientemente viene distinto dal passato prossimo) o meridionale (ad esempio, in Sicilia dove occupa anche gli spazi che in altre regioni linguistiche sono abituali al passato prossimo):

– Quella mattina *mi svegliai* di malumore.

stati psicologici Particolari *stati psicologici*, di cui si diceva qui sopra, possono spingere a rievocare col distacco della memoria anche fatti che nella realtà sono prossimi al presente:

– *Ieri sera fui chiamata* al telefono dalla locale sezione dei carabinieri. (B. Tecchi, 'Un'estate in campagna')

– Quando, *poco fa, ti incontrai* sulla porta del cinema, l'avevo appena lasciato. (A. Moravia, 'I racconti')

passato prossimo e passato remoto In particolari contesti letterari (e dunque stilisticamente accurati) si possono trovare armonicamente usati il passato remoto e il passato prossimo.

Nel seguente esempio, *il passato prossimo* sembra usato quasi a contemplazione di avvenimenti che coinvolgono ancora molto emotivamente il protagonista nel momento in cui li narra (vicini al presente). Il *passato remoto,* al contrario, puntualizza fatti che impegnano solo la memoria che li rievoca come da perdute lontananze [(1)]:

– In tram, *stasera*, contrariamente al solito, *si è seduta* su uno dei primi seggiolini. Allora *mi sono portato* al fondo della vettura (...). Stavo in agguato sperando si voltasse. E *si voltò*. *Girò* appena il capo (...). Non *posò* gli occhi su di me (...). Una goccia d'acqua, poi un'altra, le *corsero* per il velo (...). (G. Arpino, 'La suora giovane').

25.1.1.5 I TRAPASSATI

tempi relativi

I *trapassati (prossimo e remoto)* sono detti tempi 'relativi', in quanto vengono usati per lo più in relazione ad altri riferimenti temporali contenuti nel discorso.

Per questa ragione sono in genere tipici (specialmente il trapassato remoto) di proposizioni subordinate:

– Gli *regalai* il libro (prop. principale) che gli *avevo promesso.* (prop. subordinata)

trapassato prossimo

Questo tempo presenta fatti e situazioni collocati per lo più nel passato, e anteriori ad altri anch'essi passati.

L'*ausiliare* che concorre a formarlo sta all'*imperfetto*:

– Quella casa con i campi intorno era mia proprietà da quindici anni, da quando un nonno molto vecchio ne *aveva fatto* donazione al nipote (...). (G. Piovene, 'Le stelle fredde')

– Quando *aveva completato* un pezzo, alzava il lavoro per guardarlo, come *aveva visto* fare a Irene. (C. Casssola, 'Il cacciatore')

– Questo è il libro di cui ti *avevo parlato.*

---

(1) Secondo R. Barthes (cit. in, A. Ponzio, P. Calefato, S. Petrilli, 'Fondamenti di filosofia del linguaggio', Laterza, Bari, 1994, pag. 134), il passato remoto nel romanzo ha la precipua funzione di "riportare la realtà a un punto, e di astrarre dalla molteplicità dei tempi vissuti e sovrapposti in un atto verbale puro, libero dalle radici esistenziali dell'esperienza".

Invece che da un verbo, il punto di riferimento nel tempo per la relazione può essere indicato anche da altri elementi: *lessicali* o *grammaticali*. In tal caso, il trapassato prossimo può anche trovarsi in proposizioni indipendenti:

– Vero è che *nel frattempo erano accadute* varie cose. (G. Bassani, 'Il giardino dei Finzi-Contini')

trapassato remoto

Il *trapassato remoto* ha impieghi piuttosto rari. Si usa ormai esclusivamente in *proposizioni temporali* dipendenti da altre col *passato remoto*.

Rispetto ai fatti espressi col passato remoto, esso ne narra altri immediatamente anteriori.

L'ausiliare che concorre a formarlo sta al *passato remoto*:

– Uscii appena *ebbi finito*.

– Quando lei *fu tornata* a letto e l'*ebbe visto* sveglio, si coprì il viso col lenzuolo (...). (R. Bacchelli, 'Una passione coniugale')

– Non appena *si fu allontanato* dalle case, si sedette sotto un gelso e tirò fuori l'involto. (F. Tomizza, 'Fughe incrociate')

La *forma passiva* del trapassato remoto, pur possibile morfologicamente, non ha alcun uso nella lingua contemporanea.

25.1.1.6 IL FUTURO SEMPLICE

posteriorità

Il *futuro semplice* indica fatti e situazioni successivi al presente presentati come progetti, promesse, previsioni, proponimenti, attese, speranze, presentimenti, rinvii di decisioni importanti e simili:

– Da Roma ti *porterò* un regalino.

– Fra un mese non *sarò* più qui.

– Domani *mi metterò* a studiare.

– "E adesso? Che bisogna fare?" "Quand'è il momento ci *penseremo*."

futuro imperativale

Il *futuro* reca anche un valore di durata, di permanenza nel tempo, e perciò si usa anche per esprimere comandi, preghiere, esortazioni, consigli, proposte, minacce ('futuro imperativale').

A seconda del tono con cui vengono pronunciati, i fatti così espressi appaiono più o meno perentori, autoritari o dimessi o discreti:

– "Ora *parlerai*" gli disse Adele. (...) (G. Comisso, 'Gioventù che muore')

– *Non avrai* altro Dio fuori di me. (Bibbia)

– *Verrai* con me in vacanza, no?

– A noi due, brigante ... ti *farò* vedere io chi sono, assassino... (A. Moravia, 'I racconti')

– *Vedrai*, Chiara, *vedrai*! Andrà tutto bene! (M. Di Lascia, cit.).

futuro per presente

Si sa che i fatti che devono essere realizzati nel futuro recano in sé un valore di incertezza. Anche quando sono imminenti, appaiono come 'lontani' nel tempo, e perciò incontrollabili.

Questo valore di non controllabilità nel tempo può svolgersi metaforicamente in non controllabilità nello spazio ('lontananza' dei fatti nello spazio) e non controllabilità nella realtà ('lontananza' dei fatti dalla realtà).

Tutto ciò consente un uso modale molto frequente del futuro per esprimere fatti che nel momento in cui si parla o scrive si velano di incertezza, di dubbio, di perplessità *(futuro suppositivo o epistemico):*

– Come già *saprai* (= forse sai) Lucia si è sposata.

– Che *starà* facendo Lucia *adesso*? (non controllo nello spazio: Lucia è lontana)

– (...) la sicura, dove *avrà* la sicura? (I. Calvino, 'Il sentiero dei nidi di ragno')

– Invece sei istruito, *saprai* tante cose. (G. Arpino, cit.)

– Non *partirai* mica? (per questo uso del futuro si veda in 49.1.1)

– Tu devi andare subito dai carabinieri a fare la denuncia, altrimenti *penseranno* che hai voluto occultare la refurtiva... (M. Di Lascia, cit.)

ammissione

Per le stesse ragioni sopra accennate, il futuro può esprimere un'ammissione, per lo più contrapposta a un'affermazione (58.3.4)

Non di rado è preceduto (e rafforzato) da *magari*:

– *Sarò* ubriaco, ma vedo chiaro. (G. Arpino, cit.)

– (...) in America gli amministratori rischiano. *Magari saranno* condizionati da pregiudizi (...). (A. Ronchey, 'Accadde in Italia').

futuro per passato (futuro retrospettivo)

Il futuro semplice può concludere una successione di fatti espressi al passato remoto (o al presente storico) come tempo base. Il parlante si colloca con l'immaginazione al momento dei fatti. In tal modo, accentuando la consequenziale relazione dei fatti stessi, rende più vivacemente articolato il tessuto narrativo:

– Tornato a Firenze (...), tenne un corso celebre di prediche sull'Apocalisse, nel 1490, e poi su Geremia, nel 1491, mentre già si andavano formando partiti pro e contro le sue idee: il carattere delle sue idee d'ora in avanti *sarà* uno solo, quello politico. (L. Russo, 'Compendio storico della letteratura italiana', D'Anna, Messina, 1961). (N.B. Dato che tutti i fatti sono collocati nel lontano passato, la conclusione attesa sarebbe: '[...] da quel momento in avanti *fu* uno solo [...]'.)

25.1.1.7 IL FUTURO ANTERIORE

anteriorità

Il *futuro anteriore* indica fatti e situazioni precedenti (anteriori) ad altri fatti, situazioni e indicazioni temporali collocati nel futuro. Ha dunque l'aspetto della 'perfettività'.

Essendo un *tempo relativo*, si trova spesso in proposizioni dipendenti.

Può stare comunque in proposizioni indipendenti quando la relazione è stabilita (anziché da un verbo) da altra indicazione temporale.

L'*ausiliare* con cui si compone va al *futuro semplice*:

– Te lo presterò non appena *l'avrò letto*.

– (...) fra pochi giorni *avrò compiuto* quarantacinque anni. (V. Brancati, 'Paolo il caldo')

– Se non *sarò tornato* entro un'ora, parti pure senza me.

futuro anteriore per passato

In analogia con il futuro semplice, il futuro anteriore si può usare al posto del passato prossimo per esprimere supposizioni, opinioni, ammissioni, stati d'animo di perplessità, di risentimento ecc. riferiti al passato:

– "Quante persone c'erano allo stadio?" "*Saranno state* ventimila, almeno."

– Ti ricordi lo Stinchi? Che fine *avrà fatto?* (N. Ginzburg, 'Lessico famigliare')

– Gli *avranno* forse *soffiato* via qualche prebenda (...). (L. Sciascia, 'A ciascuno il suo')

– *Avrà tagliato* la corda, immagino. (D. Buzzati, 'Siamo spiacenti di')

– (...) dove *sarà andato* a sbattere quella vecchia carogna (...). (I. Calvino, 'Il sentiero dei nidi di ragno')

Si vedano, nel seguente esempio, futuro semplice e futuro anteriore per lo stesso significato di ironica perplessità:

– Oh Dio! mi sono detto, che *succederà* adesso? che cosa *avrà detto* mai il presidente del consiglio sul venerdì nero? che cosa *starà* valutando adesso, il ministro del tesoro? (B. Placido, in 'la Repubblica', 4-8-1985)

25.1.2 I TEMPI DEL CONGIUNTIVO

Per tutto ciò che riguarda il congiuntivo e i suoi tempi si rinvia al cap. 26º.

25.1.3 I TEMPI DEL CONDIZIONALE

I ***tempi*** del condizionale sono due: ***presente*** e ***passato*** (da taluni, con riferimento alla forma, distinti in: *condizionale semplice* e *condizionale composto*).

L'*ausiliare* che concorre a formare quest'ultimo si mette al *condizionale presente*:

– parlerei - avrei parlato - sarei partito

Particolari sull'uso dei tempi del condizionale ne abbiamo dati in 24.2.2.1 e in 24.2.2.2.

25.1.4 I TEMPI DELL'IMPERATIVO

il presente

Il *presente imperativo* ha una persona con reale valore imperativo: la 2ª singolare e plurale:

– parla - parlate

Le altre persone (la 3ª sing. e la 1ª e la 3ª plur.), che esprimono, non tanto un comando, quanto piuttosto una sua attenuazione a invito, a sollecitazione, a preghiera, e simili, sono prestiti dal congiuntivo presente:

– parli (lei) - parliamo (noi) - parlino (essi)

In genere sono il contesto situazionale, il tono della voce, il gesto, la mimica e qualche parola in aggiunta a dire la maggiore o minore forza del comando o della richiesta:

– *Dammi* il giornale.

– *Dammi* il giornale, per favore.

forma negativa

La forma negativa della 2ª persona singolare del presente si ha mediante l'*infinito* preceduto da non:

– non parlare (tu) - non correre (tu) - non partire (tu)

futuro

Per l'imperativo *futuro* si usano le voci dell'indicativo futuro. Sarà il contesto situazionale a suggerire il suo grado di intensità volitiva (48.1.1):

– *Amerai* il prossimo tuo come te stesso.

– Me lo *farai* questo favore, spero!

altre forme imperativali

Un'espressione imperativale dal tono perentorio è quella composta dal 'futuro di *fare* + *bene* + *a* l'infinito' dall'atto richiesto:

– *Farai (farà, farete...) bene a stare* zitto (zitti) adesso.

La stessa espressione con fare al condizionale assume il valore di un consiglio:

– *Faresti (fareste...) bene a tacere* adesso.

– Per altre forme imperativali si veda in 48.1, 48.1.1 e 48.1.1.1.

25.1.5 I TEMPI DEI MODI NON FINITI

presente, passato e loro ausiliari

L'*infinito*, il *participio* e il *gerundio* hanno due tempi ciascuno: il *presente* e il *passato*.

Gli *ausiliari* che concorrono a formare il passato dell'infinito e del gerundio si mettono al *presente*, rispettivamente, dell'infinito e del gerundio:

– essere venuto, essendo venuto, avere parlato, avendo parlato

Il *passato del participio* è un tempo semplice terminante in *-to* o *-so*:

– parlato, venuto, sentito, preso, chiuso, apparso

tempi relativi

I *tempi* dei modi non finiti sono, in generale, *relativi*: e cioè esprimono un significato di *contemporaneità* (il presente) e *anteriorità* (il passato), in relazione, ad altri tempi del presente, del passato e del futuro che sono nello stesso discorso (o testo) (53.1.2):

a) Contemporaneità nel presente:
– Siccome lavoro, sono soddisfatto. → *Lavorando*, sono soddisfatto.
Contemporaneità nel passato:
– Siccome lavoravo, ero soddisfatto. → *Lavorando*, ero soddisfatto.
Contemporaneità nel futuro:
– Siccome lavorerò, sarò soddisfatto. → *Lavorando*, sarò soddisfatto.

b) Anteriorità nel presente, nel passato e nel futuro
– *Avendo lavorato* (= poiché ho lavorato) sono soddisfatto.
– *Avendo lavorato* (= poiché avevo lavorato) ero soddisfatto.
– *Avendo lavorato* (= poiché avrò lavorato) sarò soddisfatto.

infinito indipendente

L'*infinito presente* o *passato* è, come si sa (24.1.4), il solo modo dei tre indefiniti che possa fare da predicato in una frase indipendente (narrativa, ottativa, imperativa, interrogativa):

– Io *andare* con lui? Mai!

gerundio

Il *presente* del gerundio può anche esprimere la *anteriorità*: quando indica un fatto immediatamente anteriore a quello della proposizione reggente: – Disse che al mare ci sarebbe andata *sposandosi* (= subito dopo che si fosse sposata), non prima. (C. Pavese, 'La bella estate')

25.2 LA PERSONA DEL VERBO

modi 'finiti'

La *persona* è morfologicamente indicata con apposite terminazioni solo nei modi finiti (Appendice 1). Essa può essere riferita al parlante (*io*), all'interlocutore (*tu*) o a una terza persona (*egli, ella*).

Può anche essere riferita a più individui, fra cui sia compreso anche il parlante (*noi*), l'interlocutore (*voi*) o tutti in terza persona (*essi, esse*).

modi 'non finiti'

I modi *non finiti* non hanno desinenze diversificate per persone. Queste perciò si riconoscono solo se vengono espresse (15.2.2, 64.2.1) o se ci si riferisce al verbo reggente di modo finito (53.1.2); in presenza di participio e gerundio, l'eventuale soggetto si pospone a questi (64.2):

– *Avendo sbagliato*, dovresti chiedere scusa (la persona per il gerundio è la stessa del verbo reggente: *tu*)

– *Partito tu*, rimanemmo come spaesati. (il soggetto del participio è espresso: *tu*; poteva essere anche: *io*, *lui*)

la persona di un infinito indipendente [1]

Per quanto riguarda la persona - soggetto di un infinito in proposizione indipendente occorre notare:

• se l'infinito è negativo imperativale, ha come soggetto la 2ª pers. sing. (*tu*) (25.1.4):

– *Non partire*, ti prego!

• per l'infinito imperativale che contenga un ordine, un divieto, una disposizione o una supplica di carattere generale (come, ad esempio, le disposizioni o le sollecitazioni negli avvisi e nei cartelli stradali e pubblicitari) il soggetto risulta genericamente costituito da qualsiasi lettore e uditore:

– *Voltare* a destra.

– *Non parlare* al conducente.

• il soggetto di un infinito narrativo ed esclamativo, se non è generico, è espresso:

– Oh, *avere* figli! (soggetto generico)

– Poi la porta si aprì ed ecco *entrare Giovanni* (...). (A. Moravia, 'I racconti')

– *Marta sposar* lei ... lei è pazzo. (A. Moravia, cit.)

• in certi casi il soggetto è suggerito dal *contesto*:

– Carlo si domandava: Perché non *dirglielo*? (= *io* non dovrei dirglielo?)

Questo generico riferimento a persone e tempi proprio dell'infinito consente di concentrare l'attenzione degli interlocutori sui fatti comunicati dotandoli di significati di varia affettività (cap. da 46 a 49).

---

[1] Per i particolari usi dell'infinito in frasi indipendenti si vedano i capitoli da 46 a 49.

Capitolo XXVI

26 - IL CONGIUNTIVO

Generalità - Precisazioni sul significato di incertezza che si suole affidare al congiuntivo - Precisazioni sui significati di carattere volitivo segnalati dal congiuntivo - Costrutti con congiuntivo necessario e non - Funzione pragmatica del congiuntivo - Per schematizzare - Tempi del congiuntivo e loro usi - Vitalità del congiuntivo nell'italiano contemporaneo.

26.1 GENERALITÀ

funzione 'strutturale' del congiuntivo

Il *congiuntivo* è prima di tutto (come dice il suo stesso nome) il modo della 'congiunzione'; e cioè il modo atto a segnalare una proposizione collegata ('congiunta') a un'altra; alla quale, dal punto di vista logico-grammaticale funge da spiegazione necessaria e si subordina.

Per questa ragione il congiuntivo risulta, tra i modi finiti del verbo, il modo tipico di proposizioni subordinate:

– Preferirei	che *venissi* tu a casa mia.
(1ª proposizione)	(2ª prop. subordinata, 'congiunta')

Quanto si è detto sembrerebbe non tenere conto dell'esistenza di talune proposizioni che, pur richiedendo il congiuntivo, dal punto di vista grammaticale risultano indipendenti.

In proposito, va chiarito che tale modo verbale si giustifica, in quanto queste proposizioni (come si vedrà anche in 26.5.1), dal punto di vista logico, dipendono da un predicato sottinteso e relativo al loro specifico significato genericamente volitivo o potenziale (47.2.3, 48.1.1, 48.1.2, 48.1.3, 48.1.4, 48.2 e 64.2.2).

Ad esempio, la frase ottativa "*Fossi* tu felice, figlio mio!" è grammaticalmente autonoma; ma dal punto di vista strettamente logico dipende da una frase sottintesa del tipo: "Io *vorrei* (che tu *fossi* felice...)".

La stessa cosa si può dire della frase potenziale (dubitativa) contenuta nel seguente contesto: "Sento qualcuno per le scale. Che *sia* papà?" Essa infatti si capisce dipendere da una frase del tipo "E' possibile (che *sia* papà)". Frase alla quale, del resto, pare collegarsi con quel *che* complementatore iniziale, il quale in altro modo difficilmente potrebbe spiegarsi.

Qualche esempio d'autore:

– *Ci fosse* solo il silenzio dei vecchi! (I. Silone, 'Il segreto di Luca')

– E Pin "*Morissi*" . (I. Calvino, 'Il sentiero dei nidi di ragno')

– Ormai *vada* pure come vuole. (Calvino, cit.)

funzione 'logica' del congiuntivo (valore soggettivo)

Una proposizione contenente il congiuntivo risulta subordinata a un'altra per l'aspetto, oltre che strutturale, anche logico-funzionale. In essa infatti si esprimono azioni, avvenimenti o situazioni riconducibili ad àmbiti di *carattere soggettivo* (appartenenti dunque alla sfera individuale del soggetto parlante o della proposizione reggente) che riguardano prima di tutto e soprattutto, i *significati della volontà* in tutte le sue gradazioni: [1]

a) la *volontà risoluta* (volere, comandare, vietare, pretendere, preferire...):

– Il capitano *ordinò (volle, pretese...)* che tutte le reclute *si radunassero* nel piazzale della caserma.

b) la *volontà attenuata* a desiderio, consiglio, ammissione, speranza, attesa, timore:

– *Spero* che *non si siano offesi*.

– Il mio consiglio è che tu *rimanga* a casa.

c) la *volontà* che, davanti a fatti reali o previsti o progettati, si manifesta *come moto spontaneo* di gradimento, non gradimento, approvazione, disapprovazione, rabbia, indignazione, sorpresa, e simili:

– *Mi dispiace* che non *vi siate divertiti* ieri. (divertimento reale)

– *Mi meraviglio* che *siate* già *stanchi*. (stanchezza reale)

– *Mi rincresce* che domani *dobbiate partire*. (partenza prevista)

---

[1] Non è facile fare chiarezza sul *valore di soggettività,* visto che può essere ricondotto tanto all'opinione quanto alla certezza, e che grammaticalmente può essere espresso (spesso indifferentemente) sia col modo indicativo che col modo congiuntivo. Spetta infatti al parlante fare intendere se i fatti da lui riferiti sono una sua opinione o una 'sua' certezza. In questo senso, uno spartiacque può forse essere tracciato da verbi del tipo *sostenere* e *asserire* (del resto, chiaramente riconducibili alla sfera volitiva). In dipendenza da questi verbi infatti la proposizione esplicativa richiede per lo più l'indicativo se il soggetto della reggente è di prima persona singolare o plurale (chi parla 'sostiene' la'sua' realtà del fatto narrato). Tende invece a preferire il congiuntivo se il soggetto della reggente è diverso dal 'soggetto narrante' (il fatto 'sostenuto' dunque appare come il riferimento dell'opinione - marcatamente soggettiva - di altri): "*Io sostengo* (*noi sosteniamo*) che Carlo *si è* (non: *si sia*) *sposato* tre anni fa". (certezza del parlante) - "*Lui sostiene* (*loro sostengono*) che Carlo *si sia* (ma anche: *si è*) *sposato* tre anni fa". (si riferisce una opinione di altri) - "Sei *tu* che *sostieni* (Siete *voi* che *sostenete*) che Carlo *si sia* (*si è*) *sposato* tre anni fa? (possibile opinione di altri).

d) *la volontà, più o meno sfumata,* che assume il significato dell'*opinione* o della *diceria* (della interpretazione personale di fatti reali, insomma):
– *Penso* che *non sia* un problema tanto semplice. (ma *è* un problema)
– *Si dice* (= qualcuno dice) che *l'abbia fatto* per disperazione. (ma lo *ha fatto*)
– *Mi sembra* che proprietario di questa casa *sia* il signor Rossi.
Per tutto ciò si veda in 26.1.2.

omissione del funzionale introduttivo

Non di rado, in proposizioni subordinate completive (di valore esplicativo: in 54.2.1, 54.3.4) la congiunzione *che* viene omessa, e il congiuntivo rimane da solo a fungere da elemento di collegamento subordinativo. Ed è soprattutto in tali situazioni, che questo modo verbale mostra la sua piena possibilità di svolgere la funzione grammaticale-strutturale di 'modo della congiunzione':
– (...) si è figurato *ci fossero dentro chissà che complotti*. (...). (D. Buzzati, 'Siamo spiacenti di')
– (...) pensa *si stia per fare un regalo troppo grande* (...). (M. Fuccillo, in 'la Repubblica', 20-9-1986)
– (...) Giordano aspetta *il pallonetto scenda* (...). (G. Brera, in 'la Repubblica [sport], 6-10-1983)
– Pare *sia rimasto molto contento di questa trasferta bergamasca*, speriamo *non ci siano altri intoppi*. (in 'il Giornale', 8-4-1991).

26.1.1 PRECISAZIONI SUL SIGNIFICATO DI INCERTEZZA CHE SI SUOLE ATTRIBUIRE AL CONGIUNTIVO

Una persona che voglia o desideri un'azione la cui possibile realizzazione è affidata a un'altra persona, sa che questa azione non ha nessuna certezza che possa essere realizzata. Sa che è semplicemente proiettata nella sfera del potenziale.

Per esemplificare, in "Io spero che mio figlio *abbia studiato* ieri", c'è una persona (*io*) che spera sia stata compiuta un'azione (*studiare*) da parte di un'altra persona (*mio figlio*) che potrebbe averla realizzata o non. Dal punto di vista di chi spera, si tratta dunque di un'azione non certa, ma semplicemente possibile. La stessa cosa si può dire per qualsiasi fatto venga presentato come semplice opinione personale, sia pure originata da indizi reali (26.1). Chi dice "Io penso che Luigi *sia malato*", dichiara di non essere affatto certo di questa malattia; la cui realtà sarebbe tutta da dimostrare; e che è dunque solo potenziale, ma è dedotta da precisi indizi.

In coerenza con simili significati, si giustifica ancora oggi l'originaria definizione del congiuntivo come 'modo dell'incertezza o della possibilità'. Che è definizione accettabile solo in parte, e non soltanto perché limitata esclusivamente alla funzione logica (e non anche strutturale) del congiuntivo (26.1), ma anche perché non può, ad esempio, riguardare fatti realmente (ripetiamo, 'realmente') accaduti o in via di accadimento o già previsti o progettati, dipendenti dai verbi (piuttosto numerosi) ricordati in 26.1 al punto c) e in 26.1.2 al punto b) [1].

In realtà, nella lingua italiana, l'incertezza non viene comunicata dal congiuntivo. Nel secondo esempio sopra proposto infatti si potrebbe anche usare l'indicativo ("Io penso che Luigi *è malato*"), e il significato non cambierebbe. E ciò perché l'incertezza è comunicata dal verbo di opinione (*pensare*) della reggente. In casi come questo, dire "Penso" non equivale a dire "Sono sicuro". Allo stesso modo, chi (come si è visto nel primo esempio sopra proposto) vuole o spera che qualcuno compia una data azione (*studiare*), sa perfettamente che questo qualcuno potrebbe realizzarla o non. L'incertezza è comunicata dal verbo della speranza, non dal congiuntivo.

Insomma, l'incertezza è espressa -ogni volta, si badi - dal significato del verbo della frase reggente, non dal fatto che ci sia il congiuntivo.

Il congiuntivo di per sé sembrerebbe proprio non significare granché.

Cerchiamo di esemplificare comparativamente.

L'espressione, grammaticalmente indipendente, "Carlo *ha studiato* ieri", informa su un fatto realmente avvenuto; e lo fa in maniera inequivocabile, senza bisogno di ulteriori precisazioni (del tipo *Io affermo che Carlo...*); con *l'indicativo* si comunica infatti solo *la realtà*, oggettiva o soggettiva che sia.

Di facile comprensione risulta anche lo stesso contenuto, ancora in frase grammaticalmente indipendente, con il condizionale: "Carlo *avrebbe studiato* ieri". E' infatti tipico del modo condizionale segnalare un atto virtuale legato a una condizione, che, se non è espressa, è desumibile dal contesto: "Carlo *avrebbe studiato* ieri" (poniamo: *se avesse avuto i libri*); oppure "Carlo *avrebbe studiato* ieri" (poniamo: *se è vera la voce che mi è giunta*) [2]. Non c'è possibilità di equivoci: *il condizionale* è il modo della *eventualità-ipotetica* (24.2.3).

Al contrario, lo stesso contenuto proposizionale espresso ancora in frase indipendente, ma con il congiuntivo, non presenta un vero e proprio senso logico. A vedere bene infatti, "Carlo *abbia studiato* ieri" non ha un vero e proprio senso compiuto; e - può sembrare un paradosso - proprio a causa della presenza del congiuntivo. Questo modo verbale infatti, raccolto come ha su di sé un ricco ventaglio di valori particolari (vari gradi della volontà risoluta, o del sentimento, o del giudizio personale, come si diceva in 26.1 e si preciserà in 26.1.2, da solo finisce per non indicarne nessuno in particolare. Da ciò la *necessità di un predicato reggente*, che col suo specifico *significato* chiarisca il valore desiderato dal parlante, lasciando al *congiuntivo* la funzione di segnalare la presenza di *un generico* (seppur marcato) *valore di soggettività* che ricomprende tutti quelli più particolari nel senso fin qui analizzato: "*Penso (spero, mi fa piacere, temo, è possibile...)* che Carlo *abbia studiato* ieri".

---

[1] Anche per quanto riguarda i verbi di opinione in 26.1 d) e in 26.1.2 c), l'incertezza non sta nei fatti e negli indizi, che sono reali, ma solo nella soggettività di chi ne trae elementi per darne una sua personale interpretazione. Insomma, l'incertezza vera e propria riguarda solo i fatti dipendenti dai verbi in 26.1 a), b) e in 26.1.2 a) che li presentano come ancora non avvenuti.

[2] In questo secondo caso si tratta del condizionale definito 'di distanziamento' (24.2.2.1).

Per queste ragioni, superando ogni definizione di comodo, più proprio sarebbe definire il congiuntivo come 'il modo verbale che si usa in frasi subordinate quale specifico segnale di significati genericamente soggettivi' (volitivi o potenziali precisati qui di seguito in 26.1.2). Questa definizione comprenderebbe tanto la funzione strutturale quanto la funzione logica (delle quali si è detto in 26.1) di questo modo verbale [1]. Definizione che potrebbe essere riassunta con esemplificazioni nello schema seguente; in esse si può notare come il congiuntivo resti invariato (*sia partito*) a manifestare (insistiamo) un valore di soggettività marcata ma generica, che il parlante di volta in volta specifica mediante i predicati della frase reggente (*spero, sono contento, temo, è possibile* ecc.):

frase reggente	frase subordinata - funzione subordinante e funzione logica del congiuntivo
Spero ***Sono contento*** ***Temo*** ***Penso*** ***E' possibile*** ***E' sorprendente*** ***Mi fa rabbia*** ***Mi meraviglia***	che Luigi ***sia*** già ***partito***

26.1.2 PRECISAZIONI SUI SIGNIFICATI DI CARATTERE VOLITIVO SEGNALATI DAL CONGIUNTIVO [2].

Il generico carattere di soggettività, a cui si accennava (26.1 e 26.1.1), si riconduce, pressoché sempre, in grado più o meno marcato, a *significati di tipo volitivo.*

Esso si può schematizzare genericamente come una 'volontà' espressa nella proposizione reggente che in qualche modo si 'confronta' con un'altra 'volontà' nella proposizione subordinata espressa con il congiuntivo (nell'esempio seguente: la volontà di qualcuno [*Luigi*] che vuole realizzato lo studio della medicina, 'a confronto' con la volontà di qualcun altro [*suo figlio*] che dovrebbe realizzare questo genere di studi): "*Luigi* vuole che *suo figlio studi* medicina".

---

[1] In latino, la distinzione dell'elevato numero di significati (volitivo, ottativo, potenziale, dubitativo, iussivo, concessivo...) che si trasmettevano mediante il congiuntivo, veniva fatta assai spesso, all'origine, mediante apposite particelle introduttive di frasi indipendenti. Queste particelle con l'andare del tempo persero il loro significato distintivo e finirono per 'reggere' il congiuntivo per semplice fenomeno di 'abituazione'. E così questo modo verbale diventò semplicemente il modo della subordinazione. Di qui i suoi nomi di 'conjunctivus' e 'subjunctivus' che si continuano ancora oggi, e per le stesse funzioni. (L.R. Palmer, 'La lingua latina', Torino 1977, pagg. 396-97).

[2] In questo paragrafo elenchiamo riassuntivamente tutti i casi di proposizioni che possono avere il congiuntivo. Ciascuna di esse verrà analiticamente presentata nella sezione dedicata alla sintassi del periodo.

Questa sorta di 'confronto' (od 'opposizione') si può manifestare:

a) con gli *aspetti tra logici ed emotivi,* tipici della *volontà ben determinata* di fronte a fatti per lo più potenziali (volontà, comando, divieto, desiderio, augurio, speranza, attesa, determinazione finalizzata, condizionata o ostacolata espressa nella frase reggente (26.1 a, b): *"Voglio* che *mia figlia* non *esca* stasera". - *"Chiederò* a Carlo che mi *spieghi* questa regola". - *"Andrò al cinema a patto che ci sia* un buon film". - *"Benché piova uscirò".*

Per semplificare, denominiano 'volontà' anche tutto ciò che si può presentare (in costrutti personali e impersonali) col significato della necessità, della ineluttabilità, della convenienza, della sufficienza, della importanza ecc.; che si impone, dunque, alla 'volontà' presente nella proposizione subordinata:
"E' necessario (è importante) che *lei sia* qui domani per l'ora dell'inaugurazione" - *"Era ora* che *arrivaste*!"

b) con gli *aspetti prevalentemente emotivi,* per lo più, tipici della *reazione affettiva* di gradimento o non gradimento, di approvazione o disapprovazione, di meraviglia, di sorpresa, di rabbia o rammarico per fatti *reali* (ripetiamo 'reali', non supposti) già avvenuti, o in via di svolgimento, o già progettati o previsti, espressi nella frase secondaria (26.1 c): *"Mi meraviglio* che *Carlo* non *si sia divertito* ieri". - *"Mi fa rabbia* che *tu* non *riesca* a capirmi". - *"Mi dispiace* che *tu* domani *parta*". - "Qualche volta *accade* che anch'io *faccia* tardi";

c) con gli *aspetti prevalentemente logici* della *opinione (intepretazione personale)* manifestata nella frase reggente riguardo a fatti (già accaduti o in via di accadimento o potenziali) espressi nella frase secondaria (26.1. d): *"Penso (mi sembra)* che *Carlo si stia* annoiando". – *"Non mi pare che tu stia* tanto bene".
L'opinione potrebbe presentarsi anche come giudizio restrittivo, limitativo ("Carlo è partito, che io *sappia.*" – Evitava ciò che *risultasse* difficile); oppure come opinione altrui o diceria in dipendenza da verbi impersonali: *"Dicono (si dice)* che Luigi *abbia sposato* una riccona."
Che l'opinione sia riconducibile alla sfera della volontà, come una sorta di naturale confronto con la possibile opinione di altri, lo dimostra anche il verbo 'volere' che non di rado, costruito impersonalmente, serve al parlante per riferire l'altrui opinione: *"Si vuole* (= si crede) che Lendl nella sua carriera di grande tennista *abbia guadagnato* molti miliardi di lire."

d) come *comparazione* tra fatti nel tempo, o fra giudizi e fatti (59.1.2, 61.1.1.3): "Torneremo *prima che papà* ci *cerchi".* - Hai scritto *meglio di quanto pensassi.* – "E' il quadro *più bello* che *io abbia visto*; "

e) come *contrasto* tra fatti non reali (espressi al congiuntivo) e fatti reali: "Io *non dico* che tu non *abbia studiato*; *dico* solo che la lezione non la sai." - "Studio *non perché* mi *piaccia, ma perché* mi *è* utile";

f) *in periodo ipotetico* - soggettivamente considerato della possibilità o della impossibilità (58.2.2) - in cui l'opposizione è rappresentata dal potenziale ostacolo (la condizione) atto a impedire che un fatto eventuale si realizzi o no: "*Saresti* il primo della classe *se studiassi* di più". - "Se *avessi* le sigarette *fumerei*";

g) in proposizione *interrogativa indiretta* (dubitativa) in cui la *non conoscenza* o la *non certezza* di un fatto si trova come in 'opposizione' con la realtà: "John *non sapeva* se a Pisa *ci fosse* una torre pendente". (ma c'era anche quando lui non lo sapeva).

26.2 COSTRUTTI CON CONGIUNTIVO NECESSARIO E NON

Naturalmente, se è vero che in tutte le situazioni comunicative sopra elencate, sarebbe possibile l'uso del congiuntivo, tuttavia non è detto che vi sia la necessità di questo uso.

In verità, il congiuntivo è necessario al significato soltanto nelle situazioni descritte in a) e in quasi tutte in b [(1)] per l' elenco in 26.1, e in a) e f) per l'elenco in 26.1.2: e cioè quando si tratta di fatti considerati neppure potenzialmente in atto o attuati, bensì, caso mai, solo attuabili [(2)] (si veda anche in 64.2.3):
– Carlo *pretende* che *si vada* con lui.
– Se *avessi* avuto sigarette *avresti fumato* ieri.

In tutti gli altri casi si può fare a meno del congiuntivo.
Si può sostituirlo con l'indicativo o - quando sia richiesto dallo specifico significato di eventualità-ipotetica - con il condizionale (si vedano ad esempio gli accenni fatti ai capp. 54 e 55, e, più in particolare, in 55.1.1 e alla nota 1 a pag. 460).
Accade allora che la *scelta del congiuntivo o dell'indicativo*, più che dal significato, possa semplicemente dipendere dal *registro linguistico* usato in rapporto alla situazione:
– Sono contento che Carlo *venga (viene - verrà - verrebbe)* con noi.
– Penso che Carlo *venga (viene - verrà - verrebbe)* con noi.

---

(1) Verbi ed espressioni del tipo *sperare, temere, avere paura* si trovano a mezza strada tra i significati marcatamente volitivi in a) e quelli affettivi in b) indicati in 26.1.2. La volontà può infatti esprimersi anche relativamente a fatti potenzialmente accaduti. Da ciò la forte oscillazione fra *congiuntivo* e *indicativo* nella proposizione dipendente: Temo / ho paura che *sia (è)* caduto.

(2) E tuttavia anche in questi casi può accadere che il congiuntivo venga a mancare. Per ragioni di metrica, magari; come nel seguente passo dell'opera lirica "Cavalleria rusticana" di P. Mascagni "Vado fuori all'aperto, / ma prima voglio / che mi *benedite*" (invece che *benediciate*). A questo proposito, daremo comunque particolari nel corso della trattazione delle singole proposizioni (sintassi del periodo).

– Non so se Carlo *venga (viene - verrà - verrebbe)* con noi.
– Carlo ha finito prima di quanto io *pensassi (pensavo - avevo pensato - avrei pensato)*.

Qualche esempio d'autore con uso dell'*indicativo*:
– Mi *dispiace* che *ti sei voluto scomodare* (...). (C. Cassola, 'Una relazione')
– (...) *avevo pensato* che *era meglio* non precipitare le cose. (C. Cassola, cit.)
– *Succedeva* soltanto (...) che la mamma mi *chiamava* (C. Pavese, 'Ferie d'agosto')
– *Mi pare* che *non hai* molta stima del nuovo sindaco. (I. Silone, 'Il segreto di Luca')
– (...) potrebbe dare *l'impressione* che il Vaticano *si schiera* da una parte. (in, 'la Repubblica', 23-1-1991)
– *E' ingiusto*, però, che il direttore (...) quando lo sbattono fuori *si ritrova* solo (...). (E. Biagi, in 'la Repubblica', 19-11-1981)
– (...) il sospetto che qualcosa non *quadra* c'è (...). (in 'la Repubblica' 6-10-1992)

In casi come questi, può accadere anche che il parlante (o, più spesso, lo scrivente), più che altro per sue ragioni di *gusto* o di *stile*, alterni indicativo e congiuntivo in proposizioni dipendenti dallo stesso verbo (54.1 n. 1):
– Cred'io ch'ei *credette* ch'io *credesse* (...). (D. Alighieri, 'Divina commedia', inferno, XIII).
– Naturalmente *non sapeva* né che Calvi *era* un membro della P2, né che *fosse* sull'orlo del fallimento fin dal 1979, né che la banca d'Italia *indagava* su di lui, né che Bagnasco *avesse* anche lui i suoi guai (...). (E. Scalfari, in 'la Repubblica', 25-11-1984)
– Tu sai com'*è* triste l'inverno, come'*è* fredda la casa, come il cuore *abbia* bisogno d'amore. (M. Moretti, Mia madre)
– Noi pensiamo che in tutto ciò *ci sia* della superficialità e che le parole *sono* più che altro dettate da qualunquismo. (C. Cassola, cit.)
– *Capita* che un ragazzino di dodici anni *gioca* per strada e viene steso da una raffica di mitra. *Capita* che un bambino di due anni *venga* massacrato assieme al padre (...). (F. Racanatesi, in 'la Repubblica', 3-4-1991)
– *Si dice* che i tedeschi *facevano* sorvolare sistematicamente il castello (...). *Si dice* che *facessero* scavare accanitamente tutt'intorno (...). *Si dice* che Montégur altro non *sarebbe* che (...). (B. Placido, in 'la Repubblica', 11-8-1991)

Può anche accadere che gli usi più comuni vengano stravolti (spesso anche con felicissimi esiti stilistici), come nel seguente esempio (in cui la proposizione 'completiva causale' affermativa prende il congiuntivo [*fossi*] e quella negativa prende l'indicativo [*ero stato*], mentre, caso mai, dovrebbe essere il contrario; anche se si può pensare a una intensificazione soggettiva di un fatto).
– Quando lei tornò mostrò di *meravigliarsi* non del fatto che *ero stato* via tutta la notte, ma che *fossi* già a casa. (C. Sgorlon, 'Il trono di legno')

Nei due esempi che seguono, tratti da uno stesso articolo di giornale, si noterà come il congiuntivo sia stato preferito in dipendenza da un verbo di opinione costruito affermativamente piuttosto che (come più spesso accade) da quello costruito negativamente. E ciò è una ulteriore conferma dell'uso assai personale che in molti casi si fa di questo modo verbale, là dove non sia essenziale al significato:

– (...) *non credo* che una TV privata *potrà* mai diventare (...). (C. Augias, in 'la Repubblica', 1-12-1990)

– *Credo* che proprio "l'aria che tira" *spieghi* (...). (cit.)

26.3 FUNZIONE PRAGMATICA DEL CONGIUNTIVO

Non di rado accade che il congiuntivo (specie nel linguaggio più sorvegliato) svolga soltanto la pura funzione grammaticale, indicata dal suo nome: la funzione di segnale di proposizione 'congiunta' subordinatamente a una proposizione reggente. Che è funzione non dissimile da quella di una congiunzione vera e propria (26.1). In questi casi dunque, dal punto di vista semantico, *il congiuntivo equivale all'indicativo* e lo sostituisce.

Questo fatto si verifica quando una proposizione completiva con l'indicativo venga anticipata rispetto alla sua reggente.

La frase: "Tutti lo sanno che la terra *gira* intorno al sole", anticipando la completiva diventa "Che la terra *giri* intorno al sole tutti lo sanno".

In questo caso, il congiuntivo: a) dal punto di vista del significato, ha solo quello della realtà scientifica, e non della soggettività; e occupa quindi un posto che è proprio dell'indicativo; b) dal punto di vista dell'uso (pragmatico), sembra essere piuttosto un segnale per l'interlocutore che la proposizione con cui si inizia il discorso è una subordinata, e non una interrogativa o una esclamativa, come invece il *Che* (maiuscolo a inizio di frase) potrebbe far pensare (47.2, 48.2, 64.2.3).

Qualche esempio d'autore:

– Che l'aeroplano *sia* un uccello artificiale tutti vedono.
(M. Bontempelli, 'Miracoli')

– Che *si chiamasse* Simona lo sapeva (...). (C. Castellaneta, 'Anni beati')

– Che mio marito *sia stato* un grande musicista lo sanno tutti, ma pochi sanno *che era pieno di interessi*. (in 'Gente', 21-3-1986)

Comunque, in questi casi, in base al significato, niente impedisce l'uso dell'*indicativo* o del *condizionale*, a seconda del registro o del significato.

– Che a Torino *minacciano* la sua famiglia non sarà vero (...). (S. Marroni, ivi, 14-12-1992)

– Che *sarebbe successo* se lo aspettavano (...). (S. Marroni, ivi, 14-12-1992)

26.4 PER SCHEMATIZZARE

Il congiuntivo si può dunque ***usare***:

a) in proposizioni subordinate le cui proposizioni reggenti abbiano *significati soggettivi* più o meno marcatamente *volitivi*, e siano provviste di soggetto grammaticale o logico (che non necessariamente si identifica con quello grammaticale) diversi ('confronto' fra due volontà) [26.1.2]:
– Carlo (1º soggetto) preferirebbe che *andassi* tu (2º soggetto) a casa sua.
– Carlo (1º soggetto) continua a lavorare benché *sia stanco*. (2º soggetto, logico, e non grammaticale: *la condizione di stanchezza*)
– Sarebbe importante (impersonale) che almeno tu ci *andassi* (personale).

b) con *valore di indicativo*, ma come segnale pragmatico di subordinazione, in proposizioni completive anticipate rispetto alla reggente:
– Che la luna *sia* un satellite della terra è risaputo. (= E' risaputo che la luna *è* un satellite della terra.)

26.5 I TEMPI DEL CONGIUNTIVO E I LORO USI

Il congiuntivo ha quattro tempi: *presente, passato, imperfetto, trapassato.*
Gli *ausiliari* che col participio passato concorrono a formare il passato e il trapassato si mettono, rispettivamente, al *presente* e all'*imperfetto* congiuntivo:
– sia partito, abbia cantato, fossi partito, avessi cantato, venissero distribuiti, vadano perdute.
Per quanto riguarda l'uso di questi tempi, occorre ricordare che, poiché il congiuntivo è il modo tipico delle proposizioni subordinate, bisogna, in generale, tenere conto della *relazione coi tempi della reggente.*

Eccone uno schema di massima; non molto preciso, ma semplice e pratico:

proposizione reggente	→ **proposizione subordinata**
A - *presente o futuro*	→ *congiuntivo: presente* o *passato*
– Vedo Carlo con le valigie. *Forse parte.* → → (struttura subordinativa equivalente:) Penso *che parta.* – Carlo non è in casa. *Forse è partito.* → → (struttura subordinativa equivalente:) Penso *che sia partito.*	

B - *passato* → *congiuntivo: imperfetto* o *trapassato*

– Ieri ho visto Carlo con le valigie. *Forse partiva.* →
→ (struttura subordinativa equivalente:) Ho pensato *che partisse.*
– Carlo non era in casa ieri. *Forse era partito.* →
→ (struttura subordinativa equivalente): Ho pensato *che fosse partito.*

26.5.1 PRECISAZIONI SULL'USO DEI TEMPI DEL CONGIUNTIVO

concordanza con il presente e con il condizionale

Si è già avvertito che lo schema qui sopra tracciato (26.5) ha solo carattere di praticità. In realtà le relazioni non sono così rigide come in esso potrebbero apparire.

Ecco le varianti fondamentali:

• sia l'*imperfetto* che il *trapassato* si usano *in dipendenza dal presente* quando si deve esprimere, nel passato, rispettivamente, un aspetto durativo e un rapporto di anteriorità del fatto in relazione ad altra indicazione temporale nella frase:

– Io *credo* che *partisse* (= forse partiva) ieri Carlo, quando l'ho visto con le valigie. (qui si ha un rapporto di contemporaneità fra l'azione possibile del partire e il momento in cui il parlante la vede)

– Non è vero (...) che *avesse concordato* (...) le modalità degli incontri (...) (C. De Gregorio, in 'la Repubblica', 29-9- 1990) [1]

• nella proposizione secondaria completiva o condizionale si usa *l'imperfetto* o il *trapassato*, rispettivamente, per il presente e il passato, quando nella frase reggente c'è il *condizionale presente*: a) del verbo *essere* (costruito impersonalmente) accompagnato da un aggettivo, da un nome o da un avverbio (*sarebbe bello, sarebbe necessario, sarebbe ora, sarebbe un peccato, sarebbe bene, sarebbe meglio...*) per espressioni di opinioni e di giudizio; b) dei verbi e delle espressioni indicanti volontà (desiderio, speranza, attesa, paura...); c) dei verbi che esprimono un giudizio di convenienza, sufficienza, importanza (*convenire, bastare, importare...*) costruiti impersonalmente; d) per l'*apodosi* di un periodo ipotetico della irrealtà e della possibilità.

Qualche esempio:

a) *Sarebbe ora* che *ti decidessi* a telefonare a tua cognata [2].

b) *Vorrei* che ci *venissi* anche tu a quella gita.

---

[1] Se i fatti espressi dal congiuntivo si riferiscono anche al presente, allora anche il congiuntivo *presente* può dipendere da un *passato*: Già in quella occasione *si era augurato* che il suo partito *cacci via* gli uomini corrotti.

[2] E tuttavia non mancano eccezioni, sempre più frequenti: "*Sarebbe auspicabile*, naturalmente, che chi parla *conosca* bene l'argomento." (E. Scalfari, in 'la Repubblica', 17-12-1995), (*conosca* per il più ricorrente *conoscesse*).

c) Per farla felice, *basterebbe* che tu le *telefonassi*.
d) Ci *faresti* molto piacere se *restassi* ancora qualche giorno.
Si rifletta adesso sul seguente esempio:
– *Sembrerebbe* che *fatichi (abbia faticato)* molto Carlo nello studio.
Il verbo 'sembrare' qui usato non rientra nei casi in a), b), c), d) sopra indicati; perciò l'accordo con il condizionale presente avviene -come indicato nello schema in A- mediante il congiuntivo presente o passato (e non imperfetto o trapassato).

• si usa il *presente in dipendenza da un passato* se i fatti sono proiettati nel presente o nel futuro rispetto al momento in cui si parla o scrive:
Era quasi implicito l'augurio che la serie possa proseguire (...). (in, 'la Repubblica', 25-11-1995).

valore modale dell'imperfetto congiuntivo

Il genere di rapporto qui sopra schematizzato anche negli esempi corrispondenti, si riconduce a *situazioni di tipo affettivo* (e dunque marcatamente soggettive) legate al fatto che il condizionale esprime una volontà o un modo di vedere le cose attenuati, cautelosi, non decisi: come di chi è convinto che quello che esprimerà sarà solo un pio desiderio, con poca o nessuna speranza di realizzazione (nei nostri esempi: *vorrei*, non un deciso *voglio*; *sarebbe ora*, non un deciso *è ora* ecc.). Di qui, il fatto desiderato espresso con il congiuntivo imperfetto (*venissi, ti decidessi* ecc.); come a dire: io l'ho detto: questo mi piacerebbe; ma tanto so che non si realizzerà.

Insomma, in questi casi, l'imperfetto del congiuntivo serve a segnalare fatti in qualche modo voluti o desiderati - nel presente - dal parlante, ma che: o risultano decisamente irrealizzabili, o tali appaiono al suo personale giudizio [1].

Ancora un esempio. In "*Vorrei* che *ti mettessi* a studiare con più impegno, figlio mio", il parlante mostra di avere poca o nessuna fiducia nella realizzazione di questo suo desiderio. Di gran lunga più fiducioso si rivelerebbe un padre che risolutamente dicesse: "*Voglio* che tu *ti metta* a studiare con più impegno, figlio mio."

lingua d'oggi

A proposito dello schema di concordanza dei tempi in presenza del condizionale sopra descritto, va notato che nell'uso odierno, pur ancora largamente rispettato, esso trova tuttavia eccezioni sempre più frequenti (n. 2, pag. 253):

– Secondo gli osservatori, Londra *vorrebbe* che l'Iran *cancelli* (invece di *cancellasse*) la condanna a morte (...). (in 'la Repubblica', 6-8-90)

– Proporrei di scrivere uno Statuto che *dia* alle forze esterne la possibilità (...). (S. Rodotà, in L'Espresso', 20-9-1992)

valori modali in costrutti grammaticalmente indipendenti

Per quanto riguarda i *valori modali* assunti dai tempi del congiuntivo in costrutti grammaticalmente indipendenti, si è già accennato (26.1) alla dipendenza logica di

---

[1] Questo modo di esprimere desideri impossibili a realizzarsi, con riferimento al presente, mediante l'imperfetto congiuntivo, o, con riferimento al passato, mediante il piuccheperfetto congiuntivo risale al latino arcaico. Ancora oggi, in più di un caso l'affettività si esprime con forme appartenenti al passato (cfr. P. Tekavcic, 'Grammatica storica dell'italiano', vol. II, Bologna 1972, pag. 86, e L. Palmer cit. pag. 378).

tali costrutti da predicati sottintesi e facilmente desumibili dalla specificità dei contesti. Comunque, va tenuto presente che tali costrutti il congiuntivo possono avere i seguenti valori: a) *concessivo*, b) *ottativo*, c) *interrogativo-dubitativo*, d) *esortativo*. Ed è nell'ambito di ciascuno di questi valori che i tempi del congiuntivo possono assumere specifici significati.

Per la descrizione di tali usi si rinvia alla sezione della sintassi in cui si trattano i tipi di frasi indipendenti (cap. 46-49).

Qualche esempio:

a) Be' *pianga pure*. Sta fresca se spera di commuovermi. (C. Cassola, 'Una relazione')

b) (...) *fossi andato* dove so io quel giorno che t'ho conosciuta! (I. Calvino, 'Il sentiero dei nidi di ragno')

c) *Che fosse diventata* vecchia tanto presto? (C. Alvaro, '75 racconti')

d) E anche quel prete: *se ne stia* nella sua parrocchia *se ne stia* (C. Cassola, 'La ragazza di Bube')

trapassato

Pur dopo quanto si è detto, non sembri superfluo far notare che il *congiuntivo trapassato*, in generale, serve a segnalare *fatti* che al momento in cui si parla o scrive risultano *non realizzati* nel passato:

– Se *mi fossi alzato* prima non avrei perso il treno. (l'ho perso perché mi sono alzato tardi)

– Ti *avessi dato retta*! Adesso non mi troverei in questi guai. (ma non ti ho dato retta, purtroppo)

Talvolta, comunque, anche i *fatti* del passato possono apparire *realizzabili*, se il parlante non ne conosce l'esito:

– *Fosse* già *tornato*! Adesso gli telefono per accertarmene.

26.6 VITALITÀ DEL CONGIUNTIVO NELL'ITALIANO CONTEMPORANEO

Oggi è quasi di moda ripetere con una certa disinvoltura, e con scarsa documentazione, che il congiuntivo si tende a usarlo sempre meno.

In realtà, forse (e non sembri una battuta), nella storia della lingua italiana non c'è mai stato tempo più felice di questo per la diffusione dell'uso del congiuntivo.

Oggi infatti la lingua nazionale è dominio della quasi totalità degli italiani, e non più dell'8/10% di quando l'Italia si unificò politicamente (1861), o del 50% o 60% di trenta o quaranta anni fa: che rappresentano le percentuali delle persone che avevano avuto il privilegio di studiare [1].

Chi non è messo in condizioni di seguire un corso (sia pure elementare) di

[1] Sul finire del 1989 solamente il 2,2% degli italiani risultava analfabeta: che è un tasso considerabile fisiologico per qualsiasi paese sviluppato (68.1).

studi difficilmente può acquisire conoscenza di fatti della lingua (e tra questi il congiuntivo) che sono assai utili a livelli di comunicazione ben al di sopra di quelli che si possono considerare indispensabili a livelli di sopravvivenza.

Fino a poco tempo fa, un complesso di ragioni storiche (politiche, economiche, sociali, culturali) aveva reso questo tipo di lingua esclusivo dominio di pochi privilegiati. E quando si dice che ieri il congiuntivo era nell'uso normale, si dimentica che era, caso mai, nell'uso normale della lingua - prevalentemente scritta - di questi pochi privilegiati; oltre che nella lingua comune dell'area toscana.

Si dimentica anche che la stragrande maggioranza della popolazione non solo era incapace di usare il congiuntivo (almeno nei casi che non fossero già di singole aree dialettali), ma non possedeva neppure una sia pur elementare lingua comune e unificatrice.

Oggi invece ogni italiano, o quasi, con il congiuntivo (e con tanti altri fatti più specificamente formali della lingua) ha avuto o ha rapporto, (più passivo o più attivo, non importa) fin dai primi anni della scuola dell'obbligo. E da allora, leggendo o scrivendo o -ancor più- ascoltando (se infatti oggi si legge poco e si scrive meno, tuttavia molto si è in qualche modo costretti ad ascoltare) ha imparato a conoscerne gli usi, e a farne, più o meno propriamente, uso esso stesso.

Caso mai, il punto è che tanti italiani usano molto la lingua comune per parlare, e poco o niente per scrivere (68.2.8). E se è vero che il congiuntivo è il modo tipico della subordinazione piuttosto complessa, è anche vero che chi parla preferisce la coordinazione o gli schemi subordinativi più elementari che di solito non abbisognano di questo modo verbale (68.2.8). Inoltre, come si è ricordato più volte in questo capitolo, sono poche le volte in cui il congiuntivo è di norma usarlo, perché necessario al significato. Nella maggior parte dei casi può infatti essere tranquillamente sostituito dall'indicativo che, godendo di più ampi usi, risulta più facile.

Non c'è dunque da meravigliarsi se il senso pratico di chi si serve della lingua per il normale comunicare quotidiano ricorra più spesso all'indicativo (come si vedrà anche in sintassi del periodo); naturalmente, quando non ci siano problemi di comprensione. E così al congiuntivo si continuano a riservare (come già in passato) àmbiti comunicativi di carattere più formale.

Resta che in gran parte gli italiani, nel momento in cui sentono la necessità di esprimere significati che solo mediante il congiuntivo possono essere resi nella pienezza della loro intensità affettiva, si rivelano, in questi usi, espertissimi.

Un esempio può essere quello del congiuntivo che -solo- è capace di rendere i profondi significati del desiderio, della nostalgia, del rimorso nelle frasi ottative:

– *Almeno vincesse* quel concorso, questo benedetto figliolo!

– *Tornassero* i giorni felici di quand'ero bambina!

– *Oh, se avessi studiato* un po' di più!

Che sono espressioni le quali richiederebbero il congiuntivo anche in più di un àmbito dialettale.

In casi come questi, qualsiasi parlante italiano sente che nessun'altra scelta renderebbe la pienezza di significato di cui è capace il congiuntivo. E lo usa. E sa usarlo. Però nessuna meraviglia se lo stesso comune parlante italiano ricorre a strumenti linguistici più semplici e pratici, laddove ce ne sono, e risultano altrettanto capaci di significare (si veda anche in 64.1, 64.2, 64.2.2, 64.2.3).

Capitolo XXVII

27 - AGGETTIVI E SOSTANTIVI VERBALI [1]

Generalità - Aggettivi di senso verbale - Sostantivi di senso verbale - Suffissoidi.

27.1 GENERALITÀ

Quella di esprimere l'azione non è funzione esclusiva del verbo. Non di rado infatti tale funzione è affidata a particolari *sostantivi* o *aggettivi* (che si presentano come predicati ricostruibili di frasi per lo più relative): che sono, tutti, usi analoghi a quelli dei modi non finiti (o nominali) del verbo:
– Non parlare *al conducente*. (= a colui che conduce)
– Questo non è un uomo *punibile*. (= che si possa, si debba, punire)

27.1.1 AGGETTIVI DI SENSO VERBALE

Nella lingua italiana sono presenti numerosi *aggettivi* che, *derivati da basi verbali* o *nominali con particolari suffissi*, recano un senso (e in qualche modo una funzione) verbale nel momento stesso in cui indicano una qualità.

I suffissi più ricorrenti sono:
• *-abile, -ibile, -evole*: applicati a basi verbali indicano possibilità o dovere o inclinazione; spesso, se derivano da verbi transitivi (39.4.1), anche con valore passivo: *accettabile* (= che può essere accettato), *deprecabile* (= che

---

[1] Gran parte di questo capitolo è stata tratta da G.B. Moretti - G.R. Orvieto, 'Grammatica italiana' - Il verbo - vol. 3º, Perugia, 1983, pagg. 104-105 e vol. 2º, Perugia, 1980, pagg. 209-212.

deve essere biasimato), *irascibile* (= che è incline all'ira), *socievole* (= che è incline ad associarsi) ecc.:

– Carlo è un ragazzo *servizievole.*

– E' una malattia facilmente *curabile.*

• *-oso:* applicato a basi nominali può suggerire un'idea di casualità o di inclinazione, di transitività o intransitività: *fastidioso* = che suscita fastidio), *amoroso* (= che è incline a sentimenti di devozione), *pauroso* (= che ha o fa paura) ecc.:

– E' una storia *dolorosa,* questa.

• *-ivo* (talvolta *-io*): applicato a basi di participi passati, di verbi anche non sopravvissuti nella lingua d'oggi, forma aggettivi che indicano tendenza, funzione, capacità: *progressivo* (= che tende a progredire), *contemplativo* (= che è dedito alla contemplazione), *attivo* (dal lat. *agere* = che ha capacità e tendenza ad agire) ecc.:

– Luigi è un uomo *fattivo.*

• *-orio, -ario*: applicati a basi participiali possono indicare attitudine, tendenza, destinazione: *provocatorio* (= che mira a suscitare irritazione o reazione violenta), *rinunciatario* (che tende a rinunciare) ecc.:

– Mi guardò con atteggiamento *provocatorio.*

Occorre anche ricordare:

• certi aggettivi terminanti in *-ndo* e in *- uro*, i quali ripetono in qualche modo, rispettivamente, i latini participio di necessità (ponte *costruendo* = che deve essere costruito) e participio futuro (anno *venturo* = che deve ancora venire)

• tutti quei participi presenti e passati che, pur trasmigrati definitivamente alla classe degli aggettivi, tuttavia conservano più o meno marcato il valore verbale originario: *arrogante, accomodante, aderente, lucente, acuto, finto, lecito* ecc.:

– Carlo è un ragazzo *brillante.*

27.1.2 SOSTANTIVI DI SENSO VERBALE

suffissi -ata, -ita, -uta, -ta, -sa, -nte

Si è detto che anche i sostantivi derivanti da verbi conservano, più o meno attenuato, l'originario senso verbale. Si pensi ai participi passati diventati sostantivi femminili terminanti in *-ata, -ita, -uta, -ta, -sa*, (*entrata, caduta, uscita, spinta, discesa* ecc.); e si pensi ai participi presenti anch'essi sostantivati (*adolescente, tenente, carburante, corrente* ecc.).

Di molti di questi è difficile la trasformazione in una frase, soprattutto se il verbo originario non è sopravvissuto nella lingua italiana; tuttavia il senso verbale è ben presente:

– Osservava *i passanti*. (= coloro che passavano)

nomi di azione

Idea verbale astratta possono rendere certi sostantivi derivati da participi e terminanti in *-ura* (*cattura, arsura, lettura* ecc.), e certi altri derivati da temi verbali e terminanti in *-mento* e *-azione* (*ammonimento, avvertimento, ricevimento..., segnalazione, informazione, variazione, ammonizione...*). Sono questi i cosiddetti nomi di azione:

– Ha ricevuto un *avvertimento*.

Ad essi va aggiunto il nutrito elenco di nomi tecnicistici, derivanti da verbi senza aggiunta di suffisso: *invio, sforzo, bonifico, restauro, realizzo*, ecc.

27.1.3 SUFFISSOIDI [1]

Per concludere, un cenno a quei sostantivi e aggettivi che ricevono senso verbale dal *suffissoide* che li compone: *-cida* (= uccisore), *-cidio* = uccisione), *-fero* (= che porta, che produce), *-ficio* (= luogo dove si fabbrica qualcosa), *-fico* (= che fa, che crea), *-foro* (= che porta, che produce), *-geno* (= che genera, che provoca), *-volo* (= che vuole, che desidera), *-voro* (= che si nutre di, che consuma): *omicida, suicida, genocida..., omicidio, suicidio, genocidio..., oleificio, maglificio, opificio..., malefico, benefico, pacifico..., semaforo, termoforo, tedoforo..., malevolo, benevolo..., carnivoro, erbivoro, idrovoro...*

---

[1] Si dice 'suffissoide' il secondo elemento di parole composte che si comporta come un suffisso pur essendo all' origine un tema di parole vere e proprie.

IL TESTO

(*tessuto di parole*)

Capitolo XXVIII

28 - **CHE COS'È UN TESTO**

Contenuto e forma di una comunicazione - Il testo - Analisi dei testi proposti ad esempio - Coerenza e coesione.

28.1 CONTENUTO E FORMA DI UNA COMUNICAZIONE

a) "Presa finalmente, dopo sudati anni di studio, la laurea in giurisprudenza, Lucia è stata in dubbio se darsi alla libera professione di avvocato o procurarsi un impiego che le desse un guadagno immediato.

Questo dubbio l'ha tormentata per molto tempo. Spesso non la faceva dormire. Talvolta si è persino pentita di avere studiato.

Alla fine si è decisa per la prima soluzione: la libera professione.

Per questo è entrata in uno studio di avvocato dove ha cominciato la lunga pratica necessaria per sostenere l'esame di abilitazione alla professione forense.

Adesso è giunta quasi al termine.

Fra non molto, almeno speriamo, sarà procuratore legale".

In sostanza, quasi riassumendo, nella comunicazione qui sopra in a) si dice:

b) "Lucia si è finalmente laureata in legge e adesso vuole diventare procuratore legale".

E potrebbe venir fatto di domandarsi se per dare una comunicazione così elementare ci sia bisogno di tante parole come in a). Centocinque, per l'esattezza. Centocinque parole per dire cose che si potevano dire con tredici appena: quante ne sono occorse qui sopra in b).

Ma in questo senso si poteva fare ancora di meglio:

c) "Lucia, laureatasi, fa pratica da procuratore legale."

Appena sette parole: molte di meno di centocinque, e pressoché la metà di tredici. Eppure la comunicazione ha conservato i suoi contenuti essenziali. Vi si dice infatti ancora di Lucia che, dopo essersi laureata, vuol diventare procuratore legale, e che per questo fa pratica.

Volendo, si potrebbe essere ancora più concisi; telegrafici addirittura; cinque parole appena:

d) "LUCIA LAUREATA STOP PRESTO PROCURATORE LEGALE STOP"

Da questi esempi si può dedurre che una comunicazione può mutare nella forma, e al tempo stesso restare invariata nel suo contenuto di pensiero.

E in linea generale, se si tien conto della essenzialità dei contenuti, è proprio così.

Non si può negare tuttavia che differenze fra le comunicazioni sopra proposte in realtà ci sono; e bene evidenti: più ricca di particolari informativi quella in a), e anche più formale più sorvegliata nei modi espressivi. Più linguisticamente familiare, invece, e miranti all'essenziale informativo quelle in b) e in c). Col piglio sbrigativamente economico tipico del genere telegrafico quella in d).

Se dunque le quattro comunicazioni hanno contenuti di pensiero sostanzialmente equivalenti, tuttavia ciascuna si presenta con una propria e diversa articolazione di elementi informativi ed espressivi.

Ciascuna insomma si presenta con un *testo* decisamente diverso dalle altre.

28.2 IL TESTO

Un insieme (autonomo e autosufficiente) più o meno esteso e articolato di parole variamente organizzate fra loro (a livello grammaticale, semantico e pragmatico) per il fine di trasmettere informazioni prende il nome di ***testo***.

Un testo è dunque un *enunciato* (31.2) più o meno esteso, definibile anche un "resoconto verbale di un atto comunicativo" [1].

Questo termine, 'testo' (dal lat. *textus*, 'tessuto'), svolge una metafora (5.9) in cui le parole che formano un messaggio (scritto o parlato), in virtù dei legami formali e logici che le mettono in rapporto, vengono viste come un tessuto: *un tessuto di parole*.

I quattro messaggi presentati all'inizio sono altrettanti testi: ciascuno più o meno ricco rispetto agli altri nella varietà delle sue 'trame' di pensieri e di parole.

---

[1] G. Brown - G. Yule, 'Analisi del discorso', Il Mulino, Bologna, 1986, pag. 16.

28.3 ANALISI DEI TESTI PROPOSTI AD ESEMPIO

Testo in d)

Cominceremo dall'ultimo, e più breve.

Questo testo può essere definito 'telegrafico' perché affida i suoi contenuti comunicativi a poche parole collegate fra loro in un modo riconducibile più alle capacità intuitive di colui al quale è destinato che ai mezzi grammaticali e lessicali.

La comunicazione è costituita da due parti - ciascuna con suo proprio significato - formate da due brevi sequenze di parole: due *frasi* (50.5).

Nella prima frase si dice che Lucia si è laureata, nella seconda si dice che ha tutte le intenzioni di diventare in tempi stretti procuratore legale. Ma sia la prima che la seconda frase sono prive o del verbo (la seconda: *sarà*) o di una componente del verbo (la prima: *si è*).

I tempi dei fatti sono appena suggeriti da un participio passato-aggettivo (*laureata*) e da un avverbio (*presto*) che include l'idea di futuro immediato.

Inoltre si capisce che le due frasi - pur divise da una pausa (*stop*), poiché sono accostate l'una all'altra, stanno in rapporto logico del seguente tipo: "Adesso che (= poiché) Lucia si è laureata, presto sarà procuratore legale".

Gli unici collegamenti offerti dalla grammatica (la morfologia) sono nelle desinenze per la concordanza fra *Lucia* (femminile singolare) con il participio-aggettivo *laureata* (femminile singolare), e fra *procuratore* (singolare) e il suo aggettivo *legale* (anch'esso singolare); *procuratore* (singolare) si accorda anche con *Lucia* (singolare).

In tutto risulta dunque un tessuto di parole (un *testo*) dalle trame piuttosto rade ed essenziali; che contiene un messaggio che raggiunge certamente lo scopo, che ha chi scrive (il mittente), di informare, ma che si affida alle capacità intuitive di colui al quale è destinato (il destinatario); e che viene comunque privato di tanti più particolari che pur potrebbe desiderare di conoscere.

Ma questo è un testo particolare (un telegramma) che è legato alle ferree leggi della economia: poche parole, poca spesa, e rapidità nel far giungere un messaggio.

Testo in c)

Pur essendo anch'esso molto breve, questo testo è tuttavia diverso dal precedente.

Innanzi tutto sembra contenere un messaggio piuttosto tipico del parlato che dello scritto; e poi non ha la sbrigativa freddezza dello stile telegrafico. Ha invece il carattere di una normale informazione: rapida, sì, ed essenziale, ma non precipitosa e sbrigativa. Ha il tono di un'informazione destinata a qualcuno con cui si ha familiarità, e a cui si è pronti a fornire, all'occorrenza, qualsiasi ulteriore precisazione in merito.

Anche questo è formato da due frasi (o, meglio, *proposizioni* [50.5]), ciascuna con suo proprio significato ("Lucia si è laureata" - "Lucia fa pratica da procuratore"). Ma esse non potrebbero essere divise da una pausa lunga (un punto) come nel precedente testo, perché una proposizione (*laureatasi*), essendo formata da un participio, assume consistenza grammaticale e logica solo se collegata strettamente all'altra. E tutte e due, così collegate, formano una sequenza, un di proposizioni che ha il nome di *periodo* (50.4, 50.5). L'organizzazione delle parole avviene per mezzo di normali legamenti grammaticali: la 3ª persona singolare del verbo (*fa*) concordato al suo soggetto (*Lucia*), la parola grammaticale (*da*) per indicare il fine della pratica; oltre, naturalmente, alla concordanza della coppia nome + aggettivo (*procuratore legale*), che si è già ricordata (per il testo in d).

Testo in b)

E' anch'esso un testo piuttosto breve; tuttavia è più articolato del precedente, e assai conforme alle norme più comuni del 'codice lingua'.

Le due frasi in cui si divide (per due distinti fatti, l'uno coseguente all'altro) sono complete di per sé, e autonome nella forma e nel significato ("Lucia si è laureata in legge" // "Adesso vuol diventare procuratore legale"). Solo il riferimento a un soggetto comune (*Lucia*) tiene la seconda frase in qualche modo dipendente dalla prima. Una parola-legamento (*e*) le unisce, quasi a ribadire il rapporto consequenziale che lega le informazioni da ciascuna contenute. E così collegate formano l'unità sintattica che si chiama *periodo.*

In ciascuna frase l'indicazione dei tempi è grammaticalmente rispettata (passato: *si è laureata* / presente: *vuole*); l'intenzione di *Lucia* è manifestata chiaramente dal verbo modale *volere* (*vuole diventare*).

Sempre a livello grammaticale, i collegamenti col soggetto (*Lucia*) -che anche qui costituisce l'argomento centrale del messaggio- avvengono per mezzo di una particella di 3ª persona singolare (*si*) ripetuta, di terminazioni di genere e di numero (femminile singolare: *laureata*), o soltanto di numero (singolare: *procuratore*), o di numero e di persona (3ª persona singolare: *è - vuole*).

Nell'insieme, anche qui si è di fronte a un testo essenziale nei suoi contenuti, destinato a persone che si desidera informare su due fatti: il conseguimento di una laurea e l'inizio di un tirocinio. E con queste persone l'autore del messaggio mostra di avere una certa familiarità. Lo dice anche qualche particolare scelta lessicale: *si è laureata in legge* (linguaggio familiare) invece che: *si è laureata in giurisprudenza* (linguaggio tecnico-professionale). E lo dice quel 'finalmente' che tradisce un complesso mondo psicologico: di ansiose attese, di indicibili speranze.

Testo in a)

L'esame di questo testo richiederà necessariamente che, rispetto agli altri, ci si riferisca a ben più numerosi elementi.

Innanzi tutto i contenuti: sono, sì, gli stessi che negli altri testi, ma arricchiti di tanti particolari. Vi si parla di una laurea conseguita dopo anni di studio. Di questi anni e di questo studio, chi parla o scrive manifesta il suo giudizio e la sua partecipazione psicologica con un aggettivo, 'sudati', che (figuratamente) dice il prezzo di tanti sforzi, pene, ansie, speranze, illusioni, delusioni... Ma la partecipazione psicologica del mittente si manifesta soprattutto in quel 'finalmente' iniziale che apre il messaggio col tono di un'attesa liberazione: liberazione da un periodo che si lascia intuire vissuto anche da lui con chi sa quanto profonda tensione interiore. Vi si dice anche dei dubbi della protagonista (*Lucia*) sul da farsi per il suo domani. Vi si dice delle sue notti 'spesso' insonni, dei suoi temporanei pentimenti. Vi si dice della sua decisione di entrare in uno studio di avvocato (che è anche indiretta informazione su che cosa vuol dire 'fare pratica'). Si puntualizza che la pratica è non solo necessaria ma anche, soprattutto, lunga. E con ciò si lascia immaginare che implicherà un'altrettanto lunga fatica, e una non meno lunga attesa. Si mette anche in rilievo che il tutto dovrà essere concluso da un esame di abilitazione professionale che si annuncia molto impegnativo. A conclusione, una speranza (*speriamo*) che sta nel cuore della protagonista (*Lucia*), non meno che dell'autore del messaggio (il padre? la madre?): diventare procuratore legale.

Al di là dei particolari informativi, anche le trame grammaticali, le strutture sintattiche, di questo testo sono molto più complesse dei precedenti.

Si comincia, per esempio, con una proposizione con participio passato (*presa [...] la laurea*) che non è certamente tipica di un modo di esprimersi colloquiale. Si continua con una frase reggente (*è stata in dubbio*) seguita da due proposizioni interrogative indirette (*se darsi [...] o se procurarsi [...]*), a cui si collega una proposizione con pronome relativo che indica un fine (*che le desse* [...]). E così accade che già in apertura di testo si ha un periodo di cinque proposizioni: che è costruzione più abituale a un registro linguistico scritto e formale che a un registro parlato e familiare. I mezzi del collegamento tra le proposizioni di questo primo periodo sono dati: dal participio passato (*presa* = dopo che aveva preso) e da parole-legamento (la congiunzione *se* e il pronome relativo *che* + il 'congiuntivo' *desse*) [(1)].

Lungo tutto il testo, i collegamenti con la protagonista (*Lucia*), nominata una sola volta, avvengono mediante una nutrita serie di mezzi grammaticali: a) i verbi in 3ª persona singolare e, dove richiesto, con il participio al femminile singolare (*è stata, ha terminato, si è trovata, si è decisa, è entrata, ha cominciato, è giunta, sarà*); b) la particella di 3ª persona singolare *si* (*si è pentita, procurarsi, si è decisa*); c) i pronomi di 3ª persona singolare femminile *le, l', la*.

Ma torniamo alle ripartizioni in proposizioni e periodi. Essi sono nuclei di pensiero compiuto, e individuarli in un testo è cosa abbastanza agevole anche dal punto di vista pratico. I *periodi* sono divisi fra loro da pause lunghe graficamente segnalate con un 'punto fermo'; le *proposizioni* sono costituite da elementi organizzati in modo logico attorno a un verbo. Un periodo può anche risultare formato di una sola frase.

Esaminando il periodo di apertura del messaggio si è notato come sia costituito da cinque proposizioni. Il secondo periodo è invece formato da una frase sola (verbo: *ha tormentata*). Seguono poi due periodi formati da due proposizioni ciascuno (verbi: *faceva, dormire - si è pentita, avere studiato*). Segue ancora un periodo con una frase (verbo: *si è decisa*); poi uno con tre proposizioni (verbi: *è entrata - ha cominciato - sostenere*). L'ultimo periodo ha due proposizioni (verbi: *speriamo - sarà*). In tutto, risultano sette periodi e diciassette proposizioni.

Si è già visto come sono collegate fra loro le proposizioni del primo periodo. Vediamo adesso i mezzi di collegamento usati per le altre. La seconda proposizione del terzo periodo si collega alla prima per mezzo dell'infinito (*dormire*).

---

(1) Si sa che il congiuntivo (da 'congiungere') è il modo verbale tipico del collegamento (della 'congiunzione') tra due frasi (26.1).

La seconda proposizione del quarto periodo si collega alla prima per mezzo della parola grammaticale *di*. Nel sesto periodo, la seconda proposizione si collega alla prima con l'avverbio *dove*; la terza si collega alla seconda con la parola grammaticale *per*. Nell'ultimo periodo, il collegamento fra le due proposizioni avviene per inserimento: la seconda (*almeno speriamo*) è inserita nella prima: è un inciso.

Ma questo nostro testo si presta ad altre osservazioni interessanti. Si può rilevare, ad esempio, che, se si considera anche l'inizio, si va a capo di riga per sei volte, e che ogni volta ci si va o con un periodo soltanto o con blocchi di periodi. L'andare a capo dà luogo a quelle parti di testo che prendono il nome di *capoversi* (29.6) e che segnano il passaggio da gruppi di informazioni ad altri.

Si potrebbe anche notare che i collegamenti non avvengono solo tra frasi all'interno di periodi, ma anche tra periodi e tra capoversi. Ci sono parole-legamento anche per questo scopo. Esse possono indicare la successione o la frequenza nel tempo dei fatti (*spesso, talvolta, alla fine, fra non molto*); possono indicare una conclusione logica fra una prima parte e una seconda (*perciò*); possono costituire riferimenti a elementi già espressi nel testo stesso (*questo [dubbio], la prima [soluzione]*); possono anche manifestare (come già si è visto) il tipo di collegamento logico o psicologico che l'autore del testo ha con i fatti da lui comunicati (*finalmente, persino, almeno*); ecc. (29.5)

In conclusione, ci troviamo di fronte a un testo di per sé abbastanza breve, ma piuttosto complesso sia nelle sue interne articolazioni grammaticali, sia nell'insieme dei suoi contenuti informativi (logici e psicologici), sia anche nel tipo di scelte grammaticali (il *periodare*) e lessicali (un *lessico* piuttosto sorvegliato). *E queste son tutte caratteristiche riconducibili unicamente alle necessità informative dell'autore, alla sua capacità di adeguarsi alle situazioni e al suo gusto espressivo.*

28.4 COERENZA E COESIONE

Per trarre una conclusione da queste nostre analisi, si può dire che un insieme di parole, indipendentemente dalla sua lunghezza, può denominarsi propriamente 'testo' soltanto se è in grado di soddisfare *il fine comunicativo* che lo ha originato; se può cioè soddisfare sia la *necessità di comunicare* che ha colui che parla o scrive (il mittente), sia il *diritto* che ha il destinatario (o interlocutore) *di essere sufficientemente informato*.

Al raggiungimento di questo duplice scopo è indispensabile:

a) che l'esposizione del contenuto rispetti le esigenze della ***coerenza*** *logica* e *stilistica*: segua cioè una linea logica che coordini le varie parti di cui il contenuto è costituito, e abbia uniformità di linguaggio;

b) che fra i vari elementi della espressione (parole, frasi, periodi, capoversi ecc.) sia realizzata una perfetta ***coesione*** mediante una puntuale rete di collegamenti. E ciò sarà tanto più necessario, quanto più numerosi e vari saranno tali elementi.

Le comunicazioni da noi qui sopra esaminate sembrano rispondere sufficientemente a queste esigenze. Sono dei veri e propri *testi*.

Capitolo XXIX

29 - STRUTTURA DI UN TESTO

Estensione di un testo - Testi scritti e testi parlati - Esempi di testi parlati - Per costruire un testo - Elenco ricapitolativo delle componenti fondamentali di un testo - Precisazioni sulle parole e sulle espressioni che in un testo fungono da legamenti di vario genere.

29.1 ESTENSIONE DI UN TESTO

L'***estensione*** di un testo dipende dal genere e dal numero di informazioni che il suo autore intende affidare al proprio messaggio. Esso può dunque essere formato da una o da moltissime parole; e può anche essere articolato in uno o più settori o parti di varia ampiezza.

Una scritta sopra un negozio, come *Bar* o *Alimentari* o *Farmacia*, o *Tabacchi*, può risultare una comunicazione (una informazione) esauriente per chi abbia bisogno, poniamo, di un caffè o di un farmaco o di un po' di pane o di sigarette; e quindi da sola può costituire un testo. Un saluto, come *Ciao*, o *Salve*, oppure una scritta segnaletica come *Stop*, o, ancora, parole di incoraggiamento come *Bene!*, *Bravo!*, *Bis!*, o di ammonimento come *Zitti!*, *Buoni!*, sono testi altrettanto capaci di corrispondere allo scopo comunicativo per cui si originano. Di appena qualche parola in più sono composti testi coi quali abbiamo abitualmente a che fare (come destinatari o come mittenti), quali: *Senso unico, Disporsi su due file, Attenti al treno, Non parlare al conducente, Vietato fumare, Buon giorno, Buona sera, Buon appetito* ecc.

Certo è che, quanto più la comunicazione è ricca di particolari e necessita di narrazione di fatti, di descrizioni, precisazioni, dimostrazioni, argomentazioni ecc., tanto più abbisogna di parole e degli strumenti adatti a segnalarne i rapporti logici che le collegano.

Si pensi, ad esempio, ai testi che abbiamo presentato in 28.1 e analizzato in 28.3.

Si pensi a un testo come questa grammatica che abbiamo sotto gli occhi. Si pensi a quanto è complesso, diviso com'è in parti, e queste in capitoli, e questi in paragrafi e in sottoparagrafi; e poi in capoversi, in blocchi di periodi, in periodi, in frasi, in parole e in lettere che compongono parole. Già solo a consultarne gli indici ci si può rendere conto di tale complessità. L'argomento generale è uno -'la grammatica italiana'-, ma al suo interno quanti altri argomenti più particolari, quante precisazioni autonome di per sé, quante spiegazioni, quante riflessioni. E ogni particolare serve allo scopo di contribuire alla trattazione dell'argomento principale. Questo scopo comune è il filo, per dir così (il *filo del discorso*), che tiene insieme tutte le parti (28.4); ma da solo, se non ci fossero tanti altri mezzi di connessione più o meno evidenti (tante altre trame), non sarebbe sufficiente.

La stessa cosa si può dire per qualsiasi contesto di parole più o meno esteso e articolato: di un romanzo, ad esempio, o di un racconto, o di una commedia o di qualsiasi altra rappresentazione teatrale e cinematografica, o di un trattato scientifico, di un giornale, o di ciascun suo articolo, di una ricetta medica o di cucina, di un foglio illustrativo nella scatola di un farmaco, di una scritta sulla scatola stessa, di un libretto di spiegazioni per l'uso di una qualsiasi macchina, di una scritta pubblicitaria, e via dicendo.

La stessta cosa si può dire anche dei tanti discorsi che quotidianamente facciamo funzionalmente alle nostre varie necessità comunicative (in famiglia, in àmbiti professionali ecc.).

Vari sono i generi di testo e della più varia ampiezza (30.2).

29.2 TESTI SCRITTI E TESTI PARLATI

Fino a qui si è parlato come se un testo corrispondesse a un tessuto di parole scritte. Ed è facile cadere in questo equivoco, perché un modello di testo scritto è sempre facilmente proponibile.

Ma se è vero che un testo è il risultato di un atto comunicativo espresso con unità linguistiche variamente collegate fra loro, allora anche qualsiasi comunicazione parlata costituisce testo [(1)]. Anche se di esso è più difficile individuare e fissare per iscritto caratteristiche e interne articolazioni e connessioni. 'Verba volant', dicevano i latini; le 'parole parlate volano' infatti; e fissarle in qualche modo significa privarle dei tanti tratti distintivi (*intonazione, ritmo, gesti, riferimenti situazionali*) che le sostengono, le collegano e le rendono particolarmente significanti (3.1 e 3.3.1).

Forse l'unico mezzo per una riproduzione accettabile di un testo parlato è la video-registrazione. In essa, infatti, il testo rimane fedelmente fissato in ogni sua componente comunicativa auditiva e visiva. Semmai solo la situazione originaria potrebbe risultare manchevole in qualche sua parte. Ma in un lavoro come il nostro proporre testi video-registrati sarebbe di

---

[(1)] Al testo parlato si suole comunemente dare il nome di 'discorso'. Anche se dal punto di vista tecnico 'testo' e 'discorso' sono sinonimi, e valgono tanto per la lingua scritta quanto per quella parlata. Ricordiamo anche che non di rado con il termine 'testo' si sogliono indicare composizioni di tipo letterario (testo poetico, testo narrativo...).

non poco impaccio. Ci si deve dunque rifugiare per lo più in esemplificazioni di testi già nati scritti, o di testi trascritti se sono nati parlati. A questo proposito, si veda anche in 63.2 e 68.2.7.

Del resto, al nostro lavoro, che è quello di descrivere nei suoi vari particolari soprattutto di uso più comune ('normale') il 'codice lingua italiana' a cui suole fare riferimento tanto chi parla quanto chi scrive, risulta più comodo ricorrere a testi scritti dove tali particolari sono il frutto di scelte più meditate.

29.3 ESEMPI DI TESTI PARLATI

Testo a)

Per proporre un testo parlato è spesso indispensabile prima di tutto descrivere la *situazione* (si veda indice analitico) di cui esso è parte integrante.

La situazione, per il nostro esempio, è la seguente.

Mattina di domenica. Marito e moglie, che nei giorni feriali si alzano piuttosto di buon'ora per recarsi al lavoro, indugiano un po' a letto. A un certo punto, la donna si tira su a sedere, come se volesse alzarsi. Il marito le rivolge una domanda. Ella apparentemente non dà una risposta, e ribatte con un'osservazione a cui segue una risposta di lui. Subito dopo la donna si rimette giù per un altro po' di tempo.

Ecco adesso il testo del breve dialogo di appena tre battute inserito nella situazione descritta:

(lui) - Che t'alzi?
(lei) - Non so neanche che ore sono.
(lui) - Sono le sette.

Commento: tra la domanda del marito e la risposta della moglie c'è una contraddizione, almeno all'apparenza. E' difficile infatti trovare una logica relazione fra la domanda di chi ti chiede se ti alzi e il rispondere che non sai che ore sono (sarebbe come rispondere "Oggi piove." a chi ti domanda "Che hai mangiato ieri?"). Ma la spiegazione sta fuori del testo; sta nel contesto, nella situazione stessa. Evidentemente, nel tirarsi su, la donna cercava semplicemente di consultare un orologio sul tavolino da notte per avere cognizione dell'ora. In base a questa avrebbe deciso di alzarsi subito o di restare ancora un po' a letto. Perciò nella sua risposta è implicita anche una domanda ("Che ore sono?"), che infatti il marito mostra di avere colto con la sua risposta conclusiva.

Ma quante parole per inquadrare, trascrivere e spiegare una situazione comunicativa, che è pur tanto semplice e naturale nel momento in cui si verifica!

Le difficoltà di riprodurre testi in lingua parlata sono in gran parte di questo genere; tenendo anche conto del fatto che essi sono costituiti il più delle volte da dialoghi.

Testo b)

Questo testo è costituito da una reale telefonata di una nonna alla RAI di Milano all'interno di una trasmissione del 9-4-1985 [1]. La nonna si chiama Maria (M.), la giornalista con la quale parla si chiama Franca Fossati (F.F.). E' presente anche un'altra giornalista, Adele Gambria, che però non partecipa a questa parte di dialogo.

La barretta corrisponde a una pausa:

"F.F. Adele / c'è una terza telefonata / abbiamo ancora due minuti / ed è Maria che chiama da Milano.

M. Pronto

F.F. Pronto / buongiorno

M. Sono d'accordissimo con la giornalista Gambria / molto simpatica / io non sono così brava da parlare / però volevo dire per la pubblicità / ho tre nipotini / quando son qui da me / accendon la televisione naturalmente / continuamente / quando vedono la pubblicità / sono rivati a un punto tale di saturazione / che sia Isabella /... / non so chi sia / che fa la reclam dei Pavesini / nonna spegni / poi hanno in mano loro il pulsante e devono girare perché sono proprio saturi / anche loro / e nonna / guai se mi prendi quei biscotti eh / perché proprio gli è venuto un'avversione a questa pubblicità / e hanno quindici ... / undici... / e sei /"

In questo testo si sarà notato come l'urgenza del parlare spontaneo faccia ricorrere a un italiano dalle precise caratteristiche regionali (*accendon, vedon, sono rivati*...), e produca particolari grammaticali imprecisi (*non sono così brava da parlare*, *gli* per *loro*, *venuto* per *venuta*...). Si sarà notato anche come il lessico oscilli fra il registro colloquiale, anche figurato, e quello formale (*d'accordissimo, girare, accendon la televisione ... saturazione, saturi, avversione* ...). Ma tutto ciò è normale. Chi parla non ha la possibilità di formulare prima mentalmente il suo pensiero, di dargli una forma più fedele alla lingua comune, più corretta, coerente e articolata, come invece accade a chi scrive. Parlare è come pensare ad

29.4 PER COSTRUIRE UN TESTO

Costruire un testo di breve estensione non è (come si è visto anche nel precedente capitolo) un'impresa difficile. Se così fosse, comunicare sarebbe quasi impossibile. Il problema si pone però quando si tratta di testi (scritti o parlati) composti da un numero elevato di unità linguistiche; e dunque magari (se scritti) da paragrafi o da capitoli o da parti.

Proprio in questi casi occorre tenere presente che un ***testo abbisogna***:

[1] In Accademia della Crusca, 'Gli italiani parlati', Firenze 1987, pag. 212.

• di un *argomento di fondo* da trattare che costituisce la sua unità di contenuto;

• di un *inizio*, di uno *svolgimento* intermedio e di una *conclusione*. Lo svolgimento intermedio costituirà naturalmente la parte più sostanziosa;

• di un *filo logico* - la *coerenza* (28.4) - che unisce il suo contenuto in ciascuna sua parte, in ciascun suo particolare, dall'inizio alla conclusione;

• di *relazioni fra tutte le componenti formali* più o meno estese. Tali relazioni vengono stabilite mediante strumenti grammaticali e lessicali di vario genere:

a) mezzi morfologici: *desinenze* per concordanze di genere, numero e persona;

b) parole in grado di sostituirne altre o per natura grammaticale (*pronomi*) o per equivalenza di significato (*sinonimi*) o per figurazione;

c) parole-legamento di elementi di frasi, di frasi fra loro, di periodi fra loro (*preposizioni, congiunzioni, pronomi, avverbi*);

d) parole ed espressioni adatte a *indicazioni* di *tempo*, di *luogo*, di *consequenzialità*, di *ripartizione* dell'argomento, o a formulazioni di *giudizio* sull'argomento stesso da parte del parlante, o a *precisazioni*, o a correzioni ecc. Molti di questi strumenti sono in grado di collegare parti di un testo a volte anche abbastanza lontane fra loro (si veda qui sotto il pragrafo 29.6).
Tutti questi elementi concorrono a realizzare la *coesione* a cui si è accennato anche nel precedente capitolo (28.4).

e) di una *selezione lessicale* che sia adeguata agli argomenti trattati, al tipo di interlocutori, ai loro stati d'animo, alla loro cultura, al luogo, al perché, al momento in cui il testo nasce, e a tanti altri particolari che costituiscono la *situazione* o *contesto* (31.2);

f) di *strumenti* e *strutture sintattiche* dalla complessità anch'essa adeguata al tipo di situazione comunicativa.

Caratteristiche lessicali e grammaticali omogenee e costanti contribuiscono anch'esse a realizzare la *coesione* all'interno di un testo, ma soprattutto concorrono a dotarlo di quella qualità indispensabile che prende il nome di *coerenza di stile* (28.4).

29.5 PRECISAZIONI SULLE PAROLE E SULLE ESPRESSIONI CHE IN UN TESTO FUNGONO DA LEGAMENTI DI VARIO GENERE

Si è ricordato che per mettere in rapporto fra loro le parole di una frase o le frasi di un periodo vengono in aiuto vari strumenti grammaticali (*desinenze, pronomi, modi e tempi dei verbi,* e vere e proprie parole grammaticali: *le preposizioni e le congiunzioni*). Qualche esempio ne abbiamo anche avuto nell'analisi dei testi fatte in 28.3.

A questo punto ci pare utile accennare a parole ed espressioni che operano collegamenti (***i legamenti***) non solo tra frasi, ma tra gruppi di frasi, spesso realizzando una coesione, per dir così, a distanza.

Eccone alcune di queste parole-legamento:

• *legamenti di tempo*, che servono a dare i riferimenti di tempo non solo rispetto al momento in cui si parla o scrive, ma anche tra i fatti narrati: *prima di tutto, dopo tutto, dapprima, in primo luogo, in secondo luogo, da ultimo, infine, alla fine, all'inizio, intanto, nel frattempo, mentre, contemporaneamente, al tempo stesso, nello stesso tempo, ora, allora, a questo punto, a quel punto, in quel mentre, nel mentre che, alla fine, infine* ecc.

• *legamenti di luogo*, che servono a fare riferimenti a luoghi reali o ai luoghi dei fatti narrati: *qui, qua, lì, là, da questa parte, da quella parte, laggiù, sotto, sopra, in mezzo, in quel punto* ecc.

Tra luogo e tempo: *in quella situazione, in questa situazione, in quel caso, in questo caso, prima, dopo* ecc.

Le parole-legamento di tempo e di luogo fanno parte di un gruppo di elementi detti *di deissi* (15.2.2, 29.5, 63.3.2) o *deittici* che permettono riferimenti diretti alla situazione del discorso nello spazio e nel tempo (coordinate spazio-temporali).

• *legamenti per rapporto logico di causa-effetto*, che più di tanti altri servono a stabilire relazioni tra fatti o concetti di un testo: *in conseguenza di, conseguentemente, a causa di, per via di, per questa ragione, per questa cosa, perciò, per questo, per tutto questo, in seguito a, infatti, in realtà* ecc.

• *legamenti di numerazione*, che servono a dare ordine all'esposizione degli argomenti trattati: *in primo luogo, prima di tutto, innanzi tutto, in primis, in secundis, da ultimo, prima, poi, e ancora, in conclusione, punto primo, punto secondo, punto terzo, primo argomento, secondo argomento* ecc.

• *legamenti di valutazione* (o di *giudizio*), che costituiscono una classe di legamenti di testo molto numerosa perché servono a manifestare il grado di partecipazione logica e psicologica (opinione, approvazione, disapprovazione, dubbio, meraviglia, rabbia, ironia, distacco ecc.) del parlante ai contenuti della sua comunicazione; mediante queste parole, dunque, le parti di un testo non vengono tanto collegate fra loro, quanto piuttosto con il mondo soggettivo del loro autore (si veda, in 24.1, la modalizzazione):: *secondo me, a mio giudizio, a mio parere, a mio avviso, fortunatamente, finalmente, per fortuna, meno male, purtroppo, troppo, persino, forse, disgraziatamente, meno male, certamente, certo, con certezza, sicuramente, incredibilmente, senza dubbio, indubbiamente, soprattutto* ecc.

29.6 ELENCO RIASSUNTIVO DELLE COMPONENTI FONDAMENTALI DI UN TESTO

Per riassumere con una certa schematicità, le ***componenti di un testo*** sono:

• *le lettere (o grafemi)* se il testo è scritto, i *suoni (o fonemi)* se è parlato: servono a costituire le *parole*;

• *le parole*: combinate nei modi indicati dalla grammatica producono le frasi (o *proposizioni*);

• *le frasi* o le *proposizioni*: sono sequenze logiche di parole, per lo più raccolte attorno a un verbo, che esprimono ciascuna un pensiero logicamente completo;

• *periodi* (o *frasi multiple* o *complesse*): sono sequenze di proposizioni, collegate in modo logico-grammaticale fra loro, concluse da una *pausa lunga* o *punto (punto fermo, punto interrogativo o punto esclamativo)* e aventi un senso compiuto;

• *capoversi:* sono segmenti di testo scritto delimitati tra un 'andare a capo' e un altro; essi contengono gruppi di enunciati che colui che scrive vuole distinguere fra quelli compresi in altri raggruppamenti di enunciati (o capoversi) che precedono e che seguono.

Se il testo è articolato in più parti o capitoli, allora si possono avere:

• *paragrafi*: sono parti relativamente brevi in cui spesso vengono suddivisi i capitoli (o, in un codice, le leggi); di solito si indicano con un numero (paragrafo 2, paragrafo 3 ecc.), oppure mediante accorgimenti grafici (lineette, puntini, asterischi...); possono anche essere indicati da un titolo che ne riferisce il contenuto particolare. I paragrafi possono essere suddivisi in sottoparagrafi;

• *capitoli*: sono le parti più ampie (da poche a molte pagine) in cui viene suddiviso un testo-libro; di solito sono contrassegnati da un numero progressivo e dal titolo dell'argomento in essi trattato; qualche volta il titolo viene accompagnato anche dai titoli dei paragrafi in cui è diviso;

• *parti* o *sezioni:* sono grandi divisioni che comprendono più capitoli; non tutti i libri sono suddivisi in parti; questa nostra grammatica, ad esempio, sì;

• *volumi* (o *tomi*): sono i libri in cui viene ripartita una vasta opera per ragioni di pratica consultazione: si pensi, ad esempio, a un'enciclopedia o a un grosso trattato di storia o di medicina.

Fanno parte in qualche modo del testo, o dei suoi '***dintorni***':

• *le note a pie' di pagina o in fondo a ciascun capitolo o in fondo al testo stesso*, per dare spiegazioni particolari su qualcosa che si è detto nel corso della trattazione o narrazione o descrizione;

• *la prefazione* (o *presentazione* o *premessa*), che è uno scritto più o meno breve premesso al testo di un libro a titolo di presentazione o di giustificazione; la maggior parte dei libri ne è dotata;

• *l'indice,* che è l'elenco dei capitoli in cui il testo è ripartito, con l'indicazione della pagina relativa;

• *l'indice analitico* (talvolta, specie nei testi scientifici) in cui si elencano, in ordine alfabetico e con l'indicazione della pagina o del paragrafo relativi argomenti anche molto particolari trattati nel testo; e ciò per facilitare la necessità di consultazione rapida del lettore;

• *la copertina* con il frontespizio contenente il nome dell'autore e il titolo (o nome) generale dell'opera;

la copertina o la sovracopertina (nei risvolti o sul retro) possono contenere: notizie biografiche e bibliografiche sull'autore del testo, una breve presentazione dei contenuti del testo stesso e, non di rado, l'indice degli argomenti trattati; il prezzo;

la copertina e la prima pagina interna contengono l'indicazione della casa editrice, della città e dell'anno di edizione; se il testo ha avuto più edizioni ne viene indicato il numero d'ordine.

Capitolo XXX

30 - **VARI TIPI DI TESTI**

Scopo di un testo - Tipi di testi.

30.1 SCOPO DI UN TESTO

Scopo informativo

Scritto o parlato, e più o meno esteso che sia, ogni testo (o discorso) contiene un messaggio che qualcuno (mittente, parlante, scrivente) indirizza a qualcuno (destinatario o interlocutore) per lo scopo ben preciso di informarlo. Informarlo su fatti di cui egli potrebbe non essere a conoscenza (*Ieri è tornato Luigi da Parigi*); informarlo che desidera da lui qualche notizia (*E' tornato ieri Luigi da Parigi?*); informarlo che chiede a lui di fare qualcosa (*Dammi un bicchier d'acqua, per favore*).

Molte volte, soprattutto se il testo è esteso, gli scopi sono più di uno, ma c'è sempre quello che prevale su tutti gli altri.

Ogni testo si potrebbe dunque classificare in base allo scopo (o *funzione*) in esso prevalente (si veda anche in 46.2).

30.2 TIPI DI TESTI

informativi Si dicono *informativi* quei testi in cui prevale lo scopo di fornire informazioni, notizie.

Possono dunque essere informativi un telegramma, una lettera; sono certamente informativi: un programma di una rappresentazione teatrale o culturale, un orario ferroviario, un articolo di giornale che si limiti a riferire la cronaca di un fatto, una relazione, un'opera enciclopedica, un trattato scientifico ecc.

persuasivi Si dicono *persuasivi* quei testi il cui scopo è, appunto, quello di persuadere, convincere il destinatario a fare o non fare qualcosa, ad acquistare qualcosa, a pensare o a comportarsi in un certo modo.

Sono dunque persuasivi tutti i messaggi pubblicitari, i commenti ai fatti della vita politica, i testi tendenti a convincere della validità di indirizzi culturali, religiosi, politici, i proverbi ecc.

Quando il fine del persuadere si identifica con un ordine, un divieto, una prescrizione (come le leggi e i regolamenti, i contratti, tante scritte della segnaletica stradale, tante avvertenze in luoghi pubblici, le ordinanze di autorità amministrative contenute in manifesti murali, le ricette mediche ecc.), il testo si definisce più propriamente *prescrittivo*.

argomentativi Si dicono *argomentativi (*o *argomentali)* tutti quei testi in cui il mittente, mentre legittimamente apporta gli argomenti più persuasivi in favore di una sua tesi, mostra tuttavia di tenere in conto il diritto dei destinatari a una diversa opinione; mostra dunque di essere aperto alla discussione, al confronto di idee.

In questo senso, può essere argomentativo un testo scientifico o filosofico o religioso o storico, in cui l'autore sostiene sue tesi mettendole comunque a specchio, a confronto, con altre più o meno diffuse e correnti.

narrativi Si dicono *narrativi* i testi creati per il fine del piacere (per lo più artistico) di narrare e di procurare piacere all'eventuale lettore o ascoltatore. E ciò, indipendentemente dal fatto che riferiscano avvenimenti reali o (come per lo più avviene) immaginari.

Sono dunque testi narrativi i romanzi, le novelle, le fiabe; e possono essere narrativi i diari, i racconti di carattere biografico o autobiografico, o di certi fatti di cronaca. Anche nei testi di storia spesso prevale il fine narrativo.

descrittivi Si dicono *descrittivi* quei testi che hanno una funzione precipuamente 'pittorica', quasi a 'far vedere' luoghi, cose, personaggi, le loro caratteristiche fisiche e psicologiche, la loro vita intellettiva e affettiva.

Di solito questi generi di testi non si trovano isolati, ma si presentano in forma di brani semanticamente autonomi in testi a prevalente carattere narrativo. E ne arricchiscono il tessuto, variandolo e completandolo con ambientazioni introduttive, con pause psicologicamente distensive, con tratteggi di scorci paesistici, con precisazioni storiche, con presentazioni e delineazioni di protagonisti ecc. (49.5.2).

dialogici Si definiscono *dialogici* tutti quei testi che si svolgono in forma di dialogo.

Sono di questo genere le opere teatrali (commedie, tragedie, farse...), cinematografiche, nonché i testi letterari delle opere liriche (musicali). Sono rimasti famosi trattati dialogici (di vari argomenti: filosofici, poetici, filologici, scientifici...) del Cinquecento e del Seicento. Anche la maggior parte dei testi parlati sono di questo tipo.

poetici Si dicono *poetici* tutti quei testi che hanno il fine di presentare - in moduli espressivi particolari (strofe, versi, ritmi, rime, assonanze, armonie imitative, linguaggio figurato, insolite costruzioni sintattiche ecc. [69.2]) - il mondo affettivo e immaginativo dei loro autori e il loro individuale modo di penetrare e narrare la realtà che li circonda.

Nelle due strofe che seguono (la iniziale e la conclusiva della lirica 'L'ora di Barga' di G. Pascoli) si noti come il poeta si sia avvalso della potenzialità sonora di certe parole (in cui si ripetono le *d*, le *b*, le *s*, le *a*, le *o*, le *i*) per ricreare un suono di campane e una sua particolare atmosfera meditativa [1]:

Al mio cantuccio donde non sento
se non le reste brusir del grano,
il suon dell'ore viene col vento
dal non veduto borgo lontano:
suono che uguale, che blando cade,
come di voce che persuade.

(..........................)

E suona ancora l'ora, e mi manda
prima un suo grido di meraviglia
tinnulo, e quindi con la sua blanda
voce di prima parla e consiglia,
e grave grave grave m'incuora:
mi dice, E' tardi, mi dice, E' l'ora.

---

(1) Tra le figure della retorica (69.2.1) si vedano l'*allitterazione*, l'*onomatopea* e la *paronomasia*.

SINTASSI

(combinazioni di parole in frasi e di frasi in periodi)

- I -
la frase

Capitolo XXXI

31 - LA FRASE

Che cos'è una frase - Frasi e contesti - Analisi grammaticale e analisi logica - Gli elementi componenti una frase - Collocazione degli elementi di una frase - Frase e proposizione.

31.1 CHE COS'È UNA FRASE

a) Pioveva.
b) Leggeremo.
c) Luigi legge.
d) Luigi legge un libro.
e) Luigi, mio fratello, legge un libro con molto interesse.

Ciascuna di queste espressioni contiene un'informazione, breve ma con senso compiuto (anche se, non conoscendo la situazione, non sappiamo se è esauriente per le necessità conoscitive del suo ipotetico destinatario). E ciò, indipendentemente dal numero delle parole di cui è composta.

Ciascuna è anche dotata di un verbo (*pioveva, leggeremo, legge*) attorno al quale le altre parole, se ci sono -come in c), in d) e in e) - si raccolgono in logica combinazione; non 'in ordine sparso', in libertà, per così dire.

In ciascuna il verbo (qualche volta insieme con altre parole: *legge un libro - legge un libro con molta attenzione*) è l'elemento che fornisce l'informazione.

In c), in d) e in e) l'informazione viene data sulla persona posta all'inizio (*Luigi*) con la quale il verbo concorda grammaticalmente (legg*e*: 3ª persona singolare).

In a) e in b) la persona relativa all'informazione manca. Ma in b) è tanto chiaramente comprensibile (*noi*) che si può anche sottintenderla, in quanto è indicata dalla terminazione del verbo (leggere*mo*: 1ª pers. plur.).

Al contrario, in b) il verbo (*pioveva*), avendo di per sé un significato preciso e pieno, non abbisogna di qualcuno o qualcosa a cui debba essere riferito.

Una sequenza di parole, se contiene un significato di per sé compiuto, è, in generale, necessariamente strutturata su elementi logico-sintattici analoghi a quelli individuati negli esempi sopra proposti.

Se è così, tale sequenza prende il nome di *frase*.

Una ***frase*** (dal greco *phrásis*, 'espressione') è dunque una sequenza più o meno breve di parole collegate sintatticamente fra loro in modo tale da formare una unità significativa con senso compiuto.

L'espressione minima che può costituire frase è, generalmente, composta di due elementi indispensabili: il *soggetto* costituito da un sostantivo (o sostantivato) e il *predicato* costituito da un verbo; e cioè l'*argomento* e l'*informazione* che su di esso viene data.

Al di là di questi, ogni altro elemento è, in teoria (34.3), facoltativo: non è indispensabile alla struttura grammaticale basilare della frase e al suo significato generale. Serve invece a precisare nei particolari l'informazione in essa contenuta (che, al di là di ogni teoria, sul piano della funzione pratica del comunicare è naturalmente, la cosa più importante).

Non mancano comunque frasi provviste di predicato, ma prive di soggetto grammaticale: se il verbo è impersonale (32.6) come in a) (*pioveva - tuona - lampeggia*).

E non mancano neppure frasi prive di un soggetto e di un predicato veri e propri: si tratta di frasi dette 'nominali' (49.5, 49.5.1 e 49.5.2):

– Buon giorno.
– Pronto?
– Bella giornata, oggi.
– Bar.
– Alimentari.

31.2 FRASI E CONTESTI

Le indicazioni qui sopra date si riferiscono, si è detto, alla generalità dei casi.

Va ricordato però che le frasi (anche quelle che non siano come gli esempi-modello, che in una grammatica servono a spiegare la lingua [1])

---

[1] "E' chiaro che se si desidera individuare il sistema sintattico di una lingua saranno proprio gli enunciati meno dipendenti dalla situazione a essere i più informativi". (A. Martinet, 'Sintassi generale', Laterza, Bari, 1988, pag. 230). Si veda, a specchio, la nota 1 della pagina seguente.

sono collegate ai contesti situazionali e comunicativi (scritti e parlati) da cui nascono e di cui sono elementi componenti (34.3, 39.1). E nell'ambito di questi contesti, soprattutto se dialogici, qualsiasi parola, sia pure un'espressione inarticolata, può assurgere a ruolo di frase (29.1). Importante è che contenga un'informazione in sé compiuta e che abbia una sua autonomia sintattica e intonazionale (3.3.1) [1]. Come nel seguente testo dialogico (dieci parole, altrettante frasi):

I – Vieni?
II – Dove?
I – Laggiù.
II – Perché?
I – Chiama.
II – Chi?
I – Luigi.
II – Ah!
....
I (con impazienza) – Allora?!
II – Subito!

O come nel seguente messaggio pubblicitario inviato tramite un poster in cui si vede la fotografia di un modello di macchina della Renault: "Io? Clio".

In questo senso, costituisce frase anche una parola appena iniziata e intenzionalmente interrotta dal parlante o rimasta sospesa per una reazione dell'interlocutore, o una qualsiasi interiezione (20.2.1, 48.2.1):
– "Accid...!" "Mi scusi tanto, signora, non l'avevo vista. Le ho fatto male?"
– Ah! – Suvvia!

Si pensi ai colloqui, alle conversazioni che costituiscono il nostro quotidiano comunicare, o ai dialoghi delle commedie, dei film: si pensi ai dibattiti, alle interviste, agli interrogatori, alle conversazioni ecc. (53.5).

In questi casi, le definizioni grammaticali, che anche noi qui ci sforziamo di dare, sembrano proprio entrare in crisi.

---

(1) "Anche un'indagine superficiale sulla normale comunicazione linguistica rivelerà un fatto importante: l'unità della comunicazione è di rado un'unica frase completa. Spesso parliamo con singole parole, sintagmi e frammenti di frasi. (...) Altre volte parliamo con unità composte di due o più frasi collegate". (A. Akmajian, 'Linguistica', cit., pp. 284-285). Nessun atto di comunicazione (o atto di 'parola', 'discorso'), neanche il più conforme al dettato grammaticale, ha realmente un senso, se non è ricondotto al suo contesto di origine. Nessun atto di comunicazione, neanche il più 'sgrammaticato' è privo di senso, se ricondotto al suo contesto di origine. Di tutto ciò si occupa la 'pragmatica': quella parte della linguistica che studia i rapporti fra il linguaggio e i suoi utenti (parlanti e interlocutori). E ciò, nelle diverse situazioni, in rapporto ai contenuti dei messaggi e alle intenzioni, agli scopi, ai bisogni, ai ruoli dei loro protagonisti. Nel vivo di questi atti, "si può dire che la sintassi riesca a introiettare, grammaticalizzandola, gran parte della pragmatica". (C. Segre, 'Avviamento all'analisi del testo letterario', Einaudi, Torino, 1985, pag. 206). E così il 'codice' si evolve, si modifica, si arricchisce; continua a vivere, insomma, con la comunità dei suoi utenti. Si veda anche in 3.1., n. 1, pag. 132 n. 1, 26.3, 35.2.1, 41.8.1, 46.1, 51.1.4, 53.9, 69.1, nonché, a specchio, la nota alla pagina precedente.

Le frasi che fanno parte di un reale contesto comunicativo orale o scritto hanno il nome più proprio di ***enunciati***.

Noi comunque continueremo a chiamarle col nome più comune di 'frasi' o (come si vedrà nella sezione relativa al periodo), se si tratta di singole strutture grammaticalmente dipendenti, col termine tecnico di ***proposizioni*** [1].

Resta però che, mentre dal punto di vista sintattico le frasi singole (a un solo predicato) e le proposizioni hanno analoga struttura (soggetto, predicato, complementi), dal punto di vista strettamente semantico invece solo le prime sono dotate di senso compiuto, le seconde no (50.5, 52.1.1).

31.3 ANALISI GRAMMATICALE E ANALISI LOGICA

Riprendiamo un discorso già accennato in 6.1 e in 6.2 . Ecco alcune parole:

in, Luigi, con, momento, casa, vecchio, di, questo, inquilino, il, a, gioca, sua, tranquillamente, carte

Con esse si possono fare due operazioni linguistiche diverse:

a) si può distinguerle in base alla loro *natura* (o *categoria*) *grammaticale* (6.3):

– categoria dei nomi: *Luigi, momento, inquilino, casa, carte*
– categoria degli aggettivi: *questo, vecchio, sua*
– categoria delle preposizioni: *in, di, con, a*
– categoria dei verbi: *gioca*
– categoria degli articoli: *il*
– categoria degli avverbi: *tranquillamente*

Delle parole che sono variabili, si può anche vedere, il genere (maschile o femminile), il numero (singolare o plurale) e, in caso di verbo, la persona (1ª, 2ª, 3ª).

Si è già detto (6.2) che classificare le parole in base alla loro natura grammaticale e analizzarne la struttura morfologica è fare ***analisi grammaticale***.

b) si potrebbe invece combinarle in base alla *funzione logico-sintattica* che ciascuna può svolgere in una sequenza significante, e formarne una frase (una, data la presenza di un solo verbo):

– Luigi in questo momento gioca tranquillamente a carte con il vecchio inquilino di casa sua.

---

(1) Dal tal *proponere*, 'porre davanti' (a chi ascolta o a chi legge) un contenuto di pensiero.

Qui le stesse parole, così combinate, tutte insieme trasmettono un'informazione, un messaggio.

Analizzando la loro *funzione logico-sintattica* risulta che:

– *Luigi* ha funzione di soggetto: a lui si riferisce ciò che si dice nel verbo.

– *in questo momento* è una determinazione (o complemento) [1] di tempo con il suo aggettivo o attributo (*questo*): riferisce infatti quando avviene l'azione (quando?)

– *gioca tranquillamente* è il predicato (*gioca*) con il suo attributo avverbiale che lo qualifica (*tranquillamente*): contiene una parte dell'informazione che viene data a proposito del soggetto (che cosa fa?)

– *a carte* è una determinazione (o complemento) di modo; indica infatti il modo in cui il soggetto svolge l'azione del giocare (come gioca?)

– *con il vecchio inquilino* è una determinazione (o complemento) di compagnia (con chi?) con l'aggettivo o attributo che lo qualifica (*vecchio*)

– *di casa sua* è una determinazione (o complemento) di specificazione (di che cosa?): spiega di quale casa è l'inquilino; ed è accompagnata da un attributo (*sua*) che determina il possessore della casa.

Da questa analisi delle funzioni logico-sintattiche svolte dalle parole nella frase risulta che *Luigi gioca* è la frase base (o elementare o nucleare); quella cioè che dà il minimo di informazione che una frase può e deve dare: informare chi è il soggetto e che cosa si dice su di esso. Gli altri elementi (i complementi e gli attributi) sono di completamento; aggiungono cioè particolari informativi utili, o indispensabili, a livello comunicativo.

Nel fare *analisi grammaticale*, si prende in considerazione ciascuna parola di per sè, e non in combinazione con altre; perciò le parole sopra analizzate sono quindici, tante quante ne sono a disposizione.

Nel fare *analisi delle funzioni logico-sintattiche* invece si possono prendere in considerazione anche insiemi di due o più parole *(sintagmi)*. Perciò il numero degli elementi sopra analizzati risultano di meno:

Luigi - in questo momento - gioca tranquillamente - a carte - con il vecchio inquilino - di casa sua;

oppure: *Luigi - in momento - questo - gioca - tranquillamente - a carte - con l'inquilino - vecchio - di casa - sua;*

o ancora: *Luigi - gioca tranquillamente a carte con il vecchio inquilino di casa sua - in questo momento.*

In base a questo genere di analisi, risulta dunque che, nella nostra frase composta di quindici parole, gli elementi (*sintagmi*) che svolgono una

---

[1] Le determinazioni (o complementi) sono elementi di frasi che precisano (determinano, completano) il senso, che risulta troppo generico, di un altro elemento (nome, pronome, aggettivo o verbo).

funzione logica sono, al massimo, nove; al minimo, tre (*il gruppo del soggetto*, *il gruppo del predicato*, e *il gruppo del complemento di tempo*).

Si è già detto (6.2) che individuare le funzioni logico-sintattiche svolte da ciascuno degli elementi componenti una frase è fare ***analisi logica***.

Il settore della grammatica che si occupa di questo problema si chiama ***Sintassi*** (dal verbo greco *sýntaxis*, 'ordinamento', 'sistema'). Spetta ad essa infatti l'esame del modo in cui le parole (o meglio, le unità dotate di significato) si combinano in una lingua per formare frasi, enunciati.

31.4 GLI ELEMENTI COMPONENTI UNA FRASE

a) Il professore spiega.

b) Nevicava.

c) Il professore (quale?) di matematica spiega (che cosa?) una regola importante.

Nell'esempio in a) si ha una frase tipica minima (di base o nucleare): e cioè quella formata, come si è detto, di due elementi o costituenti essenziali: 1) il *soggetto*, che è l'argomento di cui si parla e al quale di solito si accorda il predicato; 2) il *predicato* che reca l'informazione relativa al soggetto.

Nell'esempio in b) un verbo impersonale, da solo, forma una frase: si ha dunque un *predicato* senza il soggetto (almeno apparentemente [32.6]). Frasi di questo tipo godono di buona frequenza.

Nell'esempio in c) si ha una frase più ricca di informazioni rispetto alle precedenti. Di solito accade infatti che le informazione date dal solo soggetto o dal solo predicato (o da ambedue) non siano sufficienti alla chiarezza del messaggio, che, per ciò, risulterebbe generico, incompleto. C'è bisogno allora di aggiungere elementi informativi chiarificatori (*di matematica - una regola importante*) che prendono il nome di *complementi* (comple[ta]menti). Naturalmente, negli atti comunicativi (e dunque fuori da ogni teoria), sono proprio frasi di questo genere le più ricorrenti.

31.5 COLLOCAZIONE DEGLI ELEMENTI DI UNA FRASE

In una lingua come l'italiano la successione abituale degli elementi componenti una frase è la seguente: 1) soggetto coi suoi eventuali elementi chiarificatori, 2) predicato coi suoi eventuali elementi chiarificatori, 3) complemento oggetto (se c'è) coi suoi eventuali elementi chiarificatori, 4) altri complementi, ciascuno coi suoi eventuali elementi chiarificatori. E ciò, come nell'esempio sopra proposto in c), e nel seguente:

– Lucia, (quale Lucia?) mia figlia, legge (che cosa?) libri (di quale argomento?) di storia (come?) con molto piacere.

Insistiamo nel dire che, nella successione, ciascun componente raccoglie accanto a sé qualsiasi elemento da cui venga a sua volta chiarito. Nel nostro esempio, *mia figlia* chiarisce il soggetto *Lucia; di storia* chiarisce l'oggetto *libri; libri* e *con piacere* chiariscono il predicato *legge*.

Accade spesso tuttavia che l'esigenza di mettere in evidenza (enfatizzare [49.6]) certi particolari informativi piuttosto che altri induca chi parla o scrive a rompere lo schema abituale indicato.

Ecco come potrebbe essere costruito l'esempio qui sopra:
– Libri di storia li legge, con molto piacere, mia figlia Lucia.
– oppure: Con molto piacere mia figlia Lucia legge libri di storia.
– oppure: Legge libri di storia mia figlia Lucia, con molto piacere.
– oppure: Con molto piacere Lucia, mia figlia, legge libri di storia.

Accade anche che un complemento abbia la funzione di chiarire non un particolare costituente di frase, ma il significato dell'intera frase. In tal caso, può avere una collocazione, per dir così, mobile, a seconda del rilievo che intende dargli il parlante (45.1.3):
– *Adesso* ti ci vado a comprare quel libro.
– Ti ci vado *adesso* a comprare quel libro.
– A comprare quel libro ti ci vado *adesso*.

31.6 FRASE E PROPOSIZIONE

In questa prima sezione della sintassi (cap. da 31 a 45) si userà spesso il termine 'frase' nel senso di 'proposta di pensiero espressa con parole scritte o parlate', senza tener conto se tale proposta abbia o non abbia un senso compiuto; senza, cioè, distinguere tra 'frase', e 'proposizione' (n. 1 pag. 285), come invece si è fatto in 28.3, e come si farà in 49.4 e in 50.5. E ciò, perché tanto una frase a un unico verbo, quanto una proposizione, grammaticalmente intese sono formate dagli stessi costituenti nucleari (soggetto e predicato) e, quando occorra, aggiuntivi (complementi). La sola differenza fra le due sta, come si è detto, nel fatto che la frase esprime un pensiero a senso compiuto, la proposizione no.

Capitolo XXXII

32 - IL SOGGETTO

Definizione - Caratteristiche del soggetto - Qualsiasi parola può fungere da soggetto - Il numero dei soggetti in una frase - Il soggetto può essere taciuto - Il soggetto può mancare - Costrutti impersonali - Messa in evidenza del soggetto - Elementi che precisano il soggetto.

32.1 DEFINIZIONE

– *Lucia* legge.
– *Carlo* ascolta.
– *I due gattini* dormono.
– *Il cielo* è sereno.
– *Il sole* splende.

Il primo elemento di ognuna di queste frasi (*Lucia* - *Carlo* - *i due gattini* - *il cielo* - *il sole*) è l'argomento di cui si parla.

E' detto *soggetto*, perché (dal latino *subiectum*, 'ciò che è sottoposto all'attenzione') su di esso si concentra il discorso sviluppato nella frase; è esso il centro dell'informazione contenuta nel verbo (21.1, 31.1, 31.4, 33.1).

E infatti di questa informazione, si tratti di un fatto o di un modo di essere, il soggetto risulta essere il primo indispensabile partecipante, l'esclusivo 'proprietario' per dir così. Il collegamento è tanto stretto, che anche dal punto di vista grammaticale il verbo (il *predicato*) regola la propria forma esplicita secondo la sua *persona* e il suo *numero* (legg *e* - ascolt *a* - dorm *ono* - *è* sereno - splend *e*).

Il ***soggetto*** è dunque il costituente di frase che indica l'essere o la 'cosa' (l'*argomento*): a) di cui si parla; b) con cui il predicato in generale concorda le indicazioni di persona, numero e, non di rado, genere.

Quando in una frase gli argomenti di cui si parla sono più di uno, la parte b) della definizione che abbiamo dato può permettere di distinguere quello che funge da soggetto.

In "Carlo invita gli amici" due sono gli 'argomenti' di cui si parla: *Carlo* e *gli amici*. Uno solo, *Carlo*, è però l'argomento-soggetto, perché è quello sul quale il predicato regola la persona (3ª) e il numero (singolare) mediante l'apposita terminazione (invit *a*). Se il soggetto fosse *gli amici*, il predicato lo segnalerebbe mediante la terminazione della 3ª persona plurale, e la frase sarebbe: "Carlo invitano gli amici": o, più comunemente: "Gli amici invitano Carlo".

Altre indicazioni molto importanti per l'individuazione del soggetto possono essere date dalla sua collocazione e dal contesto linguistico e situazionale. Di questi argomenti si parla in 32.1.1 e in 32.2.

32.1.1 PRECISAZIONI SULLA DEFINIZIONE DI SOGGETTO

azioni e non Soltanto in alcuni casi risulterebbe appropriato definire il soggetto come 'la persona, l'animale o la cosa che compie o subisce l'azione espressa dal verbo'; definizione che si sente tante volte ripetere. Essa sarebbe adatta a frasi come:

a) Carlo mangia.
b) Mario è stato visitato dal medico.

In a) il soggetto, *Carlo*, compie l'azione del *mangiare*. In b) il soggetto, *Mario*, 'subisce' l'azione dell'*essere visitato*.

mangiare e *visitare* infatti possono, in certo modo, essere dette *azioni*.

Ma non tutti i verbi esprimono azioni. Molto spesso (come si è ricordato anche qui sopra) esprimono *situazioni, modi di essere, condizioni*. Nelle frasi seguenti:

– Paolo ha una bella casa.
– Luigi abita a Cosenza.
– Maria sta bene.
– Il cane è amico dell'uomo.
– La ferita duole.

Il soggetto (*Paolo - Luigi - Maria - il cane - la ferita*) non compie né subisce alcuna azione, per il semplice fatto che i predicati (*ha - abita - sta bene - è amico - duole*) non sono azioni; sono modi di essere, condizioni, situazioni.

E dunque la definizione data in 32.1 sembra più appropriata di altre, pur comuni.

significato All'individuazione del soggetto concorre, spesso in modo determinante, anche il significato del verbo.

Nella frase "Carlo mangia una mela", il predicato (*mangia*) grammaticalmente può riferirsi sia all'argomento *Carlo*, sia all'argomento *una mela*. Tuttavia il suo significato lo fa riferire senza dubbio alcuno all'argomento *Carlo*: che risulta dunque il soggetto. Solo in casi particolari creati dalla fantasia potrebbe succedere il contrario.

contesto All'individuazione del soggetto concorre anche, e spesso in modo determinante, la conoscenza del contesto situazionale e linguistico di cui la frase è parte integrante.

In una espressione come "Carlo è uscito con Lucia dopo avere mangiato", il soggetto della seconda proposizione (*dopo avere mangiato*) è senza dubbio alcuno lo stesso della prima: *Carlo*. Senza l'indicazione data dalla prima, la seconda proposizione risulterebbe incomprensibile.

Problemi di individuazione di soggetto come questo sorgono spesso in presenza di predicati all'*infinito*, al *participio* e al *gerundio*. (Si veda anche in 33.2.1 e in 53.1.4).

soggetto e frase Salvo che in contesti comunicativi particolari (29.1, 31.2), in frasi nominali (49.5), un soggetto da solo non può costituire frase. E ciò, diversamente da un predicato (31.1.1).

32.2 CARATTERISTICHE DEL SOGGETTO

Quanto si è detto sin qui permette di elencare alcune caratteristiche generali del soggetto.

collocazione

Il soggetto è abitualmente collocato prima del verbo o predicato. E' logico infatti che chi vuol fare un discorso senta la necessità di proporre prima di tutto l'argomento intorno al quale questo discorso si articolerà (32.7).

Una parola come "Gioca", per un qualsiasi ascoltatore, ha tutta l'aria di essere una frase (un'informazione); ma rischia di cadere nel vuoto dell'incomprensione se non si conosce (e qui non viene premesso) l'argomento a cui questa informazione si riferisce. Ad esempio, *Franco* (*Franco gioca*; presupponendo, s'intende, che questo *Franco* sia conosciuto da parlante e interlocutore all'interno di una situazione nota ad ambedue).

A volte è possibile individuare il soggetto esclusivamente in base alla sua abituale collocazione prima del predicato. In "Maria ama Mario" e "I miei fratelli invitano i miei amici", i soggetti (*Maria - i miei fratelli*) sono individuabili per il posto che occupano prima del predicato. Una diversa collocazione potrebbe cambiare completamente il discorso: "Mario ama Maria" - "I miei amici invitano i miei fratelli" (32.2.1).

collegamento tra soggetto e predicato.

Al soggetto si collega strettamente il predicato concordando nella persona (1ª, 2ª e 3ª), nel numero (singolare o plurale) e, quando si presenta l'occasione, nel genere (maschile o femminile):

– (Io) parl *o*.	(1ª pers. sing.)
– (Noi) parl *iamo*.	(1ª pers. plur.)
– Luisa parl *a*.	(3ª pers. sing.)
– Le rondini *sono* partit *e*.	(3ª pers. plur. fem.)

assenza di preposizioni

Il soggetto non va preceduto da nessuna preposizione o locuzione prepositiva (*di, da, per, prima, al di là di*, ecc.). Le preposizioni infatti, come si vedrà meglio fra poco (cap. 37, 38), sono strumenti grammaticali che servono per introdurre nella frase elementi 'aggiuntivi' (di 'completamento'), e non 'primari' (nucleari) come il soggetto.

32.2.1 PRECISAZIONI SULLE CARATTERISTICHE DEL SOGGETTO

scritto e parlato La necessità di dare un posto abbastanza abituale al soggetto vale molto più per la lingua scritta che per quella parlata. Quest'ultima infatti può disporre del prezioso aiuto dei cosiddetti *tratti prosodici* o *soprasegmentali* e *cinesici* (gesti, mimica, intonazione, pause) che possono dissipare qualsiasi dubbio nella comprensione dei messaggi (3.1, 3.3.1, 32.7).

La frase

– Mario ama Maria.
1 2 3

pur con gli elementi diversamente collocati, potrebbe conservare lo stesso significato (con *Mario* sempre in funzione di soggetto) per mezzo dell'intonazione e delle pause opportune:

– Maria // ama // Mario.
3 2 1

E' comunque certo che collocare gli elementi di una frase (tutti, e non solo il soggetto) al posto giusto è di vitale importanza per il soddisfacimento di qualunque esigenza comunicativa. L'esempio che segue mostra come cambiare di posto gli elementi possa significare anche cambiare significato: "(...) il nemico andava combattuto non con le armi della critica, ma con la critica delle armi, quelle vere (...)". (G. Pepe, in 'la Repubblica', 27-10-1992) [1]. Ma su questo argomento si tornerà più di una volta.

articoli partitivi Si è detto che il soggetto non accetta di essere introdotto da preposizioni. Tuttavia, come si accompagna in genere al suo articolo, così può trovarsi con l'articolo partitivo (*del, dei, dello, degli, della, delle, dell'* [9.3]):
– *Dei* (= *alcuni*) bambini giocano.
– C'è *del* (= *un po' di*) vino?

32.3 QUALSIASI PAROLA PUÒ FUNGERE DA SOGGETTO

La funzione di soggetto è normalmente svolta da un nome (o sostantivo). Di conseguenza, qualsiasi parola sostantivata (7.1.1), può fungere da soggetto:
– *La pazienza* (nome) è una virtù.
– *Io* (pronome) studio.

---

[1] Si fa notare di passata che il 'gioco' di parole di questo esempio in retorica si dice *chiasmo* per la loro collocazione incrociata e *polittoto* per la loro ripetizione con diversa funzione sintattica. (69.2.1).

– *Il bello* (aggettivo sostantivato) piace.
– *Il domani* (avverbio sostantivato) è incerto.
– Il singolare di 'i' è *il* (articolo sostantivato).
– *Con* (preposizione sostantivata) è una parola grammaticale.
– *Parlare* (verbo sostantivato) è necessario.
– *Aih* è un'interiezione. (sostantivata)

Possono fungere da soggetto come elementi sostantivati anche:
• le unità lessicali superiori (5.6):
– *Il ferro da stiro* (unità lessicale) è nuovo.
– *Il cessate il fuoco* (unità lessicale) non era stato dato.

• frasi intere che, per questa loro funzione, prendono il nome di 'proposizioni soggettive' (22.4.2, 54.2):
– *Prendere questa decisione* (prop. soggettiva) mi spaventa.

• le lettere dell'alfabeto.
– La *a* è una vocale.

32.4 IL NUMERO DEI SOGGETTI IN UNA FRASE

In una frase si può avere più di un soggetto. In questo caso, l'accordo del predicato si fa al plurale, variando la persona nel seguente modo: la 1ª prevale sulla 2ª e sulla 3ª, la 2ª prevale sulla 3ª (33.2.2).
– *Io, tu* e *Luigi* andr *emo* al cinema. (prevale la 1ª pers.).
1ª 2ª 3ª
– *Tu* e *Luigi* andr *ete* al cinema. (prevale la 2ª pers.)
2ª 3ª
– *Carlo, Luigi* e *Maria* andr *anno* al cinema. (3ª pers.)

anacoluto

Assai spesso, nella lingua più spontanea (e dunque soprattutto parlata) accade che la normale sequenza sintattica di una frase si infranga, subisca un brusco, irregolare cambiamento.

Tale fenomeno detto *anacoluto* [1] riguarda soprattutto il soggetto logico, e un modo particolare per metterlo in evidenza(32.7): si comincia con un soggetto che poi rimane lasciato a sé senza i necessari elementi di riferimento, e si fa seguire bruscamente un costrutto con un suo soggetto e con il verbo regolarmente concordato (16.1.2.1, 17.4.1, 49.6, 52.2.1.2, 53.9, 69.2.1):

---

[1] Dal greco *anakólouthos*, 'che non segue' "costrutto sintattico 'privo di compagnia' o 'sostegno', per cui il primo elemento appare, rispetto ai successivi, insieme campato in aria e messo in rilievo." (Devoto - Oli, 'Nuovo vocabolario della lingua italiana', Firenze, 1990). Si veda anche la voce specifica in 69.2.1.

– *Io*, purtroppo, mi sembra che non ci sia *nulla* da fare. (Devoto - Oli, 'Nuovo vocabolario della lingua italiana')

– (...) *io, la mia patria* or è dove si vive. (G. Pascoli, 'Romagna')

– (...) *noi altre monache* ci piace di *sentir le storie per minuto*. (A. Manzoni, 'I Promessi Sposi')

A questa maniera 'irregolare' di costruire sintatticamente una frase si può ricondurre il pronome relativo *che*, nei casi in cui:

a) viene direttamente impiegato con tutt'altra funzione logica (= *in cui, di cui, con cui ..., quando, dove...*), anche in frasi scisse per l'enfatizzazione (49.6):

– Et io son un di quei *che (= a cui)* 'l pianger giova. (F. Petrarca)

– E' quello l'amico *che (= di cui)* ti avevo parlato.

– Il giorno *che (= in cui)* la vidi la prima volta me ne innamorai [1].

– Paese *che (= in cui)* vai usanza che trovi. (proverbio)

– A lei *che* (= *a cui*) piace di andare in montagna questo dovrebbe piacere. (udita in TV, 27-10-1992)

– E' un'ora *che* ti aspettiamo.

– Era a Napoli *che* volevo andare.

– E' a Luigi *che* lo voglio dire.

b) è fatto seguire da un pronome atono che segnala la funzione logica voluta (*che lo, che gli, che ci, che ne...*):

– Mi puoi dare la borsa *che ci* avevo messo i miei occhiali?

– (...) un vigile urbano *che gli* pendeva sì dal fianco un pistolone. (L. Sciascia, 'Il cavaliere e la morte')

– Quello *che gli* frigge la testa se vede che qualcuno mette ostacoli (...). (M. Fuccillo, in 'la Repubblica', 8-10-1995)

– (...) è un padrone *che*, se cade, *lo* sbranano. (I. Montanelli, in 'il Giornale', 15-7-1991)

– (...) le pause (...) sono quelle dell'uomo sicuro *che* nessuno *ne* approfitterà, per muovergli obbiezioni. (I. Montanelli, cit.)

– E noi *che* ci piace soltanto Totò. (titolo di una canzone, 1992)

In casi di questo genere (tipici soprattutto del parlato meno formale, ma, come gli esempi dimostrano, ben noti anche alle forme scritte), il *che* sembra deporre la sua specifica funzione di pronome per acquistare quella, molto più semplice e pratica, di parola-congiunzione 'polivalente'.[2]

32.5 IL SOGGETTO PUÒ ESSERE TACIUTO

Si sa che nei tempi dei modi finiti (*indicativo, condizionale, imperativo*

---

[1] Questo uso del 'che' con funzione temporale è da lungo tempo acquisito a tutti i livelli linguistici.
[2] Per questo argomento si veda anche in 49.6, 17.4.1, 52.2.1.2 e 53.9.

e *congiuntivo*) il verbo italiano ha una terminazione (desinenza) che varia col variare della persona, tanto al singolare quanto al plurale. Questo fatto molte volte permette di evitare di esprimere il pronome soggetto (*io, tu, noi, voi*) lasciandolo semplicemente intendere (*soggetto sottinteso*):

– Che fa-*i*? (sottinteso: *tu*)

– Studi-*o*. (sottinteso: *io*)

In questi casi si dice che si ha *ellissi* (omissione) del soggetto. E la frase viene detta *ellittica del soggetto* (49.4).

Nel seguente esempio, si noti come il soggetto sottinteso della proposizione temporale non risulterà, come ci si aspetterebbe, il medesimo della reggente posticipata *(io)*, ma il suo complemento di relazione *(con il presidente del Consiglio)*; soluzione insolita che lascia sorpreso il lettore. Nella lingua tante volte accade che più che ai segnali della grammatica ci si affidi alla logica dei significati (50.1):

– Giovedì pomeriggio, poco prima che *partisse* per Madrid, *ebbi* una breve conversazione telefonica con il presidente del Consiglio. (E. Scalfari, in 'la Repubblica', 17-12-1995)

L'ellissi si rivela molto utile anche in presenza di una serie di più frasi ciascuna con predicato riferito a uno stesso soggetto comune di 3ª persona singolare o plurale. Basta infatti esprimere il soggetto col primo predicato e poi lasciarlo sottinteso con gli altri.

– *Luigi* si alza presto la mattina. Si lava, si fa la barba, si veste, si pettina, prende un caffè e poi esce di casa in fretta. Lavora in fabbrica.

In questo esempio ci sono otto frasi: tante quanti sono i predicati. Tutte hanno lo stesso soggetto (*Luigi*), ma solo nella prima è espresso. Le altre sono ellittiche del soggetto; il quale tuttavia è indicato dalla terminazione in 3ª persona singolare di ciascun predicato.

32.6 IL SOGGETTO PUÒ APPARENTEMENTE MANCARE

I verbi impersonali tipici come *piovere, nevicare, grandinare, lampeggiare* ecc. (22.4, 33.1.1), indicando avvenimenti atmosferici non attribuibili a nessuna fonte, non abbisognano di alcun argomento fuori di se stessi, perché in sé lo contengono (*pioggia, neve, grandine, lampo...*), e soddisfano, di per sé, ogni esigenza informativa. Il loro uso è limitato solo alla 3ª persona singolare di tutti i tempi di tutti i modi verbali perché con questo argomento (soggetto logico) concordano:

– Lampeggia. (contiene l'argomento 'lampo')

– E' (ha) piovuto (contiene l'argomento 'pioggia').

La stessa cosa vale per le espressioni come: *fare giorno, fare notte, fare sera, fare caldo, fare freddo... essere caldo, essere freddo, esser presto (tardi), essere ora* ecc.:

– Fa sera.
– Ha fatto molto freddo oggi.
– Non è presto?

Il soggetto invece, in generale non manca ai verbi costruiti impersonalmente; esso è rappresentato infatti da una proposizione soggettiva (32.3, 22.4.2 e 54.2).

32.6.1 USI FIGURATI

senso figurato Può accadere che qualcuno dei verbi impersonali tipici sia usato in senso figurato. In tal caso avrà il soggetto con cui il verbo dovrà necessariamente concordare (22.4.1):
– Con la lotteria *piovono milioni.*
– Per indicare un cambiamento di direzione *le auto lampeggiano.*

32.7 MESSA IN EVIDENZA DEL SOGGETTO [1]

collocazione abituale

Si è detto (32.2) che il posto abituale del soggetto è subito prima del suo predicato. E questo perché di solito è il soggetto l'argomento noto al parlante e all'interlocutore; e su di esso il parlante desidera dare l'informazione contenuta dal predicato (n. 1, pag. 82):
– Andrea (argomento noto) legge. (informazione)
– Lucia (argomento noto) è brava. (informazione)

Frasi così organizzate si articolano in base a domande del tipo: Che cosa fa Andrea? - Com'è Lucia?

Può accadere però che la parte della frase nota al parlante e all'interlocutore sia proprio quella contenuta nel predicato, e che l'interlocutore voglia identificarne il soggetto.

In questi casi le domande sulle quali si articola la frase possono essere: Di chi si parla? - Chi compie questa azione? - Chi ha questa qualità?

Tutto ciò può richiedere che il soggetto occupi, insolitamente, una posizione dopo il predicato; posizione che permette di concentrare su di esso l'attenzione:
– "Chi ha mangiato la cioccolata?" "L'ha mangiata Carlo."
– "Chi ha rotto il vetro?" "E' stato lui."
– "Chi ti ha dato il permesso?" "Non me l'avevi dato tu?"

[1] Per l'enfatizzazione in generale si veda in 49.6.

nel parlato
Nella lingua parlata, pur lasciando il soggetto a inizio di frase, si può metterlo in evidenza mediante l'intonazione e la mimica (32.2.1):
– "Chi te l'ha detto?" "Luigi // me l'ha detto"

– "C'è qualcuno che lo sa?" "Carlo e Maria // lo sanno."

interrogative, esclamative
In frasi di forma interrogativa (47.2, 47.2.1) ed esclamativa è il verbo o un avverbio introduttivo che si colloca all'inizio; e questo perché su di essi si richiede di essere informati e si vuole evidenziarli. Ne consegue che il soggetto viene posto dopo:
– Dov' è andata la mamma? (la richiesta di informazione è sul luogo)
– E' arrivato il nonno! (si mette in risalto l'arrivo)

In questi casi si può anche spezzare la frase in due parti:
– E la mamma? Dov'è andata?
– Il nonno! E' arrivato!

ripetizione
Sempre nel parlato, il soggetto si può evidenziare (enfatizzare) ripetendolo; e magari ripetendo anche la frase (49.6.1):
– "Chi vuol venire al cinema con me?" "Io, io ci vengo! Ci vengo io!"

rafforzativi
Altri modi di enfatizzazione molto efficaci e diffusi sono quelli di far precedere il soggetto dall'avverbio rafforzativo *proprio*, o di farlo seguire da un pronome determinativo o personale in inciso; magari essi stessi rafforzati da avverbi (*sì, no, proprio, certo, certamente...*) (17.2.1, 49.6.1):
– "Chi ti ha detto questo?" "Me l'hai detto *proprio* tu."
– Ma il coraggio di vivere, *quello,* ancora non c'è. (da una canzone di L. Battisti)
– Lucia, *lei sì*, è una brava ragazza.

32.8 ELEMENTI CHE PRECISANO IL SOGGETTO

I passeggeri che si trovassero alla stazione, poniamo, di Napoli, in attesa di prendere il treno, avrebbero una ben misera indicazione se ricevessero dall'altoparlante (o se trovassero scritta) una informazione di questo genere: "Il treno parte dal sesto binario."

Eppure questa informazione è contenuta in una frase grammaticalmente ineccepibile: col suo soggetto (*il treno*) e con la sua predicazione (*parte dal sesto binario*).

Già, ma quando comunichiamo, vogliamo capirci. E per questo non è sufficiente che le frasi siano complete 'dal punto di vista grammaticale'. Occorre, soprattutto, che siano complete 'dal punto di vista dell'informazione'. E il messaggio del nostro esempio, proprio da questo punto di vista, è del tutto insoddisfacente. Un passeggero non cerca un treno qualsiasi, ma quello specifico che lo porti nel luogo da lui desiderato (31.2, 34.3).

L'informazione sarebbe soddisfacente per tutti se recasse un'indicazione appena appena meno generica. Ad esempio: "Il treno per Milano parte dal sesto binario." E così chi fosse interessato ad andare nella direzione di Milano potrebbe partire; gli altri resterebbero in attesa del treno desiderato.

Nel comunicare accade molte volte di dovere affiancare al soggetto (come ad altre parti di frase) uno o più elementi, grammaticalmente considerati accessori, che servano a chiarirlo. Questi elementi, insieme con il soggetto, costituiscono all'interno della frase il 'gruppo del soggetto':

(*gruppo del soggetto*)	(*gruppo del predicato*)
– Il treno per Bologna	parte dal sesto binario.
– Quella ragazza piccola coi capelli biondi	è mia sorella.

Capitolo XXXIII

33 - IL PREDICATO

Definizione - Concordanza del predicato con il soggetto - Non sempre il predicato concorda con il soggetto - Sulla concordanza del predicato in rapporto alla persona - Sulla concordanza del participio passato dei tempi composti - Sulla concordanza della parte nominale del predicato - Collocazione del predicato - Ellissi del predicato - Il gruppo del predicato.

33.1 DEFINIZIONE

(soggetto)	(predicato)	
– Le persone	invecchiano.	(predicato verbale)
– Luigi	gioca.	(predicato verbale)
– Il gatto	dorme.	(predicato verbale)
– Le stelle	brillano.	(predicato verbale)
– Giorgio	è portiere.	(predicato nominale)
– La mamma	sembra stanca.	(predicato nominale)

Se è vero che, dei due costituenti fondamentali di una frase, *soggetto* e *predicato* (21.1), il primo generalmente costituisce il tema, l'argomento di cui si parla, il secondo è il suo commento o predicato (dal latino *praedicare*, 'rendere noto') [1].

Il ***predicato*** ha la funzione di fornire le *informazioni* essenziali sul soggetto. Esso è, in generale, fondamentalmente costituito da un verbo (21.1, 31.1, 31.4, 33.5).

Negli esempi qui sopra proposti si può notare che tali informazioni possono riguardare: processi, e cioè più o meno lenti passaggi (mutamenti) da condizioni o stati ad altre condizioni o stati (*invecchiano*), attività o azioni più o meno complesse (*gioca*), condizioni o stati (*dorme*), qualità o modi di essere (*brillano - è bello - sembra stanca*).

[1] Cfr. nota a pag. 82.

Si può anche notare che:

a) in taluni casi è il *verbo da solo* a fungere da predicato perché il suo significato specifico è sufficiente a dare l'informazione necessaria sul soggetto (*invecchiano - gioca - dorme - brillano*): si tratta allora di ***predicato verbale***

b) in altri casi invece il *verbo* col suo solo significato non ha sufficiente capacità di informazione; questa viene perciò affidata, a un *elemento 'nominale'* (dal latino, 'nomen'), che può essere un sostantivo (*portiere*) e un elemento sostantivato (33.1.1), o un aggettivo (*stanca*). In questi casi, la funzione del verbo è spesso limitata quasi esclusivamente a quella di elemento di unione, o 'copula', fra il soggetto e questo elemento nominale. La copula e l'elemento nominale insieme costituiscono il ***predicato nominale***.

La ***copula*** comunque non svolge solo questa funzione meccanica di legamento; essa ha anche il compito di dare sul soggetto le *informazioni grammaticali* riguardanti la *persona*, il *tempo*, e il *modo*: nei nostri esempi: *è - sembra* (3ª pers. sing., tempo presente, modo indicativo).

33.1.1 PRECISAZIONI VARIE

copulativi Il verbo che normalmente svolge funzione di copula è *essere*.

Altri verbi con funzione copulativa molto frequenti sono (gli 'effettivi' o 'risultativi'): *sembrare, parere, apparire, risultare, divenire, diventare, riuscire, farsi*, e pochi altri (39.3):

– Mio figlio *si è fatto* (mi *pare, è diventato*) alto.

La parte nominale (aggettivo o sostantivo o proposizione [54.4]) del predicato nominale può essere richiamata dal sostituente invariabile *lo* (16.1.2.1):

– E' scapolo Carlo?" "Sì, *lo* è e *lo* resterà"

La parte nominale può anche essere costituita a) da un sintagma con preposizione (35.2.3): Sembravano *in dieci (in pochi, in pigiama);* b) da una proposizione completiva predicativa (54.4).

Limitatamente a certi particolari significati, anche *altri verbi* possono svolgere funzione copulativa: *nascere, morire, crescere, mantenersi, conservarsi, stare, rimanere, restare* e pochi altri.

In presenza di questi verbi comunque all'elemento di complemento si suole dare il nome di *predicativo del soggetto* (21.4, 39.3, 39.3.1):

– I bambini *sono rimasti* buoni.

Si è già osservato (23.2.2) come le voci verbali composte con ausiliare *'essere' + participio passato* esprimano un tipo di predicazione da considerarsi senz'altro 'verbale' ma che, per il comportamento attributivo (non solo dal punto di vista morfologico) del participio, è riconducibile anche a quella 'nominale'.

predicato verbale In taluni casi, di contro alla staticità descrittiva del predicato nominale può soccorrere il senso (anch'esso descrittivo, ma più dinamico di un predicato verbale corrispondente (*bancheggiare, verdeggiare, giganteggiare* ecc.): "(...) urla e *biancheggia* il mar." (G. Carducci)

Il predicato verbale può essere sostituito da *lo* + *fare*:
– "Qualche volta studio di notte". "Io *lo faccio* sempre".

predicato e frase Un *predicato*, da solo, può costituire frase: è il caso dei *verbi impersonali* (32.6).

Invece, fuori da contesti particolari (29.1, 31.2, 32.1.1) in frasi nominali (49.5), un soggetto da solo non può costituire frase: deve avere il suo predicato, almeno sottinteso:
– Piove. (frase con solo predicato)
– "Chi mi chiama?" "Giorgio". (sottinteso: ti chiama)

33.2 CONCORDANZA DEL PREDICATO CON IL SOGGETTO

Il *predicato* non solo si riferisce logicamente al soggetto per le informazioni che ne dà, ma il più delle volte gli si accorda anche morfologicamente: nella persona (1ª, 2ª e 3ª), nel genere (maschile e femminile) e nel numero (singolare e plurale). Questo accordo avviene in base alle possibilità di ciascun elemento componente il predicato (32.2).

Si osservino i seguenti esempi:

Accordo in base a:	persona	numero	genere
– *Carlo* studi *a*.	3ª	sing.	–
– *I miei sono* partit *i*.	3ª	pl.	mas.
– *Io sono* stat *a* malat *a*.	1ª	sing.	fem.
– *Tu hai* mangiato.	2ª	sing.	–

33.2.1 NON SEMPRE IL PREDICATO CONCORDA CON IL SOGGETTO

– *Io andare* in quei posti? Non ci penso nemmeno!

In questo esempio la prima frase ha un soggetto (*io*) e un predicato (*andare*) che non gli si accorda morfologicamente, perché l'infinito non ha una flessione per persone (25.2).

Come l'*infinito*, non hanno una flessione per le persone neppure il *participio* e il *gerundio* (32.1.1).

Naturalmente, in questi casi, il predicato non potrà concordare:

a) Tutti gli operai, *arrivando* in fabbrica, timbrano un cartellino di presenza.

b) Noi siamo usciti dopo *mangiato*.
c) Lucia e Giancarlo si riposano dopo *avere studiato*.
d) Carlo è dispiaciuto *essendo* suo fratello *partito* per fare il militare.

In questi esempi si può capire qual è il soggetto del gerundio in a) (*arrivando*), del participio in b) (*mangiato*) e dell'infinito in c) (*avere studiato*) solo perché fungono da predicato in frasi che si appoggiano (sono subordinate [53.1]) ad altre. Sono queste ultime frasi a informarci che i soggetti sono, rispettivamente: *gli operai, noi, Lucia* e *Giancarlo*. Nell'esempio in d) il soggetto del gerundio (*essendo partito*) e dell'infinito (*fare*) è espresso (*suo fratello*) (64.2.1).

33.2.2 SULLA CONCORDANZA DEL PREDICATO IN RAPPORTO ALLA PERSONA

impersonali Se la predicazione è fatta da un verbo impersonale (22.4.1*: piovere, nevicare, grandinare, lampeggiare* ecc.), naturalmente non ci può essere concordanza, perché il soggetto non c'è. Il verbo (dovendo assumere forma neutra) si costruirà dunque alla *terza persona singolare* di tutti i tempi e modi:
– Piove. – Nevicherà. – Era (aveva) piovuto.

modi finiti Nelle costruzioni personali con i modi finiti (*indicativo, congiuntivo, condizionale* e *imperativo*), la concordanza avviene sulla base delle tre persone (1ª, 2ª e 3ª) singolari o plurali:
– *Tu* lavor *i*. – *Lei* lavor *a*. – *Noi* lavor *iamo*. – *Loro* lavor *ano*.

più persone e più soggetti In caso di soggetto formato da più persone, per l'accordo si rinvia a quanto si è detto in 32.4. Nel caso di più soggetti posti dopo il predicato, questo può concordare con il primo di essi:
– Ma poi *era calato il silenzio e la mannaia.* (M. Andreoli, in 'Panorama', 26-10-1995), pag. 51)

congiunzioni Quando ci sono più soggetti collegati fra loro dalle congiunzioni *o, né*, la concordanza del predicato può avvenire con tutti (al plurale) o con il più vicino (al singolare):
– Ci *andrai tu o* Luigi? - Ci *andrete tu o Luigi*?
– Non ci *andrai né tu né* Luigi. - Non ci *andrete né tu né Luigi*.

concordanza 'ad sensum' Se il soggetto è costituito da un nome singolare collettivo o di senso collettivo, e specialmente se è accompagnato da un complemento partitivo (42.1), l'accordo, alla 3ª persona, può avvenire 'morfologicamente' al singolare o 'logicamente' ('a senso') al plurale (in retorica si direbbe una forma di 'sillessi' [69.2.1]):
– (...) nemmeno in un deserto *questa gente* ti *lasciano* parlare. (C. Pavese, 'La luna e i falò')
– *Ci sono* nel governo *un nucleo politico forte*: Scotti, Mancino, Martelli (...). (F. Orlando, in 'Il Giornale', 29-6-1992).

Specie nel parlato, accordo al plurale 'ad sensum' si può avere anche con un soggetto unito a un complemento di compagnia:
– Carlo con sua moglie *sono partiti* per le vacanze.

non concordanza A volte (specialmente nella lingua commerciale e nel comune parlato), a un soggetto di 3ª plurale corrisponde un predicato singolare, specie se a esso preposto. E questo forse avviene per l'influsso di usi di costruzioni impersonali o di abitudini dialettali:
– *Vendesi* appartamenti. – *C'è* pochi studenti stamattina.
– (...) in Italia questioni da risolvere *non ce n'è.* (E. Biagi, in 'la Repubblica', 18-12-1986)
– Ma di Craxi *non ce n'è* due (titolo in 'Panorama', 18-8-87)
– *Si può creare* al sud 100.000 posti-lavoro (titolo in 'La nazione, 12-12-1986)

quantificatore indefinito In presenza di più soggetti in successione seguiti da un indefinito al singolare che li ricomprende, il predicato concorda con quest'ultimo:
– L'operaio, l'intellettuale, l'artista, *ciascuno ha* i suoi problemi.

ragioni di effetto Può anche accadere che particolari ragioni di effetto (*enfasi* [49.6] inducano l'autore del messaggio a ignorare di proposito la concordanza fra soggetto e predicato (*sillessi* [69.2.1].

La lingua della pubblicità ci ha ormai abituati a cose di questo genere (68.2.6).

Un esempio. In questi giorni si possono vedere affissi per le vie dei grandi poster con su una sorridente bella ragazza, fotograficamente a fuoco, che indossa un maglione di marca Stefanel, accanto ad altre ragazze fotograficamente sfocate; e sotto, la scritta "Io siamo", di indubbia efficacia persuasiva.

33.2.3 SULLA CONCORDANZA DEL PARTICIPIO PASSATO DEI TEMPI COMPOSTI (16.1.3, 39.1.3)

con 'avere' In presenza dell'ausiliare *avere*, il participio rimane di solito invariato (in *-o*), fatta eccezione per il possibile accordo con l'oggetto diretto, in quanto l'atto gli si collega strettamente (per una descrizione analitica, si veda in 39.1.3):
– Avete scritt *o* una brutta lettera. – Non *l'*abbiamo scritt *a* noi.
– "Quante sigarette hai fumat *o* (fumat *e*)?" "*Ne* ho fumat *e* poch *e*".

con 'essere', 'venire' Se c'è l'ausiliare *essere* o *venire*:

• in caso di *costruzione personale*, occorre accordare il participio con il soggetto (che ne è l'essenziale argomento) nel genere e nel numero:
– *Lucia* è uscit *a*. – Quando vengono chius *i* gli uffici?

In presenza di più soggetti di ambedue i generi, l'accordo si fa con terminazione al maschile plurale (*-i*): – *Carlo e Lucia* non sono uscit *i*.

In presenza del *'si' passivante* si può trovare a volte il participio non concordato col soggetto, come nei costrutti impersonali: "(...) si è voltat*o* pagin*a*." (in 'la Repubblica', 13-11-1992).

• se il *verbo* è tipicamente *impersonale*, il participio (non essendoci soggetto con cui accordarlo) rimane inviarato (in *-o*): – E' piovut *o*, ieri.

• se il *verbo* è *costruito impersonalmente* con la particella *si* occorre distinguere (16.1.3):

a) se il verbo richiede l'ausiliare *essere* (attivo, passivo o riflessivo che sia), il participio si accorda con un generico soggetto logico *noi* (psicologicamente inclusivo), e termina al plurale maschile (in *-i*): (Noi *siamo partiti*) → *Si è partiti* col treno delle due. - (Noi *ci siamo alzati*) → *Ci si è alzati* alle sette. - (Spesso *veniamo puniti*) → Spesso *si viene puniti* ingiustamente.

Se il soggetto logico *noi* indica un insieme di componenti di genere femminile, compresa colei che parla, allora il participio termina in *-e: Lucia e Maria* hanno detto: "Ieri mattina *ci si è alzate* presto e *si è andate* in campagna".

In certe espressioni di lingua regionale il soggetto logico *noi* può trovarsi anche espresso (16.1.2.1, 22.4.3): *Noi si è andati (andate)* in campagna ieri.

b) Se il verbo nella costruzione personale attiva con soggetto *noi* richiede l'ausiliare *avere*, allora il participio resterà invariato (in *-o*): (Noi *abbiamo studiato* molto oggi.) → *Si è studiato* molto, oggi.

c) se il verbo è preceduto dai pronomi oggetto diretto *lo, li, la, le,* il participio si accorda con questi:
– Non *li* si è ancora sentit*i*.

senza particella 'si' Se il verbo è *costruito impersonalmente senza* la particella *si* (22.4.2. f), il participio rimane invariato (in *-o*):
– *Non è detto* che Carlo non ce la possa fare.

andare, finire Il participio passato di *andare* e *finire* (e, talvolta, *concludersi*) in particolari costruzioni impersonali, e in concordanza con il generico soggetto 'la situazione', prende la terminazione femminile *-a* (22.4.3):
– "Com'è *andata* (*finita*) ieri"? – "E' *andata* (*finita*) bene, per fortuna".

con riflessivo apparente Se c'è un *verbo riflessivo apparente* e la costruzione è personale, il participio può concordare in genere e numero tanto (più spesso) con il soggetto, quanto con l'oggetto diretto; se è impersonale con *si*, può terminare in *-i* o accordarsi con l'oggetto diretto:
– *Carlo* non *si è fatto* (*fatta) la barba* stamattina.
– Ci si è lavat *i* (lavat *e*) *le mani*.

Se l'oggetto è rappresentato dai pronomi atoni *lo, li, la, le*, è di norma accordare con questi il participio: "Ti sei *fatto (fatta) la barba*?" "No, non me *la sono fatta*".

verbo intensivo Se il verbo è un riflessivo reso intensivo (22.3.1.1) dal pronome indeterminato *la* (*sbrigarsela, godersela, svignarsela, darsela a gambe...*), il participio concorda di preferenza con questo pronome (in *-a*):
– *Te la sei presa* ieri per quello che ti ho detto?

participio passato senza ausiliare Per quanto riguarda la sua concordanza, un participio passato che non abbia verbo ausiliare si comporta nel modo che segue (59.1.3):

• se è di un verbo che richiederebbe l'ausiliare *avere*, e che sia intransitivo o transitivo non seguito da oggetto diretto, resta invariato con terminazione in *-o*:
– Lucia è uscita appena mangiat*o* (trans. senza oggetto diretto)
– Subito dopo parlat*o* con Ambra (intrans.), Francesca ha telefonato a Giuliano.

• se è di un verbo transitivo accompagnato da un suo oggetto diretto, concorda con quest'ultimo (che diventa soggetto grammaticale di una costruzione passiva)
– Bevut*a* quell*a* bibit*a* gelat*a*, si è sentito subito male.

• se è di un verbo intransitivo che richiederebbe l'ausiliare *essere*, concorda con il soggetto della frase reggente (se è lo stesso della subordinata col participio), o con quello della sua frase stessa; se è in costrutto impersonale, termina in *-i:*
– Luci*a*, uscit*a* di casa, si accorse di avere dimenticato la chiave. (stesso soggetto in reggente e subordinata)
– Lucia, partit*e* le su*e* amich*e*, rimase sola. (concordanza col soggetto della subordinata)
– E una volta arrivat*i*, ci si riposerà.

33.2.4 SULLA CONCORDANZA DELLA PARTE NOMINALE DEL PREDICATO

sostantivo Se la parte nominale è costituita da un *sostantivo*, la concordanza nel genere e nel numero avviene solo se è possibile: il genere e il numero della parte nominale e del soggetto possono essere infatti diversi:
– Quei due *signori* sono *ragionieri*. (concorda)
– Quei due *signori* sono *guardie* forestali. (non può concordare nel genere)
– La signorina *Lucia* è *avvocato*. (non può concordare nel genere)
– *I miei cinque figli* sono rimasti *la sola ragione* della mia vita (non può concordare)

aggettivo Se la parte nominale è costituita da un *aggettivo,* anche preceduto da *in* (33.1.1, 35.2.3), si seguono le stesse indicazioni date per il participio passato in costruzioni personali e impersonali (16.1.2, 33.2.3):
– *Carlo* è *studioso*. (concorda con Carlo masch. sing.) – *Lucia* è *brava*. (concorda con Lucia, fem. sing.) – *Franco* e *Lucia* sono *bravi*. (con Franco e Lucia, mas. e fem. pl.) – *Si è stati bravi*, oggi. (impersonale) – *Esse* erano *in tante*.

preposizione + nome Se la parte nominale è costituita da un nome preceduto da preposizione, oppure da un'altra sequenza di parole, non c'è, naturalmente, concordanza:
– Gli armadi sono *in disordine*. – Con quel vestito Gianni mi pareva *in pigiama*. – Che hai, figlio mio? Mi sembri *un po' giù*.

33.3 COLLOCAZIONE DEL PREDICATO

dopo il soggetto Di solito il predicato occupa il posto immediatamente dopo il soggetto o il suo gruppo:

– Carlo *legge.* – Carlo *è un ragazzo intelligente.* – Mio cugino Carlo *è partito.*

prima del soggetto Si può assegnare al predicato il primo posto nella frase, se si intende mettere in evidenza l'informazione da esso fornita:
– *E' partito* Carlo. – *E' bello* tutto questo.

copula Specie se si anticipa il predicato nominale rispetto al soggetto, si può anche mettere la *copula dopo la parte nominale*, oppure sottintenderla per concentrare su quest' ultima l'attenzione dell'interlocutore:
– *Azzurri sono* i suoi occhi. – *Meraviglioso* questo panorama.

interrogativo Se la parte nominale è costituita da un elemento interrogativo, la copula lo segue sempre:
– *Che è* questo chiasso? – *Quali sono* i tuoi genitori?

33.4 ELLISSI DEL PREDICATO

• Come avviene per il soggetto, anche il predicato può essere sottinteso per evitare una sua inutile e spesso noiosa ripetizione.

In questi casi la ***frase*** si dice ***ellittica del predicato*** (49.4):

– "Chi mi ha chiamato?" "Carlo". (sottinteso: *ti ha chiamato*)

– I trasporti si fermano dalle 9 alle 12, mentre scuola, università e uffici (sott.: *si fermano*)per tutta la giornata. (titolo in 'la Repubblica', 24-11-1987)

• Non di rado, la necessità di essere rapidi ed essenziali nel comunicare ci spinge a fare a meno di pronunciare sia il soggetto sia il predicato, per limitarci solo alla parte nuova dell'informazione:

– "A che ora sei arrivato?" "Alle sei". (= Sono arrivato alle sei)

Frasi come queste si dicono ***ellittiche del soggetto e del predicato.***

33.5 IL GRUPPO DEL PREDICATO

Come il soggetto, anche il predicato può avere bisogno di uno o più elementi che lo precisino. Il predicato e questi elementi formano allora il *gruppo del predicato*:

(gruppo del soggetto)	*(gruppo del predicato)*
– Il mio amico Carlo	è andato a Roma con il treno.

Capitolo XXXIV

34 - GLI ELEMENTI AGGIUNTIVI NELLA FRASE

Necessità di dare informazioni precise - Altri mezzi di precisazione - Gli elementi aggiuntivi non servono solo per uscire da significati generici.

34.1 NECESSITÀ DI DARE INFORMAZIONI PRECISE

a) (Maria canta.) → Maria, *la fruttivendola*, canta.
b) (Soffiava un vento.) → Soffiava un *forte* vento.
c) (Carlo studia.) → Carlo studia *volentieri*.

In ciascuna delle tre frasi è bastata una breve aggiunta perché gli elementi di informazione, uscendo dal generico, si facessero più precisi.

Uscire dal generico significa evitare equivoci e far comprendere i messaggi nel loro giusto senso. In a), ad esempio, un interlocutore potrebbe trovarsi in difficoltà nell'individuare la Maria di cui si parla fra quelle di sua conoscenza. Di qui la necessità di identificarla specificandone la professione.

Per uscire dal generico, e perciò anche da possibili equivoci, basta una piccola informazione in aggiunta, data mediante un nome (in a]: *fruttivendola*) o un aggettivo (in b]: *forte*) o un *avverbio* (in c]: *volentieri*).

Nei nostri esempi, se l'elemento aggiuntivo è un nome, si tratta di ***apposizione***; se è un aggettivo o un avverbio, si tratta di ***attributo aggettivale*** o ***avverbiale.***

34.2 ALTRI MEZZI DI PRECISAZIONE

a) Il gatto dorme.
b) Il gatto *di Luigi* dorme.
c) Il gatto *di Luigi* dorme *sul tappeto*.

La frase in a) informa genericamente sul tipo di 'attività' [1] di un gatto. Nella frase in b) si precisa a chi appartiene il gatto. Nella frase in c) si precisa anche il posto in cui esso dorme. Ambedue le precisazioni sono state fatte mediante un sostantivo preceduto da una parola grammaticale -una preposizione- (*di Luigi - sul tappeto*).

Ogni elemento aggiuntivo di frase formato da un insieme *preposizione + sostantivo* o *sostantivato* (*sintagma preposizionale*) serve a completare, a precisare l'informazione data, e prende il nome di ***complemento*** *(comple[ta]mento)* (31.4).

34.3 GLI ELEMENTI AGGIUNTIVI NON SERVONO SOLO PER USCIRE DA SIGNIFICATI GENERICI

Si possono avere espressioni che, benché siano fornite degli elementi di base soggetto e predicato con solo verbo, tuttavia non hanno un senso plausibile, come i seguenti esempi:
1a) Lucia coglie (?...)
2a) Carlo ha incontrato (?...)
3a) Ci dirigemmo (?...)
In questi casi, *dal punto di vista del significato* (che è poi quello che conta), non si può parlare di frasi vere e proprie. Eppure dal *punto di vista grammaticale* tutto è a posto: ci sono il soggetto e il predicato (31.1). Dal punto di vista del significato tuttavia manca loro che si completi la predicazione appena accennata dal verbo. E si può farlo con elementi di completamento; i *complementi*, appunto, che in simili casi si presentano come completamenti indispensabili (39.1):
1b) Lucia coglie *i fiori*.
2b) Carlo ha incontrato *Laura*.
3b) Ci dirigemmo *verso la campagna*.

Se qualcuno mi chiedesse per dove è partita mia figlia, e io rispondessi "Mia figlia è partita", la mia non sarebbe una frase generica, ma addirittura priva di senso, in rapporto al tipo di contesto comunicativo (31.2). Da me non si vuole sapere se mia figlia è partita: questo fatto è già noto al

[1] Ci si passi il termine 'attività' per il verbo 'dormire'; attività come in corrispondenza a una possibile domanda: Che cosa 'fa' il gatto? (cfr. n. 2 a pag. 195).

richiedente. Da me si vuol sapere il luogo verso cui è diretta. E solo mediante un necessario *comple(ta)mento di luogo* io darei la risposta giusta: "Mia figlia è partita *per Catania.*"

Insomma, gli elementi aggiuntivi (*attributo, apposizione* e *complementi*), nella maggior parte dei casi, nella realtà degli atti comunicativi scritti e parlati, più che essere degli ampliamenti semplicemente utili, sono delle *determinazioni, delle precisazioni indispensabili* a un'esatta e completa informazione.

34.3.1 PRECISAZIONI SUGLI ELEMENTI AGGIUNTIVI

varietà degli elementi aggiuntivi Gli elementi aggiuntivi possono essere ricondotti:

• *al gruppo del soggetto*, se apportano precisazioni riguardanti il soggetto o qualche altra sua precisazione:

– *Il signor Rossi, l'inquilino del piano di sopra,* è partito.
(gruppo del soggetto) (predicato)

• *al gruppo del predicato*, se apportano precisazioni riguardanti il predicato o qualche altra sua precisazione:

– Rossi *è partito precipitosamente per Torino capoluogo del Piemonte.*
(soggetto) (gruppo del predicato)

funzione degli elementi aggiuntivi Le informazioni aggiuntive possono aiutare:

1) a identificare (specificare) esseri, cose, fatti e situazioni, o a valutarli qualitativamente:
– Non ho il libro *di geografia.* (si specifica l'argomento)
– Camminava *lentamente.* (si qualifica l'azione)
– Maria ha gli occhi *azzurri.* (si qualifica l'oggetto)

A questo gruppo appartengono gli *attributi, l'apposizione* e i seguenti *complementi: oggetto diretto, predicativo dell'oggetto diretto, predicativo del soggetto, oggetto indiretto (o di termine), di agente, di specificazione, di argomento, di materia, di mezzo o strumento, di compagnia o unione, di esclusione, di relazione, di modo o maniera, di qualità* (capp. da 35 a 41).

2) a dare precisazioni di tipo quantitativo:
– E' una strada lunga *due chilometri.* (si determina la lunghezza)
– E' un giovane *di venti anni.* (si quantifica l'età)

A questo gruppo appartengono i *complementi: partitivo, di età, di stima e prezzo, di estensione, misura e peso, di distanza, di pena, di limitazione, distributivo, di paragone* (cap. 42); nonché taluni *attributi.*

3) a chiarire ragioni e cause di fatti e situazioni:
– Non sono andato a scuola *per la pioggia.* (si indica la causa)
– Siamo corsi *in suo aiuto.* (si indica il fine)

A questo gruppo appartengono i *complementi: di causa, di colpa, di fine o scopo, di vantaggio o svantaggio, di concessione* (cap. 43).

4) a determinare luoghi e tempi dei fatti e delle situazioni:
– Siamo stati *al mare*. (si indica il luogo)
– Pranziamo *alle due*. (si determina il tempo)

A questo gruppo appartengono *i complementi: di luogo, di separazione o allontanamento, di origine o provenienza, di sostituzione o scambio, di tempo* (capp. 44 e 45).

giustapposizione Si è detto che il genere di precisazione data dalla maggior parte dei complementi è indicato da parole grammaticali: *le preposizioni*.

Ci sono comunque dei complementi che vengono accostati *direttamente all'elemento da precisare*, per *giustapposizione* senza la mediazione delle preposizioni. Tipico, fra questi, è il complemento *oggetto diretto* (Abbiamo visitato *il museo civico*.) (39.1); e poi altri (di tempo, ad esempio, o di prezzo) che si vedranno volta per volta (Ho lavorato *quattro ore*. - Questo oggetto costa *mille lire*).

uso figurato E' utile ricordare che i complementi possono anche essere usati in *senso figurato*:
– Mia figlia è *nel mio studio*. (dove? luogo reale)
– Mia figlia è *nel mio cuore*. (dove? luogo figurato)

funzioni di complemento Qualsiasi parola, purché usata come nome (7.1.1), può fungere da complemento:

– Spesso riflettiamo *sui perché* della vita.	(avverbio)
– *Coi se* non si fa la storia.	(congiunzione)
– *Con lo sbagliare* si impara.	(verbo)
– E' ora che si pensi *al domani*.	(avverbio)

Capitolo XXXV

35 - L'ATTRIBUTO

Definizione - Collocazione dell'attributo qualificativo e determinativo - Altre precisazioni sull'attributo.

35.1 DEFINIZIONE

– Le *due* macchine *rosse* sono di *mio* fratello.
– *Quella bella* ragazza ha *molti* ammiratori.

Due, rosse, mio, quella, bella, molti sono aggettivi che si accompagnano a nomi (*macchine, fratello, ragazza, ammiratori*) per determinarli nella quantità (*due, molti*), nella qualità (*rosse, bella*), nell'appartenenza (*mio*) o nella collocazione nello spazio (*quella*).

Nel momento in cui un aggettivo si accompagna a un nome per *precisarne una qualità*, o *determinarne l'appartenenza, la quantità, la posizione*, svolge funzione di ***attributo*** (dal lat. *attribùere,* 'attribuire')

35.2 COLLOCAZIONE DELL'ATTRIBUTO [1]

L'*attributo*, a seconda che sia un aggettivo determinativo o qualificativo, può essere messo *prima o dopo il nome* a cui si riferisce; e cioè:

a) se è *determinativo* (possessivo, numerale, indicativo, indefinito, interrogativo o esclamativo), di solito *sta prima del nome*:
– Sto spesso con i *miei amici.*
– *Questo palazzo* è alto molti metri e ha *dodici piani.*

---

[1] Sul posto occupato dagli aggettivi nella frase si sono date di volta in volta indicazioni anche in 2.3.1, 10.4.3, 10.4.4, 12.2.2, 12.3, 13.2.

– *Quale libro* hai preso tu?
– Eh, *quante storie*!
b) se è *qualificativo*, può stare *prima o dopo il nome*, in genere a seconda che abbia una *funzione descrittiva* o *restrittiva;* come nei seguenti esempi:
1a – Le *antiche case* del paese non hanno retto alla scossa di terremoto.
1b – Le *case antiche* del paese non hanno retto alla scossa di terremoto.

2a – Quei *diligenti alunni* furono premiati.
2b – Gli *alunni diligenti* furono premiati.

3a – Quella mattina la *spensierata Lucia* andava a scuola.
3b – Quella mattina *Lucia, spensierata*, andava a scuola.
3c – Quella mattina *Lucia* andava a scuola *spensierata*.

In 1a l'attributo *antiche* descrive una qualità comune a tutte le case del paese. In 1b invece è distintivo, e informa che solo le case di un certo tipo (*le antiche*, appunto) non hanno retto al terremoto; tutte le altre sì.

In 2a si dice che tutti i ragazzi (descritti come *diligenti*) furono premiati. In 2b invece si fa una distinzione e si dice che il premio non fu dato a tutti, ma solo a quelli *diligenti* (10.4.3, 10.4.4).

In 3a l'attributo *spensierata* indica una qualità generale e permanente di *Lucia*; è descrittivo. In 3b si indica una caratteristica di *Lucia* limitata a un particolare momento (*quella mattina*); è restrittivo. In 3c la qualità indicata non solo è limitata a un particolare momento, ma, più che la ragazza, tende a caratterizzare l'azione dell'andare, quasi come un avverbio (attributo avverbiale) (18.4.1).

c) Se è seguito da un complemento sta sempre dopo il nome:
– E' una persona *pronta a tutto*.

35.2.1 PRECISAZIONI SULLA COLLOCAZIONE DELL'ATTRIBUTO QUALIFICATIVO

descrittivo *L'attributo precede il nome* per lo più quando ha una *funzione accessoria, descrittiva e valutativa*; quando serve cioè a esprimere un'impressione, una valutazione o un giudizio generale per lo più esernativo; è un *epiteto* (10.4.3,69.2.1). Questa è comunque una semplice indicazione di ordine generale, non valida per tutte le occasioni, come si può anche notare dal secondo esempio qui sotto:

– Il *brillante attore* fu accolto da calorosi applausi.
– (...) è stato sacrificato agli *inconfessabili* ma a tutti *noti* affari di burocrati avidi e mediocri. (G. Bocca, in 'la Repubblica', 17-12-1992).

Questa collocazione è la più frequente; anche nella lingua poetica e letteraria. L'attributo anteposto infatti rende bene quel senso di vaghezza che spesso, a seconda degli stati d'animo, cogliamo nelle cose:
– *Chiare fresche* e *dolci* acque (...). (F. Petrarca)

restrittivo *L'attributo segue il nome* quando ne sottolinea una precisa qualità che lo caratterizza, lo distingue e lo limita. E' dunque una qualità che, fra altri concetti, cose o esseri animati della stessa categoria, lo indica come il solo ad esserne dotato. In questo modo l'attributo svolge una *funzione restrittiva necessaria*, certamente non accessoria:

– Ammiro *l'autista sicuro* nel *traffico caotico* della città.

In questi casi, per dare maggiore intensità al significato, l'attributo può anche essere posto fra due virgole, come un inciso:

– Carlo, *deciso*, si inoltrava tra la folla.

un'efficacia soluzione stilistica Si osservi il seguente esempio:

– Questo non è "voto di scambio", a mio parere: questa è d*emocrazia normale, normale democrazia.* (E. Deaglio, in 'l'Unità, 4-11-1995)

Si noti la 'ripetizione' di una stessa combinazione sintattica ma in 'distribuzione incrociata' (*epanalessi* e *chiasmo* [69.2.1]): a) 'sostantivo + attributo' (*democrazia normale,* b) 'attributo + sostantivo' (*normale democrazia*). Che, nella sua semplicità, sembra a noi una soluzione pragmatica (o, se si vuole, stilistica) di non trascurabile efficacia. Grazie ad essa, l'aggettivo (*normale*), in a), attribuisce carattere di peculiarità (funzione restrittiva) al significato della parola a cui è posposto (*democrazia*) nell'ambito dello specifico contesto di cui stiamo analizzando un esempio; in b) invece, il medesimo aggettivo, anteposto alla stessa parola, rinvia all'idea generale che essa esprime: quasi a ribadire che anche fuori da qualsiasi specifico contesto l'idea di democrazia non potrebbe prescindere da simile peculiarità (funzione descrittiva); la democrazia, se è 'democrazia', non può che essere 'normale'. Ancora un'osservazione: sarà pura coincidenza, ma nella ripetizione, lo scambio di posizione delle parole in questione mette in successione iterativa l'attributo (*...normale, normale...*) con un effetto di intensificazione di tipo elativo che riecheggia il grado superlativo assoluto.

colori Gli attributi indicanti *colori*, poiché si usano per lo più con valore restrittivo, seguono il nome:

– Abito in quella *casa bianca* laggiù.

E' meno frequente l'uso di questi aggettivi in funzione descrittiva:

– La brezza del mattino increspava l'*azzurro mare.*

restrittivi di per sé Alcuni aggettivi sono già di per sé restrittivi e possono essere collocati solo dopo il nome. Si tratta degli *aggettivi* detti *di relazione* (o *relazionali*) che equivalgono a un complemento formato da *di + un nome*: *italiano* = d'Italia, *politico* = della politica, *decisionale* = di decisione, *paesano* = di paese ecc. (10.4.4):

– Studio la *storia medioevale.* – (non: la *medioevale storia*)
– Si dedica all'*attività politica.*
– Le *coste italiane* sono molto frastagliate.

A questo gruppo possono essere ricondotti anche gli aggettivi che entrano a far parte di unità significative (definibili avverbiali) come quelle di ordine modale (a testa *bassa,* a occhi *aperti*, a mani *giunte*, con le braccia *spalancate...*), e in mancanza dei quali il senso risulterebbe incompiuto: - Camminava con la testa *(bassa).*

mutamento di significato Alcuni aggettivi (*certo* [13.1.2], *povero, buono, grande* ecc.) modificano il loro significato a seconda che precedano o che seguano il nome:
– un uomo *buono* (ligio ai sani principi morali)
– un *buon* uomo (semplice, ingenuo)
– un uomo *grande* (alto, robusto)
– un *grand'*uomo (famoso, celebre)
– un uomo *povero* (con scarse risorse economiche)
– un *pover'*uomo (che ispira compassione, senza importanza)
– ho avuto *certe* notizie (= notizie generiche)
– ho avuto notizie *certe* (= notizie precise)
– Dateci regole *certe* per cacciare i delinquenti. (titolo in 'la Repubblica, 13-10-1995.
– "Ma per una parete *grande* ci vuole un pennello *grande*!" "No, ci vuole un *grande* pennello!" (pubblicità)

attributo precisato Se l'attributo qualificativo è precisato da un sintagma preposizionale (elemento con preposizione) o da una proposizione, ha sempre valore restrittivo, e di norma segue il nome a cui si riferisce:
– Ammiro le persone *brave in cucina (a cucinare).* (N.B. Sarebbe errato dire: 'le brave in cucina persone'!)

L'eventuale gruppo formato da un participio passato attributivo e dal suo agente può incunearsi tra il sostantivo e il suo articolo, ma con esito fastidiosamente involutivo:
– La *negata da molti* e *temuta da altri* identificazione tra partito (...) e azienda (...) è una realtà (...). (M. Riva, in 'la Repubblica', 15-12-1995)

Se è il sostantivo ad avere la precisazione, allora l'attributo è più spesso preposto:
– Il *difficile compito* di una madre. (ma anche: Il *compito difficile* di una madre.)

attributo alterato Gli attributi con suffisso alterativo si pospongono al nome:
– un bambino *vivacetto* (non: un *vivacetto* bambino), un vestito *leggerino*

più attributi Se ci sono più attributi, la loro collocazione dipende dalle funzioni sopra descritte e da scelte stilistiche: possono, tutti insieme, precedere o seguire il nome; oppure alcuni precederlo e altri seguirlo:
– Il *buono e paziente Carlo* intratteneva i bambini.
– *Carlo, buono e paziente,* intratteneva i bambini.
– Il *buon Carlo* intratteneva *paziente* i bambini.

35.2.2 PRECISAZIONI SULLA COLLOCAZIONE DEGLI ATTRIBUTI DETERMINATIVI

possessivi Un attributo possessivo si pone per lo più *prima del nome* (12.2.2):
– Il *mio nonno* è ancora giovane.

Viene posposto, quando si vuole sottolineare o distinguere il possesso, o, in genere, enfatizzare:

– Io cercai di tenere un atteggiamento noncurante, come se fossi un po' distratto e immerso in *pensieri miei* (...). (A. Tabucchi, 'Notturno indiano')

La posposizione di *mio* e *nostro* si ha in particolare nelle esclamazioni, e nelle espressioni vocative:

– amore mio, amico mio, figliolo mio, Padre nostro
– *Mamma mia* che paura!
– Vi saluto, *amici miei.*

Posposizione si ha anche in espressioni ormai cristallizzate dall'uso:

– a casa mia (tua, nostra...), sapere il fatto tuo (suo, nostro ...), essere colpa mia (sua, vostra...), fare di testa mia (tua, nostra...)

determinativi Gli attributi dimostrativi, indefiniti, interrogativi, esclamativi *precedono* sempre *il nome* (12.3):

– *Quei libri* sono di storia.
– Ho *molti libri.*
– *Quale libro* hai letto?
– *Quanta pazienza* ci vuole!

numerali cardinali Gli attributi numerali cardinali *precedono* generalmente *il nome*:

– Ho *due gattini.*

Seguono il nome in certe particolari espressioni di lingua amministrativa o commerciale in cui è necessario mettere in rilievo la quantità:

– giorni 10 di licenza - prezzo lire 1000

numerali ordinali Anche i numerali ordinali *precedono* per lo più *il nome*:

– Abito al *quinto piano.*
– Siamo al *ventesimo giorno* di scuola.

Seguono il nome nelle indicazioni di successioni: di monarchi, di papi, di capitoli e di paragrafi di libri, di scene teatrali e simili:

– *Luigi sedicesimo*, re di Francia.
– Papa *Giovanni ventitreesimo.*
– *Atto primo, scena terza.*

35.2.3 ALTRE PRECISAZIONI SULL'ATTRIBUTO

attributo reggente Da un attributo può dipendere un sintagma preposizionale e un'intera proposizione:

– Il bambino, *timoroso di essere punito*, si teneva in disparte.
– Carlo è una persona simpatica *a tutti.*

aggettivo avverbiale Si è già accennato (18.4.1, 35.2) al fatto che un aggettivo possa accompagnarsi a un verbo, e al tempo stesso continuare ad accordarsi a un nome. In questo caso, esso rimane a mezzo tra la funzione di attributo aggettivale (attributo del nome) e attributo avverbiale (attributo del verbo); in ogni caso, l'attenzione è diretta più sul nome che sul verbo:
– I *ragazzi giocavano tranquilli*. (= tranquillamente [complemento di modo])

concordanza L'*attributo* è un aggettivo, e perciò *concorda con il nome* a cui si accompagna nel genere e nel numero (10.4.2, 10.4.2.1, 12.2, 12.3, 13.1, 13.2):
– Laura ha i capell*i* biond*i*.
La concordanza, naturalmente, non si ha con gli aggettivi invariabili:
– Carla ha due *fazzoletti rosa* e *blu*.

attributo enfatizzato Per una particolare enfatizzazione dell'attributo (e dell'apposizione) si veda in 36.3:
– Ha parlato *quell'intelligente* di Carlo!

preposizione introduttiva I *numerali cardinali,* eccettuato uno, e i plurali indefiniti *molti, tanti, parecchi, pochi,* quando sono in funzione predicativa o attributiva del soggetto, possono essere introdotti dalla preposizione *in* (33.1.1):
– Gli sciatori partirono *in tanti* per la maratona, ma arrivarono *in pochissimi*.
– Ci accontenteremo di giocare *in quattro o cinque*.
– Hanno cercato di convincermi *in molti* (...). (M. Di Lascia, 'Paesaggio in ombra').

funzione attributiva In sintassi, funzione attributiva (predicativa) analoga a quella dell'aggettivo può essere svolta anche da un sostantivo (apposizione [36]), da un infinito retto da nome (voglia di *uscire*), da un sintagma preposizionale (ad es. in 41.7), da una proposizionale (56)

trasformazione Alcuni attributi, in particolare se restrittivi, possono essere inseriti in proposizioni relative equivalenti:
– ragazzi *tranquilli (= che sono tranquilli)*

Capitolo XXXVI

36 - **L'APPOSIZIONE**

Definizione - Collocazione dell'apposizione - Alcune precisazioni.

36.1 DEFINIZIONE

a) *La maestra* Rossi va in pensione quest'anno.
b) Ho chiamato Pieroni, l'*idraulico*.
c) Luigi, *il ragazzo del piano di sotto*, studia il flauto.

In a), delle possibili *signore Rossi*, di conoscenza del parlante e dell'interlocutore ne viene identificata una mediante la sua professione di *maestra*; in b) il *Pieroni* di cui si parla viene identificato mediante il suo lavoro di *idraulico*; in c) *Luigi* viene identificato con l'appellativo di *ragazzo* completato dall'indicazione di dove abita.

L'***apposizione*** (dal lat. adpònere, 'mettere vicino') è un nome, un aggettivo sostantivato o una espressione di più parole che si affianca ('si appone') a un altro nome per precisarlo o caratterizzarlo. Essa svolge dunque una funzione simile a quella dell'attributo (35).

36.2 COLLOCAZIONE DELL'APPOSIZIONE

L'*apposizione si può preporre o posporre al nome* a cui si riferisce.

Scegliere l'una o l'altra posizione dipende dal rilievo che si vuol dare all'informazione che essa porta. L'apposizione collocata dopo il nome, magari fra due virgole come un inciso, avrà una funzione più caratterizzante, restrittiva; analoga a quella di un attributo allo stesso modo collocato; funzione descrittiva di epiteto (35.2.1) avrà se preposta:

– *Il ragionier Bianchi* è una gran brava persona.
– *Bianchi, il ragioniere,* desidera parlarti.

36.3 ALCUNE PRECISAZIONI

sigle Anche una sigla può funzionare da apposizione (come una specificazione con preposizione taciuta):
– Il signor Rossi è un operaio *Fiat*. (= della Fiat)

funzionali L'apposizione può essere introdotta da parole- legamento (o funzionali): *da, come, quale, in quanto, in qualità di, nella qualità di...*; e spesso viene posta fra due virgole.
In questi casi, poiché è circoscritta, l'informazione risulta più evidenziata:
– Luigi *come giardiniere* non sa fare molto.
– Lucia, *da brava bambina*, aiuta la mamma.

apposizione precisata Se l'apposizione è precisata da un sintagma preposizionale (elemento con preposizione) o da una proposizione, per lo più si pospone al sostantivo a cui si riferisce:
– Ho incontrato *Rossi*, l'*impiegato del comune.*
– Ho visto *Verdi*, *il professore che ti ha esaminato.*
Per ragioni di messa in evidenza si può comunque anche preporli:
– Ho incontrato l'*impiegato del comune Rossi*.

apposizione e attributo enfatizzati In particolari contesti spontanei, parlati, non formali, l'apposizione o l'attributo possono assumere un particolare senso affettivo (di ironia, o di sorpresa o di rabbia ...) se iscritti in sequenze del tipo '(quel) + apposizione (o attributo) spesso alterati + di + sostantivo con precisazione':
– *Demonio di* un ragazzaccio!
– A voler sposare Renzo era *quella ragazzetta di* Lucia.
– Intendo parlare di *quel furbacchione di* Franco.

trasformazione L'apposizione collocata dopo il nome può essere inserita in una proposizione relativa, temporale o causale:
– Lucia, *(che è) la cugina di Paolo*, è molto simpatica.
– Beatrice, *da (= quando era) bambina*, voleva sempre stare in braccio alla mamma.
– Alessio, *autista, (= poiché fa l'autista)* è bravissimo nel caotico traffico cittadino.

Capitolo XXXVII

37 - PAROLE-GRAMMATICALI: LE PREPOSIZIONI (1º)

Parole-grammaticali - Le preposizioni come segnali di rapporti logico-grammaticali - Le preposizioni e il loro significato di base - Caratteristiche morfologiche.

37.1 PAROLE-GRAMMATICALI

– Carlo studia *in* biblioteca.

In questa frase ci sono i due elementi fondamentali: il soggetto (*Carlo*) e il predicato (*studia*). Poi c'è un'aggiunta che completa l'informazione data dal predicato. Essa si aggancia al verbo mediante la parola-legamento *in*, la quale, poiché è 'posta prima' del sostantivo da agganciare, prende il nome di *preposizione*. Proprio il significato suggerito da questa parola (*in = dentro*) ci dice che fra la prima parte essenziale (*Carlo studia*) e la parte aggiuntiva (*in biblioteca*) c'è un rapporto di 'luogo', per la domanda: dove studia Carlo?

Tutto questo potrebbe sembrare un ragionamento scontato, dal momento che la domanda formulata è l'unica possibile qui. Al punto che il significato della frase risulterebbe chiarissimo anche senza la preposizione *in*: "Carlo studia biblioteca".

Ma non sempre è tutto così semplice e scontato. Anzi, il più delle volte è proprio il contrario.

In una frase come "Luigi lavora *da* Carlo", non si potrebbe fare a meno della preposizione *da*: "Luigi lavora Carlo". E ciò perché il rapporto tra *Luigi* e *Carlo*, oltre che di luogo, (dove? *da Carlo*), potrebbe essere di compagnia (con chi? *con Carlo*), o di favore (in favore di chi? *per Carlo*); e perfino di argomento, se *Carlo*, fosse, ad esempio, *Carlo Magno* (su quale argomento? *su Carlo Magno*). Sarebbe dunque impossibile cogliere il senso voluto dal parlante.

In un'espressione come "Carlo parla Luigi", si capisce che fra il primo argomento (*Carlo*), la sua azione (*parla*) e il secondo argomento (*Luigi*) esiste un rapporto logico. Tuttavia sarebbe impossibile individuare, fra i più possibili, quello pensato dal parlante. Il quale, solo, dunque può indicarlo mediante il segnale apposito (la preposizione):

	con		(rapporto o complemento		di relazione)
	a		("	"	di termine)
– Carlo parla	*di*	Luigi	("	"	di argomento)
	da		("	"	di luogo figurato)
	per		("	"	di favore o fine o sostituzione)

37.2 LE PREPOSIZIONI COME SEGNALI DI RAPPORTI LOGICO-GRAMMATICALI [1]

– Luigi va *dalla* mamma *del* mio amico.
– Le scimmie vivono libere *sugli* alberi.
– *Con* la volontà si ottiene molto.

In questi esempi, parole come *Luigi, mamma, amico, scimmia, albero, volontà, mio, libero, molto, andare, vivere, ottenere*, rappresentano persone, animali, cose, appartenenze, modalità, fatti e situazioni che fanno parte del mondo della realtà sensibile e del pensiero, di cui abbiamo diretta esperienza e di cui nella nostra mente conserviamo singole immagini spesso ben precise. Sono parole che fanno parte delle categorie dei nomi, degli aggettivi, dei verbi, degli avverbi.

Al contrario, di parole come *da* (in *dalla*), *di* (in *del*), *su* (in *sugli*), *con*, si può dire che ciascuna, presa per se stessa, al di fuori delle frasi sopra proposte, non si richiama a nessuna immagine particolare della nostra mente. E tuttavia, se si considerano all'interno di ciascuna delle frasi sopra proposte, si nota, di ognuna, una chiara funzione pratica e se ne coglie un preciso significato (37.1). La funzione pratica ('meccanica', strutturale) è quella di collegare gli elementi della frase, mettendoli in rapporto fra loro. Il significato è quello particolare che ciascuna dà al rapporto stabilito.

Persone, cose, modalità, fatti ecc. difficilmente ci si presentano isolati. Nella nostra quotidiana esperienza li cogliamo per lo più connessi fra loro, e

[1] Delle preposizioni si parla anche in 19.1 e in 19.1.1.

con noi stessi, in rapporti che si richiamano a idee che precisano la appartenenza, la causa, la quantità, il modo, la collocazione nello spazio o nel tempo ecc. [1]. La funzione di segnalare ciascuna di queste idee di rapporto è propria di elementi grammaticali quali le *preposizioni*.

Le ***preposizioni*** sono *parole grammaticali* che servono a istituire rapporti logico-grammaticali fra due elementi di frase, di cui il secondo, chiarificatore del primo, è sostantivo o sostantivato (19.1)

Per questo loro ruolo le preposizioni si chiamano anche *connettivi* o *segni di funzione logico-grammaticale* o *segni funzionali* o, più semplicemente, *funzionali*.

37.3 LE PREPOSIZIONI E IL LORO SIGNIFICATO DI BASE

Come tutte le parole, anche ciascuna preposizione ha, come si è detto, un suo proprio significato che sta alla base di tutti i rapporti, reali e figurati, che può stabilire.

Nel seguente esempio:

– Franco ha studiato tutto *in* → biblioteca. / due ore. / silenzio.

il significato di base *in (= dentro)* si richiama a una idea di *immersione, di collocazione* all'interno di qualcosa. E questo significato di base non cambia, neanche se cambia il tipo di *luogo*, che può essere: a) *reale* (complemento di luogo: *in biblioteca*); b) configurato come *tempo* (complemento di tempo: *in due ore*); c) configurato come *modo di essere* (complemento di modo: *in silenzio*).

Anche in quest'altro esempio:

– Carlo portò questi documenti *a* → Napoli. (luogo) / primavera. (tempo) / sua difesa (fine)

pur variando le parole del rapporto, e, di conseguenza, variando il tipo particolare di complemento (che sarà di luogo, di tempo o di fine), tuttavia

---

[1] " 'Le idee si legano e si connettono le une alle altre nel nostro spirito per formarvi delle molteplici associazioni, raggruppamenti o insiemi diversi'. Su queste connessioni si fonda la distinzione tra idee principali, e idee secondarie o accessorie. Abbiamo qui il principio di una grammatica (...)". (P. Ricoeur, cit., pag. 69, in cui si cita P. Fontanier).

il significato di base della preposizione *a* rimane sempre quello della 'direzione verso qualcosa': nello spazio reale, nello spazio configurato come tempo, o nello spazio configurato come aspirazione.

Anche una frase dal signficato ambiguo come "Papà ha trovato Lucia *con* il cane" può dimostrare che le preposizioni sono dotate di un loro specifico significato. Il significato è ambiguo perché non si capisce bene se il papà si è servito del cane per trovare Lucia o se il cane stava con Lucia quando il papà l'ha trovata. Nel primo caso, si tratterebbe di un complemento di mezzo; nel secondo, di un complemento di compagnia. E' infatti il significato particolare del termine accompagnato con la preposizione che indica specificamente il complemento (ed è perciò che i complementi sono tanti). Ma tutto questo vale alla superficie, per dir così. Infatti il significato basilare del rapporto dato dalla preposizione *con* si riconduce, comunque, a un'idea di *compagnia, di unione* (*con = insieme*). Perciò con chiunque dei due stesse in quella situazione il cane (con Lucia o con papà) la relazione qui stabilita da *con* conserva alla base il significato della 'compagnia'.

37.3.1 COMPLEMENTI SENZA PREPOSIZIONE

Occorre precisare che non tutti i complementi sono introdotti da preposizione, propria, impropria o perifrastica che sia. Ce ne sono alcuni infatti (e si vedranno quando li tratteremo singolarmente) che non ne hanno bisogno: a) il complemento oggetto diretto, b) i predicativi del soggetto e dell'oggetto, c) qualche variante del complemento di tempo (cfr. 'giustapposizione' in 34.3.1), d) taluni sostituenti (pronomi) già di per sé forniti di marca grammaticale: *mi, ti, si (= a me, a te, a sé); gli, le (= a lui, a lei), ne (= di [da] lui, lei, loro, da quel luogo), ci (= a [con, su] noi, questo, quello), cui (= al [alla] quale, ai [alle] quali).*

37.3.2 PRECISAZIONI SULLE PREPOSIZIONI

possibilità del rapporto

Il rapporto logico-grammaticale che le preposizioni possono stabilire nella frase può essere *fra un verbo e un nome* o *fra un nome o un aggettivo e un altro nome* (19.1):

– andare a scuola, mangiare con appetito, lavorare per i figli..., camicia di seta, barca a vela, cane da guardia, uomo in pigiama (funzione attributiva: 35.2.3)..., fedele a sua moglie amico di animali ...

Per questa ragione si può parlare di *complementi del verbo* e di *complementi del nome* o *dell'aggettivo.*

collocazione

Il posto delle preposizioni sta (come dice il nome stesso) *prima del nome* che collegano (37.1): camicia *di seta* - studiare *con Luigi* - andare *a casa*...

Impossibile (in italiano) sarebbe dire: studiare Luigi *con*.

Fino al secolo scorso (e anche all'inizio del ventesimo) tuttavia erano anche in uso parole come *meco* (= con me), *teco* (= con te) e *seco* (= con sé) con la preposizione *con* posposta al pronome. Ancora oggi di queste parole si fa talvolta uso, anche se soltanto in contesti scherzosi o ironici:

– vieni meco - vengo teco

stretto collegamento

Di norma non è consentito, senza nuocere al significato, mettere fra la preposizione e il suo sostantivo qualche altro elemento preceduto da preposizione. Solo la preposizione *con,* per la particolare autonomia semantica del rapporto che introduce, accetta a volte tale inserimento (*iperbato* [69.2.1]):

– Era una ragazza *con nello* sguardo tanta malinconia.

– (...) la guerra del centrodestra al presidente torna ad essere una guerra di posizione. *Con* persino *qualche apertura* ad una trattativa (...). (F. Geremicca, in 'la Repubblica', 6-11-1995)

Possono anche essere inserite le espressioni *di lui, - di lei - di loro*; che però caratterizzano uno stile burocratico o scherzoso:

– Ho scritto a Giorgio e *alla di lui* famiglia.

rapporti tra frasi

Le preposizioni possono mettere in rapporto logico-grammaticale, oltre che due elementi di frase, anche due frasi tra loro. Possono dunque svolgere il compito che per lo più è affidato alle *congiunzioni* (50.3). In questo caso la seconda frase avrà il *verbo al modo infinito* (che, come si sa, ha valore nominale):

(*frase* 1)	(*frase* 2)
– Vado al ristorante	*per mangiare.*
– Mario spera	*di essere invitato anche lui.*

37.4 CARATTERISTICHE MORFOLOGICHE

Per quanto riguarda gli aspetti morfologici delle preposizioni, si rinvia ai paragrafi specifici 19.1 e 19.1.1.

In questo capitolo e nel seguente la trattazione è necessariamente limitata alle sole preposizioni 'primitive' o 'proprie' (*di, a, da, in, con, su, per, tra, fra*), e in relazione alle loro specifiche funzioni logiche e sintattiche.

Per gli usi particolari, anche delle *preposizioni improprie* e delle *locuzioni prepositive*, si rinvia alla trattazione dei vari complementi. Del resto, il significato delle singole preposizioni improprie e delle locuzioni è talmente chiaro che è altrettanto comprensibile il significato dei rapporti che possono stabilire.

Capitolo XXXVIII

38 - LE SINGOLE PREPOSIZIONI (2°) - LO STILE TELEGRAFICO

Le preposizioni *tra* e *fra* - La preposizione *su* - La preposizione *con* - La preposizione *in* - La preposizione *per* - La preposizione *da* - La preposizione *a* - La preposizione *di* - Sull'uso delle preposizioni *di* e *da* - Il linguaggio telegrafico.

38.1 LE PREPOSIZIONI *TRA* E *FRA*

cane	← *tra [fra]* →	gatto

tra e ***fra*** significano 'in mezzo'. In mezzo a due o più persone, animali o cose.

Il significato del rapporto da esse stabilito può essere riferito:

• allo *spazio reale* o *figurato*:
– Il fiume scorre *tra due alte rive.* (reale)
– *Fra il cane e il gatto* non corre buon sangue. (figurato)

• allo *spazio* configurato come *tempo*:
– Verrò *fra l'otto e il quindici marzo.*

• allo *spazio* configurato come *modalità:*
– La sua vecchia nonna passa le giornate *fra letto e poltrona.*
– E' vissuto sempre *fra gli stenti.*

38.1.1 PRECISAZIONI

• *tra* e *fra* significano 'in mezzo' anche in espressioni temporali come: *Gli esami ci saranno fra due mesi.* Qui si vuol dire che *fra* (*in mezzo a*) il momento in cui si parla e il momento in cui ci saranno gli esami intercorrono due mesi.

• *tra* e *fra* hanno lo stesso significato. La scelta dell'una o dell'altra è motivata da ragioni di eufonia:
– (tra) fra tre mesi - (fra) tra fratelli
Ma ragioni di eufonia non fanno regola severa:
– Chicago, scontro tra treni, nove vittime. (titolo in 'la Repubblica', 19-1-1993) (si noti la cacofonica sequenza formata da 'tro, 'tra', 'tre')

• Davanti a un pronome personale *tra* e *fra* possono essere seguite da *di*:
– fra di noi - tra di loro

• con la ripetizione di *me* e *sé, tra* e *fra* intensificano l'espressione: Parlavo *tra me e me*. - Brontolava *fra sé e sé*.

38.2 LA PREPOSIZIONE *SU*

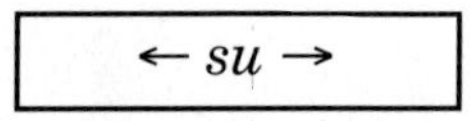

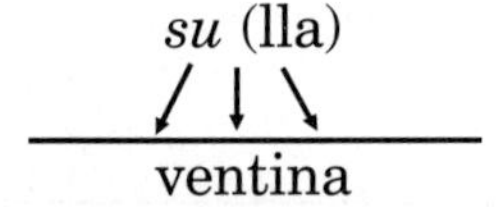

su vuol dire 'sopra'. Si usa per indicare qualcosa (o qualcuno) collocato sopra qualcos'altro.

Questa collocazione può essere riferita:
• allo *spazio reale* o *figurato*:
– Il gatto è *sulla sedia*. (reale)
– La responsabilità venne scaricata *su quel poveretto*. (figurato)

• allo *spazio* configurato come *tempo*:
– Tornò *sul mezzogiorno*.

• allo *spazio* configurato come *modalità*:
– Carlo lavora *su ordinazione*.

38.2.1 PRECISAZIONI

significato La collocazione indicata da *su* può essere su uno spazio ben delimitato o (specie se lo spazio è figurato) risultare approssimata:
– Il libro è *sulla scrivania*. (ben delimitato)
– E' un uomo *sulla cinquantina*. (indicazione approssimata)

pronome *su* davanti a un pronome personale può essere seguita da *di*:
– su di me - su di loro

funzione avverbiale *su* è la sola tra le preposizioni cosiddette primitive che può svolgere anche funzione di *avverbio*:
– Carlo, vieni *su*! (o anche: *sù* [2.2.1]).

38.3 LA PREPOSIZIONE *CON*

Carlo	*con*	Lucia

con vuol dire 'insieme', e si riconduce a idee di *compagnia*, di *relazione*, di *compresenza*.

Anche tali significati del rapporto introdotti da questa preposizione possono avere riferimento alla realtà dello *spazio*, del *tempo* e della *modalità*.

Un *rapporto di compagnia, di unione, di compresenza* è molto chiaro nei seguenti esempi:

– Carlo studia *con Lucia*. (compagnia)

– I piselli vanno bene *con il riso* (relazione)

– Vengo a scuola *con tanti libri*. (unione)

Lo stesso significato di *unione*, di *compresenza*, è evidente, seppure meno marcatamente, anche in questi altri esempi:

– Le rondini arrivano *con la primavera*. (tempo: arrivo di rondini e primavera insieme)

– Lucia disegna *con i pennarelli*. (mezzo: 'unione' fra Lucia e i pennarelli)

– Non possiamo studiare *con questo chiasso*. (causa: compresenza dello studio e del chiasso)

38.4 LA PREPOSIZIONE *IN*

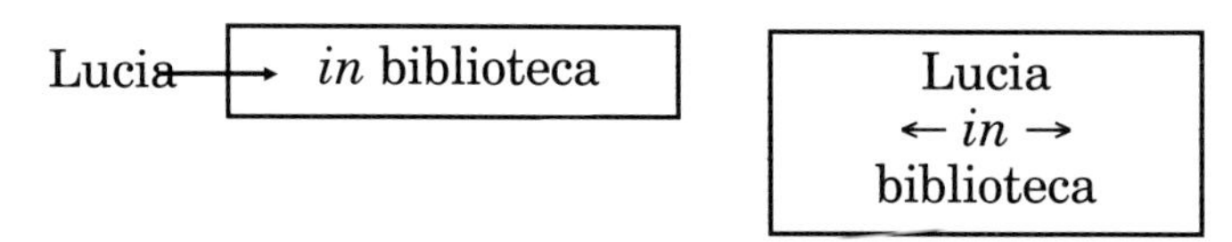

in vuol dire 'dentro', e riferisce idee di *collocazione, immersione, inserimento* di qualcuno o qualcosa all'interno di uno spazio reale o figurato.

Questo vuol dire che (come si è già esemplificato anche nel capitolo precedente e con le due preposizioni precedenti) il concetto di *spazio* si può anche configurare in termini di *tempo* e di *modalità*:

– Andiamo (viviamo) *in campagna*. (inserimento, collocazione, in uno spazio reale)

– Siamo (veniamo) *in inverno*. (inserimento, collocazione, in uno spazio-tempo)

– Luisa era *in ansia* per me. (immersione in uno spazio-modalità)

38.4.1 PRECISAZIONI SU TALUNI USI ANALOGICI DI *IN*

Se ci si riferisse letteralmente all'idea di *in* come collocazione in un interno reale o figurato, potrebbero sorprendere frasi come. "Vado *in* bicicletta" - "Corro *in* motocicletta" ecc., nelle quali è impossibile individuare un 'interno'. E' chiaro che espressioni come queste (che si usano quando si vuole indicare il mezzo di trasporto impiegato per uno spostamento) sono nate per analogia, per influenza assimilatrice e livellatrice da altre in cui questa idea di 'collocazione in un interno' è evidente:

– Vado *in* treno - Corro *in* macchina, e simili.

Ragioni di *analogia* spiegano anche altri modi di dire (44.1.2.2). Ad esempio: "Tenere il cappello *in* testa", che può assimilarsi a "Tenere il cappello *in* mano".

In una lingua non sono pochi i significati sorti per somiglianza con altri. Somiglianza, però, che perde la sua efficacia non appena ne potrebbe nascere qualche contraddizione logica.

E così, se è ammesso dire *andare in bicicletta (in motocicletta* ecc.), sarebbe invece contro ogni logica dire, per esprimere analogo significato, *andare in cavallo*. Infatti, né la bicicletta né la moto hanno un vero e proprio interno tale da creare equivoci o grotteschi significati; il cavallo sì; perciò si ricorre alla espressione con *a* che richiama l'idea di modello (38.7) *andare a cavallo*.

Allo stesso modo, se sull'espressione *andare in campagna (in città*) il gioco analogico consente *andare in montagna* (= in un luogo di montagne), non lo consente invece per *andare in mare*; ché avrebbe tutt'altro significato. Occorre allora tornare ai funzionali appropriati; nel caso specifico, *a*: *andare al mare* (44.1.1).

38.5 LA PREPOSIZIONE *PER*

per riassume in sé principalmente i significati di due preposizioni latine: *per* e *pro*.

Preposizione di *valore spaziale*, *per* si riconduce a un'idea di *attraversamento* di un punto, di una linea o di una superficie (reali o figurati). Attraversamento che può esplicarsi: a) senza riferimenti direzionali; b) includendo una direzione verso un punto reale o figurato:

a) – Passeggio *per la stanza*.
– Le foglie sono sparse *per la campagna*.
– Ho un buon affare *per le mani*.

– Ce l'ho fatta *per il rotto* della cuffia.

b) – Partimmo *per Roma*.

– Faremo questi esercizi *per domani*.

Al valore spaziale di attraversamento si riconducono particolari *valori modali*:

– di causa: Piangeva *per la contentezza*.

– di tempo: Ho studiato *per tre ore* - Sarò pronto *per le sei*.

– di mezzo (di 'tramite'): Gli ho parlato *per telefono*.

– di quantità: Ho camminato *per cinque chilometri*.

Al valore direzionale si riconducono altri valori modali:

– di destinazione: Ho comprato un libro *per te*.

– di vantaggio e svantaggio: Se studi, meglio *per te*, se non studi, peggio *per te*.

– di convenienza: Non sono cose *per te* queste.

– di fine o scopo: L'ho detto *per scherzo*.

– di sostituzione: Tu va' pure, resto io *per te*. - Lo presero *per il nuovo professore*. - L'ho comprata *per poche lire*.

38.6 LA PREPOSIZIONE *DA*

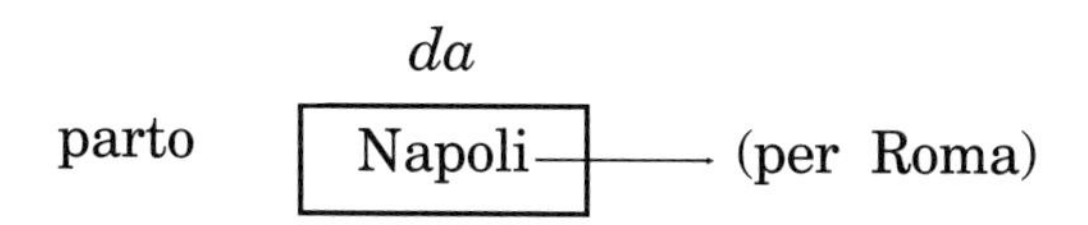

da può stabilire una gamma tanto estesa di rapporti che il suo significato sembra quasi perdersi nel generico. Tuttavia essa, in ogni suo uso, si riconduce costantemente a *idee di partenza*, di *distacco* da qualcosa, di *origine* da un punto di uno spazio reale o figurato:

– Siamo partiti *da Catanzaro* alle nove. (distacco da un luogo reale: complemento di luogo)

– Queste parole sono partite *dal cuore*. (distacco da un luogo figurato: complemento di luogo figurato)

– Siamo qui *dalle undici*. (distacco da un punto del tempo: complemento di tempo)

– Ti ho riconosciuto *dalla camminata*. (la possibilità del riconoscimento 'si è distaccata' da un particolare: complemento di mezzo o di causa)

– E' un ragazzo *dalla viva intelligenza*. (dal particolare della intelligenza 'si distacca' la possibilità di caratterizzare una persona: complemento di qualità)

– Carlo è stato lodato *dal preside*. (dal preside 'si è distaccato' l'atto del lodare: complemento di agente)

Questa idea generale di distacco può anche evolversi nei *valori specifici* di direzione *verso un luogo*, di *avvicinamento*, di *attraversamento*, o di *vicinanza*: e tutti, con inclusa un'idea di *permanenza fugace*, temporanea; almeno nelle intenzioni del parlante. Chi infatti dice "Passerò *da* Milano" è come se, insieme con l'idea dell'andare in quel luogo, comunicasse anche l'intenzione di ripartirne immediatamente. Milano insomma appare non come un luogo di permanenza, ma, tutt'al più, di attraversamento: sosta breve e partenza immediata. Un fugace contatto. Al contrario, chi dice "Vado *a* Milano", concentra l'attenzione sul luogo da raggiungere e nel quale sosterà; non importa per quanto tempo. Anche chi dice "Abito *da* Luigi" informa l'interlocutore che la sua permanenza è provvisoria e che prima o poi se ne andrà.

Si confrontino anche i seguenti esempi:
– Ho lasciato quel libro *da Luigi*. (= puoi andare a prenderlo quando vuoi; il libro sta lì provvisoriamente, pronto a esserne 'distaccato')
– Ho lasciato quel libro *a Luigi*. (= gliel'ho regalato; a me non serviva; il libro, nelle mie intenzioni, rimarrà lì)

Insomma, il significato specifico di qualsiasi rapporto introdotto dalla preposizione *da* non può prescindere da un *valore di distacco*.

38.7 LA PREPOSIZIONE *A*

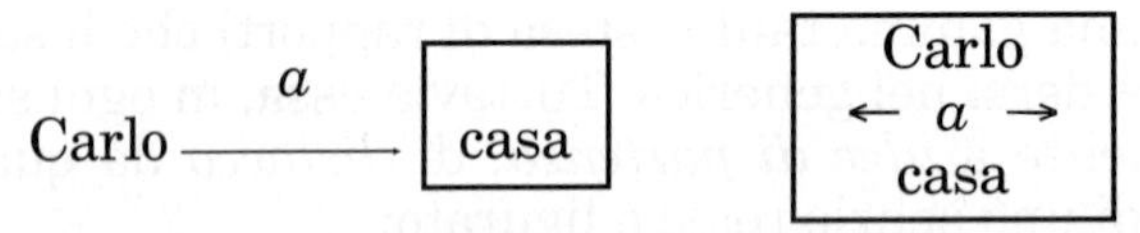

La preposizione ***a*** è, dopo *di*, la più usata. Il suo significato di base è infatti talmente comprensivo da prestarsi a stabilire rapporti logici anche apparentemente (ma solo apparentemente) lontani fra loro.

Essa stabilisce *rapporti* con valori *di direzione*, di *avvicinamento*, di *vicinanza*, di *contatto*, di *coincidenza*, in dipendenza da verbi o espressioni di *moto* o di *quiete*:
– Carlo *va a casa*. (moto: direzione reale)
– Carlo *sta a casa*. (quiete: contatto reale)

Chi parla e chi ascolta hanno, come si sa, la capacità di figurarsi il tempo con caratteristiche e dimensioni di tipo spaziale. Per questo, l'*idea di luogo* e quella *di tempo* possono coincidere:

– Mio fratello ritornerà *a mezzanotte*. (moto figurato nel tempo)
– Gli alberi fioriscono *a primavera*. (stato figurato nel tempo)

Il *valore direzionale* verso un punto può evolversi in *tendenza, aspirazione, inclinazione, attitudine, destinazione*:
– Alessio aspira *a grandi traguardi*.
– Enrico si interessa *a Maria*.
– Non sono adatto *a questo lavoro*.

Anche il *valore* prettamente *modale*, si configura come 'tendenza'; in questo caso, *tendenza a coincidere con un modello*.

Nella frase "Mia madre fa gli spaghetti *all*'amatriciana" il parlante dice che la donna, nel cucinare gli spaghetti è tutta 'tesa' a imitare il particolare modello suggerito da una ricetta proveniente dalla cittadina di Amatrice.

In una frase come "Gioco *a* carte (*a* briscola, *a* scopa, ecc.)" il rapporto espresso con *a* dice l'intenzione del parlante di seguire un certo tipo di gioco 'guardando nella direzione' delle sue regole. Invece nella frase "Carlo gioca *con* le carte" il rapporto introdotto da *con* dice che le carte sono un semplice strumento per un libero gioco, creazione della libera fantasia; senza modello alcuno.

Ecco altri esempi in cui il *riferimento a un modello* appare abbastanza chiaro:
– Lucia veste sempre *alla moda*.
– Piove *a dirotto*.
– Vorrei un quaderno *a righe*.
– Ho una barca *a motore*.
– Ho partecipato a una corsa *al sacco*.

38.8 LA PREPOSIZIONE *DI*

Se, entrando in una libreria, ci si rivolgesse al libraio dicendo semplicemente "Vorrei un libro", si rischierebbe, al minimo, un suo gestaccio di reazione. Che altro si può chiedere in una libreria se non un libro? Se anche non si avesse un'idea precisa del libro in questione, qualche indicazione, pur generica, sarebbe doverosa. Si potrebbe fare riferimento all'autore o all'argomento o al valore culturale dell'opera; oppure alla materia particolare della carta, o al prezzo, o alla sua dimensione; o ad altro ancora. Insomma, se si vuole che il libro desiderato si distacchi dalla generica idea che si può avere di qualcosa che meriti questo nome (come le centinaia di volumi di una libreria), occorre aggiungere qualche particolare che lo specifichi, lo caratterizzi, lo identifichi.

E la preposizione in grado di stabilire questo rapporto di 'identificazione' è *di*.

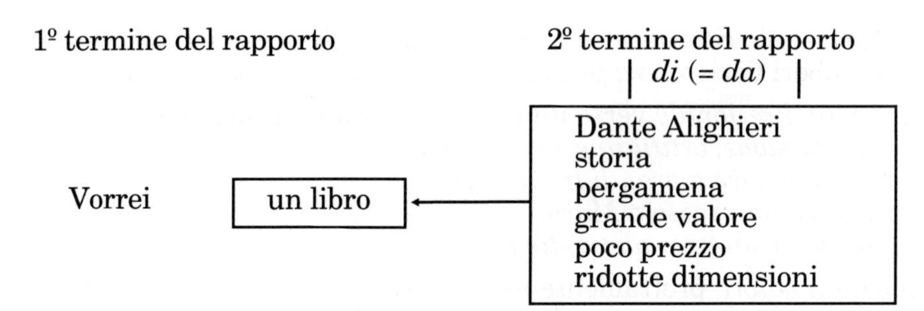

di deriva dal latino *de*, che significa *da* e che richiama *idee* di distacco, di *origine*. Lo schema qui sopra può forse aiutare a capire meglio. La direzione della freccetta indica che dal 2° termine del rapporto (*Dante Alighieri - storia - pergamena - grande valore - poco prezzo - ridotte dimensioni*) si distacca, si origina la possibilità per il 1° termine di essere identificato, caratterizzato: e, dunque, di uscire dal generico. E così il libraio avrà modo di soddisfare la richiesta del cliente.

Questa funzione di spiegare un termine dal generico significato risulta chiaro anche nei seguenti esempi:

"Mi piace la vivacità." (vivacità: termine generico) "Quale vivacità? "Quella *del* figlio." (figlio: termine generico) "Quale figlio?" "Il figlio *dell'*inquilino."(inquilino: termine generico) "Quale inquilino?" "Quello *del* piano." (piano: termine generico) "Quale piano?" "Il piano *di* sotto". Adesso è tutto ben specificato:

"Mi piace la vivacità *del* figlio *dell'*inquilino *del* piano *di* sotto."

La preposizione *di* si ricollega dunque a *idee di identificazione, specificazione, determinazione*, di esseri animati e cose nello spazio, reale o figurato, nel tempo e nella modalità.

– Verrò (quando?) *di pomeriggio*. (specificazione di tempo)
– Andava (come?) *di fretta*. (specificazione di modo)
– Mi piace molto la città. (quale?) *di Napoli* (specificazione di denominazione)
– Ho preso il libro (di chi?) *di Giovanni*. (specificazione del proprietario);
– Ho il cassetto pieno (di che?) *di carta*. (specificazione di ciò di cui abbonda)
– E' un palazzo *di dieci piani*. (specificazione della misura)

38.8.1 SULL'USO DELLE PREPOSIZIONI *DI* E *DA*

a) Sono uscito *di (da)* casa presto stamattina.
b) *Di (da)* dove venite?
c) Veniamo *da* Milano.
d) *Di* dove sei?
e) Sono *di* Perugia.

f) Leonardo *da* Vinci.
g) San Francesco *di (da)* Assisi.
h) Andare *di* bene in meglio.

Questi esempi ci ricordano che ambedue le preposizioni *di* e *da* richiamano una *nozione di distacco, di origine*. Per questa sinonimia in taluni casi possono essere intercambiabili. Anche se si tratta di una intercambiabilità limitata a certe specifiche indicazioni di valore francamente locativo, come in a), in b) e in g); intercambiabilità che viene invece impedita - evidentemente dall'uso - in casi pur chiaramente analoghi, come in c), d), f), h): dove l'un funzionale esclude l'altro. Per ciò che riguarda l'espressione in c), in certi casi di italiano regionale (68.2.2) è possibile anche dire "Veniamo *di* Milano".

Si presentano a volte altri casi in cui l'uso dell'una o dell'altra preposizione, da un comune valore di fondo, porta addirittura a significati specifici ben diversi. In "Sono uscito *di* strada" e "Sono uscito *dalla* strada", non c'è dubbio che il parlante dice di avere in qualche modo abbandonato la strada (analogo valore di fondo). Ma, nel primo caso - con *di* - comunica di essere incorso in un incidente (automobilistico, motociclistico...) e la sua uscita dalla strada è stata del tutto involontaria. Nel secondo caso - con *da* - (dalla = da + la) avverte invece che l'uscita è stata un atto da lui voluto (44.1.4.1).

Va notato comunque che, anche nei casi di analogia di significato, il più delle volte *da* prende l'articolo mentre *di* lo rifiuta:
– uscire *di* / *dalla* chiesa, *di* / *dalla* scuola ecc.

Al di là dei casi locativi qui sopra ricordati, per i vari complementi che ciascuna di queste due preposizioni introduce occorre dire che il valore di 'distacco', che pure le accomuna, ha diversa 'direzionalità', per così dire, rispetto al termine a cui si collega. I complementi introdotti dalla preposizione *di* sono 'direzionati' verso il primo termine, e dunque verso l'interno della frase (verso sinistra). I complementi introdotti dalla preposizione *da* invece sono 'direzionati' in senso contrario: dal primo termine verso l'esterno della frase; verso un luogo, espresso o non, da raggiungere (verso destra). Così:

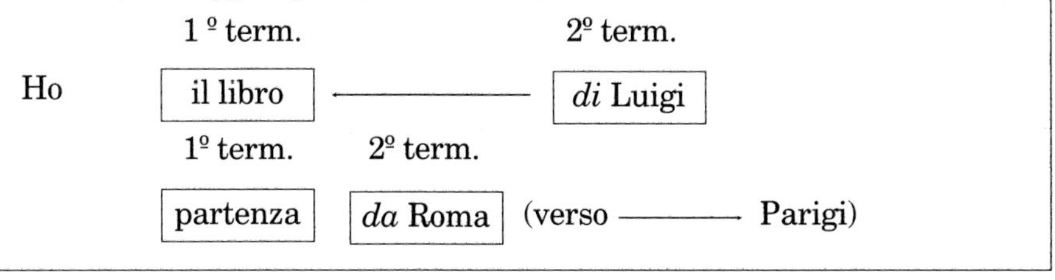

38.9 IL LINGUAGGIO TELEGRAFICO

Sin qui si è, a giusta ragione, insistito molto sulla necessità della presenza delle preposizioni per la definizione dei rapporti logici fra gli elementi di frase.

Eppure non di rado capita di vedere omesse (e di omettere noi stessi) queste pur tanto preziose parolette senza che il significato ne subisca danno. E questo avviene quando la loro omissione (suggerita per ragioni varie di abbreviazione: risparmio di tempo, spazio tipografico, denaro) non toglie niente al significato del rapporto stabilito fra i termini, in quanto esso è indicato, senza possibilità di equivoci, dal contesto (31.2, 50.2).

Queste cancellazioni si possono avere:

• *nelle unità lessicali superiori*; e cioè in quelle associazioni di parole che, avendo un unico significato, funzionano come un nome (5.6): *biglietto omaggio, fine settimana, fine mese, busta paga, treno merci, pulsante accensione fari antinebbia* ecc.

In esse il rapporto logico possibile fra i termini è solo uno, ed è suggerito dal significato d'insieme: *biglietto (in) omaggio, fine (della) settimana, fine (del) mese, busta (della) paga, treno (delle - per le) merci, pulsante (della - per la) accensione (dei) fari antinebbia ecc.*

• nella *piccola pubblicità* economica:

"Stresa vendonsi appartamenti signorili, 2-4 locali, vista lago, posizione centrale, riscaldamento autonomo".

In questa comunicazione commerciale tratta da un giornale la cancellazione delle preposizioni è stata suggerita da ragioni di economia di spazio tipografico e, soprattutto, di denaro: ogni parola ha un prezzo; e le preposizioni, pur brevi, sono parole.

Tuttavia anche in questo caso il significato di ciascun rapporto è chiarissimo perché solo quello è possibile. Ed è facilmente ricostruibile:

– (*A*) Stresa vendonsi appartamenti signorili, (*di*) 2-4 locali, (*con*) vista (*sul*) lago, (*in*) posizione centrale, (*con*) riscaldamento autonomo.

• nei *messaggi telegrafici*; e anche in questo caso per ragioni di economia di tempo, di spazio e, soprattutto, di denaro:

– Arriveremo Roma aeroporto ore quindici.

E' anche questo un messaggio dallo stile scarno (telegrafico, appunto), ma chiarissimo:

– Arriveremo (*a*) Roma (*all'*) aeroporto (*alle*) ore quindici.

• spesso anche nei *titoli di giornali* e *riviste*; e soprattutto per ragioni di spazio; il titolo infatti deve essere brevemente riassuntivo di quanto sarà più o meno estesamente detto nell'articolo. Ecco alcuni titoli con le preposizioni soppresse fra parentesi.

– Gestione (*degli*) sportelli. Più libere le banche.

– Indagini (*sulle*) camere (*di*) commercio

– Sudafrica: incidente (*d'*) autobus (*con*) 24 morti e 20 feriti.

Capitolo XXXIX

39 - COMPLEMENTI CHE SERVONO A IDENTIFICARE ESSERI, COSE, FATTI, O A VALUTARLI QUALITATIVAMENTE (1º)

Complemento oggetto diretto - La presenza dell'oggetto non è sempre indispensabile - Concordanza del participio passato - Collocazione dell'oggetto nella frase - Complemento predicativo dell'oggetto - Complemento predicativo del soggetto - Complemento di agente.

39.1 COMPLEMENTO OGGETTO DIRETTO (CHI? CHE COSA?)

– Carlo ha preso (?...)
– Il cane protegge (?...)
– Lucia raccoglie (?...)

Espressioni di questo genere (34.3), *dal punto di vista grammaticale*, si possono definire *frasi*, dotate come sono dei due elementi essenziali: il soggetto (*Carlo, il cane, Lucia*) e il predicato regolarmente concordato (*ha preso, protegge, raccoglie*).

Ma negli atti di comunicazione produrre frasi non significa semplicemente formare sequenze di parole grammaticalmente accettabili. Significa piuttosto produrre sequenze di parole che contengano informazioni complete. Spesso, specialmente nel parlato, perfino a dispetto della precisione grammaticale (31.2, 64.1).

Non c'è dubbio allora che sotto questo aspetto della completezza dell'informazione le frasi proposte sono incomplete.

In esse il verbo da solo non è in grado di fornire notizie (una predicazione) esaurienti riguardo al soggetto. Dice, sì, il tipo di attività del soggetto (*prendere, proteggere, raccogliere*), ma tace verso chi o che cosa questa attività è necessariamente rivolta. Non informa, insomma, sull'*oggetto* di questa attività. Oggetto, con cui tutto si completerebbe:

– Carlo ha preso *il giornale*. – Il cane protegge *i suoi cuccioli*. – Lucia raccoglie *il cucchiaio*.

In presenza dei verbi transitivi e di numerosi intransitivi, l'***oggetto*** svolge la funzione di secondo partecipante della predicazione di una frase (o di una proposizione); e, in genere, si propone come l'essere o la cosa su cui è diretta l'attività del primo partecipante: il soggetto.

Se esso si può affiancare al verbo direttamente, per giustapposizione (senza il tramite di una preposizione), prende il nome di ***complemento oggetto diretto***:

– Franco chiama *Giovanni*.

Se invece deve essere collegato mediante la preposizione *a* (talvolta, *per*) prende il nome di ***complemento oggetto indiretto*** (40.1):

– Franco parla *a Giovanni*.

Solo i *verbi transitivi* possono avere un complemento oggetto diretto. Essi possono avere, addirittura, *l'oggetto diretto* e quello *indiretto* insieme (21.3 e 21.3.1):

– Ho regalato *una collana a Lucia*. – Scriviamo *una lettera a Luigi*.

39.1.1 LA PRESENZA DELL'OGGETTO NON È SEMPRE INDISPENSABILE

Naturalmente, non accade sempre che esprimere l'oggetto diretto risulti assolutamente necessario, sia pure al significato generico di una frase. Le frasi proposte all'inizio di questo capitolo contengono verbi particolari, di per sé semanticamente incompleti. Verbi di cui comunque la lingua italiana è ben fornita. Si pensi, per fare qualche esempio, ai comunissimi *comprare, acquistare, dare, regalare, dire, aggiungere, dichiarare, fare, togliere, prendere* ecc.

Rimane tuttavia che anche verbi di per sé già completi nel significato recheranno una più esauriente informazione se hanno espresso l'oggetto verso cui si indirizza l'attività che esprimono.

La frase *Carlo studia*, con l'oggetto implicito, non espresso, è certamente più generica della frase *Carlo studia la storia* (anche per la domanda: che fa Carlo?).

Del resto (come si è già osservato in 34.1) ogni complemento è necessario al completamento di una informazione. E nel nostro esempio l'oggetto *la storia* sarebbe addirittura indispensabile se qualcuno chiedesse, non *che cosa fa Carlo*, ma *che cosa studia*.

39.1.2 PRECISAZIONI SUL COMPLEMENTO OGGETTO

preposizione In certe zone linguistiche dell'Italia centro-meridionale, nel parlato, l'oggetto diretto costituito da persone viene preceduto dalla preposizione *a*:

– Carlo, chiama *a papà*.

Questa forma per lo più seguita dal pronome-oggetto diretto e anteposta a verbi o espressioni verbali che esprimano partecipazione affettiva è piuttosto diffusa con funzione intensiva nel parlato comune medio: E *a papà* chi *lo* sente adesso? - A *lui* non *lo* prende sul serio nessuno.

funzione di oggetto diretto *Qualsiasi parte del discorso*, purché usata come nome, può fungere da oggetto diretto:
– Avete visto *l'elicottero*? (nome) – No, non *lo* abbiamo visto. (pronome) – Tu mi stai chiedendo *l'impossibile*. (aggettivo) – Stiamo studiando *il che*. (congiunzione o pronome) – I fatti della storia hanno *uno ieri*, non *un domani*. (avverbi) – Ha fatto *un gran parlare*. (verbo)

frasi oggetto Anche *intere frasi* possono funzionare da *oggetto diretto*. Si tratta delle proposizioni oggettive (54.3):
– Sento *scrosciare la pioggia*. – Sento *che la pioggia scroscia*. Ambedue significano: – Sento *lo scroscio* della pioggia.

più oggetti Naturalmente, in una frase ci possono essere più oggetti diretti:
– Ho visto *Carlo* e *i suoi amici*.

articolo partitivo L'oggetto diretto (come il soggetto) può essere preceduto da un articolo partitivo: *del, dei, dello, degli, dell', della, delle* (9.3):
– Vorrei *del (= un po' di) vino*. – Mi hanno regalato *dei (= alcuni) libri*.

oggetto interno Prende il nome di *oggetto interno* il complemento dipendente da un verbo intransitivo con cui condivide la radice o il significato (21.3.1):
– Ha vissuto *una vita* di lavoro. (*vivere - vita*) – Piangeva *lacrime* di gioia. (*piangere - lacrime*)

elementi di precisazione Il complemento oggetto diretto può essere esso stesso precisato da elementi complementari (aggettivi o sostantivi); e con essi costituisce il *gruppo dell'oggetto*:
– Ho comprato *un libro antico (un libro di storia - un quaderno a quadretti...)*.

frase attiva e passiva Il complemento oggetto diretto si trova sempre in una frase attiva. Nella trasformazione di una frase da attiva a passiva esso *diventa soggetto*:
– (Quel poliziotto ha interrogato *Marco*) → *Marco* è stato interrogato da quel poliziotto

riflessivi L'oggetto diretto si può trovare anche in una frase in cui ci sia un *verbo riflessivo apparente* (e dunque coniugato con l'ausiliare *essere*) (22.3.1.1, 23.2.2):
– Mi sono spiegazzato (spiegazzata) *tutta la camicia*.

39.1.3 CONCORDANZA DEL PARTICIPIO PASSATO

Riguardo alla ***concordanza del participio passato*** del predicato con l'*oggetto diretto* (che è l'obiettivo dell'atto espresso con un verbo transitivo) ci si comporta come segue (si veda anche in 33.2.3):

• se l'oggetto è dopo il verbo, di solito non c'è concordanza:
– Abbiamo mangiato *gli spaghetti*.

Tuttavia la concordanza può esserci se del participio si vuole mettere in risalto la funzione nominale, il valore di aggettivo più che di verbo. Nella frase "Ho preparata *la conferenza* da tre giorni", è come se si dicesse "Tengo (ho, possiedo) una conferenza preparata (= pronta) da tre giorni":
– La vicenda del contadino-guaritore che aveva nascosti in casa *tremila milioni* (titolo in 'la Repubblica', 22-12-1987)

Nel seguente esempio un participio è concordato e uno no:
– Magari avessero espresso tali propositi e realizzati tali impegni (...) (in 'il Giornale', 27-1-1992)

• se l'oggetto precede il verbo ed è costituito dai clitici *lo, li, la, le,* la concordanza del participio con esso è di norma: "Ho comprato due giornali e non *li* ho letti".
Di solito, anche la particella partitiva *ne* invita alla concordanza con la quantificazione-oggetto; (concordanza che è di norma se l'oggetto è espresso con un numerale): "Ho comprato cinque cioccolatini e *ne* ho mangiati solo *due*." "Ho comprato una scatola di cioccolatini e *ne* ho mangiati (ma anche: mangiato) *un po'*."

• se l'oggetto precede il verbo ed è costituito da un *nome*, da un *pronome*, atono (che non siano quelli qui sopra ricordati) o dal *pronome relativo*, il participio può concordare o rimanere invariato:
– "*Quante pagine* hai letto (lette) in queste due ore?" - "Mario non *ci* (*vi*) ha visto (visti - viste)". - "Questa è la collana *che* ho regalato (regalata) a mia moglie".

Le oscillazioni possono anche assumere colorature stilistiche particolari:
– *Ti* ho visto. Chiamata. (G. Saviane, 'Eutanasia di un amore')

• se il verbo è un riflessivo apparente (22.3.1.1, 33.2.3, 39.1.2), il participio può concordare tanto con l'oggetto, quanto (essendoci l'ausiliare *essere*) con il soggetto (forse più frequente): "*Mio fratello* non si è fatto (fatta) *la barba* stamattina; concorda di norma con l'oggetto che sia rappresentato dai clitici *lo, li, la, le*: "E la barba?" "Non me *la* sono fatta" (33.2.3).

39.1.4 COLLOCAZIONE DELL'OGGETTO NELLA FRASE

ragioni di enfasi
Il posto più frequente dell'oggetto diretto nella frase è immediatamente dopo il verbo (l'azione 'passa' dal soggetto all'oggetto). Non di rado tuttavia, per ragioni di enfasi, viene messo ad inizio di frase o subito dopo il soggetto.

In questi casi, il più delle volte si fa anche seguire dal pronome atono corrispondente:

– *Questi libri li* ho già letti.

– No, *Lucia* io non *l'*ho sentita ancora stamattina.

Come si vede, i pronomi clitici *li* e *l'* non svolgono la loro normale funzione grammaticale di 'sostituenti': qui infatti non sostituiscono niente. Sono invece strumenti anaforici (69.2.1: anafora) atti a marcare l'oggetto con cui si è cominciata la frase (invece che, come più normale, con il soggetto), e a richiamare su di esso l'attenzione dell'interlocutore.

pronome

Quando l'oggetto diretto è costituito da un pronome atono (*mi, (me), ti, (te), ci, (ce), vi, (ve), si, (se), lo, li, la, le*) o da un pronome relativo (*che, il quale, la quale...*) o da un interrogativo (*chi, che, che cosa, cosa, quale, quanto*), viene di norma anteposto al predicato:

– Per fortuna mia madre non *mi (ti, ci, lo, la, li...)* ha visto (vista - visti - viste).

– "Ecco i libri *che* ho comprato". "*Chi* te li ha consigliati?"

– *Quanti* ne hai letti?

39.2 COMPLEMENTO PREDICATIVO DELL'OGGETTO

– I primi Romani *fecero* Romolo (?...).

Ci sono verbi transitivi che, molte volte, anche se si fanno seguire da un oggetto diretto, non hanno un significato completo.

Hanno bisogno che venga precisato questo oggetto diretto: a proposito del suo ruolo, ad esempio, o di un suo incarico, di una sua qualità, o altro.

L'esempio qui sopra può acquistare un senso, solo se si specifica il ruolo assunto da Romolo:

– I primi Romani *fecero* Romolo *re*.

Una frase come "L'assemblea dei condomini nominò *il Signor Rossi*", così com'è, fuori da un preciso contesto (la conoscenza di un'avvenuta assemblea condominiale, ad esempio), fornisce solo una informazione generica. Se venisse aggiunto il genere di incarico ricevuto dal *signor Rossi*, anche un estraneo ci capirebbe qualcosa di più:

– L'assemblea dei condomini *nominò presidente* il *signor Rossi*.

L'elemento di frase che completa il significato di certi particolari verbi aggiungendo una precisazione relativa all'oggetto diretto si chiama ***complemento predicativo dell'oggetto.***

39.2.1 PRECISAZIONI SUL PREDICATIVO DELL'OGGETTO DIRETTO

verbi I verbi che, non avendo di per sé senso compiuto, abbisognano del predicativo dell'oggetto, sono:

• gli elettivi: *eleggere, nominare, dichiarare, scegliere, prescegliere, proclamare, promuovere....*: – La squadra *proclamò Franco suo capitano.*

• gli appellativi: *chiamare, dire, soprannominare, denominare, dichiarare...*:
– Gli appuntò la stella sul petto, lo fece giurare e lo *dichiarò suo vice sceriffo.*

• gli estimativi: *stimare, considerare, reputare, giudicare, definire, credere, ritenere, tenere, sospettare, prendere, vedere ...*:
– Io *credo Carlo onestissimo.*
– Felice com'era, si comportava così stranamente che tutti *lo presero per ubriaco.*

• gli effettivi o risultativi: *rendere, ridurre, fare, avere...*:
– Quel mendicante *ha un cane per amico.* – Il bere *lo ha ridotto un rottame.*

funzionale Come si è visto anche da qualche esempio, il complemento predicativo dell'oggetto può essere preceduto da un funzionale: *a, per, come, in qualità di, in conto di, a titolo di, nelle vesti di...*:
– In quell'assemblea ho visto Giorgio *nelle vesti di presidente.*
– Il Mennini (...) teneva il presunto corruttore del padre *per persona* di buona vita (...). (F. Tomizza, 'Fughe incrociate')

Può accadere che 'il predicativo' funga da oggetto diretto e che l'oggetto della predicazione sia introdotto da *in*:
– Io *in Marco* ci vedo *un buon padre.* (= considero *Marco* ...)

forma passiva I verbi qui sopra elencati, se costruiti al passivo, richiedono un *complemento predicativo del soggetto* (39.3).

39.3 COMPLEMENTO PREDICATIVO DEL SOGGETTO

– (I primi Romani *fecero re* Romolo) → Romolo *fu fatto re* dai primi Romani.
– (Molti giovani *prendono a modello* il calciatore più famoso del momento) → Il calciatore più famoso del momento *è preso a modello* da molti giovani.

Se si costruiscono *al passivo* i verbi elencati nel precedente paragrafo, l'oggetto diretto diventa soggetto. Di conseguenza, il complemento predicativo dell'oggetto diretto funge da ***complemento predicativo del soggetto***.

Così costruiti, questi ***verbi***, funzionano da ***copulativi***. Di essi si parla anche in 21.4, in 33.1.1 e in 39.2.1.

Si ricorda comunque che di essi fanno parte anche taluni verbi ed espressioni intransitivi che aiutano a esprimere particolari condizioni del soggetto: *sembrare, parere, risultare, diventare, nascere, morire, vivere, restare, arrivare , fare, farla da...*:

– Giuseppe Parini *nacque povero* e *visse povero.*

– "Che hai? Mi *sembri preoccupato"*. – "Non *lo sembro, lo sono"*.– Carlo ieri *l'ha fatta da padrone.* –Mio fratello *fa l'avvocato*. – Paolo *è arrivato primo*.

39.3.1 PRECISAZIONI SUL PREDICATIVO DEL SOGGETTO

preposizione 'da' Il complemento predicativo del soggetto, oltre che dai funzionali ricordati per il predicativo dell'oggetto (39.2.1), può essere introdotto dalla preposizione *da* (44.4.1): – Io giocherò *da terzino*, tu *da portiere.*

– Ne ha fatta di carriera Andrea! Appena tre o quattro anni fa, fu assunto *come commesso* e adesso è stato promosso *a vicedirettore*.

espressioni rafforzative Possono essere considerate complementi predicativi del soggetto talune espressioni rafforzative formate dalla preposizione *da* e dal pronome personale (*da me, da te, da lui, da noi...*), e l'espressione *da solo:*

– Il problema l'ho fatto tutto *da me, da sola*.

sostituente 'lo' *sembrare* e *diventare*, come *essere* (33.1.1), possono avere *lo* come sostituente del predicativo: Carlo non è nato ricco, *lo* è diventato.

concordanza Per la concordanza del predicativo aggettivale in costrutti con *'si' impersonale* (terminazione in *i*), si veda in 16.1.3: *Si* è diventat*i* espert*i*, ormai.)

39.4 COMPLEMENTO DI AGENTE (DA CHI? DA CHE COSA?)

– Questa disposizione è stata data *dal ministro*.

– Il ragazzo fu salvato *dal suo cane*.

– L'albero è stato abbattuto *da un fulmine*.

Il ***complemento di agente*** indica l'essere o la cosa personificata che compie l'azione o provoca l'azione o il fatto espresso da un verbo passivo, e ricevuto o subìto dal soggetto.

Se causa originaria del fatto è una cosa, non si tratta di vero e proprio agente ma di *causa efficiente* (= causa che provoca un fatto).

La preposizione introduttiva è *da*.

39.4.1 PRECISAZIONI SUL COMPLEMENTO DI AGENTE

soggetto logico In una frase passiva, il complemento di agente costituisce il *soggetto logico*, quello che agisce, quello da cui ha origine l'azione, il fatto, l'attività espressa dal verbo: azione, fatto o attività che il soggetto grammaticale riceve o subisce. In presenza del *'si' passivante,* non è espresso (16.1.2.1).

Dalla *frase attiva*: – Il presidente ha dato questa disposizione.

si ha la trasformazione *passiva*: – Questa disposizione è stata data dal presidente.

In essa, i ruoli grammaticali sono cambiati come segue.

a) il soggetto (*il presidente*) è diventato complemento di agente (*dal presidente);*

b) il verbo da attivo (*ha dato*) è diventato passivo (*è stata data*):

c) l'oggetto diretto (*questa disposizione*) è diventato soggetto.

Certamente, *dal punto di vista della funzione comunicativa*, non si può dire che il significato delle due frasi (pur aventi lo stesso contenuto di pensiero) sia uguale. Infatti, mentre nella prima con la forma attiva si mette in rilievo il presidente nell'atto del disporre, nella seconda con la forma passiva si sottolinea l'importanza della disposizione data.

Si ricorderà (39.1.4) che per ottenere un significato analogo a questo ultimo si potrebbe anche usare una costruzione attiva collocando in primo piano l'oggetto diretto marcato col pronome atono corrispondente: *Questa disposizione l'ha data il presidente*. Che è l'espressione che, in un comune parlato, verrebbe più spontanea. Degli usi del sistema grammaticale decidono gli utenti.

valore agentivo Ha *valore di agente* anche il complemento dipendente da un verbo che, pur grammaticalmente attivo, esprime tuttavia un'azione ricevuta dal soggetto:– Carlo ha ricevuto una spinta *da Giovanni*. – Ho avuto tue notizie *da mia sorella*.

aggettivi con senso passivo Ci sono aggettivi terminanti in *-bile* e derivanti da verbi transitivi (cap. 27) che hanno *senso passivo*: *sopportabile* = può essere sopportato - *mangiabile* = può essere mangiato - *curabile* = può essere curato ecc. Da essi può dipendere un complemento di agente introdotto dai funzionali *da* o *da parte* di:

– Una ferita così piccola è serenamente *sopportabile* anche *da (da parte di) un bambino* di due o tre anni.

verbi 'fattitivi' In certe costruzioni formate dai verbi ('fattitivi' o 'causativi') *fare, lasciare* e *mandare* seguiti da un *infinito*, quest'ultimo, pur conservando la forma grammaticale attiva, può assumere un *senso passivo*. Sicché la persona che compie l'azione ha valore di *complemento di agente* introdotto dai funzionali *da* o *da parte di* (54.5.1):

– Gli *mandò a dire* queste cose *da (da parte di) Francesco*.

– Abbiamo fatto avvertire Luca *da sua sorella*. (= Abbiamo fatto in modo che Luca fosse avvertito da sua sorella.)

'ne' agentivo La particella *ne* può fungere da complemento di agente; naturalmente, senza preposizione. Essendo essa atona, il suo posto sarà prima del verbo:

– Ho aiutato mio cugino, e *ne (= da lui)* sono stato ricambiato con tanta gratitudine.

collocazione Il posto del complemento di agente è dopo il verbo. Tuttavia per evidenziarlo si può metterlo anche prima:

– *Da Mario* gli è stato fatto questo sgarbo, non da me!

Come la particella *ne*, anche gli aggettivi e i pronomi interrogativi e i pronomi relativi con funzione agentiva si premettono sempre al verbo. E ciò, per la loro natura di introduttori di frase:

– *Da chi* (=da quale persona) ti è stato detto tutto questo?

– Sono quelli i ragazzacci *da cui* sono stato tenuto sveglio tutta la notte.

Capitolo XL

40 - COMPLEMENTI CHE SERVONO A IDENTIFICARE ESSERI, COSE, FATTI O A VALUTARLI QUALITATIVAMENTE (2º)

Complemento di termine (o oggetto indiretto) - Differenze formali e semantiche fra oggetto diretto e indiretto - Precisazioni sull'oggetto indiretto - Complemento di specificazione - Complemento di denominazione - Complemento di argomento.

40.1 COMPLEMENTO OGGETTO INDIRETTO (O DI TERMINE)
(A CHI? A CHE COSA?)

– Telefonerò stasera *a Franco*.
– Non abbiamo partecipato *a quella riunione*.

L'***oggetto indiretto*** svolge nella predicazione della frase una funzione di partecipante molto simile a quella dell'oggetto diretto (39.1).

Anch'esso infatti serve a completare l'informazione data dal verbo indicando l'essere animato o la cosa verso cui si dirige o, meglio, va a 'terminare' l'attività del soggetto.

La differenza sta prevalentemente nel fatto che esso *si collega indirettamente* al verbo: per mezzo del funzionale *a*.

40.1.1 DIFFERENZE FORMALI E SEMANTICHE FRA OGGETTO DIRETTO E OGGETTO INDIRETTO

il beneficiario e il fine Si è detto che la differenza fra l'oggetto diretto e quello indiretto sta prevalentemente nel fatto che quest'ultimo si collega al verbo mediante la preposizione *a*. Ma 'prevalentemente' non significa 'esclusivamente'. Infatti, al di là di questa differenza puramente formale, una differenza di significato, non tanto sfumata, c'è. E si può notarla in presenza di verbi con i quali si può avere contemporaneamente sia l'oggetto diretto che quello indiretto.

Nelle frasi *Ho regalato un orologio a mio cugino* e *Ho scritto una lettera al direttore*, risulta evidente come l'oggetto indiretto esprima le persone (*mio cugino - il direttore*) che beneficiano dell'azione del soggetto (regalare un orologio - scrivere una lettera) (21.3.1).

Risulta evidente anche che in questi casi, mentre si potrebbe tacere il beneficiario (oggetto indiretto), l'oggetto diretto si rivela indispensabile al completamento della predicazione (39.1):

– Ho regalato *un orologio*. (la frase con il solo oggetto diretto ha un senso)
– Ho regalato *a mio cugino*. (la frase con il solo oggetto indiretto non ha senso)

Questa sensibile differenza fra oggetto diretto e oggetto indiretto risulta evidente anche in due frasi distinte, e in presenza dello stesso verbo:

– Io avevo pensato *queste cose*. (con oggetto diretto)
– Io avevo pensato *a queste cose*. (con oggetto indiretto)

Nella prima frase il parlante informa semplicemente che il suo pensiero aveva avuto come oggetti 'queste cose'. Nella seconda dichiara invece che 'queste cose' erano state l'oggetto primo della sua preoccupazione, o addirittura il fine della sua attività che lo ha visto impegnato anche nel profondo del suo mondo affettivo.

oggetto e verbo L'*oggetto diretto* può stare solo con *verbi transitivi*; l'*oggetto indiretto* invece può stare con verbi *transitivi* e *intransitivi*:

– Ho riferito *la notizia a Mario*. (trans. con ogg. dir. espresso)
– Ho scritto *a Carlo*. (trans. con ogg. dir. sottinteso)
– Ho parlato *a Luisa*. (intrans.)

trasformazione L'oggetto diretto può diventare soggetto in una trasformazione al passivo. Con l'oggetto indiretto questo non è possibile:

– Hanno regalato *dei libri* (ogg. dir.) *a Giovanni*. (ogg. indir.) → Sono stati regalati *dei libri* (sogg.) *a Giovanni*. (rimane ogg. indir.)

funzionali Quando da uno stesso verbo dipendono sia l'oggetto diretto che quello indiretto, quest'ultimo (che, come si è ricordato, indica il beneficiario) può essere introdotto, oltre che da *a*, anche da *per* (che sembra marcare più il vantaggio che la semplice destinazione):

– Ho comprato una bicicletta *per (a)* mio nipote.

40.1.2 PRECISAZIONI SULL'OGGETTO INDIRETTO

pronomi indiretti I pronomi atoni indiretti *mi (me), ti (te), ci (ce), vi (ve), si (se), gli (glie), le* (*= a me, a te, a noi, a voi, a lui, a lei*), il pronome tonico *loro (= a loro)*, e il pronome relativo (piuttosto formale) *cui (= a cui)* hanno funzione di oggetto indiretto per se stessi, senza bisogno della preposizione *a*, e, eccetto *loro,* occupano il posto immediatamente prima del verbo:

collocazione Il posto abituale dell'oggetto indiretto è dopo il verbo (l'azione va naturalmente a terminare sull'oggetto indiretto). Tuttavia nel parlato più familiare e spontaneo, per metterlo in rilievo si colloca spesso a inizio di frase. E spesso si fa seguire anche dal pronome atono corrispondente:
– *A Sandro gli* avevo detto di non andarci, ma lui c'è andato lo stesso.
– *A me* il gelato *mi* piace molto.
– *A noi* non *c'*indigna che ci conducano in quella dimensione (...). (I. Montanelli, in 'il Giornale', agosto, 1985) [1]

predicativo dell'oggetto indiretto Si noti l'espressione *dare a qualcuno del + un sostantivo*, nella quale a un complemento oggetto indiretto si aggiunge come completamento un appellativo di giudizio negativo. Si tratta di un *complemento predicativo dell'oggetto indiretto* derivato da una denominazione di un sostantivo (*titolo, appellativo, accusa* ...) sottinteso:
– Mio padre *mi* ha dato (sottinteso: l'*appellativo*) *dello sfaticato.*
– *A quel poveraccio* hanno dato *del ladro.*

denominazione Il complemento *oggetto indiretto* viene comunemente anche chiamato *complemento di termine* in quanto su di essa va a 'terminare' l'azione del soggetto.

40.2 COMPLEMENTO DI SPECIFICAZIONE (DI CHI? DI CHE COSA?)

– Io l'appartamento *di Giovanni* non l'ho visto.
– Questa è una preziosa scultura *del XIII secolo.*
– Vorrei partire col treno *delle tredici.*
– Oggi abbiamo letto una poesia di *Montale.*
– I formaggi *della Svizzera* sono famosi.
– La parata *del portiere* è stata miracolosa.
– Il film finisce con la sconfitta *dei cattivi* e la vittoria *dei buoni.*

Il ***complemento di specificazione*** è un elemento di frase che si accompagna a un nome generico per precisarne ('specificarne') il possessore o l'appartenenza, anche con riferimento all'autore, all'epoca e alla provenienza. Può anche precisare: la persona che compie o subisce un'azione (specificazione soggettiva o oggettiva) o che prova una sensazione (persona che è assimilabile dunque a un possessore).

Viene introdotto dalla preposizione *di.*

---

[1] Esigenze di enfasi hanno qui fatto diventare indiretto *(a noi)* l'oggetto diretto che segue *(ci)* (39.1.2).

40.2.1 PRECISAZIONI SUL COMPLEMENTO DI SPECIFICAZIONE

complementi con 'di' Sono numerosi i complementi che possono essere introdotti dalla preposizione *di*, che (38.8) è il funzionale tipico della chiarificazione, della precisazione, della identificazione. Tuttavia il *complemento di specificazione* si distingue dagli altri proprio perché indica il possessore, l'appartenenza:
– la casa *di* Mario - la storia *del* Risorgimento - I re *di* Roma
Gli altri complementi introdotti da *di* possono precisare la qualità, la misura, il tempo, la materia, l'argomento, il termine di confronto ecc.; non il possessore.

Del resto, senza questa restrizione di significato riguardante il possessore, lo stesso termine 'specificazione', risulterebbe troppo generico e potrebbe riferirsi a qualsiasi complemento. Funzione di ogni complemento è infatti proprio quella di portare elementi di specificazione, di chiarimento.

'da' + sostantivo Il sostantivo introdotto dal funzionale *da* nelle espressioni impersonali (o comunque in 3ª persona) con il verbo *essere* ha un significato di appartenenza che lo riconduce al complemento di specificazione:
– *E' da persone intelligenti* avere il controllo dei propri nervi. (= è proprio di persone...)

'ne' specificativo La particella *ne (= di lui, di lei, di loro, di quello, di quella, di questi...*) può svolgere (senza preposizione introduttiva) la funzione di complemento di specificazione (16.1.5):
– Mia figlia è partita. *Ne (= di lei)* sento molto la mancanza.

relativo 'cui' Neanche il pronome relativo *cui*, se inserito tra l'articolo e il sostantivo al quale serve da specificazione (funzionando quasi come l'aggettivo possessivo *suo)*, richiede la preposizione *di* (17.4.1):
– Van Gogh, i *cui* quadri sono ricercatissimi dai collezionisti, morì nel luglio del 1890. (= i quadri *del quale* [= i suoi quadri] sono ricercatissimi...)

'di' soppresso Data la facile comprensione del rapporto specificativo, non di rado *di* viene soppresso: nelle unità lessicali superiori e nello stile telegrafico (5.6, 38.9):
– ufficio (*del*) personale - ricostruzione (*del*) post-terremoto

trasformazione In molti casi il *complemento di specificazione* si può trasformare in *attributo*: Mi interessa la filosofia *del Medio Evo (= medioevale)*. Si tratta di quegli *aggettivi di relazione* di cui si parla in 10.4.4 e in 35.2.3.

collocazione Il complemento di specificazione, come tutti i complementi che precisano un nome, di solito si pospone al nome con cui stabilisce uno stretto collegamento. Tuttavia, a volte, soprattutto nella lingua parlata, per sottolinearlo, si pone all'inizio di frase. In questo caso si può marcare anche anaforicamente con la particella *ne*:
– *Di mia figlia* così lontana *ne* sento molto la mancanza.
In taluni casi, per ironia o per gioco (e come calco dall'inglese), accade anche che nell'anticipazione il funzionale di venga omesso:
– (...) Feltri ha raccolto per la prima volta il *D'Alema - pensiero*. (= il pensiero di D'Alema) (in 'la Repubblica', 2-6-1996).

La particella *ne*, il pronome relativo, il pronome o aggettivo interrogativo vengono sempre posti prima del nome che specificano:
– Non conosco bene Dante Alighieri. *Ne* ho lette solo poche pagine.
– E' questo il signore *di cui* ho affittato la casa. – *Di chi* è questo libro?

40.3 COMPLEMENTO DI DENOMINAZIONE (QUALE?)

– Aveva il nome *di Alfredo* e il soprannome *di Stecca,* tanto era magro.
– La città *di Roma* è la capitale d'Italia.
– Quell'uomo ha il vizio *del bere*.
– Ballavano il ballo *del mattone*.

Ognuna di queste frasi ha un nome generico (*nome - soprannome - città - vizio - ballo*) che viene precisato, determinato, da un altro nome (o sostantivato) più particolare, proprio o comune (*Alfredo - Stecca - Roma - bere - mattone).*

Il ***complemento di denominazione*** serve a precisare un nome generico.

Di solito viene introdotto dalla preposizione *di:*
– l'isola *di* Sicilia, via *del* Canarino, lago *di* Garda

40.3.1 PRECISAZIONI SUL COMPLEMENTO DI DENOMINAZIONE

• La differenza fra il complemento di specificazione e quello di denominazione sta nel fatto che quest'ultimo ha solo uno scialbo valore di possesso o di appartenenza.

• Con i nomi di vie, porte, piazze, laghi, ecc. la preposizione *di* può mancare:
– in via (piazza) Giuseppe Garibaldi, lago Trasimeno

40.4 COMPLEMENTO DI ARGOMENTO (DI [SU] QUALE ARGOMENTO?)

– Mi presti il libro *di grammatica*?
– In questi ultimi tempi si fanno molte ricerche *sulla fusione nucleare fredda*.
– Il giudice ha interrogato molti testimoni per accertare la verità *in merito a questa particolare circostanza*.

Il ***complemento di argomento*** precisa l'argomento, l'oggetto (il contenuto) di un discorso, di una discussione, di un testo scritto, di un film, di una ricerca scientifica, di una conferenza ecc.

Può essere introdotto da: *di, su, a proposito di, in merito a, in ordine a, in quanto a, in fatto di* ecc.

40.4.1 PRECISAZIONI SULL'USO DEI FUNZIONALI INTRODUTTIVI

Riguardo all'*uso dei funzionali introduttivi* più frequenti si noti che:

• *di* è il più frequente; funziona come una specificazione:
– Parliamo *di* sport.

• *su* si usa con certi particolari verbi o sostantivi (*riflettere, riflessione, meditare, meditazione, polemizzare, polemica...*) che recano un'idea di indugio su di un argomento ben circoscritto e puntuale (come un luogo figurato): Ho svolto un tema *su* Garibaldi.

• *in ordine a, in merito a, in riferimento a* sono di uso frequente in linguaggi speciali quali quello amministrativo e burocratico: *In merito a queste richieste*, si precisa che esse saranno argomento di trattazione nella prossima seduta del Consiglio comunale.

• *a proposito di*, in una conversazione, o in una trattazione introduce un argomento per associazione di idee: "Ieri Sandro ..." *A proposito di Sandro*, come sta, che è tanto tempo che non lo vedo?

• *riguardo a, circa, quanto a* servono a richiamare un argomento particolare sul quale si intende fare qualche precisazione: *Riguardo al (circa il) film* che hai nominato poco prima, devo dire che l'ho visto e non m'è piaciuto tanto.

• *in fatto di* ha un significato analogo ai precedenti, ma tende a segnalare, una marcata partecipazione emotiva del parlante: *In fatto di grasso* lascia piangere me che peso almeno dieci chili più di quanto dovrei!

particella 'ne' Con alcuni verbi (come: *parlare, discutere, trattare, dire* ecc.) la particella *ne* (*di lui, di lei ... di questo, di quello...*) può fungere da complemento di argomento. Essa può anche servire a porre anaforicamente in rilievo il complemento collocato a inizio di frase:
– Napoleone non lo abbiamo ancora studiato, ma il professore ce *ne* ha fatto già qualche cenno.
– Di quel povero vecchio *ne* hanno dette peste e corna!

Capitolo XLI

41 - COMPLEMENTI CHE SERVONO A IDENTIFICARE ESSERI, COSE, FATTI O A VALUTARLI QUALITATIVAMENTE (3º)

Complemento di materia - Complemento di mezzo o strumento Complemento di compagnia o di unione - Complemento di esclusione o eccettuativo - Complemento di relazione - Complemento di modo o maniera - Avverbi di modo - Complemento di vocazione.

41.1 COMPLEMENTO DI MATERIA (DI QUALE MATERIA?)

– E' un anello *d'oro*.
– Questo libro ha miniature rifinite *in oro zecchino*.
– Vorrei una torta *al cioccolato*.
– E' un filo fatto con rame ricoperto *di plastica*.

Il ***complemento di materia*** indica la materia di cui è fatto un essere o una cosa.

Può essere introdotto da: *di, in, con, a*.

41.1.1 PRECISAZIONI SULL'USO DEI FUNZIONALI INTRODUTTIVI

A proposito dei *funzionali introduttivi* si noti che:
• *di* funziona come una specificazione: In casa mia le finestre sono *di alluminio*. - Il corpo umano è fatto in gran parte *di acqua*.

• *in* si usa quando sia la materia, sia l'oggetto che ne risulta vengono considerati pregiati o per l'aspetto economico o per quello artistico; la materia appare come un prezioso elemento nel cui interno è custodito l'oggetto: mobile antico *in noce* - Crocifisso *in oro zecchino*.

• *con* si usa in presenza di verbi come: *fare, costruire, comporre, modellare* ecc.; la materia appare come un mezzo: pavimento fatto *con marmo* di Carrara

• *a* si usa quando, più che alla materia, si fa riferimento al modello al quale l'oggetto prodotto si richiama; funziona dunque come un complemento di qualità: caramelle *al miele* - bibita *alla menta*

41.1.2 PRECISAZIONI SUL COMPLEMENTO DI MATERIA

qualità Anche per esprimere giudizi sulle qualità delle persone si può, metaforicamente, far riferimento a una materia. Ma in questo caso si tratterebbe di complemento di qualità: nervi *d'acciaio* - uomo *di pasta frolla (di paglia)*

attributo La materia potrebbe essere anche espressa mediante un attributo: *ligneo* (= di legno), *aureo* (= d'oro), *bronzeo* (= di bronzo), *argenteo* ecc. Ma il linguaggio assumerebbe un carattere letterario o tecnico: statuetta *bronzea* - corona *aurea*

41.2 COMPLEMENTO DI MEZZO O STRUMENTO
(CON CHE COSA? CON QUALE MEZZO?)

– Siamo stati avvertiti *per telefono.*
– Vengo a scuola *con l'(in) autobus.*
– Disegna più volentieri *a matita.*
– Quel poveraccio vive *di elemosina.*
– I pompieri sono entrati in casa *per mezzo di una lunga scala.*
– E' guarito *grazie a un buon medico.*

Il ***complemento di mezzo o strumento*** indica l'essere o la cosa di cui ci si serve per fare ciò che è espresso nel verbo.

Può essere introdotto da: *per, di, a, in, da, per mezzo di, mediante, per opera di, grazie a* ecc.

41.2.1 PRECISAZIONI SULL'USO DEI FUNZIONALI INTRODUTTIVI

A proposito dei *funzionali introduttivi* si noti che:

• *per* è il tipico funzionale con idea di 'tramite' (38.5); si accompagna di solito a nomi di cosa; raramente a nomi di persona (in espressioni come *essere per*, *succedere per*, e simili): Te lo manderò *per posta*. - Se non era *per lui* non mi sarei salvato.

• *di* ha un valore molto vicino a quello modale (come una specificazione del modo): Chi *di spada* ferisce, *di spada* perisce.

• *a* ha anch'esso un valore molto vicino a quello modale (ma come riferimento a un modello): E' un mobile lavorato *a mano.* – Lo prese a *pugni*

• *in* si usa se allo strumento si accompagna anche un'idea di collocazione in un luogo reale o figurato (38.4.1): Verrò *in macchina* (= dentro la macchina) - Te lo dirò *in poche parole.* (= nello spazio di poche parole)

• *da* avvicina il mezzo a un'idea di particolare qualità che fa da tramite ai fatti (38.6): L'ho riconosciuto *dalla camminata.* - *Da quello* che ho visto, ho capito quanto fosse povero;

oppure introduce la persona tramite dell'azione che da essa si origina: Ti farò avere il libro *da Luigi.*

• *per mezzo di, mediante* sono funzionali tipici del complemento di mezzo (il secondo è molto in uso in registri piuttosto sorvegliati): Il traffico per le strade viene regolato *mediante (per mezzo di) apposita segnaletica.*

• *grazie a, per merito di, con l'aiuto di* sottolineano (talvolta minimizzandola con scoperta ironia) l'importanza che il mezzo - specialmente se è una persona- ha nella riuscita di un fatto: – *Grazie alla Bundesbank,* il franco si salva ancora. (titolo in 'la Repubblica', 12-12-1992)

– E' *per merito di* questi cattivi maestri che stai come stai!
il rapporto può oscillare tra *mezzo* e *causa*: Ho superato questi esami *grazie a* te.

• *a mezzo, (per) tramite* sono funzionali tipici del linguaggio burocratico, amministrativo: I candidati saranno convocati a *mezzo ([per] tramite) lettera raccomandata.*

• *per opera di,* piuttosto letterario, si usa per lo più quando il mezzo è una persona: Tutte queste belle cose hai potuto averle *per opera di tua madre.*

• *per mano di,* anch'esso piuttosto formale, si usa quando il mezzo è una persona e il fatto è per lo più indesiderato: E' stato ucciso *per mano di ignoti.*

• *su, dietro, a seguito di, in seguito a* aggiungono un significato tra strumentale, modale e causale, spesso assai difficile da individuare (41.6.1):

– Si effettuano cene a base di pesce di mare e di lago *su prenotazione.* (dal menu di un ristorante) -La Juventus è andata in vantaggio *su (dietro, a seguito di) goal* di Baggio.

• *a forza di, a furia di* sottolineano la violenza del mezzo o la ripetitività del fatto: *A furia di pugni e calci* lo hanno quasi ucciso. - Ha imparato *a forza di sconfitte.*

41.2.2 PRECISAZIONI SUL COMPLEMENTO DI MEZZO

avverbi Il complemento di *mezzo* si può esprimere anche mediante appositi avverbi, che, naturalmente, non hanno bisogno di funzionali (*telefonicamente* [= per mezzo del telefono], *oralmente, manualmente,* ecc.): Ci siamo parlati *telefonicamente.*

collocazione Il mezzo si può evidenziare collocandolo a inizio di frase:

– *In macchina* verrà domani. Oggi prenderà il treno.

In questo caso, se il mezzo è introdotto da *con,* spesso la sottolineatura è rafforzata dalla particella *ci* in posizione anaforica (16.1.2.1, 41.3.2):

– Lucia *con i pennarelli ci* ha fatto tanti bei quadretti.

41.3 COMPLEMENTO DI COMPAGNIA O DI UNIONE
(CON CHI? CON CHE COSA?)

– Carlo è andato a spasso *con Luigi*.
– Franco abita *con la nonna*.
– Veniamo a scuola *con molti libri*.
– Ho passato le vacanze *insieme con gli amici*.
– D'estate, la sera mi piace stare alla finestra *in compagnia della luna e dei miei pensieri*.

Si dice di ***compagnia*** quel ***complemento*** che indica l'essere o la cosa personificata con cui uno si trova o compie un'azione.
Se si tratta di una cosa, prende il nome di ***complemento di unione***.

Può essere introdotto dai funzionali: *con, insieme con, assieme a, in compagnia di, unitamente a* ecc.

41.3.1 PRECISAZIONI SULL'USO DEI FUNZIONALI INTRODUTTIVI

A proposito dei *funzionali introduttivi* si noti che:
• *con (= insieme)* è il tipico e più comune funzionale di compagnia: Domani starò sempre *con te*.

• *insieme a (con), assieme a (con), in compagnia di, unitamente a* sono locuzioni che marcano la compagnia o l'unione; l'ultima della serie è piuttosto frequente in linguaggi settoriali come quello amministrativo: - Sono andata in vacanza *insieme con mio fratello*. - Si sta bene *in compagnia di Nicoletta*. - La domanda dovrà essere inviata *unitamente alla ricevuta* dell'avvenuto pagamento della tassa di iscrizione.

41.3.2 PRECISAZIONI SUL COMPLEMENTO DI COMPAGNIA

la particella 'ci' La particella *ci (= con lui, con lei, con loro, con questo, con quello...)* può fungere da complemento di compagnia: naturalmente, senza funzionale, essendo di per sé grammaticalizzata. Può anche rafforzare anaforicamente il complemento di compagnia già messo in evidenza a inizio di frase (16.1.2.1):
– Ho invitato Nicola a casa mia e *ci* (= con lui) ho studiato e giocato.
– *Con Nicola ci* sto bene io.
– (...) impossibile parlargli, scambiar*ci* anche poche battute (...). (M. Lugli, in 'la Repubblica', 28-10-1990)

qualità Se il rapporto si presenta come un tutto unico, inseparabile, allora, più che di complemento di unione, si dovrà parlare di *complemento di qualità*:
– Mi hanno regalato un libro *con bellissime illustrazioni*.
– Ho mangiato pasta *con pomodoro*.

41.4 COMPLEMENTO DI ESCLUSIONE O ECCETTUATIVO
(SENZA [ESCLUSO] CHI? [CHE?])

– In questo momento mi trovo *senza lavoro*.
– C'erano tutti *fuorché (eccetto) Marco*.

Si chiama di ***esclusione*** (o eccettuativo) quel ***complemento*** che, contrariamente al precedente, indica l'essere o la cosa che rimane esclusa da un fatto o da una situazione.

Può essere introdotto da: *senza, fuorché, eccetto (che), salvo, fatta eccezione per* ecc.

41.4.1 PRECISAZIONI SULL'USO DEI FUNZIONALI INTRODUTTIVI

A proposito dei *funzionali introduttivi* si noti che:
• *senza* è l'esatto contrario di *con*, ed è il tipico segnale di esclusione: Ho fatto da solo, *senza l'aiuto* di nessuno.

• *fuorché, eccetto (che), fatta eccezione di (per), salvo, tranne, all'infuori di, con l'eccezione di, con l'esclusione di, a parte* segnalano più un'eccezione che un'esclusione: *A parte la (salvo, eccetto, all'infuori della...) storia*, le altre materie mi piacciono tutte.
• *escluso* (participio), *eccettuato* (partic.), *fatto salvo* (partic. + aggettivo), segnalano un'esclusione e concordano con il nome che introducono: Trascurerei tutte le materie, *fatta salva (eccettuata, esclusa) l'educazione fisica*.

41.4.2 PRECISAZIONE SUL COMPLEMENTO DI ESCLUSIONE

Se viene collocato prima del verbo, anche questo complemento acquista un particolare rilievo:
– Queste cose *senza Carlo* non si possono fare.

41.5 COMPLEMENTO DI RELAZIONE
(CON [TRA, CONTRO] CHI? [CHE COSA?])

– Io cerco di stare sempre in pace *con tutti*.
– *Fra moglie e marito* non mettere il dito.
– Non mi va di giocare *contro Giorgio*.

Il ***complemento di relazione*** esprime un rapporto di amicizia, di avversione, di ostilità, di solidarietà, di intesa, di collaborazione, di fiducia ecc. fra individui.

Esso è molto simile al complemento di compagnia, e può essere introdotto dai funzionali *con* (il più usato), *verso, contro, avverso* (nella lingua burocratica); qualche volta anche da *a, tra* o *fra:*

– Ci sono ancora troppi paesi in guerra *con (contro) altri più deboli*, purtroppo.
– *Fra quei due* c'è una grande collaborazione.
– L'avvocato ha fatto ricorso *avverso la condanna* del suo difeso.
– A un certo punto c'è stato un massiccio attacco dell'Inter *alla Juventus*.

41.5.1 PRECISAZIONE SUL COMPLEMENTO DI RELAZIONE

Con certi particolari verbi o espressioni di 'prevalenza', come *vincere, trionfare, riportare una vittoria (un trionfo), prevalere*, e con i nomi e gli aggettivi corrispondenti (*vittoria, vittorioso, trionfo, prevalenza*) la preposizione introduttiva può essere *su*:

– Giulio Cesare trionfò *sui* Germani.
– Vittoria *sulle* tenebre. (titolo di un vecchio film)

41.6 COMPLEMENTO DI MODO (O MANIERA) (COME? IN CHE MODO?)

– Parlava *con la voce bassa*.
– Cammina *a testa alta*.
– Ascolta *in silenzio*.
– Studia *di mala voglia*.
– Hanno giocato *su ottimi livelli*.

Il ***complemento di modo*** (o maniera) esprime il modo in cui si compie un'azione, avviene un fatto o si verifica una situazione. In sostanza, esso svolge funzione di qualificatore di azione (18.4, 41.6.3).

Può essere introdotto da: *con, a, in, di, per, su*.

41.6.1 PRECISAZIONI SULL'USO DEI FUNZIONALI INTRODUTTIVI

Per quanto riguarda i *funzionali introduttivi* si noti che:

• *con* gode di largo uso, e reca un significato di unione:
– Giorgio studia *con molta attenzione*.

• *a* gode anch'essa di largo uso e marca il modo come riferimento a un modello:
– Sulla sabbia camminiamo *a piedi nudi*. - Le campane suonavano *a festa*.

• *in* introduce un rapporto di tipo locativo; come un luogo in cui è immerso il fatto espresso nella frase: Mamma, Franco ha lasciato tutto *in disordine*!

• *di* specifica una qualità dell'azione: Dottore, mia figlia fa tutto *di malavoglia.*

• *per* introduce un significato assai vicino allo scopo: Dicevo *per scherzo (per davvero - per finta...).*

• altre preposizioni possono essere: *su, dietro, secondo, a seconda di, sulla base di, in rapporto a, in relazione a, nel (al) modo di, in (a) guisa di, alla maniera di;* ciascuna introduce un valore modale piuttosto chiaro; salvo per le prime due che oscillano fra valori modali, strumentali e causali (41.2.1, 41.61):
– La partita è finita *sullo zero a zero.*
– Questi oggetti si inviano *dietro precisa richiesta.*
– Cambia umore *secondo il (a seconda del) tempo.*
– Li abbiamo divisi *in relazione al (sulla base del, in rapporto al...) prezzo.*

• ***sotto***, pur col suo valore locativo, può stabilire talvolta rapporti di modo:
– Hai ragione tu, *sotto tutti gli aspetti.*

41.6.2 PRECISAZIONI SULL'USO DI *CON* E *A*

Molte volte le preposizioni ***con*** e ***a*** sono intercambiabili nell'introdurre un valore fondamentale di modo, pur conservando ciascuna il significato suo proprio (riferimento a un modello, la seconda; unione o relazione, la prima):
– Pregava *a (con le) mani giunte.* (come pregava?)
– Ho mangiato gli spaghetti *al (con il) burro.* (come erano gli spaghetti?)

Altre volte invece *a* esclude *con.* E ciò accade quando ci si può solo richiamare a un modello, a una moda, a una maniera, e non anche a un'unione.
Insomma, *con* si può usare quando gli elementi che entrano in relazione sono perfettamente distinguibili, come un'addizione: 1+1.

In ogni caso però, per sapere di quale specifico complemento si tratta, occorre vedere se l'elemento introdotto dipende da un nome o da un verbo. Se dipende *da un nome*, si tratta di *complemento di qualità* (come un aggettivo) (41.7.2):
– Ho mangiato gli spaghetti *all'amatriciana (alla carbonara).*
– Ho ordinato pesce *al cartoccio.*
– E' una stoffa *con fiori.*

Se dipende *da un verbo*, si tratta di un *complemento di modo* (come un avverbio):
– Vestivamo *alla marinara (alla moda).*
– Pregava *con le mani giunte.*

41.6.3 AVVERBI DI MODO

Il complemento di modo o maniera si può anche esprimere con avverbi di modo, non di rado in sostituzione:

– Visse *onestamente*. (= con onestà)

– Camminava *piano*.

41.7 COMPLEMENTO DI QUALITÀ (COME? DI CHE GENERE?)

– Leonardo da Vinci fu uomo *di grande ingegno*.

– In primavera dalle finestre di casa mia si possono vedere ampie distese di campi *con fiori multicolori*.

– Ho il riscaldamento *a gas*.

Il ***complemento di qualità*** serve a mettere in rilievo qualità, caratteristiche, proprietà morali, intellettuali, psichiche e fisiche di esseri o cose.

Può essere introdotto da: *di, con, da, a, in*.

41.7.1 PRECISAZIONI SULL'USO DEI FUNZIONALI INTRODUTTIVI

Per quanto riguarda i *funzionali introduttivi* si noti che:

• *di* serve per lo più a specificare qualità morali, intellettuali, psichiche o quelle indicanti generiche dimensioni fisiche; molte volte il sostantivo è accompagnato da aggettivo: E' un tipo *di carattere*. - E' *di bassa statura*.

• *in* si richiama a significati di 'immersione' (38.4): Il medico è quel giovane laggiù *in camice bianco*. - I turisti *in bermuda* invadono Parigi. (titolo in 'la Repubblica', 8-7-1989).

• *con* introduce una caratteristica distintiva per lo più fisica che si unisce a essere o cosa: Ho visto un topo *con una lunghissima coda*.

• *da* sottolinea qualche tratto o caratteristica particolare da cui deriva la possibilità di distinguere un essere o una cosa: Carla è quella ragazza laggiù *dai capelli lunghi e biondi*

• *a* richiama caratteristiche simili a modelli conosciuti: Vorrei un quaderno *a quadretti*.

Sono dunque di qualità complementi del tipo: spaghetti *al burro (al sugo, alla carbonara, all'amatriciana)*, pastina *al brodo*, barca a *vela (a remi, a motore)*, auto *a benzina (a gas, a gasolio)*.

Si è già ricordato (in 41.6.2) che si tratta di complemento di qualità solo se dipende da un sostantivo. Se dipende da un verbo è complemento di modo. Ma è distinzione puramente formale. Dal punto di vista semantico (che in fondo è quello che più conta) ambedue servono infatti a qualificare (un nome o un verbo che sia), e rispondono alla domanda: come?

– Ne sono usciti quattro ore dopo con scatoloni *a piene braccia.*, In ('la Repubblica', 4-11-1992).

41.7.2 PRECISAZIONI SUL COMPLEMENTO DI QUALITÀ

unione Come già si è visto per il complemento di modo (41.6.2), anche in questo caso, se il complemento ha precise caratteristiche di distinzione, si può considerarlo una 'unione', e si può usare *con*: Oggi, ho mangiato pasta *con l'(all') olio*.

In caso contrario, sarà possibile solo *a*. Ad esempio, sarà solo possibile dire *Auto a benzina* e non *con la benzina*, per la semplice ragione che in questo caso la benzina è caratteristica distintiva rispetto ad altri tipi di macchine, e non aggiuntiva.

L'espressione *con la benzina* sarebbe usabile solo come complemento di mezzo in una frase del tipo *Un'auto in genere va con la (a)* (= per mezzo della) *benzina*.

copulativi Se si indicano qualità proprie del soggetto, allora il complemento si può accompagnare al verbo *essere* o ai verbi copulativi *sembrare, parere* o *risultare* come una predicazione nominale (33.1.1):

– Lucio *è (sembra) di carattere*.
– Stamattina *sei con la barba lunga*.

misura Anche la dimensione potrebbe presentarsi come una qualità: Palazzo *di grande altezza*. Tuttavia quando essa è precisata, allora il complemento rientra fra quelli che, nel loro insieme, possono essere definiti 'di misura' (42.4):

– Palazzo *di dieci piani*.

trasformazione Nei confronti del sostantivo da cui dipende, il complemento di qualità svolge una funzione predicativa non dissimile da quella attributiva di un aggettivo (10.4, 35.1) e da quella appositiva di un sostantivo (36.1). In genere la differenza sta nel fatto che il complemento di qualità si esprime in forma di sintagma preposizionale. Questa sua funzione di qualificatore è analoga anche a quella modale di un elemento avverbiale nei confronti di un verbo (18.4).

Siffatta analogia funzionale non di rado consente di trasformare un complemento di qualità in un attributo equivalente:

– E' un uomo *di grande onestà* (= *onestissimo*).
– Cinema *a tre dimensioni (= tridimensionale)*.

41.8 COMPLEMENTO DI VOCAZIONE

– *Carlo,* smettila! - State bene, *amici miei*? - Per favore, *signora Lucia*, avrebbe mica un po' di sale da prestarmi? - Abbia pazienza, *professore*, con questo ragazzo. - Ehi, *tu,* cerchi qualcuno? - Senti, *tesoro di mamma*, mi faresti un piacere? - Ciao, *Marco*! - *Micio, micio,* vieni qui! - *O stanco mio cuore,* riposa!

Il ***complemento di vocazione*** (o ***vocativo***) svolge una funzione di 'appello' o di richiamo di attenzione della persona (o entità animale o personificata) a cui ci si rivolge individuandola per nome o mediante un appellativo che la distingue.

Il vocativo può essere costituito dal nome dell'interpellato *(Carlo, Giuliano, Lucia...),* dal termine che individua il tipo di relazione sociale, spesso anche seguito dal cognome o/e nome *(signora, signore, dottore, ragioniere... signor Luigi, professor Petri...),* dal pronome di seconda persona singolare o plurale (familiare o di cortesia: *tu, voi, lei, loro*) o da un appellativo affettivo *(caro, tesoro, amore, dolcezza...).* E tutti, come indicano anche gli esempi, possono essere accompagnati da loro modificatori.

Dal punto di vista strutturale (sintattico e semantico) il complemento di vocazione risulta isolato dal resto della frase, nella quale (come mostrano gli esempi introduttivi) può trovarsi all'inizio o alla fine o incuneato a mo' di inciso. Tale isolamento si segnala, a) nel parlato, con una particolare modulazione della voce (fra esclamazione e domanda), b) nello scritto, in genere, mediante una 'virgola' o, nel caso di inciso, due.

Effetto di detto isolamento del vocativo è anche l'assenza dei normali introduttori funzionali.
Esso può comunque essere rafforzato dalla interiezione *o*, soprattutto nelle invocazioni *(O mio Dio!).*

41.8.1 PRECISAZIONI SUL COMPLEMENTO DI VOCAZIONE

espressioni introduttive Si è detto che per via del suo isolamento strutturale il vocativo non può essere introdotto da consueti segni funzionali. Tuttavia può essere preceduto da interiezioni o espressioni di richiamo di attenzione dell'interlocutore, quali: *ehi, ehilà, ohè...* (non propriamente cortesi), *(mi) scusi, senta, per fare, per cortesia, abbi (abbia) pazienza...* E ciò, in particolare per la vera e propria funzione di 'appello': quando ancora la persona a cui si rivolge la parola non è parte della situazione comunicativa in cui si vuole introdurla.

presenza del possessivo L'eventuale aggettivo possessivo, generalmente segue il vocativo *(amico mio, figlioli miei, Dio mio)*. Se però il possessivo è con un altro aggettivo, insieme per lo più si antepongono *(mio caro amore, mia buona amica, miei bravi scolari)* (12.2.2, 35.2.2).

vocativi fittizi Si è detto che la funzione di 'appello' del complemento di vocazione può coinvolgere anche entità che non sanno o non possono (o non vogliono) dare risposte. Come si è anche visto in qualche esempio introduttivo, si può trattare di animali o di entità personificate (quali parti del nostro corpo o elementi della natura); e si può trattare di entità presenti per fede o in spirito o nella immaginazione o nel ricordo (ad esempio, gli dèi, Dio, la Madonna, i santi, i defunti), alle quali ci si rivolge invocando, rievocando e talvolta imprecando: "Che fai, *tu, luna,* in ciel? dimmi, che fai, / *Silenziosa luna?*" (G. Leopardi) - "*Tu* non m'abbandonare *mia tristezza* / sulla strada / che urta il vento forano (...)." (E. Montale) - *Madonnina mia,* aiutami!

funzione fàtica Il complemento di vocazione è tipico mezzo espressivo della *funzione fàtica* del linguaggio (48.2). Funzione che riguarda ogni espressione tendente a stabilire un rapporto comunicativo (o comunque sociale) con l'interlocutore o a mentenerlo attivo o a concluderlo. E ciò, vale sia per il parlato, in cui la presenza degli interlocutori è reale, sia per lo scritto, quando tale presenza è solo ideale (in un'opera letteraria, ad esempio, o in una lettera o in un avviso pubblicitario). Comunque, proprio tale funzione fa sì che il vocativo abbia un uso assai frequente: *Illustrissimo signor direttore,* il sottoscritto (...) chiede che (...). - Ci rivolgiamo a Lei, *signor Ministro,* per ...

vocativo e pragmatica (o retorica) Sia nel comunicare quotidiano, sia nel discorso scritto più accurato, come quello letterario, il vocativo è alla base di *figure retoriche* (69.2) quali l'*invocazione*, l'*apostrofe* e l'*esclamazione* (69.2.1). "*Vergine bella,* che di sol vestita, / coronata di stelle, al sommo Sole / piacesti sì, che 'n te sua luce ascose, / amor mi spinge a dir di te parole; / ma non so 'ncominciar senza tu' aita, / e di colui ch'amando in te si pose (...)." (F. Petrarca) - "*Felicità raggiunta,* si cammina / per te su fil di lama. / Agli occhi sei barlume che vacilla, / al piede, teso ghiaccio che s'incrina; / e dunque non ti tocchi chi più t'ama." (E. Montale)

Capitolo XLII

42 - COMPLEMENTI CHE SERVONO A DARE PRECISAZIONI DI CARATTERE QUANTITATIVO

Complemento partitivo (o di specificazione partitiva) - Complemento di età - Complemento di stima e prezzo - Complemento di estensione, di misura e di peso - Complemento di distanza - Complemento di pena - Complemento di abbondanza e privazione - Complemento di limitazione Complemento distributivo - Complemento di paragone - Risultato di maggioranza o di minoranza - Risultato di uguaglianza.

42.1 COMPLEMENTO PARTITIVO (O DI SPECIFICAZIONE PARTITIVA)

(DI [FRA] CHI [CHE COSA]?)

– *Dei miei amici* solo due sono sposati.
– Questi sono alcuni *fra i tanti letterati* del Seicento.
– Luigi è il più anziano *tra (di) noi*.
– Un bicchiere *di vino*, per favore.

Il ***complemento partitivo*** specifica un tutto (negli esempi: *dei miei amici - fra i tanti letterati - tra di noi - di vino*) di cui si indica una parte (negli esempi: *due - alcuni - Luigi - un bicchiere*).

Esso può essere retto da numerali, sostantivi, pronomi indefiniti e avverbi che esprimono una quantità (*due, tre, dieci, cento, parte, frazione, molto, tanto, poco, un po', alcuni...*), o anche da aggettivi al superlativo relativo.

E' introdotto per lo più dalla preposizione *di*; non di rado anche da *fra (tra)*.

42.1.1 PRECISZIONI SUL COMPLEMENTO PARTITIVO

la particella 'ne' La particella *ne* può essere usata con funzione partitiva. Naturalmente, non richiede alcun funzionale introduttivo: Ho comprato questo libro ieri e *ne* (= di esso) ho *lette* (o anche: *letto*) già *cento pagine*.

concordanza L'esempio precedente ci fa ricordare che in presenza della particella *ne*, di solito il *participio passato* del verbo concorda nel genere e nel numero con la parte presa in considerazione: Ho comprato dieci caramelle e *ne* ho mangi*ata una* [*ne* ho mangi*ate due*]. A volte però può concordare anche con l'insieme (39.1.3): Ho molta frutta oggi. Mio marito *ne* (= della frutta) ha compr*ata* due chili; oppure: Mio marito *ne* ha compr*ati due chili*.

Se la quantità è espressa da un indefinito, il participio può anche rimanere invariato (in *-o*):
– Fastidi don Fabrizio *ne* aveva avut*o* parecchi (...). (G.T. di Lampedusa, 'Il Gattopardo', 119)

'ne' intensificativo La particella *ne* può rafforzare anaforicamente un complemento partitivo premesso al verbo:
– Lui *di piatti*, su un dito *ne* fa ruotare quanti ne vuole. (E. Biagi, in 'la Repubblica', 26-2-1987)

In questi casi, nel parlato, non di rado accade che la preposizione *di* venga omessa; e se ne ha un esito espressivo assai efficace:
– Poveraccio! *(di) Parenti ne* ha pochi e *(di) amici* non ne ha.

42.2 COMPLEMENTO DI ETÀ (DI [A] QUALE ETÀ?)

– Ho un fratellino *di due anni*.
– Mio padre ha cominciato a lavorare *a 14 anni*.
– La mia vicina di casa è una bella ragazza *sui vent'anni*.
– Carlo ha *quindici anni*.

Il ***complemento di età*** indica l'età di esseri o cose.

Viene, naturalmente, espresso mediante sostantivi che indicano frazioni di tempo: *anni, mesi, giorni, ore, secoli, millenni* ecc.

Può essere introdotto da: *di, su, intorno a, a*.

Può anche fare a meno di funzionale introduttivo.

42.2.1 PRECISAZIONI SULL'USO DEI FUNZIONALI INTRODUTTIVI

Per quanto riguarda i *funzionali introduttivi* si noti che:
• *di* (come una specificazione di qualità) serve per indicare l'età precisa in dipendenza da un sostantivo (*fanciullo, ragazzo, giovane, uomo*...): Un ragazzo *di vent'anni*.

• *su - intorno a* (come un luogo figurato), sempre in dipendenza da un sostantivo, serve per indicare l'età approssimata: giovane *sui diciotto anni*, signora *intorno ai quaranta* (anni).

• *a* si avvicina a un complemento di tempo, (col significato di *quando + avere + l'età*): I giovani *a (= quando hanno) venti anni* fanno il soldato.

42.2.2 PRECISAZIONI SUL COMPLEMENTO DI ETÀ

oggetto diretto In dipendenza dal verbo *avere*, l'età coincide con *l'oggetto diretto*:
– Il mio gattino *ha due mesi.*

attributo Il numero degli anni si può anche esprimere con un attributo numerale (*quindicenne, ventenne, centenario, millenario* ecc.):
– Ho un fratello *quindicenne (ventenne, trentacinquenne...).*

42.3 COMPLEMENTO DI STIMA O PREZZO (QUANTO VALE [COSTA]?)

– Questo è un esame *di grande importanza* per la mia vita.
– E' una cravatta *da 50.000 lire.*
– L'ho comprata *a un prezzo irrisorio.*

Il ***complemento*** di ***stima o prezzo*** esprime il valore morale o materiale di esseri o cose.

Se indica la *stima morale* è espresso in modo generico, per lo più da avverbi o locuzioni di quantità.

Il *prezzo* invece può essere espresso tanto in modo generico, quanto con precisione numerica.

Può servire a completare sia l'informazione data da un nome (come un complemento di specificazione qualitativa), sia quella data da un verbo. In quest'ultimo caso si troverà accanto a verbi che indicano prezzo, valore e simili: *pagare, comprare, acquistare, costare, valere...*

Può essere introdotto dai funzionali: *di, da, a, con, per, al prezzo di, per il prezzo di.*

42.3.1 PRECISAZIONI SULL'USO DEI FUNZIONALI INTRODUTTIVI

Per quanto riguarda i *funzionali introduttivi* si noti che:
• *di* introduce la stima morale che è espressa da un sostantivo accompagnato, molto spesso, da un aggettivo; si ha così il significato di un complemento di qualità corrispondente a un aggettivo qualificativo: Questa promozione è un passo *di non poco conto* (= importante) per la mia carriera.

• *da, a, con* richiamano i significati che ormai ben conosciamo:
– E' un vestito *da 500 mila lire*. (il prezzo come una qualità)
– Non mi pare un fatto *da poco*. (la stima come qualità)
– Me l'hanno dato *a 10 mila lire*. (il prezzo tra il mezzo e il modo)
– Qui si mangia *con poca spesa*. (il prezzo come un mezzo)

• *per* reca un significato di scambio, di sostituzione: L'ho comprata *per 2000 lire*.

• *su, intorno a* introducono un prezzo approssimato: Questo libro costerà *sulle 30 mila lire.*

• il prezzo approssimato si può esprimere anche con il *futuro del verbo* seguito da *'sì e no'* e dal prezzo: Questa cravatta *costerà sì e no 10 mila lire.*

• Se il complemento dipende da un verbo, il funzionale introduttivo può mancare (ad esempio, con *costare, pagare, valere, stimare, valutare ...*) oppure può essere preceduto da *a, per, al prezzo di* con *acquistare, comprare, prendere, avere, ottenere ...*): Costa *un milione*. - L'ho avuto *per (a) un milione.*

42.4 COMPLEMENTI DI ESTENSIONE, DI MISURA E DI PESO
(QUANTO È LUNGO [MISURA, PESA]?)

– Questa stanza è lunga *quattro metri*.
– Il sentiero si inerpica *per qualche chilometro*.
– Ne ho preso una bottiglia *da un litro*.

Questi complementi indicano le dimensioni (in altezza, in lunghezza, in larghezza, in profondità), la capacità o il peso di ciò che determinano; la quantificazione può anche essere indefinita.

Possono essere introdotti da: *per, di, da.*

In dipendenza da un aggettivo riferito alle dimensioni (*alto, basso, profondo, largo, lungo*) e da verbi come *pesare* e *misurare* non si ha funzionale introduttivo:
– Carlo è alto *un metro e ottanta* e pesa *settantacinque chili*.

42.4.1 PRECISAZIONI SULL'USO DEI FUNZIONALI INTRODUTTIVI

Per quanto riguarda i *funzionali introduttivi* si noti che:

• *per* (dato il suo valore spaziale) si usa in presenza di un verbo indicante misura (*estendersi, allargarsi, inoltrarsi, sprofondare, innalzarsi...*):
– Il palazzo si innalza *per 10 piani.*
– Il sentiero si inoltra *per due o tre chilometri.*

• *di* si usa per precisare un nome o un verbo come una qualità o una modalità:
– Abito in un appartamento *di 120 metri quadrati.*
– Ha mancato *di pochissimo* il goal.

• *da* si usa in dipendenza da un nome per indicarne capacità (come una destinazione):
– bottiglia *da un litro* - pacco di pasta *da due chili.*

• anche *in ragione di, nella misura di* possono introdurre un complemento di quantità:
– Mettere zucchero *in ragione di (nella misura di) un cucchiaino* a bicchiere.

42.5 COMPLEMENTO DI DISTANZA (QUANTO DISTA [È LONTANO]?)

– Perugia dista da Roma *170 chilometri.*

Il ***complemento di distanza*** indica la distanza che separa esseri o cose.

Può essere introdotto:

• dal verbo *distare* o da un *aggettivo* con significato analogo seguito dalla indicazione della distanza:
– Casa mia *dista (è lontana) pochi passi* da qui.

• dai sostantivi *distanza* e *lontananza* seguiti da ***di*** e dalla indicazione della distanza:
– Napoli si trova a una *distanza di circa 100 chilometri* da qui.

• da *verbi di quiete* ('stativi'), come *essere, trovarsi, abitare, restare, stare* ecc., seguiti dalla distanza introdotta da *a:*
– Carlo *abita a pochi passi* da casa mia.

42.5.1 PRECISAZIONI SUL COMPLEMENTO DI DISTANZA

tempo La distanza può essere espressa anche mediante il tempo che si impiega per raggiungere il luogo indicato:
– Roma è *a sei ore* di treno da qui.

preposizioni 'da' e 'su' Il luogo dal quale si misura la distanza viene introdotto dalla preposizione *da*; se il significato richiama in qualche modo quello di una 'competizione' reale o figurata, si può usare *su*:
– Villa S. Giovanni dista pochi chilometri *da Reggio Calabria*.
– I due corridori avevano un vantaggio di quattro minuti *sul (dal) gruppo*.

42.6 COMPLEMENTO DI PENA ([A] QUALE PENA?)

– E' stato condannato *al* carcere.
– Lo hanno mandato *in prigione*.
– E' stato multato *per 100 mila lire*.
– Ho pagato un'ammenda *di 50 mila lire*.

Il ***complemento di pena*** esprime il genere di pena, di condanna, di punizione che viene inflitta a qualcuno.

A seconda che si riconduca a valori più generali di tipo modale o locativo, può essere introdotto dalle preposizioni *a, con, in, per*.
Se è precisata la quantità, il genere di pena (*prigione, carcere, multa...*) viene introdotto da *di* (come una specificazione).

42.6.1 PRECISAZIONI SUL COMPLEMENTO DI PENA

Nel linguaggio amministrativo, la pena minacciata mediante particolari sostantivi (*esclusione, decadenza, cancellazione...*) si fa precedere dalla parola *pena*:
– Le domande dovranno pervenire a questo Ministero entro il termine di 30 giorni dalla data di pubblicazione del presente bando, *pena l'esclusione dal concorso*.

42.7 COMPLEMENTO DI ABBONDANZA O DI PRIVAZIONE (DI CHE COSA?)

– Il fiume abbonda (è privo) *di pesci*.
– Mio fratello è un ragazzo pieno *di coraggio*.
– Questo libro è povero *di illustrazioni*.
– Sono stati espropriati *di tutti i loro beni*.

Il ***complemento di abbondanza o di privazione*** indica la cosa di cui qualcuno o qualcosa risulta fornito o privo.

E' simile a una specificazione, si usa in presenza di espressioni che ne richiamano il significato e viene introdotto dalla preposizione *di.*

42.8 COMPLEMENTO DI LIMITAZIONE (LIMITATAMENTE A CHE COSA?)

– Io, purtroppo, non sono molto bravo *in matematica.*
– Non ti sente: è un po' duro *d'orecchi.*
– Costa troppo *per le mie tasche.*

Il ***complemento di limitazione*** serve a precisare i limiti entro i quali si deve ricondurre un'informazione, una notizia, un fatto, un giudizio, una qualità caratteristica, una attività o professione.

Può essere introdotto da: *di, a, in, per, rispetto a, quanto a, secondo,* e numerosi altri.

42.8.1 PRECISAZIONI SULL'USO DEI FUNZIONALI INTRODUTTIVI

Il complemento di limitazione dispone di una ricca varietà di funzionali introduttivi fra cui scegliere. Ciò perché gode di largo uso. Il parlante se ne serve sia per fornire particolari all'altrimenti (secondo lui) generico significato di aggettivi, sostantivi o verbi da usare, sia per ricondurre negli àmbiti della propria soggettività quanto egli dice. In tal modo il parlante, nel momento in cui attenua - come assai spesso fa per prudenza, modestia o altro - affermazioni e giudizi generali restringendoli nei limiti della opinione personale, mostra di essere consapevole dell'esistenza delle opinioni altrui: che valgono non meno della sua.

Ecco i *funzionali più ricorrenti*:

• *di* introduce un sostantivo che precisa una qualità generale espressa per lo più mediante aggettivo, anche sostantivato, riducendone il campo semantico. Nei seguenti esempi il campo semantico molto generale di *poveri* e *forte* viene riferito solo allo *spirito* e al *carattere:*
– Beati i poveri *di spirito.*
– Carlo è forte *di carattere.*

• *a, in* richiamano un significato di valore locativo. La pratica d'uso, ci dice che questi due funzionali a volte sono intercambiabili, a volte no:
– Da ragazzo ero forte *in (a) geografia.*
– C'è una ditta che cerca esperti *in* (non: *a*) *telecomunicazioni.*
– Come stai *a* (non: *in*) *soldi*?.

• *per* si richiama a una modalità di tipo comparativo. Nei seguenti esempi un'affermazione di carattere generale trova il suo limite nel confronto con le possibilità del parlante, dell'interlocutore o di altri:

– Tu sei troppo incostante *per il mio carattere*, ragazzo mio!

– Questa è una domanda troppo difficile *per la sua preparazione*:

• *rispetto a, a petto a, di fronte a, in confronto a, in relazione a* recano anch'essi un evidente valore comparativo:

– Luigino è veramente giudizioso *in rapporto (in relazione) alla sua età.*

• *quanto a, secondo, riguardo a, in fatto di, a giudizio di, a detta di, a parere di, ad avviso di, sul piano di, a livello di, in ragione di*, e simili, sono funzionali che hanno un significato molto chiaro di opinione, di giudizio personale; alcuni sono tipici di linguaggi speciali come quello amministrativo:

– *Quanto a soldi*, è un momento in cui mi trovo piuttosto male.

– *In fatto di pazienza*, ne ho da vendere, io!

– *A giudizio del suo maestro*, potrebbe iscriversi a qualsiasi tipo di scuola superiore.

– *A parere del meteorologo* il tempo dovrebbe cambiare in peggio.

– *Sul piano della informazione* a distanza la tecnica oggi ha fatto passi da gigante.

– I partiti collaborano alla attività parlamentare *secondo il (in ragione del) numero* dei loro deputati.

• *da* si usa talvolta in certi casi di particolare condizione di una di due parti del corpo che sono in coppia:

– Sono miope *da un occhio*. (Ho una vista migliore *dall'occhio destro*.)

– Fu ferito in guerra e rimase claudicante *da un piede.*

particolare uso di 'ne'

In presenza del verbo *convenire* la funzione locativa della particella sostituente *ne* può svolgersi in senso limitativo di argomento:

– "Convieni anche tu *che Carlo non poteva farcela in così poco tempo?*" "Sì, *ne* (= su ciò) convengo."

42.9 COMPLEMENTO DISTRIBUTIVO (DISTRIBUITO COME?)

– I ragazzi uscivano dalla scuola in fila *per tre (a tre a tre).*

– Devo pagare *il trenta per cento* di tasse su quello che guadagno.

– L'hanno vendute *a mille lire il pezzo.*

Il ***complemento distributivo*** esprime una proporzione o distribuzione il più delle volte numerica fra esseri o cose.

Esso è molto frequente nelle operazioni matematiche.

Può essere introdotto da: *per, a, per volta, alla volta* (i due ultimi posposti).

Il funzionale introduttivo può anche mancare.

Altri esempi:
– Questa macchina può andare anche *a 200 all'ora.*
– *Tre per quattro* fanno dodici.
– Portavamo *cinque mattoni alla (per) volta.*
– Le patate costano *mille lire al chilo.*
– Signora, glieli do *a 10 mila lire l'uno.*

42.10 COMPLEMENTO DI PARAGONE (IN CONFRONTO A CHI [CHE COSA]?)

– Carlo è più alto *di Luigi.*
– Luigi è meno alto *di Carlo.*
– Luigi pesa *quanto Carlo.*

Il ***complemento di paragone*** è costituito da una comparazione (69.2.1) fra due termini riferiti a unità o gruppi. Esso indica infatti persona, animale, cosa, qualità, avvenimento (o loro gruppi) con cui si confronta un'altra persona, animale, cosa, qualità o avvenimento (o loro gruppi), che funziona da primo termine.

Il risultato di questo confronto può consistere in una differenza in più o in meno (*maggioranza* o *minoranza*) del primo termine sul secondo; oppure in una loro *uguaglianza.*

42.10.1 RISULTATO DI MAGGIORANZA O DI MINORANZA

esseri o cose

Il confronto può avvenire fra due esseri o cose, e riguardare una qualità espressa mediante un aggettivo.

Si mette allora l'aggettivo al grado comparativo di maggioranza o di minoranza, e si usa la preposizione *di* per introdurre il complemento di paragone:
– Mio padre è *più (meno) paziente di mia madre.*
– Considero il mio cane *più fedele di qualsiasi persona.*

modalità dell'azione

Il confronto può avvenire sul modo in cui si compie un'azione in rapporto a essere o cosa.

In questo caso, si usa un avverbio al grado comparativo di maggioranza o di minoranza e si introduce con *che* il secondo termine di paragone:
– Gioco *più volentieri con Nicola che con Pino.*
– D'estate andiamo *più spesso al mare che in montagna.*

aggettivi, avverbi, verbi

Il confronto può avvenire fra due aggettivi, avverbi o verbi. Si fa allora precedere il primo termine da *più, piuttosto, meno*, e il secondo termine da *che:*

– Dormo in una cameretta *più lunga che larga.*

– Gli piace giocare *piuttosto rumorosamente che tranquillamente.*

– Gli piace *meno studiare che giocare*, naturalmente.

42.10.2 PRECISAZIONI SUL RISULTATO DI MAGGIORANZA O MINORANZA

che La congiunzione *che* può anche essere rafforzata da *non:*

– Mi ritrovo più spesso con Lucia *che non* con Maria.

pronome Per evitare la ripetizione dello stesso nome, il *secondo termine* di paragone può essere costituito *da un pronome* dimostrativo o possessivo:

– La mamma di Marco è più giovane *di quella* di Paolo.

– La macchina di mia sorella è meno veloce *della mia.*

verbi Certi verbi, come *preferire* e *prediligere*, contengono già un significato di maggioranza, perciò fanno a meno dell'avverbio *più:*

– Preferimmo *restare che partire.*

42.10.3 RISULTATO DI UGUAGLIANZA

Per esprimere un risultato di uguaglianza, davanti al complemento di paragone si mette *quanto, come, non meno di (che), non più di (che), al pari di (che).*

In correlazione con *quanto* si possono avere gli avverbi *tanto* e *altrettanto*; in correlazione con *come* si possono avere *così* e *tanto*:

– La mamma è *(tanto, così) paziente quanto (come) il papà.*

– Io studio *(tanto) quanto (come) mio fratello.*

– Luigi è *non meno generoso di (che) sua sorella.*

– Mi piace questo *al pari di (quanto) quello.*

– (...) Un omone *non meno* lungo *che* rigido (...). (G. Clerici, in 'la Repubblica', 27-4-1991).

Il risultato di uguaglianza si può anche esprimere mediante la comparazione di maggioranza o di minoranza in frase negativa:

– Carlo *non lavora meno di te.* (= lavora quanto te)

– Luigi *non è più alto di Mario* (= è alto quanto Mario)

Capitolo XLIII

43 - COMPLEMENTI CHE SERVONO A CHIARIRE RAGIONI E CAUSE DI FATTI E SITUAZIONI

Complemento di causa - Complemento di fine o scopo - Causa e fine (precisazioni) - Complemento di vantaggio o svantaggio - Complemento di colpa - Complemento di concessione.

43.1 COMPLEMENTO DI CAUSA (PER QUALE CAUSA?)

– Ti ammiro *per la tua calma.*
– Diventò rosso *dalla vergogna.*
– Si è ridotto così *per via delle pessime compagnie.*
– Sono qui *a causa degli esami.*

Il ***complemento di causa*** indica la ragione, il motivo per cui si verifica l'effetto espresso nel predicato.

Può essere introdotto da: *per, da, a, con, in, a causa di, visto, dato, per via di* ecc.

43.1.1 PRECISAZIONI SULL'USO DEI FUNZIONALI INTRODUTTIVI

Per quanto riguarda i *funzionali introduttivi* si noti che:

• *per* introduce la causa con un richiamo a valori locativi: e cioè come l'elemento 'attraverso' (tramite) il quale si verifica ciò che è detto nella frase:
– *Per tutte quelle bugie* sua moglie si arrabbiò veramente.

• *da, di* presentano la causa come il punto di origine (causa efficiente) di ciò che avviene nella frase:
– *Dalla contentezza* si mise a piangere. (la contentezza è il punto di origine del pianto)
– Muoio *di (dalla) fame.*

• *a, davanti a, di fronte a, a fronte di, in presenza di* (gli ultimi due per lo più in linguaggio amministrativo) presentano anch'essi la causa con chiaro valore locativo-comparativo; e cioè come l'elemento 'di fronte' al quale, per consequenziale reazione, si verifica il fatto narrato:

– *A quelle parole* abbassò la testa e tacque.
– *Di fronte a questi fatti* non si sa che dire.
– *Davanti a certi capolavori* si resta a bocca aperta.
– *A fronte di assenze così numerose*, questa Direzione è costretta a prendere i provvedimenti del caso.

• *in* (anch'esso con valore locativo) presenta la causa come una circostanza all' 'interno' della quale si colloca il suo stesso effetto:

– Non gli ha telefonato *nel (= a causa del) timore* che si svegliasse.

• *con* introduce una causa che risulta 'contemporanea' (accompagnata), al suo effetto:

– *Con questo chiasso* non si può proprio studiare.
– *Con questo bel sole* si prende anche la tintarella.
– Carlo è a letto *con l'influenza*.

• *a (per) causa di, a motivo di, a cagione di, per ragioni di, in forza di* (gli ultimi quattro, propri, in genere, di linguaggi settoriali): sono tutti funzionali dal significato causale piuttosto chiaro; *in forza di* sottolinea la causa di un fatto inevitabile che precede:

– *A causa di quell'incidente* si trova in mezzo ai guai.
– Devo chiedere un permesso *per ragioni di famiglia*.
– Va seguita questa procedura *in forza di un decreto governativo*.

• *per via di* introduce una causa dall'effetto negativo:

– Non ci potei andare *per via di quel fastidioso raffreddore*.

Sono molto comuni le espressioni causali: *per via tua (sua, vostra...), a (per) causa tua (mia, sua...)*:

– Hai visto? *Per via (causa) tua* m'ha tolto anche il saluto.

• *in grazia di* (piuttosto raro) sottolinea - spesso anche con ironia - la causa che ha prodotto un fatto poco gradito:

– E tutto questo mi è capitato *in grazia di un impiegato distratto*!

• *in conseguenza di, in seguito a, a seguito di* (linguaggio amministrativo) indicano la causa riconducendola all'effetto che ne è conseguito (la causa come un 'prima' rispetto al suo effetto):

– *A seguito di una frana*, il traffico resterà interrotto per alcune ore.

• *dato, visto, considerato, posto, stante* presentano la causa come un dato di fatto, di fronte al quale il parlante giustifica l'effetto come frutto della scelta più razionale fra quelle possibili. In una frase come *Dato questo temporale non sono potuto uscire*, il parlante, premessa una realtà decisamente impediente (*il temporale*), giustifica un fatto, pur negativo (*non uscire*), come la soluzione (l'effetto) più consequenziale.

Questi funzionali, essendo di origine participiale, concordano con il sostantivo che introducono. Alcuni (*stante, considerato, posto*) trovano buon uso in certi linguaggi settoriali:

– *Stanti (considerate - viste) le sue precarie condizioni* di salute siamo stati indotti a consigliarne il ricovero ospedaliero.

– *Considerata la consistenza della spesa*, le daremo la possibilità di pagare a rate.

• *su, dietro* in certi casi possono introdurre un complemento di causa (41.2.1, 41.6.1):

– Fu convocato in tribunale *su (dietro) denuncia* di un condomino.

'ne' causale In un registro linguistico sorvegliato, e in dipendenza da taluni verbi, la particella *ne* può svolgere funzione di complemento di causa; come una causa efficiente:

– Che brutte parole! *Ne* (= a causa di esse) sono rimasto profondamente offeso.

43.1.2 PRECISAZIONE SUL COMPLEMENTO DI CAUSA

La *causa* può coincidere con il *complemento di colpa*. Dipende dal significato generale della frase:

– E' stato denunciato *per (= a causa di un) furto*.

43.2 COMPLEMENTO DI FINE O SCOPO (PERCHÉ? PER QUALE FINE [SCOPO]?)

– Mi trovo a Napoli *per affari*.
– La prevenzione sta *a difesa della salute*.
– Mio fratello studia *da ingegnere*.
– Mi sei stato *di grande aiuto*.
– Ho ricevuto *in regalo* un orologio d'oro.

Il ***complemento di fine o scopo*** indica l'obiettivo, la finalità, lo scopo, per cui si compie un'azione o avviene un fatto.

Può essere introdotto da: *per, a, da, in, di, a scopo di, a fine di* ecc.

43.2.1 PRECISAZIONI SULL'USO DEI FUNZIONALI INTRODUTTIVI

Per quanto riguarda i *funzionali introduttivi* si noti che:

• *per* tende a identificare lo scopo con la semplice causa:

– Mi lasciò il suo orologio *per ricordo*. (= perché voleva che...)

• *a* sottolinea il significato locativo, direzionale del fine:

– Imputato, ha lei qualcosa da dire *a sua discolpa*?

– (...) un'innata gaiezza (...) lo disponeva piuttosto *ai piaceri e agli svaghi*. (F. Tomizza, 'Fughe incrociate')

• *da* sottolinea, in genere, la proiezione di un fatto verso un obiettivo, o la destinazione, l'uso di qualcosa:
– Mia figlia fa pratica *da avvocato*.
– Ho studiato *da ingegnere*.

Se il fine introdotto da questo funzionale dipende da un sostantivo, si configura come complemento di qualità indicante tendenza, inclinazione, destinazione. Anzi, in questi casi accade di solito che la preposizione *da* e il suo nome si uniscono a tal punto al sostantivo di cui precisano la destinazione, da formare un insieme indivisibile, una unità sintattica (o lessicale), come un nome composto (5.6):
– ferro da stiro, occhiali da sole, sala da pranzo, macchina da corsa, cane da guardia ecc.

• *in* presenta il fine come moto a luogo figurato:
– Corremmo subito *in aiuto* del malcapitato gattino.

• *di*, in espressioni del tipo *essere (riuscire, servire), di* e simili, presenta il fine come una qualità:
– Vi ringrazio, mi siete stati *di grande appoggio*.

• *a scopo di, a fine di, in vista di, in direzione di, a scanso di* (alcuni più frequenti in linguaggi settoriali) hanno un ben preciso significato di finalità:
– La nostra non è una società *a scopo di lucro*.
– Mi sto preparando *in vista degli esami*.
– *A scanso di equivoci* voglio ripetere ciò che ho detto.

43.2.2 CAUSA E FINE (PRECISAZIONI)

La causa e il fine sono due varianti del *rapporto logico di causa-effetto*. Ma due varianti ben distinte (57.3.1).

La ***causa*** infatti si realizza (o si realizzerebbe) anteriormente o contemporaneamente al suo effetto. In *Carlo è felice per la bella promozione*, si parla di uno stato d'animo (*la felicità*) come effetto di una causa (*la promozione*) realizzata. Analogamente, in *Carlo non può (potrebbe) studiare a causa di questo chiasso*, si dice che contemporaneamente ci sono il chiasso e l'impossibilità di studiare: questa, reale effetto di quello, altrettanto reale.

Il ***fine***, al contrario, è come una causa non ancora realizzata, né in via di realizzazione, ma solo sentita come aspirazione, e configurata come il punto terminale dell'azione.

Il fine accompagna l'azione da esso stesso provocata, e idealmente la sostiene. In *I genitori si sacrificano per il bene dei figli*, risulta che la causa (*il bene dei figli*), mentre spiega e motiva la realizzazione di un fatto (*il sacrificarsi dei genitori*), avrà (se l'avrà) realizzazione essa stessa solo a effetto (*il sacrificio*) compiuto.

43.3 COMPLEMENTO DI VANTAGGIO O SVANTAGGIO
(A VANTAGGIO [A SVANTAGGIO] DI CHI [DI CHE COSA]?)

– Un genitore si sacrifica *per i suoi figli.*
– Questo che Carlo sta facendo tornerà *a vantaggio di tutti noi*, forse, ma certamente *contro di lui.*
– I governanti dovrebbero operare *nell'interesse di tutti.*

Il ***complemento di vantaggio o svantaggio*** indica la persona o la cosa alla quale un'azione o un fatto reca, appunto, vantaggio o svantaggio.

Può essere introdotto da: *per, a, a vantaggio (svantaggio) di, a favore (sfavore) di, a danno di, a profitto di, verso, contro, nell'interesse di, a dispetto di* ecc.

In espressioni del tipo *essere (servire, riuscire, tornare, risultare...) di*, il complemento di vantaggio si accompagna a quello di fine:
– Sei stato *di grande aiuto* (fine) *a (per) tutti noi.* (vantaggio)

43.3.1 PRECISAZIONI SUL COMPLEMENTO DI VANTAGGIO

complemento etico Fungono da complemento di vantaggio o svantaggio le particelle *mi, ti, ci, vi*, quando, davanti a un fatto, evidenziano una forte partecipazione affettiva del parlante.

Giorgio, un bambino, correndo per casa, rompe un prezioso vaso. La mamma lo apostrofa risentita: "Ma che *mi* hai fatto!", considerando come un male fatto a sé ciò che è accaduto al vaso.

Questo complemento viene anche detto *etico* (= morale, psicologico).

aspetto intensivo Con significato affettivo molto simile alle precedenti sono le particelle *mi, ti, ci, vi, si*, che servono a dare aspetto intensivo al verbo riflessivo apparante (22.3.1.1):
– E adesso *ci* mangeremo un bel gelato.
– Quel birbante *si* è pappato tutta la cioccolata!

43.4 COMPLEMENTO DI COLPA (PER QUALE COLPA [ACCUSA]?)

– Fu arrestato *per furto (con l'accusa di furto)*
– Sono stati accusati *di inadempienza* dei doveri di ufficio

Il ***complemento di colpa*** indica la colpa, il tipo di accusa, di cui qualcuno viene imputato.

Il complemento di *colpa* è un vero e proprio complemento di *causa* (43.1.2). Assume questo nome per il significato particolare dei verbi o dei sostantivi ai quali apporta la precisazione: *accusare, incolpare, imputare, sospettare... colpa, accusa, sospetto, imputazione* ecc.

Può essere introdotto dalla preposizione *di* (specificativa) o *per* (causale).

43.5 COMPLEMENTO DI CONCESSIONE (NONOSTANTE CHI [CHE COSA]?)

– Uscirò *nonostante questa maledetta pioggia*!

In questa frase il soggetto (*io*) ammette ('concede', riconosce) che esiste un fatto (*la pioggia*) che dovrebbe essere una ragione plausibile per rinunciare a compiere un'azione (*uscire*); ma lui la compie ugualmente. La pioggia, insomma, risulta come una causa che non è seguita dal suo effetto logico. Una inutile causa impediente (58.3).

Il ***complemento di concessione*** indica l'impedimento, l'ostacolo, nonostante il quale si verifica il fatto espresso nella frase.

Può essere introdotto da: *nonostante, malgrado, per, a dispetto di, pur con, pur in presenza di, ad onta di, a fronte di* (le ultime due sono tipiche di certi linguaggi settoriali: amministrativo, giuridico ecc.):

– *Nonostante (malgrado) qualche lineetta di febbre*, è andato in ufficio.

– *Pur con (malgrado - a dispetto di) tutti questi suoi difetti*, è un ragazzo simpaticissimo.

– Lucia, *per una bambina* (benché sia una ...), cucina piuttosto bene.

Capitolo XLIV

44 - COMPLEMENTI CHE SERVONO A DETERMINARE LUOGHI E TEMPI DI FATTI E DI SITUAZIONI (1º)

Complemento di luogo - Stato in luogo - Uso di 'a' e 'in' e altre precisazioni - Moto a luogo - Moto da luogo - Moto per luogo - Collocazione del complemento di luogo - Complemento di separazione (o di allontanamento) - Complemento di origine (o di provenienza) - Complemento di sostituzione.

44.1 COMPLEMENTO DI LUOGO (DOVE? VERSO [DA, PER] DOVE?)

Quando si parla o scrive, uno dei modi più ricorrenti di precisare i fatti è quello di collocarli entro ben determinate indicazioni di valore spaziale (n. 1, pag. 132).

E questo è un modo così spontaneo e naturale che il concetto di spazio si esprime non solo nei suoi termini reali ("Vivo *in Italia*") o figurati ("Ti avrò sempre *nel cuore*"); ma anche temporali ("Verremo in *primavera*"), strumentali ("Vado a scuola *in autobus*"), modali ("Qui staremo *in santa pace*"), limitativi ("Sono bravo *in matematica*"), e direzionali. E quando si dice direzionali, ci si riferisce anche alla nozione di 'direzione' che si evolve nel senso del fine ("Sono corso *in suo aiuto*"), del termine ("Parlo *a mio fratello*"), dell'agente ("Il professore è stato convocato *dal preside*"), della relazione ("Nei tempi antichi il mio paese ha lottato molto *contro i paesi vicini*"), della pena ("E' stato messo *in prigione*") ecc. Tutte queste sono considerazioni che abbiamo fatte di volta in volta parlando dei complementi, rilevando le sfumature di significato delle preposizioni da cui ciascuno può essere introdotto.

Alla fine, a rifletterci un po', si può anche arrivare a concludere (e con un pizzico di ragione) che un valore più o meno sfumato di luogo (reale o figurato) sta al fondo del rapporto logico precisato da qualsiasi complemento.

Naturalmente, in questo paragrafo ci limiteremo a definire 'complemento di luogo' ogni rapporto in cui questa *nozione di relazione* di esseri o cose con lo spazio reale o figurato è prevalente: come nelle due frasi seguenti:

– Michele è venuto *da Roma*. (luogo reale)
– Quel grazie è venuto *dal cuore*. (luogo figurato)

Il complemento di luogo, indica il luogo reale o figurato in cui si svolge un fatto, o in cui si trova, o verso cui è diretto, o da cui parte o si distacca, o per cui passa un essere o una cosa.

Come si può anche notare negli esempi seguenti, il *complemento di luogo*, si può dunque configurare:
a) come ***stato in luogo;***
b) come ***moto verso luogo;***
c) come ***moto da luogo;***
d) come ***moto attraverso luogo***:

a) Vivo → *a Perugia.* ←
b) Vado → *a Perugia.*
c) Parto *da Perugia* → (per Roma).
d) Passo → *per Perugia.* →

44.1.1 PRECISAZIONI SUL COMPLEMENTO DI LUOGO

luogo figurato Si definisce complemento di (*stato in, moto a, moto da, moto per) luogo figurato* qualsiasi determinazione che si richiami a un luogo anche per semplice analogia:
– Sarai sempre *nel mio ricordo.* – Chissà che gli passa *per la mente.*
– Finalmente *dalla tanta inquietudine* siamo approdati *alla serenità.*

aspetti di insieme Sempre in qualche modo figurativamente, il luogo può essere richiamato non tanto per le sue concrete, precise dimensioni, quanto piuttosto per certi aspetti ed elementi di insieme (ambiente, atmosfera, clima...) (38.4.1):
– Sono andato *in montagna.* (diverso da: *sulla montagna*)
– Ho passato un mese *al mare.* (diverso da: *in mare*)

44.1.2 STATO IN LUOGO (DOVE?)

– L'estate prossima *al mare* starò *da certi miei amici.*
– Sarai sempre *nei miei pensieri.*
– Il libro è *sulla mia scrivania.*
– L'incidente è successo *presso la mia scuola.*

Il ***complemento di stato in luogo*** indica il luogo reale o figurato in cui si trova essere o cosa, o dove si verifica un fatto.

Esso dipende per lo più da *verbi di quiete* (verbi 'stativi') come *essere, stare, restare, abitare, vivere, trovarsi...*; o da espressioni analoghe.

Può essere introdotto da: *in, a, da, su, sopra, sotto, prima, dopo, al di là, vicino, presso* ecc.

44.1.2.1 PRECISAZIONI SULL'USO DEI FUNZIONALI INTRODUTTIVI

Per quanto riguarda i *funzionali introduttivi* si noti che:
• *in* esprime collocazione all'interno di un luogo:
– I libri sono *nella borsa.*

• *a* può esprimere un significato di collocazione all'interno di un luogo, o di vicinanza, o di sovrapposizione:
– Ieri sono rimasto tutto il giorno *a casa.* (interno)
– Carlo è *a tavola.* (vicinanza)
– Luigi è *a letto.* (sovrapposizione)

• *da* si usa con nomi di esseri animati (persone, animali e cose personificate), e introduce un significato di permanenza provvisoria, di durata breve e che, comunque, già prevede il distacco. L'idea del distacco, della partenza è tipico di questa preposizione (38.6, 44.1.3, 44.1.5):
– Abito *da mia nonna.*
– Il sole era *dalla luna* a chiederla in moglie. (cose personificate)

• I funzionali dal valore francamente locativo formano un elenco assai nutrito: *su, sopra, sotto, dopo, dietro, dentro, entro, presso* (che davanti a pronomi personali possono essere seguiti da *di* eufonica: *dopo di me*), *davanti a, avanti a, dietro a, vicino a, nei pressi di, nelle vicinanze (nei paraggi) di, a fianco di, prima di, lontano da, fuori, fuori di, al di sopra di, al di sotto di, al di fuori di, all'interno di, al centro di, in mezzo a, nel mezzo di, dalla parte di, dalle parti di, di fronte a, di rimpetto a, nei dintorni di, intorno (dintorno) a*:
– Abito *nei dintorni di piazza Cavour, nei pressi di una banca.*
– La mia casa è *a fianco della stazione.*
– Il monumento è *fuori porta S. Antonio.*
– Sta' *lontano da loro.*

44.1.2.2 USO DI *A* E DI *IN*, E ALTRE PRECISAZIONI

uso alternativo o esclusivo *a* (per lo più articolata) e *in* qualche volta sono alternative: *in* - *alla* farmacia, *in* - *alla* biblioteca, *in* - *al* bar, *in* - *all*'istituto...

Qualche altra volta l'una (per lo più non articolata) esclude l'altra: *a* messa, *a* pranzo, *a* cena, *a* mensa... - *in* classe, *in* camera, *in* sala...

Altre volte invece l'uso dell'una o dell'altra dà significati diversi: trovarsi *al* lago (*al* mare) - *nel* lago (*nel* mare), essere *a* teatro - *nel* teatro...
– Luigi è *a tavola.* – La minestra è *in tavola.*

Queste varietà di uso hanno ragioni storiche (derivazione dal latino, ad esempio), logiche e psicologiche, in genere comprensibili solo se analizzate a una a una.

indicazioni geografiche In riferimento a *indicazioni geografiche* la preposizione *a* viene usata di norma con i nomi propri di città (Abito *a* Perugia) e di isole considerate piccole (Mi trovo *a* Cipro).

La preposizione *in* si usa di solito con i nomi di continenti, di nazioni e di isole considerate grandi (Siamo *in* Europa - *in* Italia - *in* Sicilia).

In linea generale, e per dare un'idea indicativa, si può forse concludere che richiedono *a* quei luoghi che negli ampi spazi geografici la nostra mente tende a configurarsi come dei 'punti':
– Abito *a* Perugia *in* Italia.

usi regionali A volte l'impiego di *a* o di *in* è legato a usi regionali: che molto decidono sulle varietà di uso, anche nazionale.
Così, ad esempio, accanto a Abito *in* via Mazzini - *in* piazza Matteotti, è possibile trovare Abito *a* via Mazzini - *a* piazza Matteotti.

uso per analogia Ci sono espressioni in cui *in* viene usato più per analogia con altre espressioni che per il suo reale significato. Ad esempio, *avere il cappello in testa* è analogo ad avere il *cappello in mano*. (Si veda anche 38.4.1).

ci, vi Le particelle *ci* e *vi* esprimono lo stato in luogo di per se stesse, senza alcun funzionale introduttivo:
– Non rimango a casa oggi. *Ci* sono stato troppo ieri.

avverbi Esistono anche molti avverbi di luogo che hanno di per se stessi funzione di stato in luogo senza necessità di alcun funzionale:
– qui, qua, lì, là, sopra, sotto, laggiù, lassù, dentro, fuori, lontano, vicino ecc.

luogo circoscritto *per, lungo, dentro* e altri funzionali, possono introdurre un complemento di moto entro un luogo circoscritto (che è, dunque, come uno stato in luogo):
– Studio passeggiando *per la stanza*.
– Ho avuto un brivido *lungo la schiena*.

44.1.3 MOTO A LUOGO (VERSO DOVE?)

– Prima andiamo *in biblioteca*, poi *al cinema*.
– E' corso *fra gli alberi*.
– Sta piovendo! Rifugiamoci *dentro quel portone!*
– Piove *sul bagnato*.
– Ormai mi è entrato *nel cuore*. Gli voglio troppo bene.

Il ***complemento di moto a luogo*** indica il luogo reale o figurato verso il quale tendono, sono diretti, persone, cose, avvenimenti.

Esso si trova, naturalmente, in presenza di verbi ed espressioni che esprimono moto reale o figurato.

Può essere introdotto dalle stesse preposizioni dello stato in luogo, dal significato del quale si distingue per il valore di moto del verbo.

A questi funzionali comunque se ne aggiungono alcuni tipici del moto a luogo: *per, verso* (che davanti a pronomi personali può prendere *di*), *in (nella) direzione di, alla volta di:*

– Il treno *per Cosenza* parte alle otto.
– Ciao, vado *verso casa*.
– Guarda *nella direzione della montagna*. Che ci vedi?

44.1.3.1 PRECISAZIONI SUL MOTO A LUOGO

a, in Riguardo all'uso di *a* e *in*, occorre sottolineare che *in* implica l'ingresso in un luogo, mentre *a* può indicare indifferentemente tanto l'ingresso, quanto la direzione:

– Vado *alla (in) biblioteca*. (direzione e ingresso).
– Vado *alla* (non: *nella*) *lavagna*. (solo direzione).

Se sono vicino alla porta di casa mia posso dire: Vado *in - a casa* (il concetto di ingresso prevale).

Se sono abbastanza lontano da casa mia posso solo dire: Vado *a casa* (prevale il concetto di direzione, pur avendo il parlante anche l'intenzione di entrare in casa)

a, da Si osservi, nei due esempi seguenti, il diverso concetto di permanenza introdotto da *a* e *da*: stabile nel primo, provvisorio nel secondo (38.6):

– Carlo è passato armi e bagagli *agli* juventini. (permanenza figurata stabile)
– Passeremo *da* Carlo in serata. (permanenza breve)

ci, vi Le particelle *ci* e *vi* esprimono il moto a luogo di per se stesse, senza alcun funzionale introduttivo:

– Anche oggi vado a casa di Andrea. *Ci* vado quasi tutti i giorni.

Possono anche rafforzare un complemento di moto a luogo anticipato rispetto al verbo:

– *Dai cristiani* di S. Vito *vi* si recava per imparare a ballare (...). (F. Tomizza, 'Fughe incrociate')

avverbi Gli avverbi a cui si è fatto cenno per lo stato in luogo (*qui, qua, lì, laggiù, lassù* ecc.) possono avere anche funzione di moto a luogo.

44.1.4 MOTO DA LUOGO (DA DOVE?)

– Veniamo *da Napoli*.
– Il rumore viene *da quello stanzino*.
– Esco *di scuola* all'una.
– Sono parole che vengono *dal cuore*.

Il ***complemento di moto da luogo*** indica il luogo reale o figurato da dove si viene, si parte o da dove ha origine un fatto.

Dipende da verbi ed espressioni di moto, come *partire, partenza, venire, uscire, ritornare, ritorno, fuggire, fuga* e simili (che si riconducano, insomma, a un'idea di distacco).

Il funzionale introduttivo abituale è *da*.

Un altro funzionale abbastanza frequente è *di* il quale si usa:
• in certi particolari casi con il verbo *uscire*:
– uscire di casa - di scuola - di chiesa - di senno - di cervello - di strada - di pista...

• in certe particolari espressioni in correlazione con *in*:
– andare di male in peggio (di bene in meglio - di casa in casa - di soglia in soglia - di chiesa in chiesa ...)

• davanti agli avverbi *qui, qua, lì, là*:
– Vai via *di lì*, per favore!

44.1.4.1 PRECISAZIONI SUL MOTO DA LUOGO

da, di In qualche particolare caso, l'uso di *da* o *di* comporta un cambiamento di significato.

In *L'auto è uscita di strada* si comunica che è avvenuto un incidente; nessuna volontà dell'autista c'era di abbandonare la strada. Invece in *L'auto è uscita dalla strada* si comunica che per volontà dell'autista (che, magari, voleva riposare) l'auto ha abbandonato la sede stradale.

Per maggiori particolari, si veda in 38.8.1.

moto da luogo e a luogo figurati In parecchi casi possiamo trovare riferimenti a *signficati locativi figurati*.

Si osservi nei seguenti esempi come il complemento predicativo del soggetto venga espresso mediante riferimento al moto da luogo e al moto a luogo (anche in correlazione fra loro):

– *Da cavaliere* è passato *a commendatore*.
– *Da buono* si è mutato *in cattivo*.
– *Da semplice impiegato* è stato promosso *a capoufficio*.

'ne' locativo La particella *ne* può esprimere il moto da luogo di per se stessa, senza alcun funzionale introduttivo:

– L'ho mandato in montagna e *ne* (= dalla montagna) ha riportato delle bellissime statuine in legno.

Può anche servire a sottolineare un complemento di moto da luogo anticipato rispetto al verbo:

– *Da quella vicenda ne* uscì risultando estraneo (...). (G. Pepe, in 'Venerdì di Repubblica', 2-11-1990)

44.1.5 MOTO PER LUOGO (PER DOVE?)

– Siamo passati *per (dalla - attraverso) la finestra.*
– Ma che dici? Non mi è passato neanche *per la mente*!

Il ***complemento di moto per luogo*** indica il luogo reale o figurato attraverso il quale qualcuno o qualcosa passa o si muove.

Esso si trova in presenza di verbi o altre espressioni che indicano passaggio, attraversamento, transito, valico.

Può esser introdotto da: *per, attraverso, in mezzo a, tra (fra).*
Può essere usata anche la preposizione *da* per il particolare significato che ha (e al quale si è già più volte accennato, come in 38.6) di arrivo con contemporanea intenzione di partenza:
– Il treno per Bologna passa *per (da) Firenze.*

44.1.6 COLLOCAZIONE DEL COMPLEMENTO DI LUOGO

Il complemento di luogo dà, in genere, informazioni per quanto riguarda l'intero contenuto della frase. E questo fatto gli consente di occupare nella frase stessa un posto a seconda del rilievo che il parlante intende dargli o che sia richiesto dal significato generale (31.5):
– Ieri è partito Carlo *per Genova.*
– *Per Genova* Carlo è partito ieri.
– Ieri *per Genova* Carlo è partito.
– Carlo è partito *per Genova* ieri.

44.2 COMPLEMENTO DI SEPARAZIONE (O ALLONTANAMENTO) (DA CHI [CHE COSA]?)

– Liberaci *dal male.*
– Bisogna separare la farina *dalla crusca.*

Il ***complemento di separazione*** indica essere o cosa da cui ci si libera, ci si separa, ci si distingue, anche in senso morale.

Si usa in dipendenza da verbi, sostantivi o aggettivi che indicano allontanamento, separazione, divisione, distinzione, e simili.

Viene introdotto dalla preposizione *da.* In certi casi, alcuni verbi (come *liberare, togliersi, levarsi, cavarsi*) preferiscono *di*:
– Devi stare lontano *da certe tentazioni*, figlio mio!
– Mi sono tolto *di impaccio.*

Questo complemento è una variante del *moto da luogo.* Si distingue solo per lo specifico significato dei verbi e delle espressioni a cui si accompagna.

44.3 COMPLEMENTO DI ORIGINE (O PROVENIENZA)

(DA [DI] DOVE? DA CHI?)

Il ***complemento di origine o provenienza*** indica il luogo reale o figurato da cui nasce, deriva, ha origine un essere o una cosa.

Viene introdotto dalla preposizione *da*.

In certe espressioni, per lo più con il verbo *essere*, richiede *di:*

– Il fiume Po nasce *dal Monviso*.

– Mi sono giunti gli auguri *da Francesca*.

– Lucia si vanta di discendere *da una famiglia nobile*.

– Frigoriferi Polo. *Dalla dinastia* dei Rex. (messaggio pubblicitario).

– "*Di dove* sei"? – "Sono *di Milano*".

44.3.1 PRECISAZIONE SUL COMPLEMENTO DI ORIGINE

• Alcune volte, a seconda del sostantivo da cui dipende, questo complemento oscilla fra il *valore causale* e quello *di origine*:

– allergia da fieno (= allergia a causa del fieno - causata dal fieno - che proviene dal fieno) - intossicazione da cibi avariati - stress da lavoro ecc.

• Spesso si distingue dal moto da luogo per lo specifico significato del termine reggente.

44.4 COMPLEMENTO DI SOSTITUZIONE

(INVECE [AL POSTO] DI CHI [CHE COSA]?)

Il ***complemento di sostituzione*** indica persona o cosa che sta, si mette o viene messa al posto di un'altra.

Può essere introdotto da: *per, con, anziché, al posto di, in luogo di, invece di, in sostituzione di, in cambio di, per conto di...:*

– Ho capito fischi *per fiaschi*.

– Siamo venuti *al posto di nostro fratello*.

– Mi ha dato un orologio *in cambio della penna*.

– Ci sto *per conto di mio cugino*.

– Ci andò lui *anziché suo fratello*.

– (...) il candidato premier alle prossime elezioni *in luogo di Romano Prodi*. (in, 'il Giornale', 28-10-1995)

44.4.1 PRECISAZIONE SUL COMPLEMENTO DI SOSTITUZIONE

Quando si usa la preposizione *con*, se non fosse per il significato specifico del verbo, ci si potrebbe confondere con il complemento di mezzo:

– Non ho capito niente. Ha confuso 'voto' *con 'vuoto'*.

Capitolo XLV

45 - COMPLEMENTI CHE SERVONO A DETERMINARE LUOGHI E TEMPI DI FATTI E DI SITUAZIONI (2º)

Complemento di tempo - Tempo determinato - Altre relazioni di tempo determinato - Tempo continuato - Altre relazioni di tempo continuato - Collocazione del complemento di tempo.

45.1 COMPLEMENTO DI TEMPO (QUANDO? PER QUANTO TEMPO?)

– Sono nato *in novembre*.
– Lo conobbi *al tempo delle vacanze*.
– Ho lavorato *per parecchio tempo* lì.
– Aspetto già *da due ore*.

Un altro modo assai importante per la precisazione dei fatti è quello di richiamare le circostanze di tempo in cui essi si svolgono. E' un'operazione che aggiunge particolari preziosi alla ricostruzione del profilo delle situazioni (n. 1, pag. 132).

Richiamare le *circostanze temporali* può significare:

a) determinare l'epoca, la data, l'ora, insomma il punto nel tempo in cui i fatti avvengono.

Questa determinazione di tempo risponde alla domanda: *quando?* e prende il nome di ***complemento di tempo determinato***.

b) determinare la durata dello svolgimento dei fatti.

Questa determinazione risponde alla domanda: *(per) quanto tempo*? e prende il nome di ***complemento di tempo continuato***.

45.1.1 TEMPO DETERMINATO

– La mattina mi alzo *alle sette*.
– L'America fu scoperta *nel 1492*.
– Verrò *in occasione del tuo compleanno*.
– Ci conoscemmo *al tempo della scuola elementare*.
– Gli esami ci saranno *il 15 settembre*.

Il rapporto di ***tempo determinato*** si esprime mediante un sostantivo con significato temporale (*giorno, ora, minuto, mese, anno, secolo, millennio, epoca...*), o che serve a indicazioni di carattere temporale.

Può essere introdotto da: *in, a, di, al tempo di, in occasione di, nel (al) momento di* ecc. Talvolta non ha elemento introduttivo.

45.1.1.1 PRECISAZIONI SULL'USO DEI FUNZIONALI INTRODUTTIVI

funzionali più ricorrenti I funzionali più in uso sono:

• *in, a* che introducono un significato di precisa 'collocazione' nel tempo:
– Napoleone Bonaparte morì *nel 1821*.
– Verrò da te *in serata*.
– Mi sono svegliato *all'alba*.
– *Ai tempi miei* queste cose non succedevano.

• *di* che introduce particolari espressioni con valore avverbiale, come se fossero delle specificazioni:
– di sera, di giorno, di notte, d'estate, d'inverno, di luglio...

• *con* che introduce la circostanza di tempo in coincidenza della quale (come un'unione) avviene il fatto di cui si parla:
– Il vino migliora *col tempo*.
– Mi sono alzato *col sole*.

• *in occasione di, al tempo di, nella circostanza di, nel periodo di* che hanno di per sé un chiaro significato temporale:
– Ci siamo conosciuti *in occasione del matrimonio* di mio fratello.

• *circa, intorno a, presso,* e (qualche volta) *su,* che si usano per indicare circostanze di tempo approssimate:
– Il treno parte *intorno alle otto*.
– Maria arrivò *sul mezzogiorno*.

omissione Il funzionale può anche mancare:

• quando si indica una data o un tempo (giorno, sera, notte, anno ...) ben definito:
– Napoleone morì il *5 maggio 1821*.
– *Quella sera* ritardò.

• in caso di indicazioni temporali con carattere di abitudine (*la mattina, la sera, il giorno, il venerdì...*):
– Dorme poco *la notte*.
– *La domenica* di solito ci si riposa.

45.1.1.2 ALTRE RELAZIONI DI TEMPO DETERMINATO

Rientrano nei valori del tempo determinato *particolari relazioni temporali* che si possono distinguere in base alle seguenti domande:

• ***Entro quanto tempo?***
Funzionali introduttivi sono: *in, entro, nel giro di, nel tempo di, nel periodo di, nello spazio di, nei limiti di*:
– Ho finito *in (nello spazio di) pochi minuti*.

• ***Ogni quanto tempo***?
Si esprime in vari modi, come si può vedere dai seguenti esempi:
– La partita di calcio c'è *ogni domenica (la domenica - tutte le domeniche)*.
– Lavorano *un giorno sì e uno no (a giorni alterni)*.
– Lo pagheremo *mensilmente (ogni mese - tutti i mesi)*.

• ***Quante volte in un dato tempo***?
Si esprime nei modi indicati dagli esempi:
– Vado in vacanza *una volta all'anno*.
– Mio fratello va a scuola *due volte al giorno*.
– E' stato costretto a chiamare il medico *tre volte in un giorno solo*.

• ***Quanto tempo prima? Quanto tempo dopo?***
Esempi:
– Mia madre è nata *20 giorni prima* di mio padre.
– L'appuntamento era per le dieci, e lui è arrivato *tre quarti d'ora dopo*!

• ***Quanto tempo fa*** *(rispetto a questo momento)?*
Indica un fatto già avvenuto rispetto al presente. La quantificazione del tempo è seguita da *fa* (che è voce del verbo *fare* usata come preposizione posposta col significato di 'prima'):
– Sono arrivati *tre giorni fa*.
– Questo albero è stato piantato *tanto tempo fa*.

Se la quantificazione è determinata, al posto di *fa* si può usare *addietro*; oppure l'espressione *or è* posta prima della quantificazione; o anche l'espressione *or sono* posta prima o dopo la quantificazione messa al plurale. Comunque, come si può vedere dagli esempi, ne esce un modo di esprimersi dal registro linguistico piuttosto ricercato:
– Mi sono laureato *or è un anno (or sono due anni)*.
– E' venuto dall'America *venti anni or sono*. (ma non: *un anno or è)*.
– (...) era una promessa *sino a due anni addietro* (...). (G. Clerici, in 'la Repubblica', 2-11-1990)

45.1.2 TEMPO CONTINUATO

– Non ho dormito (*per - durante - lungo) tutta la notte.*
– Sono stato al mare *due mesi.*

La determinazione di ***tempo continuato*** si esprime mediante un sostantivo, spesso accompagnato da un attributo numerale o indefinito.

Può essere introdotto da funzionali adatti a esprimere durata, estensione dei fatti nel tempo: *per, durante, lungo.*
I funzionali *lungo* e *durante* sottolineano il lento passare del tempo, e dunque danno *valore intensivo* all'espressione:
– Ha parlato *per ore e ore.*
– Quel cane ha abbaiato *lungo tutta la notte.*
– *Durante la guerra* abbiamo anche sofferto la fame.

Il funzionale *per* può anche essere sottinteso:
– Resterò qui *(per) tre mesi.*

La durata approssimativa può essere indicata con *su, intorno a, circa, all'incirca*; questi ultimi due possono anche essere posposti:
– Ho lavorato *sulle sei ore.*
– Si buttò sul letto e dormì *circa (all'incirca - intorno a) dieci ore, di seguito,* tanto era stanco.
– Ho riposato *due ore circa.*

Il complemento di tempo continuato può anche essere espresso mediante avverbi di quantità (*poco, molto, tanto, parecchio, abbastanza*...).
– A Taormina ci sono stato (per) *poco* (tempo).

45.1.2.1 ALTRE RELAZIONI DI TEMPO CONTINUATO

Rientrano nei significati del complemento di tempo continuato particolari relazioni temporali che si possono distinguere in base alle seguenti domande:

• ***Da quanto tempo***?
Esprime un fatto che dura ancora al momento in cui si parla o al momento in cui accade il fatto narrato. Il funzionale introduttivo è *da*:
– Stanno parlando *da un'ora.* (rispetto a questo momento)
– Quando noi arrivammo, loro stavano già parlando *da un'ora.* (rispetto al momento del nostro arrivo)

• ***Per quando? Fino a quando***?
Indica il punto terminale nel tempo per un'azione già iniziata o ancora da iniziare. Funzionali introduttivi sono *per* e *fino (sino) a:*
– Farete questo esercizio *per domani.*

– Per consegnare quella ricerca avevamo tempo *fino (sino) al giorno dopo.*
– Il contratto dice che i lavori dovranno essere terminati *per luglio.*

• ***Da qui a quanto tempo***?
Indica il punto successivo al presente in cui si colloca un fatto; il quale avverrà, dunque, in un futuro più o meno prossimo. Si introduce con le preposizioni *tra* o *fra* (38.1.1):
– Vi aspettiamo *fra quattro giorni.*
– Mio fratello si laurea *tra due anni.*

• ***Con quale progressione nel tempo?***
Si esprime mediante i seguenti funzionali in correlazione: *di... in, da... all'altro*:
– Migliora *di giorno in giorno (di mese in mese- di anno in anno).*
– Le cose cambiano *da una volta all'altra (da una settimana all'altra - da un giorno all'altro).*

45.1.3 COLLOCAZIONE DEL COMPLEMENTO DI TEMPO

Come quello di luogo (44.1.6), anche il complemento di tempo reca in genere precisazioni all'intero contenuto della frase. Questo fatto consente di fargli occupare un posto a seconda del rilievo che il parlante intende dargli, o a seconda del significato generale (31.5):

– *Ieri* Carlo è partito per Genova.
– Carlo è *ieri* partito per Genova.
– Carlo è partito *ieri* per Genova.
– Carlo è partito per Genova *ieri.*

SINTASSI
(combinazioni di parole in frasi e di frasi in periodi)
- II -
tipi di frasi

Capitolo XLVI

46 - TIPI DI FRASI (1º)

Vari tipi di messaggi - Funzioni del linguaggio.

46.1 VARI TIPI DI MESSAGGI

Sin qui siamo venuti analizzando la frase in relazione agli elementi che possono costituirla. Ma con questo termine *(frase)* ci siamo riferiti sia alle *frasi semplici* che sono unità significative semanticamente e sintatticamente autonome, sia alle *proposizioni* che, essendo elementi di *frasi complesse*, non godono della stessa autonomia. E ciò abbiamo fatto perché le une e le altre sintatticamente si avvalgono degli stessi costituenti (soggetto, predicato, complementi). (31.6, 49.4, 50.5)

In questo settore della grammatica invece accantoneremo temporaneamente le proposizioni (per trattarle nella sezione riservata alle frasi complesse) e ci occuperemo soltanto delle *frasi semplici*, ma immerse nella dinamica realtà dell'attività comunicativa; e dunque con particolare riguardo ai tipi di messaggi di per sé a senso compiuto che, con dignità di veri e propri testi, nel loro breve arco sintattico-semantico-pragmatico esse possono contenere.

La trattazione di tali argomenti, richiede di riprendere -per svilupparlo applicativamente- il discorso sulla *modalità* che abbiamo introdotto in 24.1, e che ne costituisce la base. Iniziamo dunque dalle seguenti espressioni:

1) Luigi presta la bicicletta a Carlo.
2) Luigi presta la bicicletta a Carlo?
3) Luigi presta la bicicletta a Carlo.
4) Luigi presta la bicicletta a Carlo!?

Queste risultano tutte *frasi semplici* accomunate da un identico contenuto proposizionale: stesso argomento-soggetto *(Luigi)*, stessa predicazione *(presta la bicicletta a Carlo)*. Quest'ultima, composta da una parte verbale *(presta)* e da due argomenti-oggetto: uno diretto *(la bicicletta)* e uno indiretto (il beneficiario *[a Carlo]*).

Tuttavia il tipo di informazione (il messaggio) contenuta da ciascuna frase risulta diverso, perché, come indica la sua modalità, diversa ne è -secondo l'intenzione del parlante- la *funzione* (o *intenzione) comunicativa.*

Un'analisi condotta in tale prospettiva renderà evidente che la frase in 1) reca una semplice *informazione* (da ciò la denominazione di *frase enunciativa* o *dichiarativa* o *assertiva*); quella in 2) esprime una *richiesta di informazione* (da ciò la denominazione di *frase interrogativa*); quella in 3) trasmette un *ordine* il cui grado di determinazione può essere precisato solo dal contesto (da qui la generica denominazione di *frase volitiva*); infine la frase in 4) rivela un *moto spontaneo dell'animo*, per la cui precisazione (se di sorpresa, se di gioia, se di indignazione o altro) sarà ancora necessaria la conoscenza del contesto (da ciò la denominazione, anche qui generica, di *frase esclamativa*).

Sappiamo già (24.1) che il significato di *modalità* include anche certe particolari tipologie formali facoltative, per cui una medesima frase, ad es. 'dichiarativa', può essere *attiva* o *passiva*, *affermativa* o *negativa*, o anche *enfatica*: Oggi *pubblicano* (o *non pubblicano* o *si pubblicano* o *non si pubblicano* o *li pubblicano* o *non li pubblicano)* libri come questi. -

E' di tutto ciò che ci occuperemo nel proseguimento di questo capitolo e nei prossimi 47, 48 e 49.

46.2 FUNZIONI DEL LINGUAGGIO

Ogni atto di comunicazione è una forma di rapporto sociale (è, anzi, il rapporto sociale per eccellenza nella nostra vita quotidiana); rapporto sociale che ciascuno di noi, nel momento in cui si fa interlocutore, stabilisce con altri interlocutori. Alla realizzazione di questo rapporto ciascuno è mosso da precise ragioni della mente e del cuore; ragioni che si collegano a una profonda necessità che abbiamo tutti di far conoscere ad altri certi particolari contenuti della nostra mente, del nostro sentimento e della nostra fantasia. E per soddisfare queste necessità, ci sforziamo ogni volta di usare gli strumenti espressivi (parole o altri segni) più adeguati a ciascuna particolare circostanza [1].

Ogni messaggio è inviato dunque al solo ed unico generico scopo di informare. 'Informare' può voler dire a) trasmettere notizie (*E' tornato Carlo*), b) far sapere a qualcuno che si desidera avere notizie (*E' tornato Carlo?*), c) manifestare una volontà

---

[1] G.B. Moretti, 'Comunicare, come e perché', Il tripode, Napoli 1990, pag. 63. Da questa opera (indirizzata principalmente a ragazzi di scuola media inferiore e superiore, per la loro educazione linguistica) sono tratte anche le altre notizie relative al presente paragrafo.

inviando ordini e consigli *(Scrivi subito a Carlo!)*. E' indubbio tuttavia che trasmettere notizie, chiedere notizie, inviare ordini sono generi di informazioni assai diversi che spingono a formulare messaggi per 'funzioni' o fini particolari diversi.

Ecco, secondo il linguista Roman Jacobson, le sei fondamentali 'funzioni' del linguaggio (che, come si è detto, si esprimono preminentemente nella 'modalità' [24.1]): [1]

1 - funzione espressiva (o emotiva) - Prevale in messaggi in cui chi parla o scrive manifesta il suo personale punto di vista o il suo stato d'animo sul contenuto trasmesso. A questo scopo esprime giudizi di approvazione, disapprovazione, o di varia reazione emotiva. E fa molto uso di particolari modi espressivi, come esclamazioni (di meraviglia, di sorpresa, di risentimento, di rabbia ...), imprecazioni, espressioni ironiche, e così via.

Si può dire che nessun messaggio manchi di questa funzione (anche quando non vi è prevalente), se è vero che chi parla o scrive non può del tutto spogliarsi della sua soggettività. Nella comunicazione parlata, in particolare, spesso, più ancora delle parole, il tono di voce, i gesti, la mimica sono (anche se incosciamente) efficaci e incontrollabili (da parte del parlante) rivelatori di questa presenza.

2 - funzione conativa (o imperativa o persuasiva) - E' propria di quei messaggi in cui qualcuno chiede a un altro di fare qualcosa. Molta parte dei messaggi che ciascuno di noi invia quotidianamente hanno questa funzione; sono manifestazioni della nostra volontà che, con maggiore o minore intensità, tende a influenzare il comportamento degli altri, o a interromperne (sia pure per un breve momento) le azioni, o a compierne altre.

Un messaggio con funzione conativa può risultare un comando o una proibizione secca e perentoria (*Sta' lì e non muoverti*!), o una gentile richiesta (*Mi aiuti, per favore*?), o una esortazione (*Va' a letto, su, che sei stanco.*), o un consiglio (*Io al posto tuo studierei.*), o una raccomandazione (*Non fare tardi, mi raccomando.*), o una preghiera (*La prego di aiutare questo mio figliolo.*), o un invito (*Si accomodi pure.*), o una promessa (*Se mi obbedirai, ti farò un regalo.*), o una minaccia (*Se non mantieni il segreto non ti farò più nessuna confidenza.*); ecc.

La scelta della forma (parole, gesti, intonazione...) può dipendere da tanti fattori situazionali: da ciò che si vuole o si deve chiedere, dalle circostanze di tempo e di luogo in cui si fa la richiesta, dal tipo di persone alle quale ci si rivolge, dallo stato d'animo del richiedente ecc.

3 - funzione informativa (o referenziale) - E' tipica di quei messaggi che servono a dare informazioni pure e semplici, senza commenti, senza secondi fini. E' il caso della trasmissione di notizie scritte o parlate, dei testi scientifici, espositivi, degli orari ferroviari e simili, delle comunicazioni meteorologiche, delle relazioni, dei referti, delle notizie di cronaca riferite senza commento, delle spiegazioni ecc.

4 - funzione poetica - Questa funzione prevale nei casi in cui l'attenzione del mittente (parlante) è proiettata non tanto sull'argomento o sull'interlocutore, quanto piuttosto sul messaggio per se stesso.

---

[1] Si veda anche in 30.1 e in 30.2.

In questo caso l'autore del messaggio, nel momento stesso in cui vuol comunicare qualcosa, si preoccupa, anche molto, della scelta delle parole, della loro costruzione, dell'andamento ritmico delle frasi, della loro musicalità, della originalità delle immagini. E' infatti con questi mezzi formali, piuttosto che con freddi ragionamenti logici, che egli intende esprimere il suo pensiero, i suoi stati d'animo.

E', questa, funzione tipica dei componimenti poetici e di qualsiasi altro messaggio si affidi al gioco creativo della fantasia.

5 - funzione fàtica (o di contatto)[1] - Non ci può essere rapporto comunicativo fra due esseri (e perciò dall'uno all'altro non può passare messaggio di alcun genere) se fra loro non si apre un 'canale' atto a stabilire un 'contatto' fisico (vedersi, sentirsi, toccarsi) o psicologico. Sarebbe come voler parlare per telefono con qualcuno che si ostinasse a non sollevare il ricevitore dell'apparecchio. Il 'canale fisico' (rappresentato in qualche modo dal cavo telefonico), e il 'canale psicologico' (rappresentato dal rifiuto del possibile interlocutore), almeno da una parte, resterebbero chiusi; il parlante verrebbe a mancare dell'interlocutore, e non vi sarebbe nessun atto comunicativo. Qualsiasi messaggio che serva a questo scopo di aprire un 'canale' per un rapporto di comunicazione, o di mantenerlo aperto, o di chiuderlo ha una funzione fàtica.

Appartengono a questo genere di messaggi i saluti, gli auguri (*ciao, salve, buongiorno, arrivederci...*), le espressioni atte ad aprire un discorso, le risposte che manifestano la disponibilità ad aprirlo (*senta, scusi, per favore, sì?, dica, la prego...*), le domande di interessamento per l'interlocutore (*come sta?, sta bene? come va?...*). Hanno funzione fàtica anche le espressioni e gli strani suoni inarticolati (i mugolìi) che ci vengono spontanei quando qualcuno ci parla per telefono. Facciamo così per avvertire il parlante che siamo lì, che lo ascoltiamo, che ci interessiamo a quanto ci dice (*sì, certo, è vero, nooo, ma senti un po', eh, ehmm, eh eh eh...*). Identico scopo hanno quelle espressioni con le quali, più o meno gentili e dispiaciuti, cerchiamo di interrompere il contatto, di chiudere la conversazione (*devo andare, mi dispiace, ho fretta, oddìo quanto è tardi!, scusami sai, riprenderemo un'altra volta il discorso...*).

6 - funzione metalinguistica [2] Si ha questa funzione quando (come nel nostro caso) si parla di problemi linguistici o quando si cerca di spiegare con altre parole ciò che si voleva dire: quando, insomma la lingua parla di se stessa. Questa funzione è dunque propria di tutti i libri che si occupano dell'argomento 'lingua' (vocabolari, grammatiche, trattati vari di linguistica...), e di tutti quei discorsi che trattano di significati di parole, di costruzioni grammaticali, di strutture morfologiche o sintattiche, di modi verbali ecc.

Esempi: "Ieri c'è stato il voto in Parlamento." "Hai detto *voto* o *vuoto*?"

– *L*avori, non *f*avori (titolo in 'la Repubblica', 1-12-1992)

E' a funzioni come queste che in 30.1 ci si richiama parlando dei vari tipi di testo.

---

[1] Fàtica, dal lat. *fari,* 'parlare' (tenersi in contatto parlando).

[2] La parola greca, 'metà', che compone questo aggettivo significa 'al di sopra'. Si ha dunque 'funzione metalinguistica' quando la lingua discorre sopra se stessa.

Capitolo XLVII

47- TIPI DI FRASI (2º)

La frase enunciativa - Il modo verbale - Dipendenza - Base di altri tipi di frasi - La frase interrogativa diretta - Tipi di interrogative - Il modo verbale delle interrogative - Sul contenuto delle interrogative - Le interrogative nel parlato - Da dirette a indirette .

47.1 LA FRASE ENUNCIATIVA [1]

– Clara è uscita.
– Ottaviano Augusto fu un imperatore romano.
– Avete fatto bene.
– Tutti gli uomini sono mortali.
– Secondo me, non è molto bello questo film.
– Oggi mi sento particolarmente soddisfatto.

Si dicono ***enunciative*** (o ***informative*** o ***dichiarative*** o ***assertive***) le ***frasi*** che contengono un'informazione, una notizia, una dichiarazione, una constatazione, un'asserzione, una valutazione, una descrizione ecc. Sono insomma enunciative tutte quelle frasi, positive o negative, che si limitano a riferire una realtà senza altro tipo di precisazione o funzione (interrogativa, volitiva, di commento ecc.) che vi prevalga.

47.1.1 IL MODO VERBALE

Il ***modo verbale*** più ricorrente in questo tipo di frasi è l'*indicativo*: il modo della realtà, della obiettività, della constatazione (si vedano gli esempi iniziali).

In luogo dell'indicativo si può avere il *condizionale* che attenua le affermazioni quasi a parere personale:

---

[1] A questo genere di frasi è collegata la *funzione informativa o referenziale* del linguaggio (46.2).

– Io veramente non *saprei* rispondere.
– Luigi *si sarebbe risposato*. (= dicono che Luigi si è risposato)
In certi casi si può avere anche l'*infinito (infinito narrativo)*, preceduto o non da *ecco* o da *a:*
– *Ecco* allora la parola di (...) *apparire* meno peregrina. *Ecco* gli investigatori *ricominciare* (...). (L. Mazzocchi, in 'la Repubblica', 20-3-1992)
– Luigi parlava serio serio. E noi lì *a ridere* sotto sotto.
Il verbo potrebbe anche mancare. In tali casi la frase enunciativa avrebbe *struttura nominale* (49.5):
– Venezia, giocatori in rivolta per lo sciopero del Casinò. (titolo in 'la Repubblica', 30-12-1990).

47.1.2 DIPENDENZA

La frase enunciativa si può far dipendere da un'altra frase provvista di un verbo o da un'espressione del *dichiarare*, del *dire*, del *narrare*, dell'*asserire* ecc.:
– (Sono stato alla partita ieri.) → Mario dice (dichiara, asserisce) *che è stato alla partita ieri* (= *di essere stato alla partita ieri*).

47.1.3 BASE DI ALTRI TIPI DI FRASI

La frase enunciativa costituisce la base per altri tipi di frase:
base: enunciativa affermativa attiva: Carlo legge il libro.

negativa:	Carlo non legge il libro.
passiva:	Il libro viene letto da Carlo.
interrogativa:	Legge il libro Carlo?
volitiva:	Carlo legga il libro.
esclamativa:	Carlo legge il libro!

47.2 LA FRASE INTERROGATIVA DIRETTA [1]

a) Hai già mangiato?
b) A che ora sei arrivato?
c) Ci vieni con noi o no?

Le frasi che contengono una domanda diretta sono dette ***interrogative dirette***.
Nella lingua parlata sono caratterizzate da un'*intonazione ascendente*

[1] A questo genere di frase è collegata più di una *funzione* del linguaggio: *referenziale, conativa, espressiva, fàtica* (46.2).

sull'ultima sillaba dell'ultima parola. Nella lingua scritta sono segnalate dal *punto interrogativo* terminale.

Spesso, sia nel parlato che nello scritto, sono introdotte da elementi grammaticali interrogativi (*chi, che, perché, quando, dove, quanto, come* [32.7]); in questi casi si tratta di interrogative parziali:

– Che ore sono - Che ore sono?

Il *soggetto* viene spesso posposto al verbo, o anche messo in fondo alla frase; e ciò, soprattutto se l'informazione richiesta riguarda gli elementi interrogativi parziali qui sopra ricordati; ma non di rado anche quando riguarda il fatto (interrogativa totale):

– Ha finito *Carlo* i compiti per domani?
– E' tornata *Lucia*?
– Perché (quando, dove...) parlerà *Giuliana*?

47.2.1 TIPI DI INTERROGATIVE

interrogativa totale Una *interrogativa* si definisce *totale* quando la richiesta di informazione riguarda l'intero contenuto della frase (il predicato, dunque); e le risposte possibili sono *sì, no*, o, al massimo, *non lo so*. Sono insomma frasi a risposta chiusa, obbligata.

Per questo tipo di frase non ci si avvale di nessun elemento introduttivo. L'intonazione interrogativa per il parlato, o il punto interrogativo per lo scritto sono indicatori sufficienti:

– Carlo è venuto? (= è venuto o non è venuto?)
– Mi regali la tua penna? (= me la regali o non me la regali?)

interrogativa parziale Si dice *parziale* quella interrogativa in cui la richiesta di informazione è limitata a un solo elemento del suo contenuto, che non sia il predicato. Questo elemento viene indicato dalla parola (aggettivo, pronome, avverbio) interrogativa che introduce la frase: *chi, che (cosa), cosa, quale, perché, quando, dove, onde, donde, come, quanto*.

Insomma, in questo tipo di domanda il parlante mostra di conoscere il fatto, ma non il chi, il perché, il quando, il come ecc. E'un genere di domanda aperto a più possibili risposte:

– Chi ha parlato? (= qualcuno ha parlato: vorrei sapere *chi*)
– Quando è venuto Carlo? (= so che Carlo è venuto; vorrei sapere *quando*)
– Come ha fatto l'esame Luigi? (= so che Luigi ha fatto l'esame; vorrei sapere *com*'è andato)

interrogativa disgiuntiva (o ***doppia***) La frase interrogativa *disgiuntiva* è formata da una o più domande alternative.

Anche questo tipo di frase (che è un'interrogativa totale) è, come il primo tipo, aperto a poche possibili risposte: – Hai studiato o ti sei divertito? – Sei andato a Roma o a Milano o dove? – Lo sai o no? – E' caldo o freddo questo caffè?

47.2.2 IL MODO VERBALE DELLE INTERROGATIVE

Il ***modo verbale*** più frequente nelle interrogative dirette è l'*indicativo*:
– Che cosa *fa* tuo padre?

Molto frequente è anche il *condizionale* per interrogare su un fatto virtuale:
– Che *faresti* tu adesso?
– Dove *vorreste* andare?

Il *congiuntivo* si può usare in domande di tipo dubitativo (26.5.1):
– Sento dei passi. Che *sia* papà?
– Sentii dei passi. Che *fosse* papà?

In alcuni casi in cui si esprimono reazioni di meraviglia, di indignazione o di rifiuto, si può avere *l'infinito*: che è di particolare efficacia semantica, in quanto, non indicando né tempo né persona, concentra tutta l'attenzione sul fatto che provoca la reazione affettiva:
– "Adesso dovrai metterti a lavorare." "*Lavorare* io"?
– Tu *fare* questo?
– Come non *essere* preoccupati, come non *trepidare* di fronte a così gravi incognite (...)? (E. Scalfari, in 'la Repubblica', 30-12-1990)

Spesso la frase interrogativa è priva di predicato: soprattutto quando il parlante chiede chiarimenti su qualcosa che l'interlocutore può avere detto, o quando si trova in particolari stati di sospensione psicologica:
– Come?
– E tu?
– E allora?
– E adesso?

47.2.3 SUL CONTENUTO DELL'INTERROGATIVA

domande non domande Come possono dimostrare anche alcuni degli esempi proposti, non tutte le frasi interrogative risultano domande vere e proprie; non tutte, cioè, sono vere e proprie richieste di informazione.

Molte volte il parlante ricorre a espressioni in forma di domanda non tanto per chiedere qualcosa al suo interlocutore, quanto piuttosto per coinvolgerlo emotivamente, per provocarne l'amor proprio, per metterlo di fronte a situazioni senza alternativa o per manifestare un proprio stato di incertezza, di perplessità. E' questo il caso delle *interrogative volitive*, delle interrogative *retoriche* e delle *dubitative*. Se ne parla qui di seguito.

interrogative volitive Le interrogative *volitive* (o *direttive* o *imperative*) contengono, in forma apparente di domanda, un comando, un divieto, un consiglio, un'esortazione.

Le varietà di questo tipo di frasi sono numerose anche nel tono, data la molteplicità degli stati d'animo da cui nascono:

– Perché non ti metti a studiare?
– Non dovresti studiare adesso?
– E se ti mettessi a studiare?
– Che, ricominci a giocare?
– Non ricomincerai a giocare, eh (mica)?
– Quando ti deciderai a metterti a studiare?
– Vuoi metterti a studiare?
– Vogliamo metterci a studiare, adesso?
– E studiare, quando?
– Non hai giocato abbastanza?
– Ancora a giocare?

interrogative retoriche Si dicono *interrogative retoriche* [1] frasi che, benché in forma di domanda, sono vere e proprie asserzioni, e richiedono all'interlocutore di essere d'accordo con quanto in esse è detto. Queste frasi sono per lo più espresse in forma negativa (con *non*), come un nascosto invito a far rispondere il contrario: che è poi ciò che il parlante desidera.

In assenza della negazione *non,* possono essere contrassegnate anche da: *vero, (non) è vero:*

– Non sono bravo io? (Che è come affermare: "Io sono bravo." Al che si potrebbe solo rispondere: "Sì, tu sei bravo.")
– Non ti vergogni?
– Non è una gran noia questo film?
– Ti sei annoiato, vero [non è vero]?
– *Non sono anni* che diciamo, scriviamo che la polizia e la magistratura sono disarmate di fronte alla criminalità organizzata? Che intere regioni del paese sono cadute sotto il controllo della mafia e della camorra e che le elezioni sono fatte con la lupara? (G. Bocca, in 'la Repubblica', 10-10-1990) [2].

• *Un tipo di interrogativa retorica* in forma negativa (ma il *non* appare espletivo-intensivo) è quello che il parlante rivolge all'interlocutore per ricordargli fatti o propositi che quest'ultimo sembra avere dimenticato. L'unica risposta possibile per il parlante sarebbe: "Si, è vero, me ne ero dimenticato".

Spesso, per rafforzare lo stato di risentimento o di sorpresa, si usa *ma* come elemento introduttivo:

– "Ciao, esco" "*Ma non* dovevamo uscire insieme stasera?"

---

(1) La retorica (dal verbo di origine ed estensione indoeuropea *éirein*, 'dire', 'dichiarare') si definisce l'arte che tende a persuadere del giusto o dell'ingiusto mediante l'uso di appropriati strumenti linguistici (69).

(2) Questo esempio non è costituito da una frase singola, ma da una frase complessa. Abbiamo tuttavia ritenuto di proporlo per la forte carica retorica di cui si diceva.

• *Altri tipi di interrogative* che si possono definire *retoriche* sono quelle che esprimono un rifiuto più o meno connotato di indignazione, di sorpresa o di meraviglia; o un moto più o meno accentuato di sorpresa; oppure un giudizio negativo marcato di tagliente ironia. Sono comunque tutte espressioni che manifestano uno stato d'animo del parlante non in armonia (e perciò di più o meno deciso rifiuto) con i fatti che si presentano nel contesto:

– "Oggi i piatti li laverai tu, Lucia." "E perché proprio io, mamma? Non li ho lavati anche ieri?" (rifiuto)
– Io sposare Luigi? (Non sia mai!) (rifiuto con sdegno)
– Tu dire questo nei miei confronti? (sorpresa)
– E quello lì sarebbe un bravo medico? (ironico giudizio negativo).

interrogative dubitative L'interrogativa *dubitativa* (o *suppositiva*) esprime un dubbio, una supposizione, un sentimento di meraviglia, di perplessità, di incredulità, di risentimento.

Di solito non richiede una risposta; è come una domanda che rimane sospesa e che rivela lo stato d'animo, in qualche modo turbato, del parlante.

Se è introdotta dal funzionale *che*, richiede il *congiuntivo*; se è introdotta da *(e) se* può avere il *congiuntivo* (*imperfetto* o *trapassato*) o *l'indicativo*:

– Sento rumore di passi nella stanza accanto. *Che siano* i ladri?
– Sentii rumore di passi nella stanza accanto. *Che fossero* i ladri?
– "Lasciamolo giocare tranquillo Carlo." "*E se si facesse (fa - farà)* male?"

In questi casi, comunque, l'interrogativa, pur essendo indipendente, risente molto della dipendenza logica originaria da una frase non detta (26.1).

Nel caso dell'introduttore *che*, ad esempio, la frase non detta potrebbe essere: *E' possibile (che...), Può essere (che...)*. L'elemento introduttivo *che* (elemento di 'congiunzione') e il verbo al *congiuntivo* (da 'congiungere') sono infatti più che evidenti segnali di questo logico collegamento.

Un ragionamento simile si potrebbe fare per la frase introdotta da *(e) se*, la quale appare come la condizione di un periodo ipotetico con sottintesa la reggente:

– E se si facesse male (sottinteso: che faremmo)?

Il valore dubitativo si può esprimere anche con il *futuro indicativo* (25.1.1.6):

– Che ore *saranno*?
– Che *farà* mio figlio in questo momento?

Quando il parlante, perplesso sul da farsi, interroga se stesso o coloro che sono con lui, si può anche avere *l'infinito* (25.1.5, 22.4.3: 'frasi predicative'):

– E adesso? Che *fare*? Dove *andare*? A chi *chiedere* informazioni?

interrogative di valore affettivo Sono tipiche del linguaggio parlato particolari espressioni in forma di domanda introdotte da *come* o da *che vuol (vorrebbe) dire* seguito dalla ripetizione di quanto detto dall'interlocutore. Esse esprimono un moto spontaneo di sorpresa, risentimento o rimprovero con richiesta di chiarimento immediato:

– "E' finito il pane". "*Come (che vuol dire), è finito il pane*?"

47.2.4 LE INTERROGATIVE NEL PARLATO

La frase interrogativa è molto frequente nella lingua parlata. Si chiama interrogativa 'diretta', perché mediante essa il parlante si rivolge 'direttamente' all'interlocutore (che si potrebbe anche identificare con lui stesso), che gli deve dunque stare di fronte, sia pure idealmente (per telefono, ad esempio) e dal quale di solito si attende una risposta.

Proprio in queste situazioni, diciamo così, 'parlate', la frase interrogativa presenta una ricca gamma di varietà espressive in corrispondenza del variare degli stati d'animo del parlante (cfr. anche in 22.4.3: frasi predicative).

Non di rado è contrassegnata da particolari parole-segnali di carattere pragmatico: *e, e che* (per esprimere meraviglia, sorpresa), *ma* (per esprimere contrarietà) (51.1.4):

– *E* tu che ci fai qui?
– *E che*, sei già stanco?
– *Ma* che dici?

L'avverbio *mai* espletivo rafforzativo posto dopo l'elemento introduttivo (anche con l'interposizione di qualche parola) o dopo un verbo copulativo (*essere, risultare, diventare...)*, sottolinea il particolare stato d'animo del parlante, il suo grado di partecipazione affettiva (meraviglia, dispiacere, indignazione ecc.) (18.5.1):

– Come *mai* ti sei alzato così presto?
– Quando *mai* ho detto questo?
– Chi *mai* ci avrebbe pensato?
– Che cosa avrà detto *mai* il presidente del consiglio (...)? (B. Placido, in 'la Repubblica', 4-8-1985)
– E si tratta di nodi che, col passare del tempo, si sono sempre più aggrovigliati. Sarà *mai* possibile scioglierli? (A. Petacco, in 'La nazione', 3-2-1987).

47.2.5 DA DIRETTE A INDIRETTE

Una frase interrogativa si può far dipendere da un'altra frase che la introduca con un verbo o un'espressione di *domandare, chiedere, dubitare*, e simili. Si ha così la trasformazione di un'interrogativa *da diretta a indiretta*:

– (E' arrivato Carlo?) → → Io chiedo *se è (sia) arrivato Carlo.*

Capitolo XLVIII

48 - **TIPI DI FRASI (3º)**

La frase volitiva (generalità) - La frase imperativa - Altre frasi ed espressioni con valore imperativo - La frase esortativa- La frase concessiva - Costrutti volitivi subordinati - La frase esclamativa.

48.1 LA FRASE VOLITIVA (GENERALITÀ) [1]

– Sta' zitto! (ordine)
– Su, proviamo. (esortazione)
– Vincessi al totocalcio! (desiderio)
– Dica pure. (permesso - concessione)

Una ***frase*** che esprime una volontà del parlante prende il nome di ***volitiva***.

La volontà può esprimersi in forma di ordine o di divieto perentori; oppure nella forma più attenuata dell'esortazione, dell'invito, del desiderio, della concessione, del permesso ecc.

Si possono avere dunque frasi *volitive* di vario genere: *imperative, esortative, desiderative* e *concessive*.

Eccone alcuni esempi, tratti dal quotidiano 'la Repubblica' del 17-10-1990:
– Siano dati al Sinodo i poteri del Concilio (titolo)
– Attenti alla gomma da masticare vi può far male (titolo)
– Rendiamo omaggio alla coppia Vianello-Mondaini. Non è un - piatto - indicativo presente. E' un congiuntivo esortativo. Un imperativo. Un invito.

---

(1) A questo genere di frase è collegata la *funzione conativa* o *imperativa* del linguaggio. Il più delle volte, comunque, emergono anche altre funzioni, come la *fàtica* o la *espressiva* (46.2).

Rendiamo omaggio a Raimondo Vianello e a Sandra Mondaini. (da un articolo di B. Placido)

– Magari fosse vero. Le cose purtroppo non stanno così. (B. Placido, cit.)

– Dovresti fare salti di gioia. Avanti, festeggiamo. (B. Placido, cit.)

Questo tipo di frase ricorre molto nei registri colloquiali.

48.1.1 LA FRASE IMPERATIVA

La frase ***imperativa*** o ***iussiva*** (dal lat. *iubere*, 'comandare') esprime un ordine o un divieto perentori:

– Parla! (tu) - Parlate! (voi) - Parli! (egli/essa/lui/ lei) - Parlino! (essi/esse/loro) - Parliamo! (noi)

– Non parlare! (tu) - Non parlino! (essi/esse/loro)

– Non parlare al conducente. (chiunque si trovi in questo luogo)

– Mettersi in fila! (comando perentorio rivolto a più persone)

Il modo del verbo può essere:

• l'*imperativo*, per la 2ª persona singolare e plurale (tu - voi):

– vieni - venite

• il *congiuntivo*, detto *esortativo*, per la 2ª persona singolare e plurale di cortesia (*lei* - *loro*); per la 1ª plurale (*noi*):

– entrino pure - andiamoci subito

– *Non* lo *dica*, spettabile dignitario, e soprattutto non ci *speri*. (E. Scalfari, in 'la Repubblica', 7-4-1992)

• per la 3ª persona singolare e plurale (*egli, ella, essi, esse*), ancora il *congiuntivo* mediante il quale, non essendo presente l'interlocutore (o gli interlocutori), la funzione imperativa si esprime, per dir così, indirettamente:

– I giovani rispettino gli anziani.

– Non volle andarci. (Che) Ci *andasse* lui da solo! (discorso indiretto)

Il congiuntivo può essere introdotto da *che*:

– *Che vadano* altri a farsi trattare da pagliacci. (in 'il Giornale' [sport], 24-2-1992)

• l'*infinito,* quando il comando è in forma negativa per la 2ª persona singolare (*tu*) ; e quando si tratta di ordini generali, rivolti a più persone mediante avvisi stradali o in luoghi pubblici, cartelli pubblicitari ecc.:

– Giorgio, non parlare, per favore.

– Non fumare.

• *l'indicativo futuro* che può esprimere un ordine temporaneo o permanente, e più o meno perentorio, a seconda dell'intonazione; oppure una sollecitazione, una preghiera, una minaccia ecc. (25.1.4):

– Stasera non *uscirai*!

– Me lo *porterai* domani. Non ti preoccupare.
– *Sentirai* tu stasera!
– *Riconoscerai* almeno che Moser, a Goodwood, è stato un buon gregario.
(M. Fossati, in 'la Repubblica' [sport], 16-10-1990)

48.1.1.1 ALTRE FRASI ED ESPRESSIONI CON VALORE IMPERATIVO

enunciative apparenti Possono avere *valore imperativo* anche frasi in forma apparentemente enunciativa, come delle semplici riflessioni.
Ecco un invito del genere letto in un albergo:
– "Durante le ore di riposo il silenzio è gradito a tutti"

imperativa nominale Non di rado, più la frase è breve, più concentra l'attenzione sulla sua funzione imperativa che ne emerge piena ed efficace. Una *frase nominale* anche di una sola parola (vera e propria interiezione [20.2]) può essere quanto mai significativa (49.5):
– Forza! - Su! - Coraggio! - Suvvia! - Avanti!

interrogative imperative Delle interrogative con valore imperativo abbiamo parlato nel capitolo precedente (47.2.3):
– Ma perché non rispondi? (= devi rispondere)

dovere e potere Valore imperativo possono avere anche i verbi modali *dovere* e *potere*:
– *Devi* studiare! – Non *si può* entrare adesso! – Adesso *potete* parlare

nel parlato Nella lingua parlata, una particolare espressione ironicamente esortativa, con valore di divieto più o meno severo e persuasivo è quella formata dall'*imperativo* ripetuto (e, spesso, rafforzato da *pure*) dell'azione che si desidera impedire + *tanto* + *non* + *la descrizione* del danno che l'azione, se compiuta, continuerà a produrre:
– Fuma, fuma! *Tanto non hai già la tosse*! (= dovresti smettere di fumare: hai anche la tosse per questo)
– Corri pure! *Tanto non sei sudato*! (= smetti di correre; sei già tutto sudato!)

48.1.2 LA FRASE ESORTATIVA

La ***frase esortativa*** manifesta una volontà del parlante in modo attenuato, gentile, confidenziale.

Nel parlato è contrassegnata dall'intonazione tipica dell'esortazione, della sollecitazione, dell'invito, della preghiera, dell'invocazione. Può anche avere forma di domanda (47.2.3).

Può avere il *presente* del *congiuntivo* (esortativo) o, se è in forma di domanda, dell'*indicativo* e del *condizionale*:
– *Escano* dunque allo scoperto (...) e *si mettano* al servizio del paese (...). (E. Scalfari, in 'la Repubblica', 7-4-1992).

– *Aiutiamolo*, su!
– *Verrebbe* a pranzo da noi domani?
– Perchè non *studi* un pochino di più?

48.1.3 LA FRASE DESIDERATIVA

Nella ***frase desiderativa*** o ***ottativa*** (dal lat. *optare*, 'desiderare') la volontà del parlante si manifesta in forma di desiderio, di augurio, di imprecazione.

Per quanto riguarda il *verbo*, questa frase richiede:

• Il *congiuntivo*: a) *presente* o *imperfetto* per indicare un desiderio che il parlante nel suo intimo sente, rispettivamente, realizzabile o irrealizzabile nel presente; b) *trapassato* per esprimere un desiderio sentito realizzabile o irrealizzabile nel passato.

Può non avere nessun *segnale introduttivo*, o può avere all'inizio una interiezione (*oh, ah*):
– *Possa* tu vivere felice, figlio mio!
– Oh, *fosse* qui mio padre!
– Sta arrivando. Gli *fosse andato* bene l'esame!

Assai spesso si avvale di un elemento introduttivo che, a seconda dello stato d'animo del parlante nel formulare il desiderio, può essere: *che, almeno, magari, oh se*; oppure: *volesse il cielo che* + il *congiuntivo imperfetto* o *trapassato*, o *voglia il cielo che* + il *congiuntivo presente* o *passato*:
– *Che* la fortuna ti *assista*.
– *Volesse il cielo che (magari)* gli *andasse* bene questo esame!
– *Almeno avesse dato* l'*impressione* di tenere in mano la partita. (G. Mura, in 'la Repubblica' [sport], 20-9-1990)

• l'*infinito*, per lo più preceduto dalla interiezioni *oh, ah,* quando l'attenzione del parlante è tutta concentrata sul desiderio espresso dal verbo:
– Oh, *tornare*!

• La forte carica emotiva del desiderio in ogni sua gradazione si manifesta in questo tipo di frase anche mediante *particolari intonazioni* che nello scritto vengono contrassegnati solo da *un punto esclamativo*; e perciò la precisa individuazione dello stato d'animo è affidata alla conoscenza del contesto (48.2.1):
– Almeno tornasse presto! (attesa ansiosa)
– Oh, se avessi studiato un po' più! (rammarico)
– Possa almeno tu vivere felice! (augurio)

48.1.4 LA FRASE CONCESSIVA

La ***frase concessiva*** (o ***permissiva***) esprime una disponibilità del parlante a concedere, permettere o ammettere qualcosa.

Essa richiede abitualmente il *congiuntivo*, spesso anche ripetuto, che può essere seguito da *pure*, o preceduto da *sì*:

– *Entri pure.* – *Dica, dica.* – *Sì, sì,* lo *facciano*!

• La concessione può risultare solo apparente, e recare un valore più o meno accentuato di minaccia che si esprime mediante il *congiuntivo imperfetto* (quasi a scongiurare il realizzarsi del fatto):

– Si *provasse* un po' il Milan a vincere senza quei due colossi. (T. Tosatti, in 'il Giornale', [sport], 17-2-1992)

• Il valore di concessione può attenuarsi a semplice ammissione con valore dubitativo o avversativo per un minimo di riserva soggettiva che si esprime coll'*indicativo futuro semplice* o *anteriore* (25.1.1.6, 58.3.4):

– "Dice che non può, ha un impegno. "*Sarà* vero ..." (ma ci credo poco).

– I tre delinquenti *avranno avuto* sì e no diciotto anni. (L. Coen, in 'la Repubblica', 28-5-1996)

48.1.5 COSTRUTTI VOLITIVI SUBORDINATI

Una frase volitiva, in generale si può far dipendere da un'altra frase che la introdurrà con un verbo, un'espressione del comando, del divieto, della esortazione ecc.:

– (Carlo, perché non studi?) → Il padre esorta Carlo *a studiare.*

48.2 LA FRASE ESCLAMATIVA [1]

La ***frase esclamativa*** esprime particolari moti dell'animo: gioia, dolore, meraviglia, stupore, incredulità, sorpresa, rabbia, sdegno, piacere, dispiacere, paura ecc.

Nel *parlato* è contrassegnata (come è ovvio) da tante varietà di *intonazione* per quante sono le sfumature di significato.

Nello *scritto*, unico contrassegno è il *punto esclamativo* (oltre qualche eventuale espressione descrittiva nel contesto).

Sia nello scritto che nel parlato può essere introdotta da un elemento esclamativo: *che, quanto, come, se, oh se* (32.7) ecc.:

---

[1] In questa frase prevale la *funzione espressiva* del linguaggio; spesso anche collegata a quella *conativa* o a quella *fàtica* (46.2).

– Quanto sono sfortunato! – Uffa che noia! – Non mi dire!

Il *modo verbale* può essere:
• *indicativo* o *condizionale:* Mio Dio quanto *è* tardi! - Oh se lo *farei*!

• *infinito*, che esprime stupore o indignazione, e richiede un'intonazione a metà strada fra l'esclamazione e la domanda: – Tu *dire* questo di me!?

• (per espressioni generalmente ottative) il *congiuntivo imperfetto* (per un senso di incredulità sulla realizzazione del fatto) preceduto o no da *se* o *almeno:*
– *Se* tu *sapessi* che vitaccia! – *Almeno piovesse*! – *Avessi visto* che confusione!

48.2.1 PRECISAZIONI SULLA FRASE ESCLAMATIVA

stati d'animo L'esclamazione è un'espressione spontanea, dettata da *particolari stati d'animo*, che si serve di strumenti verbali vari, e che può anche fare a meno degli elementi tipici di una frase, quali il soggetto e il predicato. E tutto ciò è naturale, se è vero che il nostro mondo affettivo vuole essere libero e immediato nel manifestarsi. Perciò spesso non tollera l'ostacolo di strutture dagli schemi rigidamente normativi (cfr. anche in 22.4.3: frasi predicative)

esclamative volitive Naturalmente, possono rientrare nel gruppo delle esclamative anche tutte le frasi con le caratteristiche di cui si è parlato nell'ambito delle volitive in genere. Molte infatti sono le esclamative che contengono approvazione, disapprovazione, esortazione, proibizione, desiderio ecc.:
– Bravo! Bene! (approvazione, incoraggiamento)
– Hai fatto male! (disapprovazione)
– Mi hai stufato! (invito a cessare qualcosa)
– Coraggio, su! (esortazione)
– Non si può! (proibizione)
– Almeno arrivasse presto questo benedetto treno! (forte desiderio)

costrutti nominali Secondo quanto si è poco sopra detto, l'esclamazione può essere costituita anche da una sola parola o da una semplice interiezione; perfino da suoni inarticolati (20.2.1, 31.2). E sono tutti strumenti in grado di esprimere perfettamente la piena dei sentimenti:
– No! - Già! - Bene! - Pure! - Oddio! - Per bacco! - Al solito! - Ah! - Ahi! - Ahimè! - Oh! - Brrr! - Mmmmh!

espressione Una esclamazione di forte rammarico e critica è quella introdotta dall'espressione *e dire che* la quale sembra servire più come segnale pragmatico di una particolare condizione emotiva che come introduttore di una proposizione oggettiva (54.3): *E dire che* ci avevano detto che in questo ristorante si mangiava bene!

Capitolo XLIX

49 - LA FRASE E LA SUA FORMA

Le frasi negative - Vari elementi di negazione - La frase e la forma del verbo - La frase e il modo del verbo - La frase in relazione ai suoi elementi componenti - Collegamento fra più elementi aggiuntivi dello stesso tipo - La frase nominale - Le frasi nominali nel parlato - Le frasi nominali nello scritto - La frase con enfasi.

49.1 LE FRASI NEGATIVE

– Oggi *non* fa affatto freddo.
– *Non* vuole parlare? E allora *non* parli.
– *Non* parlate, per favore.
– Questo *non* l'ho detto io!

Qualsiasi frase (enunciativa, interrogativa, imperativa, esclamativa, interrogativa o concessiva) può essere costruita in ***forma negativa***.

La *negazione* può essere *totale* o *parziale*, a seconda che nella frase sia negato il contenuto del predicato o soltanto un elemento componente:
– Non ho risolto quel difficile problema. (non ho compiuto l'azione)
– Ho risolto quel non difficile problema. (ho negato una qualità)
– Chiaramente, non hai parlato.
– Hai parlato non chiaramente.

Il contrassegno per eccellenza della negazione è l'avverbio *non* che precede l'elemento che viene negato:
– Oggi *non* abbiamo studiato.
– Ho visto un film *non* bello.

49.1.1 VARI ELEMENTI DI NEGAZIONE

negativi e rafforzativi Nella frase *negativa totale*, insieme a *non* possono essere presenti altri elementi negativi o rafforzativi di negazione:

• gli indefiniti *nessuno, nulla, niente* che seguono il verbo:
– *Non* ho sentito *nessuno (nulla - niente)*
Se questi indefiniti prendono il posto di *non* (che dunque viene taciuto) a inizio di frase, la negazione assume particolare rilievo:
– *Nessuno (niente - nulla)* ho visto.

• l'indefinito *alcuno* che segue il verbo:
– *Non* ho ricevuto *alcuna* lettera.

• l'aggettivo rafforzativo *punto* (comunque, di carattere francamente regionale):
– *Non* ho *punti* quattrini, io.

• l'avverbio *affatto* (= del tutto, completamente) che di solito segue il verbo e rafforza la negazione:
– *Non* l'ho visto *affatto.*
Per l'uso che se ne fa, abitualmente ormai, in frasi negative, questo avverbio può essere anche usato da solo come risposta marcatamente negativa a una domanda; e può essere preceduto da *niente* (18.7.1):
– "Hai capito?" "*Affatto*". (oppure "*Niente affatto*")

• l'avverbio *assolutamente* che oggi nel parlare più spontaneo sembra più frequente di *affatto.* Viene anche usato nelle risposte negative perentorie per rafforzare il *no* o in sua sostituzione:
– *Non* l'ho *assolutamente* visto.
– "Sei stanco?" "*Assolutamente (no).*"

• l'avverbio *mica*: rafforza una negazione mediante la quale il parlante tende pragmaticamente a escludere un fatto che potrebbe venirgli attribuito come colpa, o che potrebbe arrecare a lui o, talvolta, all'interlocutore qualche danno o dispiacere o fastidio; spesso nelle interrogative tale stato d'animo è sottolineato dai valori modali del *futuro semplice* o *anteriore* (25.1.1.6, 25.1.1.7):
– *Non* l'ho detto *mica* io! (= se ti viene fatto di pensare il contrario, escludilo)
– *Non* fa *mica* freddo, oggi, mamma. (perciò potrei anche uscire)
– "Ciao, ti saluto." "*Non* te ne andrai *mica!*" (= se proprio te ne andassi mi dispiacerebbe molto).
– *Non* avrai *mica* qualche soldo?
Se *mica* viene anteposto al verbo - cosa che si verifica in particolare nel parlare familiare - sostituisce l'avverbio *non*:
– Gli ottimisti (pochi) dicevano: Mussolini *mica* è uno stupido. (C. Marchi, in 'Il Giornale', 11-6-1990)
Nelle risposte *mica* può anche rafforzare l'avverbio *no*:
– "Hai fame?" "*Mica no.*"

• gli avverbi e le locuzioni rafforzative posposti al verbo: – *minimamente, mai, mai e poi mai, giammai, per nulla, per niente, in nessun caso*:

– *Non* l'ho *minimamente [per nulla - per niente]* capito.
– *Non* l'ho sentito *mai* .

ellittica del predicato Gli avverbi *neanche, nemmeno, neppure* (talvolta, *manco*) servono ad aggiungere a una prima frase negativa un'altra frase negativa ellittica del predicato (spesso in situazione di sillessi col soggetto del predicato precedente [69.2.1]:
– Non ci andrò io e *nemmeno [neanche - manco - neppure ...] tu.*

Non dissimili dai costrutti ellittici sono quelli negativi nominali del tipo: Non una parola. - Nessuna risposta. - Niente sigarette oggi (17.3.1).

né La congiunzione copulativa *né* (= e non) mette in relazione due o più frasi negative, o due o più elementi di frase negativa parziale:
– Non mangia *né* beve *né* dorme.
– Non ho visto *né* Giorgio *né* Carlo.

frasi sintetiche Ci sono frasi negative di tipo sintetico formate da *no, mai, più*; o anche da *o no, o non, o meno* con valore disgiuntivo; in questi casi *più* si accompagna a un participio passato; ugualmente si comporta *mai*, che però può stare anche da solo:
– Carlo? *Mai* conosciuto.
– Luigi? *Più* saputo niente di lui.
– "Hai capito *o no*?" *"No!"* (interrogativa disgiuntiva [47.2.1])

due negazioni Può accadere che due negazioni nella stessa frase formino *una affermazione*:
– *Non* puoi *non* capire queste cose. (= tu sei assolutamente in grado di capire queste cose)

significato affermativo L'espressione di forma negativa *non + verbo + che* ha il significato restrittivo di *verbo + solamente*:
– *Non ho che* mille lire. (= *Ho solamente* mille lire.)

espressioni Una frase di forma affermativa ma di significato negativo è quella espressa con *figurati (figuriamoci, figurarsi) se + l'indicativo* o il *condizionale*:
– *Figurati se* ci credo (crederei)! (= non ci credo affatto)
– *Figuriamoci se* verranno, ormai! (= ormai non vengono più)

Tipiche di una negazione decisa, di un rifiuto secco, sono le espressioni *neanche per idea (per sogno), non passare neanche per la testa:* "Non eri stato tu a dire di partire presto domani?" "Io? Ma neanche per sogno! (Non mi è passato neanche per la testa!)!"

Particolari espressioni negative sono *non (è) che, mai che* con il *congiuntivo*:
– *Non (è) che sia* bella, però è un tipo.
– Sempre serio. *Mai che accenni* a un sorriso.

macché Ha valore negativo e oppositivo in genere una frase introdotta dalla interiezione *macché* usata da sola o davanti a nome o ad aggettivo o a verbo all'infinito:
– "Fa freddo". "*Macché* (freddo)".
– "Stasera esco". "*Macché* uscire! C'è tanto da fare stasera".

49.2 LA FRASE E LA FORMA DEL VERBO

Le frasi si distinguono anche in base alla forma del loro verbo.

Secondo questa distinzione, si possono avere ***frasi attive, passive,*** e ***riflessive***:

– La mamma *ha lavato* Lucia. (attiva)
– Lucia *è stata lavata* dalla mamma. (passiva)
– Lucia *si è lavata*. (riflessiva)

Di tutto ciò si parla in 22.1, 22.3, 22.3.1

49.3 LA FRASE E IL MODO DEL VERBO

frase esplicita

Una frase che abbia il verbo a un *modo finito* (indicativo, congiuntivo, condizionale, imperativo) si dice *esplicita* (53.1). (Un'esplicita con indicativo o condizionale può essere principale o subordinata, con imperativo è principale, con congiuntivo è, in genere, subordinata).

'Esplicito' significa 'spiegato chiaramente'. E infatti un verbo di modo finito fornisce chiare informazioni sia sul proprio *significato*, sia sul suo *soggetto*, sia sul *tempo* (passato, presente, futuro), sia sul *modo* (certezza, incertezza, comando ecc.):

– Luigi *studia* un po' più.
– *Studiasse* un po' più Luigi!
– Luigi *studierebbe* un po' più!
– Luigi, *studia* un po' più!

frase implicita

Una struttura frasale che abbia il verbo a un *modo non finito* (infinito, participio, gerundio) si dice *implicita* (53.1, 53.1.1) ed è tipica di costrutti subordinativi; a parte poche eccezioni con infinito (narrativa, esclamativa, ottativa, interrogativa dubitativa) ricordata qui di seguito.

'Implicito' significa 'non espresso'. E infatti un verbo di modo non finito concentra l'attenzione prevalentemente sul suo significato. Per avere informazioni sul soggetto, sul tempo e sulla modalità, generalmente ci si deve riferire ad altra frase esplicita reggente, che sta subito prima o subito dopo; oppure alla situazione:

– Carlo spera di *uscire* stasera. (tutte le informazioni riguardo all'uscire sono deducibili dalla frase reggente: Carlo spera)

– Luigi è uscito, dopo *mangiato*. (= dopo che [Luigi] aveva mangiato) (dipendente)

– Andrea ha ottenuto ottimi risultati *avendo studiato* molto. (= perché ha studiato...) (dipendente)

indipendente implicita

Si è detto appena qui sopra che una frase indipendente si può fare *implicita* unicamente con l'*infinito.*

(si veda in: 24.1.4, 47.2.2, 48.1.1, 48.1.3, 48.2).

– Oh *girare* il mondo! – Che *fare* adesso?

49.4 LA FRASE IN RELAZIONE AI SUOI ELEMENTI COMPONENTI

Riguardo agli *elementi che la compongono*, una frase può essere:

• ***semplice*** (o ***singola***), se è formata da un solo predicato. E' la frase tipo, la frase modello di cui ci siamo occupati sin qui:

1a) Carlo gioca.

2a) Il cane mangia di tutto.

3a) I fiori del mio giardino sono belli.

• ***complessa*** (o ***multipla***), se contiene più frasi semplici (in tal caso, più propriamente denominate proposizioni). Di essa, denominata anche *periodo*, ci occuperemo nella prossima sezione della sintassi (31.2, 31.6, 50):

– Carlo studia e ascolta musica.

• ***ellittica*** del soggetto, del predicato o di ambedue, a seconda di quale di questi elementi risulti sottinteso (32.5, 33.4):

– "Non vieni?" (ellittica del soggetto: [*tu*])

– "Sì." (ellittica del soggetto e del predicato: [*io vengo*])

– "Chi ha parlato?" "Luigi." (ellittica del predicato [*ha parlato*])

49.4.1 COLLEGAMENTO FRA PIÙ ELEMENTI DELLO STESSO TIPO

In una stessa frase si possono avere più elementi di analoga funzione a precisare un medesimo costituente, nucleare o aggiuntivo che sia: più soggetti, più attributi, più apposizioni, più complementi dello stesso tipo.

Il loro collegamento si ottiene mediante alcune congiunzioni per lo più coordinative (*e, né, ma, o, cioè* ecc.):

– Luigi *o* Lucia ha chiamato? – Wolf è un cane buono *e* intelligente.

– Ha studiato con attenzione *ma* con scarsi risultati. – Non ho *né* la penna *né* la matita.

Il collegamento può avvenire anche mediante il semplice *accostamento* degli elementi, i quali possono essere distinti da pause (per il parlato) o da virgole, talvolta anche da 'punti e virgola' (per lo scritto):

– Luigi è il padre di Franco, di Mario, di Lucia.

In presenza di una serie di complementi introdotti da una stessa *preposizione*, questa, pronunciata per introdurre il primo complemento, può rimanere *sottintesa* per gli altri:

– Luigi è il padre *di* Franco, Mario, Lucia.

Nell'ultima proposizione del seguente esempio si noti come l'uso insistito della congiunzione *e* serva a enfatizzare (49.6) con qualche ironia l'*accumulazione* (69.2.1) di complementi di specificazione:

– (...) quando arriva l'estate, le correnti appiccicose dei luoghi comuni si incontrano, si intrecciano per poi ripartire alla conquista di tutte le nostre spiagge *e* convalli *e* alberghi *e* condomini *e* mezze pensioni *e* autogrill *e* discoteche. (G. Bocca, in 'la Repubblica', 18-8-1995)

49.5 LA FRASE NOMINALE

– Buon giorno - Buona sera - Buon appetito - Ciao - A presto - A domani - Tanti auguri - Cordiali saluti - Pronto? - Silenzio! - Bella giornata oggi - Un caffè - Un chilo di pasta, per favore - Bene

Si chiama ***frase nominale*** la frase (dichiarativa, imperativa, interrogativa, enfatica) la cui predicazione è espressa senza verbo.

Questo modo di comporre frasi (aventi comunque senso compiuto) non è tipico dell'italiano soltanto; si ha anche in altre lingue.

E' un modo che mostra come l'uomo possa comunicare dando maggior rilievo al nome o all'aggettivo o all'avverbio che al verbo; e come in certi casi il nome, l'aggettivo e l'avverbio possano essere capaci di 'predicare' quanto, e anche più del verbo ('predicato') stesso (47.1.1, 47.2.2, 48.1.1.1, 48.2.1).

Le frasi nominali ricorrono tanto nella *lingua scritta* quanto in quella *parlata*. In quest'ultima tuttavia godono di una frequenza elevatissima. Ce lo ricordano anche gli esempi che iniziano questo paragrafo.

49.5.1 LE FRASI NOMINALI NEL PARLATO [1]

Parlare per frasi nominali è comune e naturale. Fa parte del nostro comunicare quotidiano, specie (ma non soltanto) in situazioni connotate emotivamente. Le frasi nominali si distinguono inoltre per la loro pratica brevità. Usiamo frasi nominali nello scambiarci i saluti, nel farci gli auguri, nel commentare fatti, situazioni, nell'esprimere giudizi, nel domandare o nel dare notizie, nel chiedere oggetti, nell'ordinare più o meno gentilmente qualcosa; e così via.

Si è visto anche nelle pagine appena precedenti quante interrogative, volitive ed esclamative siano costituite da frasi nominali, anche a una sola parola *(monorematiche)*.

---

[1] Per le *frasi predicative* si veda in 22.4.3, nonché alle pagg. 404 e 412.

Il verbo, si diceva non c'è; e per la maggior parte dei casi è difficile anche immaginarlo. Si pensi, ad esempio, alle insegne dei negozi:
– Bar - Farmacia - Alimentari - Frutta e verdura

Talvolta questo verbo potrebbe anche sembrare sottinteso; e la conoscenza della particolare situazione potrebbe suggerirlo.
Ma noi non ce ne accorgiamo. Noi concepiamo e pronunciamo la frase, così, spontaneamente, come ci viene, senza tenere conto di questa possibile presenza; l'espressione, così com'è, risulta soddisfacentemente informativa:
– E Carlo? (sottinteso: come sta? o dov'è?)
– Attento! (sottinteso: sta')
– Silenzio! (sottinteso: fa' - fate)

49.5.2 LE FRASI NOMINALI NELLA LINGUA SCRITTA

Se lo stile nominale è tipico della lingua parlata, tuttavia, si diceva poco sopra, è assai frequente anche nella lingua scritta.

nei giornali Per esigenza di brevità, lo *stile nominale* ricorre abitualmente in certa lingua dei giornali (politica, commerciale, sportiva, della cronaca) in particolare nei titoli. E ciò, non solo per esigenze di sintesi, ma anche per il gusto dell'effetto, o del sensazionale.
In questo stile possono comparire anche i *verbi*, ma nella forma 'nominale' del *participio*: e cioè in quella voce verbale che ha la stessa flessione del nome nel genere (maschile e femminile) e nel numero (singolare e plurale). Il linguaggio giornalistico fa anche largo uso di *sostantivi derivati da verbi*, ma privi di suffisso (il *rimpasto*, il *rilancio*, il *riassetto*, l'*immobilizzo*, il *realizzo*, la *ricerca*...), e di espressioni con significato verbale: "Che fatona quella Marini!" (titolo in 'Epoca', 17-9-1995, pag. 76)
Ecco alcuni titoli tratti dal giornale "la Repubblica" del 31-7- 1989 e del 2-1-1991:
– Battaglia sull'Autosole - I banditi e lo stato - Le nuove alleanze dell'Anonima - Bloccate a Manfredonia le scorte dell'Enichem.

nei titoli Lo stile nominale è tipico dei *titoli* di libri (romanzi, opere scientifiche, libri scolastici...), di capitoli e di paragrafi di libri, di poesie, di opere cinematografiche, teatrali ecc.; oltre che di giornali come si è appena ricordato:
– I promessi sposi - La Divina commedia - La grammatica italiana - Il libro di storia - Storia della filosofia - Forse che sì forse che no (commedia) - Ladri di biciclette (film)

nelle insegne Oltre le insegne dei negozi cui poco fa si è fatto cenno (49.5.1), rientrano assai spesso in questi moduli espressivi le insegne *di uffici, aziende, laboratori* ecc. In questi casi non di rado la frase ha funzione presentativa e si riduce per lo più a un solo nome:
– Bar - Farmancia - Carni - Giornali - Frutta e verdura - Tabacchi - Telefoni - Ufficio del registro - Falegnameria - Vetreria

nelle descrizioni Le frasi nominali costituiscono spesso lo *stile delle descrizioni* nelle opere di narrativa (racconti, novelle, romanzi). Producono infatti l'effetto delle pennellate che - ciascuna con una sua propria tonalità di colore - nel loro insieme realizzano un quadro (30.2):

– "I campi squadrati degli alberi, i bassi cascinali dell'Alessandrino, le rigogliose, impetuose correnti della Bormida e del Tanaro; poi le prime ondulazioni dei colli astigiani, rivestiti e arricciati dal verde tenero delle vigne (...)." (M. Soldati, 'Le due città')

– "Fu un nulla, poi, aprire la mano, e vedere quel foglio. Piccolo. Pochi ideogrammi disegnati uno sotto l'altro. Inchiostro nero." (A. Baricco, 'Seta').

nella pubblicità Lo stile nominale è tipico anche della *lingua della pubblicità*: frasi rapide, concise, dalla sintassi insolita, sintetica; tali da colpire l'attenzione dei destinatari di questo genere di messaggi (68.2.6):

– Neutrogena Shampoo. Il primo ad alta risciacquabilità.

49.6 LA FRASE CON ENFASI (69.2.1)

Assai spesso -in particolare per spontanei moti della sfera affettiva- parlando o scrivendo poniamo in rilievo qualche unità significativa (frase o suo elemento) del nostro dire.

E' un procedimento di messa in rilievo che prende il nome di *enfasi* (69.2.1).

Nel parlato, essa si può avere con mezzi prosodici e cinesici (3.1): variando l'intonazione, il ritmo, marcando le unità sillabiche della parte da sottolineare, servendosi della mimica.

Nello scritto e nel parlato, si può avere *enfasi* mediante particolari accorgimenti formali, quali il mutamento dell'abituale collocazione degli elementi da focalizzare, la loro ripetizione o un loro rafforzamento con altri elementi espressivi, la scissione della frase.

Si vedano i seguenti esempi (e le precisazioni in 49.6.1):

– *Il libro* te *lo* compro io.
– *Per te* sono venuto, *proprio per te*.
– Proprio brutte sono *queste parole*!
– *A me* non *mi* piace proprio questo qui.
– (Luigi l'ha detto.) → *E' stato Luigi che* l'ha detto.
– *Io*, ti ci vado *io*! *Io ti ci vado!*

49.6.1 PRECISAZIONI SULLA ENFATIZZAZIONE

Via via che si è parlato dei vari elementi della frase, indicando la loro collocazione, si è anche accennato al modo di enfatizzarli (ad es. in 32.7).

Qui riprendiamo il discorso elencando un po' più ordinatamente alcuni di questi modi.

frase scissa Si può scindere la frase in due segmenti il primo dei quali ha *essere* e il secondo è introdotto da un *che*, a volte con funzione di pronome relativo, a volte con funzione di connettivo generico (17.4.1, 32.4 e 52.2.1.2); e ciò, per richiamare l'attenzione sul contenuto del primo segmento di frase a sinistra:

– (*Mario* ha rotto il vetro.) → *E' stato Mario che* ha rotto il vetro. (enfatizzazione del soggetto)

– (Carlo vorrebbe *il libro di storia.*) → *E' il libro di storia che vorrebbe Carlo* (enfatizzazione dell'oggetto).

– (Stavano parlando *di politica.*) → *Era di politica che* stavano parlando. (enfatizzazione del complemento di argomento)

– *Il giudice (...) è da parecchio tempo che* va denunziando la caduta degli impegni dei poteri dello Stato (...). (M. Pantaleone, in 'La stampa', 1-8-88)

– (la lira) da debolissima *che era* e *che è stata fino ad ora,* si va pian piano rafforzando. (in 'la Repubblica', 21-5-1996)

Naturalmente, queste stesse frasi potrebbero essere pronunciate anche in forma interrogativa ed esclamativa.

ripetizione Si può ripetere l'elemento che si vuole enfatizzare, magari cambiandolo di posizione (32.7).

– *Io, io* lo voglio! (e magari con aggiunta) *Lo voglio io!*

– *Lucia*, ci andrà *Lucia*! – *A me, a me* lo devi dare! *A me*!

L'enfatizzazione dell'elemento ripetuto può essere ulteriormente rafforzata con un avverbio (*persino, perfino, proprio, sì, certo...*), o con il suo pronome (32.7, 51.1.2):

– Il nonno, *proprio il nonno* è arrivato! – Luigi, *sì, lui, Luigi* me l'ha detto.

– Il cane, *persino il cane* ha capito! (in questo modo si accentua il tono ironico dell'espressione)

Procedimento non dissimile dalla ripetizione è quello di richiamare, nella loro funzione strumentale, gli organi (occhi, orecchie, mani ...) relativi al significato del verbo: L'ho visto io, *coi miei occhi*. - L'ho toccato io, *con queste mie mani.*

collocazione Si può cambiare il posto abituale dell'elemento che si vuole enfatizzare: se è un *complemento*, si porta a inizio di frase (prima del verbo, dunque); se invece è il *soggetto*, si porta in fondo alla frase o, comunque, dopo il verbo (32.7); in tali casi si parla di *dislocazione a sinistra* o *a destra.*

Il *complemento* messo a inizio di frase di solito si fa seguire dalla eventuale particella *clitica* di corrispondente funzione (*lo, li, la, le, ne, ci, vi, gli*). La particella in taluni casi sembra anche servire pragmaticamente ad avvertire l'interlocutore dello spostamento avvenuto; e perciò del fatto che il soggetto occuperà un altro posto. (Si veda ad es., in 32.7, 39.1.4, 40.1.2, 40.3.1)

Naturalmente, questi spostamenti si possono fare quando non si danneggia il senso generale della frase:

– (Carlo ha chiamato.) → Ha chiamato *Carlo*.
– (Ho già conosciuto queste persone.) → *Queste persone le* ho già conosciute.
– (Sono già stato a Firenze) → *A Firenze ci* sono già stato.
– (Noi lo abbiamo detto a Maria.) → *Noi a Maria glielo* abbiamo detto.
– (Fuma tante sigarette.) → *Di sigarette ne* fuma tante.
– E' una vittoria *che* se *l'*è meritata. (sentita alla TV)
– *Ce ne* sono *di libri* in questa stanza!
– Deve aver*ne* compresse dentro *di cose* in questi ultimi tempi.
(N. Boni, in 'La stampa', 1-8-88)

Questo spontaneo genere di costruzione enfatizzante trova testimonianze già nella lingua delle origini: "Sao ko *kelle terre* per kelle fini que ki contene, trenta anni *le* possette parte Sancti Benedicti" (carta capuana, 960 d.C.) [1]

rafforzativi Per certi significati affermativi o negativi si può far seguire il soggetto (nome o pronome) dai rafforzativi *sì che* o *no che* (32.7):
– *Il signore sì che* se ne intende! – *Mario no che* non lo farà!

pronome Si può far seguire il nome soggetto dal pronome corrispondente (32.7):
– *Gli elefanti, loro,* sono longevi.
– *Il Vincenzino, lui*, era sempre uguale. (N. Ginzburg, 'Le voci della sera')
– (...) una pretesa che, *essa* sì, vulnera lo Stato di diritto...). (E. Scalfari, in 'la Repubblica', 9-11-1195)

tonico e atono E' un tipo di enfatizzazione tanto diffusa soprattutto nel parlato anche la ripetizione dello stesso pronome, in forma prima tonica poi atona, (*a me mi - a te ti - a lui gli - a lei gli [le] - a noi ci - a voi vi - a loro gli*):
– *A me* il caffè *mi* piace bollente.
– *A lui* non *gli* piace il caffè.
– Tu mi dai una rete *a me*, io *ti* do Telesogno a *te*. (titolo ironicamente scherzoso in 'L'Espresso', 22-10-1995, pag. 76)

Assai spesso accade che le due forme, diretta e indiretta, si mescolino (16.1.2.1: *enfatizzazione*):
–"E Carlo?" "*A lui* non *lo* hanno invitato."

anacoluto Si ricorda che anche l'*anacoluto* può servire all'enfatizzazione (16.1.2.1, 17.4.1, 32.4, 49.6, 52.2.1.2, 53.9, 69.2.1). Eccone un ulteriore esempio:
– Ogni conoscente pur lontanissimo *gli* chiederà un favore, una particina, un filmetto, soldi per poter girare lungometraggi autarchici, *lui* che adora l'America. (V. Feltri, in 'il Giornale', 2-6-1996)

---

[1] Si tratta di una testimonianza resa in tribunale: "So che *quelle terre*, entro quei confini che qui si descrivono, trant'anni *le* ha possedute l'amministrazione patrimoniale di San Benedetto".

SINTASSI
(combinazioni di parole in frasi e di frasi in periodi)
- III -
il periodo (o frase complessa)

Capitolo L

50 - GENERALITÀ

Il periodo - Scelte strutturali e contesto - Parole-legamenti di frasi - Sintassi del periodo - Precisazioni terminologiche - Come si collegano le frasi per formare periodi - Proposizioni coordinate e proposizioni subordinate.

50.1 IL PERIODO

a) Fa freddo.
b) Chiudi la finestra.
c) Fa freddo; chiudi la finestra.

Le frasi in a) e in b) contengono due brevi comunicazioni (una constatazione la prima, una richiesta la seconda) che appaiono fatte in due momenti (o situazioni) diversi e più o meno lontani l'uno dall'altro. Comunicazioni che hanno anche la probabilità di essere di due persone diverse. E dunque fra loro non esiste alcun rapporto logico. Si presentano insomma come due brevi testi o discorsi autonomi.

Le due frasi in c) sono le stesse di cui sopra, ma, poste come sono l'una di seguito all'altra, si intuiscono pronunciate dalla stessa persona, nella stessa situazione comunicativa. Qui si capisce che un preciso rapporto logico le tiene unite: ciò che si dice nella prima risulta la spiegazione anticipata di ciò che si chiede nella seconda. Insomma, le due frasi si presentano come parti di uno stesso discorso o testo.

Sempre per le due frasi in c), si noterà comunque che - divise come sono da una pausa segnata da un 'punto e virgola', che è molto simile a un 'punto fermo' - restano grammaticalmente indipendenti l'una dall'altra, e ciascuna significante di per se stessa; ciascuna in grado di recuperare la propria tota' autonomia, anche situazionale, che ha in a) o in b). Il rapporto logico ch collega è chiaramente comprensibile, ma, di là del fatto strutturale dell'essere l'una affiancata all'altra, non è esplicitamente manifestato.

Per esse il parlante avrebbe potuto scegliere anche un diverso tipo di collegamento. Ad esempio, avrebbe potuto collegarle con un *perciò*: "Fa freddo *perciò* chiudi la finestra."; oppure invertendole e unendole con un *perché*: "Chiudi la finestra *perché* fa freddo". Semanticamente nel primo caso, la richiesta risulterebbe la naturale conseguenza di una sensazione di freddo; nel secondo caso, la sensazione di freddo risulterebbe la spiegazione-causa di una richiesta (effetto).

E' indubbio che la scelta di una struttura grammaticale non è un fatto di secondaria importanza. Chi parla o scrive sceglie una struttura grammaticale non solo in base a ciò che vuol comunicare, ma anche in base a 'come' intende comunicarlo.

Dal punto di vista grammaticale comunque le due frasi in c), pur conservando ciascuna il suo proprio significato, formano una sequenza unitaria che ha il nome di *periodo*. E ciò accade anche per le due collegate con *perciò* e con *perché*.

Un ***periodo*** (dal greco *perìodos*, 'circuito, giro') è un insieme (un 'giro') di frasi (o proposizioni) collegate fra loro dal punto di vista sia logico che grammaticale, e concluse da un 'punto'. Il periodo si chiama anche *frase multipla* o *frase complessa* (49.4).

In un periodo, il collegamento tra le frasi o, meglio, proposizioni di solito avviene mediante particolari parole-legamento: le *congiunzioni* (nei nostri esempi: *perciò* e *perché)* (19.2); ma può avvenire anche per semplice *accostamento* (come in c) dell'una all'altra.

Il termine 'periodo' richiama in genere un'associazione logica di più frasi o proposizioni; tuttavia un periodo può anche coincidere con una sola frase. Le frasi in a) e in b) all'inizio di questo capitolo costituiscono di per se stesse ciascuna un periodo. (Per tutto ciò si veda anche in 50.6)

50.2 SCELTE STRUTTURALI E CONTESTO

Potrebbe venir fatto di domandarsi se, parlando o scrivendo, sia meglio usare sequenze di frasi autonome, divise da 'punti', e lasciare all'interlocutore il compito di intuire i rapporti logici che fra loro esistono; oppure se sia preferibile collegarle mediante *congiunzioni* (o *segni funzionali*) che, dato il loro specifico significato, sono in grado di segnalare i tipi di rapporto.

Si può rispondere solo che, in generale, tutto ciò dipende dalle scelte che di volta in volta chi parla o scrive sente di fare. Scelte che il più delle volte non sono dettate da un semplice problema di gusto. Ad esempio, nel parlare potrebbe venire più spontaneo scegliere il primo meccanismo, perché più pratico e rapido (e perché i riferimenti presenti nel contesto situazionale sono di per sé opportunamente chiarificatori [31.2]). Le stesse ragioni di praticità e di rapidità valgono, ad esempio, anche per uno scritto in stile telegrafico (38.9). Tuttavia, nella gran parte dei casi, tanto nel parlato quanto (e più ancora) nello scritto, è una necessità adottare il secondo meccanismo: una necessità dettata dall'esigenza di essere ben compresi. E' quanto si è visto ragionando sugli esempi proposti all'inizio, e quanto si vedrà qui di seguito in 50.3.

50.3 PAROLE GRAMMATICALI LEGAMENTI DI FRASI

Si provi a pronunciare le due frasi in c) a inizio di capitolo nel modo seguente: "Fa freddo? Chiudi la finestra." Si noterà che o si conosce ogni particolare della situazione da cui esse si originano (la conoscenza della situazione è sempre necessaria alla comprensione dei discorsi, ma a volte è assolutamente indispensabile [31.3]), oppure non è facile intendere il reale valore del rapporto logico fra loro esistente.

Esse infatti potrebbero voler dire:

1) Chiudi la finestra *perché* fa freddo.
2) Chiudi la finestra *quando* fa freddo.
3) Chiudi la finestra *se* fa freddo.

In 1) la congiunzione *perché* segnala un rapporto di tipo causale (la sensazione di freddo è la causa del chiudere la finestra). In 2) la congiunzione *quando* segnala un rapporto di tipo temporale (nei momenti in cui fa freddo, di solito si chiude la finestra). In 3) la congiunzione *se* segnala un rapporto di tipo latamente condizionale (la condizione che induce a chiudere la finestra è la sensazione di freddo).

Cambiare le congiunzioni significa dunque segnalare *rapporti logico-grammaticali* di tipo diverso fra i contenuti di pensiero. L'assenza di congiunzioni adeguate può essere causa di incomprensioni. E le incomprensioni, in un rapporto comunicativo, anche il più familiare, e per argomenti i più comuni, possono anche dar luogo a spiacevoli inconvenienti (50.2).

Le ***congiunzioni*** sono dunque, parole grammaticali che servono nello stesso tempo: a) ad annullare le pause lunghe (graficamente segnate dai 'punti fermi') fra due proposizioni, collegandole grammaticalmente fra di loro; b) in base al loro significato (per lo più molto chiaro), a segnalare il tipo di rapporto logico-grammaticale esistente fra le due proposte di pensiero (*proposizioni*) collegate (19.2).

Le congiunzioni, per questo loro specifico ruolo, non solo di collegare ('congiungere') meccanicamente due frasi, ma anche di stabilire fra loro un rapporto e segnalarne la funzione logica (il *significato*), possono avere il nome di *segni funzionali*, o, più semplicemente, di *funzionali*; oltre a quelli di *parole grammaticali*, *parole-legamento* e *connettivi* (e, naturalmente, di *congiunzioni*).

I periodi generalmente si costruiscono collegando fra loro le proposizioni mediante le congiunzioni.

50.4 SINTASSI DEL PERIODO

In precedenza ci siamo occupati della *sintassi della frase semplice*; e cioè di quel settore della grammatica che nella più breve espressione di senso compiuto del nostro pensiero (la frase, appunto) descrive le modalità di collegamento dei costituenti essenziali o principali (soggetto e predicato) e di quelli aggiuntivi o di completamento (attributo, apposizione, complementi).

In questa sede ci occuperemo della ***sintassi del periodo***: e cioè di quella parte della grammatica che descrive le modalità di collegamento delle *proposizioni* fra loro.

50.5 PRECISAZIONI TERMINOLOGICHE

periodo, frase e proposizione Nel parlare comune e più spontaneo, tanto le *proposizioni* quanto i *periodi* vengono normalmente chiamati 'frasi'. In realtà una differenza i due termini la indicano, e sta nel fatto che, mentre le prime sono strutture, a un solo predicato e non hanno senso compiuto, i periodi sono per lo più frasi multiple (complesse), a due o più predicati; o meglio: sono catene, successioni di due o più proposizioni che, insieme, hanno senso compiuto (31.6, 46.1). Comunque un periodo può coincidere con una frase singola a senso compiuto (31.1, 32, 46.1, 49.4).

50.6 COME SI COLLEGANO LE FRASI PER FORMARE PERIODI

Riprendiamo qui, per definirlo nelle sue linee generali, un argomento già compreso in quanto dicevamo in 50.1.

Si osservino i seguenti esempi:

a) Luisa suona il pianoforte. 1		Gianni legge il giornale. 1
b) Luisa suona il pianoforte 1a	e	Gianni legge il giornale. 1b
c) Luisa suona il pianoforte 1		mentre Gianni legge il giornale. 2

In a) ci sono due espressioni linguistiche che (separate fra loro, come indica il 'punto fermo') sul piano logico e grammaticale risultano autonome e indipendenti l'una dall'altra 1) *[pausa]* 1). Hanno infatti ruolo di frasi (o periodi) semplici, e ciascuna potrebbe comparire senza l'altra, e con lo stesso valore dichiarativo (informativo), in qualsiasi contesto comunicativo. Tuttavia, dal momento che qui sono messe affiancate in successione, insieme danno vita a un contesto linguistico (co-testo) che, naturalmente, risulta la somma delle informazioni contenute singolarmente e in cui il medesimo tempo verbale (il presente: *suona - legge*) fa emergere fra loro un rapporto di contemporaneità. Rapporto che in b) e in c) sarà invece più o meno esplicitamente indicato.

In b) le due medesime espressioni sono ancora autonome dal punto di vista informativo; sì che, reintroducendo una pausa di stacco, ciascuna riassumerebbe la propria struttura di frase semplice, e l'una potrebbe essere pronunciata indipendentemente dall'altra anche in contesti diversi. Tuttavia adesso -in base a un rapporto detto di 'coordinazione' (49.4, 50.7, 51) - si propongono come due elementi componenti di una 'unità significativa' più complessa (periodo o frase complessa) dove svolgono pariteticamente una stessa funzione logico-grammaticale (di valore dichiarativo) con rango di 'proposizioni coordinate'. Ciò viene segnalato dalla congiunzione 'coordinativa copulativa' *e*, la quale accenna con sufficiente chiarezza anche un rapporto di contemporaneità fra i due fatti narrati (1a *e* [= al tempo stesso] 1b)

In c) le due stesse espressioni linguistiche fanno parte ancora di un medesimo periodo o frase complessa, ma in base a un rapporto logico-grammaticale (detto di 'subordinazione' [49.4, 50.7, 52]) così stretto che -salvo casi di ellissi (53.5, 59.2.1) - in nessun contesto l'una potrebbe essere pronunciata senza l'altra. Ne verrebbe infatti danneggiato il senso dell'intera informazione, in cui (come esplicitamente si segnala mediante la congiunzione, 'subordinativa temporale' *mentre*) l'attenzione è in particolare concentrata sul 'rapporto di contemporaneità' fra i due fatti riferiti *(1 mentre 2)*. Una tale struttura spiega anche la ragione della terminologia con cui si designano le due espressioni componenti: proposizione 'principale' o 'reggente' o 'sovraordinata' la prima (*Luisa suona il pianoforte*), proposizione 'secondaria' o 'dipendente' o 'subordinata' (con precisazione di una circostanza temporale) la seconda *(mentre Gianni legge il giornale)* [(1)].

50.7 PROPOSIZIONI COORDINATE E PROPOSIZIONI SUBORDINATE

coordinate

Quando due o più proposizioni concorrono a formare un periodo conservando ciascuna una sua autonomia logica e grammaticale, tanto da poter essere pronunciate anche da sole senza perdere gran che del loro significato,

---

(1) In un rapporto di interdipendenza logico-sintattico, ciò che è 'principale' presuppone sempre qualcosa di 'secondario'; e viceversa. Sta qui il senso della inscindibilità del rapporto.

si dice che sono fra loro *coordinate* (da 'coordinare', ordinare insieme); e ciascuna gode dello stesso rango di *indipendente* (semanticamente parlando) (51.1, 19.2.1):

– Carlo lavora in fabbrica, studia musica e pratica molto sport.
(1a: Carlo lavora in fabbrica) (1b: studia musica) (1c: pratica molto sport)

subordinate

Quando due proposizioni sono collegate fra loro in modo che esista un rapporto di dipendenza logica e grammaticale come fra due anelli di una catena (in cui il secondo anello dipende necessariamente dal primo), si dice che sono in rapporto di subordinazione (da 'subordinare', ordinare sotto, fare dipendere) (52.1, 19.2.1).

– Carlo ascolta musica (1: reggente), mentre studia. (2: subordinata)

paratassi e ***ipotassi***

Il rapporto di coordinazione fra due proposizioni nell'ambito di un periodo si dice anche *paratassi* (dal greco *parà,* 'vicino' e *tàxis*, 'disposizione').

Al contrario, il rapporto di subordinazione fra due proposizioni si dice *ipotassi* (dal greco *hypò* 'sotto' e *tàxis,* 'disposizione'.) [1]

Naturalmente, in un periodo ci possono essere più di due proposizioni subordinate:

– Carlo va ai giardini (1: principale) dove trova gli amici (2: subordinata)
con i quali gioca tutti i giorni (3: subordinata)

coordinazione fra subordinate

Anche le proposizioni subordinate possono trovarsi in coordinazione tra loro; possono avere, cioè, lo stesso grado sintattico ed equivalente funzione logica (51.1.2):

– Carlo va ai giardini (1: principale) dove trova gli amici (2a: subordinata)
e (dove) gioca tutti i giorni (2b: coordinata alla subordinata)

---

[1] Per la 'paraipotassi' si veda in 53.9.

Capitolo LI

51 - LA COORDINAZIONE

Strutture coordinative (o paratattiche) - Parole grammaticali coordinative - Precisazioni sulla coordinazione - La congiunzione coordinativa 'e' - Congiunzioni che, apparentemente, non congiungono.

51.1 STRUTTURE COORDINATIVE (O PARATATTICHE)

– Carlo pratica molti sport: corre, nuota e gioca al calcio.

In questo periodo ci sono quattro proposizioni (quattro sono i verbi-predicato: *pratica, corre, nuota, gioca*). E fra loro sono *coordinate, hanno cioè lo stesso rango* della prima (principale) a cui sono equivalenti: ciascuna infatti ha una sua autonomia grammaticale e una sua compiutezza di senso che le permetterebbero di funzionare anche da sola; hanno inoltre tutte la stessa funzione informativa, e sono disposte l'una accanto all'altra senza che fra loro ci sia alcun segno di dipendenza grammaticale (50.1). Il loro collegamento risulta realizzato: o per semplice accostamento (*giustapposizione*), con l'aiuto della punteggiatura (i 'due punti' e la 'virgola'); oppure mediante una parola grammaticale con funzione coordinativa: la congiunzione *e*.

La ***coordinazione*** è un procedimento logico-sintattico (o grammaticale) che permette di allineare in una medesima frase, e negli stessi rapporti con il resto di essa, due o più proposizioni con funzione equivalente.

Essa si può avere:

a) affiancando l'una all'altra direttamente le proposizioni e distinguendole semplicemente per mezzo della 'virgola', del 'punto e virgola' o dei 'due punti' *(giustapposizione)*:

– Non è andata bene oggi: il problema era piuttosto difficile; non ho potuto finirlo.

– Il medico di famiglia guarda, osserva, legge le analisi (...). (B. Placido, in 'la Repubblica' 17-10-1990)

b) collegando le proposizioni per mezzo di particolari congiunzioni 'coordinative' (51.1.1): *e, né, o, ma, però, perciò, dunque, allora* ecc.:

– Sono stanco, *perciò* smetto il lavoro *e* mi metto a leggere un po'.

– Era una piccola casa, subito dopo finito il paese, *e* aveva davanti un largo prato (...); *e* dietro aveva un orto cintato (...). (N. Ginzburg, 'Le voci della sera')

Il collegamento senza congiunzione si dice fatto per *asindeto* (dal greco *asýndeton*, 'slegato'; e cioè con mancanza di congiunzione).

Il collegamento mediante congiunzioni si chiama *sindesi* (dal greco *syndéō*, 'lego insieme')

Il collegamento per mezzo di congiunzioni ripetute si dice fatto per *polisindeto* (dal greco *polysýndeton*, 'molto legato').

La coordinazione, nella gamma delle sue possibilità è più frequente fra proposizioni principali che secondarie.

51.1.1 PAROLE GRAMMATICALI COORDINATIVE

Le congiunzioni (e le locuzioni congiuntive) coordinative si raggruppano in base al significato del rapporto che possono stabilire fra le due proposizioni che collegano (19.2). Esse possono essere:

copulative (da 'copulare', accoppiare); hanno la semplice funzione di aggiungere una proposizione a un'altra: *e, anche, pure, né, neanche, neppure, nemmeno, inoltre, per di più:*

– Luigi lavora *e* canta.

– Carlo non si è visto *né* ha telefonato.

avversative (da 'avversare', osteggiare); mettono in rapporto due proposizioni in opposizione fra loro: *ma, però, invece, tuttavia, eppure, anzi, bensì, non di meno, nondimeno, ciò non di meno, ciononodimeno, ciò nonostante, ciononostante, nonostante ciò, se non che, sennonché:*

– Io l'ho salutato, *ma* lui non mi ha risposto.

– Sono stanco, *tuttavia* continuo a lavorare.

disgiuntive (da 'disgiungere', separare); stabiliscono un rapporto di alternativa fra due proposizioni dal significato distinto (o la prima o la seconda); per questo si chiamano anche 'alternative' o 'distintive': *o, oppure, ovvero*:

– Vieni con noi *o* resti a casa?

conclusive (da 'concludere'); stabiliscono un rapporto in base al quale ciò che si dice nella seconda proposizione risulta logica e conclusiva conseguenza di ciò che si dice nella prima: *perciò, per ciò, quindi, dunque, allora, infine, insomma, in conclusione, per questo, pertanto, ebbene, sicché, cosicché, talché* (piuttosto letteraria), *di conseguenza, per conseguenza, conseguentemente:*

– Sono sotto esami, *perciò* devo studiare molto.

– L'hai rotto, *di conseguenza* devi pagarlo.

dichiarative (da 'dichiarare'); introducono una proposizione, che spiega, chiarisce, talvolta anche correggendola, la precedente, ripetendone con altre parole il senso; si chiamano anche 'dimostrative': *cioè, e cioè, infatti, difatti, di fatti, ovvero, ossia, ovverosia, cioè a dire, vale a dire*:

– Abbiamo fatto musica oggi, *cioè* abbiamo strimpellato un po' la chitarra.

– Si somigliano molto, *infatti* sono gemelli.

correlative (termine formato su 'correlazione'); sono costituite da elementi di congiunzione per lo più in coppia che, mettendo in corrispondenza (in correlazione) due proposizioni, ne rafforzano il significato di tipo copulativo, disgiuntivo o avversativo: *e...e, né...né, sia che... sia che, ora...ora, non solo (soltanto)... ma anche, non solo non...ma neppure (neanche, nemmeno).*

Questa stessa funzione correlativa può essere svolta anche da pronomi: *chi...chi, gli uni... gli altri;* da aggettivi sostantivati: *i primi...i secondi*; da avverbi: *prima...poi*:

– *Non solo* lavorava, *ma* frequentava *anche* la scuola serale.

– Era uno spettacolo fantastico: *chi* sventolava bandiere, *chi* cantava, *chi* incitava i giocatori, *chi* gridava parole di minaccia all'arbitro.

51.1.2 PRECISAZIONI SULLA COORDINAZIONE

usi enfatici Un uso opportunamente insistito di congiunzioni copulative o disgiuntive può dare al significato un particolare accento di enfasi (49.6):

– Quell'Andrea! *E* studia medicina *e* dipinge simpatici quadri *e* sa fare della buona musica *e* pratica più di uno sport: insomma è un vulcano di efficienza, quell'Andrea!

coordinazione fra subordinate Si è già ricordato (50.7, 51.1) che gli stessi tipi di rapporti coordinativi si possono avere tra proposizioni subordinate:

– Non ci sono andato *non perché* non fossi stato invitato, *ma perché* ero indisposto (non perché ... ma perché... : proposizioni subordinate, causali, in coordinazione avversativa).

valore di proposizioni coordinate In base all'indicazione data dalle congiunzioni da cui sono introdotte, le proposizioni coordinate possono essere distinte in: *enunciative* o *narrative-* (introdotte da congiunzioni copulative), *avversative, disgiuntive, conclusive, dichiarative, correlative.*

ellissi dell'ausiliare In una sequenza di proposizioni fra loro poste in coordinazione giustappositiva o copulativa (51.1) e aventi lo stesso tempo composto con il medesimo verbo ausiliare, quest'ultimo, una volta indicato nel primo predicato, può essere taciuto nei successivi. E ciò, con buon effetto stilistico di rapidità e concisione narrativa o descrittiva:

– *Hanno ragionato* di politica, *capito* che si stava commettendo un errore, *corretto* la mira, *ottenuto* un risultato. (in 'il Giornale', 28-10-1995)

51.1.3 LA CONGIUNZIONE COORDINATIVA 'e'

La funzione originaria della congiunzione *e* è quella 'copulativa', e cioè: di affiancare, in coordinazione, una parola o una frase a un'altra. E questo accostamento dovrebbe avvenire fra elementi con la stessa funzione logica:

– Siamo andati al mare *e* ci siamo divertiti molto. (ambedue le proposizioni hanno la stessa funzione narrativa o enunciativa).

Può accadere tuttavia che la funzione logica svolta dalle due proposizioni coordinate sia diversa. Accade perfino che le due proposizioni, coordinate mediante la *e* dal punto di vista strutturale, risultino invece subordinate dal punto di vista logico. In questi casi la *e* risulta usata come semplice parola di legamento grammaticale (da taluni scherzosamente definita 'congiunzione tuttofare').

Con questa funzione puramente meccanica, la *e* nella lingua sia scritta che (soprattutto) parlata è usata assai spesso:

– Ho comprato il giornale *e* non l'ho letto. (*e* = *ma*: rapporto di coordinazione con funzione avversativa)

– Piove e lui esce. (= *Benché* piova, lui...: equivale a un rapporto di subordinazione con funzione concessiva, oppositiva)

– Carlo sta male *e* non va a scuola. (= *poiché* sta male, non...: equivale a un rapporto di subordinazione con funzione causale)

– Finirò il libro *e* te lo presterò. (= *dopo che* avrò finito...: equivale a un rapporto di subordinazione con funzione temporale)

In questi casi, come si vede dagli esempi, la comprensione del rapporto logico fra le proposizioni è affidata al significato complessivo, e non al significato della parola-grammaticale.

Se in una pagina di un libro o in un articolo di giornale si contano le *e*, se ne trovano in numero molto alto rispetto a tante altre congiunzioni coordinative, che pure sono assai frequenti. E ciò, proprio per questa capacità che la *e* ha di proporsi come neutra parola-legamento.

Eccone un esempio, in cui l'autore sembra quasi volere trascrivere la lingua che si usa nel parlato:

– "Talino non si sedeva *e* tira fuori il suo foglio. Poi viene un milite *e* si conoscevano *e* si mette a discutere, *e* quello mi guarda. Io fumavo *e* prendevo dell'aria." (C. Pavese, 'Paesi tuoi') (1)

Ancora un esempio:

"Era una piccola casa, subito dopo finito il paese, *e* aveva davanti un

(1) In queste poche righe, oltre alle *e* usate con semplice funzione di collegamento di frasi, interessante sarebbe anche ragionare un po' su quella mescolanza di verbi al presente e al passato: tipico modo del parlato molto spontaneo, popolare (25.1.1.1).

largo prato, con due o tre alberi di pere; *e* dietro aveva un orto cintato, coltivato a cavoli." (N. Ginzburg, 'Le voci della sera')

51.1.4 CONGIUNZIONI CHE, APPARENTEMENTE, NON CONGIUNGONO

a) *E* le stelle stanno a guardare (titolo di un romanzo di Cronin)
b) *E* tu che ci fai qui?
c) *Ma* finiscila, per favore!
d) *Sicché* (*così*) ce l'ha fatta Mario ieri?
e) *Allora* t'è piaciuta la bistecca, Tommasino? (N. Ginzburg, 'cit.')

Le congiunzioni -si sa- sono parole grammaticali che servono a 'congiungere' due elementi di discorso: e in mezzo a questi due dovrebbero stare. Negli esempi qui proposti invece le congiunzioni *e, ma, sicché, allora* si trovano all'inizio di una frase. Non sembrano congiungere un suo elemento a un altro suo elemento precedente, ma semplicemente introducono l'intera frase.

Il fatto è che esse, in questa posizione, svolgono una particolare funzione, che è pur sempre di 'congiunzione': ma, in questi casi, non fra parti di un periodo, bensì fra il parlante col suo modo di pensare e la situazione da cui scaturisce ciò che egli stesso dice. Congiunzione dunque che è anche prezioso segnale pragmatico di una relazione affettiva particolarmente accentuata.

Infatti chi parla si collega spesso così emotivamente con quanto dice che è indotto a ricorrere a mezzi (tono, ritmo, gesti, o, come nei nostri esempi, parole) che siano in grado di rendere questa sua partecipazione (29.5). E un collegamento pratico e spontaneo può venire proprio dalle congiunzioni (sempre, naturalmente, in rapporto al loro significato di base).

Così, nell'esempio in a), la *e* segnala lo stato d'animo di rassegnata impotenza di colui che vede e narra tante dolorose e tragiche storie del mondo, che appaiono come condannate a fare da scena alla contemporanea incomprensibile indifferenza di altri mondi tanto lontani.

In b), invece, la stessa *e* sottolinea una immediata reazione di sorpresa di fronte a un incontro inaspettato.

In c), *ma* col suo significato 'avversativo' segnala all'interlocutore un rapporto psicologico di avversione, di non gradimento, fra il parlante e la situazione.

In d) e in e), *sicché* (*così*) e *allora* (congiunzioni conclusive) aprono provvisoriamente un discorso per ricongiungerlo a fatti, anche non più tanto recenti, al fine di conoscerne o trarne una conclusione (18.5.1).

Qualche esempio in più. Nel quotidiano 'la Repubblica' del 23-12-1990, la pag. 22 recava tre titoli, tutti e tre inizianti con *e*:

– *E* sulla festa made in Usa soffia il vento della crisi
– *E* la Francia riscopre la tradizione
– *E* in Russia ritorna il rito dei 'mascherati'

Si pensi anche a un "Però!" pronunciato da qualcuno con moto di sorpresa per un fatto, una situazione o un risultato da lui inattesi o in precedenza sottovalutati.

Capitolo LII

52 - LA SUBORDINAZIONE (1º)

Strutture subordinate (o ipotattiche) - Distinzione fra proposizioni principali e subordinate - Gli strumenti di collegamento subordinativo - Le parole grammaticali subordinative - I modi verbali con funzione di legamento subordinativo - Il 'che' subordinativo generico.

52.1 STRUTTURE SUBORDINATIVE (O IPOTATTICHE)

	(*prop. principale*)	(*prop. subordinata*)
a) –	Ho preso freddo	mentre aprivo la finestra.
b) –	Ho preso freddo	aprendo la finestra.
c) –	Ho preso freddo	dopo aperta la finestra.
d) –	Ho preso freddo	nell'aprire la finestra.
e) –	E' proprio necessario	partire presto domani.
f) –	Questi sono turisti	che vengono da Parigi.
g) –	Non so proprio	chi mi ha chiamato.
h) –	Non so proprio	quale libro scegliere.
i) –	Mario ci sta bene	dove abita ora.
l) –	Speriamo	non piova domani.

Ognuno di questi periodi (o frasi complesse) è formato da due proposizioni in rapporto di subordinazione. Questo vuol dire: 1) che c'è una proposizione (la prima) la quale ha un significato di per sé compiuto, è capace di 'reggersi' da sola, funge da principale; 2) che c'è un'altra proposizione (la seconda) che, non avendo un significato di per sé compiuto, ha bisogno di appoggiarsi alla prima, dalla quale dipende, e alla quale funge da spiegazione.

All'interno di un periodo si ha ***subordinazione*** (*ipotassi*) quando ci sono proposizioni che assumono un senso compiuto solo se stanno in stretto collegamento con altre, alle quali servono da chiarimento e dalle quali, a loro volta, chiarimenti possono ricevere. Tali proposizioni si dicono ***subordinate*** o ***secondarie*** o ***dipendenti***.

In un periodo dunque ci possono essere *proposizioni principali* (o *sovraordinate*) e *proposizioni secondarie.*

52.1.1 DISTINZIONE FRA PROPOSIZIONI.PRINCIPALI E SUBORDINATE

In un periodo, proposizioni principali e proposizioni secondarie si differenziano fra loro (50.6) in base al senso e in base alla forma.

distinzioni in base al senso Il senso di una proposizione può risultare compiuto o non compiuto. Nell'esempio in a), a inizio di capitolo, la proposizione *Ho preso freddo* ha un senso di per sé compiuto: è la principale. E' vero che, presa così, a sé, riferisce solo una parte del pensiero del parlante; tuttavia, almeno per colui che (non conoscendo ciò che in realtà il parlante voleva dire) si fermasse a considerarla, risulterebbe sufficientemente informativa. Al contrario, la proposizione *mentre chiudevo la finestra*, non ha (a causa di quel *mentre*) di per sé un senso compiuto. Essa è la subordinata, e si presenta come la circostanza temporale (*mentre*) di un fatto (espresso nella principale) che, se taciuto dal parlante, impedirebbe la comprensione dell'intero messaggio.

La stessa cosa si può dire delle frasi subordinate di tutti gli altri esempi proposti a inizio di capitolo: esse lette di per sé, senza la principale a cui si collegano, non hanno un senso compiuto [1].

distinzioni in base alla forma Anche per quanto riguarda la forma, la differenza fra proposizioni principali e secondarie è evidente.

Ancora negli esempi a inizio del capitolo, si può notare che le proposizioni subordinate sono introdotte da strumenti grammaticali (congiunzioni, pronomi, avverbi ecc.) che le agganciano ad altre loro reggenti, e che qui di seguito (52.2) individueremo come subordinanti. Le proposizioni subordinate, a differenza delle principali, hanno sempre bisogno di strumenti grammaticali introduttivi di questo genere.

52.2 GLI STRUMENTI DI COLLEGAMENTO SUBORDINATIVO

Ciascuno dei periodi posti a inizio di questo capitolo offre un esempio dei possibili strumenti grammaticali di collegamento subordinativo.

---

[1] Naturalmente, questo discorso vale solo in senso strettamente teorica e 'grammaticale'. Dal punto di vista della realtà comunicativa, infatti, ogni proposizione necessita di qualunque altra con cui entri in rapporto logico, e da cui, in questo senso, si trova a dipendere. E' ovvio che qualsiasi testo o discorso e qualsiasi sua parte dotata di significato di per sé compiuto sono il risultato dell'insieme articolato delle loro componenti proposizionali e frasali: che dunque in questo senso sono indispensabili (si veda anche in 31.1 e 31.2.

In essi si può infatti notare che per mettere in subordinazione due proposizioni si può usare:

• una ***congiunzione*** (nell'esempio in a: *mentre*); le congiunzioni sono il mezzo tipico, più frequente, e in genere il più efficace (perché semanticamente esplicito), del rapporto subordinativo (52.2.1, 50.3);

• un verbo al ***gerundio*** (nell'esempio in b: *aprendo*), segnalato dalla sua terminazione in *-ndo* (64.2.1);

• un verbo al ***participio*** (nell'esempio in c: *aperta*), segnalato dalle sue terminazioni in *-ente* (se è presente) e *-to* o *-so* (se è passato); il participio passato può anche essere preceduto da congiunzione (nell'esempio in c: *dopo*) (64.2.1);

• un verbo all' ***infinito*** preceduto o no da preposizione (nell'esempio in d : *nell'aprire*, nell'esempio in e: *partire*) segnalato dalla sua terminazione in *-re*; nella maggior parte dei casi la preposizione è presente (in ordine di frequenza: *di, a, per, da, con, in, su, tra*) (52.2.1.1, 64.2.1);

• un ***pronome relativo*** (nell'esempio in f: *che*) (52.2.1, 52.2.1.1);

• un ***pronome interrogativo*** (nell'esempio in g: *chi*) (52.2.1);

• un ***aggettivo interrogativo*** (nell'esempio in h: *quale*) (52.2.1);

• un ***avverbio*** (nell'esempio in i: *dove*) (52.2.1);

• il ***congiuntivo*** (nell'esempio in l: *piova*), ma solo in casi, poco numerosi, di proposizioni *completive* (cap. 54.2.1, 54.3.4).

Ecco un semplice schema riassuntivo dei legamenti subordinativi:

strumenti di collegamento subordinativo		
1 Proposizione reggente	*congiunzione* *pronome* (relat. o interr.) *aggettivo* interr. *avverbio* (relat. o interr.) (prepos. +) *infinito* (re) *gerundio* (ndo) *participio* (nte - to, so) *congiuntivo*	2 proposizione subordinata

52.2.1 LE PAROLE-GRAMMATICALI SUBORDINATIVE

Fra gli strumenti atti a stabilire rapporti di subordinazione, i più ricorrenti sono le parole-grammaticali di legamento, perché nel momento stesso in cui collegano, per lo più indicano con il loro specifico significato il valoro logico del rapporto stabilito.

Queste parole-legamento sono le *congiunzioni*, taluni *pronomi*, taluni *aggettivi* e taluni *avverbi*.

Qui di seguito si dà un fornito elenco di queste parole raggruppate in base al significato dei rapporti che sono atte a stabilire. Si noterà che, fra tutte, le più numerose sono le congiunzioni e le locuzioni congiuntive. E ciò è naturale: in un codice linguistico le congiunzioni tengono la parte di legamenti per loro stessa natura (19.2 e 50.3). Si avverte che da questo ricco elenco generalmente sia per lo scritto che per il parlato l'uso medio attinge i funzionali capaci di più significati (53.1.1).

Ecco l'elenco di queste parole-legamento:

avversative (sostitutive): *mentre (che), quando, là dove, laddove, al posto di, piuttosto che (di), a preferenza di*;

• la preposizione *per*;

causali: *perché, poiché, poi che, ché, siccome, giacché, già che, come, visto che, considerato che, atteso che, dal momento che, per il fatto che (di), col fatto che (di), per via che (di), da che, dacché, ora (adesso, mo') che, perciocché, da poi che, dappoiché, in quanto, in quanto che, inquantoché, essendo che, stante che, se*;

• il pronome relativo;

• le preposizioni *per, a, di, con*;

comparative: *come, a guisa di, a somiglianza di, al modo di, alla maniera di, secondo (che), secondoché, a seconda (misura) che, che, (a) mano a mano che, via via che, di mano in mano che, come se (a), come che, comecché, quasi, quasi a, quasi quasi, quasi (quasi) che (se), non altrimenti (diversamente) che (se), né più né meno che (se), né più né meno che a, più (meno)...che (non, se), meglio (peggio)...che (non, se), tanto più (meno)...quanto più (meno), maggiormente...che (non), più (meno, meglio, peggio) di quello (quanto) che (non), tale...quale, così...come, tanto...quanto (come), più...meno, meno...più, tanto più...quanto meno, quanto meno...tanto più, più... meglio, meno...peggio;*

• il pronome relativo *cui*;

concessive: *benché, ben che, se, sebbene, se bene, sibbene, quantunque, seppure, se pure, se mai, semmai, pure se, se anche, anche (neanche, nemmeno, neppure, manco) se (a), (pur) senza, malgrado (che), nonostante (che), ad onta che, quando, quando anche, quand'anche, anche quando, quando che, sempre che, sempreché, comunque, ammesso che, ammesso e non concesso che, posto che, dato che, visto che, con tutto che, con quanto che, con tanto che, metti (ammetti, mettiamo, ammettiamo) che, tanto più che, tanto più se;*

• avverbi di qualità o di luogo: *come che, ovunque, dovunque, da ogni parte*, e simili;

• le preposizioni *per, a*;

• i pronomi o aggettivi indefiniti collettivi: *chiunque, qualunque, qualsiasi, checché, quale (quali), che;*
• il pronome relativo;

condizionali: *se, che se, che se poi, purché, pur che (di), supposto che (di), qualora, ove, a patto che (di), a condizione che (di), posto che (di), posto il caso che, premesso che, dato che, nel (in) caso che, caso mai, casomai, caso mai che, sempre che, sempreché, nell'eventualità che (di), nell'ipotesi che (di), quando, allorquando, allorché, poco che, per poco che, solo (solamente, soltanto) che, anche se, se anche, pure se, seppure, se pure, se non, se mai, semmai, se solo, solo se;*
• il pronome relativo;

consecutive (non di rado sono in correlazione con un altro termine nella proposizione reggente): *così...che (da), tanto (talmente)...che (da), cosicché, sicché, tantoché, di (in) modo che (da), per modo che, dimodoché, di (in) maniera che (da), per maniera che (da), a tal punto che (da), a tal segno che (da), al punto che (da), al segno che (da), in (di) guisa che (da), talché, perché;*
• il pronome relativo;
• pronomi o aggettivi dimostrativi: *siffatto (tale)...che (da);*

dichiarative: *che, come, il (del) fatto che, il fatto di, se*;
• il pronome relativo (*che, il quale...*)
• la preposizione *di;*

eccettuative: *tranne (il fatto) che (di), salvo (eccetto) (il fatto) che (di), tranne (salvo, eccetto) se, solo (soltanto, solamente) che, levato che, tolto che, eccezion(e) fatta che (se), eccettuato (escluso) (il fatto) che (di), a parte (il fatto) che (di), se non fosse che, a meno che, meno che, non...che;*
• il pronome relativo seguito da negazione: *che non;*

esclusive: *senza che, senza, senza di*;

finali: *affinché, perché, che, a che, acché, acciocché, a ciò che, al fine di, allo scopo di, coll' (nell') intenzione di, nell' (coll') intento di, col pensiero di, coll'animo di;*
• il pronome relativo;
• le preposizioni: *per, a, di, da;*

interrogative (indirette): *se*;
• gli avverbi interrogativi: *perché, quando, dove, donde, ove, onde, come*;
• i pronomi e gli aggettivi interrogativi: *chi, che, che cosa, quale*;

limitative: *che, per (a) quanto, per (a) quello (ciò) che, in riferimento (relazione) a quello (ciò) che*;

locative: non esistono congiunzioni che segnalino questa funzione.

Comunque si possono considerare funzionali introduttivi di significati locativi gli avverbi che abbiamo segnalato fra i relativi, quando, come si vedrà (60.1 e 60.1.1) vengono usati senza riferimento a un nome: *dove, ove, donde, onde, dovunque, ovunque*.

Resta però che questi funzionali hanno significato locativo anche quando sono relativi: sono relativi-locativi.

modali: *in qualunque (qualsiasi) modo, comunque, nel modo che, nella maniera che, nel senso (significato) che (di);*

• le preposizioni *a, con* (articolata);

temporali: *quando, mentre, che, nel mentre che, nel (al) momento che (di), nel punto che (di), come, appena (che), prima che (di), avanti (innanzi, anzi) che, anziché, dopo, dopo che, dopoché, poi che, poiché, intanto che, fin tanto che (non), sin tanto che (non), fin (sin) che (non), fintantoché (non), sintantoché (non), fino (sino) a che (non), fino (sino) a quando (non), fintanto che, sintanto che, fino (sino) a, una volta che, allorché, allora che, subito che, via via che, (a) mano a mano che, da che, dacché, da quando, dal (al) momento (tempo, giorno, anno, mese...) che, da poi che, dappoiché, per (tutto) il tempo che, sul punto che (di), ogni (qual) volta che, tutte le volte che, sempre che, sempre quando, ora (adesso, mo') che, oggi che, qualora*;

• pronome relativo: *cui, che* (tra pronome e congiunzione): (52.2.1.2).

52.2.1.1 PRECISAZIONI SULLE PAROLE GRAMMATICALI SUBORDINATIVE

significato di base Si sarà già notato che parecchi dei funzionali sopra elencati possono servire a stabilire più di un rapporto logico-grammaticale. Dal significato generale si potrà capirne il valore specifico. Resta comunque che questo valore specifico, qualunque esso sia, sarà sempre riconducibile al valore di base che il funzionale (congiunzione, preposizione, pronome, aggettivo o avverbio che sia) porta con sé.

Ad esempio, le congiunzioni *poiché* e *dal momento che* stabiliscono specifici rapporti di causa, ma il significato letterale di uno dei loro elementi compositivi (*poi - momento*) ricondurrà sempre a un rapporto fondamentale di tempo (la anteriorità o la contemporaneità). La congiunzione *come* può stabilire un rapporto di tempo, ma il suo significato di base riconduce al valore di comparazione da cui si origina [1].

---

[1] Nel corso della trattazione delle proposizioni subordinate, quando lo riterremo necessario, daremo precisazioni in questo senso.

funzioni subordinative Le *preposizioni* e il *pronome relativo* sono per loro natura subordinanti.

Gli altri pronomi ricordati (interrogativi o indefiniti), l'aggettivo interrogativo, gli avverbi non sono subordinanti per natura: lo diventano automaticamente nel momento in cui si adoperano per collegare due proposizioni:

– *Chi* mi avrà chiamato? (pronome interrogativo introduttivo di frase indipendente)

– Mi chiedo *chi* mi avrà (abbia) chiamato. (pronome interrogativo introduttivo di proposizione subordinata interrogativa indiretta)

frequenza d'uso dei funzionali subordinanti Si è già avvertito (52.2.1) che molti dei funzionali sopra elencati godono di un uso piuttosto ridotto (burocratico, amministrativo o letterario ecc.) Noi abbiamo voluto registrarne il più possibile.

Ci riserviamo di parlare dei più ricorrenti nel momento in cui passeremo a descrivere, a una a una, le proposizioni subordinate (se ne farà un cenno anche in 68.2.8).

avvertenza pratica I funzionali che terminano con una *preposizione* richiedono senz'altro *l'infinito* (l'infinito ha funzione sostantivale):

– *Prima di* partire ti telefono.

I funzionali che terminano con un *che*, richiedono pressoché tutti un modo finito (*indicativo, condizionale, congiuntivo*); quando richiedono l'infinito, lo segnaleremo:

– Lo seppi *dopo che* era partito.

– *Visto che* non ci verrebbe, non lo invito neppure.

– *Prima che* parta voglio parlargli.

52.2.1.2 IL 'che' SUBORDINATIVO GENERICO

'che' congiunzione

Il funzionale *che* è, per i costrutti subordinati, come la *e* per quelli coordinati (51.1.3).

Secondo un grammatico dell'ottocento, Giovanni Moise, il *che* è "la principalissima tra le congiunzioni, a cagione dei molti officj (= funzioni) ch'ella esercita nel discorso".

E per questa ragione è, fra tutte, una delle congiunzioni di più largo uso (68.2.8), in tutti i registri di lingua scritta e parlata. Anzi, è in assoluto una delle parole più in uso nella lingua italiana[1].

Innanzi tutto concorre a formare gran parte delle congiunzioni e delle

[1] Nel "Lessico di frequenza dell'italiano parlato" (T. De Mauro e Altri, 1993) occupa il posto n. 12.

locuzioni congiuntive: in 52.2.1, su un totale di 245, ne abbiamo contate 166 composte con *che (perché, benché, dopo che, al punto che...)* .

In secondo luogo, il *che* appare come la semplice parola grammaticale che segnala una proposizione subordinata con la molto generica funzione 'esplicativa'; funzione di 'spiegare' che è comune in qualche modo a tutte le frasi subordinate (spiegare la causa, spiegare il tempo, spiegare il fine, spiegare il modo ecc.).

Per questa ragione si può dire che il *che*, da solo, è in grado di introdurre proposizioni subordinate di qualsiasi tipo (dichiarative, causali, finali, temporali, modali ecc.). La funzione specifica risulterà dal significato di insieme. E ciò verrà documentato nella trattazione delle singole proposizioni:

– Sappiamo *che* non sei stato bene. (esplicativa)

– Ti ricordi del giorno *che* andammo insieme in vacanza? (esplicativa - temporale)

– Sono così stanco *che* non mi reggo in piedi. (esplicativa-consecutiva)

– Luigi è malato, *che* io sappia. (esplicativa limitativa)

– Sono contento *che* stai bene. (esplicativa-causale)

Si è già visto (49.6.1) come il connettivo *che* (pronome e congiunzione) possa servire a scindere una frase per ragioni di enfasi, specie nel parlato:

– (Non mi piace andare sempre a cena fuori) →

→ E' andare sempre a cena fuori *che* non mi piace

– (Dove vogliamo andare stasera?) →

→ Dov'è *che* vogliamo andare stasera?

– (Carlo ha rotto il vetro) → E' stato Carlo *che* ha rotto il vetro

'che' pronome, aggettivo e avverbio

Anche il pronome relativo *che* e il pronome e l'aggettivo interrogativo *che* possono fungere da legamenti fra una proposizione reggente e una subordinata. E tutti godono di larghissimo uso nella lingua scritta e parlata:

– Questi sono i libri *che* ho letto. (relativo)

– Non so *che* fare. (pron. interrogativo)

– Mi chiedo *che* amici frequenti. (agget. interrogativo)

– Guarda con *che* giovanile passo cammina. (*che* = 'quanto'; avverbio)

Per altri usi del *che* pronome relativo con semplice funzione di legamento si veda in 17.4.1 e in 32.4 (anacoluto).

un esempio

Nel seguente lungo periodo si noterà come l'elemento grammaticale di subordinazione sia costituito esclusivamente da *che* pronome relativo (per lo più) o congiunzione o componente di congiunzione (in *perché*):

– (...) Per*ché* la richiesta dell'autorizzazione a procedere e i titoli *che* se ne fanno a tutta pagina e le discussioni e dibattiti e processi televisivi o giornalistici *che* se ne faranno e l'eventuale processo non cambiano di una virgola ciò *che* gli italiani sanno perfettamente da mesi *che* cioè come uomo politico, segretario di un partito *che* si chiama socialista il signor (...) è definitivamente bruciato per*ché* codice o non codice, condanne o assoluzioni penali, non può stare alla guida di un partito *che* dovrebbe essere l'asse portante della nuova sinistra, il riformatore di un mercato anarcoide e di una società, spesso ingiusta, uno *che* ha per amici intimi latitanti (...) e (...), personaggi da scandalo zoliano alla Stravinski con residenze all'isola di Cavallo o in Polinesia, fuggiaschi da cento a centocinquanta milioni al giorno; uno *che* essendo l'indiscusso padrone della Milano socialista ha lasciato *che* i suoi vassalli e valvassori aprissero le porte del municipio al re di tangentopoli [1] (...). (G. Bocca, in 'la Repubblica', 17-12-1992).

---

[1] Tangentopoli = città delle tangenti. Così fu denominata Milano nel 1992 a causa delle tangenti o compensi estorti con minacce o con scambi di favori illeciti. In seguito, questa stessa parola fu usata estensivamente per indicare l'illegale sistema delle tangenti ovunque praticato. Ma nel 1995, in breve tempo, ricalcati sul suffisso *-poli,* ne sono derivati a raffica altri neologismi per indicare certo analogo diffuso malcostume individuato dalla magistratura in altri settori della società: *affittopoli* (affitti di favore per case di proprietà di enti pubblici); *parentopoli* (nepotismo); *invalidopoli* (assegnazione di posti di lavoro a falsi invalidi); *docentopoli* o *cattedropoli* o *concorsopoli* (concorsi a professore universitario con cattedre assegnate per raccomandazioni); *militaropoli* (tangenti richieste per le forniture militari); qualcuno ha proposto addirittura di indagare su... *lettopoli.* Ecco un titolo in 'Panorama', 28-9-1995, pag. 42: "Benvenuti a Privilegiopoli". Ancora un esempio: "(...) ci fa sentire a casa nostra nella palude di Chiacchieropoli (...). (A. Socci, in 'il Giornale', 11-10-1995). Come si sa (cap. 4 e 5), anche in questo modo nascono le parole. E la loro durata dipende anche dal grado di collegamento con le situazioni che le motivano. Queste da noi ricordate non sembrano destinate a durare molto; e non solo perché frutto di un troppo scontato procedimento formativo. Si sa che i fatti di cronaca, soggetti come sono a rapido caotico avvicendamento, sono destinati a precipitare nella dimenticanza; e con loro le parole originate. Ma c'è da stare sicuri che altre ne nasceranno, a specchio di contingenti reazioni di condanna morale più o meno ironica, risentita o partigiana per simili illecite tendenze (4.2, 5.3, 5.9).

Capitolo LIII

53 - LA SUBORDINAZIONE (2º)

Subordinate esplicite e implicite - Costrutti espliciti o impliciti? Ragioni di una scelta - Relazioni di tempo del costrutto implicito - Significato del rapporto - Precisazioni sul soggetto - Proposizioni subordinate ed elementi di frase - Analogie fra complementi e proposizioni subordinate - Trasformazione di proposizioni in nomi e di nomi in proposizioni - Il posto delle subordinate nel periodo - Subordinate di subordinate - Subordinate apparentemente prive di proposizione reggente - Reggenti incomplete - Subordinate con significato di coordinate - Subordinate abbreviate - Periodi spezzati - Tipi di subordinate.

53.1 SUBORDINATE ESPLICITE E IMPLICITE [1]

a) Uscirò	dopo che *avrò studiato*	(esplicita)
b) Ti ho chiesto	con chi *usciresti* oggi.	(esplicita)
c) Ti troverò	ovunque tu *vada*.	(esplicita)
d) Mi sembra	*sia* un buon film.	(esplicita)
e) Non sapevamo	che *fare*.	(implicita)
f) E' impossibile	*studiare* con te.	(implicita)
g) Se ne andò	*vista* la mala parata.	(implicita)
h) Si avvicinò	*salutando* rispettoso.	(implicita)

Una proposizione subordinata introdotta da congiunzione, da pronome e da aggettivo o da avverbio interrogativi è generalmente (non sempre) ***esplicita*** (*ha*, cioè, *un verbo di modo finito* [49.3]). Si vedano gli esempi in a), b) e c). Si veda anche l'eccezione in e) dove invece è implicita.

Una proposizione subordinata introdotta dal congiuntivo è esplicita: il congiuntivo è infatti un modo finito. Si veda l'esempio in d) (26.1).

---

[1] Esplicito (dal lat. *explicare*, 'spiegare'): espresso chiaramente. Implicite (dal lat. *implicare*, 'avviluppare'): ciò che non è stato espresso, che è sottinteso perché è sufficientemente indicato dai fatti (si veda anche in 49.3).

Una proposizione subordinata che abbia un verbo di modo non finito (infinito, participio e gerundio) è ***implicita*** (49.3). Si vedano gli esempi in f), h) e g).

53.1.1 COSTRUTTI ESPLICITI O IMPLICITI? RAGIONI DI UNA SCELTA

contesti linguistici e situazioni Quasi tutte le proposizioni subordinate possono essere costruite sia in forma esplicita che implicita.

Nella scelta dell'una o dell'altra forma può intervenire più di una ragione: gusto personale, lingua parlata e lingua scritta, linguaggi speciali, tipo di situazione (più o meno formale).

La tendenza generale sembra essere che quanto più la lingua serve ad àmbiti formali o specializzati, a contenuti complessivamente espositivi o argomentativi, tanto più si arricchisce di forme implicite.

Al contrario, quanto più le situazioni favoriscono comportamenti linguistici familiari e spontanei (il parlato dialogato, ad esempio, per il quale è, in genere, difficile stabilire strategie strutturali complesse), tanto più si ricorre a forme esplicite. E le forme esplicite più ricorrenti saranno allora quelle più semplici introdotte da *che, perché, quando, se, come*; e poche più (sul parlato si veda anche in 68.2.8).

E' comunque certo che una proposizione esplicita, rispetto a una implicita, ha generalmente maggiore possibilità di rendere pienamente il pensiero del parlante. E ciò, perché, in riferimento alla proposizione reggente, essa indica chiaramente la sua funzione logica sia mediante il modo e il tempo del verbo, sia mediante il soggetto espresso, sia anche mediante il significato del funzionale che la introduce.

forma implicita Forse è utile ricordare che la forma implicita è pressoché limitata alle proposizioni subordinate. E ciò per il fatto che una subordinata, appoggiandosi a una reggente, ne riceve i chiarimenti necessari.

E' dunque raro che una proposizione principale possa essere implicita. E quando lo è, si è già visto (24.1.4, 25.1.5, 49.3) che può servirsi solo dell'*infinito*; del *participio* e del *gerundio* mai:

– Tu *fare* questo a me?

– *Alzarsi*, presto!

53.1.2 RELAZIONI DI TEMPO DEL COSTRUTTO IMPLICITO

A dimostrazione di quanto sopra (53.1.1) si osservava a proposito della scelta fra forma implicita e forma esplicita, si rifletta sui seguenti esempi:

subordinata				
implicita		esplicita		principale
Finiti	=	quando ho finito quando hai finito quando ebbe finito quando finivamo quando avrete finito quando avevano finito	i compiti	esco esci uscì uscivamo uscirete sono usciti

In questi esempi è facile notare che la forma implicita della proposizione subordinata col suo participio passato (*finiti*) indica, genericamente, solo un fatto anteriore rispetto al fatto (*uscire*) della principale avvenuto in vari tempi. Il participio passato inoltre non indica neppure la persona che esce: che dunque può essere individuata solo riferendosi al verbo della principale di cui è il soggetto.

La corrispondente forma esplicita (*quando...*) indica invece chiaramente il tempo (*passato pros., trapassato...*) e il soggetto (*io, tu, noi...*).

Per tutto ciò, si veda anche in 25.1.5 e in 25.2.

53.1.3 SIGNIFICATO DEL RAPPORTO

Sempre a proposito della scelta fra struttura esplicita e struttura implicita, si rifletta sul seguente esempio:

sub. implicita	sub. esplicita	princ.
Finiti i compiti	(= *quando [se, poiché]* avrò finito i compiti)	uscirò

Si noterà che nella forma implicita, il participio passato (*finiti*), oltre all'anteriorità, non indica in modo chiaro il significato del rapporto fra principale e subordinata. Rapporto che potrebbe essere di valore temporale, condizionale o causale; e che solo la conoscenza della situazione (o contesto) potrebbe chiarire.

Nella forma esplicita invece la congiunzione (*quando, se, poiché*) indica chiaramente ('esplicitamente') questo significato; anche a chi non fosse debitamente informato della situazione.

53.1.4 PRECISAZIONI SUL SOGGETTO IN SUBORDINATE IMPLICITE

identità di soggetto

Come si noterà dettagliatamente più avanti, le proposizioni subordinate implicite hanno, nella gran parte dei casi, lo stesso soggetto delle loro reggenti; a meno che le une e le altre siano impersonali (32.1.1, 32.6., 33.2.1):

– Carlo cantava *uscendo*. (soggetto: *Carlo*)
– Carlo non ha chiuso la porta *dopo essere uscito*. (soggetto: *Carlo*)
– Carlo è uscito *dopo mangiato*. (soggetto: *Carlo*)
– Bisogna *fare presto*. (impersonali)

soggetti differenti

Reggente e subordinata implicita possono comunque avere soggetti differenti nei seguenti casi:

• quando il soggetto della subordinata con *infinito* svolge nella reggente funzione di complemento:

– Ho detto *a Carlo* di venire a casa mia. (*Carlo*, oggetto indiretto nella reggente, è il soggetto della subordinata)

• quando il soggetto della subordinata con *participio* o *gerundio* è espresso dopo il verbo. Si avverte comunque che, in questi casi, non di rado ne escono espressioni poco comuni sia nella lingua parlata che in quella scritta (33.2.1):

– Giorgio, essendo arrivato *suo zio*, dormirà da Maurizio.
– Alessio, partito *suo cugino*, si è sentito terribilmente solo.

53.2 PROPOSIZIONI SUBORDINATE ED ELEMENTI DI FRASE

Il periodo ha una struttura che segue schemi logici molto simili a quelli della frase singola.

Come nella frase infatti, anche nel periodo ci possono essere elementi essenziali e accessori (aggiuntivi).

La differenza sta nel fatto che (come è facilmente intuibile), nella frase, questi elementi sono costituiti da semplici parole, mentre, nel periodo, sono costituiti da intere proposizioni:

1a) Lo disturba *il chiasso dei bambini*. (soggetto)
1b) Lo disturba *che i bambini facciano chiasso*. (proposizione soggettiva)
2a) Mi inquieto *per il loro ritardo* (complemento di causa)
2b) Mi inquieto *perché ritardano*. (prop. causale)
3a) Sono qui *per lavoro*. (comp. di fine)
3b) Sono qui *per lavorare*. (prop. finale)

53.2.1 ANALOGIE FRA COMPLEMENTI E PROPOSIZIONI SUBORDINATE

funzione di una subordinata La maggior parte delle proposizioni subordinate svolge nel periodo funzioni molto simili a quelle dei complementi e di altri elementi aggiuntivi. Questa somiglianza riguarda tanto la forma quanto il significato:

• *i complementi* e gli altri *elementi aggiuntivi* sono strumenti specificativi del contenuto di una frase (o proposizione), al cui interno stabiliscono rapporti logici con altri elementi.

le *proposizioni subordinate* sono elementi specificativi del contenuto di un periodo, al cui interno stabiliscono rapporti logici con altre proposizioni;

• i *complementi* stabiliscono rapporti per mezzo di *parole-legamento* (le *preposizioni*), che sono anche segni di funzione logica;

agli stessi fini del collegamento e del chiarimento di funzione logica, le *proposizioni subordinate* si servono per lo più di *parole-legamento (congiunzioni* e *preposizioni*);

• i *complementi* esprimono *rapporti fra parole*, che sono i costituenti sintattici della frase (o proposizione);

le *proposizioni subordinate* esprimono *rapporti fra proposizioni*, che sono i costituenti sintattici del periodo;

• *i complementi* apportano *chiarimenti informativi* (di tempo, di causa, di modo ecc.) al contenuto della frase (o proposizione);

le *preposizioni subordinate* apportano *chiarimenti informativi* (di tempo, di causa, di modo ecc.) al contenuto del periodo.

scelte di strutture A volte, precisare un'informazione con un complemento o con un'intera proposizione sembra essere una semplice questione di libera scelta, sia pur pratica (ad esempio, esigenza di maggiore o minore concisione); il rapporto logico costituito è infatti lo stesso:

– Carlo fa pratica *da avvocato.* (rapporto di fine: complemento di fine)

– Carlo fa pratica *per diventare avvocato.* (rapporto di fine: proposizione finale)

Più spesso però usare l'uno o l'altro meccanismo sintattico potrebbe dipendere dal tipo di linguaggio o di registro linguistico usati in base al tipo di situazione:

– Chiedo un permesso *per motivi di salute.* (rapporto di causa: complemento di causa; linguaggio, per lo più scritto, amministrativo)

– Chiedo un permesso *perché sto male.* (rapporto di causa: proposizione causale; parlato familiare)

Naturalmente, nonostante queste analogie, rimane una ineliminabile differenza di fondo: i *complementi* e gli altri elementi aggiuntivi sono componenti di frase (o proposizione) costituiti da nomi (o sostantivati), pronomi, avverbi, aggettivi; le *proposizioni subordinate* sono elementi di periodo; e cioè veri e propri pensieri organizzati intorno a un verbo.

Sono dunque due modi di precisare l'informazione per certi aspetti radicalmente diversi.

53.2.2 TRASFORMAZIONE DI PROPOSIZIONI IN NOMI E DI NOMI IN PROPOSIZIONI

L'analogia di funzioni esistente fra gli elementi di una frase e gli elementi di un periodo offre molto spesso (non sempre, naturalmente), come si è già visto (53.2 e 53.2.1) la possibilità di trasformare, ad esempio, un soggetto in proposizione subordinata soggettiva, o un complemento in proposizione subordinata circostanziale; e viceversa. Basta solo qualche piccolo aggiustamento grammaticale:

– Mi è dispiaciuta *la sua improvvisa partenza*. (soggetto) →

→ Mi è dispiaciuto *che lui sia partito improvvisamente*. (prop. con funzione di soggetto)

– Non approvo *questo tuo comportamento*. (compl. oggetto) →

→ Non approvo *che tu ti comporti in questo modo*. (proposizione con funzione di oggetto)

– Siamo venuti *per ragioni di studio*. (compl. di fine) →

→ Siamo venuti *per studiare*. (prop. con funzione finale)

53.3 IL POSTO DELLE SUBORDINATE NEL PERIODO

– Mi dispiace *che tu parta così presto*. → *Che tu parta così presto* mi dispiace.
– Non ci sono potuto andare *dato che pioveva*. → *Dato che pioveva* non ci sono potuto andare.
– Bisogna *avere coraggio*. → *Avere coraggio* bisogna.
– Ho comprato questi libri *per studiare*. → Ho comprato, *per studiare*, questi libri → *Per studiare*, ho comprato questi libri.

Il posto consueto di una proposizione subordinata è dopo quello dalla quale dipende e di cui è la precisazione. Tuttavia è piuttosto frequente il fatto contrario: e cioè che una proposizione venga anteposta alla sua reggente, o in essa interposta. Tutto dipende dal grado di importanza che chi parla o scrive dà a ciò che si dice nella proposizione secondaria. Si sa che ciò che si considera importante si tende ad evidenziarlo (49.6).

Gli esempi proposti ne sono una piccola dimostrazione.

Questo argomento sarà comunque trattato per ciascuna proposizione nei prossimi capitoli, in tutti i casi in cui sarà ritenuto quantomeno utile.

Questa della collocazione della proposizione nel periodo è infatti (ai fini pratici della chiarezza comunicativa) una questione di radicale importanza.

53.4 SUBORDINATE DI SUBORDINATE

– Carlo ha scritto a Luigi	(proposizione principale)
per proporgli	(prop. subordinata alla princ.)
di ritornare al mare	(prop. sub. alla prima sub.)
dove erano andati l'anno scorso.	(sub. alla seconda sub.)

In un periodo, può accadere di dovere precisare il contenuto di proposizioni già di per sé subordinate, con altre proposizioni che da queste vengono sintatticamente e semanticamente a dipendere.

In questo modo si hanno *subordinate di subordinate*, come nell'esempio proposto.

La subordinata che regga un'altra subordinata non diventa, ovviamente, principale, ma svolge il semplice ruolo grammaticale di *reggente*.

In teoria, è possibile stabilire anche lunghe catene di proposizioni. Eccone un esempio tratto dal giornale 'La stampa' del 8-8-1988:

"Svilire lo scontro tra il 'pool' antimafia e l'ufficio istruzione, tra l'ufficio investigativo e la squadra mobile - quest'ultima sostenuta dal questore e dal suo vice -, tra un gruppo di magistrati e poliziotti in pieno accordo tra di loro e un altro gruppo degli stessi uffici, e ciò dopo che la polemica ha provocato l'intervento del Presidente della Repubblica, il quale, a sua volta, ha richiamato il governo e il Consiglio superiore della magistratura per una maggiore e più attenta vigilanza, svilire tale scontro e ridurlo a fatto più o meno personale e dietro ciò squalificare lo "Stato latitante", senza dire pane al pane, "mafioso" ai mafiosi e ai "politici boss" corrotti e provocatori è come voler menare il can per l'aia per acquistare la paciosità della grande massa dei buoni padri di famiglia che rimpiangono l'antico ordine fascista e il non meno pericoloso ordine della vecchia mafia".

Finalmente un punto! verrebbe fatto dire. E' difficile seguire il filo logico di un periodo come questo. E dire che non è scritto in un libro per specialisti, ma in un giornale che dovrebbe richiamare l'attenzione di lettori di vario livello culturale e linguistico.

Un periodare semplice e sciolto avrebbe, senza dubbio, espresso con maggiore efficacia problemi sociali di tanta importanza [1].

---

[1] Oggi, sia nello scritto che nel parlato, si tende a un periodare con catene di subordinate non oltre il III e IV grado. Per un'esemplificazione statistica si veda in 68.2.8.

53.5 SUBORDINATE APPARENTEMENTE PRIVE DI PROPOSIZIONE REGGENTE

– "Perché non mi hai aspettato?" "*Perché avevo fretta.*"
– "Come stai?" "*Come un convalescente.*"
– "Quando l'hai visto? "*Andando a scuola.*"
– "E lei che ne pensa?" *"Che ormai se ne sia andato"* (sentita alla TV)

Questi esempi ci ricordano che, quando parliamo, la necessità di abbreviare ci fa spesso omettere le frasi principali (*ellissi* di tali proposizioni [62.2.1]). Ma ciò può soltanto accadere nei casi in cui il loro contenuto è ancora ben presente nella mente degli interlocutori, nel contesto situazionale, e può essere perciò tranquillamente sottinteso, senza rischio alcuno di ambiguità o di assoluta incomprensione (31.2).

Negli esempi sopra proposti, la risposta può, senza problemi, fare a meno della frase reggente il cui contenuto è già tutto nella domanda dalla quale riceve la sua giustificazione logica.

Se così non si facesse, se ne avrebbero espressioni fastidiosamente ripetitive:

– "Perché non mi hai aspettato?" *"Non ti ho aspettato*, perché avevo fretta."
– "Quando l'hai visto?" "*L'ho visto* andando a scuola."

Ripetizioni di questo genere avrebbero una giustificazione solo in particolari situazioni emotive: l'ironia, ad esempio, o l'enfatizzazione in genere.

Ancora un esempio:

– (...) è opportuno fargli notare (...) che solo lui può riportare serenità al Paese. *Come? Dando il buon esempio. Ossia togliendo quel velo di silenzio che egli ha imposto (...).* (V. Feltri, in 'il Giornale', 5-11-1995)

53.6 REGGENTI INCOMPLETE

– *Peccato* che Luigi non sia venuto ieri!
– *Fortuna* che non c'è venuto!

Le frasi reggenti di questi due esempi sono incomplete per effetto della ellissi del verbo *essere*: *E'* un peccato che ..., *E'* una fortuna che ...

Specialmente nella lingua parlata (e sempre per la necessità della concisione e della spontaneità) questo tipo di frasi è piuttosto frequente: *Vergogna che..., meno male che..., vero che..., possibile che..., impossibile che..., certo che...* ecc.

– *Possibile* che gli industriali italiani non sapessero (...) (in 'la Repubblica', 8-1-1995)

53.7 SUBORDINATE CON SIGNIFICATO DI COORDINATE

Qualche volta il pensiero si manifesta per mezzo di proposizioni subordinate, che nella realtà logica hanno funzione di coordinate. Ecco un paio di esempi d'autore:

– Accostai la bicicletta al muro, *chinandomi* (= e mi chinai) per chiuderla col lucchetto. (G. Bassani, 'Il giardino dei Finzi-Contini')

– Ella andò a mettersi dietro il tavolo, *sedendosi* (= e si sedette) di sghembo sulla seggiola (...). (A. Moravia, 'I racconti').

53.8 SUBORDINATE ABBREVIATE (SINTETICHE)

– Quel signore benché ricco, non è felice.
– Vi approfittate di lui, perché piccolo e debole.

In questi due esempi, le espressioni formate da congiunzione e da aggettivi (*benché ricco* - *perché piccolo e debole*) sono delle vere e proprie proposizioni subordinate (rispettivamente, concessiva e causale) in cui risulta sottinteso il verbo *essere*.

Esse si possono definire *subordinate sintetiche*.

Non sono rari i periodi in cui, per esigenza di concisione, compaiono proposizioni di questo genere.

53.9 PERIODI SPEZZATI

Di solito, l'arco di durata di un periodo (che sia formato da una o da più proposizioni) è compreso, nella lingua parlata, fra due pause lunghe: quella iniziale e quella conclusiva. Nella lingua scritta queste due pause sono contrassegnate da *punti* (punto fermo, punto interrogativo o punto esclamativo [3.2]):

– // Non siamo andati ancora al mare, perché abbiamo dovuto aspettare che Luigi finisse gli esami. //

Può tuttavia accadere che un periodo continui con una o più proposizioni subordinate anche al di là della pausa lunga che sembrerebbe doverlo concludere. Il fluire del pensiero deve obbedire alle esigenze (pragmatiche) degli atti di comunicazione. Un ripensamento del parlante, la necessità di aggiungere o di correggere o di precisare particolari informativi, l' esigenza di raccontare o annotare fatti nel momento stesso in cui si svolgono nella loro rapida e complessa successione ecc., non consentono di rimanere rigidamente ancorati alla statica freddezza di schemi grammaticali.

Questa esigenza si manifesta soprattutto nella lingua parlata: quando, in generale, il pensiero nasce nel momento stesso in cui viene trasmesso; senza possibilità di preventiva organizzazione.

Ma la lingua scritta non fa eccezione: quella del giornalista, ad esempio, che, per esigenze di rapida informazione, comunica a distanza come 'parlando' (trasmette 'a braccio', come si dice) col suo mezzo meccanico (telefono, telescrivente, fax...), senza tante possibili strategie compositive:

– Emilio si applicava agli studi con una freddezza pari alla diligenza, con metodo e mai con passione. *Come se* i genitori avessero potuto infondergli solamente, appunto, l'ambizione di riuscire. (M. Soldati, 'Le due città')

– Subito dopo col telecomando ci spostavamo su Telemontecarlo. *Dove* fino all'una di notte trionfava (...) Alba Parietti. *Una donna* esagerata. *Anche* nell'avvenenza. Cambiava vestito ogni sera (...). (B. Placido, in 'la Repubblica', 12-7-1990)

– Si sa che tentò (...) di arricchirsi. *E che* non ci riuscì". (B. Placido, in 'la Repubblica', 9-8-1989)

Nel seguente esempio il punto fermo divide proposizioni completive fra loro coordinate:

– Poteva aspettarsi (...) *che* un'anima d'Emilia rossa s'indignasse al suo fianco. *Che* gli andasse dietro nella giaculatoria contro partiti, malcostumi e malaffari. *Che* un coro s'unisse alle invettive, *che* il turpiloquio scendesse liberatorio sulla platea. (B. Torresin, in 'la Repubblica', 11-7-1991)

Una mentalità che restasse scolasticamente legata alla convinzione che i pensieri siano correttamente espressi solo se completamente compresi nell'arco più o meno breve di frasi o di periodi, decisamente delimitati da pause come il 'punto fermo', non esiterebbe a giudicare errata o quantomeno impropria la punteggiatura usata anche nei seguenti esempi:

– L'alternativa democratica non si costruisce sui nomi, ma sulle cose. *Non* disgregando lo Stato ma rinnovandolo dalle fondamenta. *Non lottizzando* il potere ma restituendolo (...). (E. Scalfari, in 'la Repubblica', 21-10-1990)

– Più clamoroso schiaffo sulla faccia delle nostre massime istituzioni e di chi le rappresenta non poteva essere dato. *Mentre* i due presidenti, della Repubblica e del Consiglio, utilizzano da giorni lo scudo internazionale dell'Alleanza per poter definire legale una struttura paramilitare clandestina; *mentre* i giudici istruttori di Venezia, incuranti di tali dichiarazioni di legalità, proseguono implacabilmente le loro indagini e i loro interrogatori, convinti che dietro la facciata legale del 'piano Gladio' si celino ben altre e oscure realtà. (E. Scalfari, in 'la Repubblica', 6-11-1990)

Oggi è comunque largamente (e finalmente!) acquisita la giusta convinzione che i confini entro i quali si inserisce ciascun segmento comunicativo non di rado si tracciano - oltre il breve respiro di semplici frasi o periodi - nell'arco più arioso di blocchi di periodi o di capoversi; quando non anche di interi testi o discorsi. E' infatti entro questi più vasti àmbiti comunicativi che i rapporti logici acquistano e manifestano i loro specifici significati.

Significati, magari maliziosamente allusivi. Come nel seguente sommario di titolo in cui nello scoperto intento di sollecitare la curiosità del lettore, si richiamano dubitativamente talune notizie e, con i puntini finali di sospensione, se ne lasciano intendere chi sa quante e quali altre:

– La Procura di Roma e la Guardia di finanza verificano se i contributi del Coni erano orientati dai politici. Se inquinavano le attività olimpiche. E se il presidente Pescante, l'Asi vicina a Fini e la Bolefin della Bna... (in 'Corriere della sera', 19-6-1995)

anacoluto Fratture nelle sequenze sintattiche del tipo di quelle che abbiamo ricordato a proposito della frase singola e che prendono il nome di *anacoluto* (32.4), non di rado si verificano anche nelle sequenze proposizionali all'interno dei periodi, specie nel parlato. In questi casi, ci si trova di fronte a segmenti che, pur essendo ciascuno di per sé corretto, costituiscono periodi sintatticamente irregolari:

– *Quelli* che muoiono bisogna pregare Iddio *per loro.* (A. Manzoni, 'I Promessi Sposi')

– *Chi* non è ancora convinto, è *a lui* che mi rivolgo. (J. Dubois, 'Dizionario di linguistica')

Nel seguente esempio, si osservi come la proposizione subordinata (di valore temporale, mancante del funzionale introduttivo *[mentre]*) si colleghi con la sua reggente mediante il funzionale coordinativo *e*; reggente che, peraltro, inizia con un pronome relativo lasciato immediatamente al suo ... destino *('che ... e* hanno...'). Ne risulta una strana commistione strutturale di *anacoluto* e *paraipotassi* (si veda qui di seguito):

– (...) quelli che uno è ancora in agonia *e* hanno già avvisato l'amica Pompe funebri (...). (G. Bocca, in 'la Repubblica', 7-5-1995).

Certo, sul piano grammaticalmente normativo l'enunciato appare decisamente scorretto. Tuttavia occorre sottolineare che il contesto linguistico (co-testo) da cui lo abbiamo tratto è un articolo di giornale maturato in una situazione la cui pregnanza emotiva è denunciata fin dal titolo amaramente ironico: "Storie milanesi di ordinaria corruzione". E' un insieme situazionale e linguistico motivato da un appassionato, quasi disperato, sentimento di condanna che anima i suoi nuclei tematici e che giustifica la scelta di ogni sua unità espressiva, ivi compresa quella dell'esempio in questione.

In casi come questo si è di fronte alla soluzione di un conflitto fra la grammatica intesa come "il sistema delle regole che determina la precisione linguistico-idiomatica" (la grammatica come 'ars recte loquendi') e la retorica intesa come 'il sistema di regole che garantisce il successo della persuasione" (la retorica -o, più modernamente, la pragmatica- [(1)] come 'ars bene dicendi') (69.1). "Si giunge così al confronto dei doveri, che viene risolto secondo la regola dei doveri più forti (...). Così, per l'oratore, il dovere di persuadere (...) è più forte del dovere di mantenere la precisione linguistico-idiomatica: il dovere retorico supera il dovere gramamticale [(2)]. E noi aggiungiamo che tale dovere è più o meno consapevolmente assolto da qualsiasi parlante o scrivente.

[(1)] C. Morris (cit. in A. Akmajian ed Altri, cit. pag. 264) definisce la pragmatica come "lo studio del rapporto tra i segni e chi li interpreta"; o, generalizzando, "il rapporto tra i segni e chi li usa".

[(2)] Le citazioni sono da H. Lausberg. Elementi di retorica, Bologna, il Mulino, 1969, pag. 65. A questo proposito, si veda anche qui in 64.1.

paraipotassi La *paraipotassi* (termine composto da *para[tassi]* e *ipotassi*) è un costrutto sintattico dalle caratteristiche non dissimili dall'anacoluto. Esso risulta infatti dalla coordinazione fra una proposizione dipendente (per lo più di tipo circostanziale) e la sua reggente che viene posticipata. La combinazione, generalmente, si fa mediante la congiunzione copulativa *e*:

– (...) finita la canzone *e* il maestro disse (...). (G. Boccaccio)

Questo costrutto abbastanza ricorrente nell'italiano antico, oggi -almeno nella lingua formale scritta e parlata- compare raramente, perché giudicato scorretto:

– (...) se non volete essere giudicati, e voi non giudicate. (R. Bacchelli, cit. in L. Serianni, 'Grammatica italiana', Torino, UTET 1988, pag. 451).

53.10 TIPI DI SUBORDINATE

gruppi di subordinate

In base alla funzione che svolgono nel periodo le proposizioni subordinate si possono dividere in tre gruppi:

1 – proposizioni che, come un nome o sostantivo, svolgono la funzione dei costituenti base (o nucleari) della frase (*soggetto, oggetto* o *predicato*).

Si tratta delle ***proposizioni completive*** (o *sostantive*): soggettive, oggettive, predicative. Anche le ***interrogative indirette*** fanno parte di questo gruppo, in quanto possono essere oggettive o soggettive.

2 – proposizioni che svolgono la funzione aggiuntiva di un *attributo* o di un'*apposizione*. Si tratta delle proposizioni ***completive attributive*** e ***appositive***, e delle ***proposizioni relative***;

3 – proposizioni che svolgono una funzione avverbiale o circostanziale, al modo dei complementi generalmente introdotti da preposizione. Si tratta delle proposizioni: ***temporali, locative, causali, finali, consecutive, condizionali, concessive, modali, strumentali, comparative, limitative, avversative, eccettuative, aggiuntive, esclusive, incidentali***.

completive e circostanziali

Tra le proposizioni subordinate, alcune risultano indispensabili al completamento sia della intelaiatura grammaticale sia del significato del periodo: e queste sono le *completive*. Altre invece risultano delle semplici *espansioni*; utili, sì, come qualsiasi chiarimento apportato alla informazione, ma non indispensabili: e queste sono le *circostanziali*:

– Mi risulta *che Carlo è partito*. (completiva con funzione di soggetto; indispensabile)

– Leo canta *quando si fa la barba*. (circostanziale con funzione temporale; semplice espansione)

Per avere una prova tangibile di quanto si è detto, basta pronunciare da sola la frase principale del primo esempio (*Mi risulta*) per trovarla priva di un vero e proprio significato; la proposizione dipendente le è veramente indispensabile. Per giocare con le parole, essa dipende dalla sua dipendente (54.1).

La principale del secondo esempio (*Leo canta*) è di per se stessa sufficientemente informativa. La proposizione dipendente aggiunge il particolare di precisarne la circostanza temporale: importante, sì, ma non indispensabile (52.1.1).

Capitolo LIV

54 - PROPOSIZIONI COMPLETIVE

Proposizioni completive - Frequenza d'uso delle completive - Nominalizzazione di una completiva - Completive soggettive - Sui predicati reggenti, ed altro - Collocazione delle soggettive nel periodo - Completive oggettive - Oggettive proprie e improprie - Analogie formali fra oggettiva e soggettiva - Collocazione delle oggettive nel periodo - Completive predicative - Completive infinitive - Precisazioni su agente e oggetto nelle infinitive - Esempi di completive da autori vari.

54.1 PROPOSIZIONI COMPLETIVE

(*principale*)	(*subordinata*)
a) Lucia deve fare pratica	per diventare avvocato. (prop. finale)
b) Bisogna	che Lucia faccia pratica da avvocato. (prop. completiva)

Questi sono due periodi dalla identica struttura sintattica: una proposizione principale e una subordinata. Anche nel significato sono molto simili: la proposizione subordinata reca un chiarimento al contenuto, volitivo, della principale.

Tuttavia, se in a) si togliesse la proposizione secondaria, la principale (*Lucia deve fare pratica*) conserverebbe una sua autonomia grammaticale, provvista com'è degli elementi indispensabili: soggetto e predicato. Anche per quanto riguarda il significato, se considerata fuori da precisi riferimenti contestuali, pur privata del fine, questa proposizione resterebbe comunque sufficientemente informativa. E ciò perché la proposizione subordinata svolge in questo periodo una funzione di semplice completamento a livello sia grammaticale che informativo. Insomma è, sì, utile, ma, almeno per certi aspetti, soprattutto grammaticali, non proprio indispensabile.

Nel periodo in b) invece, se si togliesse la proposizione subordinata, tutto si scompaginerebbe; tutto, a livello della grammatica e della informazione, perderebbe qualsiasi sostegno logico. E ciò, perché la proposizione principale verrebbe privata del suo soggetto. In questo caso infatti la proposizione *che Lucia faccia pratica da avvocato* funge da soggetto al predicato reggente *Bisogna*. E se il soggetto è (come è) [31.1] indispensabile a una frase sia dal punto di vista grammaticale, sia dal punto di vista dell'informazione, allora *che Lucia faccia pratica da avvocato* è un 'completamento' indispensabile. E' una *proposizione completiva.*

Lo stesso inconveniente di incomprensibilità si avrebbe se una frase reggente venisse privata dell'indispensabile apporto grammaticale e informativo di una proposizione subordinata con *funzioni di oggetto* o *di predicato* (per le rispettive analogie funzionali si veda in 39.1 e 33.1b): che sono anch'esse *completive).*

Fra la proposizione completiva e la sua reggente si stabilisce un rapporto di *reciproca dipendenza* sia sintattica che logica così stretto che l'una non può stare senza l'altra [(1)].

Proprio per queste caratteristiche le completive si distinguono nel novero delle strutture sintattiche subordinative, di cui pure fanno parte (53.10).

Le ***completive*** sono proposizioni subordinate particolari che, svolgendo (come un sostantivo) *funzione di soggetto, di oggetto* o (più raramente) *di predicato nominale*, forniscono alla proposizione da cui dipendono un completamento indispensabile, e formano con essa una unità strutturale e semantica inscindibile: come una frase nucleare.

Le completive, in riferimento alla funzione sintattica svolta per la reggente, prendono anche il nome di *soggettive* (se fungono da soggetto), *oggettive* (se fungono da oggetto), *predicative* (se fungono da elemento predicativo). Inoltre, poiché tali funzioni sono tipiche del sostantivo, vengono anche dette *sostantive.*

In riferimento all'indispensabile contributo di chiarimento che apportano al significato della reggente, prendono anche il nome di *esplicative* o *dichiarative.*

– Sembra *che Luigi stia male.* (esplicativa-soggettiva)
– Ho saputo *che Luigi è stato male ieri.* (esplicativa-oggettiva)
– Democrazia è *che il popolo si autogoverni.* (esplicativa-predicativa)

Anche le *proposizioni interrogative indirette*, di cui si parlerà nel prossimo capitolo (55) hanno *funzione soggettiva* o *oggettiva* o *predicativa*:

– Non si sa *se Carlo verrà.* (inter. ind. soggettiva)
– Non so *se Carlo verrà.* (inter. ind. oggettiva)
– Il problema è *se Carlo verrà.* (inter. ind. predicativa)

(1) Questo rapporto di stretta interdipendenza sintattica e semantica fra proposizione reggente e proposizione completiva viene spesso contrassegnata, in quest'ultima, con il congiuntivo anche in casi in cui la logica (o la norma) potrebbe farlo ritenere ingiustificato. Un parlante (o scrivente) di buona competenza linguistica (e ce ne sono più di quanti non si creda) nel congiuntivo sembra infatti istintivamente avvertire la duplice funzione, a) di segnale tipico di stretto rapporto di subordinazione, e b) di concordanza col valore di soggettività che, quando anche non eplicitamente espresso, insito nel

54.1.1 FREQUENZA D'USO DELLE COMPLETIVE

Le proposizioni completive sono tra le subordinate più in uso nella lingua italiana (si veda anche in 68.2.8). La ragione è che esse si rivelano fra le più semplici e pratiche, sia nella loro generica funzione di 'esplicare', sia nella struttura sintattica il più delle volte introdotta dai molto comuni e generici *che* e *di*: i quali sono funzionali che, per l'individuazione dei significati particolari delle strutture che contrassegnano, si affidano, molto semplicemente al contesto:

– Digli *che venga*. (esplicativa con specifico valore finale)
– Mi dispiace *che tu parta*. (esplicativa con specifico valore causale)
– Mi dispiace *di partire*. (esplicativa con specifico valore causale)
– Digli *di venire*. (esplicativa con specifico valore finale)

54.1.2 NOMINALIZZAZIONE DI UNA COMPLETIVA

Poiché una completiva è un costrutto con valore sostantivale, non di rado è possibile sostituirla con un equivalente sostantivo vero e proprio (operando naturalmente opportune variazioni sintattiche):

– (Sono felice *che Carlo sia stato promosso*). → Sono felice *della promozione di Carlo.*

– (Non sapevo *che Carlo fosse tornato.*) → Non sapevo *del ritorno di Carlo*)

54.2 COMPLETIVE SOGGETTIVE

(*gruppo del soggetto*)	(*gruppo del predicato*)
a) Lo *studio* delle lingue	è necessario.
b) *Studiare* le lingue	è necessario.

In a) il soggetto è costituito da un sostantivo (*lo studio*) e dal suo complemento di specificazione oggettiva (40.3) (*delle lingue*).

In b) il soggetto è costituito da una proposizione con suo proprio predicato (*studiare*) e un suo proprio oggetto (*le lingue*).

Una proposizione che funge da soggetto è una ***completiva soggettiva***.

Si ricordi che dal punto di vista del chiarimento che apporta al contenuto della reggente questa proposizione è una *esplicativa* (o *dichiarativa*).

---

predicato reggente, pervade l'intera struttura. Tutto ciò sembrerebbe concorrere a spiegare le frequenti oscillazioni fra congiuntivo e indicativo, anche in combinazioni coordinative, da noi varie volte segnalate (26.2, 54.2.1 a, c, d, e, g, 54.3.2, 54.4, 54.6, 55.1, 55.1.1, 55.1.4, 56.1.1, 56.2, 56.3): *Sono convinto (Non ho dubbi, Mi risulta, Non c'è dubbio)* che Giuliano *sia* (è) *sposato* con Lucia.

Essa può dipendere da verbi o espressioni verbali costruiti in 3ª persona singolare, (con i verbi, per lo più si usa il costrutto con *'si'* detto *impersonale*) (22.4.2) e che impropriamente vengono detti impersonali. Impropriamente, perché un soggetto grammaticale ce l'hanno: è tutta una frase; e un verbo fornito di soggetto è 'personale'. E infatti nelle forme con la particella 'si' esso non è propriamente 'impersonale', ma piuttosto 'passivante' (16.1.2.1): *Si dice* (questo) *che Luigi si sposerà presto.* (= *viene detto* [questo] che...) [1]

Quando è ***esplicita***, a seconda del significato del verbo-predicato reggente, può avere l'*indicativo* (o il *condizionale*) o il *congiuntivo.*

Il *congiuntivo* è di norma in dipendenza da verbi e locuzioni dai marcati significati volitivi (*volere, desiderare, preferire, pretendere* ecc.); è spesso preferito in dipendenza da costrutti negativi.

In dipendenza, invece, da costrutti che significano incertezza, dubbio, possibilità, opinione, giudizio di gradimento o non gradimento, di approvazione o disapprovazione la tendenza generale è a usare il *congiuntivo* in situazioni formali, *l'indicativo* in situazioni più colloquiali (26.1.2, 26.2, 54.2.1):

– *Ci è stato comandato* che *si resti* a casa.
– *Non è detto* che *si debba obbedire.*
– Spesso *si pensa* che tutto ci *sia (è) dovuto.*
– Mi *dispiace* che *debba (devi) farlo* tu.
– Peccato che *c'erano* le statistiche degli onesti (...). (G. Bocca, in 'la Repubblica', 17-1-1993)
– E' possbile che ce la *faccia* (*fa - farà*).

Il costrutto può essere introdotto da:
• *che*, negli usi esplicativi più ricorrenti:
– Si pretenderebbe *che* io *facessi* tutte queste cose.

• *il fatto che, del fatto che*, per una intensificazione dei contenuti della completiva (54.3.4)
– *Il fatto che* ci *debba andare* proprio io mi secca molto, però.

• *come, quanto*, nell'originario valore di modo o di quantità:
– E' strano *quanto* (*come*) tutto *sia (è) cambiato* qui.

• *se* (ammissivo), in dipendenza da verbi come *sapere, ricordare, capire,* ecc., o da espressioni come: *dipendere (nascere, derivare, originarsi) da qualcuno (o qualcosa), essere un bene (un male, un peccato, una vergogna...):*
– E forse dipende da questo irriducibile istinto vitale *se* le sue esperienze (...) *sono* tanto intense (...). (in, 'Astra', marzo 1991)

---

[1] Come si sa ([16.1.2.1, 22.4.2 e]), in questi casi la particelle 'si' serve a segnalare la genericità dell'agente (che è la fonte dei fatti), il quale (anche questo si sa) non necessariamente coincide con il soggetto grammaticalmente inteso.

– E' un bene *se piove*.
– Sarebbe un bene *se piovesse*.

Quando è ***implicita***, ha l'*infinito*, il più delle volte introdotto da *di*:
– Molto spesso si teme *di sbagliare*.
– E' un dovere *rispettare* gli animali.

54.2.1 SUI PREDICATI REGGENTI, ED ALTRO

predicati reggenti La proposizione soggettiva può essere retta da predicati (verbi o espressioni verbali) costruiti in 3ª persona singolare (cosiddetti impersonali [54.2]) che esprimono:

a) dichiarazione, conoscenza, percezione, ricordo: *dire, dichiarare, narrare, affermare, osservare, sapere, rimanere, restare, conoscere, riconoscere, capire, accorgersi, udire, sentire, ricordare, dimenticare, far finta, essere certo, essere sicuro, essere un fatto, fatto sta, essere andata (bene)* ecc.

Con tutti questi predicati, quando la soggettiva è ***esplicita***, di solito si ha l'*indicativo* o il *condizionale*. Nei registri linguistici più sorvegliati, essi reggono invece il *congiuntivo* quando sono costruiti in *forma negativa*. In questi stessi registri, reggono il congiuntivo i verbi del 'dire' e del 'dichiarare' (ad esempio, i primi quattro del nostro elenco), se sono costruiti con la particella *si*, o in 3ª persona plurale (22.4.2, 24.4.3, 54.1 n. 1) [(1)]
– Già in febbraio si sente che la primavera *si avvicina*.
– Si sa che Luigi *sposerebbe* volentieri Maria.
– Si dice che Franco *si sia (si è) sposato*.
– E' stato, poi, accertato che la telefonata *fu fatta* dai servizi segreti (...). (in 'la Repubblica', 11-7-1991)
– Da nessuno di noi è stato detto che Luigi *sia (è)* un cattivo marito.
– (...) non è detto che *dica* sì. (in 'la Repubblica' 11-7-1991)
– (...) non è vero che Craxi *abbia vinto*. (S. Vertone, in 'Corriere della sera', 3-5-1993).
– Dicono che *sia* un magistrato preparato. (P. Sergi, in 'la Repubblica', 14-18-1990).

La forma ***implicita*** (che è comunque esclusa con espressioni del tipo *fatto sta*) richiede l'*infinito* per lo più preceduto da *di*, salvo quando dipende da taluni verbi di percezione come *udire, ascoltare* ecc. (54.5):
– A volte ci si dovrebbe ricordare *di dovere* tanto agli altri.

---

(1) Come si è detto in 22.4.3, i verbi costruiti in 3ª persona plurale senza indicazione di un soggetto determinato, possono semanticamente ricondursi all'area dei costrutti impersonali. Per ciò noi ne facciamo cenno in questa sede. Resta tuttavia da precisare che essi dal punto di vista strettamente sintattico un soggetto (generico sia pure) ce l'hanno. Per questa ragione, l'eventuale proposizione completiva da essi dipendente, pur potendo avere il congiuntivo come una soggettiva, sul piano strettamente sintattico funziona da oggettiva.

b) volontà (nei vari gradi del comando, del divieto, della concessione, della speranza, del timore, dell'attesa, del desiderio, dell'augurio ecc.): *volere, pretendere, ordinare, proibire, permettere, tollerare, sperare, temere, aspettarsi, desiderare, augurarsi, avere la speranza, avere il timore, avere paura, fare paura, stare a cuore, essere ora, essere tempo, essere il momento* ecc. (26.1.2a, 26.2)

Per quanto riguarda la costruzione detta impersonale, i verbi di questo gruppo (salvo rari casi) ammettono solamente quella con la particella *si*. Ciò vale anche per le espressioni verbali con *avere*. Al contrario, le espressioni con *fare, stare, essere* possono avere solo il costrutto (salvo rari casi) in 3ª persona singolare.

Poiché sono predicati che manifestano una decisa volontà per fatti potenziali, richiedono *il congiuntivo* nella soggettiva ***esplicita***. [1] In relazione a una volontà anche leggermente attenuata (come *sperare, temere* ecc.) possono anche avere l'*indicativo* e (naturalmente per significati di eventualità-ipotetica) il *condizionale* : [2]

– Ci si deve sempre aspettare che non tutto *giunga* a buon fine.

– Era ora che *arrivassi* (*arrivavi*)!

– Si temeva che *vi annoiaste* (*vi annoiavate - vi sareste annoiati*).

Per la forma ***implicita*** richiedono l'*infinito* per lo più preceduto da *di* (ad esempio, non richiedono *di* verbi come *volere, desiderare, preferire* o espressioni come *stare a cuore*):

– Di solito si spera *di vedere* realizzati tutti i nostri desideri.

c) giudizio di convenienza, di opportunità, di necessità, di sufficienza: *convenire, importare, occorrere, bisognare, volerci, valere la pena, essere utile, essere necessario, essere bene, essere meglio, essere peggio, essere opportuno, essere importante* ecc. (26.1.2a, 54.1 n.1)

Poiché per il loro significato rientrano tutti nei gradi più marcati della sfera volitiva, dovrebbero richiedero il *congiuntivo* nella soggettiva ***esplicita***. Tuttavia, in registri linguistici scritti e parlati non rigidamente formali, è in sempre più largo uso l'*indicativo* (e, di conseguenza, per taluni valori di eventualità-ipotetica, il *condizionale*).

– Bisogna che ve ne *ricordiate* (*ricordate*).

– Vale la pena che anche tu *faccia* questo piccolo sforzo.

– Non importa a costoro che la finanza pubblica *richieda* terapie d'urgenza? Non importa che le elezioni d'autunno *aggraverebbero* le ombre (...)? (M. Riva, in 'la Repubblica', 16-7-1991)

---

[1] Per quanto riguarda i possibili usi di *congiuntivo*, *indicativo* e *condizionale* si rinvia ai capitoli appositi della parte dedicata al verbo.

[2] Talvolta l'uso del *congiuntivo* o dell'*indicativo* può comportare sfumature diverse di significato. E' il caso delle completive nei due esempi seguenti, rette dal verbo *sperare* che qui costruiamo in forma personale (e perciò come oggettive) per comodità di frequenza espressiva: "Domani è il mio compleanno. *Spero* che *verrai* a casa mia." - "Domani è il mio compleanno. *Spero* che tu *venga* a casa mia." Nel primo caso, il parlante sembra mostrarsi certo che il soddisfacimento o meno del suo invito dipende da una semplice decisione del suo interlocutore (non vede altri ostacoli possibili) e appare quasi un sommerso ordine. Nel secondo caso invece il parlante mostra una qualche incertezza: l'invitato potrebbe anche avere un ragionevole impedimento. Si pensi anche alle due seguenti espressioni: "*Spero* che tu ci *stia* bene in questa città" (per un soggiorno già iniziato) - "*Spero* che ci *starai* bene in questa città" (per un soggiorno che sta per iniziare).

Per la forma ***implicita*** richiedono l'*infinito*, talvolta, in dipendenza da predicati pereifrastici preceduto da *di*:
– Vale la pena *(di) fare* questo piccolo sforzo.

d) giudizio di approvazione, di disapprovazione, di gradimento, o moto di rifiuto, sorpresa, rabbia, sdegno, meraviglia ecc., rispetto a fatti - assai spesso reali - narrati nella proposizione reggente; fatti che possono essere già avvenuti, o essere in via di svolgimento o risultare già progettati o anche potenziali: *piacere, dispiacere, garbare, apprezzare, godere, rallegrarsi, meravigliarsi, rammaricarsi, addolorare, dolere, dolersi, preoccuparsi, lamentarsi, lamentare, avere piacere, avere rabbia, essere felice, essere contento, essere una sorpresa, essere una meraviglia, essere un peccato, essere una vergogna, essere un guaio* ecc. (26.1.2b, 54.1 n. 1)

La soggettiva ***esplicita*** introdotta da *che* nelle forme più accurate richiede il *congiuntivo*. Diversamente, nei registri parlati o scritti più colloquiali l'*indicativo* sembra ormai prevalere. (26.2, 54.1 n. 1)
La completiva introdotta da *se* segue le concordanze del *periodo ipotetico* (si veda in 58.2 e 58.2.5):
– E' un guaio che non ce l'*abbia (ha) fatta*!
– Non mi va che tu *esci (esca)* con quelli!
– Mi dispiace che non *possano (possono)* venire.
– Dà certamente scandalo che vedove e figli degli uccisi *siano costrette* (...). (M. Fuccillo, in 'la Repubblica' 14-8-1991).
– Mi dispiacerebbe *se* non *potessero (possono)* venire.
– Meno male che 'Beatiful' *se n'è andato. (parlato trascritto in 'Il Giornale', 31-7-1995)*

La forma ***implicita*** richiede l'*infinito* nella maggior parte dei casi preceduto da *di*:
– Sono felice *di avercela fatta*.
– E' un'offesa *essere* costretti a questo.

e) giudizio personale, interpretazione personale di fatti (opinione, intuizione, dubbio, sospetto, perplessità ecc.): *pensare, credere, supporre, immaginare, figurarsi, dubitare, sospettare, vedere, avere il sospetto, avere la sensazione, avere l'idea, avere per la mente, essere dell'avviso, essere certo, essere possibile, essere verosimile, essere probabile, venire in mente, passare per la testa* ecc.
Con questi predicati la costruzione cosiddetta impersonale si fa come per quelli in b).

Questi predicati nei confronti dei fatti richiamati assumono, genericamente parlando, il tipico carattere soggettivo della opinabilità. Da ciò l'uso frequente del *congiuntivo* nel costrutto ***esplicito*** nei casi più formali. Nei casi formalmente meno controllati si tende sempre più a usare l'*indicativo* (o, per la virtualità, il *condizionale*), in quanto l'incertezza è sufficientemente espressa dal predicato reggente (26.1.2c, 54.1 n.1) [1]. Incertezza che (insistiamo) non è riferita al fatto

(1) Con l'espressione colloquiale 'mi sa che', ad esempio, l'*indicativo* è assai più frequente del *congiuntivo*: Mi sa che non *è (sia)* partito.

in sè, che per lo più è oggettivamente reale, ma alla soggettività della interpretazione che se ne fa, del giudizio che se ne dà:

– E' probabile che *abbia (ha) perso* il treno.

– E' possibile che *arrivi (arriva - arriverà)* domani.

– Sarà vero che nel rimpallo tra la TV e la strada ognuno *finisce* per pensare (...). (S. Vertone, in 'Corriere della sera', 3-5-1993)

– Non mi passa neanche per la testa che Carlo *farebbe* questo!

– L'ha detto lui? Si vede che non *ha capito* niente.

– C'è da dubitare che l'Europa e i mercati *si accontenterebbero* di simile stabilità. (M. Fuccillo, in 'la Repubblica', 10-1-1996)

La forma ***implicita*** richiede l'*infinito* preceduta da *di,* salvo con talune espressioni con *essere (essere possibile, verosimile,* ecc.):

– Che ti passa in mente *di dire* queste cose?

f) apparenza (i verbi 'effettivi'): *sembrare, parere, risultare, apparire* (26.1.2c, 54.1 n. 1). Nel costrutto ***esplicito*** si usano, come per i predicati di opinione, *congiuntivo, indicativo* (nei registri linguistici meno sorvegliati) e *condizionale* (per i valori di virtualità):

– Mi risulta che *abbiano (hanno) fatto* una bella vacanza.

– (...) risulta che (...) *se ne siano andati* mesi fa. (G. Turani, in 'la Repubblica', 1-12-1995)

La forma ***implicita*** (possibile per lo più coi primi due verbi) richiede l'*infinito* con *di*:

– Mi sembra *di avere preso* tutto l'occorrente.

In dipendenza da questi predicati, la subordinata contenente la dichiarazione espressa con un semplice *sì* o con un semplice *no* si fa precedere da *di*: Mi sembrava *di sì (di no).*

g) accadimento (verbi 'eventivi'): *accadere, succedere, avvenire, capitare, essere, potere essere, darsi il caso, potere darsi il caso* ecc. (26.1.2, 54.1. n. 1)

La soggettiva ***esplicita*** può avere indifferentemente *congiuntivo* o *indicativo*. Quest'ultimo prevale nei casi di minore formalità:

– Si dà il caso che *ci sia (c'è)* anche Gianni qui, oggi.

In dipendenza da *essere che, non essere che*, la completiva può essere solo esplicita e richiede, rispettivamente, l'*indicativo* (o il *condizionale*) e il *congiuntivo* (l'*indicativo* nei registri poco sorvegliati); se le due espressioni sono fra loro in correlazione, la negativa precede:

– *Non è che* non *voglia (voglio)* venire, *è che sono* stanco.

La forma ***implicita,*** non sempre possibile (ad esempio con *essere* e *potere essere*) ha l'*infinito* con *di*:

– Spesso ci accade *di sentirci* un po' stanchi.

congiuntivo con fatti reali Dall'elenco presentato, si sarà notato che il congiuntivo non si usa solo per fatti potenziali, ma anche per quelli reali (accaduti, in via di accadimento, progettati): è il caso dei verbi al punto d), che abbiamo definito di 'giudizio di approvazione ecc.'; ed è anche il caso dei predicati in e) che esprimono una interpretazione di fatti esistenti (26.1, 26.1.2).

omissione del 'che' Talvolta, quando c'è il congiuntivo, il funzionale *che* si tralascia e il congiuntivo svolge da solo la funzione di 'congiungere' (26.1):
– Bisogna tu *vada* a casa subito.
– Sembra *sia stato* invitato anche lui.

costruzione in 3ª persona singolare In teoria, la costruzione 'impersonale' è possibile con tutti i verbi sopra ricordati; tutti, perciò, potrebbero avere una proposizione dipendente soggettiva. Nell'uso pratico tuttavia questa costruzione è più frequente con alcuni che con altri. Solo l'esperienza dell'uso può dare precise indicazioni.
In ogni caso, la costruzione più ricorrente è quella con la particella *si* (22.4.2).

sostituente 'lo' In presenza di un costrutto con la particella *si*, la proposizione soggettiva può essere richiamata dal sostituente invariabile *lo*:
– "Io pensavo *che tutto questo non fosse così importante*." "In principio *lo* si era pensato anche noi, ma poi ci abbiamo riflettuto meglio."

54.2.2 COLLOCAZIONE DELLE SOGGETTIVE NEL PERIODO

Generalmente parlando, la proposizione soggettiva, essendo una subordinata, si colloca dopo il predicato reggente. Tuttavia, per ragioni di enfasi si può collocarla prima. Ciò avviene in particolare se si usa *il fatto che*, funzionale particolarmente adatto (costituito com'è dal sostantivo 'fatto') a richiamare l'attenzione dell'interlocutore (54.2, 54.3.2).

• In questi casi di anticipazione la forma esplicita, al posto dell'*indicativo*, preferisce il modo *congiuntivo* anche nei casi in cui non ci siano significati di risoluta volontà (26.1, 26.4, 54.3.3):
– *Che (il fatto che) Carlo si sia offeso* mi addolora.
– *Andare in vacanza* mi rende sempre felice.

Ma preferenza non vuol dire obbligo, naturalmente:
– E che qualcosa di vero *c'era* (...) fu dimostrato (...). (V. Feltri, in 'il Giornale', 16-11-1995)
Nel seguente esempio si noti la proposizione reggente scissa per enfasi (49.6.1):
– *A stupire, infatti, non è* che qualcuno rubasse. (in 'la Repubblica', 25-10-1995).

54.3 COMPLETIVE OGGETTIVE

	(soggetto)	*(predicato)*	*(gruppo dell'oggetto)*
a)	Carlo	aspetta	la *partenza* del treno.
b)	Carlo	aspetta	che il treno *parta*.

Nell'esempio in a) l'oggetto è costituito da un nome (*la partenza*) e dal complemento di specificazione soggettiva (40.3) (*del treno*). In b) l'oggetto è costituito da una proposizione con i suoi propri soggetto (*il treno*) e predicato (*parta*).

Una proposizione che funge da oggetto diretto è una ***completiva oggettiva*** (39.1.2).

Dal punto di vista del contributo di significato che apporta al contenuto della reggente è comunque sempre una *esplicativa* (o *dichiarativa*).

Le proposizioni oggettive dipendono da verbi o espressioni che: o sono transitivi (*vedere, capire, sapere, dire* ecc.) o hanno il significato equivalente a transitivi (*accorgersi, rendersi conto, avere paura, lamentarsi* ecc. [54.3.1]):
– Vedo (mi accorgo - mi rendo conto) *che sei stanco*.

Quando sono ***esplicite*** possono essere introdotte da *che, il (del) fatto che, come, se, quanto* (con gli stessi valori che per le soggettive), e richiedono l'*indicativo*, il *congiuntivo* o, per i significati di eventualità-ipotetica, il *condizionale*.
L'uso di ciascuno dipende dal predicato reggente, come per le completive soggettive (54.2).
– Vorrei *che* Lucia non *uscisse* stasera.
– Ho saputo *che* Andrea *è partito*.
– Mi raccontò *come avesse (aveva) perso* il treno.
– Sai bene *quanto (se) mi faresti* contenta con qualche telefonata in più.
– Io non ho detto *che* tu l'*abbia (hai)* fatto apposta.

Quando sono ***implicite*** richiedono l'*infinito*, il più delle volte introdotto da *di* (in analogia con quanto indicato in 54.2.1):
– Si accorse *di non meritare* tanto.
– Desideriamo *restare* soli.

54.3.1 OGGETTIVE PROPRIE E IMPROPRIE

La proposizione oggettiva, avendo funzione di oggetto diretto (per la domanda "che cosa?"), può, come si è detto, essere retta da predicati costituiti da verbi transitivi: "Adesso *capisco* (che cosa?) che la vita è bella!"
Ci sono tuttavia proposizioni completive che fungono da oggetto del predicato della reggente pur rispondendo alla domanda "di che cosa? (e non "che cosa?"). Esse dipendono da predicati costituiti da verbi o espressioni che, pur non essendo transitivi, sono a questi equivalenti (sono transitivi dal punto di visto logico); e fra i transitivi hanno spesso un corrispondente di analogo significato: *accorgersi* (= vedere, capire), *illudersi* (equivalente a: *credere*), *assicurarsi, convincersi, vergognarsi, lamentarsi, ricordarsi, avvedersi, essere a conoscenza, rendersi*

conto, essere sicuro (certo, convinto, in dubbio), fare finta, avere paura, avere la certezza, (la convinzione, la speranza, il dubbio...) avere vergogna ecc. [1]

Proposizioni di questo tipo sono da taluni definite ***oggettive improprie (o oblique)***.

I funzionali introduttivi usati sono quelli tipici delle oggettive vere e proprie: *che, come, quanto, se, del fatto che.*

Lo stesso discorso vale per il modo verbale richiesto:

– Adesso mi accorgo (di che cosa?) *che la vita è bella! (= adesso vedo che ...)*

– Adesso mi rendo conto (di che cosa?) *che (del fatto che) la vita è bella!* (= adesso capisco che...)

– Sono perfettamente consapevoli *del fatto che* ciò (...) appare agli occhi degli uomini senza interesse (...). (V. Äbischer, 'Il linguaggio delle donne').

Le oggettive vere e proprie possono essere richiamate dal sostituente, invariabile, *lo*; non poche di quelle oblique dal sostituente *ne*:

– Ricordo che anche Gianni c'era quel giorno". "*Lo* ricordo anch'io".

– "Mi ricordo che anche Gianni c'era quel giorno". "Me *ne* ricordo anch'io".

54.3.2 ANALOGIE FORMALI FRA OGGETTIVA E SOGGETTIVA

predicati reggenti Molti dei verbi e qualcuna delle locuzioni verbali che reggono una proposizione soggettiva possono reggere anche una oggettiva. Essi sono quelli che esprimono: a) *dichiarazione, conoscenza, percezione, ricordo*; b) *volontà*; e) *giudizio personale*; d) gran parte di quelli che esprimono *gradimento, approvazione, meraviglia,* ecc. (Si veda in 54.2.1.)

'di sì', 'di no' Con molti verbi in a) e in e), la dichiarazione espressa con un *sì* o un *no* si fa precedere da *di* (si veda indicazione anche in f): Dico (affermo ...) *di sì.* - Pensavate (credevate ...) *di no*?

modi verbali I modi verbali che si possono avere nella proposizione *oggettiva esplicita* o *implicita* sono pressoché gli stessi che si richiedono per la *soggettiva* (si veda in 54.1 n. 1, 54.2 e in 54.2.1):

– Vedo che *è* difficile per te.

– Sono sicuro che *sarebbe* difficile per te.

– Lui *non* dice che tu non *capisca (capisci)*, dice solo che tu *ti distrai* troppo facilmente.

– Mi stupisco che *sia (è)* difficile per te.

---

[1] Per non poche di queste espressioni con *essere* o *avere + aggettivo* o *sostantivo*, dal punto di vista sintattico si è sempre nel dubbio se considerarle come unità inscindibili simili a un predicato, a cui nel caso seguirebbe una proposizione oggettiva impropria, o invece considerare come elemento a sé l'aggettivo o il sostantivo (con funzione, rispettivamente, di nome o di oggetto del predicato), a cui seguirebbe una proposizione attributiva (56.1) Comunque il significato non subisce mutamenti evidenti.

– Penso che *sia (è)* difficile per te.
– Non voglio che *sia* difficile anche per te.
– Disse di *essersi innamorato*.
– Non desidera *ritornarci più*.
– Metti, per esempio, che (...) una bufera giudiziaria *toglie* di mezzo pure lui... (F. Geremicca, in 'la Repubblica', 31-5-1996).

A questo proposito occorre comunque osservare che con i verbi della volontà più ricorrenti (gruppo b del nostro elenco in 54.2.1), specie nei parlati regionali del centro-sud e, in generale, nei registri più colloquiali, si accompagna sempre più spesso l'*indicativo*:
– Voglio che ci *vai*; capito? (sentito in un film alla Tv).
– E conferma quanto per il pool era solo una coincidenza temporale. (L. Fazzo, in 'la Repubblica', 2-12-1995).

Nel seguente esempio si noti come il verbo 'dire' usato come verbo della semplice narrazione regga l'indicativo, e usato con aggiunto un significato volitivo regga il congiuntivo:
– Le disse che *erano* pillole per aprire i polmoni e che le *buttasse* subito via.

54.3.3 COLLOCAZIONE DELLE OGGETTIVE NEL PERIODO

Il posto abituale della proposizione oggettiva è dopo il predicato della reggente, sia perché funge da oggetto, sia perché è una proposizione subordinata. Tuttavia ragioni di enfasi possono suggerire di anticiparla. Allora la forma esplicita tende ad avere il *congiuntivo* al posto dell'indicativo anche quando non ci sono significati di tipo volitivo. In questi casi il congiuntivo sembra piuttosto funzionare pragmaticamente (26.1, 26.3, 26.4, 54.2.2) come segnale di *proposizione secondaria* ('congiunta' a una reggente che, insolitamente, viene dopo):
– (Tutti lo sanno *che la terra* GIRA *intorno al sole.)* →
→ *Che la terra* GIRI (= gira) intorno al sole tutti lo sanno.

Si è comunque già visto (26.3) che, in questi casi, soprattutto ragioni di non ricercata formalità consentono l'uso dell'*indicativo*, che, per altro, in taluni casi di collocazione dei fatti nel futuro sembra inevitabile:
– Che *è* infuriato lo dicono ogni giorno le cronache. (N. Ajello, in 'la Repubblica', 16-1-1993).
– Che l'iter non *sarà* tranquillo non l'annuncia solo il corsivo (...). (L. Fazzo, 'la Repubblica', 30-12-1992).

54.3.4 PRECISAZIONI SU ALCUNI FUNZIONALI

del fatto che Il funzionale *del fatto che* (54.2, 54.3) col sostantivo che lo compone ('fatto'), richiama l'attenzione sull'informazione data dalla completiva, e si usa molto spesso con i verbi che esprimono un marcato moto affettivo:
– Mi meraviglio *del fatto che* non abbiano ancora telefonato.

omissione del funzionale A volte, quando c'è il congiuntivo, il funzionale *che* si tralascia, e il *congiuntivo* (ripetiamo) svolge da solo la funzione di 'congiungere' (26.1, 54.2.1):
– Spero tu *venga* da noi domani.
– (...) voleva *fosse suonata* la musica (...) (M. Fuccillo, in 'la Repubblica, 20-3-1992).

54.4 COMPLETIVE PREDICATIVE

	(soggetto)		*(predicato nominale)*
a)	L'amicizia	è	anche *stima* reciproca.
b)	L'amicizia	è	che *ci si stimi* anche reciprocamente.

Nell'esempio in a) c'è un predicato nominale formato da una copula (*è*) e da un nome (*stima*) col suo attributo (*reciproca*).

Nell'esempio in b) c'è un predicato nominale formato da una copula (*è*) e da una proposizione con suo proprio predicato (*ci si stimi*) accompagnato dal proprio attributo avverbiale (*reciprocamente*).

Una proposizione che funge da predicato insieme a una copula è una ***completiva predicativa*** (33.1.1).

Naturalmente, dal punto di vista del contributo di significato che apporta al contenuto della reggente, è (come tutte le completive) una *esplicativa* o *dichiarativa*.

Le proposizioni completive predicative non sono molto frequenti. E ciò, sia a causa della ridotta funzione che svolgono affine a un predicato nominale, sia (e di conseguenza) a causa del numero ridotto di verbi copulativi con cui possono accompagnarsi.

I verbi copulativi con cui le completive predicative possono accompagnarsi sono:

• la copula *essere*: in questo caso la proposizione predicativa ***esplicita***, viene introdotta da *che* e può avere l'*indicativo*, il *condizionale* o il *congiuntivo* (in analogia con le completive già descritte); quella ***implicita*** ha l'*infinito presente* o *passato* introdotto o non da *di* (a seconda che il soggetto lo richieda o no):

– La cosa importante, e dolorosa per i clienti dell'insolvente, *è che vengono messi in vendita tutti quei titoli* (...). (in 'la Repubblica', 29-8-1991).

– Felicità *è non cambiare*. (in, 'la Repubblica' [sport], 17-7-1991)

– L'incognita *era che la delegazione democristiana bocciasse quel provvedimento* (...). (S. Costantini, in 'la Repubblica', 24-2-1992)

• i verbi *sembrare, parere* e *risultare,* naturalmente, quando svolgono funzione copulativa (concordano, dunque, con il soggetto [33.1.1]); in questi casi, la proposizione predicativa sarà ***implicita*** e avrà l'*infinito* con lo stesso soggetto del verbo copulativo:

– Questi ragazzi *sembrano studiare con un certa superficialità.*

– Anche due palle break fallite nel secondo game non *parevano scorare il nostro ometto.* (G. Clerici, in 'la Repubblica', 10-2-1991)

Nel caso in cui i verbi suddetti non fungessero da copulativi, sarebbero seguiti da una proposizione soggettiva, non predicativa:

– Luigi e Andrea *sembrano avere messo la testa a posto.* (proposizione predicativa)

– Luigi e Andrea sembra *che* (= sembra *che Luigi e Andrea) abbiano messo la testa a posto.* (prop. soggettiva)

• con i copulativi *essere* e *sembrare* la completiva predicativa (come un predicato nominale [33.1.1]) può essere richiamata dal sostituente, invariabile, *lo* (33.1.1):

– "Amicizia *è anche che ci si stimi reciprocamente?*" "Sì, *lo* è".

54.5 COMPLETIVE INFINITIVE

a) Si vedevano tante persone *correre* verso la piazza. (prop. soggettiva)

b) Vedevo tante persone *correre* verso la piazza. (prop. oggettiva)

Nell'esempio in a) c'è una *soggettiva con infinito*. Il suo soggetto (*tante persone*) è anche soggetto del verbo passivo della proposizione reggente (*si vedevano*). Si è dunque di fronte a una proposizione completiva che, nel momento in cui funge nel suo insieme da soggetto al verbo reggente, condivide con questo stesso il sostantivo soggetto.

Nell'esempio in b) si ha un'*oggettiva con infinito* il cui soggetto (*tante persone*) è contemporaneamente oggetto del verbo attivo della proposizione reggente (*vedevo*). Si è dunque di fronte a una proposizione completiva che nel suo insieme funge da oggetto diretto a una proposizione con la quale, ha in comune un sostantivo con funzione di oggetto da un lato e di soggetto dall'altro.

Come si può notare da questi esempi, sia sul piano strutturale sia su quello logico si è ancora di fronte a un intreccio così particolare che rende la proposizione reggente e la sua subordinata reciprocamente dipendenti. L'una non potrebbe fare a meno dell'altra. Che è caratteristica propria dei costrutti completivi.

Le ***proposizioni infinitive*** sono completive che, a seconda della loro funzione sintattica, possono essere soggettive o oggettive.

Il nome di *infinitive* deriva loro dal modo verbale (l'infinito) che le caratterizza.

Dal punto di vista logico, esse svolgono una funzione *esplicativa generica* di cui è difficile cogliere il valore specifico. E ciò perché da una eventuale trasformazione in esplicite possono risultare: o ancora genericamente esplicative, oppure rivelarsi relative, temporali o (a volte) finali. Non di rado, neanche il contesto è in grado di apportare chiarimenti:

1a) Ascolto *i bambini cantare*. (infinitiva)
1b) Ascolto i bambini *che cantano*. (relativa)
1c) Ascolto i bambini *mentre cantano*. (temporale)
2a) Vedo *i bambini giocare*. (infinitiva)
2b) Vedo *che i bambini giocano*. (latamente esplicativa)
3a) Faccio *giocare i bambini*. (infinitiva)
3b) Faccio *sì che i bambini giochino*. (consecutiva-finale)

Le proposizioni infinitive dipendono da verbi della percezione dei sensi e della mente (*udire, sentire, ascoltare, vedere, guardare, osservare, pensare, immaginare, ricordare...*), e dai verbi (detti 'fattitivi' o 'causativi') *fare* (= conseguire un certo risultato per mezzo di altri) e *lasciare* (= permettere a qualcuno di fare qualcosa):

– Sento (guardo) *la mamma cucinare*.
– Lascio (faccio) *venire a casa mia gli amici*.

Se il soggetto e l'oggetto dell'infinitiva sono espressi mediante pronome clitico (*lo, la, li, le, ci, vi, si, gli*), questo si antepone al verbo reggente:

– *Li (ci, le...)* guarda giocare.
– *Gli* faccio scrivere una lettera. *Gliela* faccio scrivere subito.

54.5.1 PRECISAZIONI SU AGENTE E OGGETTO NELLE INFINITIVE CON 'FARE' E 'LASCIARE'

In presenza dei 'fattitivi' *fare, lasciare* e talvolta *mandare* l'infinito potrebbe avere un oggetto diretto. In questo caso chi compie l'azione viene fatto precedere dalla preposizione *a* o *da* (con la funzione di *complemento d'agente* 39.4.1); ma con questa precisazione: a) il funzionale *a* solitamente si usa per introdurre un agente al quale si 'permette' *(fare, lasciare)* di compiere un atto di cui egli stesso sarà il beneficiario: Facciamo (lasciamo) fumare Luigi. → Facciamo (lasciamo) fumare una sigaretta *a Luigi*.

b) il funzionale *da* si usa per introdurre un agente a cui si 'richiede' *(fare)* un atto del quale potrà beneficiare non lui, ma il richiedente o un'altra entità con funzione di 'oggetto indiretto' (introdotto da a): *Ti (= a te)* faccio scrivere una lettera *da Luigi.*

Allorché chi agisce è indicato da un pronome atono diretto *(mi = me), (ti = te), (lo = lui), (la = lei), (li = loro...)*, questo stesso, in presenza di un oggetto diretto, assume funzione indiretta *(mi = a me), (ti = a te), (gli = a lui...)*:
– *Lo* faccio scrivere. → *Gli* faccio scrivere *una lettera.*

Trasformando i pronomi da atoni a tonici, le frasi diventano:
– Faccio scrivere *lui.* → Faccio scrivere una lettera *a (da) lui.*
Questa presenza dell'agente si rende necessaria perché, quando è espresso l'oggetto diretto, l'infinito di un verbo transitivo, anche se è in forma attiva, può assumere *significato passivo* (39.4.1).
– Farò comprare il giornale *da Lucia.* (= farò sì che il giornale venga comprato *da Lucia*)

A questo proposito, si pensi al senso umoristico che può (verosimilmente) scaturire dall'ambiguità di significato nelle seguenti rapide battute di dialogo:
– "Tua moglie mi pare un po' magra. Perché non *la* fai mangiare?" "E *da* chi?"
Si sa che l'umorismo di gran parte delle barzellette scaturisce proprio dall'ambiguità di significato che offrono in genere le strutture linguistiche.

54.6 ESEMPI DI COMPLETIVE DA AUTORI VARI

– Si direbbe *che la memoria, più perde la capacità* di trattenere il presente e il passato prossimo, *più tesaurizza gelosamente* (...). (I. Calvino, in 'la Repubblica', 6-3-1984)
– Si capiva *che nella sua portineria non stava volentieri.* (C. Pavese, 'La bella estate', *18*)
– Si diceva *che lui non fosse più abile del suo maestro* (...). (U. Eco, 'Il nome della rosa, 122)
– (...) si diceva *che (...) confabulava (...). (*Eco, cit. *423*)
– Peccato *che non trova mai l'attimo giusto* (...). (E. Bussini, in 'La nazione', [sport], 21-5-1984)
– Peccato *non siano in molti* (...). (P. Calabrese, in 'Il messaggero, 7-2-1987)
– Si propone *che sia una sola camera* ad approvare le leggi. (S. Rodotà, 'la Repubblica', 19-6-1986)
– Non mi piace *che fai sempre così.* (V. Pratolini, 'Un eroe del nostro tempo', 58)
– E ci dispiace *che ci abbia lasciati* (...). (B. Brunori, in 'La nazione', 18-2-1987)
– Pareva *che si avvicinasse* (...). (I. Calvino, 'Il visconte dimezzato', 27)
– Pare *che tuo padre e tua madre devono ancora scegliere* (...). (F. Tomizza, 'L'amicizia', 106)
– (...) accadeva *che ci si incontrasse* (...). (G. Ledda, 'Padre padrone')
– Succedeva *che la benzina esauriva* (...). (G. Ledda, cit. 59)
– *Che fosse stanca* si vedeva. (C. Cassola, 'Una relazione', 89)
– *Che a Torino minacciano la sua famiglia*, non sarà vero, ma è verosimile (...). (G. Mura, in 'la Repubblica', 8-12- 1985)
– Mi tocca *andare* a trovarlo. (N. Ginzburg, 'Lessico famigliare', 70)
– Ma a me tocca *di morire* (...). (R. Bacchelli, 'Una passione coniugale', 94)
– (...) non gli riuscì *trovare le parole.* (C. Cassola, 'Una relazione', 126)
– Nessuno credo *che sia comunista* (...). (L. Sciascia, 'Todo modo', 46)

– Ella temé *che tornasse* (...). (V. Pratolini, 'Un eroe del nostro tempo', 69)
– Dubitò *che egli se ne fosse andato* (...). (Pratolini, cit. 24)
– M'avvidi *che era cieco*. (U. Eco, 'Il nome della rosa', 86)
– Forse reputava *che (...) dovesse rispuntare* (...). (E. Morante, 'La storia', 171)
– Egli si guardò intorno in attesa *che il sindaco smentisse (...)*. (I. Silone, 'Il segreto di Luca', 60)
– *Che si chiamasse Simona* lo sapevo soltanto da un giorno (...). (C. Castellaneta, 'Anni beati', 28)
– (...) dichiarò *trattarsi di polmonite*. (G. Bassani, 'Cinque storie ferraresi', 38)

– La mia impressione è *che oggi molti conoscano* (...). (S. Fortuna, in 'La nazione', 2-2-1987).
– La ragione (...) è *che si possono avere per tanto poco* (...). (S. Viola, in 'La Repubblica' 14-2-1987)
– Il punto non è *se io scriva ancora* (...). (U. Eco, in 'L'espresso', 9-11-1986, pag. 274)
– (...) le motivazioni sarebbero *che il presidente pensa alla RAI* (...) *e cerca un rilancio* (...). (A. M. Mori, in 'la Repubblica' 17-2-1987)
– Il curioso fu *che nostra madre non si fece alcuna illusione* (...). (I. Calvino, 'Il barone rampante' 41)
– Per lui il crepuscolarismo (...) è stato *il rimirare allo specchio l'immagine* (...). (S. Giovanardi, in 'la Repubblica', 11-3-1987)

– Odo *le scarpe della mamma cadere leggere sul pavimento* (...). (C. Castellaneta, 'Viaggio col padre', 33)
– Le ricordo *quelle groppe dei giovani maschi correre via insieme* (...). (G. Saviane, 'Il mare verticale', 24)
– "Cosa fai ... dormi?" sentii *dire da Francesco*. (G. Arpino, 'L'ombra delle colline', 12)
– Nino stavolta *mi* fece *chiamare dal giardiniere* (...). (C. Pavese, 'Feria d'agosto', 99)
– Facciamo fare *ad Achille un bel pacchetto* (...). (M. Tobino, 'Per le antiche scale', 31)
– Non *lo* lasciava *commentare*. (Tobino cit., 31)

Capitolo LV

55 - PROPOSIZIONI INTERROGATIVE INDIRETTE

L'interrogativa indiretta è una completiva - Il posto dell'interrogativa indiretta nel periodo - Nominalizzazione di una interrogativa indiretta - Esempi di interrogative indirette di autori vari.

55.1 L'INTERROGATIVA INDIRETTA È UNA COMPLETIVA

a) Non si sa	perché Carlo non è (sia) partito. (proposizione soggettiva)
b) Gli chiese	che cosa voleva (volesse). (proposizione oggettiva)
c) La mia preoccupazione è	se Carlo si sia (è) offeso (proposizione predicativa)
d) Ha il dubbio	che Carlo si sia (è) offeso. (proposizione attributiva [56.1]

In ciascuna di queste frasi, la proposizione subordinata è una completiva. E al tempo stesso è una domanda indirettamente formulata, come viene indicato dal significato del verbo (*non sapere - chiedere*) e del sostantivo (*dubbio-preoccupazione*) da cui dipende. Lo indica anche il fatto che ciascuna può essere trasformata in interrogativa diretta:

a) Perché Carlo non è partito? (Non si sa)
b) Gli chiese: "Che cosa vuoi?"
c) La mia preoccupazione è: "Si sarà offeso Carlo?"
d) Ho questo dubbio: "Si sarà offeso Carlo?"

Una proposizione completiva che dipenda da verbi o espressioni col significato di *domandare, chiedere, indagare, congetturare, dubitare, non sapere* è una ***interrogativa indiretta***.

Le interrogative indirette, come le dirette (47.2), possono essere *totali* o *parziali*.

Le ***interrogative totali*** vengono introdotte sempre dalla congiunzione *se.*

Le ***interrogative parziali*** vengono introdotte dai pronomi *chi, che cosa, che, cosa,* dagli aggettivi *che, quale, quanto* e dagli avverbi *perché, quando, come, quanto, dove, ove, donde;* che sono tutti introduttori interrogativi.

Se sono in forma ***esplicita***, le une e le altre possono avere *indicativo, congiuntivo* o *condizionale* (quest'ultimo per il significato della eventualità-ipotetica).

Generalmente, la scelta dell'indicativo o del congiuntivo dipende dal tipo di registro linguistico (più o meno formale) che si usa; ma non è un elemento determinante (55.1.1, 26.1.2, 26.2):

– Mi domando *se hanno (abbiano) capito.*

– Ti ho chiesto *che ore sono* (55.1.1).

– Non capisco *perché non sono (siano)* ancora qui.

– Non so *se verrebbero* anche loro.

– *Come e perché questo sia accaduto (...)* è spiegabile solo parzialmente (...). (F. Geremicca, in 'la Repubblica', 26-10-1995)

– *Come finirà,* era ancora ieri sera cosa assolutamente impossibile da dire. (F. Geremicca, cit.)

– Resta da vedere *se nel pomeriggio il Paese avrà ancora un giorno oppure no.* (F. Geremicca, cit.)

– Non ci voleva tanto a immaginare *da cosa nascesse quel senso d'impotenza.* (G. Battistini, in 'la Repubblica', 30-10-1995)

La forma ***implicita*** si può avere se il verbo della indiretta e quello della principale hanno lo stesso soggetto o sono impersonali. L'*infinito* è il modo verbale richiesto per esprimere fatti potenziali rispetto al tempo della reggente:

– Non sappiamo *che fare*, né dove *andare*.

– In questi casi non si sa *che dire*.

– Sono in dubbio *se telefonargli.*

– Un'infanzia tutto sommato incerta *se esser grata al destino (...).* (in 'L'Espresso', 24-9-1995, pag. 82)

Implicita ed esplicita in coordinazione:

– Il dottor (...) evidentemente non sa più *cosa dice nè cosa dire.* (in 'la Repubblica', 16-12-1995)

In analogia con le interrogative dirette, anche le indirette totali possono essere *alternative* o *disgiuntive*; possono cioè presentare due possibilità di scelta (47.2.1):

– Io mi chiedo *se mi ascolti o sei distratto.*

– Vi ho chiesto *se venite con me o no.*

55.1.1 PRECISAZIONI SULLA DOMANDA INDIRETTA

caratteristiche L'interrogativa indiretta, essendo segnalata da un verbo o espressione di domanda o di dubbio, è sintatticamente subordinata. Con essa la domanda non è mai posta direttamente, ma è segnalata dal significato del verbo, dell'espressione, del sostantivo o dell'aggettivo reggente. Perciò nella lingua parlata non si ha l'intonazione tipica della domanda, e nella lingua scritta non si ha il punto interrogativo. Per questo fatto, -come accade per la dubitativa diretta (in 47.2.3)- l'interlocutore, se non è chiamato in causa con apposite parole o gesti, può anche non sentirsi sollecitato a rispondere. Anzi, l'interlocutore può anche mancare:

– Mi chiedo *quando arriveranno*. (è un mio dubbio; non chiedo alcuna risposta)

– Ti ho chiesto *quando mai arriveranno*. (l'ho chiesto a te; dovresti rispondere)

predicati reggenti I verbi, le espressioni verbali, i sostantivi e gli aggettivi reggenti che hanno funzione equivalente a quella che in una interrogativa diretta ha il 'punto interrogativo' (se scritta) e (se parlata) la particolare intonazione sono: *domandare, chiedere, dubitare, non sapere, non capire, essere in dubbio, essere dubbioso, essere incerto, essere perplesso, non essere sicuro, non essere convinto, non essere certo, dubbio, domanda, preoccupazione,* e simili.

reggente sottintesa In ben determinati contesti linguistici, la reggente interrogativa potrebbe anche essere sottintesa:

– (...) è evidente che sono stati compiuti degli errori. Anche da parte nostra. *Se siamo pentiti di quello che abbiamo fatto?* La realtà è (...). (in 'La Stampa', 9-2-1993) (la reggente interrogativa potrebbe essere: "*Mi si chiede se...*)

elemento intensivo Gli elementi introduttivi della interrogativa indiretta possono essere rafforzati dalla parola espletiva *mai* (*come mai, perché mai, se mai, semmai, quando mai...*) per sottolineare la partecipazione emotiva (47.2.4, 18.5.1) di chi parla o scrive (indignazione, meraviglia, sorpresa, forte dubbio...):

– Non capisco *perché mai* l'abbia (ha) fatto!
– Mi chiedo *come mai* non sia (è) ancora qui!
– Non mi ricordo *se* abbia (ha) chiesto *mai* un giorno di permesso.

preposizione Gli stessi elementi introduttivi (eccettuato *se*) possono essere accompagnati da preposizione atta a segnalare la loro particolare funzione logica di elementi in uso sostantivale (7.1.1): *a (da, di...) come, del (sul...) perché*:

– Penso *a come* mai Lucia non si sia (è) vista ancora.
– Era in dubbio *sul perché* lo avessero (avevano) invitato.
– Mi chiedevo *da dove* fosse (era) venuta.

le indirette sono completive Come si è già ricordato (54.1, 55.1), le interrogative indirette sono completive che possono avere funzione soggettiva, oggettiva, predicativa, attributiva:

– Non si sa mica chi l'abbia (ha) invitato quello lì. (inter. indir. soggettiva)
– Mica lo sa nessuno chi l'abbia (ha) invitato quello lì. (inter. indir. oggettiva)
– Gli ho fatto io la domanda se l'aveva (avesse) invitato lui quello lì. (inter. indir. attributiva)
– La domanda era chi l'avesse (aveva) invitato quello lì. (inter. ind. predicativa)

modi verbali Per quanto riguarda l'uso alterno che si da *dell'indicativo* o del *congiuntivo* anche nelle interrogative indirette (quali completive), senza influssi sul significato, vale per lo più quanto si è già detto in 26.1.2, 26.2 e soprattutto in 54.1 n. 1. Vale quanto si è già detto, ma con un'osservazione in più: nelle 'interrogative parziali' i significati di soggettività e di incertezza riguardano non il fatto, che risulta reale, non potenziale, ma un suo particolare. Può infatti riguardare chi o che cosa ha generato il fatto, o perché, quando, come, dove. In questi casi l'uso del congiuntivo può solo giustificarsi per il senso di soggettività e di incertezza che informa l'intera struttura. Ma per questa funzione è già sufficiente la domanda indiretta in sé; così come lo è anche per le interrogative totali. Tutto ciò il parlante (o scrivente) comune più o meno grammaticalmente esperto lo sa o lo sente; e si regola di conseguenza: ora, nei momenti di maggiore spontaneità, attenendosi alle comuni consuetudini d'uso (alternanza di indicativo e congiuntivo senza star tanto a pensarci su), ora adeguando il suo registro linguistico alla situazione (più formale, meno formale), ora ricercando effetti di stile.

Nel primo degli esempi che seguono, si può notare come, pur in presenza dell'intensificazione soggettiva segnalata da *come mai*, l'autore non senta la necessità del congiuntivo nell'interrogativa indiretta. Congiuntivo che invece usa, nel secondo esempio, in interrogativa dipendente da un predicato che, poiché negativo, è anch'esso, soggettivamente parlando, di valore intensivo. Negli altri esempi indicativo e congiuntivo si affiancano in un medesimo periodo in proposizioni coordinate o equivalenti: con esiti stilistici forse non proprio significativi, ma certamente senza la monotonia della ripetizione di una stessa voce verbale:

– Chiedono di capire *come mai* quel decreto del ministro della Funzione pubblica (...) *fu sostituito* da un altro (...). (in, 'la Repubblica', 3-12-1995)

– Dal verbale di interrogatorio (...) *non si capisce* in che cosa consista la concussione addebitata a (...). (in, 'la Repubblica', cit.)

– Gli chiedeva quanti *erano* in casa, se *avesse* il padre, se *era* fidanzata. (C. Alvaro, 'Vent'anni')

– Il cittadino è davanti a un dilemma: non sa più se *è* la strada che somiglia al carcere o se *sia* il carcere che somiglia alla strada. (P. Magi, in 'La nazione', 4-2-1977)

– Giannini (...) non si sa quanto *piace* a Bianchi, non si sa quanto *piace* ai tifosi e non si sa quanto *piaccia* a se stesso. (C. Sannucci, in 'la Repubblica', 7-7-1991)

– (...) questa circostanza la dice lunga su quanto poco essi *sanno* davvero e su quanto poco grande *sia* il loro timore. (M. Fuccillo, in 'la Repubblica', 21-3-1993)

In talune espressioni in cui sembra prevalere non tanto il dubbio o l'incertezza quanto piuttosto l'urgenza di avere un'informazione certa, il congiuntivo normalmente non si usa [1].

– Ti ho chiesto che ore *sono*.

– Adesso glielo domando io se *può* farti questo favore.

– Non lo so mica che ci *fanno* con tutte quelle penne.

identità di soggetto Il *congiuntivo* viene generalmente evitato se l'interrogativa ha lo stesso soggetto grammaticale e logico della sua reggente.

– Mi domando (sog.: io) se *ho* (non: *abbia*) fatto bene. (sog.: io)

E' comunque possibile trovare congiuntivi con identità di soggetto con la reggente. Ciò è forse dovuto alla frequenza d'uso di questo modo verbale in questo genere di proposizioni o a una particolare accentuazione del fatto:

– Mi chiedevo (...) come mai l'*avessi* quasi *dimenticata* (...). (U. Eco, 'Il nome della rosa')

55.1.2 IL POSTO DELLA INTERROGATIVA INDIRETTA NEL PERIODO

Di solito l'interrogativa indiretta, come le altre completive, segue immediatamente la sua reggente. Ragioni di enfasi tuttavia potrebbero indurre il parlante a farla precedere:

– *Quando finalmente Carlo si laureerà*, se lo chiedono un po' tutti in famiglia.

– *Se Franco si sia già laureato* non lo so.

– *(...) se sia in pericolo -o quanto sia in pericolo-* è difficile dire. (F. Geremicca, in 'la Repubblica', 26-10-1995)

55.1.3 NOMINALIZZAZIONE DI UNA INTERROGATIVA INDIRETTA

Poiché l'interrogativa indiretta è, come tutte le completive, una frase con valore sostantivale, a volte è possibile ridurla a sostantivo; operando, naturalmente, le necessarie variazione sintattiche:

– (Non so *perché Carlo sia partito improvvisamente.)* →

→ Non so *il perché della improvvisa partenza di Carlo.*

---

[1] Le interrogative possono assumere, "per una sorte di abituazione anticipatoria, la forma della risposta attesa, oppure subiscono l'influenza della forma del discorso da cui la domanda è provocata." (L.R. Palmer, cit., pag. 376)

55.1.4 ESEMPI DI INTERROGATIVE INDIRETTE DI AUTORI VARI

– Giacomo domandò alla Rina *se fosse possibile aprire la finestra*. (A. Moravia, 'I racconti', 528)

– Ma non ho potuto occuparmi di sapere *che diavolo abbiano*. (E. Vittorini, 'Il garofano rosso', 54)

– A volte pensava *se per caso fosse vero*. (C. Sgorlon, 'Il trono di legno', 220)

– (...) devo imparare *dove sia il male* e *che aspetto abbia*. (U. Eco, 'Il nome della rosa', 224)

– Ora sarà interessante conoscere *su quali basi si fonda l'intervento*. (F. Scottoni, in 'la Repubblica', 24-3-1983)

– (...) forse non ha chiaro *quali sono i diritti della democrazia*. (E. Deaglio, in 'il Giornale', 4-11-1995)

– (...) resta da chiedersi *se non ne derivi* che, in un certo senso, tutte le religioni siano uguali. (P. F. Listri, in 'La nazione', 22-2-1987)

– Il PSI incerto *se entrare in giunta*. (titolo in 'la Repubblica', 14-9-1984)

– (...) non sapeva *come aiutarmi*. (N. Ginzburg, 'Lessico famigliare' 150)

– Gli chiesi *se aveva mai provato*. (U. Eco, 'Il nome della rosa', 223)

– E allora sembra lecito chiedersi *perché mai un referendum debba essere considerato lo strumento migliore* (...) *e se mai risponda alla propensione italica* (...). (G. Bocca, in 'la Repubblica', 28-4-1987)

– Adesso Pin deve decidersi *se dire o non dire a Lupo Rosso dei nidi di ragno*. (I. Calvino, 'Il sentiero dei nidi di ragno', 78)

– Né è stato risolto il quesito *se sia o no tecnicamente possibile* (...). (E. Corsi, in 'la Repubblica', 3-3-1987)

– (...) consente (...) di decidere *se sia possibile affrontare la nuova* (...), o *se non resta* che affondare. (G. Ferrara, in 'la Repubblica', 21-5-1982)

– (...) è anche combattuto *se tenere la cosa segreta (...) o invece diffonderla* (...). (F. Tomizza, 'Fughe incrociate')

Capitolo LVI

56 - PROPOSIZIONI ATTRIBUTIVE (O APPOSITIVE)

Proposizione attributiva (o appositiva) - Proposizioni relative - Omissione dell'elemento introduttivo - Proposizioni relative da un punto di vista logico - Proposizioni relative con valori specifici - Collocazione delle relative nel periodo - Esempi di proposizioni attributive (o appositive) di autori vari.

56.1 PROPOSIZIONE ATTRIBUTIVA (O APPOSITIVA)

a) Siamo venuti con la speranza, *che ci si possa divertire (= di poterci divertire).*
b) Il bello è questo: *che ci siamo divertiti veramente.*

In ciascuno dei due esempi, la proposizione subordinata serve a completare la reggente chiarendo, precisando, il significato di un elemento suo componente: in a) un nome (*speranza*); in b) un pronome dimostrativo (*questo*). La subordinata svolge insomma la funzione tipica di un attributo o di un'apposizione.

Una ***proposizione*** *completiva* si dice ***attributiva*** o ***appositiva*** quando 'completa' il contenuto della reggente specificando i limiti di significato, altrimenti generico, di un suo elemento costitutivo: un *nome* (*o aggettivo sostantivato*), o un *pronome dimostrativo*.

La attributiva ***esplicita***:
• può essere introdotta da *che*, *(e) cioè che*:

• a seconda del significato generale del costrutto, può avere il *congiuntivo* (per la soggettività, la potenzialità), l'*indicativo* (per la realtà) o il *condizionale* (per la eventualità-ipotetica);

• può essere divisa dalla reggente da una pausa più o meno lunga, che, nello scritto, può essere rappresentata da una 'virgola', da un 'punto e virgola', da 'due punti', o (meno frequentemente) anche da un 'punto fermo':

– Avevo questa speranza *che almeno mi capisse.*

– Le mamme vivono sempre con un timore, *che i loro figli si facciano male.*

– Questo mi è successo: *che sono caduto*!

– Un cruccio però a Salvi è rimasto. *Che il suo trionfo non abbia potuto essere immortalato (...).* (M. Lussana, in 'il Giornale', 21-10-1995.

– Il problema nasce dall'eventualità *che (...) Mancuso non si dimetta.* (R. Luna, in 'la Repubblica', 14-10-1995)

– (...) il mio cuore sanguinava nella scoperta *che Francesco trascorresse le mattine in un posto così.* (M. Di Lascia, 'Passaggio in ombra')

Quando è ***implicita*** richiede l'*infinito* preceduto da *di*:

– La sua presenza ha il pregio *di rassicurare la gente.*

56.1.1 PRECISAZIONI SULLE ATTRIBUTIVE

completiva per metà La proposizione attributiva è, si può dire, una completiva per metà. Si è detto infatti (54.1) che le completive (soggettive, oggettive e predicative) forniscono alla proposizione reggente contributi indispensabili al completamento sia del significato, sia della struttura sintattica. Il contributo della attributiva invece è indispensabile solo al completamento del significato, perché per quanto riguarda l'aspetto sintattico la proposizione reggente è già completa di per sé.

In *Si dice che Luigi sarebbe tornato*, il predicato reggente (*si dice*), non soltanto è privo di significato completo, ma da solo non costituirebbe sintatticamente neppure proposizione, se non avesse la subordinata (*che Luigi...*) a funzionarle da soggetto. In *La notizia è questa, che Luigi sarebbe tornato*, la proposizione reggente risulta autonoma per l'aspetto sintattico avendo gli elementi a questo scopo indispensabili: il soggetto (*la notizia*) e il predicato (*è questa*). Sicché la subordinata (*che Luigi...*) fornisce un contributo (in questo caso indispensabile) che riguarda solo il significato; e che per di più è limitato al chiarimento di un solo elemento costituente (*questa*), dal significato troppo generico. Questa subordinata è una *esplicativa* con funzione *attributiva.*

struttura e modi verbali Il punto di inizio di una proposizione che chiarisca il significato di un nome o di un pronome può essere graficamente indicato da 'due punti', e non avere nessun funzionale introduttivo. In questo caso, se la proposizione è *implicita*, ha l'*infinito* e funziona sintatticamente come una subordinata attributiva; se invece è *esplicita*, avrà l'*indicativo* o il *condizionale*, e sintatticamente risulterà una enunciativa coordinata alla frase alla quale arreca la precisazione.

– In certe situazioni occorre un gran pregio: *avere il controllo dei propri nervi.* (= quello di avere...) (prop. attributiva)

– Tu possiedi un gran pregio: *hai sempre il controllo dei tuoi nervi.*
(prop. enunciativa coordinata alla principale)

uso di funzionali I funzionali *cioè che*, *e cioè che* si usano per lo più dopo una pausa più lunga di quella contrassegnata da una 'virgola':

– I genitori hanno tutti la stessa speranza: *(e) cioè che* i figli abbiano una vita migliore della loro.

56.2 PROPOSIZIONI RELATIVE

a) E' il libro *che ho comprato ieri.*
b) Luisa è una donna *a cui piace l'ordine.*
c) Ho una figlia *della quale sono orgoglioso.*
d) Luigi, *che studia molto,* ha ottimi risultati a scuola.

In questi esempi, le proposizioni secondarie sono introdotte da pronomi relativi (*che* - *a cui* - *della quale*). Sono tutte proposizioni relative.

Ad analizzarle bene, ci si accorge però che quelle in a) e in b) risultano delle aggiunte indispensabili. Esse, infatti, come un *attributo restrittivo* (35.2 e 35.2.1), apportano una precisazione necessaria al nome (*il libro* - *una donna*) a cui si riferiscono; perciò, se si cancellano, il senso ne viene profondamente danneggiato (fatta, naturalmente, eccezione per particolari contesti).

Proposizioni *relative* necessarie come queste prendono il nome di ***attributive*** (o *limitative* o *determinative* o *restrittive*).

Le relative degli esempi in c) e in d) funzionano invece come un attributo descrittivo (35.2 e 35.2.1). Infatti, seppure aggiungano utili informazioni riguardo ai nomi (*una figlia* - *Luigi*) a cui si riferiscono, tuttavia, anche a cancellarle non si arrecherebbe gran danno al senso generale.

Proposizioni *relative* di questo genere prendono il nome di ***appositive*** (o *esplicative* o *aggiuntive*), e spesso si mettono fra due 'virgole', come un inciso.

Ancora due esempi:

a) E' quello il bravo medico *che ha curato Giovanni.*

E' indubbio che qui l'informazione apportata dalla proposizione relativa è indispensabile alla individuazione del medico di cui si sta parlando (e dunque alla comprensione del messaggio).

Cancellandola, tutto resterebbe indefinito. E' una *relativa attributiva.*

b) il dottor Rossi, *che è un bravo medico*, curerà bene Luigi.

Qui la proposizione relativa, pur utile, non è indispensabile. Se venisse cancellata, il significato non ne risulterebbe danneggiato fino al punto della non comprensione del messaggio: anche perché della bravura del dottor

Rossi si ha sufficiente informazione in quel "curerà bene". E' una *relativa appositiva* (con valore causale).

Le proposizioni relative sono per lo più ***esplicite*** e hanno *l'indicativo* se contengono fatti reali, il *condizionale* se contengono fatti eventuali-ipotetici, il *congiuntivo* se si aggiungono significati di finalità e di restrizione marcatamente soggettiva:

– Ha una macchina che *è* sempre dal meccanico. (reale)
– Queste sono cose che non *farei* mai. (... anche se mi dovesse capitare l'occasione) (eventuale-ipotetico)
– Cerco una ragazza che (= per questo scopo, che ...) mi *guardi* i figli durante la mia assenza. (finale)
– Non ce n'era uno che *sapesse* qualcosa (restrittivo-consecutivo).

> Quando sono precedute da sostantivo o aggettivo indicanti un posto in una serie o una esclusività, e preceduti da articolo determinativo *(il primo, il secondo..., l'ultimo, l'unico, il solo)* o da un aggettivo di grado superlativo relativo, il *congiuntivo* (più formale) si alterna con *l'indicativo:*
> – Carlo è *il primo (il solo...)* che *abbia (ha)* saputo la notizia.
> – (...) l'unico che dal punto di vista pratico può farlo. (in 'la Repubblica', 10-7-1994)
> – E' *l'*amico *più caro* che *abbia (ho).*

Possono essere introdotte o da un pronome relativo (*che, il quale, la quale..., cui*), o da un pronome doppio (*chi, chiunque, qualunque, quanto...*) o da avverbi relativi (*dove, ove, donde*):

– Questa è la macchina *con cui* correva il grande Nuvolari.
– Riportalo *a chi* (= a colui che) te l'ha dato.
– *Chiunque* te l'abbia detto ha fatto male. (= ogni persona che può avertelo detto...)
– Vennero ammessi *quanti* (= tutti quelli che) avevano presentato domanda nei termini previsti.
– Sono alloggiato nello stesso albergo *dove* (= *nel quale, in cui*) alloggiava Luigi l'anno scorso.

Quando sono ***implicite*** hanno *valore finale*, e richiedono *l'infinito* introdotto da un pronome relativo (segnale di valore circostanziale) introdotto da preposizione (*a cui, di cui, con il quale...*), o da un avverbio relativo:

– Cerca sempre persone *con cui scambiare* qualche idea. (= con le quali possa scambiare...)
– Non trovò un posto *dove sedere*. (= allo scopo di sedersi)

56.2.1 OMISSIONE DELL'ELEMENTO INTRODUTTIVO

In una sequenza di più proposizioni relative coordinate, non è necessario ripetere davanti a ciascuna il pronome o l'avverbio relativo, se questi svolgono la stessa funzione logico-grammaticale:

– Qui ci sono giovani *che* ballano e *(che)* cantano.

– Siamo andati in un posto *dove* si ballava e (*dove*) si cantava.

Nell'esempio che segue si può non ripetere il *che* perché ha la stessa funzione di soggetto del primo; non si potrebbe invece sottintendere *per cui*, perché ha la diversa funzione di complemento di moto per luogo:

– Hanno sostituito tutte le tubature *che* erano vecchie, (*che*) minacciavano di rompersi e *per cui* passava poca acqua.

56.2.2 PROPOSIZIONI RELATIVE DAL PUNTO DI VISTA LOGICO

Ci sono alcune particolari proposizioni implicite che si possono considerare relative dal punto di vista logico. Ad esse infatti, nella forma esplicita, corrispondono proposizioni relative vere e proprie.

Esse sono:

a) le proposizioni con *infinito* introdotto da *a* e dipendenti da sostantivo o aggettivo che indichi un posto in una serie (*primo, secondo, ultimo...*), o una esclusività (*unico, solo*) (56.2); oppure da pronome o aggettivo indefinito (*poco, molto...*);

– Sono stato *il primo a saperlo*. (= che lo ha saputo)

– E' l'unico *a studiare* in famiglia. (= l'unico che studia...)

– Oggi sono *molti a studiare* in Italia, per fortuna. (= molti che studiano...)

b) le proposizioni con *infinito* introdotto da *a* e dipendenti dal verbo *essere* nei costrutti enfatizzati (49.6 e 49.6.1):

– *E' stato* Mario *a chiamarti*. (= che ti ha chiamato)

– Ma *era*, incredibilmente, Lendl *ad essere* meno lucido (...). (G. Clerici, in 'la Repubblica', 9-2-1991)

c) le proposizioni con *participio* presente o passato usato con valore di attributo:

– Sono tante le stelle *brillanti* (= che brillano) nel cielo stasera.

– Il preside fece chiamare gli alunni *arrivati* (= che erano arrivati) in ritardo.

56.2.3 PROPOSIZIONI RELATIVE CON VALORI SPECIFICI

valori circostanziali Le proposizioni relative possono avere i seguenti specifici valori di tipo circostanziale (per il chiarimento di ciascuno si rinvia alle trattazioni particolari):

• *finale:* Spero che venga Lucia *che (= affinché) m'aiuti in questo benedetto esercizio!*

• *comparativo*: Camminava come *chi fosse tanto stanco.*

• *consecutivo,* anche restrittivo: Non disse niente *che io non sapessi già* (= che fosse tale che io...).

• *concessivo*: Carlo, *che pure si era preparato molto*, non fece una gran conferenza. (= benché si fosse preparato...)

• *condizionale:* Per tutti quelli che *volessero andarci* una possibilità ci sarebbe (= se volessero...).

• *causale:* L'unico tranquillo era Mario *che (= perché) aveva già prenotato l'albergo.*

• *eccettuativo:* Faceva queste cose senza nessuna ragione *che non fosse meschinamente egoistica.*

• *temporale:* Il giorno *in cui (= quando) arrivò era tutto intimidito.*

valore locativo Le proposizioni introdotte dagli avverbi relativi *dove, ove, onde, donde* (gli ultimi due piuttosto rari) hanno valore locativo:
– Sono tornato nei luoghi *dove (= in cui) sono nato.*

56.2.4 COLLOCAZIONE DELLA RELATIVA NEL PERIODO

Il posto di una relativa è sempre immediatamente dopo il nome che essa viene chiamata a precisare. Per questo, oltre che seguire la proposizione reggente, può anche trovarsi inserita in essa come un inciso (17.4.1):
– Ti porto domani i libri *che mi avevi chiesto.*
– I libri *che mi avevi chiesto* te li porto domani.

56.3 ESEMPI DI PROPOSIZIONI ATTRIBUTIVE (O APPOSITIVE) E RELATIVE DI AUTORI VARI

– La logica dell'Eur (...) implicava la non accettazione *che questo governo fosse un monocolore* DC (...). (G. Galli, in 'Panorama', 5-3-1984, pag. 33)
– La mamma è in pensiero *che tu possa cadere* (...) (I. Calvino. 'Il barone rampante', 49)
– Di' la verità *che di me non t'importa più niente.* (C. Pavese, 'La bella estate', 63)
– Il bello è questo. *Che nei libri, nei film, sui giornali, eccetera, la generazione dei padri (...) dà corda a questi giovani arrabbiati* (...). (D. Buzzati, 'Siamo spiacenti di', 209)
– (...) il motivo è uno solo: *che le cose non vanno proprio a gonfie vele* (...). (Buzzati cit., 118)
– Desta gran meraviglia (...) *che abbia avuto e abbia folta schiera di lettori* (...). (E. Mazzuoli, in 'La nazione', 5-3-1984)
– (...) non è mancato al Trap il coraggio *di esser leale* (...). (G. Brera, in 'la Repubblica' 9-10-1990)

– Zeltweg è una pista velocissima, *che richiede motori molto potenti* ma *che non si rompano*, sospensioni efficaci e una aerodinamica *che non crei troppa resistenza*. (C. Marincovich, in 'la Repubblica' [sport], 11-8-1987)

– (...) ha accusato *quanti la propongono* (...). (in 'La nazione', 17-8-1987)

– E' l'unico paese della NATO *che non possiede un esercito (...)*. (G. Porzio, in 'Panorama', 13-8-1984, pag. 60)

– (...) che cosa fece Pesenti *che rimanga ancor oggi d'esempio (...)?* (E. Scalfari, in 'la Repubblica', 24-9-1984)

– Entrambe non narrano di uomini *che esistessero veramente (...)*. (E. Eco, 'Il nome della rosa', 137)

– (...) il pensionato *cui dall"83 sia stato tolto il pagamento (...) e che faccia domanda* (...), oggi ne otterrà (...). (in, 'la Repubblica', 12-10-1995)

– (...) avevo contestato la presentazione (...) fatta da alcuni giornali, *secondo i quali Napolitano avrebbe aperto nel partito (...)*. (F. D'Amato, in 'La nazione', 19-2-1984)

– E a Pin non resta che rifugiarsi nel mondo dei grandi, *che pure gli voltano la schiena* (...). (I. Calvino, 'Il sentiero dei nidi di ragno', 36)

– Quello lì pure un bel tipo, *che attizza la brace che lo divorerà*. (G. T. di Lampedusa, 'Il Gattopardo', 40)

– Era stata una di quelle rovine totali *durante le quali si fa fondere financo* (...). (Lampedusa cit., 33)

– Ed ecco quattro rami per noi, *con cui tagliare il mare*. (C. Alvaro, '75 racconti', 161)

– (...) egli si scelse un tronco *contro cui appoggiare la schiena*. (I. Silone, 'Una manciata di more' 160)

– (...) non sarebbe rimasto al mondo un palmo di terra *dove sopravvivere*. (N. Ginzburg, 'Lessico famigliare', 135)

Capitolo LVII

57 - PROPOSIZIONI CIRCOSTANZIALI (1º)

Il rapporto logico di causa-effetto - Proposizioni causali - Nominalizzazione di una causale - Collocazione della causale nel periodo - Tipi di causali - Proposizioni finali - Valore causale e valore finale - Precisazioni formali - Nominalizzazione di una finale - Collocazione della finale nel periodo - Proposizioni consecutive - Collocazione della consecutiva nel periodo - Esempi di costrutti causali, finali e consecutivi di autori vari.

57.1 IL RAPPORTO LOGICO DI CAUSA-EFFETTO

– L'ho pregato tanto e lui è venuto.

Questo periodo è formato da due proposizioni coordinate: nella prima si narra un fatto (*l'ho pregato tanto*), per effetto del quale si è verificato ciò che si dice nella seconda (*lui è venuto*). Dal punto di vista logico dunque, la prima risulta la causa; la seconda il suo naturale effetto.

Questo stesso rapporto si potrebbe costruirlo sintatticamente subordinato, e in funzione di almeno cinque varianti specifiche di significato: tali però da lasciare inalterato il rapporto logico di fondo (la *causa-effetto*) che lo contraddistingue.

1 - Il costrutto più comune e più elementare è quello con *proposizione causale* (da una causa ha origine un effetto):
– E' venuto *perché l'ho pregato tanto*.

2 - Se si volesse chiarire il grado di intensità della preghiera (grado indicato genericamente con *tanto*), si avrebbe:
– L'ho pregato *tanto che è venuto*.
in cui la subordinata (*consecutiva*) si propone come la consequenziale spiegazione di questo generico *tanto*.

3 - Dalla realtà del rapporto causa-effetto presentato in modo affermativo e con l'*indicativo*, si potrebbe passare a un *rapporto ipotetico* (e perciò non reale) usando la forma negativa (*non*) con una relazione di *condizionale* e *congiuntivo* (modi della eventualità-ipotetica):

– Se non lo *avessi pregato* tanto non *sarebbe venuto.*

Che -tornando alla realtà dei fatti- è come dire che è venuto, proprio perché l'ho pregato tanto.

4 - Si potrebbe immaginare anche una situazione in cui la preghiera, pur insistente, non sia riuscita a ottenere l'effetto voluto, e che perciò risulti una causa mancata. Sicché la causa si troverebbe in opposizione con l'effetto non ottenuto; che è situazione tipica del *rapporto concessivo*:

– (Io l'ho pregato tanto, *ma lui non è venuto.*) → *Benché l'avessi pregato tanto*, non è venuto. (la preghiera che poteva essere causa della sua venuta non ha ottenuto l'effetto desiderato).

5 - Altra situazione può essere quella in cui la causa si presenta come lo scopo che motiva la preghiera (*costrutto finale*). In questo caso la sua realizzazione sarebbe solo potenziale, e necessariamente collocata in un tempo successivo a quanto viene detto nella reggente; perciò, variando il rapporto temporale del nostro esempio, si avrebbe:

– L'ho pregato tanto *perché (affiché) venisse.*

6 - Anche un costrutto contenente una proposizione con *funzione strumentale* può risultare una variante del rapporto logico di causa-effetto: strumento come causa di un fatto. Poichè il nostro esempio iniziale non si presta a questo tipo di trasformazione (strumento → causa), proponiamo il seguente:

– L'incidente fu provocato *dal non avere il motociclista rispettato lo stop al semaforo*. (= perché il motociclista non aveva rispettato...)

Il rapporto di causa-effetto si esprime in strutture periodali a due proposizioni strettamente connesse per l'aspetto logico-sintattico.

Ciascuna di queste varianti sarà oggetto di analisi nei prossimi capitoli: la *causale*, la *consecutiva*, la *finale*, la *ipotetica* (o condizionale) e la *concessiva* nel 57 e nel 58, la *strumentale* nel 61.

57.2 PROPOSIZIONI CAUSALI

a) Non ci sono andato *perché ero indisposto.*
b) *Siccome mi si è guastata la macchina*, sono dovuto partire col treno.

In questi esempi, le due proposizioni subordinate (introdotte da *perché* e da *siccome*) indicano la causa, la ragione di quanto avviene nella principale. In a) l'indisposizione è la causa che ha impedito al parlante di andare in un dato posto; in b) il guasto della macchina è la ragione che lo ha costretto ad andare con il treno.

Si dice ***causale*** quella ***proposizione*** che specifica la causa, il movente, la ragione che determina il fatto espresso nella reggente.

Se ha forma ***esplicita***:

• può essere introdotta da *perché, poiché, giacché, siccome, che, ché, dato che, visto che, dal momento che, in quanto (che), per il fatto che, del fatto che, per via che* ecc.

• può avere, a seconda dei casi, l'*indicativo* (il più frequente), il *condizionale* (per valori di eventualità-ipotetica, desiderativi o, più in generale, con intenzioni attenuative) o il *congiuntivo* (per valori potenziali o marcatamente soggettivi o restrittivi):

– Visto che non *arriva*, partirò da solo.
– Non andrei con lui perché *mi annoierei*.
– Si sentiva felice del fatto che le *avessero (avevano) ritrovato* il cagnolino.

Quando è ***implicita*** può avere:

• l'*infinito*, per lo più *passato* (57.2.2), preceduto da *per, a, per il fatto di*:
– Ti chiedo scusa *per averti risposto* (= perché ti ho risposto) male.
– Mi annoio *a stare qui*. (= perché sto qui)

• il *gerundio*:
– Mi sono svegliato *sentendo* (= perché ho sentito) l'abbaiare dei cani.

• non molto frequentemente, il *participio passato*:
– *Finiti* (= poiché avevo finito) i compiti in tempo, mi sentii soddisfatto.

57.2.1 PRECISAZIONI SULL'USO DEI FUNZIONALI INTRODUTTIVI

funzionali più ricorrenti Ecco alcune notazioni sui funzionali più ricorrenti:

• *perché* è la congiunzione causale per eccellenza; introduce una causa con valore di semplice spiegazione, che, generalmente, viene messa dopo (non prima) la proposizione reggente:
– Non sono andato in ufficio *perché* non mi sono sentito bene.

N.B. Quando *perché* sta a inizio di periodo, generalmente, o è un avverbio interrogativo (che dunque serve a introdurre una proposizione interrogativa), o è una risposta a una domanda (il cui contenuto funge perciò da proposizione principale sottintesa [53.5]); o anticipa una proposizione finale:
– Ti ho chiesto il libro *perché* io non ce l'ho. (causale)
– "*Perché* non hai il libro?" (interrogativa) "*Perché* l'ho dimenticato." (risposta = Non ho il libro perché...)
– *Perché* venga subito (finale), telefonagli.

• *poiché (poi che), dal momento che* introducono più spesso una causale posta prima della proposizione reggente. E ciò, perché, rispetto ai fatti della reggente, sottolineano il senso di anteriorità della causa da cui sono originati; conservano insomma anche l'originario valore temporale (come rivelano le stesse parole che li compongono: *poi, momento*) [52.2.1.1] [1]:

– *Poiché* abbiamo finito, ce ne possiamo anche andare.
– *Dal momento che* sei arrivato tu, ogni cosa sembra a posto.

• *giacché (già che)*, è funzionale non molto usato nella lingua più corrente, nemmeno scritta; anch'esso, come il precedente, conservando il valore temporale originario (*già*), sottolinea l'anteriorità della causa rispetto al fatto della reggente (a cui di solito si antepone):

– *Giacché* ci siamo, divertiamoci.
– (...) la via dove scende l'ombra azzurra *già che* sembra primavera (...). (A. Gatto, 'Nuove poesie')

• *ora che, adesso che, mo' che, oggi che*, conservano pieno, ancor più dei precedenti, il loro valore temporale, e lo aggiungono a quello causale; anche con essi il costrutto causale si preferisce anteposto alla proposizione reggente:

– *Adesso che* lo so, farò un po' più di attenzione.

• *visto che, dato che* segnalano una causa come una constatazione, un dato di fatto; sicché quanto si dice nella reggente risulta la più razionale delle conseguenze possibili; il posto della causale da essi introdotta è di preferenza prima della reggente:

– *Visto che* pioveva, ho dovuto comprarmi l'ombrello.

• *considerato che, posto che, visto e considerato che, atteso che* hanno il valore (e richiedono la collocazione) dei due funzionali precedenti, ma sono più frequenti in linguaggi speciali, come quello amministrativo:

– *Posto che* i fatti si sono svolti come il testimone ha dichiarato, l'accusato risulta non aver commesso alcuna infrazione alla legge.

• *se* introduce un costrutto il cui originario valore concessivo-condizionale può proporsi come logico presupposto-causa del fatto contenuto nella reggente; ciò avviene quando quest'ultima è di tipo constatativo, imperativale, esortativo o dubitativo:

– Scusami *se (= poiché)* ti disturbo.
– Come facevo a non dirglielo *se (= visto che)* tu glielo avevi già accennato?

• *siccome (= così come)*, sempre più frequente nell'uso comune, ha origine comparativa (52.2.1.1), come a mettere in evidenza che ciò che avviene nella proposizione dipendente e nella sua reggente sono consequenzialmente proporzionali [2]; di solito la causale così introdotta è anteriore alla reggente:

– *Siccome* non l'ho visto, non l'ho salutato.

---

[1] Nel seguente esempio si osservi come i due elementi compositivi usati non riuniti (*poi che*) insieme al valore causale marchino anche quello temporale: "Ora *poi che* (= *dopo che*) le è presa l'idea di mettere qualcosa da parte tutti i mesi, salterà addirittura i pasti." (C. Cassola, 'Una relazione').

[2] Si noti nel seguente esempio la comparazione di uguaglianza con significato logico causale (*come ... così = siccome*): *Come* Ranieri è tecnico intelligente e preparato, *così* questo Napoli può concorrere per lo scudetto." (G. Brera, in 'la Repubblica' [sport] 18-8-1992).

• *che* (anche con l'accento: *ché*) è (con *perché*) il funzionale causale più ricorrente nel parlato e nello scritto; presenta la causa come una semplice spiegazione che segue la reggente (52.2.1.2):

– Fa presto *che (ché)* perdiamo il treno.

• *in quanto (che), inquantoché* presentano la causa come proporzionale al suo effetto; *in quanto* (specie nella prosa argomentativa) viene spesso posto in correlazione con *in tanto*, quasi a dare alla causa un valore comparativo; il costrutto può precedere o seguire la reggente, a seconda che lo si marchi più o meno:

– Sentiva di non potere innamorarsi di lei, *in quanto* la considerava da sempre come una sorella.

– *In tanto* lo faceva *in quanto* sperava di ricavarne qualche vantaggio.

• *tanto più che* (*perché, in quanto*) serve a rafforzare il contenuto della reggente (col significato esplicativo aggiuntivo del tipo *anche perché*); il costrutto di solito segue la reggente come un ripensamento:

– Pensò bene di non farsi vedere; *tanto più che* ormai era tardi.

• *per il fatto che, per la ragione che, per il motivo che, per via che, grazie al fatto che*, e simili, dal significato causale bene in evidenza, introducono una causale di preferenza posposta alla reggente:

– (...) soltanto il cimitero era rimasto funzionante (...), *per via che* alcune famiglie di Torino continuavano a seppellirci i loro morti. (G. Bassani, 'Il giardino dei Finzi- Contini')

• *quando* può introdurre una proposizione temporale con funzione francamente causale (= *visto che*):

– (...) che senso ha tenere migliaia e migliaia di tele, statue, reperti archeologici stipati a marcire nei magazzini *quando* (= dal momento che, visto che) mancano le risorse per restaurare il Colosseo? (P. Mazzoni, in 'il Giornale', 6-7-1992)

'come' interposto Valore causale ha il costrutto predicativo formato da un *aggettivo* o *sostantivo* o *avverbio* o *participio passato* + *come* + *verbo*:

– *Pauroso com'è* (= poiché è pauroso) non ci andrà.

– *Comportato come ti sei*, dovevi aspettarti una tale reazione.

un costrutto causale particolare Valore causale ha il costrutto formato dalla preposizione *da* + *predicativo* (spesso rafforzato da *quello*) + *che* + *essere:*

– Giuliano, *da quel furbacchione che è* (= poiché è un furbacchione), riesce sempre a cavarsela.

57.2.2 PRECISAZIONI SUI MODI VERBALI

gerundio Il *gerundio passato* è tipico di questo costrutto implicito, in quanto reca in sé quasi esclusivamente un valore causale (64.2.1); lo rende anche poco usato nei registri scritti e parlati più ricorrenti:

– Non *avendolo visto* (= poiché non l'abbiamo visto) pensammo che (...).

infinito L'*infinito presente* preceduto da *per* tende più al valore finale che causale. Occorre dunque fare attenzione al significato d'insieme del costrutto. Per questo fatto, per i valori causali ha più largo uso l'*infinito passato* preceduto da *per*:

– *Per essere* tuo padre, ho il dovere di consigliarti. (= poiché sono...: l'infinito presente è causale)

– Sono qui *per parlare* con te. (l'infinito presente indica una causa-fine: una intenzione)

– Sono soddisfatto *per averglielo detto* finalmente. (l'infinito passato indica la causa reale della mia felicità: gliel'ho detto)

causa reale e causa non reale Quando sono presenti due cause oggettivamente possibili, ma per il parlante risultanti reale l'una, non reale l'altra, quest'ultima nei registri più controllati suole avere il *congiuntivo* (26.1.2), invece dell'*indicativo* (se non è necessario il *condizionale* per l'eventualità-ipotetica); il funzionale introduttivo in correlazione sarà: *non perché ... ma perché (in quanto)*; o il più letterario *non che ... ma perché (in quanto)*:

– Luigi studia *non perché gli piaccia* (*piace*), *ma perché* è utile.

– Non ci vado, non perché non mi *piacerebbe,* ma perché non ho tempo.

due cause possibili In presenza di due cause a ciascuna delle quali si riconosce la stessa possibilità di essere quella reale, nei registri più formali si usa il *congiuntivo* (soggettività con valore concessivo):

– (...) chiamano 'sor maé' chiunque stia loro sul naso, o perché *sospettino* che vada per stuzzicarli, o perché *riconoscano* in lui (...). (L. Bartolini: 'Ladri di biciclette')

57.2.3 NOMINALIZZAZIONE DI UNA CAUSALE

Una proposizione causale è equivalente a un complemento di causa:

– Andremo tutti alla stazione *perché arriva Gianni*. (= *per l'arrivo di Gianni*)

57.2.4 COLLOCAZIONE DELLA CAUSALE NEL PERIODO

Della collocazione di una proposizione causale nel periodo si è parlato in 57.2.1 trattando dei vari funzionali introduttivi.

Qui aggiungiamo che:

• i costrutti col gerundio e il participio tendono a mettere in rilievo la causa, e si preferisce preporli o interporli alla proposizione reggente:

– *Non avendo ricevuto (= poiché non aveva ricevuto) la sua lettera*, non sapeva che sarebbe arrivato.

– Luigi, *arrivato in ritardo*, chiese scusa.

• il costrutto con l'infinito può essere anteposto, interposto o posposto, a seconda del maggiore o minore rilievo che si vuol dare al suo contenuto:

– *Per avere lavorato troppo,* era stanco.
– Era stanco *per avere lavorato troppo.*

57.2.5 TIPI DI CAUSALE

completive Le proposizioni completive dipendenti da verbi che esprimono reazioni del mondo affettivo (*piacere, dispiacere, dolore, meraviglia, sorpresa, rabbia, indignazione* ecc. [54.2.1 b]) hanno valore causale (sono *esplicative causali*):

– Sono felice *che tu sia (sei) arrivato.* (= perché sei arrivato).

relativa Anche una proposizione relativa può avere valore causale [56.2.3]:

– Mia cugina Antonietta vede poco suo figlio Andrea *che (= perché) abita in America.* (relativa causale)

causale sintetica (53.8) Una proposizione causale introdotta da *perché* o *poiché* può essere rappresentata da un aggettivo o da un sostantivo (con sottinteso *essere*):

– Lui lo sa *perché (è) bravo.*

rapporto causale coordinato Un rapporto logico di causa- effetto può essere stabilito anche da una frase indipendente e da una sua coordinata conclusiva:

– Lui me l'ha chiesto e io l'ho fatto. → Me l'ha chiesto lui, perciò l'ho fatto.
(→ = L'ho fatto perché me l'ha chiesto lui.)

57.3 PROPOSIZIONI FINALI

a) Consegno l'esercizio al professore *perché me lo corregga.*
b) Ho scritto a mio padre *affinché mi mandi un po' di soldi.*

In ambedue gli esempi, nella proposizione subordinata si dichiara il fine che si vuole conseguire con l'azione della reggente.

Nell'esempio in a) il parlante dichiara di consegnare l'esercizio perché mira al risultato della sua correzione; il desiderio della correzione è dunque la causa della consegna dell'esercizio; così, al contrario, consegnare l'esercizio è l'effetto reale di una causa da realizzare.

Analogamente, nell'esempio in b), l'aspirazione del parlante ad avere soldi risulta la causa che dà luogo all'effetto reale di scrivere a qualcuno: egli scrive a suo padre perché desidera avere soldi da lui (desidera, si badi, non è detto che necessariamente li riceverà: dipenderà da suo padre).

La ***proposizione finale*** esprime il fine, lo scopo, l'intenzione, l'aspirazione che sta alla base di quanto avviene nella frase reggente.

Il costrutto ***esplicito***:
• richiede il *congiuntivo* (26.2)*presente* o *imperfetto*;

• può essere introdotto dalle congiunzioni *perché, affinché, che, col pensiero (con l'animo, con l'idea) che, acciocché, a che, a far sì che*, e poche altre ancor meno frequenti delle ultime tre (che compaiono per lo più in linguaggi del tipo burocratico-amministrativo):
– Si diede molto da fare *affinché (= perché)* tutto riuscisse per il meglio.
– Il Governo del nostro Paese si adopera *a che (a far sì che)* la politica finanziaria raggiunga finalmente gli auspicati equilibri.

Il costrutto ***implicito*** richiede:
• l'*infinito presente* introdotto da *per, a, di, col pensiero (con l'animo di, con l'idea di), al fine di, allo scopo di, nell'intento di* ecc.; le prime tre, per lo più selezionabili a seconda del verbo reggente; le altre congeniali a registri formali o settoriali (burocratico, amministrativo, politico, letterario...):
– Sono andato da Mario *per (a) prendere* il libro.
– Il nostro governo farà di tutto *al fine di riuscire*.
– Ti prego di *scusarmi*.

• in certi particolari casi, il *gerundio presente*:
– Si rivolse a un vigile *chiedendogli (= per chiedergli)* qualche informazione.

57.3.1 VALORE CAUSALE E VALORE FINALE

Tanto il costrutto causale quanto quello finale si riconducono al *rapporto logico di causa-effetto* di cui risultano varianti dalla larghissima frequenza d'uso (57.1). La differenza sta in questo: nel primo costrutto, la causa, al momento in cui si verifica il fatto della reggente, è già realizzata o in via di realizzazione; oppure (se espresso con il modo condizionale) è virtuale, in contesto ipotetico. Nel secondo costrutto invece la realizzazione della causa (il fine) è potenziale, in quanto è solo nel desiderio, nell'intenzione o nella immaginazione di chi parla o scrive. Essa infatti potrà realizzarsi (se poi si realizzerà) solo in un momento successivo (43.2.2) al fatto della reggente (di qui, nella forma esplicita, l'uso del modo congiuntivo [26.1.2 a, 26.2]).
Si osservino i seguenti esempi:
a) Invitavo Carlo *perché mi teneva compagnia*.
b) Invitavo Carlo *perché mi avrebbe tenuto compagnia*.
c) Invitavo Carlo *perché mi tenesse compagnia*.
In a) la causa che muoveva il mio invito (avere compagnia) era reale, già sperimentata: di qui la mia insistenza (l'imperfetto) a invitare Carlo. Il segnale della realtà è dato anche dall'indicativo *(teneva)*.
In b) l'invito è ancora reale, mentre la causa, costruita con il condizionale, ha la virtualità tipica dell'ipotesi (se fosse venuto mi avrebbe tenuto compagnia).
In c) la stessa causa si manifesta invece come desiderio, come speranza, come una meta da raggiungere (un fine): l'invito teso al fine di avere compagnia. Lo stesso congiuntivo (*tenesse*) è segnale tipico del desiderio.

57.3.2 PRECISAZIONI FORMALI

tempi verbali Nella finale esplicita il *congiuntivo presente* si usa se nella reggente c'è un *presente* o un *futuro* o, in certi casi, un *passato prossimo;* se c'è un *passato* (per lo più anche *prossimo* dunque), si usa il *congiuntivo imperfetto.*

Il *passato prossimo* si comporta come un tempo considerabile più o meno 'prossimo' al presente; da ciò certe oscillazioni nella concordanza:

– Carlo ti *chiama (chiamerà - ha chiamato) perché tu vada* con lui.

– Carlo ti *chiamava (ha chiamato - chiamò)* perché tu *andassi* con lui.

In dipendenza da un predicato al passato si usa il congiuntivo *presente* se il fine si riferisce al presente o al futuro:

– Già l'anno scorso mi scrisse perché l'estate prossima lo *vada* a trovare.

funzionali e congiuntivo Le congiunzioni *perché* e *che* possono introdurre un valore finale se sono seguite dal *congiuntivo.*

acciocché, a che, affinché, a far sì che, col pensiero (con l'animo) che segnalano sempre valore finale e richiedono sempre il *congiuntivo.*

relative finali Anche una *proposizione relativa* (con congiuntivo, naturalmente) può avere valore finale (56.2.3):

– (...) non so se il Psi avrebbe bisogno d'un giornale come il nostro *che ne sostenesse* le ragioni. (E. Scalfari, in 'Il venerdì di Repubblica', 12-7-1991)

57.3.3 NOMINALIZZAZIONE DI UNA FINALE

Una proposizione finale corrisponde a un complemento di fine:

– Sono qui *per studiare.* (→ *per [per ragioni di - a fini di] studio)*

57.3.4 COLLOCAZIONE DI UNA FINALE NEL PERIODO

La proposizione finale si colloca abitualmente dopo la reggente. Anticiparla (ciò che avviene di rado) significa sottolinearne il contenuto:

– Faccio questo rumore *proprio perché si svegli.* →

→ *Proprio perché si svegli* faccio questo rumore.

57.4 PROPOSIZIONI CONSECUTIVE

– Mio marito lavora tanto *che la sera torna stanco.*

In questo esempio, il fatto che una persona sia stanca risulta la conseguenza (l'effetto) di un intenso lavoro; il quale è dunque la causa (57.1).

La ***proposizione consecutiva*** esprime la conseguenza del fatto contenuto nella reggente.

caratteristiche sintattiche e logiche

Dal punto di vista sintattico, il costrutto consecutivo si presenta come inverso a quello causale: in questo infatti la causa sta in proposizione subordinata e l'effetto in reggente; in quello, invece, la causa è in reggente, l'effetto in subordinata:

– Vado a letto (effetto o conseg.)	ché (che) ho tanto sonno. (causa)
– Ho tanto sonno (causa)	che vado a letto. (conseguenza o eff.)

Ambedue i costrutti (il causale e il consecutivo) sono equivalenti a un costrutto coordinato di tipo conclusivo, dallo stesso contenuto logico:

– *Ho* tanto *sonno,* *perciò* vado *a letto.*

Il costrutto consecutivo ***esplicito***:

• può avere, a seconda dei significati, *indicativo, condizionale* o *congiuntivo*;

• può essere introdotto da *che, sicché, a tal punto che, al punto che, in modo che, di modo che*, *in maniera che, in guisa che* (di uso raro).

Il significato del rapporto introdotto da *che* può essere rafforzato mediante l'anticipazione, nella proposizione reggente, di appositi avverbi o pronomi quantitativi o qualitativi: *così, tanto, tale, siffatto* ecc.; e da questi, dunque, la consecutiva direttamente dipende:

– Sono *tanto* felice *che* non sto nella pelle.
– Sono molto felice, *sicchè* non sto nella pelle
– Luigi è *così coraggioso che* non avrebbe paura neanche *di,* un leone.
– Si mise a cantare con una *tale* foga *che* svegliò tutto il palazzo.

Il costrutto ***implicito*** ha *l'infinito* introdotto da *da* o di anch'essi con possibile anticipazione di un correlativo di cui sopra nella reggente; oppure il *gerundio presente*:

– Carlo è *tanto* felice *da non stare nella pelle.*
– Sono persone indegne *di vivere in un consesso civile.* (in questo esempio la reggente non ha elemento correlativo)
– Un virus maligno continuava a ingerirsi sfacciatamente nella mia vita, *corrodendola, travagliandola.* (G. Manzini, 'Ritratto in piedi')

57.4.1 PRECISAZIONI SUL COSTRUTTO CONSECUTIVO

in modo che Il funzionale *in modo (maniera) che* introduce una proposizione consecutiva che, se ha in aggiunta anche un valore finale, richiede il *congiuntivo*:

– Parlava *in modo che tutti lo capivano.* (conseguenza reale: e tutti lo capivano)

– Parlava *in modo che tutti lo capissero.* (conseguenza come fine: tutti nelle sue intenzioni avrebbero dovuto capirlo)

'perché' consecutivo Il funzionale *perché* con il *congiuntivo* introduce una consecutiva con aggiunti i valori finale e limitativo; il costrutto sarà anticipato nella reggente da *troppo* o *abbastanza:*

– Carlo è *troppo* piccolo *perché possa capire queste cose.* (= è troppo piccolo limitatamente a questo fine: *capire queste cose*)

La forma implicita richiede l'infinito con *per* o (in presenza di *abbastanza*) *da:*

– Sei *troppo* piccolo *per* capire tutto questo.

– Sei *abbastanza* grande *da (per)* capire queste cose.

consecutiva relativa Anche una proposizione relativa può avere valore consecutivo; magari con aggiunto altro valore, ad esempio, finale (56.2.3):

– Così severe furono queste parole *che lo mortificarono.*

Quando dipende da un costrutto negativo, la relativa (restrittivo [56.2]) richiede per lo più il *congiuntivo*:

– Non ci sono parole *che possano* (ma anche: *possono*) spiegare tali sentimenti.

– Non c'è niente di lui *che io non so.* (dal film 'La capanna dello zio Tom')

Nel caso di valore ipotetico la relativa richiede il *condizionale*:

– Non vedo medicina *che potrebbe curarlo.* (se si volesse tentare)

57.4.2 COLLOCAZIONE DI UNA CONSECUTIVA NEL PERIODO

Il posto della consecutiva è sempre dopo la reggente di cui è diretta conseguenza:

– L'ho visto così inquieto *che non gli ho neanche parlato.*

57.5 ESEMPI DI COSTRUTTI CAUSALI, FINALI E CONSECUTIVI DI AUTORI VARI

– (...) se i miei segreti rimangono segreti è *perché non mi so vedere fino in fondo*. (V. Pratolini, 'Il quartiere', 63)

– Elena, *ché tale era il suo nome*, poteva avere sei o sette anni meno del marito...). (A. Moravia, 'I racconti', 159)

– *Poiché era donna* si aggrappava ai particolari (...). (G.T. di Lampedusa, 'Il Gattoparto', 100)

– Ma quando finirà? Nessuno può saperlo, *giacché nel mondo reale non c'è nessuna sceneggiatura già scritta*. (G. Bocca, in 'la Repubblica', 25-9-1990)

– Gli ho detto che non aveva il diritto di tenersi una mia foto, *dal momento che non c'era nulla tra noi* (...). (C. Cassola, 'La ragazza di Bube', 23)

– (...) *siccome per quel giorno si attendeva l'arrivo delle due delegazioni*, avrei forse potuto avvistarne una. (U. Eco, 'Il nome della rosa', 291)

– (...) se fu povero non fu *perché non ebbe proprietà, ma perché non ne percepiva i frutti*. (U. Eco, 'Il nome della rosa', 364)

– Lodò la mamma *per aver seguito i suoi consigli*. (R. Bilenchi, 'I racconti', 103)

– Il dottore è contento *di sentirmi parlare così* (...). (C. Levi, 'Cristo si è fermato a Eboli', 15)

– Aveva fatto male *a dirlo* (...). (Lampedusa cit., 34)

– Un bravo, dunque, ai magistrati milanesi (...); ma insieme l'auspicio *affinché rendano note al più presto le disposizioni giudiziarie* (...). (in, 'la Repubblica', 5-4-1983)

– (...) deve aver montato una storia, *forse perché non l'incolpino*. (I. Calvino, 'Il sentiero dei nidi di ragno', 55)

– (...) mise il suo veto *a che venisse dato a Bearzot il seminatore d'oro* (...). (M. Sconcerti, in 'la Repubblica' [sport], 27-7-1982)

– (...) voglio esser allegro, allegro, *acciocché tu non possa rimproverarmi* (...). (I. Svevo, 'Opera omnia' vol. 3º, 787)

– (...) Avrebbero dunque tutto l'interesse *a consentire che l'opera di risanamento venga intrapresa* (...). (E. Scalfari, in 'la Repubblica, 7-11-1982)

– Dissi che erano andati *per comprare il cavallo*. (C. Pavese, 'Ferie d'agosto', 183)

– (...) non avevo nessun interesse *a mettere in moto la giustizia*. (P. Chiara, 'I giovedì della signora Giulia', 131)

– Finii per spezzettare le ultime focacce (...) *al fine di coprirne l'intera corsia*. (F. Tomizza, 'L'albero dei sogni', 24)

– Perché non scriveva a qualche amica *giustificandosi*? (Chiara cit., 35)

– E l'uomo Gargani era tale *che in qualunque tempo se ne trovano pochi*. (B. Cicognani, 'L'età favolosa', 31)

– E' talmente buio *che non si distingue nulla*. (C. Cassola, 'Una relazione' 15)

– (...) ella non sapeva distaccare l'idea della virtù da quella di un profitto (...). *Al punto che un vizio proficuo le pareva quasi una virtù*. (A. Moravia, 'I racconti', 128)

– Il fatto fece percorrere un fremito di commozione (...), *tanto che riemersero numerosi altri episodi* (...). (in, 'Il Tempo', 31-12-1981)

– Tanto era sensato quel che dicevo *che Scalambri se ne urtò*. (L. Sciascia, 'Todo modo', 69)

– Ho mangiato una cosa *che* se te lo dico *ti faccio venire l'acquolina in bocca*. (C. Cassola, 'Il taglio del bosco', 41)

– (...) guardo troppo spesso la televisione, *perché possa dirmi completamente immune* (...).(L. Sciascia, 'Todo modo', 13)

– (...) Stella era in uno stato d'animo *da preferire la morte per inedia*. (I. Silone, 'Una manciata di more', 157)

– (...) era giunto *al punto di aver simpatia per la setta*. (G.T. di Lampedusa, 'Il Gattopardo', 34)

– "La campana!" gli gridò ancora il Melito *facendolo* sobbalzare (...). (D. Buzzati, 'Siamo spiacenti di', 78).

Capitolo LVIII

58 - **PROPOSIZIONI CIRCOSTANZIALI (2º)**

Proposizioni condizionali - Il periodo ipotetico - Precisazioni su protasi e apodosi - Tipi di periodo ipotetico - Funzionali con valori restrittivi - Precisazioni di forma e di significato - Valori non specificamente ipotetici - Proposizioni concessive - Altri costrutti con valore concessivo - Funzionali concessivi con valore avversativo - Un costrutto coordinativo con valore concessivo.

58.1 PROPOSIZIONI CONDIZIONALI

a) Io da Carlo ci vado *se lui mi invita*.
b) Ve lo dirò solo *a condizione che teniate il segreto*.
c) *Se fossi stato invitato*, ieri ci sarei andato volentieri alla festa di Carlo.

In a) il fatto di andare da Carlo, espresso nella reggente, si può verificare solo a condizione che Carlo stesso faccia l'invito.

In b) la disponibilità che il parlante dichiara a riferire qualcosa è condizionata alla promessa che gli interlocutori mantengano il segreto.

In c) il desiderio di partecipare a una festa del giorno prima (*ieri*) è rimasto insoddisfatto perché non si è realizzata la condizione dell'invito.

In ciascuno di questi esempi la proposizione subordinata riferisce una *condizione* che può consentire o impedire ciò che si dice nella principale.

Una ***proposizione condizionale*** (detta in genere anche ***ipotetica***) esprime la condizione da cui dipende o può dipendere la realizzazione (nel presente, nel passato o nel futuro) di quanto si dice nella reggente.

La condizionale ***esplicita***:

• può essere introdotta da *se* (che è il funzionale più comune), e può avere l'*indicativo* o il *congiuntivo*;
– *Se prenderà* il treno delle otto, arriverà prima di notte.
– *Se prendesse* il treno delle otto, arriverebbe prima di notte.

• richiede invece solo il *congiuntivo* quando è introdotta da *purché, a patto che, a condizione che, solo che* (che servono per sottolineare l'indispensabilità della condizione), *qualora, ove, quando, nel (in) caso che, nell'ipotesi (nell'eventualità) che* (che servono per segnalare la casualità della condizione); e poche altre locuzioni (58.2.3):

– Andrò al cinema *purché* mia sorella *rimanga* a casa coi bambini.

– Sarei andata al cinema *a condizione che* mia sorella *fosse rimasta* a casa coi bambini.

– *Nel caso* ti *capitasse* di venire a Napoli, vienimi a trovare.

– (...) avrebbe potuto avviare la tarda lirica ad esiti nuovi (...) *solo che* il poeta *fosse riuscito* a contemplare (...). (L. Caretti, 'Ariosto e Tasso')

La forma ***implicita*** si può avere:

• con l'*infinito* preceduto da *a, pur di* (con aggiunto un valore finale), *a condizione di, a patto di*:

– *A stare* (= se stessi) sempre in ozio mi annoierei.

– Farei di tutto *pur di (a patto di) vederti* felice.

• con il *gerundio* per lo più *presente* (ricordiamo che il *passato* ha di solito valore marcatamente causale [24.1.4]):

– *Comportandovi* (= se vi comportate) in questo modo, vi rendete antipatici a tutti.

• il *participio passato*, che può essere accompagnato da *se, ove, una volta*:

– Queste viti, *(ove) trattate* (= se venissero trattate) con cura, potrebbero ancora dare buon vino.

– Questo cane, *se (una volta) addestrato* (= se venisse addestrato) bene, farebbe ottima guardia.

– Così, *se confermata*, la mossa a sorpresa di Mancuso rimetterebbe in discussione (...). (in 'Il Giornale', 19-19-1995).

58.2 IL PERIODO IPOTETICO

Si dice ***ipotetico*** un ***periodo*** formato da due proposizioni delle quali la subordinata indica la condizione da cui dipende o potrebbe dipendere la realizzazione o meno di quanto si dice nella reggente.

La *proposizione dipendente*, che esprime la condizione, si indica col termine di ***pròtasi***; la *reggente*, che esprime la conseguenza, si indica col termine di ***apòdosi***.

Le due proposizioni sono così strettamente connesse fra loro da costituire un tutto logico e grammaticale inscindibile: il *periodo ipotetico*, appunto (quasi il 'periodo' per eccellenza).

Gli esempi proposti in 58.1 sono altrettanti periodi ipotetici. Come i seguenti:

– Se fossi tornato prima (*protasi*) nessuno ti avrebbe rimproverato (*apodosi*).

– Andrò con Luigi (*apodosi*) se avrò tempo (*protasi*).

– Se verrò a Napoli te lo farò sapere.

58.2.1 PRECISAZIONI SU PROTASI E APODOSI

livello grammaticale Grammaticalmente parlando, la protasi sta, per sua stessa natura, in una proposizione subordinata: dipende infatti sempre dall'apodosi.

Quest'ultima invece può stare in proposizione indipendente o subordinata. Se è subordinata, può essere completiva soggettiva o oggettiva.

Se l'apodosi è indipendente si ha un periodo *ipotetico indipendente*; se l'apodosi è subordinata si ha un periodo *ipotetico subordinato*:

– Sarei felice (*apodosi indipendente*) se mia figlia fosse qui. (si tratta di periodo ipotetico indipendente)

– Carlo dice che sarebbe felice (*apodosi subordinata completiva oggettiva*) se sua figlia fosse qui. (si tratta di periodo ipotetico dipendente)

protasi sintetica o taciuta Non di rado il verbo nella protasi è sottinteso. Altre volte, la protasi o è sottintesa o è sostituita da altra espressione o manca addirittura:

– Io *al posto tuo* (= *se fossi al*...) ci andrei. (manca il verbo)

– Devi studiare. *Altrimenti* (in sostituzione di: *se non studi*) non sarai promosso.

– Io ci andrei da lui. (sottintesa la protasi: *se mi chiamasse* - *se avessi tempo* - *se non fosse così lontano* - ecc.)

'se' taciuto La congiunzione *se* potrebbe essere anche sottintesa; specialmente nella lingua parlata.

Questo, naturalmente, può accadere solo nei casi in cui ci siano altri segnali di ipotesi: e cioè il *condizionale* e il *congiuntivo* in relazione:

– *Avessi* il suo tempo e i tuoi libri, *leggerei* tutto il giorno.

– Io, *fossi* in te, lo *farei*.

– Non mi *avessero sgambettato* i tipografi, *avrei scritto* ieri (...). (G. Clerici, in 'la Repubblica', 9-2-1991)

Secondo quanto si è detto, pensando di formulare un'ipotesi, non si potrebbe dire *Ho le sigarette fumo*. Senza il *se* (e mancando segnali sostitutivi quali il condizionale e il congiuntivo) è una realtà che si comunicherebbe, non un'ipotesi.

collocazione della protasi

A seconda del minore o maggiore rilievo che si vuol dare al suo contenuto, la protasi può essere posposta, anteposta o interposta alla apodosi; e ciò, con periodo ipotetico indipendente o dipendente. Il rilievo può anche essere marcato con pause, segnate, nello scritto, da virgole:

– (Io penso che) Anche Carlo potrebbe farcela *se volesse*.
– (Io penso che) *Se volesse*, anche Carlo potrebbe farcela.
– (Io penso che) Anche Carlo, *se volesse*, potrebbe farcela.

58.2.2 TIPI DI PERIODO IPOTETICO

In base a come il parlante sente (o presenta) la condizione -se reale, se possibile, se irreale - il periodo ipotetico si suole distinguerlo in tre tipi: 1º) *della realtà*, 2º) *della possibilità*, 3º) *della irrealtà*. E', questa, una distinzione assai poco convincente, che tuttavia, per comodità di schematizzazione, in qualche modo adotteremo.

1º tipo: della realtà
Chi parla o scrive presenta un fatto reale (che lui stesso conosce o ammette come tale) come se fosse un'ipotesi, e lo pone a condizione (che invece sarebbe piuttosto reale causa) di un altro fatto che ne deriverà con logica consequenzialità: "*Se (a)*, allora (b)", equivale a "*Siccome (a)*, allora (b)".
Condizione e conseguenza così presentati formano insieme il *periodo ipotetico della realtà*, per il quale forse si dovrebbe piuttosto parlare di *valore ipotetico apparente* (come un'ammissione).

In esso la condizione è sempre introdotta da *se*, ed è richiesto l'*indicativo* sia nella reggente sia nella subordinata:
– "Luigi ieri ha litigato con Giorgio". "*Se ha fatto questo,* (= ammettiamo questa realtà come condizione, ne consegue che ...), ha sbagliato."
– *Se* la luna *riceve* luce dal sole (= ammettendo questa realtà astronomica, come condizione, ne consegue che ...), è un pianeta.

2º tipo: della possibilità
Chi parla o scrive presenta la condizione come di possibile realizzazione; in tal caso anche la conseguenza espressa nell'apodosi sarà possibile.

Si ha allora il *periodo ipotetico della possibilità* (possibilità secondo il soggettivo giudizio del parlante).

La protasi può essere introdotta da funzionali quali:

• *se* 'tipico funzionale condizionale' è di gran lunga il più frequente; ammette sia l'*indicativo*, sia il *congiuntivo*: quest'ultimo nei tempi *imperfetto* e (più raramente) *trapassato;* il *congiuntivo presente* si può avere nei casi di ipotesi con marcato valore ammissivo (*se* = *ammesso che* [58.3.1]. La scelta dell'uno o dell'altro modo verbale può dipendere o dal registro linguistico o dallo stato affettivo del parlante (soggettività più o meno marcata); per gli esempi si veda nel riquadro che segue;

• *qualora, nel (in) caso (che), caso mai, nell'ipotesi che, nell'eventualità che,* e pochi altri; ciascuno di questi ammette di norma il modo *congiuntivo* più spesso *imperfetto,* ma anche *presente* o (più raramente) *trapassato*; il rapporto con l'apodosi può avvenire mediante il *condizionale* (specie in corrispondenza con l'imperfetto o il trapassato), l'*indicativo* o l'*imperativo:*

– *Qualora aveste* bisogno di me *telefonatemi* (*dovreste* telefonarmi).

– *Nel caso* tu *ti senta* solo puoi (*potresti, potrai*) chiamarmi in ogni momento.

– (...) qualora sindacalisti della sua organizzazione *fossero coinvolti* in scandali siffatti, la Uil non *esiterà* a prendere provvedimenti (...). (in 'il Giornale', 19-10-1995)

La scelta del ***modo verbale in presenza di 'se'***:

a) può dipendere semplicemente dal *registro linguistico* usato (più o meno formale) in rapporto alla situazione; in questo senso, la tendenza al colloquiale è sempre più accentuata;

b) ma può anche servire a manifestare lo *stato d'animo*, con cui il parlante stesso sente il grado di probabilità che ciò che dice si realizzi; maggiore fiducia o sicurezza: *indicativo*; minore fiducia o sicurezza, oppure timore che si realizzi o non si realizzi ciò che dice: relazione tra *congiuntivo* (nella protasi) e *condizionale* (nella apodosi).

E' scontato comunque che la precisa comprensione dei particolari è affidata al *contesto situazionale e linguistico.*

Si può dunque avere:

• *indicativo* sia nella protasi che nella apodosi;

• *congiuntivo presente* (con valore ammissivo), o (26.5.1) *imperfetto* (raramente *trapassato*) nella protasi, e *condizionale presente* (raramente *passato*) nella apodosi (58.2.3);

• un misto di *indicativo* (protasi) e *condizionale* (apodosi), o *congiuntivo* (protasi) e *indicativo* (apodosi); il *futuro* nell'apodosi indica risolutezza da parte del soggetto. Non di rado l'apodosi ha l'*imperativo*. (58.2.4)

Alcuni esempi:

– Se *vincessi* alla lotteria *farei* salti di gioia. (il parlante sa che è possibile, ma sente anche che le probabilità -specie per lui- sono labilissime).

– Se *vinco* alla lotteria *farei* salti di gioia. (il parlante, più che curarsi del grado di probabilità, usa un registro linguistico poco formale)

– Se *vieni* mi *fai (farai)* molto piacere. (il parlante mostra sicurezza nella possibile realizzazione dell'ipotesi)

– Se *venissi* mi *faresti* molto piacere. (il parlante, per ragioni individuabili per lo più nel contesto, fa intendere di avere poca fiducia nella possibile realizzazione dell'ipotesi)

– Se *venissi* mi *farai (fai)* molto piacere. (il parlante mostra di avere lo stesso stato d'animo della frase precedente, ma ha usato un registro poco formale)

– Se *vieni (verrai)* mi *faresti* molto piacere. (il parlante mostra di avere abbastanza fiducia nella realizzazione dell'ipotesi; il registro linguistico è mediamente sorvegliato)

– (...) dopo la batosta di ieri, ne *prenderà* una seconda se *imboccasse* quella strada. (E. Scalfari, in 'la Repubblica', 7-4-1992)

– Se per questo *fosse* necessario abbandonare tutto, lo *farò*.

– Se questo è stato il calcolo, *è stato* sottilissimo e non privo di rischi. (M. Fuccillo, in 'la Repubblica', 5-11-1995)

– Se non lo *faranno*, se non *ci sarà* questa presa di posizione netta e precisa, il mio rapporto con loro *si chiuderà* definitivamente. (in 'la Repubblica', 2-10-1995)

Nel seguente esempio si può notare una complessa struttura con ipotesi di 2° tipo in cui s'incuneano due relative coordinate col medesimo valore di eventualità:

– (...) io mi andavo dicendo che se lui, Cimurri, e altri valentuomini *prendessero* la briga di confrontarsi, di stilare un programma comune (...). Se, insomma, *nascesse* un movimento che non *sbagliasse* innanzi tutto bersaglio, e non si *chiamasse* anti-Galgani ma Pro-tennis, *avremmo* qualche minima speranza di rimettere in cantiere la barcaccia naufragata. (G. Clerici, in 'la Repubblica', (sport), 7-10-1995)

3º tipo: della irrealtà

Chi parla o scrive presenta come impossibile la realizzazione della condizione; in tal caso, risulterà altrettanto impossibile il fatto che ne dovrebbe conseguire.

E' il caso del *periodo ipotetico della impossibilità (o irrealtà)*; anche in questo caso, secondo il giudizio del parlante.

I funzionali introduttivi sono gli stessi del 2º tipo.

Per quanto riguarda il *modo verbale*:

- se i fatti ipotizzati sono *nel presente*, si ha il *congiuntivo imperfetto* (26.5.1) nella protasi e il *condizionale presente* nell'apodosi:

– Se la terra *avesse* luce propria *sarebbe* una stella (la terra non ha luce propria, e dunque non è una stella: periodo ipot. della impossibilità nel presente)

– *Qualora avesse* bisogno di noi (ma non dovrebbe avere bisogno) ci *telefonerebbe*.

- se i fatti ipotizzati sono *nel passato*, si ha il *congiuntivo trapassato* nella protasi e il *condizionale passato* nell'apodosi.

In questo ultimo caso, specialmente nei registri linguistici meno formali, si può avere anche l'*imperfetto indicativo* (25.1.1.2) tanto nella protasi che nell'apodosi (che è un uso molto comune perché molto pratico e semplice); nella protasi si può avere anche il *trapassato prossimo indicativo*. Se il funzionale introduttivo non è *se, l'imperfetto indicativo* è di solito solo possibile nell'apodosi non anche nella protasi:

- Se ieri *fossi uscito* (ma non sono uscito) con quella pioggia *mi sarei bagnato* tutto. (ma non mi sono bagnato perché non sono uscito) (periodo ipot. della irrealtà nel passato)
- Se ieri *uscivo* (*ero uscito*) con quella pioggia mi *bagnavo* tutto.(registro poco formale)
- Se ieri *fossi uscito* con quella pioggia mi *bagnavo* tutto. (poco formale)
- Se ieri *uscivo* con quella pioggia mi *sarei bagnato* tutto. (poco formale)
- "La mia Nikon. Se non *era assicurata*, ora *piangevo*". (scritta pubblicitaria)
- Nel caso *avesse avuto (aveva:* raro) bisogno di noi ce lo *avrebbe fatto* (*faceva*) sapere.
- Se lo *sapevo* non *mi dimettevo*. (titolo nel settimanale 'Sette', 5-10-1995)

Nel seguente esempio si può notare (se ce ne fosse bisogno) come taluni usi oggi correnti e talvolta considerati non positivi effetti della 'popolarizzazione' della lingua abbiano antecendenti lontani e illustri:

- (...) se *potuto aveste* veder tutto, // mestier non *era* parturir Maria (= non *sarebbe stato* necessario che Maria partorisse). (D. Alighieri, Divina Commedia)

58.2.3 FUNZIONALI CON VALORI RESTRITTIVI

'se' rafforzato La congiunzione caratteristica *se* può essere rafforzata per le seguenti sfumature di valore concessivo:

• *se anche* (con *indicativo* o, più spesso, *congiuntivo*); sottolinea l'antitesi con il resto dell'enunciato, e spesso carica l'espressione di forti *valori affettivi*:

– *Se anche* glielo dicessimo, che ci guadagneremmo?

L'inversione nei due elementi (*anche se*) ha, di solito, solo *valore concessivo*, non anche ipotetico:

– *Anche se fa* (= benché faccia) freddo, esco.

• *se pure, seppure* (con l'*indicativo*, raramente con il *congiuntivo* per valori marcatamente oppositivi) possono introdurre un costrutto ipotetico con *valore dubitativo*, spesso aggiuntivo di ripensamento:

– (...) forse era il suo nome, *se pure* ne aveva avuto uno in sorte. (P. Levi, 'La tregua')

– (...) *seppure* la navigazione in Internet dovesse culminare in un naufragio, sarebbe (...). (in 'Panorama', 26-10-1995, pag. 127)

• *se mai, semmai*, hanno valore analogo a *se pure*, ma sono seguiti prevalentemente dal *congiuntivo*:
– *Se mai* fossi saggio, lo sarei perché so essere severo. (U. Eco, 'Il nome della rosa')

• *se solo (soltanto), se appena,* seguiti dall'*indicativo* introducono una condizione con marcato *valore concessivo*; seguiti dal *congiuntivo imperfetto* o *trapassato* in relazione con il *condizionale* introducono un'*ipotesi* con forte significato di irrealizzabilità:
– Domani vengo, *se appena* mi sentirò un po' meglio. (D. Buzzati, 'Siamo spiacenti di')
– (...) quel potere avrebbero potuto conservarlo, *se solo* avessero voluto. (F. Cangini, in 'La nazione', 15-10-1982)

• *solo se*, rispetto alla precedente, coll'inversione degli elementi componenti, introduce un costrutto con *specifico valore restrittivo* in relazione al contenuto della apodosi; a seconda del fondamentale valore condizionale o ipotetico, può richiedere l'*indicativo* o il *congiuntivo*:
– Saremo completamente soddisfatti *solo se verrai* anche tu.
– Saremmo completamente soddisfatti *solo se venissi* anche tu.

funzionali con il congiuntivo I seguenti funzionali richiedono normalmente il *congiuntivo*:

• *casomai, caso mai, nell'eventualità che, nel caso che*: servono a richiamare l'attenzione sulla *casualità* della condizione per un'ipotesi considerata dal parlante con possibile esito positivo:
– *Casomai* facessi un po' tardi, ti prego di scusarmi fin da adesso.

• *ove, dove, laddove,* di origine tra *locativi* e *temporali* (quasi a circoscrivere in tal senso la condizione), sono tipici dei registri linguistici formali parlati e scritti e di linguaggi settoriali:
– *Laddove* fosse necessaria ulteriore documentazione, il sottoscritto si dichiara fin d'ora pronto a produrla.
– Rispondono, in pubblico, a quelle stesse domande (...) alle quali risponderebbero, *dove* se lo sentissero rivolgere da noialtri in treno, con uno schiaffo.
(B. Placido, in 'la Repubblica', 9-7-1991)
– (...) i pur rilevanti risultati ottenuti (...) non sono sufficienti *ove* tale azione non sia supportata da condizioni di vivibilità (...). (da una lettera ministeriale, in 'la Repubblica' 17-7-1991)
– *Ove* questa concordanza venisse meno cesserebbero le ragioni di un sodalizio (...). (E. Scalfari, in 'la Repubblica', 23-5-1993)

• *quando* introduce una proposizione condizionale con aggiunto un chiaro valore *temporale*. Accompagnato da *anche* (= *anche quando*) assume anche valore concessivo:
– *Quando* si pensi al lavoro che abbiamo fatto, viene da disperarsi davanti a certi risultati.
– *Anche quando* ci parlassimo, che ne concluderemmo?

• *qualora*, riconducibile anch'esso al *valore temporale*, ha largo uso nella lingua scritta e, per lo più, si usa con l'anticipazione o l'interposizione della protasi:

– Il decreto legislativo, *qualora* non dovesse avere entro tre giorni la ratifica parlamentare, decadrebbe.

• *ammesso (ammettiamo) che, concesso che, supposto (supponiamo) che, posto che, dato che, ammesso e non concesso che* introducono un valore *concessivo-condizionale* quando la proposizione reggente ha il verbo al modo *condizionale*. Negli altri casi si tratterebbe di valore *concessivo* o *causale* (per i quali si veda agli appositi paragrafi):

– *Ammesso che* lo faccia, *commetterebbe* un grave errore.

• *purché, a condizione che, a patto che, solo che, sempre che (semprеché),* sono funzionali di tipo francamente condizionale (58.1):

– Io glielo presto, però *a condizione che lui* me lo renda presto.

– Anch'io ci andrei, *solo che (sempre che)* ne avessi la possibilità.

Naturalmente, riguardo al modo verbale usualmente richiesto (congiuntivo) non mancano le eccezioni (come quelle dei due esempi seguenti giustificabili con l'incertezza tipica del futuro, il secondo dei quali, pur in presenza di un marcatamente ipotetico *ove*, sostenuto da un giudizio di probabilità):

– Nel *caso che* la sua proposta non *verrà approvata*, il Polo minaccia una ferma opposizione. (sentita alla radio, 21-10-1995)

– (...) *ove* la Tunisia, come pare probabile, *respingerà* la richiesta di estradizione, ad un imputato verrebbe offerto l'inammissibile privilegio (...). (G.N. Modona, in 'la Repubblica', 26-10-1995)

58.2.4 PRECISAZIONI DI FORMA E DI SIGNIFICATO

dati oggettivi e soggettivi Siccome il periodo ipotetico della 'possibilità' e quello della 'impossibilità' nel presente possono usare gli stessi modi (congiuntivo e condizionale) e tempi, molte volte, in un'ipotesi al presente (congiuntivo imperfetto e condizionale presente), capire se si tratta del primo o del secondo tipo dipende dalla conoscenza della situazione. In *Se Carlo venisse ci farebbe tanto piacere*, soltanto la conoscenza della situazione può spiegare se *Carlo* ha la possibilità di venire o se chi parla si limita a esprimere solo un desiderio sapendo già che questa venuta è impossibile.

Altre volte dipende dal giudizio del parlante, chiaramente desumibile dal contesto situazionale o linguistico, indicare se ciò che egli dice è realizzabile o irrealizzabile. In *Se ti riposassi un po' studieresti meglio dopo*, chi parla potrebbe già sapere se il suo interlocutore seguirà il consiglio o lo riterrà una semplice osservazione. Su questa base, il periodo sarà della possibilità o della impossibilità: *se ti riposassi un po'* (e ritengo che c'è questa possibilità, perché ti conosco come persona ragionevole : *possibilità*)... *Se ti riposassi un po'* (ma già non lo stai facendo e so che non lo farai : *impossibilità*)...

irrealtà Un periodo ipotetico del passato espresso tanto con il *congiuntivo* e il *condizionale*, rispettivamente nella protasi e nell'apodosi, quanto con l'*indicativo imperfetto* in una delle due o in ambedue, ha una larghissima percentuale di probabilità di essere del 3º tipo ('irreale'). I fatti del passato di solito sono noti a chi li narra. In *Se ieri fossi andato (andavi) con loro ti saresti divertito (ti divertivi)*, chi parla mostra di sapere che l'interlocutore non ha fatto una certa cosa e che perciò non si è divertito. Comunque non sono rari i casi riconducibili al 2° tipo (della 'possibilità'), come nel seguente esempio, in cui quanto si dice nella proposizione reggente ('Ma non era stato difficile') riconduce tutto al momento della formulazione dell'ipotesi: "Non era stato difficile prevedere che se *avesse acuito* lo scontro con i giudici, *avrebbe prodotto* lacerazioni gravissime nel tessuto istituzionale del Paese (...). (E. Veltri, in 'il Giornale', 22-10-1995).

possibilità Un'ipotesi con l'*indicativo passato prossimo* o *remoto* (raro) può presentare fatti che possono essersi verificati nel passato; solo che il parlante fa implicitamente intendere di non esserne al corrente. In *Se Carlo ha fatto (fece) l'esame, lo ha superato (superò)*, chi parla ritiene possibile che *Carlo* abbia fatto l'esame e che, di conseguenza, l'abbia anche superato.

relazione di tempi Si possono formulare ipotesi con la protasi al *presente* e l'apodosi al *passato*; e viceversa:

– Se *avessi studiato* (condizione nel passato) adesso ti *godresti* le vacanze. (conseguenza nel presente)

– *Avrei visitato* già tutto il mondo (conseguenza nel passato) se *avessi* i soldi. (condizione con durata anche nel presente)

condizionale per futuro Il *condizionale passato* può apparire in un'apodosi i cui fatti, pur collocati nel *futuro*, si presentano già come irrealizzabili nel momento in cui si parla o scrive. In questo caso si tratterebbe di periodo ipotetico del 3º tipo (si veda anche in 24.1.2.2: 'disponibilità impedita'):

– So che *domani andate* in gita al mare. Se non avessi impegni *sarei venuto* con voi.

apodosi con imperativo Due particolari forme di periodo ipotetico della possibilità sono: a) protasi con *volere* o *dovere* all'*indicativo presente* + *infinito* del verbo ripetuto subito in apodosi all'*imperativo* o al *congiuntivo* esortativo: Se *vuoi andarci, vacci. - Se vogliono andarci, ci vadano. - Se pubblicata deve essere, che pubblicata sia* (R. Levi, in 'il Giornale', 25-10-1995); b) protasi con valore tra concessivo e fraseologico (58.2.5) all'*indicativo* (più spesso) o al *congiuntivo*, e apodosi di valore volitivo con *dovere* all'*indicativo* o al *condizionale presente*, attenuativo, + *infinito*: Se *sei* furbo, *dovresti andarci*. (dal film 'Mezzogiorno di fuoco').

ellissi della protasi Può accadere che la condizione (la protasi) non venga espressa, in quanto deducibile dal contesto situazionale e linguistico:

– Hai fatto bene a non venire al cinema ieri sera. *Ti saresti annoiato*. (= Se ci fossei venuto...)

– (...) non posso viaggiare troppo all'indietro, *perché mi ritroverei a essere una pura possibilità genetica nel Dna del mio bisnonno (...).* (U. Eco, in 'L'Espresso', 22-10-1995, pag. 254, (= Se viaggiassi troppo all'indietro...)

ellissi dell'apodosi A volte, specialmente nelle esclamazioni e nelle esortazioni o nei dubbi in forma di domanda (47.2.3, 48.1.3), si esprime la sola condizione sottintendendo la conseguenza, la quale è facilmente desumibile dal contesto:
– Se fossi ricco! (può essere sottinteso: *quante cose potrei fare!)*
– Se partissimo domattina presto? (sot.: *che succederebbe? – Sareste d'accordo?*)

protasi in relativa La condizione (protasi) può essere introdotta anche da un *pronome relativo* (56.2.3):
– Le persone *che (= se) avessero visto avrebbero dovuto parlare. (*relativa condizionale)
– *Per chi volesse scegliere un paragone colto potrebbe* servire una reminiscenza (...). (E. Scalfari, in 'la Repubblica', 13-12-1995)

protasi temporale La condizione (protasi) potrebbe essere in *proposizione temporale* (59.1.1):
– (...) si sarebbe mosso soltanto *quando avesse cessato di essere utile alla Fiat.* (E. Scalfari, cit.)

protasi sintetica La condizione si può esprimere con un aggettivo o con un sostantivo, anche introdotti dalla congiunzione *se,* o con un elemento avverbiale. In non pochi di questi casi, sembra restare sottinteso il verbo *essere*:
– Si assumono rappresentanti solo (*se*) (sot.: *sono*) laureati.
– Io le compro queste uova, ma solo *se* di giornata.
– Spero che verrai. *Altrimenti* (= se non venissi), mi dispiacerebbe.

ipotesi in coordinate a) può avere valore ipotetico un costrutto formato da due proposizioni coordinate con *e*: la prima con *l'imperativo*, la seconda con *l'indicativo*, presente o *futuro*. Espressioni di questo tipo si usano spesso per formulare promesse o minacce:
– Vieni e ti divertirai. (= Se vieni ti divertirai)
– Torna a casa e mi senti! (minaccia)

b) Anche due proposizioni coordinate, con i verbi al modo *condizionale*, il primo dei quali formato dal servile *potere* (con specifico valore concessivo), esprimono un'ipotesi logica:
– *Potresti* viaggiare cento e cento anni e non conosceresti mai tutto del mondo. (= Se anche viaggiassi..., non conosceresti...)

interrogativa Può avere valore ipotetico una sequenza di due proposizioni indipendenti di cui la prima sia interrogativa:
– *Fa freddo?* Chiudo la finestra. (= Se fa freddo, chiudo ...)

valore comparativo-ipotetico Presenta valore comparativo (o modale)-ipotetico (61.1.1.3) il costrutto introdotto da *come, come se, quasi, quasi che*, provvisto per lo pù di *congiuntivo imperfetto* o *trapassato*, e dipendente da un costrutto con *indicativo* o *condizionale*:

– Camminava *come se* fosse ubriaco.
– Mi comporterei *quasi fossi* te stesso.
– (...) faceva tante raccomandazioni, *come fosse una figlia sua* (...). (M. Di Lascia, 'Passaggio in ombra')

rapporto logico di causa-effetto Come si è già accennato in 57.1, il rapporto ipotetico condizione-conseguenza è riconducibile al più generale rapporto logico di causa-effetto, ed è in questo trasformabile:

a) Se avessi il libro studierei. → Non studio perché non ho il libro.
b) Se non avessi avuto il libro non avrei studiato. → Ho studiato perché avevo il libro.

Al di là della equivalenza di fondo, fra i due costrutti rimangono comunque profonde differenze. Ad esempio, qui sopra, in a), nel periodo ipotetico, il parlante mette soprattutto in risalto la sua disponibilità, il suo desiderio di studiare (*studierei = desidero, sono disposto a studiare*); nel periodo causale corrispondente il parlante tende invece a mettere in evidenza come un dato di fatto la causa che gli impedisce di studiare (il fatto che non studio è l'effetto inevitabile di una causa: non avere il libro).

58.2.5 VALORI NON SPECIFICAMENTE IPOTETICI

La congiunzione *se* seguita dall'indicativo può introdurre costrutti con i seguenti valori non specificamente ipotetici [1]:

• *valore avversativo:* il contenuto della proposizione dipendente si contrappone a quello della reggente e presenta fatti come reali e di comune conoscenza. Il *se* potrebbe essere sostituito da *se è vero che*:
– Se tu stai male, noi stiamo peggio. (Tu..., ma noi...)

• *valore causale:* il costrutto introdotto da *se* viene dato come reale piuttosto che come ipotetico. Anche in questo caso il *se* potrebbe essere sostituito da *se è vero che*:
– Ti ho offeso. E se ti ho offeso (= visto che ti...), ti chiedo scusa.

• *funzione completiva* con *valore ipotetico*: si può avere in dipendenza da taluni verbi della 'partecipazione affettiva' (*piacere, dispiacere, dolere, meravigliarsi...*) [2] con la congiunzione *se* al posto di *che* (il quale introdurrebbe invece un valore puramente esplicativo):
– Mi dispiace se Carlo parte. (invece di: che Carlo parta)
– Mi dispiacerebbe se Carlo partisse.

---

[1] Su questo argomento si veda L. Serianni, 'Grammatica italiana', Torino 1988, pp. 498-499.
[2] Si veda in 54.2.1 d).

• *valore concessivo:* la reggente si trova spesso in correlazione con un elemento avversativo (congiunzione o avverbio) del tipo: *almeno, tuttavia...* Anche in questo caso il *se* potrebbe essere sostituito da *se è vero che*:

– Se non saranno dieci, saranno sette, otto, almeno. (G. Bassani, 'Il giardino dei Finzi-Contini).

• *funzione fraseologica con valore attenuativo:* si può avere in espressioni incidentali:

– Carlo, se non vado errato, si è sposato due anni fa.

• *valore restrittivo*: ha molta somiglianza col valore proprio di un costrutto *eccettuativo*:

– Se non glielo dici tu, glielo dico io.

• *valore temporale-iterativo:* per azioni con carattere iterativo o imperfettivo:

– Se penso (= tutte le volte che penso) al mio paese così lontano, mi si stringe il cuore per la nostalgia.

58.3 PROPOSIZIONI CONCESSIVE

Non di rado accade che per una qualche ragione (deliberazione o casualità) il rapporto logico di causa-effetto si interrompa, e che alla causa consegua non il naturale effetto che ci si aspetterebbe, ma il suo esatto contrario.

In tal caso, il rapporto di consequenzialità si trasforma in *rapporto avversativo*, in cui la circostanza causale (causa mancata) si risolve in circostanza vanamente in opposizione a quanto accade nella proposizione reggente (57.1):

1a (*rapporto causa-effetto*) Siccome piove, è uscito con l'ombrello.
1b (*rapporto causa-effetto interrotto*) Benché piova, è uscito senza ombrello.
2a (*rapporto causa-effetto*) Poichè era ricco, viveva nel benessere.
2b (*rapporto causa-effetto interrotto*) Sebbene fosse ricco, non viveva nel benessere.

In 1b, contrariamente al consequenziale 1a, la pioggia non impedisce al protagonista di uscire senza ombrello. In 2b, a una condizione di ricchezza non consegue l'effetto, pur generalmente considerato naturale (2a), di benessere.

Le proposizioni introdotte da *benché* e *sebbene* sono concessive.

Si dicono ***concessive*** quelle ***proposizioni*** subordinate in cui si ammette (si 'concede') l'esistenza di un fatto o di un concetto che è contrario o contrastante con quello espresso nella reggente, ma che non ne impedisce il compimento.

Quando sono ***esplicite*** possono essere introdotte:

• da *benché, sebbene, quantunque, per quanto, malgrado (che), nono-*

stante (che), sempre che, ancorché, quando che, ammettiamo (mettiamo) che, ammesso che, con tutto che, quand'anche ecc.;

modo verbale: *congiuntivo* (*indicativo* o *condizionale* in registri assai colloquiali):

– Lavorò tutto il giorno, *malgrado avesse* un po' di febbre.

– *Benché abbia (ha) preparato* tutto, rimanda sempre la partenza.

– (...) dopo le elezioni, *quando che siano*, la rinegoziazione sarà per noi più difficile. (in 'la Repubblica', 31/7/1991).

– *Con tutto che sia (è) stato aiutato*, non ce l'ha fatta.

• da *se (anche, pure), anche se, neanche (nemmeno, neppure, manco) se, se mai, semmai*:

modo verbale: *congiuntivo (ipotetico) imperfetto* o *trapassato*, o *indicativo:* a seconda che ci siano o no significati ipotetici; il *condizionale* servirà a valori di virtualità:

– Lui lavora *anche se ha* la febbre.

– Lui lavorerebbe *anche se avesse* la febbre.

– Lavora molto, *anche se* ne *farebbe* volentieri a meno.

– (...) *semmai c'è stata una azienda* le cui fortune sono abbinate strettamente al sostegno d'un partito, questa è stata la Fininvest. (E. Scalfari, in 'la Repubblica', 26-11-1995)

• da pronomi o aggettivi indefiniti collettivi (*chiunque, qualunque, qualsiasi, checché, quale [quali] che*); da avverbi di qualità o di luogo anch'essi con senso collettivo (*comunque, come che, ovunque, dovunque, in ogni parte* ecc.);

modo verbale. *congiuntivo* (in registri colloquiali, anche l'*indicativo*):

– Gli riesce tutto, *qualunque cosa faccia* (fa).

– *Ovunque lui vada* (va), lei lo segue.

– *Quali che fossero* le tue ragioni, non dovevi litigare con Lucio.

– *Quale che sia* il destino dell'ex presidente del Consiglio, resta il fatto (...). (G. Valentini, in 'la Repubblica', 15-10-1995)

• da due o più frasi al *congiuntivo* per lo più introdotte da funzionali alternativi o disgiuntivi: *sia che...sia che, o che... o che*:

– Ma *sia che* non *avesse capito* (...) *sia che preferisse* fingere di non capire (...) si avanzò nel mezzo della stanza. (A. Moravia, 'I racconti')

Dal parlato viene il seguente costrutto concessivo-ipotetico con relazione *congiuntivo imperfetto-indicativo presente:*

– Anche *si trattasse* di un milione di persone la sostanza non *cambia*. (riportato in 'Corriere della sera', 21-12-1992)

Le ***implicite*** possono avere:

• l'*infinito* preceduto da *per, a, anche (nemmeno, neanche, neppure) a, pur senza, a costo di, a rischio di*:

– Il signor Achille, *per essere* (= benchè sia) sarto, non va mica vestito tanto bene.

– Non si trovò una camera (*nemmeno) a pagarla* (= nemmeno se si fosse pagata) a peso d'oro.

– La mamma manterrà la promessa, *a costo di lavorare* tutta la notte.

• il *gerundio*, spesso preceduto da *pur(e), anche, neanche, neppure, nemmeno*;

la presenza del funzionale serve a distinguere il costrutto da quello puramente causale: specialmente se c'è il *gerundio passato*, che (si è più volte ricordato) tende a segnalare rapporti decisamente causali (24.1.4):

– Molte volte, *pur lavorando* (= benché si lavori) con cura e attenzione, le cose non riescono.

58.3.1 ALTRI COSTRUTTI DI VALORE CONCESSIVO

espressioni Un'elegante espressione di valore concessivo è quella formata da *per + un aggettivo o un avverbio + che + il congiuntivo*; il *per* si può anche omettere:

– *Per intelligente che sia*, l'uomo non potrà mai capire tutto.

– *Per bene che gli vada*, non è mai contento.

– Che mi può succedere? *Male che vada*, potrò prendere una sgridata.

Un'altra espressione molto simile alla precedente è quella formata da *per + infinito + che + fare* al *congiuntivo*:

– *Per parlare che facesse* non riusciva a convincerli.

Stesso valore ha l'espressione predicativa formata da 'aggettivo + *come* + *essere* all'indicativo + *tuttavia* (o *nondimeno*)':

– *Ricco com'è, tuttavia* ha sempre di che lamentarsi.

valore alternativo Ha valore concessivo alternativo o disgiuntivo l'espressione formata da *che + verbo al congiuntivo + o + verbo al congiuntivo* (oppure *non, no*):

– *Che lavori o studi*, qualcosa deve fare.

– *Che lo voglia o no*, deve andarci.

Buon uso ha anche l'espressione, col senso della fatalità, della necessità, *volente o nolente* (= che voglia o che non voglia):

– *Volente o nolente,* dovrà fare il soldato.

omissione del funzionale La proposizione concessiva con valore ipotetico può avere il congiuntivo senza il funzionale *anche (pure) se*. In questi casi *anche* o *pure* possano essere posposti al verbo:

– *Cascasse (pure)* il mondo, lui resterebbe impassibile.

relativa concessiva Una *proposizione relativa* (con indicativo o condizionale) può avere valore concessivo, che può essere sottolineato da *pure, anche*: (56.2.3)

– Carlo, *che pure aveva studiato* (= benché avesse studiato), non andò bene all'interrogazione.

concessiva sintetica Risulta di valore concessivo il costrutto formato da un aggettivo o da un participio introdotto da *benché, sebbene, quantunque, per quanto* ecc., con verbo *essere* sottinteso (53.8):

– Sarebbe un'aspirazione diffusa, *benché occultata e repressa*, dire a ciascuno il fatto suo anche a costo di litigare con tutti. (A. Ronchey, in 'la Repubblica', 7-7-1991).

– Quei ragazzi, *pur (benché) vivaci*, sono simpaticissimi.

ammissione Non di rado, l'opposizione fra reggente e subordinata si attenua, al punto che quanto si dice in quest'ultima risulta una semplice 'ammissione' (come un'ipotesi di I o di II tipo; si veda anche in 58.2.5 "funzione fraseologica"):

– *Se* (*se è vero che) sei tanto stanco*, dovresti riposarti.

– *Se è pur vero che i rapporti del presidente con la sinistra* che lo appoggia *sono oggi più intrinseci*, appare francamente arduo (...). (M. Pirani, in 'la Repubblica', 29-10-1995)

– Che quella trasferta, *se sarà concessa*, rischi di (...), i pm di Brescia ce l'hanno ben presente. (C. Sasso, ivi)

In simili casi, si può anche avere il funzionale *se* concessivo-ipotetico *(= ammesso che)* con il *congiuntivo presente* (58.2.2):

– (...) per distrazione o, *se si voglia ammettere la verità*, per colpa del proprio carattere. (M. Di Lascia, 'Passaggio in ombra')

mentre anche la congiunzione *mentre* può introdurre una proposizione con valore concessivo:

– *Mentre* (= se è vero che) è cosa grave sbagliare, ancora più grave è insistere nell'errore.

correlazione della reggente Se la proposizione reggente segue la concessiva, può correlarsi con questa mediante elementi avverbiali di valore oppositivo del tipo: *tuttavia, nondimeno, ciononostante, comunque, ugualmente, lo stesso* ecc. In tal modo il valore oppositivo generale ne viene rafforzato:

– Benché piovesse a dirotto, *tuttavia* uscì senza ombrello.

58.3.2 FUNZIONALI CONCESSIVI USATI CON VALORE AVVERSATIVO

A volte, specie nel parlare, l'opposizione fra quanto si dice nella proposizione concessiva e nella reggente è sentita così forte che le congiunzioni *benché, sebbene, quantunque, per quanto* vengono usate con il valore di congiunzioni avversative, come *ma* o *però*. La proposizione così introdotta avrà allora *l'indicativo* o il *condizionale* e stabilirà con la precedente un rapporto sintattico coordinato piuttosto che subordinato. Se le due proposizioni in questione sono divise da una pausa marcata (un 'punto e virgola', o un 'punto fermo'), quanto si dice nella seconda non di rado si presenta come un ripensamento del parlante:

– L'ha perdonato, *benché* (= però, ma) non *se lo meritava*.

– Usciremo senza cappotto. *Benché (sebbene, quantunque, per quanto) fa* piuttosto freddino.

– (...) forse votava comunista anche lui, *benché (= ma)* accuratamente *evitava* di dichiararlo. (L. Sciascia, 'A ciascuno il suo')

– Ma lo faranno? Ne dubitiamo, *sebbene* (= *eppure*) *sarebbe* questo il solo modo di accettare lealmente il voto. (E. Scalfari, in 'la Repubblica', 16-12-1992).

Nel seguente esempio, si notino le due proposizioni coordinate introdotte da *benché,* l'una con funzione puramente avversativa, l'altra concessiva-avversativa; come indicano, rispettivamente, il condizionale e il congiuntivo:

– Non mi chiesero mai nulla, *benché Marianna avrebbe voluto farlo e io percepissi il fruscio continuo dei suoi pensieri.* (M. Di Lascia, 'Passaggio in ombra')

58.3.3 COLLOCAZIONE DELLA CONCESSIVA NEL PERIODO

La concessiva può essere anteposta, interposta o posposta alla proposizione reggente. In linea generale si può dire che, se ha l'*indicativo*, ha il valore di una semplice ammissione che non evidenzia molto l'opposizione, e si preferisce collocarla dopo la reggente. Quella con il *congiuntivo* invece tende a evidenziare il suo valore oppositivo [1]; perciò di preferenza si prepone o si interpone alla reggente. La preferenza, naturalmente, non è un obbligo. Alla fine è sempre il parlante a decidere: i significati da comunicare sono suoi, e, come al solito, sta a lui scegliere strategie e strumenti linguistici che ritiene più efficaci:

– Non si arrabbia mai, *anche se lo infastidiscono a lungo.*
(= Anche se....., non...)

– *Anche se lo avesse detto*, non avrebbe fatto niente di male.
(= Non avrebbe..., anche se...)

– *Quantunque fosse stato avvertito per tempo*, non ci andò.
(= Non ci andò, quantunque...)

– Carlo, *benché sia stanco*, continua a lavorare.
(Carlo continua... *benché*... - *Benché*... Carlo continua...)

58.3.4 UN COSTRUTTO COORDINATO CON VALORE CONCESSIVO

Due proposizioni in coordinazione collegate da *ma, però, tuttavia*, hanno un valore oppositivo molto simile a quello del periodo concessivo di cui siamo venuti parlando sin qui.

---

(1) Il costrutto si riconduce ai valori volitivi di cui si parla in 26.1.2.

L'opposizione risulta emotivamente più marcata se la prima proposizione ha il *futuro indicativo* ('futuro' del dubbio o dell'ammissione: 25.1.1.6, 48.1.4) e se è rafforzata da *magari* anteposto al verbo o da *anche, pure, certo, sì, è vero*, e simili, posposti. Questo costrutto è molto frequente nel parlato, in cui le componenti emotive affiorano con maggire evidenza; il futuro è il tempo prevalente:

– *Sarà anche bello questo quadro, però* costa caro.
(= per quanto sia bello... costa...)
– *Da piccolo eri bravo, certo, ma* eri tanto vivace.
(= benché fossi bravo...tuttavia eri...)
– *Tu magari avrai anche studiato, ma* da quel che rispondi non sembra proprio.
– *Non ci crederete*. Ma la nostra scuola si è fatta così sciatta (...) (B. Placido, in 'la Repubblica', 18-5-1985)

58.3.5 NOMINALIZZAZIONE DI UNA CONCESSIVA

Una proposizione concessiva si può in certi casi (con opportuni aggiustamenti sintattici) tramutare in complemento di concessione:

– *Benché si fosse sforzato tanto*, non riuscì a spostare di un centimetro quella grossa macchina → *Nonostante tanti sforzi*, non riuscì (...)

58.4 ESEMPI DI COSTRUTTI IPOTETICI E CONCESSIVI DI AUTORI VARI

– (...) nessuno vuole farlo fuori: e *se anche ci fosse* qualcuno che lo vuole[1], *dovrebbe prepararsi* a veder peggiorare le cose. (G. Brera, in 'la Repubblica', [sport], 3-7-1986)

– (...) *se dipendeva* dal capoluogo partenopeo, *non si sarebbe raggiunto* il quorum minimo (...). (in, 'La nazione', 10-11-1987)

– *Dovessi scegliere* il più brillante, fra gli azzurri, *esiterei* (...). (G. Brera, in 'la Repubblica' [sport], 3- 6-1990)

– *Se saremo* saggi, *se utilizzeremo* al meglio gli anziani e *prepareremo* al meglio i giovani *avremo* una vita migliore. (in, 'la Repubblica', 6-6-1990).

– (...) nei turni successivi (...) *sarà utilizzata qualora ci sia* bisogno di difendere il risultato. (in, 'la Repubblica' [sport], 13-6-1990)

– *Chiunque considerasse* il lavoro in fieri della Juventus 1982-83, *non avrebbe potuto prescindere* da questi (...). (G. Brera, in 'la Repubblica' [sport], 1-10-1982)

– La storia e lo storicismo ci dicono che tutto è degno di interesse *a patto che non si creda* veramente a niente di cui ci si occupa. (L. Baldacci, in 'La nazione', 25-4-1982)

– *Se* il ridicolo *uccidesse*, ragazzi che stragi. (E. Biagi, in, 'Panorama', 20-2-1984, pag. 78)

– *Gioco d'anticipo* sul lettore levandogli la battuta, *casomai volesse replicare* (...). (L. Satta, in 'La nazione', 7-2-1987)

---

[1] Si noti quel *vuole* (al posto di *volesse*) tipico di un registro familiare.

– *Se fosse stato* un po' più giovane *avrebbe preso* le cose da principio. (L. Malerba, 'La scoperta dell'alfabeto', 112)

– Forse ad occhi chiusi *avrebbe sposato* la donna che sua madre gli *avesse portato* (...). (L. Sciascia, 'A ciascuno il suo', 42)

– Voleva curare la gente, ma solo *a patto che non chiedessero* di farsi curare. (N. Ginzburg, 'Lessico famigliare', 70)

– Il comandante dei carabinieri *è disposto* ad arrestare l'ingegnere, ma *a condizione di sorprendere* i due (...). (I. Silone, 'Una manciata di more', 239)

– (...) *a non sapere* del mestiere che faceva, *bisognava* dargli credito (...). (C. Pavese, 'Ferie d'agosto, 181)

– (...) *interrogato* per bene, (...) *sarebbe uscito* fuori a dichiarare (...). (G. Bassani, 'Il giardino dei Finzi-Contini', 142)

– (...) *se vuole andare* dal giudice (...), lo *faccia* (...). (E. Scalfari, in 'la Repubblica', 13-11-1990)

– (...) *tornando* sui miei passi *rischiavo* di incontrarlo (...). (D. Buzzati, 'Siamo spiacenti di', 15)

– Spinola era un gran ladro di galline, *anche se aveva sempre portato rispetto alla roba* (...). (L. Malerba, 'La scoperta dell'alfabeto, 102)

– (...) frequentava ancora la casa, *benché avesse seguito l'avvocato* (...) (P. Chiara, 'I giovedì della signora Giulia', 63)

– *Posto che l'associazione di (...) non sembra, per ora, a carattere militare*, resta da domandarsi (...). (G. Calvi, in 'Paese sera', 8-6-1981)

– *Nonostante avesse ingoiato cervello e cuore* il capo non individuò (...) (G. Saviane, 'Il mare verticale', 73)

– (...) *se io avevo avuto un torto*, era stato sempre quello (...). (G. Bassani, 'Il giardino dei Finzi-Contini', 247)

– (...) *se non vi dispiace*, aiutatemi ad asciugarmi. (G.T. di Lampedusa, 'Il Gattopardo'), 86)

– Come si vede, *mentre (= se è vero che) sarebbe sbagliato* sopravalutare la piccola crisi valutaria (...), sarebbe ancor più sbagliato sottovalutare le difficoltà gravi (...). (in, 'La nazione', 9-1-1987)

– Si potrebbero definire comunisti (...) *quand'anche avessero convenienza* a conservare un fittizio legame col passato? (E. Scalfari, in 'la Repubblica', 11-10-1990)

– (...) *che io resti o me ne vada*, la preoccupazione dei nuovi arrivati sarebbe (...). (D. Buzzati, 'Siamo spiacenti di', 115)

– Ci sono retaggi storici, a superare i quali non basta il trascorrere di mezzo secolo, *per lungo che sia*. (E. Scalfari, in 'la Repubblica', 21-2-1991).

– *Benchè nettamente antifascista* (...) il signor giudice non voleva fastidi (...). (G. Bassani cit., 270)

– Sono vedute (...) talvolta *a dire il vero* poco decifrabili. (G. Bassani, 'Cinque storie ferraresi', 63)

– (...) uno di loro, *a costo anche di sfondare la saracinesca lì davanti*, sarebbe certamente salito (...). (Bassani cit., 254)

– (...) sapeva di riferirsi a cosa vicina, in atto, *per così dire*. (L. Sciascia, 'A ciascuno il suo', 36)

– (...) Stella (...) *divorata dalla cancrena del diabete*, si era tuttavia aggrappata, meschinamente a questa esistenza di pene. (G.T. di Lampedusa, 'Il Gattopardo', 284)

– *Benché colta di sorpresa*, Mara capì (...). (C. Cassola, 'La ragazza di Bube', 153)

– Queste domande se le rivolse *pur scrutandosi con accanimento* (...) (A. Moravia, 'I racconti', 252)

ESEMPI DI COSTRUTTI COORDINATI CON VALORE CONCESSIVO

– (...) *le donne magari* quando sono truccate *fanno figura*, ma valle a vedere la mattina (...). (C. Cassola, 'Una relazione', 81)

– *Eh, già, tagliare la corda è facile*: ma a cosa porta (...)? (G. Bassani, 'Il giardino dei Finzi-Contini', 239)

– *Pecco, è vero*, ma pecco per non peccare più oltre (...). (G. T. di Lampedusa, 'Il Gattopardo', 38)

– *Cattivo magari non era*... Ma è stato uno stupido. (C. Cassola, 'Una relazione', 144)

– *Si indaghi pure*, non c'è nulla da nascondere. (in, 'la Repubblica', 8-9-1982)

Capitolo LIX

59 - PROPOSIZIONI CIRCOSTANZIALI (3º)

Proposizioni temporali - Precisazioni: a) in caso di contemporaneità fra reggente e subordinata - Precisazioni: b) in caso di anteriorità della reggente rispetto alla subordinata - Precisazioni: c) in caso di posteriorità della reggente rispetto alla subordinata - Precisazione: d) nel caso che la circostanza temporale sia ripetitiva (iterativa) - Esempi di costrutto temporale di autori vari.

59.1 PROPOSIZIONI TEMPORALI

a) Canta *mentre riordina la casa.*
b) Torno a casa *prima che faccia notte.*
c) Mi riposo un po' *dopo che ho pranzato.*

Le ***proposizioni temporali*** indicano le circostanze di tempo in cui si svolgono i fatti della proposizione reggente.

Questi fatti, rispetto alla circostanza temporale, possono risultare: a) *contemporanei* (canta nello stesso tempo in cui riordina); b) *anteriori* (il mio ritorno a casa avviene prima del calare della notte); c) *posteriori* (il mio riposo avviene dopo finito di pranzare).

La temporale ***esplicita***:

• può avere l'*indicativo*, il *congiuntivo* o il *condizionale*; e ciò, a seconda degli specifici significati: realtà, ipotesi, eventualità; il congiuntivo è, in genere, possibile con *quando, finché, fino a che, fino a quando*, e *mentre* avversativo (60.2);

• dati anche i vari specifici significati del costrutto, può essere introdotta da un elevato numero di funzionali (per i quali si rinvia in 52.2.1): *quando, allorquando, appena, mentre, che, nel momento che, intanto che, finché, sinché, fino a che, fin quando, dopo che, una volta che* ecc.:
– Dormirò *fino a quando non mi sveglieranno.*

– Avrei dormito *fino a che non mi avessero svegliato.*
– *Nel momento che arriveranno* sarò già pronta.
– *Prima che arrivino* saremo pronti.
– Proprio chi difende l'autonomia della magistratura, *ogni volta che il potere politico tenti di condizionarla* deve con identica convinzione difenderla (...). (in 'la Repubblica', 26-10-1995)

• una proposizione temporale può anche essere introdotta da un pronome relativo, nella sua forma indiretta *cui* (con preposizione) e in quella diretta cristallizzata *che* (17.4.1 e 52.2.1.2:).
– E' ormai lontano l'anno *in cui (che) ci conoscemmo.*

• per altri introduttori temporali con valore avversativo, causale, concessivo, si vedano le proposizioni apposite.

La temporale ***implicita*** può avere:

• l'*infinito* preceduto dalle preposizioni articolate *nel, col, al, sul*; o da locuzioni prepositive *nel momento di, all'atto di, prima di, nel punto di* ecc.:
– *Nel parlare* gesticola.
– *Prima di partire* ti telefono.

• il *participio passato*, anche preceduto da *dopo, subito dopo, (non) appena,* per sottolineare la rapida successione del fatto della reggente:
– *Partiti* (*non appena partiti*) gli sposi, la festa finì.

• il *gerundio presente* per i significati della contemporaneità e della anteriorità; raramente, il *gerundio passato* per l'anteriorità:
– *Partendo* gli sposi, la festa finisce.

In "*Essendo partiti gli sposi*, la festa finisce", il *gerundio passato* sottolinea l'anteriorità di una circostanza causale, piuttosto che temporale (24.1.4).

59.1.1 PRECISAZIONI: A) *IN CASO DI CONTEMPORANEITÀ FRA REGGENTE E SUBORDINATA*

forma esplicita La *temporale esplicita* viene introdotta da *quando, come, allorché,* (letterario) *allorquando* (letterario), *appena, non appena, mentre, nel momento che, intanto che, tanto che, al tempo che (in cui), nell'istante che (in cui)*; e simili.
Il verbo si mette per lo più all'*indicativo* perché in generale questo tipo di proposizioni indica circostanze reali; la sua collocazione è per lo più prima della reggente:
– *Mentre (intanto che, tanto che...) lavora*, ascolta la radio.
– *Quando lo vedrò*, glielo dirò.
– *Come (quando, appena) lo vide*, gli corse incontro.

Si sarà notato che nei due ultimi esempi, non c'è vera e propria contemporaneità. Tuttavia i fatti sono in così rapida successione da sembrare contemporanei.

forma implicita La *forma implicita* si può avere con il *gerundio presente* o con l'*infinito presente* preceduto da *nel, al, col , sul, nel momento di, all'atto di, nel punto di* ecc.:

– *Studiando* (= mentre studia) tiene accesa la radio.

– *Nel parlare* (*parlando*) (= mentre parla) gesticola.

– Mi sono alzato *al levare* del sole (= quando si levava il sole). (il gerundio sarebbe possibile, ma suonerebbe o troppo letterario o arcaico: *levandosi* il sole).

– *Col procedere* degli anni (= mentre procedono gli anni) cresce l'esperienza.

– Si alzò *sul far* del giorno (= mentre si faceva giorno).

congiuntivo Se la circostanza temporale collocata nel futuro si presenta con *valore ipotetico* o *concessivo*, allora nella forma *esplicita* si può anche avere il *congiuntivo*, soprattutto con *(non) appena*; meno di frequente con *quando* e *allorché*:

– Glielo dirò *non appena (quando) tu lo voglia.*

– *Quando ne riconoscessi* (= Se ne riconoscessi) l'utilità, lo aiuterei.

– Si sarebbe tranquillizzato *allorché (= a condizione che) fosse uscito.*

– *Anche quando sia praticata* con grande onestà (...), la politica impone condizionamenti. (I. Montanelli, in 'il Giornale', 22-4-1991)

quando *quando* è la congiunzione temporale per eccellenza, e gode di larga frequenza d'uso. Può introdurre rapporti di anteriorità, contemporaneità e posteriorità. Noi la inseriamo qui per semplice comodità. Per più specifiche determinazioni temporali, essa può anche essere preceduta da una preposizione: *di, a, per, da, su (da quando, a quando, per quando...):*

– *Quando* hai finito dimmelo. (temporale anteriore alla reggente)

– Dimmelo, *quando* hai finito.

– Di lei non so più niente *da quando* è partita. (contemporanea)

– Ti servirà *per quando* sarai grande. (posteriore)

– Il suo ardore, *allorquando* potette agire su di me con libertà paterna, non conobbe limiti (...). (M. Di Lascia, 'Passaggio in ombra')

che La congiunzione *che,* come si è detto, può introdurre anche significati temporali sia nel parlato che nello scritto (17.4.1, 32.4, 49.6.1, 52.2.1.2, 56.2.3); la proposizione così introdotta segue sempre la reggente (si veda più sotto *pronome relativo*):

– Carlo arrivò *che (= mentre)* stavamo uscendo.

mentre La congiunzione *mentre* sottolinea la continuità, la duratività dell'azione contemporanea alla reggente; per questa ragione non ammette i tempi perfettivi (passato prossimo o remoto, trapassato, futuro anteriore); la collocazione rispetto alla reggente varia:

– *Mentre* studia (studiava - studierà), passeggia (passeggiava - passeggerà) per la stanza. - Passeggia ... *mentre* studia.

come, appena, non appena La rapidità della successione che le congiunzioni *come, appena, non appena* sottolineano è tale, che i fatti (di aspetto perfettivo), pur anteriori, appaiono pressoché contemporanei a quelli della reggente, a cui il costrutto si antepone:

– *Appena* lo vide, lo riconobbe.
– *Come* lo guardavo, arrossiva.

pronome relativo Anche il pronome relativo può introdurre una temporale: sia nella forma cristallizzata *che* (tra pronome e congiunzione), sia nella forma obliqua *cui* (17.4.1, 32.4, 49.6.1, 56.2.3): il valore di anteriorità, contemporaneità o posteriorità è dato dal contesto; il costrutto segue, naturalmente, la reggente:

– E' lontano il giorno *che (in cui)* ci siamo conosciuti.

infinito Per quanto riguarda la forma *implicita* con *l'infinito*, va sottolineato che:

• *nel* richiede lo stesso soggetto nella temporale e nella reggente, ed è come se collocasse il fatto di quest'ultima all'interno della circostanza temporale (che si antepone):

– *Nell'ascoltare* chiude gli occhi.

• *al* richiede, per lo più, un diverso soggetto (nell'esempio seguente: *io* e *il gallo*), e indica vicinanza fra i fatti della proposizione temporale e della reggente (il mio svegliarmi e il cantare del gallo):

– Mi sono svegliato *al* cantare del gallo.

• *col* indica che i fatti della reggente e della subordinata si corrispondono nella durata nel tempo (nell'esempio seguente: il lento invecchiare e il contemporaneo lento migliorare del vino; come una 'compagnia'):

– Questo vino migliora *coll'* invecchiarsi.

• *sul* indica che l'azione della reggente e quella della subordinata sono contemporanee solo in modo approssimativo (nell'esempio seguente: l'arrivo e la sera non coincidono perfettamente):

– Arrivò *sul* far della sera.

La collocazione di questi costrutti rispetto alla reggente, se non diversamente indicato, dipende dalla rilevanza che si intende dare ai loro contenuti.

forma ellittica Una forma efficacemente concisa di costrutto temporale con valore di contemporaneità (riconducibile a un sintetico costrutto assoluto latino) è quella formata da un sostantivo o pronome accompagnato dalla predicazione con ellissi di *essere:*

– (...) inchiodato alle sue terribili colpe politiche dalla serie dei grandi mafiosi che, *lui fuori gioco* (= mentre lui è ...), vengono arrestati e che, *lui in gioco* (= mentre lui era...), restavano indisturbati e riveriti. (G. Bocca, in 'la Repubblica', 21-5-1993).

59.1.2 PRECISAZIONI: B) *IN CASO DI ANTERIORITÀ DELLA REGGENTE RISPETTO ALLA SUBORDINATA*

forma esplicita La *proposizione* temporale *esplicita* può essere introdotta da:

• *prima che, avanti che, innanzi che*, che richiedono il *congiuntivo presente o imperfetto* (per il loro valore oppositivo si veda in 26.1.2 d); l'indicativo è dei registri più colloquiali; il costrutto temporale per lo più si pospone alla proposizione reggente:
– Voglio essere a casa *prima che ritornino (ritornano)* i miei.

• *finché, sinché, fino a che, sino a che, fin quando, fino a quando, sin quando, sino a quando, fino (sino) al momento in cui;* sono funzionali che marcano il punto nel tempo in cui, sopraggiungendo il fatto della reggente, la circostanza temporale ha termine (*relazione terminativa*). Il modo verbale può essere: il *congiuntivo* o l'*indicativo*, se la circostanza ha valore ipotetico; l'*indicativo*, se è reale; il *condizionale* se è virtuale:
– Starò sveglio *fin quando abbiano (avranno) telefonato*.
– Sono stato (stetti) sveglio *finché hanno (ebbero) telefonato*.
– Decisi che sarei stato (stavo) sveglio *fin quando non avessero (avrebbero) telefonato (telefonavano* [25.1.12]*)*.
– (...) *fino a quando* queste due condizioni *non siano state adempiute* è inutile sperare (...). (E. Scalfari, in 'la Repubbica', 26-5-1996)

forma implicita La *forma implicita* può avere l'*infinito presente* o *passato* preceduto da *prima di, avanti di, innanzi di*:
– *Prima di partire* ti farò una visitina.

'non' fraseologico intensivo Le congiunzioni del secondo gruppo sopra elencate (*finché, fin quando...*) possono anche essere accompagnate da *non* (*finché non, fin quando non...*) che reca un valore intensivo:
– Starò sveglio *fin quando non* avranno (abbiano) telefonato.
– Sono stato sveglio *finché non* hanno telefonato.

Naturalmente, il *non* è necessario al significato quando la reggente è negativa:
– Non ci andrò *finché non* mi chiameranno.

altri valori Il funzionale *fino (sino) a*, con l'*infinito*, aggiunge al valore temporale una *sfumatura consecutiva*:
– Ha lavorato *fino a non reggersi* più dalla stanchezza.

59.1.3 PRECISAZIONI: C) *IN CASO DI POSTERIORITÀ DELLA REGGENTE RISPETTO ALLA SUBORDINATA*

forma esplicita La *temporale esplicita* è introdotta da *dopo che, una volta che, ora che, adesso che, quando, appena*; e di solito richiede l'*indicativo;* per lo più si antepone alla reggente:
– *Dopo che l'ho assunto*, me ne sono subito pentito.

Quando la *circostanza* temporale è *nel futuro* e da chi parla o scrive è sentita come *ipotetica* si può anche avere il *congiuntivo passato* o *trapassato*: e ciò, a seconda che nella reggente ci sia un futuro (o un presente) oppure un condizionale passato o un indicativo imperfetto; tutto ciò, naturalmente nei registri più formali:

– Questa seconda casa, *una volta che tu l'abbia comprata*, potrà (può) farti comodo.

– Mi assicurò che questa seconda casa, *una volta che (solo che) l'avessi comprata*, avrebbe potuto (poteva) farmi comodo.

allorché - allorquando *allorché* e *allorquando* sono due congiunzioni poco comuni (specie nel parlato) con significato di immediata anteriorità equivalente a *quando*; la temporale si antepone alla reggente:

– *Allorché* arrivava il professore di ginnastica, per noi era una festa.

Per *quando*, si veda in 59.1.1.

altri funzionali Le seguenti congiunzioni introducono una circostanza temporale i cui effetti perdurano nei fatti della proposizione reggente (contemporaneità parziale: *valore incoativo*): *dacché, da che, da quando, dal momento che, dal tempo che, dal giorno che, dall'istante che*; e simili. Il modo richiesto è l'*indicativo*: (*congiuntivo* per valori ipotetici); il costrutto per lo più si antepone alla reggente.

– *Da quando sono arrivato qui*, mi sento più sereno.

– *Dal giorno che si decidesse* comincerebbe a lamentarsene.

anteriorità evidenziata Normalmente, il rapporto di anteriorità dei fatti della temporale non viene solo segnalato dai funzionali da noi indicati (*dopo che, una volta che, adesso che* ecc.), ma viene anche messo in evidenza da tempi 'relativi' (25.1.1.5): *passato* rispetto al presente, *trapassato* rispetto al passato, *futuro anteriore* rispetto al futuro semplice. Tuttavia con *quando, appena* si può sentire la necessità di usare lo stesso tempo della reggente quasi a sottolineare nei fatti un rapporto non lontano dalla contemporaneità:

– Te lo presterò *dopo che (appena, quando) l'avrò letto*.

– Appena l'*ebbi comprato (comprai)*, me ne pentii.

– Quando *arriverò (sarò arrivato)*, vi telefonerò.

Nel seguente esempio si noti l'uso insolito del presente con *dopo che: Dopo che (...)* il provvedimento *viene giudicato* incostituzionale (...), palazzo Chigi lo *reitera* (...). (G. Valentini, 'la Repubblica', 25-11-1995)

ausiliare anteposto Per marcare la rapidità della successione dei fatti, l' anteriorità della temporale rispetto alla reggente si può esprimerla anteponendo il participio passato di un tempo composto al suo ausiliare e interponendo *che*; se il soggetto è diverso da quello della reggente, va posposto al verbo. Il costrutto, che suona piuttosto ricercato, per lo più si antepone alla proposizione reggente:

– *Arrivati che furono*, si misero a tavola.

– *Partiti che saranno* quei tuoi amici, resterai solo solo.

costrutto implicito La *forma implicita* si costruisce con l'*infinito passato* preceduto da *dopo (di)*, o con il *participio passato* preceduto o non da: *dopo, subito dopo, appena, una volta;* il grado di rilevanza (maggiore o minore) decide della collocazione del costrutto rispetto alla reggente (prima o dopo):

– *Dopo avere mangiato* ci faremo un riposino.
– *Una volta presa* la laurea, che farai?
– Usciremo *dopo mangiato*.
– *Finiti i compiti*, giocheremo a scacchi.

Se il costrutto è introdotto da *a*, il participio segue il sostantivo e gli si accorda:
– Carlo arrivò *a cose fatte*.

participio passato La *forma implicita* col *participio passato* è di solito piuttosto formale e marca la rapida successione dei fatti della temporale e della reggente. Perciò la temporale di solito si anticipa:

– *Chiusa la porta* (= Subito dopo avere chiuso ...), mi ricordai della chiave.

Di uso frequente è il costrutto (visto poco sopra) con participio passato preceduto da *a* e concordato a un sostantivo a cui si pospone:

– *A guerra finita*, ci rivedremo.

concordanza del participio A proposito della concordanza del *participio passato*, bisogna tenere presente che (si veda anche in 33.2.3):

• se è di un verbo intransitivo che richiede l'ausiliare *essere*, e condivide il soggetto con la reggente, concorda con questo; se ha invece un proprio soggetto concorda con quest'ultimo:

– *Lucia, uscita* per tempo di casa, si diresse verso la chiesa. (concordanza col soggetto condiviso con la reggente)
– Carlo, *partiti i suoi cugini*, si sentì tanto solo. (concordanza col proprio soggetto)

• se è di un verbo intransitivo che richiede l'ausiliare *avere* o di un verbo transitivo privo di oggetto diretto, non avrà concordanza, e terminerà in *-o*:

– Lucia, *giocato* un po' con le sue amiche, è rientrata in casa.
– Lucia, dopo *mangiato*, è uscita un po'.

• se il verbo è transitivo e ha un oggetto diretto espresso, concorda con questo:
– Carlo, *chiusa la finestra*, si è rimesso subito a suonare.

59.1.4 PRECISAZIONE: D) *NEL CASO CHE LA CIRCOSTANZA TEMPORALE SIA RIPETITIVA (ITERATIVA)*

Una proposizione temporale che indichi il periodico ripetersi di un fatto *(relazione iterativa)* è introdotta da *ogni volta che, tutte le volte che, sempre che, sempreché, a mano a mano che, via via che, di volta in volta che* ecc... e di solito richiede l'*indicativo*. Può avere il *congiuntivo* se è introdotta da *sempre che (sempreché)* con valore concessivo.

59.1.5 NOMINALIZZAZIONE DI UNA TEMPORALE

Una proposizione temporale spesso può essere trasformata nel complemento di tempo corrispondente:

– *Prima che Carlo partisse* eravamo felici. → *Prima della partenza di Carlo* eravamo felici.

– *Dopo che Carlo partì* ci sentimmo tanto soli. → *Dopo la partenza di Carlo* ci sentimmo tanto soli.

– *Mentre pranzavamo* discutevamo sempre. → *Durante il pranzo* discutevamo sempre.

59.1.6 ESEMPI DI COSTRUTTO TEMPORALE DI AUTORI VARI

– Un microcosmo (...) si riproduce in una sintesi quasi implacabile *a mano a mano che si sale* (...). (R. Marino, in 'Il tempo', 22-1-1982)

– (...) egli sentì che quegli occhi non gli davano più amore, e questo, *innanzi che si rendesse conto* che cessava il respiro (...). (R. Bacchelli, 'Una passione coniugale', 113)

– La partita è domani (...). E *solo che sarà stata giocata* potremo parlarne a ragion veduta. (G. Brera, in 'la Repubblica', [sport], 14-4-1982)

– (...) alle parole non esiste difesa *quando siano con l'accento giusto*. (C. Castellaneta, 'Anni beati', 163)

– In quell'unica occasione memorabile *che era stata a Napoli* (...), Iduzza era ancora una novellina. (E. Morante, 'La storia', 166)

– Bisogna tenersi da conto la pelle *per quando la guerra sarà finita (...)*. (L. Malerba, 'La scoperta dell'alfabeto', 119)

– *Prima che calasse il sole* entrava nella sua casetta (...). (Malerba cit., 100)

– (...) *quando trovava le parole* adatte era contento (...). (Malerba cit., 24)

– Una notte *mentre dormiva* (...) si sentì sollevare in aria (...). (Malerba cit., 140)

– *Prima di mettersi a letto* Pinai buttò due ciocchi di legna sul fuoco. (Malerba cit., 112)

– (...) *nel farle questo rifiuto* il cuore mi sanguina (...). (M. Bontempelli, 'Miracoli', 51)

– (...) *all'udire quelle parole* il cuore mi batté forte (...) (Bontempelli cit., 164)

– *Col passare del tempo* (...) era divenuto più bello (...). (M. Tobino, 'Per le antiche scale', 169)

– E *sull'imbrunire* (...) sentì un passo nell'aria (...). (M. Tobino, 'Il clandestino', 281)

– (...) *nel momento di spogliarmi* la cameriera veniva a bussare. (G. Comisso, 'Giorni di guerra', 69)

– *Essi usciti*, Virginia si abbandonò su una sedia. (V. Pratolini, 'Un eroe del nostro tempo', 159)

– *Venendo notte*, non se la prendeva più con me (...). (C. Pavese, 'Ferie d'agosto', 59)

– I compagni irredenti, *avendo tutti risposto all'appello*, terminavano di vestirsi (...). (F. Tomizza, 'L'albero dei sogni', 152)

Capitolo LX

60 - PROPOSIZIONI CIRCOSTANZIALI (4º)

Proposizioni locative - Collocazione di una locativa nel periodo - Proposizioni avversative - Affinità di valori: avversativo o sostitutivo - Collocazione di una avversativa nel periodo - Tipi di avversative - Esempi di locative e avversative di autori vari.

60.1 PROPOSIZIONI LOCATIVE

– Andavamo *dove ci portava la decisione del momento.*
– Ero lontanissimo *dall'immaginare certe conseguenze.*

La ***proposizione locativa*** indica la circostanza atta a precisare in senso spaziale reale o figurato ciò che è detto nella reggente.

La forma ***esplicita*** si può avere con l'*indicativo* o il *condizionale* introdotti dai funzionali avverbiali *dove, da dove, per dove, laddove, là dove, ove, donde* (questi ultimi più ricorrenti in linguaggi settoriali) [1]:
– Sono passato *per dove passammo* l'altra volta.
– (...) la delinquenza organizzata trova terreno maggiormente fertile *laddove* più forte *è* il degrado. (in 'la Repubblica', 17-7-1991)
Il congiuntivo inclinerebbe a valori interrogativi dubitativi o ipotetici:
– Io andrei *dove* tutti *decidessimo* di andare.

La forma ***implicita*** si può avere con l'*infinito* preceduto dalle preposizioni *tra, fra, a, da, in* (le due ultime per lo più articolate):
– Era indeciso *fra (l') andare* con loro o *(il) rimanere* a casa.
– Guardiamoci *dal giudicare* troppo severamente gli altri.
– Il difficile sta *nel cominciare.*

---

[1] Questi funzionali sono puramente avverbiali se non sono preceduti da alcun nome. In caso contrario, assumono una funzione equivalente a quella di un pronome relativo (si veda in 60.1.1 e in 52.2.1).

60.1.1 PRECISAZIONI SULLE LOCATIVE

relativa Se i funzionali *dove, ove, donde, onde* sono preceduti da sostantivo, svolgono la funzione di un pronome relativo. E la proposizione da essi introdotta sarà una relativa con *valore locativo*:
– Ho dormito nello stesso albergo *dove (= in cui) hai dormito tu.*

Valore locativo ha naturalmente, anche la proposizione introdotta da un pronome relativo riferito a un sostantivo di luogo (56.2.3):
– Ho rivisto la casa *in cui* sono nato.

Nel parlato più popolare accade spesso di trovare costrutti locativi introdotti da un *che*, pronome relativo cristallizzato (17.4.1, 32.4 [anacoluto] e 52.2.1.2); come nel seguente proverbio:
– Paese *che* vai, usanze che trovi.

forma implicita Il *costrutto implicito*, poiché si forma avvalendosi della funzione sostantivale dell'infinito, presenta per lo più significati locativi figurati:
– Vengo adesso (da dove? = da quale fatto?) *dall'aver sostenuto* un esame difficilissimo.

espressione Dato l'uso frequente che se ne fa, specie nel parlato, si segnala la seguente espressioni enfatica contenente un infinito locativo: *da qui a + infinito + ce ne corre:*
– *Ma da qui a considerarli degli 'agitprop' e a estendere il giudizio a tutti i magistrati* che (...), *ce ne corre* ed è un errore gravissimo. (E. Veltri, in 'il Giornale', 22-10-1995).

60.1.2 COLLOCAZIONE DI UNA LOCATIVA NEL PERIODO

Di solito una locativa viene posposta alla sua reggente.
Anteporla significa enfatizzarne il contenuto:
– *Dove dici tu* ci sono già stato.

60.2 PROPOSIZIONI AVVERSATIVE

a) Gioca *mentre dovrebbe studiare.*
b) La nostra squadra si difendeva proprio *quando doveva (avrebbe dovuto) attaccare.*

La ***proposizione avversativa*** esprime un fatto che risulta l'esatto contrario di quanto si dice nella proposizione reggente.

Essa equivale a una *coordinata avversativa* con *ma*. Dagli esempi qui sopra si avrebbe:

a) Gioca *ma dovrebbe studiare*.

b) La nostra squadra si difendeva *ma doveva (avrebbe dovuto) attaccare*.

La forma ***esplicita***, se è introdotta da *quando, mentre (che), là dove, laddove*, richiede l'*indicativo* o il *condizionale*; se è introdotta da *piuttosto che*, il valore oppositivo tende a far preferire il *congiuntivo* (26.1.2 d):

– Con quel suo pessimo carattere sosteneva sempre nero *laddove (quando, mentre)* altri *dicevano (avrebbero detto)* bianco.

– Preferivo sacrificarmi io *piuttosto che* lo *facesse* lui.

La forma ***implicita*** richiede l'*infinito* preceduto da *anziché, più che, piuttosto che, invece che, invece di, nonché (non che), lungi da (dal), lontano da, per*. I primo quattro funzionali sopra indicati possono anche introdurre un *participio passato*:

– *Invece di (anziché, al posto di...) divertirsi* preferisce leggere.

– Mario, *piuttosto che stare* in casa, si rinchiuderebbe al cinema tutti i giorni.

– *Lungi dall'ascoltare* i miei consigli, fa sempre di testa sua.

– Sembra il prodotto di uno scolaretto, *piuttosto che scritto* da un letterato.

60.2.1 PRECISAZIONI SUI FUNZIONALI INTRODUTTIVI

• *mentre, quando, dal momento che* aggiungono un valore temporale al costrutto (59.1); indicano infatti che in un determinato momento in cui dovrebbe verificarsi un fatto se ne verifica un altro contrario:

– Luigi, proprio *quando* (= nello stesso momento in cui) dovrebbe stare attento, si distrae.

• *lungi da* (letterario), *lontano da* aggiungono un valore locativo in quanto accennano alla distanza che corre fra ciò che dovrebbe avvenire e ciò che realmente avviene:

– Lungi *(lontano)* dallo stare attento, si distrae.

• *laddove* (letterario) *invece di, al posto di,in cambio di, in luogo di* (letterario) introducono un deciso valore di sostituzione locativa (si ricorda che *laddove* richiede forma esplicita, diversamente dagli altri):

– *Invece di* stare lì con le mani in mano, perché non mi aiuti?

– *Laddove poteva parlare,* taceva.

• *nonché (non che),* richiede l'infinito, e può segnalare un valore avversativo (= invece di); o (62.1) un valore aggiuntivo:

– *Nonché deprimerlo* (...) gli fa coraggio. (G. Brera, in 'la Repubblica', 13-2-1991)

• *piuttosto che, piuttosto di* (il primo alquanto raro) introducono un valore, decisamente oppositivo, di comparazione; e ciò spiega la preferenza accennata di *piuttosto che* per il *congiuntivo* nel costrutto esplicito:
– Ne avrei fatto a meno io *piuttosto che* lo *facesse* lui con tanto imbarazzo.
– *Piuttosto di andarci* tu, perché non lo hai detto a me?

• *per,* diversamente dai funzionali sin qui analizzati, introduce un valore avversativo puro e semplice:
– Si alzò a stento *per ricadere* (= ma ricadde) subito sulla poltrona.

60.2.2 AFFINITÀ DI VALORI: AVVERSATIVO E SOSTITUTIVO

I fatti espressi dal costrutto avversativo si verificano in contrasto con altri che dovrebbero verificarsi al loro posto.

Il *valore avversativo*, dunque, spesso si identifica con quello *sostitutivo.*

E così, ad esempio, in *Gioca mentre dovrebbe studiare*, il valore avversativo (*Gioca ma dovrebbe studiare*) potrebbe anche intendersi come sostitutivo (*Al posto di studiare gioca*).

60.2.3 COLLOCAZIONE DI UNA AVVERSATIVA NEL PERIODO

Quanto si dice in una proposizione avversativa tende a essere evidenziato, perciò essa si colloca di preferenza prima della proposizione sua reggente, o si interpone. La posposizione è meno frequente:
– *Anziché partire* resterò.
– Carlo, *invece di partire*, resterà.
– Parte *mentre dovrebbe restare*.

60.2.4 TIPI DI AVVERSATIVE

Non va dimenticato che le avversative possono essere subordinate e coordinate; anche se spesso con valori specifici non precisamente coincidenti (51.1.1.):
– Se ne va *mentre dovrebbe rimanere*. (subordinata)
– Se ne va *ma dovrebbe rimanere*. (coordinata)

60.3 ESEMPI DI COSTRUTTI LOCATIVI E AVVERSATIVI DI AUTORI VARI

– Mirabile artificio se venisse usato per deviare il corso dei fiumi o frantumare la roccia *là dove vi sia da dissodare*. (U. Eco, 'Il nome della rosa', 96)

– ...) quattro su venti convitati si astennero *dal manifestare una lieta sorpresa* (...). (G.T. di Lampedusa, 'Il Gattopardo', 99)

– Da qui *a introdurre nella rivolta motivi xenofobi* (...) il passo è stato breve. (in, 'La nazione', 7-1-1979)

– Dipendesse da me, passerei molto tempo *fra partire e arrivare*, fra treni e stazioni. (C. Alvaro, '75 racconti', 207)

– (...) era meglio che il matrimonio non si facesse *piuttosto che tu facessi quello* che hai fatto. (A. Moravia, 'La Romana', 118)

– (...) *e mentre che qui si patisce il freddo*, laggiù invece nove mesi su dodici fa un caldo della forca (...). (P. Levi, 'La chiave a stella', 4)

– Ma poi non si sveglia più (...) *mentre c'è da fare due chilometri a piedi*. (C. Cassola, 'Una relazione', 137)

– (la telefonista) (...) non volle accettare più di un numero, *quando tu saresti stato pronto ad affittare una cabina fino al momento della chiusura*. (F. Tomizza, 'L'amicizia', 64)

– Ebbe un istante di prostrazione *per riprendersi subito con coraggio*. (A. Palazzeschi, 'I fratelli Cuccoli', 34)

Capitolo LXI

61 - PROPOSIZIONI CIRCOSTANZIALI (5º)

Proposizioni comparative - Le comparative di analogia (o di somiglianza) - Valore comparativo e valore modale - Altri tipi di comparative di analogia - Comparative di analogia con altri valori - Le comparative di grado - Comparative di proporzionalità - Frequenza d'uso dei costrutti comparativi - Collocazione delle comparative nel periodo - Proposizioni modali - Proposizioni strumentali - Esempi di comparative, modali e strumentali di autori vari.

61.1 PROPOSIZIONI COMPARATIVE

a) Ho parlato *come avresti fatto tu.*
b) Carlo sa *tanta* matematica *quanta ne ha studiata.*
c) Carlo sa *più* matematica *di quanta ne abbia (ha) studiata.*
d) Carlo sa *meno* matematica *di quanta ne abbia (ha) studiata.*

Nell'esempio in a) si rileva la somiglianza che risulta dal paragone tra i fatti della proposizione reggente e della subordinata.

Negli esempi in b), c) e d) si paragona la quantità di matematica studiata con un'altra quantità conosciuta: ne risulta, rispettivamente, una quantità uguale, maggiore o inferiore.

Le ***proposizioni comparative*** introducono un fatto che serve da paragone a quanto si dice nella proposizione reggente.

Quanto si dice nella proposizione comparativa serve dunque da punto di riferimento, da modello di comparazione.

Una comparazione fra due termini si può fare: a) o per rilevarne la somiglianza (***comparazione di analogia***), b) o per quantificare il grado di eventuale differenza fra loro (***comparazione di grado****:* di *uguaglianza*, di *maggioranza* e di *minoranza*).

61.1.1 LE COMPARATIVE DI ANALOGIA (O DI SOMIGLIANZA)

Si ha una ***comparazione di analogia*** quando in una proposizione subordinata si mette in risalto la semplice somiglianza con quanto si dice nella proposizione reggente, senza tener conto del grado di intensità, di grandezza o, in generale, di quantità.

Una proposizione comparativa di analogia può essere costituita:

• da una frase priva di verbo, formata anche da un semplice nome, introdotta da: *come* (il più delle volte), *a somiglianza di, al modo di, alla maniera di, allo stesso modo di, a guisa di* (poco comune), *né più ne meno di, né più né meno che* (*come*), e simili: [1]

– Mia figlia cresce *come un fiorellino.*

– Canta con gorgheggi *a somiglianza di un usignolo.*

In questi due esempi il verbo che può essere sottinteso è: *cresce*, per la prima, e *fa* (o *canta*) per la seconda. Ma, mentre nella prima potrebbe essere anche espresso (*...come cresce un fiorellino*), nella seconda ciò non sarebbe possibile: la frase è 'nominale'. Per darle il verbo bisognerebbe usare *come* (...come fa - canta), e non *a somiglianza di.*

• da una frase verbale introdotta da *come*, molte volte in correlazione con *così*: *così...come, come...così, così come*;

può anche essere introdotta da una locuzione con pronome relativo: *nel (al) modo che (in cui), nella (alla) maniera che (in cui);*

il modo del verbo è l'*indicativo* o il *condizionale*:

– Ho fatto tutto *come* mi *aveva suggerito* Franco.

– *Come* mi *avevi* consigliato, *così* ho scritto.

– Ballava *alla maniera in cui ballerebbe* un orso.

• Se è introdotta da *secondo (che), a seconda che*, può avere l'*indicativo* per la realtà, il *congiuntivo* per la potenzialità:

– La barca andava *a seconda che tirava* il vento.

– La barca andava *a seconda che tirasse* il vento. (= secondo l'eventuale presenza del vento...)

---

[1] I funzionali introduttivi di una comparativa sono in numero piuttosto elevato. Si rinvia per questo all'elenco in 52.2.1.

61.1.1.1 VALORE COMPARATIVO E VALORE MODALE

Secondo una classificazione tradizionale, le comparative di analogia vengono considerate un genere di proposizioni modali. Ma forse è più proprio inserirle fra le comparative. E ciò, perché esse, richiamando un modello per valutarne il tipo di somiglianza, includono di necessità un paragone [1].

In *Gli ho risposto come mi ha consigliato mio padre,* il paragone avviene fra il modello costituito dai consigli del padre e l'azione del parlante che a quel modello ha cercato di conformarsi. In *La barca mutava direzione a seconda del vento,* si istituisce un paragone in cui il modello è il vento con le sue mutevoli direzioni a cui si uniforma la barca.

Resta tuttavia altrettanto valida la scelta tradizionale di attribuire valore modale ad esempi come questi. Infatti, nel primo, si parla di un modo di rispondere, nel secondo, si indica il modo di procedere della barca.

E resta anche che tanto il valore modale, quanto quello comparativo devono necessariamente richiamare un modello.

61.1.1.2 ALTRI TIPI DI COMPARATIVE DI ANALOGIA

incidentali Fra le comparative di analogia vanno comprese le *comparative incidentali* (o *parentetiche*) introdotte da *come* (62.5).

Si tratta di proposizioni che vengono pronunciate come incisi o come inserite fra parentesi. Funzionano come un commento al discorso, e indicano che tutto ciò che si è detto o scritto, o si va dicendo o scrivendo, corrisponde al modello richiamato (affermazioni di altri, dati già conosciuti, parole o espressioni non comuni, detti famosi, proverbi ecc.):

– *Come dice Dante,* non siamo nati per vivere da animali.
– La terra, *come si sa,* gira intorno al sole.
– Soffre, *come si dice in termini scientifici,* di sindrome ipertensiva.

dissomiglianza Fanno parte delle *comparative* di analogia anche quelle proposizioni che indicano, non somiglianza, ma *dissomiglianza,* diversità, nei confronti di ciò che è detto nella reggente.

Esse si introducono mediante *da come,* e sono rette da verbi, nomi, aggettivi, avverbi che indicano 'differenza', 'diversità': *differire, essere diverso, differente, differenza, diversità, diversamente, differentemente* ecc.:

– E' una città *diversa da come* me la immaginavo.
– Carlo studia *differentemente da come* studio io.

---

[1] Per questo genere di classificazione si veda L. Serianni, 'Grammatica italiana', Torino 1988.

61.1.1.3 COMPARATIVE DI ANALOGIA CON ALTRI VALORI

Le comparazioni possono essere fatte in rapporto al tempo o al fine; possono anche avere valore ipotetico.
Si tratta allora di *comparative temporali, finali, ipotetiche,* anche *relative*:

• le *temporali* sono introdotte da *come quando*, e richiedono l'*indicativo*:
– Ridono e scherzano *come quando erano bambini.*

• le *finali* sono sempre *implicite* e vengono introdotte da *come (quasi) per, come (quasi) a,* con l'*infinito presente:*
– Gli teneva una mano sulla testa *come (quasi) per (a) proteggerlo.*

• le *ipotetiche* , a) se sono *esplicite*, possono essere introdotte da *come (se), quasi (che, se),* che richiedono il *congiuntivo* normalmente *imperfetto* o *trapassato* (per un'ipotesi di 3° tipo), ma sono sempre meno rari i casi di uso del *presente* o *passato congiuntivo*; b) se sono *implicite*, possono avere il *gerundio presente* o (più raramente) *passato* introdotto da *come* o *quasi:*
– Cammina barcollando, *come se fosse* ubriaco.
– (...) con Giuppina niente, neanche una parola. *Come se* non *esistesse* più. (M. Di Lascia, 'Passaggio in ombra')
– (...) c'è la rivendicazione orgogliosa di un primato che non deve essere discusso, *quasi che* in una nazione degradata soltanto l'impresa e chi la guida *siano* i punti di riferimento (...). E. Scalfari, in 'la Reppublica', 30-10-1995)
– Agitava la mano *come salutando.* (= come se salutasse)

• le *relative* (56.2.3) sono formate da *chi* (o *colui - colei - coloro che*) preceduto da *come, a guisa di, al modo di, alla maniera di*; il modo verbale può essere, con una certa indifferenza, l'*indicativo* o il *congiuntivo*: quest'ultimo comunque sembra sottolineare la potenzialità:
– Ad un tratto si accasciò su una sedia *come chi si senta (sente)* svenire.

A questo gruppo sono riconducibili anche le relative restrittive dipendenti da un aggettivo superlativo relativo (*il più/il meno ... che ...*) seguito dal *congiuntivo* (più formale) o dall'*indicativo* (11.1.2, 26.1.2):
– È *il quadro più bello che* io *abbia (ho)* visto.

61.1.2 LE COMPARATIVE DI GRADO

Nella ***comparazione di grado*** (61.1) il confronto fra ciò che si dice nella proposizione subordinata e ciò che si dice nella proposizione reggente è stabilito in base a una valutazione di *carattere quantitativo* da cui si può avere un risultato: a) di *uguaglianza*, b) di *maggioranza*, c) di *minoranza*.

uguaglianza

Il risultato di uguaglianza si esprime mettendo in correlazione *tanto* nella reggente e *quanto* o (più raramente) *come* nella subordinata; *tanto* può anche mancare; in tal caso *come* è abbastanza frequente; *quanto* e *come* possono essere preceduti da *per* (tra causale e sostitutivo). La relazione può anche essere stabilita da *altrettanto...tanto*, *quanto più (meno)... tanto più (meno)*

Il verbo va all'*indicativo* o al *condizionale*:

– Ho parlato *tanto quanto hai parlato tu*.
– Sono *tanto* stanco *per quanto (come) ho corso*.
– Oggi tu hai guadagnato *quanto io guadagnerei in una settimana*.
– Ho lavorato *come hai lavorato (lavoreresti)* tu.

Nel seguente esempio si noti la comparazione in ipotesi:

– (...) sapeva che *quanto più* si fosse affidato all'apparenza di quel legame, *tanto più* si sarebbe allontanato dalla verità. (M. Di Lascia, 'Passaggio in ombra')

• Un altro modo per stabilire un rapporto di uguaglianza è quello di segnalare il costrutto comparativo mediante *né più né meno che se* con *congiuntivo* di valore ipotetico:

– Quei ragazzi li tira su *né più né meno che se fossero figli suoi*.

• Il confronto si può avere anche fra due proposizioni subordinate in coordinazione fra loro con i correlativi *tanto ... quanto (come)*:

– Desiderava ascoltarlo *tanto mentre cantava quanto mentre suonava*. (comparazione fra due temporali)

– Desiderava sentirlo *tanto suonare come cantare*. (comparazione fra due infinitive)

• Con le correlazioni *tanto...quanto, tanto...che* si può anche introdurre una *comparativa nominale*:

– *Tanto Luigi quanto Carlo* sono miei carissimi amici.
– La mia maestra amava *tanto i bambini calmi che quelli più vivaci*.

maggioranza

Il *risultato di maggioranza* si può avere con i funzionali correlativi (composti di: aggettivo o avverbio): *più (meglio - maggiore) di quanto, più (meglio - maggiore) di quel che, più (meglio) che, più (meglio) di come, più (meglio - maggiore) di quando* (con valore temporale).

Il modo verbale può essere: il *congiuntivo* (più formale), l'*indicativo* (meno formale) o il *condizionale* (per i significati di virtualità)[1]:

---

[1] Per l'uso del congiuntivo si veda in 26.1.2.d).

– Ha studiato *più di quanto (quel che) io pensassi (pensavo - avrei pensato).*
– Ci è riuscito *meglio di come avevamo (avessimo) progettato.*
– Gli è venuto *maggiore (più grande - più alto) di come (quanto) volesse (voleva).*
– (...) è *meglio rischiare* (...) *che dormire tranquilli* (M. Fuccillo, in 'la Repubblica', 20-3-1992)

Il confronto fra due *costrutti infinitivi* (uno nella reggente, uno nella comparativa) si fa per mezzo dei correlativi *meglio... (piuttosto) che:*
– E' meglio *partire che (piuttosto che) restare.*
Spesso i funzionali vengono rafforzati dal fraseologico *non*:
– Ha fatto *meglio che non* pensassimo.

minoranza

Il *risultato di minoranza* si può avere con i funzionali correlativi (composti di aggettivo o avverbio): *meno (peggio - minore) di quanto, meno (peggio - minore) di quel che, meno (peggio - minore) che, meno (peggio - minore) di come, meno (peggio - minore) di quando* (con valore temporale).

Il modo verbale può essere: il *congiuntivo* (spesso più formale), l'*indicativo* (spesso meno formale) o il *condizionale* (per i significati di virtualità):

– Ha studiato *meno di quanto (di quel che) io pensassi (pensavo - avrei pensato).*
– Ci è riuscito *peggio di quanto (di come) avevamo (avessimo) progettato.*
– Gli è venuto *minore (meno grande - meno alto) di quanto (di come) voleva (volesse).*
– Qui vi sono più denaro, affari e interessi *di quanti* non *ve ne siano* in qualsiasi altra città. (S. Romano, in 'La Stampa', 4-5-1992)
– (...) vi sono *più* modi di taglieggiare (...) *di quanti* non ne *prevede* il codice penale. (S. Romano, ivi)

Spesso i funzionali vengono rafforzati dal fraseologico *non* (come nei due ultimi esempi precedenti):
– È guarito *prima di quanto non sperassimo.*

61.1.4 COMPARATIVA DI PROPORZIONALITÀ

C'è un particolare tipo di ***comparativa***, detta ***di proporzionalità***, che indica il progressivo crescere o diminuire, in proporzione diretta o inversa, di ciò che si dice nella reggente rispetto a ciò che si dice nella subordinata.

Per stabilire questo rapporto si usano funzionali con significato di equivalenza, anche di tipo correlativo (quasi coordinativo): *a mano a mano che..., man mano che..., di mano in mano che..., via via che..., a misura che..., nella misura in cui, a seconda che, secondo che, secondoché, più...meno, meno...più, più...più, tanto più...quanto meno, quanto meno...tanto più, più...meglio, meno...meglio, meno...peggio, più ... e più:*

– L'incendio cresceva *via via (a mano a mano) che aumentava il vento.*

– *Quanto più* ci si invecchia, *tanto meno le forze ci sostengono.*

– *Meno* ti preoccupi di lui, *meglio sta.*

– (...) la pelle dei piedi *più* si cammina *e più diventa spessa e dura*. (L. Malerba, 'La scoperta dell'alfabeto')

– Li classifichiamo *secondo che abbiano un profilo terapeutico elevato o meglio.* (in 'la Repubblica', 12-10-1993).

– (...) chi più ha saputo tacere, *tanto più* ha avuto ragione. (M. Fuccillo, in 'la Repubblica', 20-3-1992)

costrutto con valore di proporzionalità Riconducibile a questo *rapporto di proporzionalità* sembra anche il costrutto formato da una proposizione introdotta da *tanto più*, *tanto meno*, seguita da una causale introdotta da *perché* o *in quanto*:

– Ci sentivamo *tanto più* inquieti *in quanto ci avevano costretto a subire quella noiosa conferenza.*

– Il match fra (...) è *tanto più* duro *perché si sta svolgendo in un clima da grandi veleni.* (S. Bonsanti, in 'la Repubblica', 12-7-1991)

61.1.4 FREQUENZA D'USO DEI COSTRUTTI COMPARATIVI

I costrutti comparativi sono tra i più frequenti sia nel parlato che nello scritto (si pensi, nella prosa d'arte e in poesia, al ricorso continuo alle analogie). E ciò - per dirla con molta semplicità - per la necessità che ha l'uomo di precisare il suo pensiero richiamando a confronto (in mancanza di parole appropriate) modelli noti al mondo logico, immaginativo e affettivo dell'interlocutore.

61.1.5 COLLOCAZIONE DELLE COMPARATIVE NEL PERIODO

Il posto abituale di una comparativa (costituendosi essa come secondo termine di un paragone) è dopo la reggente. La sua anticipazione può essere giustificata solo da una marcata enfatizzazione:

– *Come un fiorellino* cresceva, povero bambino!

61.2 PROPOSIZIONI MODALI

a) Ci riposiamo (come?) *ascoltando musica.*

b) Passiamo il tempo libero (come?) *a costruire modellini di macchine d'epoca.*

In a) si dice il modo in cui ci riposiamo (*ascoltando musica*); in b) si dice il modo in cui passiamo il tempo (*a costruire*...).

Le ***proposizioni modali*** indicano il modo in cui avviene quanto si dice nella reggente.

Esse quando sono ***esplicite*** possono essere introdotte da: *in qualunque modo (maniera), in qualsiasi modo (maniera), comunque.*

Il modo verbale può essere: l'*indicativo* (per la realtà) o il *congiuntivo* (per i valori concessivi):

– Si vestiva *in qualunque modo gli veniva (venisse) in mente.*

Quando sono ***implicite*** (il che accade assai di frequente) si costruiscono con il *gerundio*, per lo più al presente, o con l'*infinito* introdotto da *a* o *con* (articolata):

– Gli corse incontro *correndo.*
– Si divertiva *a gettare* sassolini nel fiume.
– Segnava il ritmo *col battere* le dita sul tavolo.

61.2.1 PRECISAZIONI SULLA MODALE

modali e comparative di analogia In altre grammatiche sono incluse fra le proposizioni modali quelle subordinate che noi invece abbiamo considerato fra le comparative, e definito *comparative di analogia* (61.1.1).

verbo 'finire' Con il verbo *finire*, l'*infinito* modale può anche avere le preposizioni *per*, *a*, in sostituzione di *con*:

– E poi finimmo *per (col, a) mangiare* tutto.

altri funzionali Le locuzioni *a furia di, a forza di* con l'*infinito* possono introdurre una proposizione tra modale, strumentale e causale:

– *A forza di lamentarsi*, ci ha messo addosso una gran tristezza.

Anche *come (se), quasi (che / se)* possono introdurre un valore prevalentemente modale (ipotetico); con attenuazione, dunque, di quello comparativo (ipotetico):

– Ella scendeva lungo il viale con altera e languida noncuranza, *come se* il cammino malfido non la riguardasse. (E. Morante, 'Una maliziosa coincidenza')

61.3 PROPOSIZIONI STRUMENTALI

a) Si guasterà la salute (con che cosa?) *col fumare tutte quelle sigarette.*
b) Lo svegliò (con quale mezzo?) *battendo forte i pugni sulla porta.*

Molte volte non appare grande differenza fra una proposizione strumentale e una modale. Solo il significato del verbo della reggente può dare un'indicazione che, tra l'altro, risulta assai spesso insufficiente.

Negli esempi qui sopra risulta abbastanza evidente che (in a) fumare tante sigarette è lo strumento capace di guastare la salute, così come (in b) battere i pugni sulla porta è uno strumento che serve a svegliare qualcuno. Ma si potrebbe (e con buona ragione) essere anche del parere che in ambedue i casi si tratti di valori modali. Forse la conoscenza puntuale della situazione di cui le due comunicazioni fanno parte potrebbe dare chiarimenti più certi.

Le ***proposizioni strumentali*** indicano la circostanza strumentale che concorre a realizzare quanto si dice nella reggente.

Esse sono sempre ***implicite*** e si costruiscono con il *gerundio* presente, oppure con l'*infinito presente* o *passato* preceduto da *col, con lo, a, a furia di, a forza di*:
– *Con lo sbagliare* si impara.
– *A parlare con calma* otterrai di più.
– *Nuotando* attraversammo il fiume.
– *A forza di provare* ci riuscimmo.

61.3.1 PRECISAZIONI SULLA STRUMENTALE

rapporto di causa-effetto Si è già osservato (57.1) come il costrutto strumentale sia in qualche modo riconducibile all'area semantica del *rapporto logico di causa-effetto*:

Si è rovinato la vista *a furia di leggere e scrivere.* (= *perché ha letto e ha scritto troppo*)

oscillazione di valori Non di rado, soprattutto senza una chiara conoscenza della situazione, sarebbe difficile dire il valore esatto di una proposizione con il gerundio o con l'infinito introdotto dalle preposizioni indicate in 61.3. Esso può oscillare fra *modale, strumentale, causale* (61.2.1):

– Si divertiva *a battere (battendo) le dita sul tavolo.* (modale? strumentale? condizionale? causale? E' difficile dire, così, senza alcun riferimento a una precisa situazione)

61.3.2 NOMINALIZZAZIONE DI UNA STRUMENTALE

Una proposizione strumentale si può a volte trasformare in complemento di mezzo o strumento:
– *Studiando intensamente* si laureò a pieni voti. →
→ *Con uno studio intenso* si laureò a pieni voti.

61.4 ESEMPI DI COSTRUTTI COMPARATIVI, MODALI E STRUMENTALI DI AUTORI VARI

– (...) continuava a svolgersi *secondo i termini arcaici della vendita al minuto* (...) (G. Bufalino, 'La luce e il lutto', 131)

– (...) chissà che malore gonfia adagio la terra *come una fronte lebbrosa* (...). (Bufalino cit., 73)

– Un appello che, *a seconda di come verrà accolto e gestito*, può portare (...). (M. Fuccillo, in 'la Repubblica', 5-11-1995)

– (...) quell'aria di campeggio domenicale ad ogni istante ricreata e disfatta, *secondo il giro degli umori e del tempo*. (Bufalino cit., 74)

– (...) ora vestito e colletto (...) mi sembravano del tutto intonati al luogo (...) *né più né meno che si fosse trattato di una crisi*.(A. Moravia, 'La Romana', 138)

– (...) aggiunse la storia di Zaira, *quasi come se il Garrega gliel'avesse confidata* prima di morire (...). (I. Calvino, 'Il barone rampante', 140)

– Ma ragioniamo pure *come se la norma del codice nuovo venga applicata anche in questo caso*. (E. Scalfari, in 'la Repubblica', 11-11-1990)

– La forma: in pompa magna e ad alta voce, *quasi che il massimo della pubblicità possibile sia stato giudicato come (...)*. (M. Fuccillo, cit.)[1]

– Nella strana economia di Henry James, la morte sempre precede, e concede, l'amore. *Quasi che qualcosa vada sacrificato al suo altare*. (G. Bompiani, in 'L'europeo', 23-8-1982, pag. 86)

– Nel riporto comune la funzione del contratto appare diversa, *a seconda che la si consideri dal punto di vista del riportato o del riportatore*. (F. Galgano, 'I contratti di impresa', 84)

– Intanto soffriamoci aprile *secondo che ci viene concesso* (...) (G. Brera, in 'la Repubblica' [sport], 2-4-1983)

– (...) trovò che cedere al sopore era *altrettanto assurdo quanto mangiare una fetta di torta prima di un desiderato banchetto*. (G.T. di Lampedusa, 'Il Gattopardo', 290)

– (...) mi mancano le lunghe nottate trascorse *a bere, a cantare, a discutere in un'osteria fuori mano* (...). (C. Pavese, 'Feria d'agosto' 160)

– (...) finì *per dare un'aria quasi di nobiltà alla sua riservatezza*. (B. Tecchi, 'La vedova timida', 36)

– (...) scriveva *cancellando con rapidità e con violenza i suoi romanzi*. (N. Ginzburg, 'Lessico famigliare', 142)

– Li salutiamo *scoccando le dita contro i vetri* (...). (E. Vittorini, 'Il garofano rosso', 65)

– (...) sarebbe stato bene incominciare *con lo spiegare* quanto fosse grande la personalità del nonno (...). (R. Bilenchi, 'Racconti', 65)

– Ma *a stare a casa* s'annoiava (...). (C. Cassola, 'Il cacciatore', 43)

– *A furia di vivere*, l'uomo diventa una stanza di sgombero (...). (C. Alvaro, '75 racconti', 165)

– La novità è data *dal venire alla luce di nuovi gruppi* (...). (in, 'la Repubblica', 1-12-1978)

– (...) aveva, *ciò facendo*, salvato il compromesso... (G.T. di Lampedusa, 'Il Gattopardo', 256)

---

[1] Uno dei compiti della studioso di grammatica è quello di registrare usi sempre più frequenti di forme sulla cui correttezza e (soprattutto) utilità semantica egli ha non pochi dubbi, specie se le riferisce alla propria formazione linguistica. E' il caso del congiuntivo passato usato in questo esempio al posto del trapassato, nonché del congiuntivo presente al posto dell'imperfetto usato nel precedente. (61.1.2) Ma, tant'è. Le forme sono lì nelle pagine dei giornali, dei libri, si sentono alla televisione, anche in situazioni comunicative più sorvegliate, si ripetono giorno dopo giorno, circolano, si diffondono, diventano di uso comune. Cfr. n. 1 a pag. 285 e 565.

Capitolo LXII

62 - PROPOSIZIONI CIRCOSTANZIALI (6ª)

Proposizioni aggiuntive - Proposizioni esclusive - Proposizioni eccettuative - Costrutti eccettuativi assoluti - Proposizioni limitative - Proposizioni incidentali - Trasformazione - Esempi di aggiuntive, esclusive, eccettuative, limitative, incidentali di autori vari.

62.1 PROPOSIZIONI AGGIUNTIVE

– Carlo, *oltre ad essere un ragazzo studioso*, è anche un ottimo sportivo.
– *Oltre che sarebbe un'azione sconveniente*, risulterebbe sciocca.

Sono dette ***aggiuntive*** quelle ***proposizioni*** che aggiungono un fatto non particolarmente rilevante (o perché già noto, scontato o per altra ragione) a quanto si dice nella reggente.

Nei due esempi qui sopra, dire, rispettivamente, che Carlo è studioso e che l'azione sarebbe sconveniente significa aggiungere una considerazione superflua e scontata, non necessaria. Al parlante infatti premeva piuttosto comunicare, nel primo caso, che Carlo è ottimo sportivo, e nel secondo, che l'azione risulterebbe sciocca.

Le aggiuntive sono per lo più ***implicite***, e richiedono l'*infinito* introdotto da *oltre a, oltre che*; oppure dai più letterari *di là da, non che, nonché*:
– *Oltre che arrivare* in ritardo, ci avete fatto perdere il treno.
– Questo consiglio, *di là dell'essere inefficace*, è immorale.

Le ***esplicite*** richiedono l'*indicativo* o il *condizionale* introdotto da *oltre che*:
– *Oltre che siete arrivati* in ritardo, ci avete fatto perdere il treno.

Il concetto di aggiunzione può in qualche modo essere rafforzato nella proposizione reggente con: *anche, pure, neanche, neppure, nemmeno*:
– Mio padre, *oltre che lavorare tutto il giorno*, fa *anche* tanti lavoretti in casa.

Il costrutto introdotto da *oltre che, non che, nonché* può anche avere la copula *essere* sottintesa. In tal caso la predicazione rimane sinteticamente costituita da un *participio passato*, da un *aggettivo* o da un *sostantivo*:
– *Nonché stanco*, era anche tanto assonnato.
– *Oltre che avvocato*, è anche laureato in lettere.
– E' un appartamento comodo, *oltre che arredato* con molto buon gusto.

collocazione
Come si può anche vedere dai vari esempi proposti, più comunemente questo costrutto si colloca prima della proposizione reggente o si interpone.

62.2 PROPOSIZIONI ESCLUSIVE

Le ***proposizioni esclusive*** esprimono una circostanza che viene esclusa, rimane inattuata, e che perciò ha valore oppositivo rispetto alla reggente.

Le ***esplicite*** richiedono il *congiuntivo* (26.1.2) preceduto da *senza che*:
– *Senza che nessuno l'avesse visto*, era rientrato e si era messo a letto.

Le ***implicite*** possono avere: a) l'*infinito* preceduto da: *senza, pur senza, anche senza, per non*; b) il *gerundio* o (talvolta) il *participio passato* costruiti in forma negativa:
– Lo avevamo offeso *senza rendercene conto*.
– E' un libro interessante, per *non parlare* del suo valore economico.
– Misurava con il metro quella stoffa con assoluta precisione *non sgarrando* neanche di un millimetro.
– *Non visto da nessuno*, entrò in casa e si mise a letto.

62.2.1 PRECISAZIONI SULLE ESCLUSIVE

valore concessivo Non di rado la *proposizione esclusiva* ha il valore di una vera e propria *concessiva* (58.3):
– Luigi andò a quella festa *senza che (= benché non)* lo avessero invitato.

collocazione La *proposizione esclusiva*, se non si vuole metterne in evidenza il contenuto, si colloca abitualmente dopo la reggente:
– Arrivò improvvisamente *senza neanche telefonare*.
– *Senza neanche telefonare* arrivò impressivamente.

nominalizzazione Il *costrutto esclusivo* può, in certi casi, essere trasformato in complemento di esclusione:
– Ci andò, *pur non essendo stato invitato*. → Ci andò *pur senza invito*.

62.3 PROPOSIZIONI ECCETTUATIVE

a) Carlo verrà certamente, *salvo che sia malato.*
b) Carlo sarebbe venuto sicuramente, *se non che si ammalò.*
c) Sono disposto a fare tutto, *tranne che uscire stasera.*

In questi esempi, ciò che si dice nella subordinata introduce un'eccezione a ciò che si dice nella reggente.

In a), la sicurezza nella venuta di Carlo risulta incrinata da una possibile eccezione: la sua malattia, della quale dunque si limita il significato.

In b), la stessa sicurezza è smentita dalla realtà della eccezione (*se non che...*).

In c), la totale disponibilità del parlante è condizionata da un'eccezione: *non uscire*; eccezione che invece per gli interlocutori potrebbe anche essere un fatto di grande importanza.

La ***proposizione eccettuativa*** introduce, sotto forma di eccezione, una limitazione al significato della sua reggente.

La forma ***esplicita*** può essere introdotta da:

• *eccetto che, tranne che, salvo che, levato che*; con *indicativo* (per la realtà), o *condizionale* (per la eventualità-ipotetica) *o congiuntivo* (per una marcata opposizione con quanto è detto nella proposizione reggente):

– Tutto ci rendeva felici, *tranne il fatto che Luigi non era (non sarebbe stato) con noi.*

– Verrà, *salvo che abbia perso l'aereo.*

• *a meno che, fuorché* con il *congiuntivo* (equivalente a un'ipotesi):

– Non andrò con loro, *a meno che ci venga anche tu.* (come una condizione)

• *se non che, sennonché* (ambedue con valore marcatamente avversativo e con tendenza di tipo coordinativo-avversativo), *a parte che, meno che*: tutti per lo più con l'*indicativo*;

– Sarei partito alle sei, *se non che non mi svegliai.*

– *A parte che russava tutta la notte*, siamo stati bene con lui.

La forma ***implicita*** si ha con l'*infinito* preceduto da *eccetto che, tranne che, levato che, a meno di, fuorché, se non (di), a parte:*

Si può anche avere (sia pure raramente) il *participio passato*, con valore attributivo:

– Tutto posso fare per voi *eccetto che tradire* un amico.

– Tutto rifarei nella mia vita, *tranne che vivere* tutti quegli anni lontano dalla mia famiglia.

– So fare tutto, *fuorché cucinare.*

– (...) *a meno di* non *supporre* che (...) questa circostanza la dice lunga (...). (M: Fuccillo, in 'la Repubblica', 20-3-1992)

– Lui, *a parte non combinare* granché (...) si è trovato (...). (R. Perrone, in 'Corriere della sera', 16-11-1992)
– Tu non ci puoi impedire niente, *se non (di) venire* a casa tua.
– Era un cane che rifiutava qualsiasi cibo, *se non datogli* dal suo padrone.

62.3.1 PRECISAZIONI SULLE ECCETTUATIVE

'non' rafforzativo *a meno che, tranne che, eccetto che, salvo che, fuorché, levato che* possono essere rafforzati dal fraseologico *non*:
– Carlo verrà *eccetto che non* sia malato.

reggente negativa In dipendenza da una proposizione negativa, si può avere una *eccettuativa esplicita* con *congiuntivo* introtto da *che*, o una *implicita* con *infinito* introdotto da: *che, se non, al di fuori di*:
– Non resta *che torniate* a casa subito.
– Niente possiamo fare, *se non (che) incoraggiarlo*.

relativa negativa In dipendenza da un costrutto negativo, una proposizione relativa con il congiuntivo può avere valore eccettuativo:
– (...) senza alcuna motivazione *che non fosse di un cieco furore ideologico*. (E. Scalfari, in 'la Repubblica', 9-8-1991).

se non fosse Un particolare tipo di costrutto eccettuativo è quello introdotto dall'espressione frasale *se non fosse (stato)* seguito da *che* con proposizione con *indicativo* o *condizionale*:
– La previsione pareva indiscutibile, *se non fosse che* non *se ne realizzò* neanche un po'.

funzionali coordinativi I funzionali *se non che, sennonché* vengono usati anche come congiunzioni coordinative col significato avversativo di *ma, però*:
– Io ci sarei venuto, *sennonché (= ma) avevo la febbre*.

62.3.2 COSTRUTTI ECCETTUATIVI ASSOLUTI

Hanno valore eccettuativo certi particolari costrutti privi di verbo formati da *tranne, eccetto, salvo, fatta eccezione per, eccezion fatta per, eccettuato, escluso, levato* premessi a un *nome* o a un *pronome* (con cui gli ultimi tre - che sono participi passati - concordano). Sono ***costrutti assoluti***, e cioè privi di legami sintattici con la proposizione reggente:
– Tutti ci andarono *eccetto (tranne) noi*.
– Tutti furono invitati *esclusa (eccettuata) Clara*.

In questi costrutti, per la 1ª e 2ª persona singolare e la 3ª singolare e plurale si usano di solito i pronomi tonici oggetto diretto (*me, te, lui, lei, loro*) (15.2.2):
– Tutti furono invitati eccetto (tranne) *me, (lui, lei, loro*).

I funzionali participiali *escluso* ed *eccettuato* possono essere anche posposti al nome che, in tal caso, ne risulta sottolineato: – Tutti furono invitati *Carla esclusa*.

62.4 PROPOSIZIONI LIMITATIVE

– Franco, *a quanto ne so*, non viene in ufficio domani.
– Domani dovrebbe piovere, *secondo quel che ho sentito alla televisione*.
– Mio fratello si è iscritto all'università. *Quanto a laurearsi*, dovranno passare almeno quattro anni.
– Tutto questo è facile solo *a dirsi*.

In ciascuno di questi esempi, la proposizione subordinata esprime un punto di vista del parlante o di altri (*a quanto ne so - a quel che ho sentito*...), o richiama l'attenzione su un particolare (*quanto a laurearsi - a dirsi*). In questo modo limita, restringe, l'ampiezza della validità di quanto si dice nella reggente (*non viene - dovrebbe piovere - dovranno passare almeno quattro anni - è facile*).

Le ***proposizioni limitative*** pongono un limite, una restrizione a quanto si dice nella proposizione reggente, o riconducendolo nell'ambito di conoscenze soggettive o precisandone la sua genericità.

La forma ***esplicita*** può avere l'*indicativo* o il *condizionale* (a seconda dei significati) preceduto da *per quanto, a quanto, per quel (quello, ciò) che, a quel (quello, ciò) che, da quel (quello, ciò) che, quanto al fatto che* ecc.:
– *Per quel che ne sappiamo noi*, preferirebbero rimanere qui.
– *A quello che si dice*, il clima delle stagioni è cambiato.

La forma ***implicita*** si ha con l'*infinito* preceduto da *quanto a, in quanto a*:
– Franco, *quanto a giocare* a pallone, è proprio un asso!

62.4.1 PRECISAZIONI SULLE LIMITATIVE

che + congiuntivo Con i verbi *sapere, ricordare, rammentare, risultare* la proposizione limitativa esplicita si può fare con il *congiuntivo* introdotto da *che* (26.1.2 c):
– Pino, *che io sappia (ricordi, che mi risulti)*, venne a Napoli l'anno scorso.

forma implicita Altri modi per costruire una limitativa *implicita* con l'*infinito* sono:

• *a* o *in* (articolata) + *infinito attivo* o *riflessivo*, in dipendenza da un aggettivo o da un sostantivo o da un verbo, in base al cui significato si sceglie l'una o l'altra preposizione:
– Luigi è abituato (adatto, bravo) *ad alzarsi* presto la mattina.
– Carlo è una meraviglia *nel giocare* a pallone.
– Il divertimento sta *nel cercare.*

• *a* o *da* + *infinito* che acquista *senso passivo,* oppure che è costruito con *si passivante* enclitico, in dipendenza da aggettivi di 'giudizio', quali: *facile, difficile, strano, bello, brutto, meraviglioso, splendido, orrendo* ecc. (con preferenza per la posposizione):
– E' uno spettacolo bello *a vedere*. (= *essere veduto*)

– E' uno spettacolo bello *a vedersi.*
– Non è un lavoro facile *da eseguirsi* (*da fare*).

• *per + l'infinito* dello stesso verbo della reggente, la quale va posticipata. Nel parlato *per* può anche mancare:
– *Per disegnare*, disegna bene, di solito.
– Carlo? *Giocare,* gioca benino.

collocazione La *proposizione limitativa*, in generale, può seguire o anticipare la sua reggente o ad essa interporsi. Forse nell'uso c'è una leggera preferenza per l'anteposizione e l'interposizione.

62.5 PROPOSIZIONI INCIDENTALI

– Luigi, *se ho sentito bene*, ti chiama.
– Carlo ha sonno, *mi pare*.
– Ama - *dice Gesù* - il prossimo tuo come te stesso.
– Domani (*almeno così prevede il metereologo*) pioverà.

Le ***incidentali*** (o ***parentetiche***) sono ***proposizioni***, generalmente piuttosto brevi, messe fra due virgole, fra due lineette o fra parentesi, che di solito vengono inserite (come un inciso) nella frase.

Esse dal punto di vista sintattico risultano per lo più completamente libere dai consueti legami subordinativi; come delle vere e proprie frasi indipendenti. Tuttavia, la loro funzione di sostegno a quanto nell'enunciato si va dicendo può essere segnalata da connettivi con funzione fraseologica, quali *come* (61.1.1.2) *se, quando*.

Sono costrutti che godono di largo uso in quanto il loro apporto alla chiarezza del discorso risulta di grande utilità.

Chi parla o scrive se ne serve per interventi di richiamo o di commento o di giudizio o di chiarimento o di correzione. Possono servire anche ad attenuare un'affermazione -magari presentata come opinione-, a sottolineare un comando, un consiglio, a coinvolgere in qualche modo l'interlocutore, a fungere da didascalie nei discorsi diretti ecc.:

– Hai sbagliato, *credo io*. (attenuazione)

– Verso le cinque *-come ha detto anche il dottore-* dovresti prendere quella medicina. (sottolinea l'importanza di una prescrizione)

– Ho sentito (*non è parso anche a te?*) un rumore un po' strano. (coinvolgimento dell'interlocutore)

– "Pino *-disse la mamma-* non dovresti metterti a studiare adesso?" (didascalia)

– Tutta colpa dell'annunciato ostruzionismo e dell'assenza *-questa sì, ingiustificata-* di alcune decine di parlamentari (...). (R. Luna, in 'la Repubblica', 22-11-1995)

62.5.1 TRASFORMAZIONE

Non poche proposizioni incidentali sono - si è detto - delle vere e proprie indipendenti, e possono diventare principali da cui far dipendere le proposizioni in cui sono inserite:

– Carletto è stanco, *mi pare.* → *Mi pare che* Carletto sia stanco.

– Luigi, *come ha detto anche il dottore*, deve stare a dieta. →

→ *Anche il dottore ha detto che* Luigi deve stare a dieta.

62.6 ESEMPI DI AGGIUNTIVE, ESCLUSIVE, ECCETTUATIVE, LIMITATIVE, INCIDENTALI DI AUTORI VARI

– *Nonché ascoltata*, non venne neppure udita. (A. Moravia, 'I racconti', 330)

– *Oltre a tosare le capre, a curare le bestie, a dar la purga agli asini, a visitare i maiali*, la sua specialità era quella di cavare i denti. (C. Levi, 'Cristo si è fermato a Eboli', 20)

– (...) ha ricordato lo scempio perverso che negli ultimi trent'anni è stato fatto del territorio nazionale, *senza che lo Stato fosse in grado di frapporvi neppure la più timida remora.* (E. Scalfari, in 'la Repubblica', 16-10-1983)

– Avresti detto che oramai attaccate al suo carro fosse il lavoro che le tirava *senza potersene distaccare.* (A. Palazzeschi, 'Sorelle Materassi', 51)

– (...) Gino non era più colpevole di Astarita, *soltanto che aveva ricorso alla frode* (...) (A. Moravia, 'La Romana', 142)

– Di sicuro non c'è ancora niente in questa storia *a parte che un riscatto (...) è stato pagato* (...). (G. Serafini, in 'La nazione', 5-4-1982)

– (...) viene richiesto l'immediato annullamento di questa legge, cosa che avviene puntualmente, *se non fosse che tale annullamento non ha effetto retroattivo.* (L. Granella, in 'la Repubblica', 21-5-1982)

– A quanto si dice (...) sarebbe anch'egli convinto che altro non si può fare. *Salvo che, su questa strada, sorge un ostacolo (...).* (M. Riva, in 'Panorama', 18-10-1982, pag. 249)

– (...) non cambia nulla, *se non che la qualificazione alla fase finale al campionato europeo è più difficile.* (in, 'La nazione' [sport], 5-11-1990)

– Il lucro non è esaltato dal Vangelo, né Cristo vedeva *per quanto si sa* nei primi dodici seguaci dei commessi viaggiatori. (E. Biagi, in 'la Repubblica', 30-4-1982)

– Ma Roma, *che si sappia*, non ha subito una fuga in massa del ceto contribuente (...). (A. Ronchey, 'Accadde in Italia', 116)

– *Quanto al fatto che un domani sia possibile questa monopolizzazione*, Silvio Berlusconi afferma (...). (in 'la Repubblica', 2-9-1984)

– Fino a stasera-*stamani l'ho sepolta*- non ho patito. (R. Bacchelli, 'Una passione coniugale', 128)

– "Ridammi i miei occhiali" *disse il figlio*. (L. Malerba, 'La scoperta dell'alfabeto', 93)

– Essendo il dilemma paese-città - *per chi nasce in una profonda provincia, e la provincia è un'isola, e l'isola è sul parallelo di Tunisi*- uno di quelli sui cui corni non si finisce mai di ferirsi le dita. (G. Bufalino, 'Museo d'ombre', 15)

– E allora -*questo era il ragionamento di Cervi, che mi trova d'accordo*- meglio subire i risvolti nocivi della libertà di stampa (...). (I. Montanelli, in 'il Giornale', 15-10-1990)

Capitolo LXIII

63 - DISCORSO DIRETTO E DISCORSO INDIRETTO

Discorso diretto e indiretto - Il discorso diretto - Il discorso indiretto - Da discorso diretto a indiretto - Adeguamenti sintattici più importanti - Relazione di tempi (esempi riassuntivi) - Il discorso indiretto libero.

63.1 DISCORSO DIRETTO E INDIRETTO

– Quel giorno ti dissi: "*Credo che Paolo si trova in qualche difficoltà. Forse ha bisogno d'aiuto.*"	Quel giorno ti dissi *che Paolo mi pareva in qualche difficoltà e che forse aveva bisogno d'aiuto.*
– Il poliziotto disse: "*Faccio notare che in questo caso si tratta di vero e proprio furto con scasso.*"	Il poliziotto *fece notare che in quel caso si trattava di vero e proprio furto con scasso.*
– Gli chiese: "*Potrebbe indicarmi la strada per la stazione?*"	Gli chiese *se poteva indicargli la strada per la stazione.*

Nella colonna di sinistra ci sono esempi di discorsi riferiti come erano stati pronunciati: in modo 'diretto', parola per parola, come una registrazione stenografica. Nella colonna di destra ci sono gli stessi discorsi ma in modo raccontato, e in forma sintattica subordinativa.

Nel primo caso, si tratta di *discorsi diretti*. Nel secondo, di *discorsi indiretti*.

Il *discorso diretto* e il *discorso indiretto* sono due modi diversi di riferire il pensiero nostro o (soprattutto) quello degli altri.

63.2 IL DISCORSO DIRETTO

Il ***discorso diretto*** è la riproduzione fedele di ciò che qualcuno -che può anche essere la stessa persona che parla o scrive- ha detto (o ha pensato), dice (o pensa) o progetta di dire.

Esso implica la presenza di chi invia il messaggio (il *parlante*) e di colui al quale il messaggio è diretto (l'*interlocutore*).

In un soliloquio, la presenza di quest'ultimo è immaginata.

Di solito, per riproduzione 'fedele' si intende la ripetizione scritta, 'parola per parola', preceduta dai 'due punti' e messa fra 'virgolette' o 'lineette'.

E intendendo questo, si è abbastanza nel giusto se il discorso da riprodurre è originariamente già fatto per iscritto: se, per esempio, è un brano di prosa (narrativa, scientifica, giornalistica ecc.) o di poesia.

Non va comunque dimenticato che comunemente si definisce 'discorso diretto' anche la riproduzione: a) parlando, di un discorso che invece è scritto; b) scrivendo, di un discorso che invece è parlato; c) parlando, di un discorso che è già parlato.

In tutti questi casi, una riproduzione, sia pure fatta parola per parola, non potrà mai essere qualificata 'fedele', se con questo termine si vuole intendere 'perfetta'; e per più di una ragione.

a) *Riprodurre, parlando, un discorso che è nato scritto* significa prestargli tutta una serie di elementi orali e gestuali che all'origine mancano e che si è costretti ad aggiungere interpretando e lavorando di fantasia. Ma una interpretazione non sarà mai una fedele (nel senso di perfetta) riproduzione.

b) *Riprodurre, scrivendo, un discorso parlato* significa ritagliarlo da un contesto situazionale nel quale aveva specifici riferimenti (gli interlocutori, gli stati d'animo, l'argomento ecc.) che spesso sono persino più significativi delle parole stesse. E le parole, di per sè -sradicate come sono da questo loro naturale terreno che le collegava- risultano spesso incoerenti, incomplete, confuse; e non solo grammaticalmente.

Riprodurre, scrivendo, un discorso parlato significa anche, e sopratutto, spogliare le sue parole degli elementi più immediatamente espressivi, tipici del momento in cui venivano pronunciate: gli elementi vocali, appunto (intonazione, ritmo, pause), e gestuali (i cosiddetti *tratti soprasegmentali* o *prosodici*, insomma), che nessuna lingua scritta è in grado di riprodurre (29.2, 29.3, 68.2.7).

c) Anche *riprodurre fedelmente, parlando, un discorso già nato parlato* dovrebbe significare riprodurre fedelmente le componenti orali e gestuali di cui si diceva qui sopra. Ma questa è riproduzione che neppure il più bravo degli imitatori sarebbe in grado di realizzare. Non ci riuscirebbe neppure l'autore del discorso stesso, perché anche per lui significherebbe non poter ritrovarsi nella stessa situazione in cui il discorso in questione ha avuto vita la prima volta.

Per una riproduzione 'diretta' di un discorso parlato molto vicina al suo modello occorrerebbe una registrazione in video-registratore dell'intero contesto situazionale o linguistico in cui esso è inserito.

Noi sappiamo tutto questo, siamo consapevoli degli inconvenienti qui ricordati; e tuttavia sentiamo sempre la necessità di riferire, anche direttamente, i discorsi già detti o scritti.

E così lo facciamo tanto in lingua scritta (i dialoghi nei libri di narrativa, nelle opere teatrali e cinematografiche, nelle nostre lettere, nei nostri diari ecc.), quanto in lingua parlata.

Ecco un breve esempio di dialogo tratto da 'Le voci della sera' di Natalia Ginzburg:

– Una bella pensata, - dice il Tommasino.
– E i bottoni, ho già comprato l'anima, e li porto poi a Cignano, a farli coprire.
– Hai comprato l'anima?
– Quella palletta nera, dei bottoni.
– Ah.
– E il collo io lo faccio tondo alla carletta.
– Bene.
– Allora buonasera, ciao, Tommasino,
– Ciao.

Ecco, dello stesso romanzo, la fedele trascrizione di un piccolo brano (la riproduzione o *citazione* [69.2.1] di un brano più o meno esteso di una comunicazione scritta è un discorso diretto):

"Il Tommasino, quella deduzione complicata non lo persuadeva troppo. Ma annuiva, perché al Vincenzino non piaceva tanto gli si desse torto, quando s'era cacciata in testa una cosa."

63.3 DISCORSO INDIRETTO

Per le ragioni qui sopra esposte, e anche tenendo conto del fatto che il più delle volte i discorsi da riprodurre direttamente sono così lunghi che è impossibile tenerli a memoria parola per parola (cosa che, del resto, sarebbe anche un non senso), nel riferire i discorsi altrui si ricorre per lo più al cosiddetto 'discorso indiretto'.

Un ***discorso (o stile) indiretto*** riferisce 'indirettamente' un discorso pronunciato da altri: ne riporta cioè il contenuto di pensiero per lo più con altre parole, con altre strutture sintattiche, più brevi (a volte di gran lunga più brevi), riassuntive.

Chi racconta un discorso altrui mira a rendere i significati che ne ha colto; ciò che lui crede di aver capito, insomma.

Dal punto di vista della struttura sintattica il *discorso indiretto* si presenta con proposizioni subordinate con funzione completiva (per lo più soggettive, oggettive, interrogative indirette [54,55]).

63.3.1 DA DISCORSO DIRETTO A INDIRETTO

una frase In generale, si può dire che per un discorso limitato a *una frase*, passare dalla forma diretta a quella indiretta è abbastanza agevole, perché le parole restano, grosso modo, le stesse, e sono sufficienti dei semplici adeguamenti sintattici:

1a	Carlo dice a Luigi: "*Partirò domani con i miei*".	Carlo dice a Luigi *che partirà domani con i suoi.*
1b	Carlo disse a Luigi: "*Partirò domani con i miei*".	Carlo disse a Luigi *che sarebbe partito (partiva) l'indomani (il giorno dopo) con i suoi.*
2	Luigi chiese a Carlo: "*Partirai domani con i tuoi?*"	Luigi chiese a Carlo *se sarebbe partito (partiva) l'indomani (il giorno dopo) con i suoi.*

Nell'esempio in 1a, poiché il verbo reggente è al presente (*dice*), gli adeguamenti sintattici sono limitati alla persona del verbo (da: *partirò*, a: *partirà*) e del possessivo (da: *miei*, a: *suoi*).

Invece nell'esempio in 1b (che pure contiene lo stesso discorso diretto precedente), poiché il verbo reggente è al passato (*disse*), l'adeguamento, oltre agli elementi già visti in 1a, coinvolge anche il tempo del verbo, che da futuro (*partirò*) diventa 'futuro del passato' (= condizionale passato o imperfetto: *sarebbe partito* o *partiva*), e l'avverbio di tempo (da: *domani* a: *l'indomani* o *il giorno dopo*).

Nell'esempio in 2, trattandosi di un passaggio da interrogativa diretta a interrogativa indiretta, l'adeguamento, rispetto all'esempio in 1b, differisce solo nella congiunzione subordinativa (da: *che*, a: *se*).

un brano Se il passaggio dalla forma diretta alla forma indiretta riguarda (come più spesso accade) *un enunciato* con più proposizioni, oppure *insiemi di enunciati*, allora la cosa si fa un po' più complessa. Infatti, oltre agli adeguamenti puramente sintattici, si richiede, come si è già detto, che tutto venga riscritto, riassunto e interpretato in maniera più o meno ampia:

1a Quando la mamma lo vide così rosso in volto e con gli occhi lucidi gli disse: "*Mettiti subito a letto, prendi il termometro e misurati la temperatura! Io intanto chiamo il dottore. Speriamo che ci sia e che venga subito*". →

→ 1b Quando la mamma lo vide tutto rosso in volto e con gli occhi lucidi, *preoccupata, lo fece mettere a letto, gli fece misurare la temperatura e si affrettò a chiamare il medico sperando di trovarlo e che andasse subito.*

2a Vedendolo tutto intento ai suoi giochi gli disse: "*Non ti pare che sia ora di metterti a studiare? Hai gli esami, ricordi?*"

→ 2b Vedendolo tutto intento ai suoi giochi, *tra lo stizzito e l'ironico gli ricordò che aveva gli esami e che doveva mettersi a studiare.*

forma indiretta obbligata In genere viene più spontaneo riferire in forma indiretta un discorso, anche quando è semplice e breve. Ci sono situazioni in cui questa forma la sentiamo quasi esclusiva. E', ad esempio, il caso dei *saluti*:

1a – Gli disse: "*Ciao!*" (oppure: "*Buon giorno*" - "*Buona sera*" - "*Arrivederci*", ecc.) →

→ 1b - Lo *salutò.*

interpretazione A volte, la ripetizione esatta delle parole falserebbe totalmente il significato del *messaggio*: il quale, dunque, andrebbe non trascritto alla lettera, e neanche semplicemente riassunto, ma *intepretato nel senso giusto.*

Ad esempio, l'espressione di biasimo rivolta a un bambino da un passante che lo sente dire brutte parole, potrebbe essere, in forma diretta: "Belle parole!" (pronunciate, naturalmente, con un'intonazione tra risentita e ironica) [(1)]. Se qualcuno domandasse al bambino di riferire le parole a lui dette, la sua risposta non potrebbe essere: "Mi ha detto che ho detto belle parole." Dovrebbe essere, caso mai, di questo tipo: "Mi ha detto che ho detto brutte parole."; o meglio: "Mi ha detto che farei bene a non ripetere parole come quelle che dicevo." Come si vede, può anche accadere che un discorso riferito indirettamente superi in lunghezza quello diretto.

Il passaggio da una forma all'altra non è tanto semplice; e deve prima di tutto mirare al contenuto.

la parola degli altri Quanto si diceva qui sopra ci riconduce a questa realtà: che 'la parola degli altri' è sempre molto individualizzata.

Ma c'è un'altra importante realtà: in generale, 'la parola degli altri' è rappresentata da discorsi ben più ampi e complessi di quelli limitati a una frase o poco più che in una grammatica (certamente per giuste ragioni di economia di spazio e per pratica necessità di indicazioni tecniche) vengono presentati a mo' di esempi. E lo abbiamo ricordato nella sezione dedicata al testo (cap. 28 e 29 e in 31.2 n. 1)

Inoltre non va dimenticato che è frutto della 'parola degli altri' anche il prezioso e vario patrimonio di pensiero depositato nel tempo in opere letterarie, religiose, morali, filosofiche, scientifiche, teatrali, filmiche o di altro genere (anche di situazioni parlate, tramandate) che, nel riferirle, non si può fare a meno di riassumere in forme più o meno concise: badando a non tradirne la sostanza, a restare fedeli al loro contenuto.

---

(1) E' questo il procedimento retorico dell'*antifrasi* (69.2.1).

E non solo nel riferirle, ma anche (ciò che è fondamentale) nel conservarle nella memoria individuale e collettiva. Sì, perché, in ultima analisi, il mondo della nostra mente, della nostra immaginazione, del nostro sentimento, i modi del nostro comportamento, della nostra organizzazione civile, sociale, politica, la nostra cultura, la nostra storia, insomma, si sostanziano soprattutto di questa linfa vitale che è 'la parola degli altri': l'altrui esperienza depositata e tramandata.

"La cultura dei nostri padri è un tessuto di enunciati. Nelle nostre mani essa si evolve e muta attraverso nuove revisioni e aggiunte più o meno arbitrarie e deliberate (...)" [1]. Esclusivamente riconducendosi e attingendo a questo 'tessuto', che riferisce di un incommensurabile patrimonio di esperienze e di conoscenze, ciascuno di noi può comunicare con gli altri; e negli altri (membri di comunità sociali più o meno ristrette: familiari, urbane, nazionali... fino alla vasta comunità umana che tutti li ricomprende) riconoscersi senza perdere niente della propria individualiltà.

In questo senso, la 'parola degli altri' si costituisce come 'intertestualità o 'interdiscorsività [2]: come un discorso che, sul piano tematico ed espressivo, si sviluppi fra testi (enunciati) o parte di essi, scritti o parlati, e letterari o no che siano. Avviene così che ciascun messaggio -dal più semplice al più complesso, da qualunque parlante o scrivente emesso, e in qualsiasi contesto situazionale (anche della più risaputa quotidianità) originato- conserva, sì, la sua specifica vitalità, ma al tempo stesso si libera dal suo isolamento, e, in un ideale rapporto dialogico, si ricollega a tanti altri messaggi, che, nel mentre gli forniscono linfa tematica ed espressiva, a loro volta in esso espressivamente e tematicamente si riconoscono e si perpetuano [3].

In fondo, a ben pensarci, non si è poi tanto lontani dai 'topoi' o 'loci' ('luoghi comuni' o generali e 'luoghi propri' o specifici) che la retorica classica richiama quando si occupa della parte relativa al contenuto, e cioè all''inventio', all'arte di trovare gli argomenti (69.1, 69.2). 'Topoi' o 'loci' che sono le singole ripartizioni ('luoghi') della memoria -rappresentata come una totalità spaziale- nelle quali sono distribuite le singole idee (i pensieri) da ritrovare [4]. Dumarsais [5] li definisce "le cellette in cui tutti possono andare a prendere, per così dire, la materia d'un discorso e gli argomenti su ogni tipo di soggetto".

Ma non è questa la sede per indagare orizzonti pur così affascinanti e stimolanti. Ci siamo lasciati prendere la mano.

In questa sede va ribadito che (al di là degli schemi grammaticali di cui si

---

[1] W.V.O. Quine, cit. in U. Eco, 'Lector in fabula', Bompiani, Milano, 1979, pag. 139.

[2] Cfr., ad esempio, C. Segre, 'Intertestualità e interdiscorsività nel romanzo e nella poesia', in G. Paccagnella e I. Paccagnella (a cura di), 'La parola ritrovata. Fonti e analisi letteraria', Sellerio, Palermo, pp. 15-28. Cfr. anche U. Eco, cit., pp. 81-84).

[3] Naturalmente, il grado di capacità di reciproca comprensione fra i membri di qualsiasi comunità dipende, oltre che dal gradi di competenza linguistica, anche dal grado di 'competenza intertestuale' individualmente posseduta, competenza che è data dalla quantità e qualità di conoscenze personali acquisite dal patrimonio di conoscenze (enciclopedia) dell'intera comunità di appartenenza.

[4] H. Lausberg, 'Elementi di retorica', il Mulino, Bologna, 1969, pag. 30.

[5] Cit. in R. Barthes, 'La retorica antica', Bompiani, Milano, 1972, pag. 75)

parlerà qui di seguito) ogni comunicazione che ci accade di fare, in forma più o meno riassuntiva, di qualsiasi contenuto di pensiero da noi e da altri direttamente espresso prende il nome di 'discorso (o stile) indiretto'.

63.3.2 ADEGUAMENTI SINTATTICI PIÙ IMPORTANTI

Sono varie le trasformazioni di tipo puramente sintattico che occorre operare nel *passaggio da un discorso diretto a uno indiretto*. Esse possono riguardare: in primo luogo, il collegamento fra la proposizione reggente e la subordinata; in secondo luogo, il modo, il tempo e la persona del verbo, le parole che indicano la collocazione nel tempo, nello spazio e quelle che indicano il possesso sia in relazione al soggetto, sia in relazione all'interlocutore (i cosiddetti *deittici*, insomma) (15.2.2, 29.5):

a) se nella frase reggente c'è un verbo di 'dire' al presente o al futuro:

• *i 'due punti'* si cancellano (insieme alle *virgolette* o alle *lineette*) e vengono sostituiti da *che* o da *se*:
– Dice: "Domani parto." →
→ Dice *che* domani parte.
– "Parto o non parto?" E' il mio dubbio. →
→ Ho il dubbio *se* parto (se partire) o no.

• i *pronomi* e le corrispondenti *terminazioni dei verbi* di 1ª e 2ª persona singolare e plurale mutano in 3ª persona singolare e plurale; analogamente, i possessivi *mio* e *tuo* mutano in *suo*, se il verbo reggente è in 3ª persona singolare o plurale; col verbo reggente in 3ª persona plurale, *nostro* diventa *loro*; anche *vostro* può diventare *loro*.:
– Dice: "*Io* vado a casa di *mia* sorella, *voi*, rest*ate* invece."
→ Dice che *lui va* a casa di *sua* sorella e che *loro* invece *devono* restare.
– Dicono: "Noi andiamo a casa *nostra*." → Dicono che vanno a casa *loro*.

• *l'imperativo* muterà in *congiuntivo presente*, o in *infinito presente* preceduto da *di*, o in una *perifrasi* con *dovere*:
– Gli dice: "*Smettila*!" →
→ Gli dice che *la smetta (di smetterla* - che *deve smetterla*).

• gli *altri tempi* ed *elementi di deissi* restano invariati:
– Dice: "Ieri sono stato a spasso. Oggi studio. Domani mi riposerò." →
→ Dice che ieri è stato a spasso, che oggi studia e che domani si riposerà.

b) ***se nella frase reggente c'è un verbo di 'dire' in un tempo passato (prossimo, remoto, imperfetto...):***

• le *indicazioni di persona*, anche riguardo ai possessivi, cambiano come per il caso precedente:
– Disse: "*Io* vado a casa di mia sorella, voi invece restate."
→ Disse che *lui* andav*a* a casa di *sua* sorella, mentre *loro dovevano* restare.

• *questo* diventa *quello*; *l'altro ieri, ieri, oggi, domani, dopodomani* diventano, rispettivamente, *due giorni prima, il giorno prima, quel giorno, l'indomani* (o il *giorno dopo*), *due giorni dopo; qui, qua* diventano *lì, là*:
– Telefonò per dire: "Partirò *domani* da *qui*."
→ Telefonò per dire che da *lì* sarebbe partito *l'indomani*.

• i funzionali temporali *fa* e *fra* diventano *prima* e *entro* (o *dopo*); *adesso* (o *ora*) e *dianzi* diventano *in quel momento* e *poco prima* (non è raro comunque che restino invariati affidando l'esatta interpretazione all'insieme contestuale):
– Disse: "Sono arrivato un'ora *fa*; *fra* poco me ne vado."
→ Disse che era arrivato un'ora *prima* e che *entro (fra)* poco se ne sarebbe andato (se ne andava).

• *il presente indicativo* diventa *imperfetto indicativo*:
– Disse: "*Partono* ora con me".
→ Disse che *partivano* in quel momento (ora) con lui.

• *l'imperativo* diventa: *congiuntivo imperfetto*, o *infinito presente* introdotto da *di*; oppure *perifrasi verbale* con *dovere* all'imperfetto indicativo:
– La mamma le disse: "*Va'* dalla nonna e portale questo dolce."
→ La mamma le disse *di andare (che andasse - che doveva andare)* dalla nonna e *di portarle (che le portasse - che doveva portarle)* quel dolce.

• il *futuro semplice* diventa *condizionale passato* ('futuro del passato'); oppure, nei linguaggi meno formali, *imperfetto indicativo*;
Il *futuro anteriore* può diventare *condizionale passato* o *congiuntivo trapassato*; oppure (meno formalmente) *indicativo trapassato*:
– Disse: "Ti *darò* questo libro fra poco, quando lo *avrò finito* di leggere."
→ Disse che gli *avrebbe dato (dava)* quel libro entro poco tempo, quando lo *avrebbe (avesse - aveva) finito* di leggere.

• *il passato prossimo* e il *passato remoto* diventano *trapassato prossimo*:
– Disse: "Ieri *sono stato* a Rimini".

→ Disse che il giorno prima *era stato* a Rimini.

• per *altre possibili relazioni* riguardanti i modi e i tempi, si veda in 63.3.3 e in 64.3.

63.3.3 RELAZIONE DI TEMPI

Relazione di tempi (esempi riassuntivi)	
discorso diretto	discorso indiretto
Presente o futuro	
Luigi mi dice (dirà) : "Studio"	che studia
: "Ho studiato"	che ha studiato
: "Studierò"	che studierà
: "Studierei	che studierebbe
"Studia!" :	di studiare (che devo studiare)
Passato	
Luigi mi disse (diceva...) : "Studio"	che studiava
: "Ho studiato"	che aveva studiato
: "Studierò"	che avrebbe studiato
: "Studierei"	che avrebbe studiato
: "Studia!"	che studiassi (di studiare - che dovevo studiare)

63.4 IL DISCORSO INDIRETTO LIBERO

Nello stile narrativo parlato e scritto gode di abbastanza largo uso un particolare tipo di discorso indiretto che non è subordinato a nessun verbo di 'dire' o di 'domandare', e che, come il discorso diretto, ha le frasi interrogative dirette, quelle esclamative, le interiezioni e le frasi ellittiche. Del discorso indiretto ha la collocazione dei fatti nel tempo e le indicazioni di persona.

Si tratta del ***discorso indiretto libero*** - stile intermedio fra diretto e indiretto - mediante il quale il narratore, dando indirettamente la parola ai personaggi, inserisce nel suo racconto frammenti più o meno ampi del loro reale discorso.

Al di là di possibili differenze o analogie sintattiche, il discorso indiretto libero, rispetto a quello indiretto, sembra meglio adeguarsi (proprio perché è libero) allo spontaneo fluire del pensiero del narrante, nel momento in cui, con viva partecipazione del suo sentimento (di qui la rottura degli schemi comuni), riferisce contenuti del pensiero altrui.

Questa forma di discorso indiretto, nella lingua scritta, risulta uno strumento narrativo molto efficace ed espressivo; a patto che venga usato con perizia, gusto e sensibilità particolari.

Un esempio:

"Perché ella voleva partire? Perché ella voleva spezzare l'incanto? I loro 'destini' non erano ormai legati per sempre?

Egli aveva bisogno di lei per vivere, degli occhi, della voce, del pensiero di lei... Egli era tutto penetrato da quell'amore; aveva tutto il sangue alterato come da un veleno, senza rimedio.

Perché ella voleva fuggire? Egli si sarebbe avviticchiato a lei, l'avrebbe prima soffocata sul suo petto. No, non poteva essere.

Mai! Mai!

Elena ascoltava, a testa bassa, affaticata contro il vento, senza rispondere." (G. D'Annunzio, 'Il piacere').

Nota - Abbiamo voluto riportare l'ultimo capoverso (*Elena ascoltava...*) per far capire con chiarezza che nei capoversi precedenti il narratore riporta quanto più fedelmente (verrebbe fatto di dire, persino nella pronuncia) ogni espressione, anche interiettiva, del parlante. E ciò, pur cambiando la persona dalla 1ª e dalla 2ª alla 3ª, e pur trasferendo fatti e indicazioni dal presente al passato. Che sono mutamenti tipici del *discorso indiretto libero.*

Un altro esempio, questa volta tratto da 'Novelle per un anno' di L. Pirandello:

"Si ostinava a dire che il viaggio le avrebbe fatto certo più male. Oh, buon Dio, se non sapeva più neppure come fossero fatte le strade! Non avrebbe saputo muovervi un passo. Per carità, per carità, la lasciassero in pace!"

Nota - Anche questo brano, dopo un primo periodo dotato di un discorso indiretto vero e proprio (*che il viaggio...*), è articolato nella forma di *discorso indiretto libero* che trascrive in 3ª persona e colloca nel passato espressioni che conservano tutti i caratteri emotivi del momento in cui sono state pronunciate la prima volta in 1ª persona e nel tempo presente.

Ancora un esempio in cui si riferiscono osservazioni indignate indirizzate al parlante:

– "(...) questo nostro giornale titolò la prima pagina definendo la maggioranza come un regime e la definizione fece scandalo: *come osavano affibbiare quella qualifica ad un sistema democratico composto da liberi partiti o da un libero Parlamento? Eravamo dunque impazziti o faziosi al punto da svisare la realtà per manipolare la pubblica opinione?*" (in 'la Repubblica', 4-10-1992)

Capitolo LXIV

64 - LA CORRELAZIONE DEI MODI E DEI TEMPI

Norma, uso comune, uso individuale - I modi dei verbi nelle proposizioni subordinate - I modi non finiti - I modi finiti - Relazione fra i tempi della proposizione reggente e della subordinata (schemi) - Quando la dipendente ha il modo indicativo o condizionale - Quando la dipendente ha il modo congiuntivo.

64.1 NORMA, USO COMUNE, USO INDIVIDUALE

In un rapporto di subordinazione, tra il modo e il tempo del verbo della proposizione reggente e quello della subordinata (come, più in generale, di due proposizioni anche coordinativamente collegate) esiste, in generale, una concordanza piuttosto stretta.

Più volte, in questa parte del nostro lavoro, si è accennato a questo problema. Ma ora è forse utile riprenderlo con ordine, almeno nelle sue linee essenziali.

Si avrà così l'occasione di dare, su questo argomento, indicazioni degli usi che risultano più comuni e più costanti ai vari livelli funzionali-contestuali (pragmatici) della lingua italiana contemporanea.

E se, come si dice, l'uso più comune e costante (la normalità) è fonte di norma, queste saranno allora indicazioni di norma.

Ma a uno studioso di grammatica che non s'illuda di 'fare', lui, la lingua, perché sa che a lui è solo consentito di analizzare quella 'fatta' dagli utenti, non può sfuggire che le sue indicazioni non potranno mai assumere il carattere di rigidi schemi inevitabili.

Lo studioso di grammatica sa che chi parla o scrive, nell'esigenza di esprimere i vari e mutevoli contenuti del proprio mondo logico, immaginativo e psicologico, non di rado, pur restando negli àmbiti del 'codice lingua comune' (altrimenti non sarebbe capito) si trova necessitato a travalicare i limiti di qualsiasi pianificante schematizzazione, e di fissare, lui, per sé, limiti tutti suoi [1]. Se infatti la lingua

(1) "La lingua come sistema deve contenere in sé i meccanismi che adattano le regole o ne consentono la violazione nell'esercizio della parola, dal momento che, fino a quando questa violazione non impedisce al senso di costruirsi e di essere percepito, nessuno negherà che gli interlocutori parlino la stessa lingua". (C. Hagege, 'L'uomo di parole', Torino, Einaudi, 1989, pag. 223).

non corrispondesse al personale sentire, ogni individuale comunicazione risulterebbe generica o falsa o impossibile. E così, per i suoi personali scopi comunicativi, il parlante giunge a permettersi a volte tali 'scarti' rispetto alla norma, da correre il rischio di essere perfino 'sgrammaticato'.
Che, in fin dei conti, se ottenesse lo scopo desiderato, sarebbe invece il più 'grammaticalizzato' modo di esprimersi [1].

Per fare un'osservazione più generale, è proprio questa libertà di adattare i fatti della lingua alle individuali esigenze espressive a consentire che una parola assuma significati impensabili se riferiti all'uso comune (bello = brutto; cfr. in 63.3.1, 5.9 e 69.2.1, *antifrasi* e *metafora*), o che un suono inarticolato istintivo (un grido, ad esempio) diventi l'espressione linguistica più significativa per chi reagisca a una qualche particolare inaspettata situazione (31.2, 53.9, 69.1).

E si pensi, per concludere, al meraviglioso fiorire di 'sgrammaticature' di una mamma che parla al suo bambino, infante o poco più.

Se così è, anche le norme (pur così rigide, come si diceva) che regolano le concordanze dei modi e dei tempi sono soggette alle variazioni accennate.

64.2 I MODI DEI VERBI NELLE PROPOSIZIONI SUBORDINATE

Di volta in volta, trattando ciascuna proposizione subordinata (cap. da 53 a 62), abbiamo indicato i modi verbali richiesti sia per le forme esplicite che per quelle implicite. Dello stesso problema, in prospettiva morfosintattica, ci siamo occupati abbastanza diffusamente anche nei capitoli 24 e 26.

Per quanto riguarda i *modi non finiti*, si è visto che essi hanno usi ben precisi, senza possibilità di confusione. Più articolate e complesse sono invece le possibilità combinatorie dei *modi finiti*:

– Mia sorella *ha deciso di partire* domani.
– Quel pazzo, *correndo* così, *rischia* un incidente.
– *Aperta* la finestra, Claudia *si rimise a studiare*.

A questo punto è forse utile ricapitolare.

---

[1] Qualsiasi parlante che voglia (com'è naturale) essere compreso nella unicità dei suoi significati può permettersi 'scarti' lessicali e grammaticali anche ampi, ma sempre entro ben precisi limiti del linguaggio. Limiti che "sono dati dalle regole che lo governano. Ora le regole sono convenzioni circa il modo in cui vanno usate le parole, convenzioni che possono mutare e di fatto mutano col passare del tempo, ma che sono sempre presenti e ci indicano il punto oltre il quale le parole non fanno più il loro lavoro". "Il muoversi alle frontiere del linguaggio è comunque un atto insolito, esso comporta dei rischi proprio come il pattinare dove lo strato di ghiaccio è più sottile. Il rischio principale è, ovviamente quello di cadere nel non senso". (M. Baldini, "Filosofia e linguaggio", Roma 1990, pagg. 21-22)

Se l'inventività individuale "sorpassa certi limiti, il linguaggio non è più linguaggio perché (...) il linguaggio individuale è per la maggior parte condizionato dalla società. (O. Yespersen, "Umanità, nazione e individuo dal punto di vista linguistico", Milano, 1965, pag. 19).

64.2.1 I MODI 'NON FINITI'

infinito

L'*infinito* si può usare, in generale (precisazioni in 24.14, 25.1.5, 25.2), in proposizioni subordinate: a) quando il soggetto della reggente e quello della dipendente sono gli stessi, b) quando il soggetto della subordinata è già annunciato nella reggente; c) quando reggente e subordinata sono impersonali (25.2).

Esso, preceduto o no da preposizione, si può avere nelle seguenti proposizioni dal generico valore esplicativo o circostanziale: *completive, aggiuntive, avversative, causali, comparative, concessive, condizionali, consecutive, eccettuative, esclusive, finali, interrogative indirette, modali, sostitutive, strumentali, temporali, locative* (24.1.4).

participio

Tra i due tempi del *participio, presente* e *passato*, è quest'ultimo che, col suo valore relativo di modificatore di un nome, o con quello temporale, gode dell'uso più frequente. Esso può trovarsi in proposizioni subordinate: *attributive* (le più frequenti), *temporali, causali, concessive, condizionali* (o *ipotetiche*), *esclusive, eccettuative, avversative* (o *sostitutive*), *aggiuntive* (24.1.4).

Il soggetto, o è lo stesso della reggente o si colloca dopo il participio (25.2, 33.2.1).

gerundio

Il *gerundio passato* ha prevalentemente valore causale (24.1.4, 57.2.2), e si può dunque trovare per lo più in *proposizioni causali* (o loro varianti: *concessive, ipotetiche*). Il *gerundio presente* modifica per lo più un verbo, ha un valore latamente circostanziale di modo, e si può dunque trovare in proposizioni subordinate: *temporali, causali, concessive, strumentali, condizionali* (o *ipotetiche*), *modali, esclusive, consecutive, finali.*

Per quanto riguarda il soggetto, valgono gli stessi criteri che per il participio.

64.2.2 I MODI 'FINITI'

condizionale

Tra i modi finiti, il *condizionale* (24.1.2, 24.1.2.1, 24.1.2.2) in genere non pone problemi. Esso si usa in proposizioni principali e subordinate quando l' eventuale realizzazione del fatto espresso nella subordinata è legato alla eventuale realizzazione di una condizione espressa o sottintesa:

– I nostri amici dicono (principale) che *verrebbero* volentieri con voi, (sub.: fatto eventuale) se li invitaste. (sub.: condizione espressa o sottintesa che sia)

Si rifletta anche su questo esempio, in cui il condizionale domina con i suoi significati di eventualità-ipotetica:

– Io dico che va bene cercare un accordo sulle riforme: ma non capisco perché, avendolo trovato, *occorrerebbe* andare ad elezioni anticipate. *Sarebbe* una scelta incomprensibile (...). Senza dire che *si tratterebbe*, poi, di vedere cosa ne *penserebbe* il capo dello Stato: che *potrebbe* anche non accettare di sciogliere le Camere perché questo *avrebbero deciso*, in un loro patto, due dei partiti presenti in Parlamento. (F. Geremicca, in 'la Repubblica', 16-7- 1991)

imperativo

Sul modo *imperativo* riteniamo sia sufficiente quanto si è detto nella parte dedicata alla morfosintassi del verbo (24.1.3).

indicativo o congiuntivo?

In proposizioni principali l'indicativo gode di larghissima frequenza (68.2.8); il congiuntivo invece ha usi specifici (47, 48, 68.2.8). Per quanto riguarda l'annosa questione sull'uso dell'indicativo o del congiuntivo in proposizioni subordinate, si riassume qui per comodità ciò che si è già estesamente detto nei capitoli appositi dedicati alla morfosintassi del verbo (24.1.1, 26):

a) l'*indicativo* generalmente si usa nei casi in cui si esprime *certezza* (l'indicativo è il modo della certezza), o in quelli in cui il dubbio è comunicato con altri strumenti linguistici (avverbio o altra espressione):
– Siamo sicuri che Carlo *è partito* col treno delle otto. (certezza)
– Luigi dice che *forse* Carlo *è partito* col treno delle 8. (l' incertezza è espressa con *forse*)

b) il *congiuntivo* (specifico modo della *soggettività*) va usato per lo più in proposizioni subordinate, quando nel significato generale dell'enunciato si riveli una volontà chiara e determinata; e perciò, analogamente, quando esista una netta opposizione fra quanto si dice nella proposizione reggente e quanto si dice nella subordinata. E' tipico della soggettività del congiuntivo segnalare *significati di carattere volitivo* (l'opposizione, il divieto, il desiderio, l'attesa, la speranza). E quanto più questi significati sono marcati, tanto più la presenza di questo modo verbale si rende necessaria (26.1.2).

64.2.3 PRECISAZIONI SULL'USO DI INDICATIVO E CONGIUNTIVO (26.2)

a) ***necessità del congiuntivo***

Nella lingua dell'uso medio, anche nei registri formali, il congiuntivo è di norma quando si scelgono i seguenti costrutti subordinati:

• *proposizioni soggettive* e *oggettive* dipendenti da verbi ed espressioni di volontà, divieto, pretesa, desiderio, preferenza, attesa, e simili (54.2.1 b):
– Chiedo che nessuno mi *disturbi*.

• *proposizioni finali* (57.3) – Chiederò a mio fratello che gli *dia* una mano.

• *proposizioni concessive* introdotte da *benché, sebbene, quantunque, quand'anche, ancorché, nonostante (che), malgrado (che), con tutto che, per quanto,* e poche altre (58.3): – Benché *ci sia* il sole, fa freddo.

• *proposizioni condizionali* introdotte da *purché, a patto che, a condizione che*; o da *se* e altri funzionali nel periodo ipotetico della irrealtà in genere (58.2.3):
– Lo farei se *avessi* tempo. – Sarei uscito dopo che *avessi finito.*

• *proposizioni esclusive* introdotte da *senza che* (62.2): – Me lo diede senza che io gliel'*avessi chiesto.*

• *proposizioni temporali* introdotte da *prima che, innanzi che, avanti che* (59.1.2):
– Voglio essere a casa prima che *si metta* a piovere.

• *proposizioni limitative* introdotte da *che* (62.4.1): – Carlo non c'è, che io *sappia.*

In tutti questi casi, non usare il congiuntivo significa uscire dal codice linguistico standard, e sceglierne uno dialettale o, al più, adottare un registro assai familiare o popolare (68.2.3). Chi dunque volesse evitare il congiuntivo dovrebbe ricorrere a costrutti dal significato equivalente.
Ad esempio, l'espressione *Voglio che Lucia studi medicina* potrebbe essere sostituita con *Lucia deve studiare medicina.* [1]

b) ***alternanza di congiuntivo e indicativo***

Il significato di volontà o di opposizione del costrutto rispetto ai fatti espressi nella proposizione subordinata può evolvere in giudizio più o meno generico di approvazione o disapprovazione, o sfumare in sentimento di piacere o dispiacere, o in moto di meraviglia, di sorpresa, di rabbia; può anche attenuarsi a opinione, a incertezza, a diceria, a dichiarata non conoscenza dei fatti.
In questi casi, l'indicativo e il congiuntivo godono di un uso alternato di maggiore (*congiuntivo*) o minore (*indicativo*) formalità del registro linguistico (26.2, 54.1 n. 1):
1a – Mamma, mi sembra che Carlo non *si sente* bene.
1b – Dottore, mi sembra che mio figlio non *si senta* bene.
2a – Carlo, mi dispiace che ieri non *sei venuto* alla gita.
2b – Professore, mi dispiace che ieri non *sia venuto* in gita con noi.
3a – Non lo so se Carlo *ce l'ha fatta* agli esami.
3b – Non so se Carlo *abbia superato* gli esami.

---

[1] Si sa, comunque, che, quanto a significato, uno strumento grammaticale o una parola non valgono completamente altri che li sostituiscono. E così nel nostro esempio, il costrutto con *dovere* esprime un obbligo che ha più il carattere della oggettività che della soggettività (tipica del congiuntivo.)

Un uso ricorrente del congiuntivo si ha nelle *proposizioni oggettive* o *soggettive* messe prima della loro reggente (che è costrutto tipico di registri formali). E' questo forse l'unico caso in cui il congiuntivo non è portatore di significato particolare (che, anzi, equivale all'indicativo), ma semplicemente, come dice il suo nome, funziona da strumento grammaticale di 'congiunzione' (26.3).

– E' noto che le giornate d'inverno *si accorciano*.

→ Che le giornate d'inverno *si accorcino* è noto.

c) ***frequenza d'uso del congiuntivo***

Si è già sufficientemente insistito (26.6) sul fatto che il congiuntivo è un modo verbale la cui conoscenza (anche se non dimestichezza d'uso) è largamente diffusa. Esso fa ormai parte del patrimonio della 'lingua comune' a tutti gli italiani nei vari strati sociali.

Certamente, è più frequente nella lingua scritta e parlata formale che nel parlato, diciamo così, quotidiano (in cui, anzi, è più facile che prevalgano forme regionali e popolari). Nei registri formali infatti ricorrono più spesso quelle strutture subordinative di cui il congiuntivo è tipico modo verbale.

Testimonianza probante di tutto ciò è data, ad esempio, dalla stampa quotidiana e periodica (anche rivolta a strati più popolari: rubriche sportive, presentazione di programmi televisivi ecc.); nonché dalle trasmissioni televisive, soprattutto di evasione, di diffusione nazionale e locale (68.2.2 n. 8, 68.2.5, 68.2.8).

Giornali e televisione sono, per dir così, il crocevia dei vari registri linguistici.

Insomma, ai non pochi osservatori che sistematicamente da anni sottopongono ad analisi la lingua contemporanea nelle sue varietà funzionali, sociali e geografiche, non risulta quella ignoranza o quel non uso del congiuntivo di cui oggi sembra tanto di moda parlare .

64.3 RELAZIONE FRA I TEMPI DELLA PROPOSIZIONE REGGENTE E DELLA SUBORDINATA (SCHEMI)

Come accade per i modi verbali, anche fra il tempo della proposizione dipendente e quello della reggente c'è una correlazione piuttosto stretta regolata dal tempo di quest'ultima (si veda anche in 63.3.3).

Diamo qui alcuni prospetti elaborati sugli usi più ricorrenti.

Useremo, come esempi, subordinate oggettive e soggettive. Ma le correlazioni richieste in queste valgono, in generale, anche per le altre subordinate:

QUANDO LA DIPENDENTE HA IL MODO INDICATIVO O CONDIZIONALE

A – *rapporto di contemporaneità*

reggente	**subordinata**
indic. pres.: dico *imperativo:* di' *condiz. pres.*: direi *cong. pres. (esortativa):* dica	*indic. pres.:* che studia *condiz. pres.*: che studierebbe
imperf.: dicevo *pass. rem.*: dissi *pass. pros.*: ho detto *trapas. pros.*: avevo detto *condiz. pas.*: avrei detto *congiunt. trap.:* avessi detto	*indic. pres. o imperf.:* che studia - che studiava *condiz. pres. o pass.:* che studierebbe - che avrebbe st.
indic. fut.: dirò	*indic. pres. o fut.*: che studia - che studierà *condiz. pres.*: che studierebbe

B – *rapporto di anteriorità*

reggente	**subordinata**
indic. pres.: dico *imperativo:* di' *condiz. pres.*: direi *cong. pres.*: dica	*imperf. - pass. pros. - (pass. rem.) - trap. pros.:* che studiava - (che studiò) - che ha studiato - che aveva studiato *condiz. pas.*: che avrebbe studiato
imperf.: dicevo *pass. rem.:* dissi *pass. pros.*: ho detto *trap. pros.:* avevo detto *condiz. pas.*: avrei detto *cong. trap.:* avessi detto	*pass. pros. - trap. pros.*: che ha studiato - che aveva studiato *condiz. pas*:. che avrebbe studiato
indic. fut.: dirò	*imperf. - (pas. rem.) - pass. pros. - trap. pros.:* che studiava - (che studiò) - che ha studiato - che aveva studiato *condiz. pas.:* che avrebbe stud.

C – *rapporto di posteriorità*

indic. pres.: dico *imperativo:* di' *condiz. pres.:* direi *cong. pres.:* dica	*indic. fut.:* che studierà *condiz. pres.*: che studierebbe
imperf.: dicevo *pass. rem.:* dissi *pass. pros.*: ho detto *trap. pros.*: avevo detto *cong. trap.*: avessi detto	*futuro - condiz. pas.:* che studierà - che avrebbe studiato
indic. fut.: dirò	*futuro:* che studierà *condiz. pres.*: che studierebbe

QUANDO LA DIPENDENTE HA IL MODO CONGIUNTIVO

A – *Rapporto di contemporaneità*

reggente	**subordinata**
indic. pres.: mi sembra *indic. fut.:* mi sembrerà *pass. pros.:* mi è sembrato *condiz. pres.:* mi sembrerebbe	*cong. pres:* che egli sia bravo
indic. imper.: mi sembrava *pass. pros.:* mi è sembrato *pass. rem:* mi sembrò *trap. pros.:* mi era sembrato *condiz. pas:* mi sarebbe sembrato	*cong. imperf.:* che egli fosse bravo

B - *Rapporto di anteriorità*

indic. pres.: mi sembra *indic. fut.:* mi sembrerà *pass. pros.:* mi è sembrato	*cong. pas. (o imperf.):* che egli sia stato bravo - (che egli fosse bravo)
imperf.: mi sembrava *pass. rem.:* mi sembrò *pass. pros.:* mi è sembrato *trap. pros.:* mi era sembrato	*cong. trapas.:* che fosse stato bravo
condiz. pres.: mi sembrerebbe	*congiuntivo: pas. - imperf. - trap.:* che egli sia stato bravo - che egli fosse bravo - che egli fosse stato bravo

C - *Rapporto di posteriorità*

indic. pres.: mi sembra *indic. fut.:* mi sembrerà	*si usa di solito l'indic. fut., non il cong.:* che sarà (sia) bravo
imperf.: mi sembrava *pass. rem.:* mi sembrò *pass. pros.:* mi è sembrato *condiz. pres.:* mi sembrerebbe *condiz. pas.:* mi sarebbe sembrato	*si usa il condiz. pas. come 'futuro del passato':* che sarebbe stato bravo

Appendice 1

VERBI REGOLARI
E IRREGOLARI

MODELLI
DI CONIUGAZIONE

Capitolo LXV

65 - **CONIUGAZIONE DEI VERBI REGOLARI**

Quadro delle desinenze dei tempi semplici delle tre coniugazioni attive - Modelli di coniugazione di verbi regolari attivi - Particolarità della prima coniugazione - Particolarità della seconda coniugazione - Particolarità della terza coniugazione.

65.1 QUADRO DELLE DESINENZE DEI TEMPI SEMPLICI DELLE TRE CONIUGAZIONI ATTIVE

INDICATIVO

CONIUGAZIONI	A RE	E RE	I RE	(isc)
presente				
radice + desinenza	o	o	o	isc o
(oppure - III coniugazione -:	i	i	i	isc i
radice + isc + desinenza)	a	e	e	isc e
	iamo	iamo	iamo	
	ate	ete	ite	
	ano	ono	ono	isc ono
imperfetto				
tema verbale + indicazione	a v o	e v o	i v o	
temporale (*v*) + desinenza	a v i	e v i	i v i	
	a v a	e v a	i v a	
	a v amo	e v amo	i v amo	
	a v ate	e v ate	i v ate	
	a v ano	e v ano	i v ano	

INDICATIVO

CONIUGAZIONI	A RE	E RE	I RE (isc)
passato remoto tema verbale + desinenza	a i a sti ò a mmo a ste a rono	e i (e tt i) e sti é (e tt e) e mmo e ste e rono (e tt ero)	i i i sti ì i mmo i ste i rono
futuro semplice tema verbale + indicazione temporale (*r*) + desinenza. La vocale tematica della 1ª con. si muta in *e*	e r ò e r ai e r à e r emo e r ete e r anno	e r ò e r ai e r à e r emo e r ete e r anno	i r ò i r ai i r à i r emo i r ete i r anno

CONGIUNTIVO

presente radice + desinenza (oppure - III coniugazione -: radice + isc + desinenza)	i i i iamo iate ino	a a a iamo iate ano	a isc a a isc a a isc a iamo iate ano isc ano
imperfetto tema verbale + indicazione temporale (*ss; st* in 2ª per. plur.)	a ss i a ss i a ss e a ss imo a st e a ss ero	e ss i e ss i e ss e e ss imo e st e e ss ero	i ss i i ss i i ss e i ss imo i st e i ss ero

CONDIZIONALE

presente come per il fut. semp., indicaz. temp. (*r*) + desinenza	e r ei e r esti e r ebbe e r emmo e r este e r ebbero	e r ei e r esti e r ebbe e r emmo e r este e r ebbero	i r ei i r esti i r ebbe i r emmo i r ste i r ebbero

IMPERATIVO

	A RE	E RE	I RE
rad. + indicaz. temp. (oppure - III coniugazione - : radice + isc + desinenza	a ate	i ete	i isc i ite

N.B. - La 3ª pers. sing. e la 1ª e la 3ª plur. corrispondono alle forme del congiuntivo presente.

INFINITO

presente tema verb. + *re*	a re	e re	i re

PARTICIPIO

presente tema verb. + indicaz. temp. (*nt*) + desin.	a nt e	e nt e	(i)e nt e

N.B. - Alcuni verbi della 3ª coniug. possono terminare in *iente*.

passato tema verb. + indicaz. temp. (*t*) + desin.	a t o	u t o	i t o

N.B. - La seconda coniug. muta la vocale tematica in *u*.

GERUNDIO

presente tema verb. + indicaz. temp. (*nd*) + *o*	a nd o	e nd o	e nd o

N.B. - La terza coniug. muta in *e* la vocale tematica.

• I tempi composti si formano con una combinazione di participio passato e di ausiliare (*avere* o *essere*).

65.2 MODELLI DI CONIUGAZIONE DI VERBI REGOLARI ATTIVI

I CONIUGAZIONE *amare*	II CONIUGAZIONE *temere*	III CONIUGAZIONE *partire*
	INDICATIVO	
	Presente	
io am*o*	io tem*o*	io part*o*
tu am*i*	tu tem*i*	tu part*i*
egli am*a*	egli tem*e*	egli part*e*
noi am*iamo*	noi tem*iamo*	noi part*iamo*
voi am*ate*	voi tem*ete*	voi part*ite*
essi am*ano*	essi tem*ono*	essi part*ono*
	Imperfetto	
io ama*vo*	io teme*vo*	io parti*vo*
ti ama*vi*	tu teme*vi*	tu parti*vi*
egli ama*va*	egli teme*va*	egli parti*va*
noi ama*vamo*	noi teme*vamo*	noi parti*vamo*
voi ama*vate*	voi teme*vate*	voi parti*vate*
essi ama*vano*	essi teme*vano*	essi parti*vano*
	Futuro semplice	
io amer*ò*	io temer*ò*	io parti*rò*
tu amer*ai*	tu temer*ai*	tu parti*rai*
egli amer*à*	egli temer*à*	gli parti*rà*
noi amer*emo*	noi temer*emo*	noi parti*remo*
voi amer*ete*	voi temer*ete*	voi parti*rete*
essi amer*anno*	essi temer*anno*	essi parti*ranno*
	Passato remoto	
io ama*i*	io teme*i* (teme*tti*)	io parti*i*
tu ama*sti*	tu teme*sti*	tu parti*sti*
egli amò	egli tem*é* (teme*tte*)	egli part*ì*
noi ama*mmo*	noi teme*mmo*	noi parti*mmo*
voi ama*ste*	voi teme*ste*	voi parti*ste*
essi ama*rono*	essi teme*rono* (teme*ttero*)	essi parti*rono*
	Passato prossimo	
io ho amato	io ho temuto	io sono partito (a)
tu hai amato	tu hai temuto	tu sei partito, (a)
egli ha amato	egli ha temuto	egli (ella) è partito, (a)
noi abbiamo amato	noi abbiamo temuto	noi siamo partiti, (e)
voi avete amato	voi avete temuto	voi siete partiti, (e)
essi hanno amato	essi hanno temuto	essi (esse) sono partiti, (e)

Futuro anteriore

io avrò amato	io avrò temuto	io sarò partito, (a)
tu avrai amato	tu avrai temuto	tu sarai partito, (a)
egli avrà amato	egli avrà temuto	egli (ella) sarà partito, (a)
noi avremo amato	noi avremo temuto	noi saremo partiti, (e)
voi avrete amato	voi avrete temuto	voi sarete partiti, (e)
essi avranno amato	essi avranno temuto	essi (esse) saranno partiti, (e)

Trapassato prossimo

io avevo amato	io avevo temuto	io ero partito, (a)
tu avevi amato	tu avevi temuto	tu eri partito, (a)
egli aveva amato	egli aveva temuto	egli (ella) era partito, (a)
noi avevamo amato	noi avevamo temuto	noi eravamo partiti, (e)
voi avevate amato	voi avevate temuto	voi eravate partiti, (e)
essi avevano amato	essi avevano temuto	essi (esse) erano partiti, (e)

Trapassato remoto

io ebbi amato	io ebbi temuto	io fui partito, (a)
tu avesti amato	tu avesti temuti	tu fosti partito, (a)
egli ebbe amato	egli ebbe temuto	egli (ella) fu partito, (a)
noi avemmo amato	noi avemmo temuto	noi fummo partiti, (e)
voi aveste amato	voi aveste temuto	voi foste partiti, (e)
essi ebbero amato	essi ebbero temuto	essi (esse) furono partiti, (e)

CONGIUNTIVO

Presente

	io am*i*	io tem*a*	io part*a*
	tu am*i*	tu tem*a*	tu part*a*
che	egli am*i*	egli tem*a*	egli part*a*
benché	noi am*iamo*	noi tem*iamo*	noi part*iamo*
prima che	voi am*iate*	voi tem*iate*	voi part*iate*
	essi am*ino*	essi tem*ano*	essi part*ano*

Imperfetto

	io ama*ssi*	io teme*ssi*	io parti*ssi*
	tu ama*ssi*	tu teme*ssi*	tu parti*ssi*
che	egli ama*sse*	egli teme*sse*	egli parti*sse*
benché	noi ama*ssimo*	noi teme*ssimo*	noi parti*ssimo*
prima che	voi ama*ste*	voi teme*ste*	voi parti*ste*
	essi ama*ssero*	essi teme*ssero*	essi parti*ssero*

Passato

	io abbia amato	io abbia temuto	io sia partito, (a)
	tu abbia amato	tu abbia temuto	tu sia partito, (a)
che	egli abbia amato	egli abbia temuto	egli (ella) sia partito, (a)
benché	noi abbiamo amato	noi abbiamo temuto	noi siamo partiti, (e)
prima che	voi abbiate amato	voi abbiate temuto	voi siate partiti, (e)
	essi abbiano amato	essi abbiano temuto	essi (esse) siano partiti, (e)

Trapassato

	io avessi amato	io avessi temuto	io fossi partito, (a)
	tu avessi amato	tu avessi temuto	tu fossi partito, (a)
che	egli avesse amato	egli avesse temuto	egli (ella) fosse partito, (a)
benché	noi avessimo amato	noi avessimo temuto	noi fossimo partiti, (e)
prima che	voi aveste amato	voi aveste temuto	voi foste partiti, (e)
	essi avessero amato	essi avessero temuto	essi (esse) fossero partiti, (e)

CONDIZIONALE

Presente

io amer*ei*	io temer*ei*	io parti*rei*
tu amere*sti*	tu temer*esti*	tu parti*resti*
egli amer*ebbe*	egli temer*ebbe*	egli parti*rebbe*
noi amer*emmo*	noi temer*emmo*	noi parti*remmo*
voi amer*este*	voi temer*este*	voi parti*reste*
essi amer*ebbero*	essi temer*ebbero*	essi parti*rebbero*.

Passato

io avrei amato	io avrei temuto	io sarei partito, (a)
tu avresti amato	tu avresti temuto	tu saresti partito, (a)
egli avrebbe amato	egli avrebbe temuto	egli (ella) sarebbe partito,(a)
noi avremmo amato	noi avremmo temuto	noi saremmo partiti, (e)
voi avreste amato	voi avreste temuto	voi sareste partiti, (e)
essi avrebbero amato	essi avrebbero temuto	essi (esse) sarebbero partiti,(e)

IMPERATIVO

–	–	–
ama	temi	parti
ami	*tema*	*parta*
amiamo	*temiamo*	*partiamo*
amate	temete	partite
amino	*temano*	*partano*

INFINITO

Presente

amare	temere	partire

Passato

avere amato	avere temuto	essere partito, (a), (i), (e)

PARTICIPIO

Presente

amante (i)	temente (i)	partente (i)

Passato

amato (a), (i), (e)	temuto (a), (i), (e)	partito, (a), (i), (e)

GERUNDIO

Presente

amando	temendo	partendo

Passato

avendo amato	avendo temuto	essendo partito, (a), (i), (e)

65.2.1 PARTICOLARITÀ DELLA 1ª CONIUGAZIONE.

a) I verbi della prima coniugazione che all'infinito terminano in «*-care*» (*caricare*) e «*-gare*» (*pregare*), devono mantenere il suono velare.

Si dovrà pertanto inserire la lettera «*h*» fra la radice e la desinenza del verbo quando sono presenti «*i*» o «*e*».

Presente indicativo

io carico	io prego
tu caric*hi*	tu preg*hi*
egli carica	egli prega
noi caric*hi*amo	noi preg*hi*amo
voi caricate	voi pregate
essi caricano	essi pregano

Futuro semplice

io cari*ch*erò	io preg*h*erò
tu cari*ch*erai	tu preg*h*erai
egli cari*ch*erà	egli preg*h*erà
noi cari*ch*eremo	noi preg*h*eremo
voi cari*ch*erete	voi preg*h*erete
essi cari*ch*eranno	essi preg*h*eranno

Presente congiuntivo

	io cari*chi*		io preg*hi*
	tu cari*chi*		tu preg*hi*
che	egli cari*chi*	che	egli preg*hi*
benché	noi cari*ch*iamo	benché	noi preg*h*iamo
prima che	voi cari*ch*iate	prima che	voi preg*h*iate
	essi cari*ch*ino		essi preg*h*ino

b) I verbi che all'infinito terminano in *-ciare* (comin *ciare*), *-giare* (man *giare*) e *-sciare* (fa *sciare*) conservano la *i* [1] davanti alla *a* o alla *o* delle desinenze per indicare il suono palatale. Naturalmente, questo segno grafico *i* non si conserva davanti a terminazioni che cominciano per *i* o per *e*.

Presente indicativo

io comincio	io mangio	io fascio
tu cominci	tu mangi	tu fasci
egli comincia	egli mangia	egli fascia
noi cominciamo	noi mangiamo	noi fasciamo
voi cominciate	voi mangiate	voi fasciate
essi cominciano	essi mangiano	essi fasciano

Presente congiuntivo

	io cominci	io mangi	io fasci
	tu cominci	tu mangi	tu fasci
che	egli cominci	egli mangi	egli fasci
benché	noi cominciamo	noi mangiamo	noi fasciamo
prima che	voi cominciate	voi mangiate	voi fasciate
	essi comincino	essi mangino	essi fascino

Futuro semplice

io comincerò	io mangerò	io fascerò
tu comincerai	tu mangerai	tu fascerai
egli comincerà	egli mangerà	egli fascerà
noi cominceremo	noi mangeremo	noi fasceremo
voi comincerete	voi mangerete	voi fascerete
essi cominceranno	essi mangeranno	essi fasceranno

---

[1] Questa *i* è un puro segno grafico che indica il suono palatale di *c* e *g*.

c) I verbi che all'infinito terminano in «*-gnare*» (*sognare*), richiederanno la «*i*» dopo il gruppo «*gn*» solo se questa è presente nella desinenza necessaria.

Presente indicativo		*Presente congiuntivo*
io sogno		io sogn*i*
tu sogn*i*		tu sogn*i*
egli sogna	che	egli sogn*i*
noi sogn*iamo*	benché	noi sogn*iamo*
voi sognate	prima che	voi sogn*iate*
essi sognano		essi sognino

d) I verbi che terminano in «*-iare*» (*copiare*), perdono la «*i*» dell'infinito se la desinenza ha già una «*i*».

Presente indicativo		*Presente congiuntivo*
io copio		io copi
tu copi		tu copi
egli copia	che	egli copi
noi copiamo	benché	noi copiamo
voi copiate	prima che	voi copiate
essi copiano		essi copino

e) Se, invece la «*i*» contenuta nella terminazione dell'infinito è tonica, questa verrà mantenuta anche davanti alle desinenze che hanno una «*i*» iniziale (de*viare* e sc*iare*).

Presente indicativo

io devío	io scío
tu devíi	tu scíi
egli devía	egli scía
noi devíamo	noi scíamo
voi devíate	voi scíate
essi devíano	essi scíano

Presente congiuntivo

	io devíi		io scíi
	tu devíi		tu scíi
che	egli devíi	che	egli scíi
benché	noi devíamo	benché	noi scíamo
prima che	voi devíate	prima che	voi scíate
	essi devíino		essi scíino

f) I verbi in «*-gliare*» (*sbagliare*) perdono il segno grafico *i* davanti a desinenze comincianti per *i* (sbagl *i* - sbagl *iamo*).

65.2.2 PARTICOLARITÀ DELLA 2ª CONIUGAZIONE.

a) Fanno parte della seconda coniugazione verbi provenienti dalla seconda e dalla terza coniugazione latina, e che si differenziano fra loro semplicemente per l'infinito con la vocale tematica tonica o no (lat. vidè re - ital. vedé re, lat. intèn*dere* - *ital. intèndere*).
b) A questa stessa coniugazione vanno assegnati anche i verbi *fare* (lat. facere) e *dire* (lat. dicere), nonché quelli che terminano in *-arre, -orre, -urre* : come *trarre* (lat. trahere), *porre* (lat. ponere), *condurre* (lat. conducere) e *tradurre* (lat. traducere).
c) Gran parte dei verbi in *-cere, -gere* e *-scere* con accento tonico sulla vocale precedente quella tematica (*vìncere - spìngere - créscere*) hanno *c* e *g* (con suono palatale) davanti alle terminazioni che iniziano per *e* e per *i* vince, vinci - spinge, spingi - cresce, cresci; hanno invece suono velare davanti a terminazioni con *o* e con *a* [1] (vinco, vinc*ano* - sping*o*, sping*ano* - cresc*o*, cresc*ano*).
d) I verbi in *-cere* con accento tonico sulla vocale tematica conservano il suono palatale e assumono il segno grafico *i* davanti a desinenze per *o* e *a* (pia*cére* : piacc*io* - gia*cére*: giacc*io*). I verbi in *-gnere* conservano *i* davanti alla terminazione del presente indicativo, imperativo e congiuntivo, *-iamo*, e del presente congiuntivo *-iate* (spegnere: spegn*iamo*, spegn*iate*; ma: spegnete).
e) Anche il participio passato in 'uto' di verbi in *-cére, -scere* chiede la palatizzazione col segno grafico *i* (*piacere, tacere, conoscere*...: piac*i*uto, tac*i*uto, conosc*i*uto,...).
f) I verbi con passato remoto regolare, nella prima e terza persona singolare e nella terza plurale, accanto alle terminazioni: *ei - é - erono*, possono anche avere una seconda forma: *etti - ette - ettero*; che, tra l'altro, salvo che per i verbi con tema terminante in *t*, è anche la più frequente (vend*ei*/vend*etti* - cred*ei*/cred*etti*, ecc.).

65.2.3 PARTICOLARITÀ DELLA 3ª CONIUGAZIONE.

a) Caratteristica di questa coniugazione è un nutrito numero di verbi (dei quali si veda in 66.1.3.2) che inseriscono il suffisso *-isc* dinanzi ad alcune desinenze del presente indicativo, congiuntivo e imperativo.
b) I verbi in *-cire* e *-gire* prendono suono velare davanti alle desinenze che cominciano per *o* e per *a* (escono - fuggano). Fa eccezione *cucire* che ha sempre suono palatale e che davanti alle suddette vocali assume il segno grafico *i* (cuc*i*o - cuc*i*ano).
c) Il participio presente di alcuni verbi può terminare in *-ente* e in *-iente* (ser*vente*/ser*viente* - dorm*ente*/dorm*iente*), quello di altri può terminare solo in uno dei due modi (usc*ente* - obbed*iente*). La forma in *-iente*, quando non sia in disuso, tende più a valori di sostantivo o di aggettivo che di verbo (E' un ragazzo molto *obbediente* [= *obbedientissimo*]. Il medico visitò la *partoriente* - Non bisogna disturbare il cane *nutrente* [= che nutre] i suoi cuccioli. -Il miele è un cibo sano e *nutriente*).

---

[1] Fanno eccezione i verbi: *cuocere* (cuoc*io*, e non cuoc*o*), *nuocere* (nocc*io*, e non nuoc*o*); mentre il disusato *recere* (= vomitare, rimettere) ha sempre suono palatale: ind. pres.: *rècio, rèci, rèce, reciàmo, recète, rèciono* - cong. pres.: *rècia, ..., reciàmo, reciàte, rèciano* - part. pas. *reciùto*. Sono queste le forme che ha, ma il suo uso, per altro molto raro, è ridotto all'infinito presente.

Capitolo LXVI

66 - VERBI IRREGOLARI

Generalità - Verbi irregolari della 1ª coniugazione - Verbi irregolari della 2ª coniugazione - Verbi della 2ª coniugazione con passato remoto e/o participio passato irregolari - Verbi della 2ª coniugazione con più irregolarità - Verbi 'potere' e 'dovere' - Verbi irregolari della 3ª coniugazione - Verbi della 3ª coniugazione con più irregolarità - Verbi con suffisso 'isc'.

66.1 GENERALITÀ

Si dicono irregolari quei verbi che nella loro coniugazione non seguono il paradigma modello, e si servono o di più radici (*and* iamo - *vad* ano) o di più radicali [(1)] (*sed* ete - *sied* ano), oppure modificano la desinenza.

a) Le irregolarità maggiori e più frequenti riguardano la prima e la terza persona singolare e la terza persona plurale del passato remoto, e il participio passato di certi verbi che in riferimento alla posizione dell'accento tonico son detti 'forti' [(2)]. Per la maggior parte appartengono alla seconda coniugazione e derivano dalla terza coniugazione latina (*spènd ere*).

b) Un'altra irregolarità degna di attenzione e riguardante per lo più verbi della seconda coniugazione sta nella scomparsa (o caduta) della vocale mediana nel futuro semplice (and *e* rò - ved *e* rò), del condizionale presente (and *e* rei - ved *e* rei) e (ma solo per qualche particolare verbo e in sillaba) dell'infinito presente (*fare*: da facere - *dire*: da dicere - *trarre*: da trahere - *porre* : da ponere - *condurre* : da conducere...).

c) Anche quella denominata del 'dittongo mobile' è particolarità da non trascurare. Riguarda un buon numero di verbi che nelle forme 'forti' hanno il dittongo *uo* o *ie* (perché vi cade l'accento tonico) che si tramuta in *o* o in *e* nelle forme 'deboli' (*muov* o/*mov* iamo - *sied* o/*sed* iamo). La norma tuttavia non si applica a ciascuno dei verbi in questione. Ci sono infatti di quelli che conservano il dittongo per tutte le forme

---

(1) Si dice, 'radicale' una delle forme che una 'radice' può assumere. Nel nostro esempio in parentesi, la radice 'sed' (di 'sedere') ha due radicali: 'sed' e 'sied'.

(2) Forti sono dette quelle forme verbali che portano l'accento tonico sulla radice o sul radicale

della loro flessione per non creare ambiguità con forme eventualmente omografe e omofone di verbi di diverso significato (*vuotare* / *votare* - *nuotare* / *notare* - *levitare*-*lievitare,* ecc); ce ne sono altri che conservano indifferentemente, e solo per ragioni di uso, tutte le forme con e senza dittongo (m*o*viamo, m*uo*viamo - t*o*nare, t*uo*nare, ecc.); altri ancora (*mietere, allietare, risiedere*, ecc.) hanno in tutte le forme il dittongo *ie* (m*ie*to, m*ie*ti, m*ie*tete..., ris*ie*devano, ris*ie*deranno, ris*ie*desse, ecc.). E' utile avvertire che per lo più ciascun verbo composto segue lo stesso modello di coniugazione del verbo da cui deriva.

66.1.1 VERBI IRREGOLARI DELLA 1ª CONIUGAZIONE.

I soli verbi irregolari della prima coniugazione sono d a r e, a n d a r e, s t a r e.

d a r e	*a n d a r e*	*s t a r e*
	INDICATIVO	
	Presente	
io do	io vado (o vo)	io sto
tu dai	tu vai	tu stai
egli da (dà)	egli va	egli sta
noi diamo	noi andiamo	noi stiamo
voi date	voi andate	voi state
essi danno	essi vanno	essi stanno
	Imperfetto	
io davo	io andavo	io stavo
tu davi	tu andavi	tu stavi
egli dava	egli andava	egli stava
noi davamo	noi andavamo	noi stavamo
voi davate	voi andavate	voi stavate
essi davano	essi andavano	essi stavano
	Futuro semplice	
io darò	io andrò	io starò
tu darai	tu andrai	tu starai
egli darà	egli andrà	egli starà
noi daremo	noi andremo	noi staremo
voi darete	voi andrete	voi starete
essi daranno	essi andranno	essi staranno
	Passato remoto	
io diedi (o detti)	io andai	io stetti
tu desti	tu andasti	tu stesti
egli diede (o dette o diè)	egli andò	egli stette
noi demmo	noi andammo	noi stemmo
voi deste	voi andaste	voi steste
essi diedero (o dettero)	essi andarono	essi stettero

Passato prossimo

io ho dato	io sono andato, (a)	io sono stato, (a)
tu hai dato	tu sei andato, (a)	tu sei stato, (a)
egli ha dato	egli (ella) è andato, (a)	egli (ella) è stato, (a)
noi abbiamo dato	noi siamo andati, (e)	noi siamo stati, (e)
voi avete dato	voi siete andati, (e)	voi siete stati, (e)
essi hanno dato	essi (esse) sono andati, (e)	essi (esse) sono stati, (e)

Futuro anteriore

io avrò dato	io sarò andato, (a)	io sarò stato, (a)
tu avrai dato	tu sarai andato, (a)	tu sarai stato, (a)
egli avrà dato	egli (ella) sarà andato, (a)	egli (ella) sarà stato, (a)
noi avremo dato	noi saremo andati, (e)	noi saremo stati, (e)
voi avrete dato	voi sarete andati, (e)	voi sarete stati, (e)
essi avranno dato	essi (esse) saranno andati, (e)	essi (esse) saranno stati, (e)

Trapassato prossimo

io avevo dato	io ero andato, (a)	io ero stato, (a)
tu avevi dato	tu eri andato, (a)	tu eri stato, (a)
egli aveva dato	egli (ella) era andato, (a)	egli (ella) era stato, (a)
noi avevamo dato	noi eravamo andati, (e)	noi eravamo stati, (e)
voi avevate dato	voi eravate andati, (e)	voi eravate stati, (e)
essi avevano dato	essi (esse) erano andati, (e)	essi (esse) erano stati, (e)

Trapassato remoto

io ebbi dato	io fui andato, (a)	io fui stato, (a)
tu avesti dato	tu fosti andato, (a)	tu fosti stato, (a)
egli ebbe dato	egli (ella) fu andato, (a)	egli (ella) fu stato, (a)
noi avemmo dato	noi fummo andati, (e)	noi fummo stati, (e)
voi aveste dato	voi foste andati, (e)	voi foste stati, (e)
essi ebbero dato	essi (esse) furono andati, (e)	essi (esse) furono stati, (e)

N.B. - Il trapassato remoto di *stare* è in disuso.

CONGIUNTIVO

Presente

che benché prima che	io dia	io vada	io stia
	tu dia	tu vada	tu stia
	egli dia	egli vada	egli stia
	noi diamo	noi andiamo	noi stiamo
	voi diate	voi andiate	voi stiate
	essi diano	essi vadano	essi stiano

Imperfetto

	io dessi	io andassi	io stessi
	tu dessi	tu andassi	tu stessi
che	egli desse	egli andasse	egli stesse
benché	noi dessimo	noi andassimo	noi stessimo
prima che	voi deste	voi andaste	voi steste
	essi dessero	essi andassero	essi stessero

Passato

	io abbia dato	io sia andato, (a)	io sia stato, (a)
	tu abbia dato	tu sia andato, (a)	tu sia stato, (a)
che	egli abbia dato	egli (ella) sia andato, (a)	egli (ella) sia stato,(a)
benché	noi abbiamo dato	noi siamo andati, (e)	noi siamo stati, (e)
prima che	voi abbiate dato	voi siate andati, (e)	voi siate stati, (e)
	essi abbiano dato	essi (esse) siano andati, (e)	essi (esse) siano stati,(e)

Trapassato

	io avessi dato	io fossi andato, (a)	io fossi stato, (a)
	tu avessi dato	tu fossi andato, (a)	tu fossi stato, (a)
che	egli avesse dato	egli (ella) fosse andato, (a)	egli (ella) fosse stato, (a)
benché	noi avessimo dato	noi fossimo andati, (e)	noi fossimo stati, (e)
prima che	voi aveste dato	voi foste andati, (e)	voi foste stati, (e)
	essi avessero dato	essi (esse) fossero andati, (e)	essi (esse) fossero stati (e).

CONDIZIONALE

Presente

io darei	io andrei	io starei
tu daresti	tu andresti	tu staresti
egli darebbe	egli andrebbe	egli starebbe
noi daremmo	noi andremmo	noi staremmo
voi dareste	voi andreste	voi stareste
essi darebbero	essi andrebbero	essi starebbero

Passato

io avreti dato	io sarei andato, (a)	io sarei stato, (a)
tu avresti dato	tu saresti andato, (a)	tu saresti stato, (a)
egli avrebbe dato	egli (ella) sarebbe andato, (a)	egli (ella) sarebbe stato, (a)
noi avremmo dato	noi saremmo andati, (e)	noi saremmo stati, (e)
voi avreste dato	voi sareste andati, (e)	voi sareste stati, (e)
essi avrebbero dato	essi (esse) sarebbero andati, (e)	essi (esse), sarebbero stati, (e)

IMPERATIVO [1]

–	–	–
da (da' - dai)	va (va' - vai)	sta (sta' - stai)
(*dia*)	(*vada*)	(*stia*)
(*diamo*)	(*andiamo*)	(*stiamo*)
date	andate	state
(*diano*)	(*vadano*)	(*stiano*)

INFINITO

Presente

dare	andare	stare

Passato

avere dato	essere andato (a), (i), (e)	essere stato (a), (i), (e)

PARTICIPIO

Presente

(dante [i])	andante (i)	stante (i)

Passato

dato (a), (i), (e)	andato (a), (i), (e)	stato (a), (i), (e)

G ERUNDIO

Presente

dando	andando	stando

Passato

avendo dato	essendo andato (a), (i), (e)	essendo stato (a), (i), (e)

• Dei verbi composti con *dare* e *stare*, seguono la coniugazione irregolare in tutte le forme e in tutti i tempi i seguenti: *ridare* [2], *sottostare* e *ristare* i quali, inoltre, nella prima e terza persona del singolare del presente indicativo richiedono l'accento finale:

io ridò	io ristò	io sottostò
egli ridà	egli ristà	egli sottostà

• Seguono invece la coniugazione dei verbi regolari *circondare, contrastare, sovrastare, prestare, costare, constatare.*

---

(1) Le voci in corsivo sono prese dal congiuntivo presente.

(2) Per ciò che riguarda il cong. imperf. di *ridare*, taluni consigliano la forma regolare *ridassi* per evitare confusione con *ridessi*, dal verbo *ridere*. Ma in situazioni concrete ogni equivoco dovrebbe scomparire.

66.1.2 VERBI IRREGOLARI DELLA 2ª CONIUGAZIONE.

Numerosi sono i verbi irregolari della seconda coniugazione, e varie sono le irregolarità.

a) I più hanno irregolare il passato remoto nella prima e nella terza persona singolare e nella terza plurale, e il participio passato. Alludiamo a tutti quei verbi che, richiamandosi alle forme latine, assumono la terminazione *-si* o *-ssi* per la prima persona singolare del passato remoto, e *-so o -sso* per il passato del participio.

Ce ne sono altri con la prima persona del passato remoto in *-si* o *-ssi* e il participio passato in *-to* o *-tto;* ci sono quelli che rafforzano la consonante nelle tre persone menzionate del passato remoto *(conoscere*: cono*bb*i - *nascere*, na*cq*ui, ecc.); ce ne sono altri la cui classificazione richiederebbe troppo spazio e tempo (*mettere*: misi, messo - *nascondere* : nascosi, nascosto - *assistere*: assistei, assistito, ecc.).

Comunque, una volta accertata la variazione tematica, per le tre persone suddette del passato remoto, le desinenze saranno rispettivamente *i - e - ero* (conobb *i* - conobb *e* - conobb *ero*).

b) Accanto a questa categoria di verbi irregolari ce n'è un'altra le cui irregolarità non si limitano al passato remoto e al participio passato solamente, ma si estendono ad altre voci.

Elencheremo qui di seguito gli appartenenti a ciascuna di queste categorie.

66.1.2.1 VERBI DELLA 2ª CONIUGAZIONE CON PASSATO REMOTO E/O PARTICIPIO PASSATO IRREGOLARI

accendere	accesi	acceso
accingersi	mi accinsi	accintosi
accludere	acclusi	accluso
accorgersi	mi accorsi	accortosi
affiggere	affissi	affisso
affliggere	afflissi	afflitto
alludere	allusi	alluso
ammettere	ammisi	ammesso
annettere	annettei (annessi)	annesso

(sullo stesso modello: *connettere, sconnettere*)

appendere	appesi	appeso
ardere	arsi	arso
aspergere	aspersi	asperso

(sullo stesso modello: *cospergere* o *conspergere*)

assidersi	mi assisi	assisosi
assistere	assistei (assistetti)	assistito
assolvere	assolsi	assolto
assumere	assunsi	assunto
chiedere	chiesi	chiesto

(sullo stesso modello: *richiedere*)

chiudere	chiusi	chiuso

(sullo stesso modello i composti: *conchiudere, dischiudere, racchiudere, socchiudere*)

cingere	cinsi	cinto

(sullo stesso modello: *recingere*)

circoncidere	circoncisi	circonciso
coincidere	coincisi	coinciso
comprimere	compressi	compresso
concedere	concessi	concesso
concludere	conclusi	concluso
configgere	confissi	confitto
conoscere	conobbi	conosciuto

(sullo stesso modello i composti: *misconoscere, riconoscere, sconoscere*)

conquidere	conquisi	conquiso
contundere	contusi	contuso

(sullo stesso modello: *ottundere*)

convergere	conversi	converso

(sullo stesso modello: *divergere*; peraltro poco usato al passato remoto e al participio passato: perciò nei tempi composti)

correre	corsi	corso

(sullo stesso modello, i composti: *accorrere, decorrere, discorrere, incorrere, intercorrere, occorrere, percorrere, precorrere, ricorrere, scorrere, soccorrere, trascorrere*)

crescere	crebbi	cresciuto

(sullo stesso modello, i composti: *accrescere, decrescere, increscere, rincrescere, ricrescere*)

crocifiggere	crocifissi	crocifisso
decidere	decisi	deciso
deflettere	deflettei (deflessi)	deflesso
deludere	delusi	deluso
deprimere	depressi	depresso
desumere	desunsi	desunto
devolvere	devolvei - devolvetti (devolsi)	devoluto
difendere	difesi	difeso
diligere	dilessi	diletto
dipendere	dipesi	dipeso
dipingere	dipinsi	dipinto
dirigere	diressi	diretto
discutere	discussi	discusso
disilludere	disillusi	disilluso
disperdere	dispersi	disperso
dissolvere	dissolsi	dissolto
dissuadere	dissuasi	dissuaso
distinguere	distinsi	distinto
distruggere	distrussi	distrutto
dividere	divisi	diviso

(sullo stesso modello: *condividere* e *suddividere*)

eccellere	eccelsi	eccelso

(in disuso le forme composte)

elidere	elisi	eliso
emergere	emersi	emerso
ergere	ersi	erto
erigere	eressi	eretto
escludere	esclusi	escluso
esigere	esigetti (esigei)	(esatto) [1]
esistere	esistei (esistetti)	esistito
espellere	espulsi	espulso
esplodere	esplosi	esploso
esprimere	espressi	espresso
estinguere	estinsi	estinto
evadere	evasi	evaso
evolvere	evolsi	evoluto
figgere	fissi	fitto

(il participio passato *fisso* funziona ormai solo come aggettivo)

---

[1] Essendo ormai il participio passato impiegato per lo più esclusivamente come aggettivo (*esatto* = *preciso*), le forme composte sono in disuso.

fingere	finsi	finto
flettere	flettei (flessi)	flesso
fondere	fusi	fuso

(sullo stesso modello, i composti: *confondere, diffondere, effondere, infondere, profondere, soffondere, trasfondere*)

frangere	fransi	franto

(sullo stesso modello: *infrangere*)

friggere	frissi	fritto
fungere	funsi	funto
genuflettersi	mi genuflettei, mi genuflessi	genuflessosi
giungere	giunsi	giunto

(sullo stesso modello, i composti. *aggiungere, congiungere, disgiungere, ingiungere, raggiungere, soggiungere, sopraggiungere*)

illudere	illusi	illuso
immergere	immersi	immerso
imprimere	impressi	impresso
incidere	incisi	inciso
includere	inclusi	incluso
incutere	incussi	incusso
indulgere	indulsi	indulto
infiggere	infissi	infisso
infliggere	inflissi	inflitto
insistere	insistei, insistetti	insistito
intridere	intrisi	intriso
intrudere	intrusi	intruso
invadere	invasi	invaso
ledere	lesi	leso
leggere	lessi	letto

(sullo stesso modello, il composto: *eleggere*)

mettere	misi	messo

(sullo stesso modello, oltre a quelli compresi nel presenti elenco, anche gli altri composti: *commettere, compromettere, dimettere, emettere, immettere, omettere, permettere, premettere, promettere, rimettere, scommettere, smettere, sottomettere, trasmettere*)

mordere	morsi	morso
mungere	munsi	munto
muovere	mossi	mosso

(segue la legge del 'dittongo mobile' (66.1 c), e perciò : *muòvo - muòvi - muòve - moviamo - movete - muòvono* [meno bene: *muòviamo, muòvete*]. Sullo stesso modello, i composti: *commuovere, promuovere, rimuovere, sommuovere, smuovere*)

nascere	nacqui	nato
nascondere	nascosi	nascosto
occludere	occlusi	occluso
offendere	offesi	offeso
opprimere	oppressi	oppresso
percuotere	percossi	percosso

(sullo stesso modello: *ripercuotere*)

perdere	persi (perdei, perdetti)	perso (perduto)

(sullo stesso modello: *sperdere*)

persistere	persistei (persistetti)	persistito
persuadere	persuasi	persuaso
pervadere	pervasi	pervaso
piangere	piansi	pianto

(sullo stesso modello, i composti: *compiangere, rimpiangere*)

piovere (imper. [22.4.1])	piovve	piovuto
porgere	porsi	porto

(sullo stesso modello: *sporgere*)

precludere	preclusi	precluso
prediligere	predilessi	prediletto
prendere	presi	preso

(sullo stesso modello, i composti: *apprendere, comprendere, imprendere, intraprendere, rapprendere, riprendere, sorprendere*)

presumere	presunsi	presunto
proteggere	protessi	protetto
pungere	punsi	punto
radere	rasi	raso

recidere	recisi	reciso
redigere	redassi	redatto
redimere	redensi	redento
reggere	ressi	retto

(sullo stesso modello, i composti: *correggere, sorreggere*)

rendere	resi	reso
reprimere	repressi	represso
resistere	resistei (resistetti)	resistito
ridere	risi	riso

(sullo stesso modello, i composti: *arridere, deridere, irridere, sorridere*)

riflettere	riflettei	riflesso -riflettuto [1]
rifulgere	rifulsi	rifulso (raro)
risolvere	risolvei (risolvetti, risolsi)	risolto (risoluto) [2]
rispondere	risposi	risposto

(sullo stesso modello: *corrispondere*)

rodere	rosi	roso

(sullo stesso modello: *corrodere, erodere*)

rompere	ruppi	rotto

(sullo stesso modello, i composti: *corrompere, dirompere, erompere, interrompere, irrompere, prorompere*. Gli ultimi due hanno il participio inusitato; *erompere* manca del part. pass., e perciò, dei tempi composti)

scendere	scesi	sceso

(sullo stesso modello, i composti: *ascendere, discendere, scoscendere, trascendere*)

scindere	scissi	scisso

(Sullo stesso modello: *rescindere*. *Prescindere* ha il passato remoto regolare (*prescindei*), e non ha participio passato e, perciò, tempi composti)

sconfiggere	sconfissi	sconfitto
scorgere	scorsi	scorto
scrivere	scrissi	scritto

(sullo stesso modello, i composti: *ascrivere, circoscrivere, coscrivere, descrivere, iscrivere, prescrivere, proscrivere, riscrivere, sottoscrivere, trascrivere*)

---

(1) *Riflesso*, si usa quando il verbo *riflettere* ha il significato di «rinviare/rimandare indietro (un'immagine)»; *riflettuto* ha il significato di 'pensato'. Col primo significato il passato remoto può fare anche '*riflessi*'.

(2) *Risoluto* è usato solo come aggettivo (*persona risoluta*).

scuotere	scossi	scosso

(sullo stesso modello: *riscuotere*)

sommergere	sommersi	sommerso
sopprimere	soppressi	soppresso
sorgere	sorsi	sorto

(sullo stesso modello, i composti: *assorgere, assurgere, insorgere, risorgere*)

spandere	sparsi	spanto
spargere	sparsi	sparso

(sullo stesso modello, il composto: *cospargere*)

spengere	spensi	spento [1]
spendere	spesi	speso

(sullo stesso modello: *sospendere*)

spingere	spinsi	spinto

(sullo stesso modello, i composti: *respingere, sospingere*)

stringere	strinsi	stretto

(sullo stesso modello, i composti: *astringere, costringere, restringere*)

struggere	strussi	strutto
succedere	successi (succedetti, succedei)	successo (succeduto) [2]
tendere	tesi	teso

(sullo stesso modello, i composti: *attendere, contendere, disattendere, distendere, estendere, intendere, pretendere, protendere, stendere, sottendere, sottintendere*)

---

[1] Accanto a *spengere* c'è *spegnere* che ne prende alcune voci: ind. pres.: *spengo, spengono*; pas. rem. *spensi, spense, spensero*; cong. pres.: *spenga, spengano*; imperativo: *spengi, spengete*; part. pas.: *spento*. Nelle altre forme usa la radice *spegn*.

[2] Le forme *'successe'* e *'successo'* sono preferite col significato di'accadere'; le forme *'succedetti'* e *'succeduto'*, sono invece preferite col significato di 'subentrare a qualcuno in una carica.'

tergere	tersi	terso

(sullo stesso modello: *detergere*)

tingere	tinsi	tinto

(sullo stesso modello: *attingere, intingere*)

torcere	torsi	torto

(sullo stesso modello, i composti: *attorceere, contorcere, distorcere, estorcere, ritorcere, storcere*)

trafiggere	trafissi	trafitto
uccidere	uccisi	ucciso
ungere	unsi	unto
vilipendere	vilipesi	vilipeso
vincere	vinsi	vinto

(sullo stesso modello, i composti: *avvincere, convincere, evincere, stravincere*)

volgere	volsi	volto

(sullo stesso modello, i composti: *avvolgere, coinvolgere, involgere, rivolgere, sconvolgere, stravolgere, svolgere, travolgere*)

66.1.2.2 VERBI DELLA 2ª CONIUGAZIONE CON PIÙ IRREGOLARITÀ.

La seconda coniugazione comprende un certo numero di verbi irregolari in più tempi, e che per lo più derivano dalla seconda coniugazione latina in *-ère*. Ne diamo un elenco.

I tempi non menzionati si coniugano regolarmente.

BERE (infinito originario: *bevere*)

Pass. rem. – bevvi (bevetti), bevesti, bevve, (bevette), bevemmo, beveste, bevvero (bevettero)
Fut. sempl. – berrò, berrai, berrà, berremo, berrete berranno
Cond. pres. – berrei, berresti, berrebbe, berremmo, berreste, berrebbero
Part. pass. – bevuto

Il composto *imbevere* (con il più comune *imbeversi*) ha coniugazione regolare.

CADERE

Pass. rem. – caddi, cadesti, cadde, cademmo, cadeste, caddero
Fut. sempl. – cadrò, cadrai, cadrà, cadremo, cadrete, cadranno
Condiz. pres. – cadrei, cadresti, cadrebbe, cadremmo, cadreste, cadrebbero
Part. pass. – caduto

Sullo stesso modello, i composti: *accadere*, [1] *decadere, scadere.*

COGLIERE

Pres. ind. – colgo, cogli, coglie, cogliamo, cogliete, colgono
Pass. rem. – colsi, cogliesti, colse, cogliemmo, coglieste, colsero
Fut. sempl. – corrò, corrai, corrà, corremo, correte, corranno; *o forma reg*: coglierò, coglierai, ecc.
Pres. cong. – colga, colga, colga, cogliamo, cogliate, colgano
Pres. condiz. – correi, corresti, correbbe, corremmo, correste, correbbero; *o forma reg.*: coglierei, coglieresti, ecc.
Part. pass. – colto
Imperativo – cogli, cogliete

Sullo stesso modello, i composti: *accogliere, raccogliere, ricogliere.*

CONDURRE (infinito originario: *conducere*)

Pres. ind. – conducono, conduci, conduce, conduciamo, conducete, conducono
Imperf. ind. – conducevo, conducevi, conduceva, conducevamo, conducevate, conducevano
Pass. rem. – condussi, conducesti, condusse, conducemmo, conduceste, condussero
Fut. sempl. – condurrò, condurrai, condurrà, condurremo, condurrete, condurranno
Cong. pres. – conduca, conduca, conduca, conduciamo, conduciate, conducano
Pres. condiz. – condurrei, condurresti, condurrebbe, condurremmo, condurreste, condurrebbero
Part. pres. – conducente
Part. pass. – condotto
Gerundio – conducendo

Sullo stesso modello, i composti: *addurre, dedurre, indurre, introdurre, produrre, ridurre, ricondurre, sedurre, tradurre.*

---

[1] Si usa nella terza persona singolare e plurale.

CUOCERE [1]

Pres. ind.	–	cuocio, cuoci, cuoce, cuociamo, cuocete, cuociono
Imperf. ind.	–	cocevo, cocevi, coceva, cocevamo, cocevate, cocevano (cuocevo, cuocevi, ...)
Pass.rem.	–	cossi, cocesti, cosse, cocemmo, coceste, cossero
Futuro sempl.	–	cocerò, cocerai, cocerà, coceremo, cocerete, coceranno (cuocerò, ...)
Pres. cong.	–	cuocia, cuocia, cuocia, cociamo, cociate, cociano
Imp. cong.	–	cocessi, cocessi, cocesse, cocessimo, coceste, cocessero (cuocessi, ...)
Pres. cond.	–	cocerei, coceresti, cocerebbe, coceremmo, cocereste, cocerebbero (cuocerei, ...)
Imperativo	–	cuoci, cocete
Gerundio	–	cocendo (cuocendo)
Part. pass.	–	cotto [2]

CREDERE

Col significato di 'avere certezza' è regolare. Col significato invece di 'ritenere' 'supporre' (opinione) manca dell'uso dell'*imperativo* affermativo, e sostituisce quello negativo di 2ª persona plurale con il congiuntivo esortativo quando è seguito da proposizione completiva: *non crediate* (che ...) (= non dovete credere che ...)

DIRE (infinito originario: *dicere*)

Pres. ind.	–	dico, dici, dice, diciamo, dite, dicono
Imperf. ind.	–	dicevo, dicevi, diceva, dicevamo, dicevate, dicevano
Pass. rem.	–	dissi, dicesti, disse, dicemmo, diceste, dissero
Fut. sempl.	–	dirò, dirai, dirà, diremo, direte, diranno
Pres. cong.	–	dica, dica, dica, diciamo, diciate, dicano
Imperf. cong.	–	dicessi, dicessi, dicesse, dicessimo, diceste, dicessero
Pres. condiz.	–	direi, diresti, direbbe, diremmo, direste, direbbero
Part. pass.	–	detto

I composti di «dire» si coniugano tutti sullo stesso modello; tuttavia *benedire, maledire, disdire, contraddire, predire, ridire* all'imperativo fanno: *benedici, maledici, disdici, contraddici, predici, ridici* [3]

DOLERSI

Pres. ind.	–	mi dolgo, ti duoli, si duole, ci doliamo, vi dolete, si dolgono

[1] Noi indichiamo le forme con dittongo mobile, secondo la norma (66.1c), ma sono nell'uso anche le forme con dittongo costante (*cuocevo,...cuocerò,...cuocessi...*).

[2] La forma *cociuto* si usa per il significato figurato di *'rincresciuto', 'indispettito'*. (Questo rimprovero ingiusto mi è *cociuto* molto).

[3] *Benedire* e *maledire* nell'indicativo imperfetto e passato remoto presentano anche forme di uso modellate sulla terza coniugazione regolare *(benedivo,..., benedii,... - maledivo,...maledii,...*,: «(...) maledì le diete che lo avevano debilitato (...)». (L. PEDRELLI, in: *la Repubblica,* 24-2-1983).

Pass. rem.	–	mi dolsi, ti dolesti, si dolse, ci dolemmo, vi doleste, si dolsero
Pres. cong.	–	mi dolga, ti dolga, si dolga, ci doliamo (o dogliamo), vi doliate (o dogliate), si dolgano
Pres. condiz.	–	mi dorrei, ti dorresti, si dorrebbe, ci dorremmo, vi dorreste, si dorrebbero
Imperativo	–	duoliti, doletevi
Part. pass.	–	dolutosi

DOVERE (coniugazione completa in 66.1.2.3)

FARE (infinito originario: *facere*)

Pres. ind.	–	faccio (fo), fai, fa, facciamo, fate, fanno
Imperf. ind.	–	facevo, facevi, faceva, facevamo, facevate, facevano
Pass. rem.	–	feci, facesti, fece, facemmo, faceste, fecero
Fut. sempl.	–	farò, farai, farà, faremo, farete, faranno
Pres. condiz.	–	farei, faresti, farebbe, faremmo, fareste, farebbero
Pres. cong.	–	faccia, faccia, faccia, facciamo, facciate, facciano
Imperf. cong.	–	facessi, facessi, facesse, facessimo, faceste, facessero
Imperativo	–	fa' (fai), fate
Part. pass.	–	fatto
Gerundio	–	facendo

I composti di «fare» (*assuefare, confare* [1] *contraffare, disfare, rarefare, rifare, soddisfare, sopraffare, strafare, stupefare*) si coniugano come «fare». Naturalmente, la prima persona singolare in *-fo* e la terza persona singolare in *-fa* hanno l'accento finale; per es.: *assuefò, assuefà*, ecc.

I verbi *disfare* e *soddisfare* possono seguire anche una coniugazione autonoma al presente dell'indicativo: *siddisfo, soddisfi, soddisfa, soddisfiamo, soddisfate, soddisfano*; al fut. sempl.: *soddisferò, soddisferai,...*; al presente del congiuntivo: che io, tu, egli *soddisfi,*che noi *siddisfacciamo,* che voi *soddisfacciate,* che essi *soddisfino*; al condiz. pres.: *soddisferei, soddisferesti...*

GIACERE

Pres. ind.	–	giaccio, giaci, giace, giacciamo, giacete, giacciono
Pass. rem.	–	giacqui, giacesti, giacque, giacemmo, giaceste, giacquero
Pres. cong.	–	giaccia, giaccia, giaccia, giacciamo, giacciate, giacciano
Part. pass.	–	giaciuto

Sullo stesso modello, *soggiacere*.

GODERE

Fut. sempl.	–	godrò, godrai, godrà, godremo, godrete, godranno
Pres. condiz.	–	godrei, godresti, godrebbe, godremmo, godreste, godrebbero

---

[1] *Confare nei* rari usi della 1ª persona del presente indicativo ha solo *confaccio* e non *confò*.

NUOCERE (ha il dittongo mobile [66.1c])

Pres. ind.	–	nuoccio (noccio), nuoci, nuoce, nociamo (nuociamo), nocete, (nuocete), nuocciono, (nocciono)
Imperf. ind.	–	nocevo, nocevi, noceva, nocevamo, nocevate, nocevano (nuocevo,...)
Fut. sempl.	–	nocerò, nocerai, nocerà, noceremo, nocerete, noceranno, (nuocerò,...)
Pres. cong.	–	noccia, noccia, noccia, nociamo, nociate, nocciano (nuoccia, ...)
Imp. cong.	–	nocessi, nocessi, nocesse, nocessimo, noceste, nocessero, (nuocessi,...)
Imperativo	–	nuoci, nocete (nuocete)
Part.. pass.	–	nociuto (nuociuto)
Gerundio	–	nocendo (nuocendo)

PARERE [1]

Pres. ind.	–	paio, pari, pare, pariamo, parete paiono
Pass. rem.	–	parvi, paresti, parve, paremmo, pareste parvero
Fut. sempl.	–	parrò, parrai, parrà, parremo, parrete, parranno
Cond. pres.	–	parrei, parresti, parrebbe, parremmo, parreste, parrebbero
Cong. pres.	–	paia, paia, paia, paiamo, paiate, paiano
Part. pres.	–	parvente
Part. pass.	–	parso
Imperativo	–	*(mancante)*

PIACERE

Ind. pres.	–	piaccio, piaci, piace, pia(c)ciamo, piacete, piacciono
Pass. rem.	–	piacqui, piacesti, piacque, piacemmo, piaceste, piacquero
Cong. pres.	–	piaccia, piaccia, piaccia pia(c)ciamo, pia(c)ciate, piacciano
Part. pass.	–	piaciuto

Sullo stesso modello, i composti: *compiacere, dispiacere, spiacere.*

PORRE (infinito originario: *ponere*)

Ind. pres.	–	pongo, poni, pone, poniamo, ponete, pongono
Pass. rem.	–	posi, ponesti, pose, ponemmo, poneste, posero
Fut. sempl.	–	porrò, porrai, porrà, porremo, porrete, porranno
Cond. pres.	–	porrei, porresti, porrebbe, porremmo, porreste, porrebbero
Cong. pres.	–	ponga, ponga, ponga, poniamo, poniate, pongano
Gerundio	–	ponendo
Part. pass.	–	pósto

---

[1] Tutti i composti di 'parere' fanno parte della terza coniugazione: *apparire, comparire, sparire, trasparire*, ecc. Di essi è sempre più frequente il passato remoto regolare: apparii, apparì, apparirono.

Sullo stesso modello i composti: *apporre, comporre, contrapporre, decomporre, deporre, disporre, esporre, frapporre, imporre, interporre, opporre, posporre, preporre, proporre, riporre, sottoporre, sovrapporre, supporre, trasporre.*

POTERE (coniugazione in 66.1.2.3)

RIMANERE

Ind. pres. – rimango, rimani, rimane, rimaniamo, rimanete, rimangono
Pass. rem. – rimasi, rimanesti, rimase, rimanemmo, rimaneste, rimasero
Fut. sempl. – rimarrò, rimarrai, rimarrà, rimarremo, rimarrete, rimarranno
Pres. condiz. – rimarrei, rimarresti, rimarrebbe, rimarremmo, rimarreste, rimarrrebbero
Pres. cong. – rimanga, rimanga, rimanga, rimaniamo, rimaniate, rimangano
Part. pass. – rimasto

Sullo stesso modello: *permanere* (dal participio passato non comune: *permanso*; e perciò poco usato nei tempi composti).

SAPERE

Ind. pres. – so, sai, sa, sappiamo, sapete, sanno
Pass. rem. – seppi, sapesti, seppe, sapemmo, sapeste, seppero
Fut. sempl. – saprò, saprai, saprà, sapremo, saprete, sapranno
Cond. pres. – saprei, sapresti, saprebbe, sapremmo, sapreste, saprebbero
Cong. pres. – sappia, sappia, sappia, sappiamo, sappiate, sappiano
Imperativo – sappi, sappiate
Part. pass. – saputo
Part. pres. – sapiente (esclusivamente con valore di aggettivo o di sostantivo)

SCEGLIERE

Ind. pres. – scelgo, scegli, sceglie, scegliamo, scegliete, scelgono
Pass. rem. – scelsi, scegliesti, scelse, scegliemmo, sceglieste, scelsero
Cong. pres. – scelga, scelga, scelga, scegliamo, scegliate, scelgano
Part. pass. – scelto

Sullo stesso modello i composti: *prescegliere, trascegliere.*

SCIOGLIERE

Ind. pres. – sciolgo, sciogli, scioglie, sciogliamo, sciogliete, sciolgono
Pass. rem. – sciolsi, sciogliesti, sciolse, sciogliemmo, scioglieste, sciolsero
Cong. pres. – sciolga, sciolga, sciolga, sciogliamo, sciogliate, sciolgano
Part. pass. – sciolto

Sullo stesso modello, i composti: *disciogliere, prosciogliere.*

SEDERE (sedersi)[1]

Ind. pres. – siedo (o seggo), siedi, siede, sediamo, sedete, siedono (o seggono)
Pass. rem. – sedei (o sedetti), sedesti, sedé, (o sedette), sedemmo, sedeste, sederono (o sedettero)
Fut. sempl. – s(i)ederò, s(i)ederai, s(i)ederà, s(i)ederemo, s(i)ederete, s(i)ederanno
Cong. pres. – sieda (segga), sieda (segga), sieda (segga), sediamo, sediate, siedano (seggano)
Condiz. pres. – s(i)ederei, s(i)ederesti, s(i)ederebbe, s(i)ederemmo, s(i)edereste, s(i)ederebbero
Imperativo – siedi, sedete

Sullo stesso modello, il composto *possedere*. Invece i composti *presiedere* e *risiedere* hanno coniugazione regolare.

SVELLERE

Ind. pres. – svello (svelgo), svelli, svelle, svelliamo, svellete, svellono (svelgono)
Pass. rem – svelsi, svellesti, svelse, svellemmo, svelleste, svelsero
Cong. pres. – svelga (o svella), svelliamo, svelliate, svelgano (o svellano)
Part. pass. – svèlto

Sullo stesso modello: *divellere*.

TACERE

Ind. pres. – taccio, taci, tace, taciamo, tacete, tacciono
Pass. rem. – tacqui, tacesti, tacque, tacemmo, taceste, tacquero
Cong. pres. – taccia, taccia, taccia, taciamo, taciate, tacciano
Imperativo – taci, tacete
Part. pass. – taciuto

Sullo stesso modello: *sottacere*.

TENERE

Ind. pres. – tengo, tieni, tiene, teniamo, tenete, tengono
Pass. rem. – tenni, tenesti, tenne, tenemmo, teneste, tennero
Fut. sempl. – terrò, terrai, terrà, terremo, terrete, terranno
Condiz. pres. – terrei, terresti, terrebbe, terremmo, terreste, terrebbero
Cong. pres. – tenga, tenga, tenga, teniamo, teniate, tengano
Imperativo – tieni, tenete

Sullo stesso modello i composti: *appartenere, contenere, detenere, intrattenere, mantenere, ottenere, ritenere, sostenere, trattenere*.

---

[1] Nelle forme composte anziché *sedere*, si usa *sedersi*; ad es., *sono seduto*, indica uno stato nel presente; *mi sono seduto* indica invece un'azione al passato prossimo - (*si era seduta* su una poltrona).

TOGLIERE

Ind. pres. – tolgo, togli, toglie, togliamo, togliete, tolgono
Pass. rem. – tolsi, togliesti, tolse, togliemmo, toglieste, tolsero
Cong. pres. – tolga, tolga, tolga, togliamo, togliate, tolgano
Part. pass. – tolto

Sullo stesso modello, il composto *distogliere*.

TRARRE (infinito originario latino: *trahere*)

Ind. pres. – traggo, trai, trae, traiamo, traete, traggono
Pass. rem. – trassi, traesti, trasse, traemmo, traeste, trassero
Fut. sempl. – trarrò, trarrai, trarrà, trarremo trarrete, trarranno
Ind. imperf. – traevo, traevi, traeva, traevamo, traevate, traevano
Cond. pres. – trarrei, trarresti, trarrebbe, trarremmo, trarreste, trarrebbero
Cong. pres. – tragga, tragga, tragga, traiamo, traiate, traggano
Cong. imperf. – traessi, traessi, traesse, traessimo, traeste, traessero
Imperativo – trai, traete
Part. pres. – traente
Part. pass. – tratto
Ger. pres. – traendo

Sullo stesso modello, i composti: *astrarre, attrarre, contrarre, detrarre, distrarre, estrarre, protrarre, ritrarre, sottrarre*.

VALERE

Ind. pres. – valgo, vali, vale, valiamo, valete, valgono
Pass. rem. – valsi, valesti, valse, valemmo, valeste, valsero
Fut. sempl. – varrò, varrai, varrà, varremo, varrete, varranno
Cond. pres. – varrei, varresti, varrebbe, varremmo, varreste, varrebbero
Cong. pres. – valga, valga, valga, valiamo, valiate, valgano
Part. pass. – valso

Sullo stesso modello, i composti: *avvalersi, equivalere, prevalere*.

VEDERE [(1)]

Ind. pres. – vedo (o veggo), vedi, vede, vediamo, vedete, vedono (veggono)

[(1)] I composti di *vedere: prevedere, provvedere, ravvedersi, travedere, intravedere* fanno al futuro: *prevederò, provvederò, mi ravvederò, travederò, intravederò*; e al condizionale pres.: *prevederei, provvederei, mi ravvederei, travederei, intravederei*; non hanno le forme segnalate in parentesi. Tutti gli altri composti seguono la coniugazione del verbo *vedere*. Particolare attenzione merita il partic. pass. di *provvedere*: *provveduto* che si usa nei tempi composti quando il verbo ha valore intransitivo (*Ho provveduto a tutto*); se ha valore transitivo, le due forme (*provveduto* e *provvisto*) si alternano indifferentemente (*Lo ho provvisto / provveduto di tutto*); come aggettivo, *provveduto* ha il significato di *esperto, colto, preparato (Mi rivolgo al lettore più provveduto)*.

Pass. rem.	–	vidi, vedesti, vide, vedemmo, vedeste, videro
Fut. sempl.	–	vedrò, vedrai, vedrà, vedremo, vedrete, vedranno
Cond. pres.	–	vedrei, vedresti, vedrebbe, vedremmo, vedreste, vedrebbero
Cong. pres.	–	veda, (vegga), veda (vegga), veda (vegga), vediamo, vediate, vedano (veggano)
Part. pass.	–	visto (veduto)

Sullo stesso modello: *rivedere*.

VIVERE

Fut. sempl.	–	vivrò, vivrai, vivrà, vivremo, vivrete, vivranno
Pass. rem.	–	vissi, vivesti, visse, vivemmo, viveste, vissero
Cond. pres.	–	vivrei, vivresti, vivrebbe, vivremmo, vivreste, vivrebbero
Part. pass.	–	vissuto

Sullo stesso modello, i composti: *convivere, rivivere, sopravvivere*.

VOLERE

Ind. pres.	–	voglio, vuoi, vuole, vogliamo, volete, vogliono
Pass. rem.	–	volli, volesti, volle, volemmo, voleste, vollero
Fut. sempl.	–	vorrò, vorrai, vorrà, vorremo, vorrete, vorranno
Cond. pres.	–	vorrei, vorresti, vorrebbe, vorremmo, vorreste, vorrebbero
Part. pass.	–	voluto
Imperativo	–	vogli (di uso assai raro), vogliate

N.B.: Quando funziona da verbo servile nei tempi composti prende più spesso l'ausiliare (*avere* o *essere*) del verbo servito (23.2.4).

Sullo stesso modello: *disvolere*.

66.1.2.3 CONIUGAZIONE DEI VERBI «POTERE» E «DOVERE»

INDICATIVO

Presente

dovere	*potere*
io devo (debbo)	io posso
tu devi	tu puoi
egli deve	egli può
noi dobbiamo	noi possiamo
voi dovete	voi potete
essi devono (debbono)	essi possono

Imperfetto

io dovevo	io potevo
tu dovevi	tu potevi
egli doveva	egli poteva
noi dovevamo	noi potevamo
voi dovevate	voi potevate
essi dovevano	essi potevano

Futuro semplice

io dovrò	io potrò
tu dovrai	tu potrai
egli dovrà	egli potrà
noi dovremo	noi potremo
voi dovrete	voi potrete
essi dovranno	essi potranno

Passato remoto

io dovei (dovetti)	io potei (potetti) [(1)]
tu dovesti	tu potesti
egli dové (dovette)	egli poté (potette)
noi dovemmo	noi potemmo
voi doveste	voi poteste
essi doverono (dovettero)	essi poterono (potettero)

Passato prossimo

io ho dovuto	io ho potuto
io sono dovuto (a)	io sono potuto (a)
ecc. [(2)]	ecc. [(2)]

Futuro anteriore

io avrò dovuto	io avrò potuto
io sarò dovuto (a)	io sarò potuto (a)
ecc.	ecc.

Trapassato prossimo

io avevo dovuto	io avevo potuto
io ero dovuto (a)	io ero potuto (a)
ecc.	ecc.

Trapassato remoto

io ebbi dovuto	io ebbi potuto
io fui dovuto (a)	io fui potuto (a)
ecc.	ecc.

---

(1) Le forme in parentesi sono oggi pressoché in disuso.

(2) Questi verbi quando hanno funzione servile, nei tempi composti, prendono più spesso l'ausiliare (*avere* o *essere*) del verbo servito (23.2.4).

CONGIUNTIVO

Presente

che benché prima che	io debba (deva) tu debba (deva) egli debba (deva) noi dobbiamo voi dobbiate essi debbano (devano)	che benché prima che	io possa tu possa egli possa noi possiamo voi possiate essi possano

Imperfetto

che benché prima che	io dovessi tu dovessi egli dovesse noi dovessimo voi doveste essi dovessero	che benché prima che	io potessi tu potessi egli potesse noi potessimo voi poteste essi potessero

Passato

che benché prima che	io abbia dovuto io sia dovuto (a) ecc.	che benché prima che	io abbia potuto io sia potuto (a) ecc.

Trapassato

che benché prima che	io avessi dovuto io fossi dovuto (a) ecc.	che benché prima che	io avessi potuto io fossi potuto (a) ecc.

CONDIZIONALE

Presente

io dovrei tu dovresti egli dovrebbe noi dovremmo voi dovreste essi dovrebbero	io potrei tu potresti egli potrebbe noi potremmo voi potreste essi potrebbero

Passato

io avrei dovuto io sarei dovuto (a) ecc.	io avrei potuto io sarei potuto (a) ecc.

INFINITO

Presente

dovere	potere

Passato

avere dovuto essere dovuto (a), (i), (e)	avere potuto essere potuto (a), (i), (e)

PARTICIPIO

Presente

(dovente) (in disuso)	potente (sostantivo o aggettivo)

Passato

dovuto	potuto

GERUNDIO

Presente

dovendo	potendo

Passato

avendo dovuto essendo dovuto (a), (i), (e)	avendo potuto essendo potuto (a), (i), (e)

IMPERATIVO

devi [1] dovete	(manca) [2]

---

[1] Poiché tutto il verbo *dovere* ha per lo più valore di obbligo, è l'indicativo a sostituire l'imperativo nella forma e nel significato.

[2] L'imperativo manca: è impossibile infatti comandare a qualcuno di 'potere' qualcosa; salvo con una perifrasi del tipo, ad esempio: - Tu devi potere fare.

66.1.3 VERBI IRREGOLARI DELLA 3ª CONIUGAZIONE

I verbi seguenti possono essere irregolari al *passato remoto* e/o al *participio passato*.

Infinito	*Passato remoto*	*Participio passato*
aprire	(apersi) aprii	aperto
coprire	(copersi) coprii	coperto
costruire	(costrussi) costruii	costruito
inferire	(infersi) inferii	inferto (e inferito)
offrire	(offersi) offrii	offerto
scoprire	(scopersi) scoprii	scoperto
seppellire	seppellii	sepolto (seppellito)
soffrire	(soffersi) soffrii	sofferto
sparire	(sparvi) sparii	sparito

66.1.3.1 VERBI DELLA 3ª CONIUGAZIONE CON PIÙ IRREGOLARITÀ

APPARIRE

Ind. pres. – appaio, appari, appare, appariamo, apparite, appaiono (o apparisco, apparisci, apparisce, appariamo, apparite, appariscono)
Pass. rem. – apparvi (o apparsi), apparisti, apparve (o apparse), apparimmo, appariste, apparvero (o apparsero)
Troviamo anche la forma regolare comune ai verbi della terza coniugazione: apparii, apparisti, apparì, apparimmo, appariste, apparirono
Cong. pres. – appaia (apparisca), ..., appariamo, appariate, appaiano (appariscano)
Part. pass. – apparso

Sullo stesso modello: *comparire* (ma con le forme in parentesi pressoché in disuso).

ASSALIRE

Ind. pres. – assalgo, assali, assale, assaliamo, assalite, assalgono, (o assalisco, assalisci, assalisce, assaliamo, assalite, assaliscono)
Pass. rem. – assalii,... (raro: assalsi)
Cong. pres. – assalga, assalga, assalga, assaliamo, assaliate, assalgano (o assalisca, assalisca, assalisca, assaliamo, assaliate, assaliscano)

CUCIRE (con suono palatale davanti alle terminazioni in *o* o *a*)

Ind. pres. – cucio, cuci, cuce, cuciamo, cucite, cuciono
Cong. pres. – cucia, cucia, cucia, cuciamo, cuciate, cuciano

MORIRE [1]

Ind. pres.	–	muoio, muori, muore, moriamo, morite, muoiono
Fut. sempl.	–	morrò, morrai, morrà, morremo, morrete, morranno, (o morirò, morirai, morirà, moriremo, morirete, moriranno)
Cond. pres.	–	morirei, moriresti, morirebbe, moriremmo, morireste, morirebbero (morrei, morresti, morrebbe, morremmo, morreste, morrebbero)
Cong. pres.	–	muoia, muoia, muoia, moriamo, moriate, muoiano
Imperativo	–	muori, morite
Part. pas.	–	morto

SALIRE

Ind. pres.	–	salgo, sali, sale, saliamo, salite, salgono
Cong. pres.	–	salga, salga, salga, saliamo, saliate, salgano
Part. pres.	–	salente, saliente

Il composto *trasalire* si coniuga sul modello dei verbi in '*isc*'.

UDIRE

Ind. pres.	–	odo, odi, ode, udiamo, udite, odono
Fut. sempl.	–	udrò, udrai, udrà, udremo, udrete, udranno (o la forma regolare: udirò, udirai, ecc.)
Cong. pres.	–	oda, oda, oda, udiamo, udiate, odano
Cond. pres.	–	udrei, udresti, udrebbe, udremmo, udreste, udrebbero, (o la forma regolare: udirei, udiresti, ecc.).
Imperativo	–	odi, udite

USCIRE [2]

Ind. pres.	–	esco, esci, esce, usciamo, uscite, escono
Cong. pres.	–	esca, esca, esca, usciamo, usciate, escano
Imperativo	–	esci, uscite

Sullo stesso modello: *riuscire*.

VENIRE

Ind. pres.	–	vengo, vieni, viene, veniamo, venite, vengono
Pass. rem.	–	venni, venisti, venne, venimmo, veniste, vennero
Fut. sempl.	–	verrò, verrai, verrà, verremo, verrete, verranno
Cond. pres.	–	verrei, verresti, verrebbe, verremmo, verreste, verrebbero

---

[1] Per certe persone e tempi l'uso di questo verbo è, naturalmente, possibile, per lo più, in senso figurato: *morirò* (*sono morto*) dalla stanchezza.

[2] Esiste anche la forma *escire* con la vocale iniziale «e» in tutte le voci.

Cong. pres. – venga, venga, venga, veniamo, veniate, vengano
Imperativo – vieni, venite
Part. pass. – venuto
Part. pres. – veniente

Sullo stesso modello: i numerosi composti: *avvenire, convenire, contravvenire, divenire, invenire, intervenire, pervenire, prevenire, provenire, sovvenire.*

Rinvenire e *svenire* alle forme sincopate del futuro semplice e del condizionale presente (*rinverrò, sverrò, rinverrei, sverrei*) preferiscono quelle regolari (*rinvenirò, svenirò, rinvenirei, svenirei*).

66.1.3.2 VERBI DELLA 3ª CONIUGAZIONE CON SUFFISSO «ISC»

Della terza coniugazione fa parte un rilevante numero di verbi (oltre 500) che ampliano il tema dell'infinito con il suffisso 'isc' dinanzi alla desinenza della prima, seconda e terza persona singolare e della terza plurale del presente indicativo e congiuntivo, e della seconda persona singolare dell'imperativo. Tali verbi sono detti 'incoativi' per analogia con i verbi della lingua latina terminanti in 'sco' [1]:

abbellire, annuire, capire chiarire, condire, costruire, fallire, fiorire, guarire, impazzire, inserire, obbedire, patire, rapire, riunire, sostituire, seppellire, scolpire, sparire, spedire, svanire, tradire, trasgredire, ubbidire, unire, zittire, ecc. [2].

(modello di coniugazionedei tempi semplici)

PUNIRE

INDICATIVO

Presente	*Imperfetto*
io *punisco*	io punivo
tu *punisci*	tu punivi
egli *punisce*	egli puniva
noi puniamo	noi punivamo
voi punite	voi punivate
essi *puniscono*	essi punivano

---

(1) Nelle lingua latina, il suffisso 'sco' riferiva l'aspetto incoativo o ingressivo (23.4) dell'azione; aspetto che in italiano si rende diversamente. Il suffisso 'isc' non apporta, dunque, nessun particolare significato.

(2) Tra quelli più comuni, preferiscono la flessione con 'isc': *eseguire, tossire, inghiottire, muggire, ruggire;* preferiscono le forme senza 'isc': *aborrire, apparire, applaudire, assalire, comparire, mentire, trasparire.' 'Scomparire'*, col significato di 'sottrarsi alla vista' preferisce la forma senza il suffisso *(scompaio),* col significato, invece, di «sfigurare nei confronti di altri» preferisce le forme in 'isc' *(scomparisco).*

Futuro

io punirò
tu punirai
egli punirà
noi puniremo
voi punirete
essi puniranno

Passato remoto

io punii
tu punisti
egli punì
noi punimmo
voi puniste
essi punirono

CONGIUNTIVO

Presente

che benché prima che	io *punisca* tu *punisca* egli *punisca* noi puniamo voi puniate essi *puniscano*

Imperfetto

che benché prima che	io punissi tu punissi egli punisse noi punissimo voi puniste essi punissero

CONDIZIONALE

Presente

io punirei
tu puniresti
egli punirebbe
noi puniremmo
voi puniresti
essi punirebbero

IMPERATIVO

punisci
punite

Infinito

punire
avere punto

Participio

puniente (in disuso)
punito

Gerundio

punendo
avendo punito

Capitolo LXVII

67 - ALTRE FORME VERBALI

Verbi difettivi - Verbi sovrabbondanti - Modelli di coniugazione di verbi impersonali - Modello di coniugazione di verbo riflessivo - Riflessivi e particelle 'ci' e 'vi' - Modello di coniugazione di verbi pronominali intensivi - Modello di coniugazione passiva - Coniugazione dei verbi 'essere' e 'avere'.

67.1 VERBI DIFETTIVI

Difettivi sono detti quei verbi che mancano di alcune voci.

• I più frequenti sono:

addirsi – nelle voci che ha segue il modello di *dire* di cui è un composto.
indic. pres.: si addice, si addicono
indic. imperf.: si addiceva, si addicevano
cong. pres.: si addica, si addicano
cong. imperf.: si addicesse, si addicessero
- (Questo ruolo non ti si addice).

ardire – nelle voci in cui si può confondere con il verbo *ardere* (*ardiamo, ardiate, ardente, ardendo*) viene sostituito dal verbo *osare*.
Per il resto si coniuga sul modello dei verbi in 'isc'
- (Non ardisco parlargli).

ostare – ha pochissime voci (*osta, ostava, osterò, osterebbe*, [*non*]*ostante*) e per lo più usate nella lingua burocratica e forense.
- (Nulla osta a che la riunione abbia luogo).

solere – *ind. pres.*: soglio, suoli, suole, sogliamo, solete, sogliono
ind. imperf.: solevo, ecc.
cong. pres.: soglia,...sogliamo, sogliate, sogliano
cong. imperf.: solessi, ecc.
part. pass.: solito
ger. pres. : solendo.

(In tutte le altre forme viene sostituito dalla locuzione '*essere solito*'. - (Solevamo studiare molto).

urgere – *indic. pres.* urge, urgono
indic. imperf.: urgeva, urgevano
indic. fut..: urgerà urgeranno
cong. pres.: urga, urgano
cong. imperf.: urgesse, urgessero
cond. pres.: urgerebbe, urgerebbero
part. pres.: urgente
ger. pres.: urgendo.
Mancando il participio passato, mancano i tempi composti.
- (Urge un dottore!).

vertere – come *urgere*, ha solo la terza persona singolare e plurale dei tempi semplici. Non avendo il participio passato, non ha i tempi composti. - (La discussione verteva sui problemi dell'Italia d'oggi).

vigere – *ind. pres.*: vige, vigono
ind. imperf. : vigeva, vigevano
cong. pres.: viga, vigano
cong. imperf.: vigesse, vigessero
part. pres.: vigente
gerund. pres.: vigendo
Mancano il participio passato e i tempi composti.
- (Alcune norme vigenti non sono più attuali).

• C'è un numero abbastanza nutrito di verbi che mancano del participio passato, e di conseguenza, dei tempi composti [1]. Ecco i più ricorrenti: *competere, concernere, convergere, delinquere, discernere, distare, divergere, erompere, esimere, espandere, fendere, fulgere, incombere, inerire, instare, mescere, mingere, procombere, prudere, risplendere, secernere, serpere, smorire, soccombere, spandere, splendere, strapiombare, stridere, transigere*.

• Diamo anche un elenco di altri verbi difettivi che risultano arcaici o che talvolta appaiono nella lingua poetica o che fanno parte di detti popolari o espressioni idiomatiche:

affarsi – (Questo ruolo non gli si affà).
aggradare – (Farò come mi aggrada).
algere – (Alsi ed arsi gran tempo. B. Varchi).
angere – Tanto un suo vano amor l'ange e martira. T. Tasso).
arcaizzare – sono quasi esclusivamente usate le voci del participio presente: '*arcaizzante*' e '*arcaicizzante*'.

---

[1] Tale mancanza può derivare semplicemente da una non frequenza d'uso (*incombuto, procombuto, soccombuto,...*), o perché all'origine non c'è participio passato (*fendere,...*).

	–	(Questo scrittore ha uno stile arcaicizzante).
aulire	–	(Auliva la stanza di verginità rifiorente. A. Panzini).
calere	–	(Si fa ciò che agli altri più cale. G. Boine).
capere	–	(Non cape più nella pelle dalla contentezza).
colere	–	(Voi che la Grecia cole. G. Leopardi).
fallare	–	(Chi non fa non falla. Proverbio).
gire	–	(Su la plaia me ne vo' gire. G. D'Annunzio).
ire	–	(Ci sarebbe ito lui. C. E. Gadda).
licere	–	(Tutto il dolor che ha sofferto non lice dirlo. U. Saba).
lucere	–	(Le stelle [...] lucono quaggiù in eterno. R. Bacchelli).
molcere	–	(La rima molce l'orecchio. U. Saba).
recere	–	(si veda nota 1 in 65.2.2).
riedere e redire [1]	–	(Riede alla sua parca mensa. G. Leopardi).
suggere	–	(L'ape sugge il nettare dei fiori).
tangere	–	(Questi sospetti non mi tangono).
tralucere	–	(...pei balconi / rara traluce la notturna lampa. G. Leopardi).

67.2 VERBI SOVRABBONDANTI

• Sono detti ***sovrabbondanti*** quei verbi che appartengono a due diverse coniugazioni, di cui una è la 3ª, e che:

a) o conservano lo stesso significato (in tal caso la variante più in uso è di solito quella appartenente alla 3ª coniugazione: *adempiere / adempire, ammansare / ammansire, annerare / annerire, assordare / assordire, attristare / attristire, colorare / colorire, compiere / compire, dimagrare / dimagrire, empiere / empire, imbiancare / imbianchire, indurare / indurire, intorbidare / intorbidire, riempiere / riempire, rischiarare / rischiarire, sbiancare / sbianchire, scandere / scandire, schiarare / schiarire, scolorare / scolorire, starnutare / starnutire*.

   Qualcuno di questi verbi segue un modello di coniugazione che si avvale del contributo delle due varianti; è il caso di *empiere / empire* (e simili: *compiere / compire, adempiere / adempire*, ecc.): *ind. pres.*: empio, empi, empie, empiamo, empite, empiono - *cong. pres.*: empia,... - *imperat.*: empi, empite - *pas. rem*: empii/empiei, empisti/empiesti, empì/empiè,... - *part.pas.*: empito/empiuto - *ind. imperf.*: empivo, ... - *ind. fut.* : empirò,... *cond. pres.*: empirei - *cong. imperf.*: empissi,...

b) o mutano significato col mutare coniugazione: *abbonare* (= fare un abbonamento) - *abbonire* (= calmare), *abbrunare* (= prendere il lutto) - *abbrunire* (= colorare di bruno), *ammollare* (= mettere a bagno) - *ammollire* (= render molle), *arrossare* (= render rosso) - *arrossire* (= diventar rosso), *fallare* (= sbagliare) - *fallire* (= mancare di realizzare qualcosa), *imboscare* (= nascondere) - *imboschire* (= coltivare un bosco), *impazzare* (= manifestarsi in modo tumultuoso) -

---

[1] Ind. pres.: *riedo, riedi, riede, rediamo, redite, riedono*, cong. pres.: *rieda,..., rediamo, rediate, riedano* - indic. fut.: *riederò, riederai, riederà, riederemo,...* - infin. pres. *redire* / *riedere* - part. pas. *redito*.

impazzire (= perdere l'uso della ragione), *sfiorare* (= toccare appena) - *sfiorire* (= appassire), *tornare* (= venire di nuovo), - *tornire* (= lavorare al tornio).

• ***Pseudo-sovrabbondanti*** si dicono quei verbi che, pur apparentemente simili, risultano di diversa origine: *atterrare*, (da terra) - *atterrire* (da terrore).

67.3 MODELLI DI CONIUGAZIONE DI VERBI IMPERSONALI

	PIOVERE	*ACCADERE*	*PARLARE*
indic. pres.	piove	accade	si parla
indic. pass. pross.	è/ha piovuto	è accaduto	si è parlato
indic. imperf.	pioveva	accadeva	si parlava
indic. trapass. pross.	era/aveva piovuto	era accaduto	si era parlato
ecc. ecc. ecc.			

L'*imperativo* manca.

67.4 MODELLO DI CONIUGAZIONE DI VERBO RIFLESSIVO

LAVARSI

INDICATIVO

Presente

io mi lavo
tu ti lavi
egli si lava
noi ci laviamo
voi vi lavate
essi si lavano

Imperfetto

io mi lavavo
tu ti lavavi
egli si lavava
noi ci lavavamo
voi vi lavavate
essi si lavavano

Passato prossimo

io mi sono lavato, (a)
tu ti sei lavato, (a)
egli (ella) si è lavato, (a)
noi ci siamo lavati, (e)
voi vi siete lavati, (e)
essi (esse) si sono lavati, (e)

Futuro semplice

io mi laverò
tu ti laverai
egli si laverà
noi ci laveremo
voi vi laverete.
essi si laveranno

Passato remoto

io mi lavai
tu ti lavasti
egli si lavò
noi ci lavammo
voi vi lavaste
essi si lavarono

Futuro anteriore

io mi sarò lavato, (a)
tu ti sarai lavato, (a)
egli (ella) si sarà lavato, (a)
noi ci saremo lavati (e)
voi vi sarete lavati, (e)
essi (esse) si saranno lavati, (e)

Trapassato prossimo

io mi ero lavato, (a)
tu ti eri lavato, (a)
egli (ella) si era lavato, (a)
noi ci eravamo lavati, (e)
voi vi eravate lavati, (e)
essi (esse) si erano lavati, (e)

Trapassato remoto

io mi fui lavato, (a)
tu ti fosti lavato, (a)
egli (ella) si fu lavato, (a)
noi ci fummo lavati, (e)
voi vi foste lavati, (e)
essi (esse) si furono lavati,(e)

CONGIUNTIVO

Presente

che / benché / prima che
io mi lavi
tu ti lavi
egli si lavi
noi ci laviamo
voi vi laviate
essi si lavino

Imperfetto

che / benché / prima che
io mi lavassi
tu ti lavassi
egli si lavasse
noi ci lavassimo
voi vi lavaste
essi si lavassero

Passato

che / benché / prima che
io mi sia lavato, (a)
tu ti sia lavato, (a)
egli (ella) si sia lavato, (a)
noi ci siamo lavati, (e)
voi ci siate lavati, (e)
essi si siano lavati (e)

Trapassato

che / benché / prima che
io mi fossi lavato, (a)
tu ti fossi lavato, (a)
egli (ella) si fosse lavato, (a)
noi ci fossimo lavati, (e)
voi vi foste lavati, (e)
essi si fossero lavati (e)

CONDIZIONALE

Presente

io mi laverei
tu ti laveresti
egli si laverebbe
noi ci laveremmo
voi vi lavereste
essi si laverebbero

Passato

io mi sarei lavato (a)
tu ti saresti lavato, (a)
egli (ella) si sarebbe lavato, (a)
noi ci saremmo lavati, (e)
voi vi sareste lavati, (e)
essi (esse) si sarebbero lavati, (e)

IMPERATIVO

làvati
(*si lavi*)
(*laviamoci*)
lavatevi
(*si lavino*)

INFINITO

Presente	*Passato*
lavarsi	essersi lavato (a), (i), (e)

PARTICIPIO

Presente	*Passato*
lavantesi (lavantisi)	lavatosi (lavatasi, lavatisi, lavatesi)

GERUNDIO

Presente	*Passato*
lavandosi	essendosi lavato (a), (i), (e)

67.4.1 RIFLESSIVI E PARTICELLE 'ci','vi'

Diamo modelli di coniugazione di verbo riflessivo in combinazione con le particelle enclitiche con funzione avverbiale *ci* e *vi*.

Indicativo presente

Se è un buon albergo,
- mi *ci* fermo
- ti *ci* fermi
- *ci* si ferma
- ci fermiamo (*qui / lì*) (*vi* ci fermiamo)
- vi *ci* fermate
- *ci* si fermano

Imperativo

Se è un buon albergo,
- fermati*ci*
- *ci* si fermi
- fermiamoci (*qui-lì*)
- fermatevi*ci*
- *ci* si fermino

Imperativo negativo

Se non è buon albergo,
- non fermarti*ci* = non ti *ci* fermare
- non *ci* si fermi
- non fermiamoci (*qui-lì*) = non ci fermiamo (*qui-lì)*
- non fermatevi*ci* = non vi *ci* fermate
- non *ci* si fermino

	Indicativo presente con verbo servile
E' un buon albergo, ma	non posso fermarmi*ci* = non mi *ci* posso fermare non puoi fermarti*ci* = non ti *ci* puoi fermare non possiamo fermarci (*qui-lì*) non ci possiamo fermare (*qui-lì*) = (non *vi* ci possiamo fermare) non potete fermarvi*ci* = non vi *ci* potete fermare non possono fermar*ci*si = non *ci* si possono fermare

• La stessa posizione assume *ci* con funzione di pronome dimostrativo (= *con lui, con lei, con loro - con questo... con ciò...*).

	Indicativo presente
Le carte ? No,	non mi *ci* diverto non ti *ci* diverti non *ci* si diverte (non *ci* divertiamo con le carte) non vi *ci* divertite non *ci* si divertono

• Nei costrutti 'causativi' con i verbi *fare* e *lasciare* [1] il pronome riflessivo dell'infinito viene taciuto; gli eventuali pronomi atoni *mi, ti, ci, vi* hanno funzione di oggetto diretto. (*Carlo ha fatto arrabbiare la mamma - Carlo ci ha fatto arrabbiare = Carlo ha fatto arrabbiare noi - Luigi lascia divertire il suo fratellino - Luigi ti lascia divertire = Luigi lascia te divertire - Mi [ci, ti, vi, lo, li, la, le] ha fatto [i, a, e] vergognare = Ha fatto vergognare me [noi, te, voi, lui, lei, loro]).*

67.4.2 MODELLI DI CONIUGAZIONE DI VERBI PRONOMINALI INTENSIVI [2]

ANDARSENE

INDICATIVO

Presente	*Passato prossimo*
me ne vado	me ne sono andato (a)
te ne vai	te ne sei andato (a)
se ne va	se ne è andato (a)
ce ne andiamo	ce ne siamo andati (e)
ve ne andate	ve ne siete andati (e)
se ne vanno	se ne sono andati (e)

eccetera

(1) Si veda 22.3.1.1

(2) Si veda 22.3.1.1.

ANDARSENE *TORNARSENE*

IMPERATIVO

vattene
se ne vada
andiamocene
andatevene
se ne vadano

non andartene
(non te ne andare)
non se ne vada
non andiamocene
(o: *non ce ne andiamo*)
non andatevene
(o: non ve ne andate)
non se ne vadano

tornatene (a casa)
se ne torni (a casa)
torniamocene (a casa)
tornatevene (a casa)
se ne tornino (a casa)

non tornartene
(non te ne tornare)
non se ne torni
non torniamocene
(o: *non ce ne torniamo*)
non tornatevene
(o: non ve ne tornate)
non se ne tornino

SBRIGARSELA

INDICATIVO

Presente

me la sbrigo (da solo)
te la sbrighi (da solo)
se la sbriga (da solo)
ce la sbrighiamo (da soli)
ve la sbrigate (da soli)
se la sbrigano (da soli)

Passato prossimo

me la sono sbrigata (da solo)
te la sei sbrigata (da solo)
se l'è sbrigata (da solo)
ce la siamo sbrigata (da soli)
ve la siete sbrigata (sa soli)
se la sono sbrigata (da soli)

eccetera

IMPERATIVO

sbrigatela (da solo)
se la sbrighi (da solo)
sbrighiamocela (da soli)
sbrigatevela (da soli)
se la sbrighino (da soli)

non sbrigartela (tanto presto)
(non te la sbrigare) (tanto presto)
non se la sbrighi (tanto presto)
non sbrighiamocela (tanto presto)
(o: non ce la sbrighiamo) (tanto presto)
non sbrigatevela (tanto presto)
(o: non ve la sbrigate) (tanto presto)
non se la sbrighino (tanto presto)

67.5 MODELLO DI CONIUGAZIONE PASSIVA

AMARE

INDICATIVO

Presente

io sono amato, (a)
tu sei amato, (a)
egli (ella), è amato, (a)
noi siamo amati, (e)
voi siete amati, (e)
essi (esse) sono amati, (e)

oppure:

io vengo amato, (a)
tu vieni amato, (a)
egli (ella), viene amato, (a)
noi veniamo amati, (e)
voi venite amati, (e)
essi (esse) vengono amati, (e)

Futuro semplice

io sarò amato, (a)
tu sarai amato, (a)
egli (ella) sarà amato, (a)
noi saremo amati, (e)
voi sarete amati, (e)
essi (esse) saranno amati, (e)

oppure:

io verrò amato, (a)
tu verrai amato, (a)
egli (ella) verrà amato, (a)
noi verremo amati, (e)
voi verrete amati, (e)
essi (esse) verranno amati, (e)

Futuro anteriore

io sarò stato, (a) amato, (a)
tu sarai stato (a) amato, (a)
egli (ella) sarà stato, (a) amato, (a)
noi saremo stati, (e) amati, (e)
voi sarete stati, (e) amati, (e)
essi (esse) saranno stati, (e), amati, (e)

Imperfetto

io ero amato, (a)
tu eri amato, (a)
egli (ella) era amato, (a)
noi eravamo amati, (e)
voi eravate amati (e)
essi (esse) erano amati, (e)

oppure:

io venivo amato, (a)
tu venivi amato, (a)
egli (ella) veniva amato, (a)
noi venivamo amati, (e)
voi venivate amati (e)
essi (esse) venivano amati, (e)

Passato remoto

io fui amato, (a)
tu fosti amato, (a)
egli (ella) fu amato, (a)
noi fummo amati, (e)
voi foste amati (e)
essi (esse) furono amati, (e)

oppure:

io venni amato, (a)
tu venisti amato, (a)
egli (ella) venne amato, (a)
noi venimmo amati, (e)
voi veniste amati, (e)
essi (esse) vennero amati, (e)

Passato prossimo

io sono stato, (a) amato, (a)
tu sei stato, (a) amato, (a)
egli (ella) è stato, (a) amato, (a)
noi siamo stati, (e) amati, (e)
voi siete stati, (e) amati, (e)
essi (esse), sono stati, (e) amati, (e)

Trapassato prossimo

io ero stato, (a) amato, (a)
tu eri stato, (a) amato, (a)
egli (ella) era stato, (a) amato, (a)
noi eravamo stati, (e) amati, (e)
voi eravate stati, (e) amati, (e)
essi (esse) erano stati, (e) amati, (e)

Trapassato remoto

(in disuso)

CONGIUNTIVO

Presente

che benché prima che	io sia amato, (a) tu sia amato, (a) egli (ella) sia amato, (a) noi siamo amati, (e) voi siate amati, (e) essi (esse) siano amati, (e)

oppure

che benché prima che	io venga amato, (a) tu venga amato, (a) egli (ella) venga amato, (a) noi veniamo amati, (e) voi veniate amati, (e) essi (esse) vengano amati, (e)

Passato

che benché prima che	io sia stato, (a) amato, (a) tu sia stato, (a) amato, (a) egli (ella) sia stato, (a) amato, (a) noi siamo stati, (e) amati, (e) voi siate stati (e) amati, (e) essi (esse) siano stati, (e) amati (e)

Imperfetto

che benché prima che	io fossi amato, (a) tu fossi amato, (a) egli (ella) fosse amato, (a) noi fossimo amati, (e) voi foste amati, (e) essi (esse) fossero amati, (e)

oppure:

che benché prima che	io venissi amato, (a) tu venissi amato, (a) egli (ella) venisse amato, (a) noi venissimo amati, (e) voi veniste amati, (e) essi (esse) venissero amati (e)

Trapassato

che benché prima che	io fossi stato, (a) amato, (a) tu fossi stato, (a) amato, (a) egli (ella) fosse stato, (a) amato, (a) noi fossimo stati, (e) amati, (e) voi foste stati, (e) amati, (e) essi (esse) fossero stati, (e) amati, (e)

CONDIZIONALE

Presente

io sarei amato, (a)
tu saresti amato, (a)
egli (ella) sarebbe amato, (a)
noi saremmo amati, (e)
voi sareste amati, (e)
essi (esse) sarebbero amati, (e)

Passato

io sarei stato, (a) amato, (a)
tu saresti stato, (a) amato, (a)
egli (ella) sarebbe stato, amato, (a)
noi saremmo stati, (e) amati, (e)
voi sareste stati, (e) amati, (e)
essi (esse) sarebbero stati, (e) amati, (e)

Presente

oppure:

io verrei amato, (a)
tu verresti amato, (a)
egli (ella) verrebbe amato, (a)
noi verremmo amati, (e)
voi verreste amati, (e)
essi (esse) verrebbero amati, (e)

IMPERATIVO *(in particolari situazioni)*

sii amato, (a)
sia amato, (a)
siamo amati, (e)
siate amati, (e)
siano amati, (e)

INFINITO

Presente

essere (venire) amato, (a)
amati, (e)

Passato

essere stato, (a) amato, (a)
stati, (e) amati, (e)

PARTICIPIO

Presente

(manca)

Passato

amato, (a), (i), (e)

GERUNDIO

Presente

essendo (venendo) amato, (a), (i), (e)

Passato

essendo stati, (a), (i), (e)
amato, (a), (i), (e)

67.6 CONIUGAZIONE DEI VERBI 'ESSERE' E 'AVERE'

INDICATIVO

ESSERE	*AVERE*
Presente	
io sono	io ho
tu sei	tu hai
egli (ella) è	egli (ella) ha
noi siamo	noi abbiamo
voi siete	voi avete
essi (esse) sono	essi (esse) hanno
Imperfetto	
io ero	io avevo
tu eri	tu avevi
egli (ella) era	egli (ella) aveva
noi eravamo	noi avevamo
voi eravate	voi avevate
essi (esse) erano	essi (esse) avevano
Futuro semplice	
io sarò	io avrò
tu sarai	tu avrai
egli (ella) sarà	egli (ella) avrà
noi saremo	noi avremo
voi sarete	voi avrete
essi (esse) saranno	essi (esse) avranno
Passato remoto	
io fui	io ebbi
tu fosti	tu avesti
egli (ella) fu	egli (ella) ebbe
noi fummo	noi avemmo
voi foste	voi aveste
essi (esse) furono	essi (esse) ebbero
Passato prossimo	
io sono stato, (a)	io ho avuto
tu sei stato, (a)	tu hai avuto
egli (ella) è stato, (a)	egli (ella) ha avuto
noi siamo stati, (e)	noi abbiamo avuto
voi siete stati, (e)	voi avete avuto
essi (esse) sono stati, (e)	essi (esse) hanno avuto

Futuro anteriore

io sarò stato, (a)
tui sarai stato, (a)
egli (ella) sarà stato, (a)
noi saremo stati, (e)
voi sarete stati, (e)
essi (esse) saranno stati, (e)

io avrò avuto
tu avrai avuto
egli (ella) avrà avuto
noi avremo avuto
voi avrete avuto
essi (esse) avranno avuto

Trapassato prossimo

io ero stato, (a)
tu eri stato, (a)
egli (ella) era stato, (a)
noi eravamo stati, (e)
voi eravate stati, (e)
essi (esse) erano stati, (e)

io avevo avuto
tu avevi avuto
egli (ella) aveva avuto
noi avevamo avuto
voi avevate avuto
essi (esse) avevano avuto

Trapassato remoto

io fui stato, (a)
tu fosti stato, (a)
egli (ella) fu stato, (a)
noi fummo stati, (e)
voi foste stati, (e)
essi (esse) furono stati, (e)

io ebbi avuto
tu avesti avuto
egli (ella) ebbe avuto
noi avemmo avuto
voi aveste avuto
essi (esse) ebbero avuto

CONGIUNTIVO

Presente

io sia
tu sia
egli (ella) sia
noi siamo
voi siate
essi (esse) siano

io abbia
tu abbia
egli (ella) abbia
noi abbiamo
voi abbiate
essi (esse) abbiano

Imperfetto

io fossi
tu fossi
egli (ella) fosse
noi fossimo
voi foste
essi (esse) fossero

io avessi
tu avessi
egli (ella) avesse
noi avessimo
voi aveste
essi (esse) avessero

Passato

io sia stato, (a)
tu sia stato, (a)
egli (ella) sia stato, (a)
noi siamo stati, (e)
voi siate stati, (e)
essi (esse) siano stati, (e)

io abbia avuto
tu abbia avuto
egli (ella) abbia avuto
noi abbiamo avuto
voi abbiate avuto
essi (esse) abbiano avuto

Trapassato

io fossi stato, (a)
tu fossi stato, (a)
egli (ella) fosse stato, (a)
noi fossimo stati, (e)
voi foste stati, (e)
essi (esse) fossero stati, (e)

io avessi avuto
tu avessi avuto
egli (ella) avesse avuto
noi avessimo avuto
voi aveste avuto
essi (esse) avesserò avuto

CONDIZIONALE

Presente

io sarei
tu saresti
egli (ella) sarebbe
noi saremmo
voi sareste
essi (esse) sarebbero

io avrei
tu avresti
egli (ella) avrebbe
noi avremmo
voi avreste
essi (esse) avrebbero

Passato

io sarei stato, (a)
tu saresti stato, (a)
egli (ella) sarebbe stato, (a)
noi saremmo stati, (e)
voi sareste stati, (e)
essi (esse) sarebbero stati, (e)

io avrei avuto
tu avresti avuto
egli (ella) avrebbe avuto
noi avremmo avuto
voi avreste avuto
essi (esse) avrebbero avuto

IMPERATIVO

–
sii
sia
siamo
siate
siano

–
abbi
abbia
abbiamo
abbiate
abbiano

INFINITO

Presente

essere	avere

Passato

essere stato, (a), (i), (e)	avere avuto

PARTICIPIO

Presente

essente (raro)	avente

Passato

stato, (a), (i), (e) (da: *stare*)	avuto

GERUNDIO

Presente

essendo	avendo

Passato

essendo stato, (a), (i), (e)	avendo avuto

Appendice 2

Capitolo LXVIII

68 - INDICAZIONI SUL REPERTORIO LINGUISTICO ITALIANO

Il processo di unificazione linguistica in Italia - Il repertorio linguistico e le sue varietà - Varietà storiche (o diacroniche) - Varietà geografiche (o diatopiche): dialetti e lingue regionali - Varietà dell'italiano all'estero - Varietà sociali (o diastratiche) - Varietà funzionali-contestuali (o diafasiche) - La lingua della stampa quotidiana e periodica - La lingua della pubblicità - Lingua parlata (e scritta) - L'italiano dell'uso medio parlato e scritto

68.1 IL PROCESSO DI UNIFICAZIONE LINGUISTICA IN ITALIA

La lingua che siamo venuti descrivendo in questo nostro lavoro solo oggi si può veramente e propriamente considerarla patrimonio 'comune' a tutti gli italiani, ovunque dislocati nel territorio nazionale e comunque differenziati in senso culturale, sociale, economico e anagrafico.

Essa è infatti il frutto di un processo plurisecolare che -pur nel segno di un'apparente contraddittorietà- a lunghi periodi di superficiale stabilità alternava momenti propositivi di radicale mutamento. E ciò, segnatamente in coincidenza con tappe fondamentali della storia del Paese: al tempo delle libertà comunali (secoli XII-XIV), ad esempio, o della formazione degli stati regionali (secoli XV-XVI) o delle spinte profondamente innovative del pensiero illuministico (secolo XVIII). Ma ciascuna proposta, pur con inevitabili positivi echi in altri settori della comunicazione linguistica, era comunque limitata in prevalenza al settore -soprattutto scritto- della cultura letteraria.

In tempi a noi assai più vicini, vale a dire a partire dagli inizi del secolo XIX, tale processo si è fatto via via più consapevole, organizzato e diffuso, anche nel senso del coinvolgimento popolare. Fino a che, dalla seconda metà del secolo XX, anche per naturale conseguenza dei profondi cambiamenti dei contesti sociali, economici, politici e culturali dovuti prima di tutto alla frenetica industrializzazione postbellica e ai conseguenti fattori innovativi (68.2.2), è apparso decisamente volto a rapido compimento.

Alcuni dati che si hanno a disposizione confermano tutto questo.

Per restare nel periodo che va dall'unificazione politica nazionale (1861) a oggi, risulta che all'inizio, su una popolazione di poco inferiore ai 22 milioni di individui, appena l'8-10% conosceva l'italiano; e i più risiedevano in regioni i cui dialetti erano particolarmente vicini all'italiano stesso nella struttura fonologica, morfologica e lessicale: Toscana, talune parti del Lazio (Roma inclusa), dell'Umbria e delle Marche. Ma tutto ciò è spiegabile se si tiene conto che al momento dell'Unità circa l'80% della popolazione era costituita da analfabeti, con punte di ben oltre il 90% in talune zone del meridione. [1]

Un variegato ventaglio di dialetti non di rado tra loro incomprensibili soddisfaceva dunque le quotidiane necessità comunicative (68.2.2); dialetti che erano al tempo stesso indice e motivo di isolamento di tante più o meno ristrette comunità sparse sul territorio nazionale.

Oggi, a meno di 140 anni di distanza, la situazione è radicalmente mutata: il tasso degli analfabeti si è ridotto al 2,2%: che rappresenta una soglia fisiologica al di sotto della quale sembra difficile andare. Nel 1987, su una popolazione intorno ai 56 milioni di individui, gli analfabeti risultavano 1.169.164 (760.000 donne e 409.000 uomini) [2]. E la situazione appare oggi (1996) ancora, se possibile, in miglioramento fra gli attuali 57 milioni di abitanti.

Questo può voler dire che (naturalmente tenendo conto solo di coloro che hanno avuto esperienze scolastiche) gli incapaci a usare la lingua nazionale non dovrebbero superare di molto detto numero. E ciò, anche a includere quei tanti che ancora oggi vengono considerati non analfabeti per il fatto che sanno scrivere a mala pena il loro nome. Si tratterà caso mai di valutare mediamente la qualità e la frequenza della lingua comune usata (68.2.8).

Il processo di unificazione linguistica a cui si accennava sembra dunque essere ormai giunto a conclusione. Gli italiani hanno finalmente a disposizione una lingua idonea agli usi comunicativi più svariati: che non serve più a pochi, e soltanto per scrivere di fatti di cultura (la lingua di Dante, la lingua di Petrarca e di Boccaccio o di Galilei o di Manzoni anche posteriore a 'I promessi sposi'), ma che è in grado di soddisfare anche quelle esigenze che sembravano (e per taluni incalliti nostalgici continuano a sembrare) riservate alla naturale immediatezza dei dialetti.

E' un nuovo italiano che non corrisponde più a quello libresco e arcaicizzante degli strumenti normativi tradizionali [3], e che reca tutti i tratti distintivi del contributo, anche disordinato e contradditorio, della creativa vitalità di una popolazione composta di persone tanto differenti per tradizione, età, sesso, cultura, ruolo sociale, professione, luogo di provenienza.

E son tutte persone che in questa lingua si riconoscono e che essa ha contribuito e contribuisce ad avvicinare fra loro.

---

[1] T. De Mauro, 'Storia linguistica dell'Italia unita', Bari, Laterza, 1986, pp.36-45; G.Vigo, 'Gli italiani alla conquista dell'alfabeto', in 'Fare gli italiani' (a cura di S.Soldani e G.Turi), Il Mulino, Bologna, 1993, pp.37-66.

[2] L'indicazione, pubblicata nel quotidiano 'la Repubblica' del 1-9-1988, è fornita dall'istituto di ricerca Ispes.

[3] M. Voghera, 'Sintassi e intonazione dell'italiano parlato', Il Mulino, Bologna, 1992, p.61.

68.2 IL REPERTORIO LINGUISTICO E LE SUE VARIETÀ

"(...) definire con precisione una lingua è meno facile di quanto si creda. Io parlo italiano, certamente. Ma gli abitanti della mia città parlano in modo diverso da quello del capoluogo della regione confinante; la mia famiglia usa normalmente delle espressioni che i nostri vicini di pianerottolo non userebbero mai; io, personalmente, preferisco certe forme e mio fratello ne preferisce certe altre, ma tutti quanti, io, mio fratello, i miei vicini e gli abitanti del capoluogo della regione confinante, parliamo la stessa lingua, tant'è vero che ci capiamo senza tante difficoltà." (4)

La lingua italiana è -come ogni altra lingua- un repertorio organico di strutture e forme verbali a disposizione delle quotidiane necessità che ciascuno dei suoi utenti ha di comunicare le inesauribili elaborazioni della propria mente, della propria immaginazione e del proprio sentimento: in relazione all'età, al sesso, al grado di cultura, alla professione, al ruolo sociale, alla provenienza geografica; a seconda dell'argomento, del luogo, del momento e del fine di ciascun atto comunicativo; e anche a seconda del periodo storico.

Nel corso della nostra trattazione, a mano a mano che se ne presentavano necessità e occasioni, abbiamo più e più volte accennato (anche con esempi) a questo articolato repertorio di varietà storiche, geografiche, sociali e funzionali-contestuali. Ma è forse giunto il momento di parlarne, pur succintamente, con un certo ordine.

68.2.1 VARIETÀ STORICHE (O DIACRONICHE)

Si sa che una lingua cambia non poco nel tempo. Cambia soprattutto nel lessico (parole che cadono in disuso, parole che si trasformano, che mutano significato o che ne aggiungono altri, parole nuove, parole di provenienza straniera...); ma cambia anche nelle strutture grammaticali (morfologiche e sintattiche); e cambia nella pronuncia.

Non staremo qui a ripercorrere il plurisecolare cammino di questi cambiamenti. Ai fini del nostro lavoro, dobbiamo ritenere sufficienti gli accenni già fatti e che via via all'occorrenza faremo ancora. Ricorderemo solo che tra le varie differenziate frammentazioni 'volgari' (popolari) che emersero sempre più spiccate in Italia ai tempi della lunga crisi dell'Impero romano d'occidente e in conseguenza della sua caduta (476 d.C.), qualche secolo dopo -e precisamente in epoca rinascimentale (XV-XVI secolo)- il volgare fiorentino-toscano (dopo lunghi anni di esperienze, proposte e accesi dibattiti nel mondo della cultura) si trovò innalzato al rango di lingua letteraria italiana. Contemporaneamente gli altri volgari (milanese, veneti, romano, napoletano, siciliano ecc.) furono relegati al ruolo secondario, che ancora conservano, di dialetti.

---

(4) S.Ceccato - C.Oliva, 'Il linguista inverosimile', Mursia, Milano, 1989, p.46.

68.2.2 VARIETÀ GEOGRAFICHE (O DIATOPICHE): DIALETTI E LINGUE REGIONALI

Come si accennava a conclusione del paragrafo precedente, la lingua italiana presenta numerose varietà in uso presso più o meno ristrette comunità dislocate nello spazio geografico: dal nord al centro al sud; da est a ovest. Si tratta dei dialetti, locali e regionali, e delle lingue regionali.

dialetti

"Il dialetto è una forma di una lingua che ha un proprio sistema lessicale, sintattico e fonetico e che viene usato in un ambiente più ristretto rispetto alla lingua stessa" [5]. Esso è in grado di soddisfare solo alcuni aspetti delle nostre esigenze espressive (ad esempio, il popolare e l'usuale), e non altri (ad esempio, il letterario o il tecnico) [6].

I dialetti si distinguono in 'locali' e 'regionali', sulla base della maggiore o minore consistenza degli àmbiti sociali e geografici in cui si usano.

Un tempo, le attività preminentemente legate all'agricoltura e le difficoltà degli spostamenti frammentavano e isolavano gli stanziamenti umani sul territorio in numerose piccole comunità con proprie caratteristiche di vita e con proprie varietà linguistiche: i dialetti locali.

Oggi invece, segnatamente dalla seconda metà del secolo XX, il numero di tali frammentazioni si è ridotto di molto, e si è in presenza di più o meno vaste aree dialettali generalmente raccolte attorno a centri capoluogo: i dialetti regionali.

Ciò è avvenuto prevalentemente grazie all'opera unificatrice della scuola, all'esigenza socializzatrice delle più o meno grosse concentrazioni urbane radicalmente mutate per le tumultuose ondate migratorie interne dell'intenso processo di industrializzazione postbellica [7] (68.1), e alla pressione livellatrice dei mass-media, soprattutto di radio e televisione [8]. Tutti fattori a cui si accompagnava una sempre più sentita e diffusa tendenza all'unificazione linguistica nazionale, sia per il bisogno reciproco di comprendere e di farsi comprendere, sia per desiderio di elevazione culturale e di più consapevole partecipazione alla vita nazionale.

Si tratta di processi ancora in atto in virtù dei quali si vanno gradatamente indebolendo (anche a vantaggio delle varietà regionali della lingua comune di cui si parlerà qui di seguito) tante marcate differenze, non solo di ordine fonetico (che erano e comunque rimangono le più evidenti), ma anche di ordine lessicale,

---

[5] J.Dubois et Alii, 'Dizionario di linguistica', Zanichelli, Bologna, 1979.

[6] G.Devoto - G.C.Oli, 'Nuovo vocabolario illustrato della lingua italiana', Milano, 1990.

[7] Si calcola che fra il 1955 e il 1971 9.410.000 italiani sono stati coinvoli in migrazioni interregionali. (Ginsborg, 'Storia d'Italia', cit. in A. Signorelli, 'Movimenti di popolazione e trasformazioni culturali', 'Storia dell'Italia repubblicana', Einaudi, Torino, 1995, vol. 2, pag. 601).

[8] "Le schiere di italofoni che migrazioni e scuole andavano creando hanno trovato nella televisione una formidabile scuola di lingua, che ha permesso loro di acquisire con maggiore rapidità l'uso quotidiano dell'italiano: in fatto di competenza linguistica l'ascolto abituale della televisione equivale (come poté calcolarsi negli anni sessanta) a cinque anni di scuola in più rispetto ai livelli della scolarità formale già raggiunti". (T.De Mauro, 'Lessico di frequenza dell'italiano parlato', Etaslibri, Milano, 1993, p. 22).

morfologico e sintattico. E questo, per altro senza alcun pericolo (almeno per ora) per i dialetti che conservano una loro fortunata vitalità [9].

In riferimento alla loro distribuzione geografica i dialetti si usa suddividerli in:

1) Settentrionali, che comprendono: il veneto e il gruppo dei gallo-italici (e cioè: piemontese, ligure, lombardo, emiliano);

2) Toscani, che comprendono: quelli dell'area fiorentina, dell'area lucchese-pisana-livornese e l'area senese-aretina;

3) Centrali, che comprendono: il laziale settentrionale, l'umbro (di una parte dell'Umbria), il marchigiano (del centro Marche);

4) Meridionali, che comprendono: il tipo napoletano (Lazio meridionale, Abruzzi, Molise, parte della Puglia e della Lucania) e il tipo siciliano (Sicilia, Calabria, penisola salentina) [10].

lingue regionali

Con il termine di lingue regionali si sogliono indicare, all'interno della lingua comune, almeno quattro grandi varietà in uso in altrettante vaste aree geografiche individuate per prestigio e per numero degli abitanti: varietà settentrionale, toscana, romana e meridionale [11]. Esse sono il prodotto delle spinte unificatrici di cui si diceva poco sopra e della compresenza negli stessi parlanti di dialetto e lingua [12], dalla quale si distinguono per proprie -e neanche molto marcate- peculiarità, più che lessicali e morfosintattiche, soprattutto intonazionali e fonetiche (il cosiddetto 'accento': cadenza e pronuncia). Si può affermare che la maggior parte degli enunciati prodotti oggi dai parlanti nel nostro paese va probabilmente attribuita a queste varietà distinte dai dialetti e non coincidenti con lo standard [13].

Sulle peculiarità lessicali e morfosintattiche non ci soffermeremo.

A proposito di quelle intonazionali ci limiteremo a ricordare che esse, pur nell'ambito della lingua comune, concorrono in modo in genere determinante alla identificabilità delle provenienze regionali dei parlanti. E ciò, almeno per le quattro grandi aree linguistiche sopra ricordate.

---

[9] Secondo i dati di un'indagine dell'istituto di ricerca Doxa (in 'la Repubblica', 4-7-1992), la percentuale degli italiani che ancora oggi parlano sempre in dialetto con i familiari è del 35,9%, mentre la percentuale di coloro che lo fanno costantemente o spesso anche con amici o compagni di lavoro è del 22%. Risulta anche che sono soprattutto gli abitanti del nord-est d'Italia (Veneto, Trentino, Friuli) a usare più frequentemente il dialetto (il 28% di essi dichiara di non usare mai la lingua), seguiti dagli abitanti del meridione (in primo luogo Calabria, Basilicata e Sicilia); tutte persone che vivono ai margini delle grosse concentrazioni urbane cui si accennava (si veda anche in 68.2.8). Si sa anche che l'uso del dialetto è diffuso più fra gli uomini che fra le donne, più tra gli anziani che tra i giovani.

[10] In questa suddivisione non sono compresi il sardo e il ladino che, pur in uso in certe parti d'Italia, conservano il rango di vere e proprie lingue romanze. Non si accenna neanche (in quanto non sono varietà dell'italiano) alle lingue straniere (franco-provenzale, occitano o provenzale, tedesco, sloveno, ladino-friulano, serbo-croato, greco, albanese, catalano) che si parlano in comunità italiane più o meno ristrette per un totale di circa tre milioni di persone.

[11] Naturalmente, altre aree minori sono distinguibili per loro proprie peculiarità: la sarda, ad esempio, o la umbro-marchigiana.

[12] L'Italia può essere proposta a esempio di una particolare situazione linguistica "in cui sono compresenti più varietà senza transizioni nette tra l'una e l'altra." (G.R.Cardona, 'Introduzione alla sociolinguistica', Loescher, Torino, 1987, p.89.)

[13] F. Bruni, 'L'italiano. Elementi di storia della lingua e della cultura', Utet, Torino, 1984, p. 72.

Alcune fra le peculiarità fonetiche sono di comune conoscenza, quali, ad esempio: una varia sensibilità per il suono aperto o chiuso di /o/ e di /e/, o per la sonorità o meno di /s/ intervocalica e di /z/ in posizione iniziale di parola; tendenze, in talune aree del centro-nord, alla soppressione delle consonanti doppie (*avicinare* per *avvicinare*, *tera* per *terra*), in talune aree del centro-sud, al raddoppiamento di quelle scempie (*abbile* per *abile*, *raggione* per *ragione*); il mutamento del suono /sc/ in /s/ (*fasista* per *fascista*) o del suono /gli/ in /j(j)/ (*fij[j]o* per *figlio*).

68.2.2.1 VARIETÀ DELL'ITALIANO ALL'ESTERO

Un cenno va fatto alle varietà dell'italiano parlato dalle comunità di italiani emigrati nei vari paesi del mondo.

Sono tutte varietà che -dato il generalmente non alto livello culturale degli emigranti di passate generazioni- hanno in genere come base l'italiano popolare (68.2.3), e che sono sottoposte a un processo di logorio il quale nel corso di poche generazioni può portare fatalmente alla loro decadenza.

Gli elementi di questo processo di decadenza sono vari e contrastanti nella tendenza ad affrettarlo o a ritardarlo: rigido conservatorismo (anche per inevitabili ritardi rispetto ai tempi di aggiornamento e di sviluppo della lingua comune in Italia); pressante influenza della lingua del paese ospitante; regione dialettale di provenienza dell'emigrato; sua classe sociale originaria; tempo trascorso dal momento dell'arrivo nel paese ospitante; decadenza della varietà (dialetto o lingua) d'origine presso le seconde o terze generazioni; influenza di altri dialetti o standard regionali italiani presenti nella comunità; motivazioni di un uso più o meno costante della lingua d'origine; modi di aggiornamento (scuola, frequentazione di nuovi emigrati, letture più o meno costanti e loro genere, possibilità di usufruire di appositi programmi radiotelevisivi nella lingua madre, ritorni al paese d'origine e loro frequenza; e altri elementi ancora).

In ogni modo, il fatto che oggi più rassicura in questa sorta di lotta per la sopravvivenza dell'italiano all'estero è un desiderio (o bisogno?) sempre crescente e più diffuso di studiarlo (e non solo da parte di discendenti di emigranti), e la conseguente continua nascita, all'estero come in Italia, di scuole e di corsi idonei a questo scopo.

L'italiano, insomma, non è più oggi soltanto una lingua di 'cultura'. Nel suo piccolo, nel mondo ha trovato anch'essa suoi spazi fra le lingue cosiddette 'veicolari' [14].

---

[14] Alle varietà linguistiche proprie degli emigrati sopra accennate, vanno aggiunte quelle, più stabili, costituite dai dialetti còrsi in Corsica e istriani in Istria, dal romancio o grigionese in Svizzera nel Canton dei Grigioni, e dall'italiano, ancora in Svizzera, nel Canton Ticino.

68.2.3 VARIETÀ SOCIALI (O DIASTRATICHE)

Accade che determinati gruppi sociali o classi socio-economiche, usino, anche come proprio segno di coesione e di identità, loro particolari differenziazioni linguistiche che hanno il carattere di vere e proprie varietà sociali dell'italiano.

La lingua popolare e i gerghi fanno parte di queste varietà.

la lingua popolare

Si dice 'popolare' quel tipo di italiano scritto (soprattutto) e parlato acquisito imperfettamente, per lo più in pochi anni di frequenza scolastica in tempi più o meno lontani, o in famiglia, o fra coetanei, da parte di chi è rimasto incolto e ha come madrelingua il dialetto [15]. Si tratta dunque di una varietà di italiano che è fortemente influenzata da dialettismi e regionalismi e da forme lessicali, morfologiche e sintattiche intermedie che la rendono come sospesa fra il dialetto locale parlato e informale e la lingua comune letteraria scritta e formale.

Eccone un esempio da una lettera di un emigrante:

Egreggio,
io con questo venco a voi per darvi le mie notizie che ci trovamo in buona saluta, così voglio una buona risposto che siete al paro di noi di saluta. Io veramente sono un po dispiaciuto che assento ai trascurato la partenza di mia figlia. (...) [16]

Ecco adesso un tema svolto da un bambino di terza elementare di Ca' Tron di Roncade, provincia di Vicenza, e fatto pervenire dalla sua maestra al quotidiano 'la Stampa' del 18-11-1990. Da questo lavoro emerge, fra l'altro, il dramma di chi sente di non avere il possesso della lingua giusta per farsi capire nel chiedere [17]. Metteremo in parentesi possibili spiegazioni:

Tema: Una gita - Svolgimento: Domenica siamo andati a lamadona (= la Madonna) demonteberico (= di Monte Berico) a chiedere la grassia (= grazia) per miasorela (= mia sorella) che è maridata (= maritata) da cinque ani e no a gnanca tosatei (= da cinque anni e non ha nessun figlio). Siamo andati, poi siamo pregati, poi siamo mangiati, poi siamo vegnuti casa. O che siamo pregati male, o che non si siamo capiti co la Madona, fatostà (= fatto sta) che è rimasta insinta (= incinta) laltra sorela (= l'altra sorella) che non è gnanca maridata.

i gerghi

"Il gergo è una lingua criptica (soprattutto un lessico) utilizzata da una comunità generalmente marginale che, in determinate condizioni (sociali, di lavoro ecc.) avverte il bisogno di non essere capita dai non iniziati o di distinguersi dagli altri" [18].

Un gergo ha dunque un lessico tutto suo formato di arcaismi, di neologismi e

---

(15) M. Cortelazzo, 'Lineamenti di italiano popolare', Pacini, Pisa, 1972, p.11; G.Berruto, 'La sociolinguistica', Zanichelli, Bologna, 1976, p.116.

(16) G. Stasio (a cura di), 'ti sono scritto questa lettera' Mursia, Milano, 1991, p. 19.

(17) Va comunque precisato che il bambino continuando i suoi studi migliorerà il suo patrimomnio linguistico, certamente almeno fino all'acquisizione di competenze entro il livello medio nazionale.

(18) J. Dubois et Alii, cit.

di parole prese dalla lingua comune ma rese irriconoscibili con scarti metaforici o espedienti deformatori.

Vari sono i gerghi. Si parla di gergo militare, studentesco, della malavita, di gerghi artigianali ecc.

Qualche esempio preso da gerghi diversi: *neve* (cocaina), *sniffare* (annusare cocaina), *spinello* (sigaretta di tabacco e hashish), *madama* (polizia), *imbranato* (impacciato), *locco* (stupido), *giannizzero* (attendente), *naia* (dure necessità del servizio militare), *cantare* (confessare, fare la spia).

Non sono poche le parole o le espressioni che dai vari gerghi sono pervenute alla lingua comune; tra quelle qui sopra ricordate, *naia,* ad esempio, *spinello, sniffare, cantare.*

altre varietà sociali

Varietà sociali più o meno marcate, e per gruppi di varia consistenza numerica, possono avere alla base fattori come la professione dei parlanti, l'età, il sesso, la provenienza, la classe sociale ed economica di appartenenza o il grado di istruzione.

68.2.4 VARIETÀ FUNZIONALI-CONTESTUALI (O DIAFASICHE)

La lingua può variare per ciascun dei suoi utenti in relazione (a) allo scopo dell'atto comunicativo, (b) all'argomento trattato e (c) alla situazione in cui avviene la comunicazione (luogo, ruolo sociale degli interlocutori, loro grado di cultura, professione, età, sesso, loro genere di rapporto).

'Registri' e 'sottocodici' rientrano in questo genere di varietà funzionali-contestuali [(19)].

registri

Si definiscono registri quelle particolari varietà linguistiche che, in rapporto col mutare delle situazioni, si caratterizzano per scelte diverse che ciascun parlante fa tra gli elementi del lessico, della morfologia e della sintassi offerti dalla lingua comune, anche in talune sue varietà.

La gamma dei registri è compresa fra tre livelli di lingua: parlate dialettizzate, lingua corrente (o media), lingua sostenuta. E va dunque dai registri più bassi, quasi esclusivamente orali, con scarsa variazione lessicale, con molti dialettismi e con strutture poveramente e imperfettamente articolate, a registri più alti dall'ampia e specificamente sorvegliata varietà lessicale e morfologica e dal fraseggio elaborato e ricco di articolazioni subordinative funzionalmente selezionate.

Una descrizione esauriente e comunemente accettata dei registri non è stata offerta ancora dai linguisti, che di volta in volta parlano di registro (o stile) formale, ricercato, sostenuto, letterario, alto, accurato, informale, colloquiale, familiare, discorsivo, basso ecc.

[(19)] G.Berruto, 'La sociolinguistica', cit., pp. 68-73.

Anche noi, nel corso di questo nostro lavoro, quando si è trattato di dare indicazioni di registro linguistico, risentendo di questo stato di incertezza, ci siamo serviti di termini diversi, seppur sinonimi.

sottocodici

I sottocodici sono varietà della lingua proprie di settori delle attività professionali, scientifiche, tecniche, sportive, che per loro specifiche trattazioni richiedono l'uso frequente di terminologie appropriate anche in aggiunta a quelle fornite dal lessico della lingua comune. La specificità del lessico, più che quella delle strutture, dovrebbe dunque distinguerli.

Sono sottocodici i linguaggi speciali (o settoriali), quali quello della medicina, della chimica, della finanza, della burocrazia, della giurisprudenza, degli sport ecc.

Si pensi, per fare qualche esempio, a termini sportivi del tipo *portiere, libero, calcio d'angolo, driblare, canestro, dritto, rovescio;* o a termini della medicina come *isterectomia, rinite, otorinolarigoiatria*; o a termini giuridici quali *convenuto, foro, fideiussione, querela, sfratto.*

La necessaria e spesso esasperata frammentazione in settori delle varie attività umane e il connesso vasto interesse (diretto o indotto che sia in particolare dai mass-media) presso i vari strati sociali fanno sì che il contributo lessicale dato alla lingua comune da questi linguaggi speciali sia vario e continuo.

Non si può tacere tuttavia che in essi non di rado si assiste a fastidiose degenerazioni dovute a ingiustificate resistenze al rinnovamento, a insistiti funambolismi lessicali, a involute complessità strutturali. Può allora sorgere il sospetto di una subdola determinazione a non esser chiari. Tutto ciò rende spesso questi linguaggi oggetto di rifiuto e circonda di disistima chi li usa, come anche testimonia l'ironia di certi loro appellativi: burocratese, politichese [20], sindacalese, sociologese, medichese ecc.

Per quanto riguarda il linguaggio della pubblica amministrazione (il burocratese), ci piace citare le seguenti severe riflessioni del linguista T. De Mauro tratte dal quotidiano 'la Repubblica' del 14-12-1995. Scrive De Mauro: "Se com'è noto- i limiti del mio linguaggio sono i limiti del mio mondo, bisognerà convenire che il mondo della pubblica amministrazione è certamente illimitato. Dall'alto delle sue Istituzioni, lo Stato parla infatti ai cittadini con parole rigorosamente incomprensibili, segretamente minacciose, delicatamente insensate. (...) la voce della Pubblica Amministrazione non si è mai interrogata su quanto potesse risultare chiara ai

---

[20] Ecco un esempio di linguaggio politico dal senso piuttosto oscuro per il vieto barocchismo delle metafore: "Mi pare di poter dire che nei rami alti del partito logiche e sistemi della politica sembrano attutire il gemito di chi guarda a noi per capire quanto sia autentica la voglia di cambiare. La gente aspetta con ansia una nuova partitura." (M.Martinazzoli, in 'Il venerdì di Repubblica', 11-9-1992). Ecco, per contro la risposta di un altro politico (lucidamente pragmatico), U.Bossi, a un giornalista: (domanda:) "Quando parla con noi o in altre sedi analoghe lei usa un linguaggio appropriato. Poi, ogni tanto, vengono fuori alcune sue intemperanze lessicali. Qual è il Bossi autentico, quello che dice le parolacce o quello che si esprime politicamente? O tutti e due?" (risposta:) "Tutti e due, dipende dal contesto in cui mi trovo. Se uno va in una piazza con cinquemila lavoratori e comincia a parlare in maniera appropriata, però gli altri lo sentono come uno che parla con il 'birignao', è evidente che poi non lo capiscono. Parlo di gente normale, come me che vengo da una famiglia di questo tipo. Gente che non ha molto tempo di leggere libri. Io dico che è una grande forma di rispetto riuscire a comunicare con questa gente usando le cose semplici." (In 'la Repubblica', 3-10-1992.)

suoi destinatari, e cioè a noi. Poiché anche su questa sprezzante e sistematica oscurità si fonda il senso di un'autorità che preferisce essere temuta piuttosto che capita e promette sanzioni in luogo di rassicurazioni. (...). Concetti quali lo Stato di diritto, la certezza del diritto e il principio democratico, che sono alla base del patto sociale, sono garantiti dal linguaggio finché il linguaggio è chiaro. Inoltre va detto che le amministrazioni usano un linguaggio oscuro anche perché le oltre centomila leggi che regolano la vita dei cittadini sono scritte con scarsa chiarezza."

Ora comunque qualcosa comincia a cambiare. In questo stesso articolo si dà infatti notizia della preziosa iniziativa di un gruppo di giovani linguisti e giuristi che si sono candidati a studiare un metodo di semplificazione del linguaggio burocratico "producendo analisi, dati e inchieste sul campo" da presentare in un convegno dal titolo comprensibilissimo 'Semplificazione del linguaggio amministrativo'. "E il gruppo è partito a testa bassa." E meno male, vien fatto di dire, concludendo su questo argomento. E speriamo bene!

68.2.5 LA LINGUA DELLA STAMPA QUOTIDIANA E PERIODICA

Giornali e riviste costituiscono spesso il luogo per eccellenza di uso e di divulgazione delle specificità lessicali proprie dei linguaggi settoriali presso sempre più vasti e vari strati della popolazione; senza per altro ripeterne l'esasperato tecnicismo.

Anche per questa ragione, solo in senso lato si può (e si usa) parlare di 'lingua dei giornali'; e più proprio sarebbe dire 'lingue dei giornali'.

I quotidiani, ad esempio, con la loro articolazione in settori di argomenti specifici (attività politica interna ed estera, cronaca nazionale e locale, varia cultura con largo spazio dedicato alle esperienze della scienza e della tecnica, spettacoli, economia e finanza, sport) non possono non attingere a questi linguaggi. Tuttavia (informando, narrando, commentando, descrivendo, argomentando, polemizzando, intervistando, divulgando), anche nella necessità di diffondersi presso un pubblico di lettori il più vasto possibile e il più differenziato per cultura, interessi, convinzioni ideologiche, età ecc., vi attingono per ritrasmetterli con la preziosa mediazione di una varietà di stili e di registri capaci di moderarne l'ostico settorialismo.

In questo modo e per queste ragioni, la stampa quotidiana e periodica, raggiungendo milioni di utenti, è oggi una delle rare fonti di lingua scritta che non solo contribuisce in maniera determinante a fare opinione (e non è questa la sede per riflettere sui possibili dati anche negativi di questo fatto), ma che concorre quotidianamente e massicciamente anche a 'fare' lingua comune (e questo è, sì, un fatto comunque positivo per la nostra comunità nazionale), sia nelle forme lessicali, sia nelle strutture morfosintattiche tanto dello scritto che del parlato: terminologie (si è detto) da linguaggi settoriali [21], neologismi, prestiti, calchi, unità lessicali, sigle,

---

[21] Un esempio: "Il presidente *messo alle corde* dal Parlamento" (titolo in 'la Repubblica', 25-8-1992). Per altri numerosi esempi tratti da giornali, e riguardanti le varietà di contributi qui richiamati, cfr. pp. 54-55. A proposito della quantità media di persone che quotidianamente leggono giornali, può essere orientativo quanto si apprende da alcuni dati offerti dal Rapporto Eurispes (dati pubblicati in 'la Repubblica', 27-1-1996) sulla classifica dei tre quotidiani più letti in Italia nel 1995: al primo posto risulta

forme figurate con scarti anche arditi di significato, usi particolari di tempi e di modi verbali e loro concordanze, stile nominale e sintetico (tipico dei titoli), stile indiretto, varietà di forme del periodare coordinativo e subordinativo ecc.

Tutto ciò giustifica anche, in qualche modo, perché nel corso della nostra trattazione, per le numerose esemplificazioni, per dir così, d'autore, abbiamo largamente attinto alla stampa quotidiana.

68.2.6 LA LINGUA DELLA PUBBLICITÀ

Anche la lingua della pubblicità è stata oggetto di ripetute considerazioni in questo nostro lavoro.

Essa non ha gli attributi propri di un linguaggio settoriale, e si distingue soltanto per un uso particolare dei termini comunque generalmente attinti dal vasto repertorio della lingua comune. Si potrebbe definirla una moderna applicazione della retorica come arte del convincere e del persuadere [22], in perfetta sintonia con il carattere consumistico di questa nostra epoca. A questo scopo, quando il mezzo di diffusione (televisione, stampa) glielo consente, alla parola unisce anche l'immagine.

La pubblicità fa "leva su certe aspirazioni socialmente diffuse, in modo da acuire o addirittura suscitare il desiderio del bene reclamizzato"[23]. E per ciò presenta questo bene di volta in volta come il prodotto di moda, o come un segno di distinzione, di prestigio o di giovinezza o di sicurezza o di efficienza o in armonia col discorso più in voga (quello ecologico, ad esempio, o quello igienico).

Dal punto di vista linguistico, il messaggio pubblicitario spazia su una vasta gamma di varietà: e può avere aspetto, a volta a volta, serio, rassicurante, oggettivamente scientifico e tecnologico, o sentenzioso o sentimentale o imperativo o insinuantemente persuasivo o allusivo o nostalgico o poetico o pittoresco o ironico o umoristico. E per questo esige autori dalla fervida fantasia e capaci di muoversi con creativa spregiudicata sicurezza anche nel mondo delle parole [24]: parole nuove

---

il 'Corriere della sera' con 3.320.000 lettori medi giornalieri, al secondo posto la 'Gazzetta dello sport' con 3.271.000 lettori, al terzo 'la Repubblica' con 2.973.000 lettori. Va comunque precisato che esiste uno scarto tra numero di copie di giornale vendute e numero effettivo di lettori: in media ciascuna copia venduta raggiunge infatti più lettori. Ad esempio, il 'Corriere della sera' nel 1995 in media ha diffuso quotidianamente 717.000 copie contro le 610.000 de 'la Repubblica'.

(22) F. Bruni, cit., p. 98. Si veda anche, qui, il cap. 69. Non si può tuttavia tacere di un'ormai ben maturata consapevolezza che quanti si dedicano al settore della pubblicità hanno di usare un linguaggio con caratteristiche sempre più proprie: "Forse non è inopportuno ricordare che, anche per i masmediologi, la pubblicità ha cessato da tempo di costituire una sorta di surrettizia appendice del variegato mondo dei mezzi di comunicazione di massa. Per configurarsi come un genere a se stante, con una propria autonomia e dignità. Con una propria sintassi e grammatica e che dà corpo a quella forma di linguaggio, ormai strutturale per le società moderne, costituito dall'universo delle merci". (G. Fabris, in 'la Repubblica', 21-5-1995)

(23) F. Bruni, cit., pag.98.

(24) "Nella macchia pubblicitaria le parole vengono usate con la massima libertà e spregiudicatezza (...). Ma soprattutto vengono usate e gettate; perché per tutte arriva prima o poi il momento in cui non servono più (...). Gettando via con troppa frequenza le proprie invenzioni linguistiche, la pubblicità non

talvolta destinate a entrare e a durare nel linguaggio comune; parole a confronto, a contrasto; parole dal significato ambiguo o generico; parole colte, letterarie o popolari o gergali o dialettali o settoriali; stranierismi (tanti); parole in rima, in assonanza; onomatopee; allitterazioni; paronomasie; ripetizioni; insolite e ardite forme elative; antitesi, parole composte; parole-macedonia; conglomerati; sigle; metafore; sinestesie; ossimori; costrutti nominali; bruschi mutamenti di strategie strutturali; solecismi; dislocazioni per enfasi; espressioni sintetiche (49.5.2), a una sola proposizione, spesso maliziosamente allusive; bisticci, nonsensi. E così via [25].

Ecco una serie di esempi variati in base ad alcune indicazioni qui sopra suggerite; non pochi di essi, legati come sono (e come si è detto) alla precarietà del momento in cui sono nati, sembrano aver perduto buona parte della loro originaria vitalità e possono apparire piuttosto superati [26]:

- Bourbon ti aroma (marca di caffè)
- Golia bianca sfrizzola il vilipendulo (pastiglia di menta)
- Belvest. Style of man (marca di abiti)
- Around the world with Molinari. Pura con ghiaccio nel caffè (un liquore)
- Ape è capace (marca di furgoncino)
- Falqui. Basta la parola (prodotto farmaceutico)
- Doppio brodo Star: tutto il sapore di casa mia (dado per brodo)
- Le più applaudite oggi sono le meno care (marca di pellicce)
- Elimo. Nome proprio di vino. Maschile e femminile
- Colore chiaro. Gusto pulito (marca di whisky)
- Non ci vuole un pennello grande. Ci vuole un grande pennello (marca di pennello da imbianchino)
- Oransoda l'aranciatissima
- Barattolino e Sorbetteria Sammontana. Il gelato all'italiana
- E' forte è Ford
- Vetril il puliziotto di casa (liquido per pulire vetri)
- Chi Vespa mangia le mele (marca di motoretta)

Si noti l'effetto a sorpresa ottenuto dal seguente slogan apparso in un cartello pubblicitario nell'autunno del 1995: "La musica è sublime / Il prezzo è bestiale". Come a dire: un incommensurabile godimento spirituale *(sublime)* in cambio di un insignificante incomodo economico (*bestiale,* attributo che qui riconduce ai significati della 'insensatezza'). Un messaggio di indubbia efficacia espressiva 'giocato' sull'arditezza combinatoria di un'iperbole (69.2.1) esageratamente amplificante, e

incide in modo stabile nella lingua, lasciandovi solchi violenti che presto si ricompongono come la scia di un motoscafo. Così contribuisce ad accrescere la nostra sensazione di vivere in un paesaggio instabile, senza punti fermi". (P. Pivetti, in 'L'Indipendente', 22-10-1995) "In definitiva la pubblicità nella sua insistita e continua invenzione e creazione ci rivela, o conferma, l'esistenza anche di una 'fantasia' linguistica, mentre alla lunga il suo rischio è il barocchismo o il manierismo." (M. Medici, 'La parola pubblicitaria', Venezia, Marsilio, 1986, pag. 13).

[25] Per tutto ciò si veda anche il cap. 69.

[26] Una volta espressioni come queste si chiamavano *slogan* "ma non fatevi sentire ad usare simili arcaismi; tutt'al più chiamatele claim, pronunciare *kléim*". (P. Pivetti, cit.)

di un'antitesi (69.2.1) esasperatamente conflittuale: spirito e materia, celestialità e terrestrità (brutalità), interessata concretezza e serena idealità; una volta di più fatalmente congiunti e interdipendenti.

Anche la lingua della pubblicità, per tanta dovizia di forme, così altamente capace di penetrare fra la popolazione ai più differenziati livelli professionali, sociali e culturali, costituisce una delle fonti più variamente e continuativamente produttive in fatto di unificazione e aggiornamento linguistico nazionale.

68.2.7 LINGUA PARLATA (E SCRITTA)

Parlato e scritto sono due varietà del medesimo codice linguistico -da cui derivano comuni forme e strutture- distinte per il sistema utilizzato: rispettivamente, fonico-auditivo e grafico-visivo.

E non solo. "La parola, nel suo habitat naturale che è quello orale, fa parte del presente della realtà e dell'esistenza. L'espressione orale è indirizzata da un individuo reale, vivente, a un altro o a più individui ugualmente reali e viventi, in un momento specifico e in un ambiente preciso che include sempre molto di più delle semplici parole. Le parole parlate sono modificazioni di una situazione complessiva; esse non si presentano mai da sole, in un contesto esclusivamente verbale" (27), come invece accade per la parola scritta (29.2, 29.3, 63.2)

E infatti:

- la parola parlata è, generalmente, destinata a scomparire senza lasciare traccia, se non nella labilità della memoria di pochi interlocutori (28);

- le parole, una volta pronunciate non possono essere corrette, cancellate, sostituite con altre parole; la modificazione del messaggio può avvenire solo precisando con altre successive parole, avvertendo l'interlocutore che si voleva dire altro, scusandosi, giustificandosi ecc.;

- il messaggio parlato resta unico, irripetibile, non esattamente riproducibile e moltiplicabile (la eventuale videoregistrazione lo priva di molti elementi fondamentali della situazione comunicativa in cui è nato e di cui fa parte integrante);

- la parola parlata si avvale del sostegno di elementi non verbali essenziali, quali i tratti prosodici (modulazione della voce, ritmo, pause) e cinesici (mimica, gesti e movimenti corporei [3.1]); in virtù di questi, accade spesso che la parola rimanga sospesa o che non venga neppure pronunciata; o che una frase venga interrotta; l'oralità insomma affida per lo più il significato al contesto situazionale, mentre la scrittura lo concentra nel linguaggio stesso (29);

- il parlato prende vita nel dialogo, presuppone il confronto diretto, il faccia-faccia tra interlocutori, sia pure immaginario (con migliaia o milioni di ascoltatori alla

---

(27) W.J. Ong, 'Oralità e scrittura', Il Mulino, Bologna, 1986, p.145.

(28) Fanno, naturalmente, eccezione le culture che W.J. Ong (cit.) chiama 'ad oralità primaria'; quelle cioè che, non avendo in uso la scrittura, trasmettono la conoscenza esclusivamente tramite la parola parlata, che si affida alla memoria per temi fissi, formule, proverbi, andamento ritmico ecc.

(29) W.J. Ong, cit., p.151.

radio o alla televisione, ad esempio); lo scritto invece non può essere discusso immediatamente con il suo autore con cui ha perso il contatto;

- il discorso parlato è concepito come frutto dell'immediatezza, della spontaneità, che lo caratterizzano emotivamente e formalmente; parlare è come pensare ad alta voce, e gli argomenti per lo più si svolgono in assenza di studiate strategie di sostanza e di forma.

Tutto ciò, e altro ancora, caratterizza e distingue il parlato più usuale: il 'parlato-parlato' [30], insomma.

Ma al sistema fonico-uditivo si riconducono altre forme particolari della oralità, che mancano degli attributi della spontaneità e della immediatezza e che obbediscono a particolari ritualità conversazionali

Alludiamo al 'parlato-scritto' proprio di comunicati radiotelevisivi, o di certe lezioni, conferenze e discorsi antecedentemente preparati, scritti o ampiamente schematizzati; alludiamo al particolare comportamento linguistico di docenti e studenti in occasione di interrogazioni e di esami.

Alludiamo anche a tutte quelle forme di comunicazione la cui oralità consiste semplicemente nel prestare la voce (ma con l'originale, e non trascurabile, apporto dell'interpretazione, anche gestuale, individuale) a messaggi scritti in genere da altri: e sono le preghiere, ad esempio, i canti, le letture ad alta voce, le recitazioni teatrali o filmiche o di poesie.

E' naturale (si è già ricordato più volte) che 'il parlato-parlato', date le particolari condizioni situazionali (dialogiche soprattutto) in cui ha vita, dal patrimonio lessicale e grammaticale tragga spesso suoi usi specifici: forme facilmente adattabili agli scarti di significato della metafora o riecheggianti le variabilità regionali; colorite oscillazioni fra lingua e dialetto, in particolare nei registri più colloquiali [31]; strutture sintatticamente non complesse, spesso sintetiche (quali le nominali), o interrotte o scisse o con bruschi mutamenti rispetto all'ordine abituale di sequenza; ripetizioni, precisazioni, espressioni interiettive, intercalari fàtici, pause di riflessione o di ricerca dell'espressione giusta, richiami alla situazione; strategie verbali di ripresa contro cadute di attenzione; ecc.

Insomma, non va dimenticato che gli interlocutori sono lì, a far intendere ai

---

[30] "Allo stesso modo in cui il pensiero investe e mobilita tutto l'animo, il suono possiede una potenza d'urto che scuote ogni nervo, proiettandosi verso l'esterno dal profondo del petto e trovando una materia adeguata nell'aria, che è 'il più sottile, il più mobile degli elementi'. Sotto questo riguardo nessun testo può riprodurre l'azione unica e irripetibile del discorso, la vitalità drammatica del suo flusso musicale, appunto perché la voce è materia che si fa energia, 'natura naturata', e 'natura naturans'. (...) Si parla con tutto il corpo: la parola è parte di un ecosistema, di un 'environnement' fisico e biologico". (E. Raimondi, 'Scienza e letteratura', Milano, Einaudi, 1978, pag. 189). Cfr. anche G. Nencioni, 'Parlato-parlato, parlato-scritto, parlato-recitato', in 'Strumenti critici', 10, 1-56.

[31] Si noti, nel seguente esempio, la naturalezza con cui il parlante passa dal romanesco alla lingua comune: "(...) so' uno che ha lavorato 23 anni a Milano, poi è tornato e ha trovato una Roma in queste condizioni. Me posso pure incazzà un attimino. O no? Venga a vedé che meraviglia 'sto panorama. Roma è distrutta dalla sua bellezza, il romano arriva a piazza Navona e dice: quant'è bella! E' là che lo fregano. Roma nun è bella, è 'na mignotta. No, non lo posso fare il sindaco di Roma: mi ammezzerebbero dopo sei mesi." (G.Funari, trascritto in 'la Repubblica', 22-7-1993.)

parlanti (che potranno comportarsi di conseguenza) se seguono il discorso, se lo intendono, a manifestare il grado del loro interesse. E, con gli interlocutori, sono lì i tanti altri dati situazionali che, insieme con le modulazioni di voce e con la gestualità dei parlanti, prestano il loro indispensabile contributo alla piena comprensione dei messaggi. E questi sono elementi spesso più significanti delle parole stesse [32].

68.2.8 L'ITALIANO DELL'USO MEDIO PARLATO E SCRITTO

Da un sondaggio del Censis del 1989 [33] si hanno i seguenti dati che a tutt'oggi non sembrano avere subito significative modifiche:

il 43,5% di 2.000 persone interpellate legge spesso, il 40,4% legge talvolta, il 15,4% non legge mai; lo 0,7% non risponde; [34]

il 12,7% scrive spesso, il 32% scrive talvolta, il 54,4% non scrive mai; lo 0,9% non risponde;

il 50,7% guarda spesso la TV, il 41% la guarda talvolta, il 7,7% non la guarda mai; lo 0,5% non risponde;

il 28,3% ascolta spesso la radio, il 41,5% l'ascolta talvolta, il 29,3% non l'ascolta mai; lo 0,9% non risponde.

Sembra dunque che la gran parte degli italiani, concluso il periodo scolastico, conserva un rapporto piuttosto freddo con la lingua scritta, che pure è tradizionalmente considerata il modello a cui conformarsi; rapporto che quando esiste è per i più limitato presumibilmente alla lettura di un giornale.

Se ne deduce che la formazione e l'aggiornamento linguistico degli italiani avviene prevalentemante mediante il parlato[35]: soprattutto nel quotidiano contatto con gli altri e nell'abituale ascolto di trasmissioni radiotelevisive [36].

Probabilmente il prodotto più consistente di questo particolare rapporto è una varietà del repertorio linguistico nazionale denominata 'italiano dell'uso medio parlato e scritto' [37]; più parlato che scritto [38].

Tale varietà è anche il segno più visibile dell'ormai avvenuta unificazione linguistica di cui si parlava in 68.1.

---

[32] Per ulteriori e più specifiche indicazioni si veda anche il paragrafo seguente.

[33] In 'la Repubblica', 18-11-1989.

[34] Da recenti dati dell'Istat risulta che solo il 37% degli italiani legge almeno un libro all'anno; meno di 4 persone su 100 leggono un libro ogni mese. E questo in un Paese dove si stampano circa 40.000 titoli l'anno. Il 60% lamenta la mancanza di tempo. (In 'Il Giornale', 28-9-1993)

[35] Ancora oggi "una parte consistente dei giovani che ottengono la licenza media inferiore, circa il 25%, lascia la scuola media senza una buona capacità di controllo dell'uso scritto della lingua". (T.De Mauro, 'Lessico di frequneza dell'italiano parlato', cit., p.21.)

[36] Si veda n. 8 a p. 636.

[37] F. Sabatini, 'L''italiano dell'uso medio', in G.Holtus e E.Ratdeke, 'Gesprochenes Italienisch in Geschichte und Gegenwart', Tubingen, 1985, pp. 154-184); si veda anche: G.Berruto, 'Sociolinguistica dell'italiano contemporaneo', La nuova Italia Scientifica, Roma, 1989, pp.55-103. Gran parte delle indicazioni che seguono sono tratte da queste opere.

[38] "Da Palermo a Venezia, da Bari a Torino, da Napoli a Milano, è un fatto nuovo di questi ultimi vent'anni che l'italiano invada così estesamente il dominio del parlato, prima riservato ai dialetti, nell'ambito pubblico e privato, familiare, intimo, indipendentemente dalla regione e, tendenzialmente, dal grado di istruzione d'origine". (T.De Mauro et Alii, 'Lessico di frequenza dell'italiano parlato', cit., pp.153-154).

E' un livello di lingua intermedio che si distingue per un suo insieme di forme lessicali, morfologiche e sintattiche comunemente ricorrenti, pragmaticamente adattabili alle varie esigenze comunicative.

Nel corso del nostro lavoro ci è capitato tante volte di parlarne. Ne richiameremo qui con ordine i tratti più caratterizzanti, avvertendo tuttavia che per economia di spazio e di tempo produrremo solo rari esempi dimostrativi. L'indice analitico sarà buona guida per ritrovare i vari argomenti che sono forniti a sufficienza di esempi presi dalla lingua viva.

lessico

Per questa argomento ci sembra che, a tutt'oggi, il riferimento più indicativo sia costituito dal lessico di frequenza di De Mauro e Altri [39]. Esso è frutto di una puntuale ricerca che, pur limitata alla lingua parlata nei maggiori centri urbani (Milano, Firenze, Roma, Napoli), offre comunque un ampio panorama che, come afferma il suo stesso autore [40], abbraccia il 92% dell'intero parlato e il 90% dello scritto.

E' un lessico di 15.641 parole che documenta con buona precisione il tipo di lingua che oggi si usa quando i parlanti intendono parlare italiano. E' una lingua che ha una sua solida compattezza: parole di più alto uso nel parlato, incidenza dialettale di appena l'1% (2 parole dialettali su ogni 100 a Napoli e 1 su 300 a Milano), bassa presenza di esotismi (0,30%). Le prime 2.000/2.500 parole hanno una sostanziale corrispondenza con il vocabolario di massima frequenza, il 'vocabolario fondamentale', e le prime 6.500/7.000 possono identificarsi con il 'vocabolario di base' proprio di chi ha frequentato la scuola media dell'obbligo (di base) [41].

livello morfosintattico

Per quanto riguarda il livello morfologico-sintattico, forniamo un elenco di tratti distintivi più ricorrenti segnatamente nel parlato che, per ragioni di praticità, spontaneità ed emotività, tende spesso a semplificare i modelli ritagliati sullo scritto, quando non anche a deviare dalla loro 'regolarità' [42]:

- costrutti enfatici con frasi scisse e con dislocazioni a sinistra o a destra, anche marcate con elemento pronominale (49.6, 49.6.1);
- il costrutto con oggetto dislocato a sinistra e con richiamo pronominale, che tende a sostituire quello passivo (La porta l'ha chiusa il vento [= *La porta è stata chiusa dal vento*]) (39.4.1);
- *che* (tra pronome e congiunzione) polivalente; non di rado seguito da un elemento pronominale con funzione di marca grammaticale (*Carlo è uno che gli piace la tranquillità*) (52.2.1.2);
- fra i modi verbali (cap.24 e 26), altissima frequenza dell'indicativo; buona frequenza, nel parlato, del condizionale come modo della richiesta cortese o della attenuazione; buona tenuta del congiuntivo non necessario (26.2) in strutture

---

[39] T.De Mauro et Alii, 'Lessico di frequenza dell'italiano parlato', cit.
[40] In 'Corriere della sera', 13-12-1992.
[41] Si veda in T.De Mauro, 'Guida all'uso delle parole', Editori Riuniti, Roma, 1980.
[42] Per quanto riguarda talune caratteristiche formali del parlato si rinvia al paragrafo 68.2.7.

subordinate nei registri medio-alti (e comunque più nello scritto che nel parlato); frequente sostituzione delll'imperativo con altre forme più o meno esplicitamente imperativali (24.1.3, 47.2.3); alta ricorrenza dell'infinito presente e del gerundio presente.

- fra i tempi verbali (cap.25), larga frequenza del presente indicativo (anche nei valori modali sostitutivi del perfetto e del futuro); accentuata tendenza del futuro semplice e anteriore a usi modali (buona approssimazione alla realtà, dubbio, perplessità, sgomento); diffusione del passato prossimo - tradizionale 'perfetto' delle aree settentrionali - anche nel centro e nel meridione; uso di passato e trapassato remoto (quest'ultimo sempre più raro) pressoché limitato alla narrazione scritta o al parlato formale; frequenti usi modali dell'imperfetto indicativo: come 'perfetto intensivo' in sostituzione del passato prossimo o remoto, come modo della richiesta cortese nel presente in sostituzione del presente indicativo o condizionale, e come sostituto del trapassato congiuntivo in costrutti ipotetici, e del condizionale passato in costrutti ipotetici e nel 'futuro del passato';

- sensibile frequenza d'uso dell'ausiliare 'avere' al posto di 'essere' con i verbi modali o servili (*Non ho [sono] potuto ritornare prima.*) (23.2.4);

- larga diffusione della perifrasi con aspetto progressivo 'stare + gerundio'; non di rado sostituita, anche fuori dalle aree centrali e meridionali dalla perifrasi 'stare a + infinito', con aspetto progressivo intensivo; (23.4);

- di provenienza da vaste aree linguistiche dell'Italia meridionale, ma ormai acquisita all'uso medio comune è la perifrasi formata da 'volere + oggetto diretto + un participio passato' che gli si accorda con funzione tra verbale e aggettivale (23.3) (*Li vorrei sposati questi due; mi pare ora.*);

Simili a questo, e di buona diffusione, sono certi costrutti participiali dipendenti da 'verbi di percezione' *(Li ho visti usati molto).*

- pratiche semplificazioni nel sistema dei pronomi personali: *lui, lei, loro,* con funzione di soggetto; *gli* per *a loro* e *a lei*; *voi* come pronome di cortesia invece di *loro; vi* avverbiale di luogo in arretramento rispetto a *ci* (15.2.2, 16.1.2.1);

- il pronome relativo *che / cui* preferito a *il quale* (che tuttavia gode ancora di qualche preferenza nello scritto) (17.4);

- il locativo *ci (ce)* come rafforzativo-eufonico nell'espressione 'averci' ("*Ce l'hai l'orologio?" "Sì, ce l'ho."*) (16.1.2.1);

- uso di riflessivi apparenti per il loro aspetto intensivo (*Mi bevo un caffè.*) (22.3.1);

- rafforzamento (intensificazione) con doppia forma pronominale (tonica e atona) indiretta: *a me mi, a te ti, a lui gli...* (49.6.1);

- uso frequente di *lo* pronome neutro (*Lo credo bene che ci viene - Si crede buono ma non lo è)* (17.2.1);

- *questo, quello* più frequenti di *ciò*; e spesso rafforzati da *qui* e *lì* (*questo qui, quello lì*) (12.3.1, 17.2.1);

- *codesto - cotesto* ormai decaduto, salvo in Toscana (12.3);

- gli interrogativi *che, che cosa* spesso sostituiti da *cosa*;

- *come mai, com'è che* introduttori intensivi di frasi interrogative invece di *perché*;

- buona frequenza della concordanza 'ad sensum' con nomi collettivi, specie se seguiti dal partitivo (*Una serie di problemi lo assillavano*) (33.2.2);

- le espressioni *c'è, ce n'è* seguite da soggetto plurale (*C'è poche persone stasera. - Ce n'è (di) parlamentari in Italia*) (33.2.2);

- superlativo con raddoppiamento avverbiale o con avverbi non quantitativi e anche di significato apparentemente negativo: *molto molto, estremamente, veramente, proprio, quanto mai, terribilmente, paurosamente* ecc. (11.1.3.1); (*Fa molto molto [quanto mai] caldo, oggi. - E' una donna terribilmente bella*).

- avverbi in funzione di aggettivi: *niente, bene, sì, no, super (gente bene, giornata sì [super], niente sigarette oggi*) (18.8.1);

- superlativo con *-issimo* di sostantivi (*aranciatissima, poltronissima, partitissima, governissimo*) (11.1.3.1);

- aggettivi in funzione avverbiale (*andare rapido, guidare veloce, lavare bianco, parlare piano*) (35.2b);

caratteristiche strutturali

Anche per quanto riguarda le caratteristiche strutturali di questa lingua dell'uso medio abbiamo degli ottimi dati di riferimento.

Ci vengono da una puntuale analisi condotta da M.Voghera [43] su 5 differenti testi di vario parlato (una conversazione al bar e una alla radio, una lezione e un seminario universitari, una relazione scientifica), per un totale di 12.000 parole, registrati (durata: 103 minuti) a Roma fra persone di cultura medio- alta.

Il particolare genere di argomenti prevalenti (universitari) e il livello culturale dei parlanti circoscrivono, ma non indeboliscono la fondatezza del riferimento; fondatezza che è anche confortata dalla sostanziale corrispondenza con altri dati di analoghe analisi di testi scritti. Come si sa, scritto e parlato si sono notevolmente avvicinati anche per questi aspetti della sintassi.

I dati per noi più orientativi (alcuni ne confermano altri qui sopra appena richiamati fra le caratteristiche morfosintattiche) ci sembrano i seguenti:

- su un totale di 12.000 parole, le proposizioni sono 1997;

- le proposizioni principali (di cui il 18% nominali e l'82% verbali) sono 1163 (59,5%); le proposizioni subordinate 793 (40,6%); le proposizioni interrotte 49 (2,4%%);

- le subordinate di cui sopra (793) sono contenute in 365 frasi complesse per un rapporto di 2,2 per ciascuna;

---

[43] M. Voghera, 'Sintassi e intonazione nell'italiano parlato', cit.

- fra le proposizioni prinicipali, hanno l'indicativo il 91,3%, il condizionale il 4%, l'imperativo il 4,2%, il congiuntivo lo 0,4%, l'infinito lo 0,1%;

- le proposizioni subordinate esplicite rappresentano il 68,2%; i funzionali introduttivi più ricorrenti (per un totale del 94%) sono quelli capaci di più significati, e cioè: il pronome relativo 46,6%, 'che' congiunzione 24,7%, 'che' cancellato 1,6%, 'se' 8,5%, 'perché' 7%, 'come' 3,7%, 'quando' 2,1%; l'uso del legamento 'che' costituisce dunque circa il 75% del totale; altri legamenti usati e qui non menzionati, data la loro specificità semantica, non arrivano a coprire il 6%;

- tra i modi verbali delle subordinate esplicite l'indicativo si ha nel 92,4%, il congiuntivo nel 6,4% (e son tutti casi in cui non era necessario [26.2]), il condizionale nel 1,2%;

- tra i modi verbali delle proposizioni subordinate implicite, l'infinito con preposizione (*di, a, per, da*) si ha per il 58,3%, l'infinito senza preposizione per il 13,1% (e dunque l'infinito si ha per un totale del 71,4%); il participio passato (con prevalente funzione relativa modificante il sintagma nominale [56.2.2]) per il 16,7%, il participio presente (con funzione relativa [56.2.2]) per lo 0,4%; il gerundio presente (con generica funzione di modificatore di verbo [64.2.1]) per il 11,1%; il gerundio passato è assente (64.2.1);

- per quanto riguarda i gradi di subordinazione, le proposizioni dipendenti di I grado sono 500 (63,8%), quelle di II grado 185 (23,3%), quelle di III grado 64 (8,1%), quelle di IV grado 27 (3,4%), quelle di V grado 6 (0,7%), quelle di VI grado 3 (0,4%), quelle di VII grado 2 (0,3%); come si vede, catene di subordinate che vadano oltre il III o IV grado sono assai poco frequenti [(44)].

livello fonetico

Parlando delle peculiarità fonetiche regionali, si è già accennato che esse si propongono in questa lingua dell'uso medio come elementi di differenziazione piuttosto che di unificazione. Noi (pp. 19-20) abbiamo già espresso la nostra opinione sull'esistenza o meno di un modello standard per la pronuncia dell'italiano. A tutt'oggi, lo standard sembra semmai identificarsi proprio in queste differenziazioni regionali, ciascuna delle quali -ben stabile e consolidata nei confronti della altre- continua a conservare la sua autonomia. E' una specie di "standardizzazione della diversità" [(45)] che comunque non arreca nessun danno ai fondamentali caratteri di uniformità e alla reciprocità di comprensione che rendono realmente di uso comune questa varietà del nostro repertorio linguistico.

[(44)] Nel seguente capoverso che conclude il breve romanzo 'Seta' di A. Baricco (Rizzoli, Milano, 1996, pag. 100) si noti l'eleganza del fraseggio sintatticamente articolato in un crescendo di combinazioni da una, a due, a tre fino a sei unità proposizionali; esse stesse (sette, a considerare l'unità attribuita 'disegnato...'), quasi a specchio, in graduata complessità riguardo al numero di propri elementi compositivi: "La domenica si spingeva in paese, per la Messa. Una volta all'anno faceva il giro delle filande, per toccare la seta appena nata. Quando la solitudine gli stringeva il cuore, saliva al cimitero, a parlare con Hélèn. Il resto del suo tempo lo consumava in una liturgia di abitudini che riuscivano a difenderlo dall'infelicità. Ogni tanto, nelle giornate di vento, scendeva fino al lago e passava ore a guardarlo, giacché, disegnato sull'acqua, gli pareva di vedere l'inspiegabile spettacolo, lieve, che era stata la sua vita."

[(45)] G. Berruto, in 'Sociolinguistica dell'italiano contemporaneo', cit., p. 96.

Capitolo LXIX

69 - BREVI NOTE DI RETORICA (E DI STILISTICA)

Retorica e Nuova retorica - Le figure - Le figure più ricorrenti

69.1 RETORICA E NUOVA RETORICA

La grammatica è il sistema di regole che determinano la precisione linguistica di un discorso (la 'puritas': la correttezza lessicale e sintattica). La retorica[1] è il sistema di regole che garantiscono che il discorso stesso raggiunga il suo scopo precipuo di persuadere o di convincere l'interlocutore. In altre parole: la grammatica è l'arte del 'parlare' in modo corretto (in latino, 'ars recte loquendi'); la retorica è l'arte del 'dire' in modo persuasivo e convincente (in latino, 'ars bene dicendi'; dove per 'bene' si intende appunto la capacità di raggiungere lo scopo di persuadere) [2].

Per loro stessa definizione, dunque, grammatica e retorica, accomunate come sono negli atti del comunicare, occupano due campi che, pur distinti - quando non anche antitetici (cfr., in 53.9, *anacoluto*) - risultano contigui e interdipendenti.

Parlare (dire) è infatti comunicare. E per comunicare non basta (a) formulare sequenze di parole corrette e strutturate secondo precise regole grammaticali; occorre anche che (b) queste stesse sequenze vengano scelte

---

[1] La retorica (derivazione dal verbo di origine ed estensione indoeuropea 'éirein' = dire, dichiarare) nasce come arte che tende a persuadere del giusto e dell'ingiusto mediante appropriati strumenti linguistici. Aristotele la definisce come la facoltà di scoprire in ogni argomento ciò che è in grado di persuadere.

[2] H.Lausberg, 'Elementi di retorica', Bologna, Il Mulino, 1969, pag. 65.

in armonia con le singole situazioni (interlocutori, argomenti, luoghi ecc.) (68.2.4); e tutto questo, (c) allo scopo di accrescere le conoscenze degli interlocutori o di convincerli a maturare, mutare o conservare i loro punti di vista, o di indurli a compiere azioni, o di muoverli emotivamente (46.1, 46.2). Per queste ragioni, il 'corretto' in senso assoluto può anche non coincidere con il 'persuasivo' (53.9, 64.1). Per un oratore, ad esempio, il dovere di persuadere un giudice (persona o pubblico che sia) può anche essere più forte del dovere di rispettare la precisione linguistica. Il suo primo intento è infatti quello di dare credibilità al suo discorso (53.9).

"La retorica è, insomma, arte della parola nel senso più pieno: parola che sa convincere (in un'aula di tribunale, come in un dibattito politico); parola che sa toccare le corde emozionali dell'uditorio; parola che sa incantare con mille artifici espressivi". Tre sono infatti, nella tradizione, le funzioni della retorica: 'docere' (= *informare* del proprio punto di vista), 'movere' (= *commuovere*) e 'delectare' (*allietare* interessando col variare i propri moduli espressivi) [(3)].

Per tutto ciò, secondo la tradizione greco-latina, il parlante, nel sollecitare, a seconda dell'opportunità, più la sfera intellettiva o più quella emotiva del suo interlocutore, deve avere libertà di scelta relativa: 1) alla ricerca degli argomenti, 2) alle modalità nel disporli, 3) alle tecniche e alle forme verbali e strutturali nell'esporli. Che son tutti procedimenti oggetto di studio della retorica; o, come oggi in senso più complesso si dice, della pragmatica, in quanto studio delle caratteristiche della (buona) utilizzazione del linguaggio [(4)].

La retorica, come tecnica, o arte, del porgere, ha avuto origine nel V secolo a.C. nella Magna Grecia; in particolare, si dice, a Siracusa in seguito alla caduta della tirannide per insurrezione popolare (467 a.C.). La restaurazione della democrazia aveva là dato il via a una lunga serie di processi per la rivendicazione di proprietà private di cui i tiranni nel corso del tempo si erano appropriati. E fu così che due retori, Corace e il suo allievo Tisia, compilarono preziose guide ad uso delle parti in causa. Ma Cicerone ci dà notizia che in Sicilia -dove i cittadini, per annosa necessità di controversie nei tribunali, erano naturalmente orientati su strategie e tattiche offensive e difensive- la pratica della retorica era ben più antica di Corace e di Tisia; ai quali tuttavia spetta il merito di una sua teorizzazione e riduzione a ordinata precettistica.

---

(3) M.S. Celentano, in G. Bàrberi Squarotti-G. Gorrasi-W. Melega e C. Molinaro (a cura di), 'Dizionario di retorica e stilistica', Torino, Tea, I Dizionari, Utet, 1995.

(4) "Quando si dice 'retorica' si parla di due cose dipendenti, sì, l'una dall'altra, ma ben distinte. L'una è pratica e tecnica comunicativa, e insieme il modo in cui si esprime (persuasivo, appropriato, elegante, adorno...; e, degenerando, falso, ridondante, vuoto, esibizionistico ecc.) (...). L'altra cosa chiamata retorica è una disciplina e perciò un complesso di dottrine: è la scienza del discorso (luogo di teorie filosofiche), l'insieme delle regole che ne descrivono il (buon) funzionamento". (B.Mortara Garavelli, 'Manuale di retorica', Bompiani, Milano, 1991, pag.9)

In un primo momento, la retorica si presenta dunque come sistema di precetti anche formali per condurre a buon fine un discorso pubblico di parte; volto cioè a persuadere un arbitro (un giudice o una giuria in tribunale, un'assemblea popolare in politica) a modificare o a mantenere una determinata situazione; anche cercando di captarne la benevola disponibilità (in latino, 'captatio benevolentiae') mediante un parlare suadentemente ornato.

In seguito, nel corso dei secoli, soprattutto a partire dal Medio evo, i suoi àmbiti si allargarono fino a interessare ogni genere dell'attività letteraria, segnatamente di quella riguardante il discorso poetico e della prosa d'arte. E così la retorica divenne, molto genericamente, l'arte del bello scrivere e del bel parlare in base a rigidi schemi e norme regolarmente insegnati e sperimentati nelle scuole. Nella tradizione scolastica italiana, ad esempio, fino al 1859, nell'insegnamento secondario, i corsi di retorica succedevano ai corsi di grammatica.

Principale oggetto della sua attenzione era ormai la cura esasperata della forma, dello stile: nella minuziosa selezione della bella parola, dell'adorna espressione, dell'immagine leggiadra o suggestiva o ardita, delle strutture ben cadenzate. Di qui, le invenzioni di tecniche e di modi che spesso, travalicando la misura, sortivano opere e discorsi ampollosi, insinceri, tramati solo di oziose banalità.

Ne scaturì allora verso la retorica un atteggiamento di sospetto e di rifiuto; specialmente dal secolo XVII fino ad anni a noi assai vicini. Tanto che ancora oggi 'fare della retorica' significa parlare o scrivere in modo fastidioso e falso.

Decorre da appena qualche decennio una sempre più puntuale rivisitazione e una sempre più determinata rivalutazione della retorica. Ma con spirito più corrispondente alle attuali esigenze espressive, più aderente (si è detto anche in 53.9) all'aspetto pragmatico del linguaggio.

Osserva R. Barilli che la "nostra età contemporanea (postmoderna), inoltratasi nell'ambito di una tecnologia a fondamento elettronico, ritrova (...) talune caratteristiche e peculiarità delle culture antiche e di mezzo (...): il libro e la stampa non sono più lo strumento di comunicazione principale, pressoché esclusivo, ma risultano affiancati dalle radio, tele, video-comunicazioni, le quali rilanciano i valori del suono, della parola, della presenza. Il 'villaggio globale' recupera le proprietà che già furono dell'agorà o del foro greco-romano, ma con la variante che ora si tratta appunto di un reticolo di estensione planetaria, e quindi ricco di una potenzialità enormemente sviluppata". E proprio qui risiedono le ragioni determinanti per un rilancio totale della retorica "in quanto valida tecnica di persuasione, di propaganda, di valutazione, chiamata a far giocare tutte le 'parti' tradizionalmente distinte e teorizzate dalla saggezza dei retori antichi (...)": che si tratti dei contenuti, della loro disposizione, delle forme della loro espressione o, non ultime, delle modalità dell'esposizione (69.2). E così "la retorica 'ritorna' tutta per intero, uscendo da uno stato secolare di rimozione, e riproponendosi, inoltre, come fatto quotidiano, alla portata di tutti". [5]

E' una retorica rigenerata, dunque; intesa ancora come arte del persuadere e del convincere, ma nel senso molto generale che chiunque compia atti di parola, anche al di fuori dell'attività oratoria o letteraria (atti che servano dunque anche solo a manifestare semplici opinioni o a trasmettere normali informazioni o a formulare richieste o prese d'atto), tende comunque a fare opera di persuasione presso i suoi interlocutori. Ogni discorso -anche una dimostrazione scientifica- è sostanzialmente soggettivo; e la soggettività del parlante tende naturalmente ad affermarsi, in maniera più o meno esplicita e intenzionale, sulla soggettività dell'interlocutore.

Oggi (come e più che nel lontano passato) si dà per scontato che i procedimenti logico-formali (le 'figure' [69.2]) di cui si occupa la retorica, pur nella difficile terminologia con cui spesso ci si presentano, siano intimamente connessi con l'espressione linguistica stessa; siano parte integrante della necessità stessa del comunicare quotidiano (la 'retorica del quotidiano'[[6]]).

E per questo, come si è già ricordato anche all'inizio, lo studio del codice lingua e lo studio del discorso tout-court (e dunque della retorica), pur distinti, interessano congiuntamente ogni atto di comunicazione.

E' infatti connaturato con qualsiasi atto di comunicazione verbale -scritto o parlato che sia, e più o meno spontaneo e immediato- scegliere le parole, usarle in senso figurato, disporle in sequenze foniche particolari, rispettarne o romperne la collocazione più consueta; ripetere concetti, metterli a confronto o a contrasto, organizzarli in ordine crescente o decrescente, attenuarli, intensificarli, accennarli appena o approfondirli o sospenderli; disporli e collegarli in varia maniera.

Procedimenti di questo genere costituiscono argomento di retorica (come si può anche riscontrare nell'elenco delle 'figure' in 69.2.1). E ciò, perché qualsiasi mutamento alla 'regolarità' semantica e grammaticale delle singole parole e delle loro combinazioni in sequenze frastiche e interfrastiche costituisce argomento di retorica. (Cfr. anche n. 2 a pag. 285 e n. 1 a pag. 565).

E noi, in quest'opera, nel corso delle nostre riflessioni grammaticali non poche volte li abbiamo richiamati: parlando di enfasi, ad esempio, o di

---

[5] R. Barilli, 'Poetica e retorica', Milano, Mursia, 1969-1984, pag. 15. Cfr. anche C. Perelman, L.Olbrechts-Tyteca, 'Trattato dell'argomentazione. La nuova retorica', Torino, Einaudi, 1966.

[6] F. Ravazzoli, 'Appunti di nuova retorica, tra semantica e pragmatica', in 'Strumenti critici', 44, pp. 154-170. - Valesio, 'Ascoltare il silenzio: la retorica come teoria', Bologna, il Mulino, 1986. Si veda anche nota 9.

asindeto, di polisindeto, di funzioni del linguaggio, di modalità e di disposizione delle frasi, di scarti di significato delle parole per loro usi figurati [7] ecc.

Se, quando se ne presentava la necessità, non avessimo toccato questi argomenti, non avremmo descritto l'italiano come lingua viva, in uso oggi fra gli italiani, bensì ci saremmo ritrovati a presentare un meccanico sistema di segni verbali inerte, incolore, astratto. E avremmo tradito lo scopo di questo nostro lavoro.

69.2 LE FIGURE

Secondo la tradizione greco-latina (che, per non pochi aspetti, conserva ancora oggi una sua non trascurabile validità) l'elaborazione del discorso si articola in cinque fasi, di cui le prime tre, già qui poco sopra richiamate, sono fondamentali:

1) l'*invenzione* (in latino, 'inventio'): che è l'arte di 'trovare' gli argomenti, i temi da trattare (*retorica del contenuto*);

2) la *disposizione* (in latino, 'dispositio'): che è l'arte di combinare le unità -grandi o piccole- del discorso (*retorica della composizione*);

3) l'*elocuzione* (in latino, 'elocutio'): che è l'arte di esprimere le idee trovate in fase di 'invenzione'; è insomma il lavoro di 'stile' la cui principale risorsa è costituita dalle 'figure'. Si tratta della *retorica dell'espressione*, che, chiamata, per comodità, 'retorica', tour court [8], si trova a disposizione tutta una sua vasta e puntuale (e puntigliosa) precettistica che è stata continuamente ripresa e rinnovata lungo il corso dei secoli.

Delle altre due fasi, la *memoria* (che riguarda i modi per mandare, appunto, a memoria il discorso) e la *pronunciazione* o *pronuncia* o *dizione* (in latino, 'pronuntiatio' o 'actio'), quest'ultima risulta valida più che mai oggi in questa 'civiltà dell'immagine' in cui si dimostra essenziale la presenza fisica di colui che parla ed è esperto nell'atteggiare studiatamente il corpo e nel modulare opportunamente la voce.

Delle prime tre fasi, l'invenzione offre il materiale grezzo, per così

---

[7] Non diversamente da Barilli sopra citato, anche B. Malmberg (in 'L'analisi del linguaggio nel secolo XX', Bologna, Il Mulino, 1988, pp. 493-194) ci ricorda che la concezione odierna della retorica non è poi così lontana da quella dei primordi. Essa è infatti concepita come "analisi della struttura delle sequenze orali e scritte che dà forma ai pensieri e rappresenta il rapporto tra questa forma e le idee veicolate". Una tale concezione è oggi anche un invito a "utilizzare 'retorica' come sinonimo di analisi linguistica dei testi (nel senso più ampio del termine) ossia *linguistica testuale* con lo scopo preciso di liberare il termine retorica dalle connotazioni tradizionali". In questo senso, la retorica non è dunque un ornamento del discorso, ma una dimensione essenziale a ogni atto di significazione. (Bremond C., in 'Communications', 1970, n. 16, pag. 2). Siamo insomma alla retorica intesa come scienza del discorso tout court contrapposto (quando anche non sovrapposto) alla linguistica come scienza del codice. (Cfr. anche in 53.9, alla voce 'anacoluto' e la n. 1 a pag. 285).

[8] G. Genette, 'Figure', Torino, Einaudi, 1969, Vol. I, pag. 188.

dire, mentre la disposizione e l'elocuzione gli danno forma, anche mediante particolari procedimenti compositivi ed espressivi che si presentano come alterazioni in rapporto agli usi 'normali' della lingua, che hanno la loro genesi nella sfera logica, immaginativa e, soprattutto, affettiva del parlante (o scrivente), e che, come si è accennato, prendono il nome di *figure*[9]. Queste, mentre danno al parlante la specifica coscienza delle sue personali scelte stilistiche (pragmatiche), permettono all'interlocutore una più puntuale comprensione del discorso (insistiamo: non solo, e non necessariamente letterario).

A seconda che appartengano alla 'inventio' o alla 'elocutio', le figure, in base a una ripartizione classica, si distinguono in 1) 'figure di pensiero' e 2) 'figure di parola'. Fra di esse non sempre è possibile operare una netta distizinone; talune figure di parola possono ricondursi a quelle di pensiero, e viceversa.

Le figure di parola si possono comunque mutare o togliere senza una conseguente alterazione del senso della frase. E possono a loro volta essere suddivise in: a) 'figure di dizione' (o grammaticali), b) 'figure di elocuzione', c) 'figure di ritmo', d) 'figure di costruzione', e) 'figure di significato' (o 'tropi').

1 - ***figure di pensiero***

Le 'figure di pensiero' riguardano la costruzione ideativa e immaginativa di intere frasi. Ad esse si riconducono: *l'allegoria, l'antitesi, l'apostrofe, la correzione, la dubitazione, l'epifonema, l'esclamazione, l'imprecazione, l'interrogazione, l'ipotiposi, l'ossimoro, la preterizione, la prosopopea (o personificazione), la reticenza, la similitudine.*

2 - ***figure di parola***

a) Le 'figure di dizione' (o grammaticali) riguardano qualsiasi modificazione di una parola, considerata normale, mediante soppressione o addizione o spostamento al suo interno di uno o più fonemi. Ad esse si riconducono: *l'apocope, l'aferesi, la metatesi, la sincope, il solecismo.*

b) Le 'figure di elocuzione' riguardano la ricerca e la scelta delle parole e dei modi del periodare (strutturare insiemi di proposizioni) considerati più adatti all'espressione del pensiero. Ad esse si riconducono: l'*asindeto, l'epiteto, il polisindeto, la ripetizione, la sinonimia* ecc.

---

[9] Fin dall'antichità la tradizione retorica (che "è un sistema di figure"), in modo felicemente contraddittorio, "definisce le figure come *modi di parlare lontani da quelli che sono naturali e ordinari* o anche (...) *semplici e comuni;* ma nello stesso tempo confessa che nulla è più comune e ordinario dell'uso delle figure e, per riprendere la formula classica, che *si fanno molte più figure in un giorno di mercato in piazza di quante non se ne facciano in più giorni di assemblee accademiche.* La figura rappresenta una deviazione in rapporto all'uso comune, la deviazione è tuttavia nell'uso comune: ecco il paradosso della retorica". (G. Genette, cit., pp. 190-191).

c) Le 'figure di ritmo' riguardano gli effetti fonici prodotti nel discorso dalla ripetizione di suoni, sillabe, parole o espressioni. Ad esse si riconducono: *l'allitterazione, l'onomatopoea, la paronomasia* ecc.

d) Le 'figure di costruzione' riguardano l'ordine che le parole possono avere in una frase. Ad esse si riconducono: *l'anacoluto, l'anadiplosi, l'anafora, l'anastrofe, il chiasmo, il* (o *la*) *climax* (e *l'anticlimax*), *l'ellissi, l'epifora, l'iperbato, lo zeugma* ecc.

e) Le 'figure di significato', dette anche 'tropi' (dal gr. 'trépein' = volgere, trasferire) riguardano il cambiamento di significato delle parole in determinati contesti. Ad esse si riconducono: *l'antonomasia, la catacresi, l'enfasi, l'eufemismo, l'iperbole, l'ironia, la litote, la metafora, la metonimia, la perifrasi, la sineddoche, la sinestesia.*

Una recente classificazione

Qualche anno fa, da parte di sei studiosi del Gruppo μ della Università di Liegi (Dubois, Edeline, Klinkenberg, Minguet, Pire e Trinon, autori dell'opera 'Rhetorique générale', Paris, 1970, tr. it., 1976) è stata proposta una classificazione integrale delle figure tendente ad accordare gli elementi della retorica classica con principi più moderni.

Essa infatti riguarda tutti i meccanismi che trasformano i vari aspetti del linguaggio (forme, relazioni sintattiche, effetti di senso), e si riconduce alla teoria linguistica elaborata da R. Jakobson (46.2) sul modello della teoria dell'informazione. In questo àmbito, il concetto di retorica non è più limitato alla sola *poetica*, ma si allarga, più in generale, al *discorso* nella varietà dei suoi tipi, ciascuno dei quali non può non essere provvisto di procedimenti stilistici come le figure [10]. Di qui i nuovi orizzonti della retorica (la neoretorica) e la sua affinità con la linguistica interfrastica o testuale a cui accennavamo qui alla nota 7. Insomma le odierne analisi del discorso, di marca 'linguistico-testuale' o pragmatica, sembrano proprio le eredi legittime dei territori anticamente occupati dalla retorica della *elocutio*". [11]

Per il Gruppo di Liegi (le cui proposte riguardano in prevalenza il testo letterario), se la retorica è studio delle "tecniche di trasformazione" del discorso, allora essa deve occuparsi di qualsiasi genere di cambiamento o di trasformazione dei vari aspetti del linguaggio: (A) della parola, (B) della struttura, (C) del contenuto, (D) dei valori logici della frase.

Tali mutamenti, o *metabole* (dal gr. 'metabolḗ' = mutamento), a) se interessano la sostanza di una unità linguistica (e dunque se sono sostan-

---

[10] Si veda qui alla nota 9. Si veda anche B. Mortara Garavelli, cit., pag. 289. Si avverte che per questa parte conclusiva di capitolo abbiamo largamente attinto sia dall'opera della studiosa qui richiamata, sia dal 'Dizionario di retorica e di stilistica' di A. Marchese, Mondadori, Milano, 1978.

[11] B. Mortara Garavelli, cit., pag. 291.

ziali), possono avvenire per *aggiunzione* o per *soppressione* di elementi, o anche, insieme, per *soppressione-aggiunzione*; b) se interessano i rapporti di posizione fra le unità (e dunque se sono relazionali), possono avvenire per permutazione di elementi. E son tutti procedimenti già contemplati dalla retorica tradizionale.

Sulla base di queste considerazioni, l'insieme delle figure si può dunque schematizzare come segue:

- **figure di tipo A:** prendono il nome di *metaplasmi,* e riguardano qualsiasi modificazione dell'aspetto sonoro e grafico della parola e di sue parti, quali sillabe, fonemi, grafemi (sono operazioni morfologiche). Appartengono a questo gruppo: a) per soppressione: *l'aferesi, l'apocope, la sineresi, la cancellazione;* b) per aggiunzione: *la protesi, la dieresi, l'affissione, l'epentesi, il raddoppiamento, l'insistenza, la rima, l'allitterazione, l'assonanza la paronomasia;* c) per soppressione-aggiunzione: *il calembour, l'arcaismo, il neologismo, il prestito, la coniazione;* d) per permutazione: *l'anagramma, la metatesi, il palindromo;*

- **figure di tipo B**: prendono il nome di *metatassi,* e modificano la forma della struttura della frase (sono operazioni sintattiche). Appartengono a questo gruppo: a) per soppressione: *la crasi, l'ellissi, lo zeugma, l'asindeto, la paratassi;* per aggiunzione: *la parentesi, la concatenazione, l'enumerazione, la ripresa, il polisindeto, la metrica, la simmetria;* c) per soppressione-aggiunzione: *la sillessi, l'anacoluto, il chiasmo;* d) mutazione: *la tmesi, l'iperbato, l'inversione;*

- **figure di tipo C**: prendono il nome di *metasememi,* e modificano le parole a livello del contenuto mettendo un semema al posto di un altro (sono operazioni semantiche corrispondenti ai classici *tropi*). Appartengono a questo gruppo: a) per soppressione: *la sineddoche* e *l'antonomasia generalizzanti, la comparazione, la metafora 'in praesentia';* b) per aggiunzione: *la sineddoche e l'antonomasia particolarizzanti;* c) per soppressione-aggiunzione: *la metafora 'in absentia', la metonimia, l'ossimoro;*

- **figure di tipo D**: prendono il nome di *metalogismi*, e modificano il valore logico della frase senza essere soggette a restrizioni linguistiche (sono operazioni logiche). Appartengono a questo gruppo: a) per soppressione: *la litote, la reticenza, la sospensione, il silenzio;* b) per aggiunzione: *l'iperbole, la ripetizione, il pleonasmo, l'antitesi*; c) per soppressione-aggiunzione: *l'eufemismo, l'allegoria, la parabola, la favola, l'ironia, il paradosso, l'antifrasi;* d) per permutazione: *l'inversione.*

Non poche di queste figure, che, come si è detto, al di là della diversità di raggruppamento, in generale coincidono con quelle che abbiamo nominato qui sopra nell'accennare alla ripartizione classica, saranno riproposte nel paragrafo seguente. Per le altre (come, naturalmente, per qualsiasi opportuno approfondimento), invitiamo a riferirsi a testi specifici o a qualche buon vocabolario.

69.2.1 LE FIGURE PIÙ RICORRENTI

Diamo un elenco in ordine alfabetico delle figure retoriche tradizionali più ricorrenti, senza tener conto di classificazioni più moderne e aggiornate che più spesso si presentano con carattere di tentativi o proposte.

Accumulazione (dal lat. 'accumulatio') - E' un procedimento sintattico simile all'*amplificazione.* Si ottiene allineando elementi linguistici in forma di enumerazione in ordine progressivo, o accostando in maniera disordinata elementi diversi, come immagini, sentimenti, oggetti: "(...) vi furoreggiano, i destrieri, le pugne, le prore, le tube, le torri, le selve (...)". "Ma chi è questo omino tarantolato che irrompe sul palco (...)? Salta, corre, piroetta, ancheggia, si piega, si china, batte le mani, si applaude, strilla, esalta, esulta, suda." (L. Laurenzi, in 'la Repubblica', 26-5-1996) - "Spesso quando uno di loro parla o straparla, viene riferito che sbraita, ringhia, abbaia, barrisce, guaisce, uggiola, miagola. (...) Ma allora sarà corretto oppure scorretto oppure militante scrivere (per esempio) che abbaia o barrisce o miagola il settentrionale, o il meridionale, o l'orientale, o l'extracomunitario, o il lavavetri, o la donna, o il giovane?" (A. Arbasino, in 'la Repubblica', 30-5-1996)

Aferesi (dal gr. 'apháirein' = togliere via) - Consiste nella caduta di una vocale o di una sillaba all'inizio di una parola (2.3.1): 'l (per il), verno (per inverno), sì (per così). - "Nel solitario verno dell'anima / spunta la dolce imagine / (...). (G. Carducci, "Odi barbare")

Allegoria (dal gr. 'allegoría' = parlare diversamente) - Consiste in espressioni o discorsi o narrazioni dietro il cui senso letterale si nasconde un significato più profondo. Talvolta questo significato è difficile da cogliere, e se ne danno più interpretazioni.

Un complesso esempio di allegoria è dato dalla "Divina Commedia" di Dante Alighieri. In essa, dietro il racconto di un immaginario viaggio compiuto dal poeta attraverso i tre regni dell'oltretomba (Inferno, Purgatorio, Paradiso) fino all'Empireo e fino alla visione di Dio, emerge con chiarezza il significato del viaggio di un'anima che, caduta nel peccato, si risolleva poi mediante la Ragione o la Sapienza umana, riconosce l'errore compiuto, si pente e, illuminata dalla Teologia o dalla Sapienza divina, giunge al fine alla beatitudine celeste e alla visione di Dio: che è il fine supremo a cui ogni anima naturalmente tende.

Anche le favole degli animali spesso rappresentano allegoricamente vizi e virtù umane: la formica rappresenta l'uomo previdente e laborioso; la cicala rappresenta l'uomo imprevidente che pensa solo al soddisfacimento dei propri immediati piaceri; la volpe rappresenta la furberia; il lupo rappresenta la cattiveria; ecc.

Allitterazione - Consiste nella ripetizione, spontanea o ricercata, degli stessi suoni all'interno di più parole in sequenza. Non di rado, è a questi effetti fonici che in poesia si affidano significati sconosciuti alle parole, se usate per se stesse.

Si noti come nei seguenti versi, da "I Sepolcri" di U.Foscolo, la insistita iterazione del suono liquido della /l/, accompagnato da suoni non aspri, come quelli di /n/ e /m/, concorrano a rendere una incantata atmosfera lunare: "Lieta dell'aer tuo veste la luna / di luce limpidissima i tuoi colli / per vendemmia festanti; e le convalli / popolate di case e d'oliveti / mille di fiori al ciel mandano incensi."

Ma, al di là degli usi sapienti che se ne possono fare in poesia, l'allitterazione, per i suoi giochi fonici, è familiare anche alla lingua comune: mass-media, fuggi fuggi, via vai, far fuoco e fiamme, tagliar la testa al toro ecc.

Allusione - (dal lat. '(ad)ludere' = scherzare) - Figura retorica di tipo logico, consiste nell'accennare -spesso anche scherzosamente- in modo velato, indiretto o semplicemente discreto, a persone, cose o fatti che non si ha intenzione di indicare espressamente. E ciò, riferendosi a conoscenze che, realmente o presumibilmente, sono parte della cultura o enciclopedia dell'interlocutore. Le specie dell'allusione sono tante quante possono essere le situazioni: E' successo un quarantotto! (= una grande confusione; con riferimento ai moti rivoluzionari del 1848) - Chi quello lì? E' un povero don Abbondio. (= un vile; con riferimento al noto personaggio manzoniano). L'*allusione* si presta facilmente al 'gioco' della satira, dell'ironia, del sarcasmo.

Amplificazione - Consiste nel ripetere con altre parole concetti già espressi, al fine di accentuarli e gradualmente ampliarli; oppure, in una sorta di analisi descrittiva, nel riprendere termini già espressi per farne risaltare i particolari: "Risultato? Quasi zero. Parole al vento. Acqua sulle pietre." (G. Pansa, "I bugiardi", Sperling e Kupfer, Milano, 1992). Il *climax* e la *sinonimia* sono forme di amplificazione.

Anacoluto (dal gr. 'anakólouthos' = che non segue) - E' una forma di *sillessi* che consiste nel mutamento improvviso del filo logico-sintattico di una frase, che risulta dunque iniziata in un modo e proseguita in un altro.

E' procedimento assai frequente nel parlato, e nello scritto di livello medio (16.1.2.1, 32.4, 17.4.1, 49.6, 52.2.1.2): "Quelli che muoiono, bisogna pregare Iddio per loro." (A. Manzoni, "I promessi sposi")

Anadiplosi (dal gr. 'anadíplosis' = raddoppio) - E' la ripetizione dell'ultimo elemento (una o più parole) di una frase o di un verso a inizio di frase o di verso successivi: Alla fine si arrabbiò anche Carlo. Carlo, capisci?

Anafora (dal gr. 'anaphérein' = ripetere) - Consiste nel ripetere a inizio di verso o di frase una parola o un'espressione contenuta in un punto qualsiasi del verso o della frase precedente: "Significa oggi un governo che non dilapida e non prende ordini dai partiti. Significa partiti che non rubano. Significa una riforma elettorale (...)." (M. Fuccillo, in 'la Repubblica, 6-9- 1992) - Vide Lucia e le corse incontro. (pronome anaforico)

Anastrofe (dal gr. 'anastréphein' = rovesciare) - Consiste nell'inversione dell'ordine abituale di due o più parole: "Entro l'angusta // gabbia ritta al vederti // s'alza, // e verso te gli orecchi // alti protende e fermi //." (U. Saba, "Poesie dell'adolescenza") - E' molto meglio della sua la tua casa.

Antanàclasi (dal gr. 'antanàclasis' = ripercussione) o *anàclasi* - E' una figua semantica di ripetizione, che differisce dalla *diafora* solo perché, secondo la retorica classica, si ha in uno scambio di battute, allorché un dialogante usa con un senso diverso una parola pronunciata dall'altro: "Carlo non lo avrà mica lasciato a te il suo problema di matematica?" "No. Carlo mi ha lasciato ben altro problema!" (problema = difficoltà).

Anticlimax o **gradazione discendente** - Contrariamente al *climax* (si veda più sotto), consiste in una serie di concetti o di parole disposti in ordine decrescente di intensità.

Nel seguente passo tratto da "I Sepolcri" di U.Foscolo si noti come l'intensa progressione ritmica (climax) resa dalle espressioni dei primi cinque versi, si distenda gradualmente (anticlimax) e si plachi nell'ultimo verso "(...) e all'orror de' notturni / silenzi si spandea lungo ne' campi / di falangi un tumulto e un suon di tube, / e un incalzar di cavalli accorrenti / scalpitanti sugli elmi a' moribondi, / e pianto, ed inni, e delle Parche il canto."

Antifrasi (dal gr. 'antìphrasis' = espressione contraria) - Consiste nell'uso di una parola o di un'espressione in senso contrario al loro vero significato (per una forma di ironia aggressiva, ad esempio, o per rispetto di un tabù): "Io credo che bisognerà andare a quella cena. Ci sarà anche Carlo con tutta la famiglia." (risposta ironica di commento) "Ah, sai che bel divertimento!" (cfr. nota a pag. 559 e in 64.1)

Antitesi (dal gr. 'antìthesis' = contrapposizione) - Consiste nel contrapporre in un medesimo enunciato due parole o due frasi di senso contrario: Cerco la luce e vedo il buio, desidero pace e trovo guerra. - "Rischia di essere uno di troppo, ma quando gioca non è mai uno di meno". (in 'la Repubblica' [Sport], 12-2-1996)

Antonomasia (dal gr. 'antonomasía' = parola al posto di) - Consiste nel sostituire il nome proprio di un personaggio o luogo famosi con un nome comune o con una perifrasi: l'urbinate (per Raffaello), il segretario fiorentino (per Machiavelli), il flagello di Dio (per Attila); U. Foscolo definisce Dante "il ghibellin fuggiasco".

Può anche consistere nell'usare un nome proprio di persona o luogo famosi per indicarne altri con corrispondenti caratteristiche: essere una Venere (un Casanova, un Maramaldo, una Babilonia) significa essere bellissima (un seduttore, persona che infierisce sui deboli, una confusione).

Non di rado lo stesso nome proprio viene usato come un vero e proprio nome comune: fare il cicerone, essere un maramaldo o un mecenate; dai personaggi storici Cicerone, Maramaldo o Mecenate.

Apocope (dal gr. 'apokopé' = taglio) o *troncamento* - E' la caduta di uno o più fonemi alla fine di una parola (2.3, 2.3.1): pur (per: pure), vien (per: vieni o viene), pié (per: piede), po' (per: poco)

Apostrofe (dal gr. 'apostréphein' = rivolgersi) - Consiste nel rivolgere il discorso, in tono concitato a persona o cosa personificata: "Tu non m'abbandonare mia tristezza / sulla strada / che urta il vento forano / co' suoi vortici caldi, e spare; cara / tristezza al soffio che si estenua (...)." (E.Montale, "Ossi di seppia") - "Maledetto denaro non volare via" (titolo in, 'la Repubblica', 27-9-1992)

Arcaismo - Elemento espressivo (fonetico, morfologico, lessicale, sintattico) che fa parte di un sistema linguistico, del passato o in via di sparizione (4.2). Si può usare o per desiderio di produrre effetti retorici particolari (ad esempio, di solennità) o per tendenza al preziosismo espressivo o per gioco o per ingenuità: Venne ad aprirmi un signore tutto chiuso in una sua zimarra. (= nel Settecento, lunga veste da camera maschile) - "Di già tutto d'intorno / Lucea la sera ambigua a Genova". (D. Campana) ('lucea', arc. per 'luceva'; da 'lucere', a sua volta arc. per 'risplendere'. - Non è tutto oro quel che luce. (proverbio) - Vieni meco. (= con me).

Asindeto (gr. 'asýndeton'= slegato) - Consiste nella eliminazione di elementi di congiunzione coordinativa fra parole e frasi (51.1): "Di qua, di là, di su, di giù gli mena." (D. Alighieri, "Divina Commedia").

Bisticcio - (si veda *Paronomasia*).

Brachilogia (dal gr. 'brachylogìa' = brevità, concisione) - Figura di pensiero, consiste nel sottrarre (usando la figura sintattica dell'*ellissi*) elementi del discorso, che restano sottintesi e deducibili. Tale procedimento produce effetti stilistici particolari di brevità, laconicità e non di rado di oscurità: E cominciò a muoversi, smaniare, gesticolare, saltellare, senza un ragionevole perché.

Catacresi (dal gr. 'katáchrēsis' = abuso) E' una metafora di tipo obbligato, che si ha quando "un segno già attribuito ad una prima idea, viene ugualmente attribuito ad una idea nuova la quale non ha o non ha più segno proprio nella lingua". (P. Ricoeur, cit., pag. 85). E dunque ogni 'estensione' di significato da una a un'altra idea può considerarsi una *catacresi*: *piedi* della montagna, *letto* di un fiume, *chioma* di un albero, *cane* della rivoltella, *collo* della bottiglia (del piede), *coda* di una fila (dell'occhio), *gambe* del tavolo (della sedia)...; sono tutte parole che di per sé hanno altro significato, ma che, per somiglianza, danno forma verbale a idee le quali, mancando di parole loro proprie, risulterebbero inesprimibili (5.9). La *catacresi* può anche riguardare significati contraddicibili dal contesto: *orientarsi* verso occidente ('orientarsi', da 'oriente'), brutta *calligrafia* ('calligrafia', dal gr., = bella grafia), *atterrare* sulla luna ('atterrare', da 'terra'). La *catacresi* è dunque una vera e propria metafora, ma di uso tanto abituale che ormai non viene più sentita come tale (5.9).

Chiasmo - (dal gr. 'chiázo' = dispongo in forma di X; e cioè della lettera greca 'chi' formata da due linee che si incrociano). E' un procedimento mediante il quale elementi di discorso (parole o proposizioni) lessicalmente, sintatticamente o concettualmente corrispondenti vengono collocati in posizione incrociata: "Le donne (a), i cavallier (b), l'arme (b), gli amori (a) (....)." (L. Ariosto, "Orlando furioso") - "Era una piccola casa, subito dopo finito il paese, e aveva davanti un largo prato, con due o tre alberi di pere; e dietro aveva un orto cintato, coltivato a cavoli." (N. Ginzburg, "Le voci della sera")

Citazione (da 'citare') - Imparentata con l'*allusione*, consiste in un segmento di testo riportato isolato, oppure estratto dal suo contesto e inserito in un altro. In questo ultimo caso si può parlare di intertestualità (63.3.1). Forme di citazioni per eccellenza sono il *discorso diretto* e *indiretto libero* (63).

Climax (dal gr. 'klîmax' = scala) o *gradazione ascendente* è un tipo di *accumulazione* che consiste nel succedersi di parole o di espressioni il cui significato aumenta gradatamente di intensità: "(...) tutti questi governi, sbarcati in armi da chissà dove, subito serviti, presto detestati, e sempre incompresi (...)." (G.T. di Lampedusa, "Il Gattopardo"). - "Tutti questi strumenti e tutti questi personaggi sono stati attentamente messi insieme, raccolti, utilizzati, amplificati e infine serviti all'opinione pubblica con una regia spettacolare." (E. Scalfari, in 'la Repubblica', 18-1-1996) Cfr. *anticlimax.*

Comparazione *(da 'comparare'* = confrontare) - E' una delle due specie del *paragone.* L'altra è la *similitudine* dalla quale la *comparazione* si distingue perché i due termini possono scambiarsi il ruolo: La mia casa è più bella della tua. → La tua casa è meno bella della mia.

Concessione - E' figura di pensiero mediante la quale ai ammette qualcosa come verisimile o giustificabile. Molte volte si presenta in una particolare forma di argomentazione nella quale si accettano come ipotesi le ragioni dell'interlocutore per controbatterle poi nella tesi: (48.1.4): "Rubrica azzecata, non c'è che dire, se non fosse che, accanto agli strafalcioni, ci sono anche espressione ardite, ineccepibili che vengono travolte dal contesto da gogna". (in, 'la Repubblica' [lettere], 8-8-1993)

Definizione (dal lat. 'definitio' = delimitazione di confini) - Figura di pensiero, consiste nel sostituire una parola o una locuzione con una sua spiegazione: "fede è sustanza di cose sperate / e argomento delle non parventi" (Dante Alighieri, "Divina Commedia"). Si veda anche *perifrasi.*

Diafora (dal gr. 'diàphoros' = diverso) - Figura semantica, consiste nella ripetizione di una parola diversa per significato o per qualche sfumatura: Ah, questo sì che è un caffè caffè! (= un vero caffè) - "Uno sceriffo è uno sceriffo e non può avere che un cuore da sceriffo!" (dal film "Il mago della pioggia") - "Quando il gioco si fa duro, i duri entrano in gioco." (traduzione di un'espressione attribuita a John Kennedy) (Si noti anche il chiasmo in questo esempio) - "Ma non c'era proprio modo, contro una Edberg eguale all'Edberg di una volta (...)." (G. Clerici, in 'la Repubblica' [sport], 2-6-1966) - Io non son più io.

Digressione (dal lat. 'digredi' = allontanarsi) - Figura di pensiero che consiste nell'abbandono momentaneo dell'argomento che si sta trattando per fornire spiegazioni, chiarire particolari, sviluppare argomenti paralleli, dare spazio alle riflessioni del narratore. La digressione può avere grande importanza nell'intreccio narrativo: per complicare l'azione principale, ad esempio, o per creare pause in essa, o per suscitare stati d'animo di tensione.

Ellissi (dal gr. 'elléipsis' = mancanza) - Consiste nell'omettere in una frase elementi che normalmente sono necessari, che però vengono richiamati da precisi riferimenti grammaticali o situazionali (32.5, 33.4.1, 49.1.1, 49.5, 53.5): Ho studiato. (il soggetto, *io*, è richiamato dalla 1ª persona di 'avere')

Enfasi (dal gr. 'émphasis' = esibizione) - Consiste nel mettere in particolare rilievo uno o più elementi di una frase o una frase intera. Questo termine "coincide oggi con una particolare forma di 'elocutio' emotiva, esclamativa, iperbolica, esagerata, affettata, sentenziosa ecc. in relazione alle circostanze del discorso, al tono e alle sottolineature espressive con cui si vuole 'marcare' una parola o un concetto". (A. Marchese, cit.) (49.6): E' lui, è lui, proprio lui l'autore! - E' a te che pensavo. - "I partiti, ah i partiti. Basta nominarli così in mucchio, che è sottintesa la riprovazione generale per la loro stessa esistenza". (M. Veneziani, in 'la Repubblica', 11-10-1995)

Enjambement (dal fr. 'enjamber' = scavalcare) - Si ha in poesia quando una frase non si conclude con la fine di un verso e continua nel verso seguente: "Felicità raggiunta, si cammina / per te su fil di lana.." (E. Montale, "Ossi di seppia")

Epanadiplosi (dal gr. 'epanadíplōsis' = inclusione) o *inclusione* - Figura di ripetizione, si ha quando una o più parole ricorrono sia all'inizio, sia alla fine di un enunciato o di una sua parte: La pace io cerco, la pace. - Attenzione, signori e signore, facciano attenzione!

Epanalessi (dal gr. 'epanálepsis' = riprendere) o *raddoppiamento* - E' la ripetizione di una o più parole nello stesso periodo: "Pel tuo sogno, pel sogno che ti diedi, / non son colui, non son colui che credi." (G. Gozzano, "I colloqui")

Epentesi (dal gr. 'epénthesis = inserzione) - Consiste nell'inserimento di un fonema in una parola: ad esempio, in Mantova, rispetto al latino Mantua (2.3.1)

Epifonema (dal gr. 'epiphónema' = voce aggiunta) - Consiste in una frase sentenziosa di tono enfatico con cui si conclude un discorso: "Ma nulla paga il pianto del bambino / a cui fugge il pallone tra le case." (E. Montale, "Ossi di seppia")

Epifora (dal gr. 'epiphorá' = conclusione) o *epistrofe* - Figura di sintassi, consiste nella ripetizione di una o più parole alla fine di un verso, di una strofa, di una frase o di un periodo: "Il bimbo dorme, e sogna i rami 'd'oro, / gli alberi d'oro', le foreste d'oro". (G. Pascoli)

Epitesi (dal gr. 'épithesis' = aggiunta) o *paragoge* - Consiste nell'aggiunta di un elemento alla fine di una parola, soprattutto nel parlato come elemento di appoggio: cognac*che*, film*e*. (2.3.1)

Epiteto (dal gr. 'epítheton' = messo in aggiunta) - E' un aggettivo o un sostantivo o una locuzione che generalmente determina un nome, a cui per lo più si prepone, piuttosto a scopo di ornamento che per effettiva necessità di chiarimento (10.4.3, 35.2.1, 36.2): i verdi prati, il pianeta luna, il pié veloce Achille.

Esclamazione - (Si veda in 48.2, 48.2.1)

Eufemismo (dal gr. 'eu' = bene, 'phemí' = parlo) - Si chiama così qualsiasi forma attenuata (parola o espressione) atta a esprimere fatti o concetti per lo più ritenuti, per consuetudine connessa con precise norme di comportamento sociale, troppo crudi o realistici o volgari; a volte veri e propri tabù (come taluni termini riguardanti il sesso): audioleso (= sordo), non vedente (= cieco), dipartita (= morte), ha voluto lasciarci, poverino (= è morto), bagno (= gabinetto), le estremità (= piedi); e ci sembra superfluo spiegare espressioni o parole quali: rompere le scatole (le balle); il didietro; il fondoschiena; cavolo!; caspita!; cribbio!

L'eufemismo è un costrutto assai frequente nella lingua media comune; e può ricollegarsi all'*antifrasi* o alla *litote* in forme che esprimono il contrario di ciò che si vuol dire: Ah, è proprio intelligente! (con ironia, che fa intendere il contrario); Rosina non è una bellezza (= è piuttosto bruttina).

Figura etimologica - Figura di tipo grammaticale e semantico, consiste nell'accostamento di parole dalla stessa radice: Ha vissuto una vita di stenti - "Amor ch'a nullo amato amar perdona" (D. Alighieri, "Divina commedia").

Imprecazione (dal lat. 'imprecari' = inveire, pregare contro qualcuno) - Consiste in espressioni mediante le quali con sdegno o indignazione o furore si impreca contro qualcuno o qualcosa considerati responsabili di atti negativi: "(...) muovasi la Capraia e la Gorgona, / e faccian siepe ad Arno in su la foce, / sì ch'elli anneghi in te ogni persona!" (D. Alighieri, "Divina commedia")

Interrogazione - (Si veda da 47.2 a 47.2.5)

Ipallage (dal gr. 'hypallagé = scambio) o *enallage* (cfr. *sillessi*) - Per la retorica antica è una figura grammaticale che consiste nell'attribuire un aggettivo a un nome diverso da quello che gli spetterebbe: "col trito mormorio della rena" (E. Montale) (invece che: 'col mormorio della trita rena').

Iperbato (dal gr. 'hypér '= sopra, 'báinein' = passare) - Consiste nel rovesciamento dell'ordine abituale di alcuni elementi di una frase.

Si veda nell'ultimo verso dell'esempio foscoliano proposto poco sopra per l'allitterazione: "mille di fiori al ciel mandano incensi" (= mille incensi di fiori) - "ecco pian piano / tra un lungo dei fanciulli urlo s'innalza." (= urlo dei fanciulli) (G. Pascoli, "Primi poemetti") - Era un bambino con negli occhi tanta tristezza (= con tanta tristezza negli...).

Costrutti di questo genere possono anche diventare abituali; è il caso del sintagma 'di lui', come si può notare nel seguente esempio dal registro assai ricercato (forse anche per ironia): C'era Carlo e la di lui consorte (= la consorte di lui [37.3.2]).

Iperbole (dal gr. 'hypér' = sopra, 'bállein' = gettare) - Consiste nel mettere in rilievo un pensiero mediante un'espressione che lo amplifica al di là del credibile; e ciò, allo scopo di provocare moti affettivi di consenso o, in poesia, occasioni di fuga nell'assoluto immaginario: essere un gigante, un pigmeo, un genio (= essere molto alto, molto basso, molto intelligente); fare quattro chiacchiere; fare due passi. - E' un secolo che aspetto una sua telefonata!

Si noti nella seguente ottava dall' "Orlando furioso" di L. Ariosto il meraviglioso e gioioso crescendo (*climax*) di iperboli: "Ma questo a pochi il brando rio concede / ch'intorno ruota il Saracin robusto. / Qui fa restar con mezza gamba un piede, / là fa un capo sbalzar lungi dal busto: / l'un tagliare a traverso se gli vede, / dal capo all'anche un altro fender giusto; / e di tanti ch'uccide, fere e caccia, / non se gli vede alcun segnare in faccia."

Ipotiposi (dal gr. 'hypotupôun' = disegnare, abbozzare) - Consiste nella raffigurazione immediata, caustica, concisa, vigorosa di cosa o situazione: "I fanciulli con gli archetti / spaventano gli scriccioli nei buchi." (E. Montale, "Ossi di seppia") - "E cielo e terra si mostrò qual era: / la terra ansante, livida, in sussulto; / il cielo ingombro, tragico, disfatto; / bianca bianca nel tacito tumulto / una casa apparì sparì d'un tratto; / come un occhio, che, largo, esterefatto, / s'aprì si chiuse, nella notte nera." (G. Pascoli, "Lampo", in "Myricae")

Ironia (dal gr. 'eirōnéia' = finzione, ironia) - L'ironia è il prodotto di un uso partigiano del vocabolario. Essa consiste infatti nell'enunciazione di un contenuto completamente (e spesso paradossalmente) opposto a quello che si intende realmente comunicare; inviando tuttavia al tempo stesso all'interlocutore segnali (gesti, intonazione, sorriso, commento in inciso, enfasi, iperbole, litote ecc.) per una retta interpretazione: "Don Abbondio (il lettore se n'è già avveduto) non era nato con un cuor di leone." (A. Manzoni, "I promessi sposi").

Il 27-9-1992, sul quotidiano 'la Repubblica' è apparsa la seguente lettera dal tono garbatamente ironico indirizzata al direttore da un importante uomo politico: "Egregio direttore, sul suo giornale in un articolo relativo alla segreteria dc., S(...) B(...) scrive fra virgolette che "mi sono rotto le palle" attribuendo a me questa frase garbata. Non ho visto la brava giornalista né ho parlato con lei. Chiunque mi conosce sa che un linguaggio del genere mi è del tutto estraneo ma, a parte questo, non le sembra singolare che ora sul suo giornale per combattare le grande battaglia ricorra a frasi del genere anche una così gentile signora? A(...) F(...)" (dove la garbata e tagliente ironia traspare da coppie di aggettivi-sostantivi, quali 'frase garbata', 'brava giornalista', 'grande battaglia', 'gentile signora') (cfr. *antifrasi*)

Litote (dal gr. 'lítos' = semplice) - E' una forma di attenuazione di un pensiero che si ha negando, non senza un tono di più o meno scoperta ironia, il suo contrario: non ignoro (= so), non poco (= molto), non di poco conto (= assai importante).

Si è già detto che la litote può ricollegarsi con l'*eufemismo*: Quella persona non è proprio un'aquila (= è poco intelligente).

Talvolta l'attenuazione avviene anche in un gioco di negazioni: Costui non si può dire proprio un non abbiente (= è un ricco).

Metabole (dal gr. 'metabolē' = mutamento) - Nella neoretorica del Gruppo μ di Liegi (69.2) è questo il termine con cui viene indicato ogni mutamento (o trasformazione o alterazione) di significato, di cui si occupano anche le figure classiche. Le classi di *metabole* sono quattro, in corrispondenza dei livelli di trasformazione (due sul 'piano dell'espressione', due sul 'piano del contenuto'): morfologico *(metaplasmi)*, sintattico *(metatassi)*, semantico *(metasememi)*, logico *(metalogismi)*.

Metafora (dal gr. 'metaphérein' = portare oltre, trasferire) - La metafora è una figura retorica che si avvale della possibilità che hanno le parole di subire scarti (o salti o trasferimenti) di significato per caratterizzare altre parole o espressioni; comunque entro sfere semantiche più o meno direttamente affini o limitrofe. Essa consiste infatti nella sostituzione di una parola con un'altra, il cui significato è per associazione di idee in rapporto di somiglianza con il significato della parola sostituita.

Nell'esempio seguente tra il primo termine (*Carlo*) e il secondo (*coniglio*) può instaurarsi un rapporto di somiglianza sulla base di una qualità (*pauroso*) che li accomuna: "Carlo è pauroso come un coniglio". Il meccanismo della metafora, procedendo su questa base di confronto, e affidando ogni passaggio logico alle facoltà intuitive, tace la qualità comune, sopprime le parole introduttive del paragone, e identifica il primo termine di paragone col secondo: "Carlo è un coniglio".

Ma non sempre la metafora risulta -come per lo più si è soliti definirla- 'un paragone abbreviato'; e magari così evidente come nell'esempio da noi proposto. Essa può risultare ben altro ancora; al punto che ogni operazione di trasferimento o di sostituzione di natura semantica potrebbe essere ricompreso nei suoi àmbiti.

La metafora gode di un uso assai ricorrente in ogni varietà del nostro repertorio linguistico, scritto e parlato. Essa "può essere ricavata da tutto ciò che ci circonda, dal reale e dall'immaginario, sia dalle entità intellettuali e morali, che da quelle fisiche (...); e può essere applicata a qualsiasi oggetto del pensiero". E ciò, grazie alla sua specifica funzione "quasi predicativa" di caratterizzare (qualificare) un termine usato col suo significato letterale mediante un termine usato con significato traslato ("la metafora non nomina mai, essa caratterizza ciò che è già nominato"). Naturalmente, tale funzione le apre vasti orizzonti espressivi in cui rientrano "non solo il nome, ma anche l'aggettivo, il participio, il verbo e, infine, tutte le specie di parole" che "si prestano tanto facilmente ad un utilizzo metaforico" (12): - E' un ragazzo *mostruosamente* (avverbio usato metaforicamente per 'straordinariamente', 'molto') *intelligente* (nome usato letteralmente) - Questo bambino (nome usato letteralmente) è il *cuore* (nome usato metaforicamente) di tutti. - Questi spaghetti li *divorava* (verbo usato metaforicamente) con gli occhi (nome usato letteralmente). - Tu spendi troppo; hai le mani (nome usato letteralmente) *bucate*. (aggettivo usato metaforicamente). Si veda anche in 11.1.3.1.

Si noti l'agile gioco dell'immaginazione espressiva in questo entusiastico attacco di articolo di cronaca sportiva: "C'è un ragazzo fantastico dentro la notte juventina, un genio assoluto, uno che tocca la palla e questa canta, vola, plana come una farfalla. Alessandro del Piero è il cuore di una grande vittoria. (...) E' questo il calcio che accende la notte." (M. Crosetti, in 'la Repubblica', 14-9-1995). E' proprio vero (vien fatto di dire): "per rendere il nostro discorso efficace dobbiamo figurarlo; ossia dobbiamo dargli il carattere delle nostre passioni" (13).

Per ulteriori osservazioni su questo argomento, si veda in 5.9 e 5.10.

Metalogismo - Nella neoretorica del Gruppo μ di Liegi è così chiamata ogni *metabole* (mutamento) che nella retorica classica si definisce 'figura di pensiero', e che modifica il valore logico della frase (69.2). Si pensi, ad esempio, all'*ironia*, all'*iperbole* o alla *litote*. Ogni *metalogismo* è riconducibile al 'piano del contenuto'.

Metaplasmo (dal gr. 'metaplasmós' = trasformazione) - Nella neoreto-

---

(12) P. Ricoeur, 'La metafora viva', Jaca Book, Milano, 1986, pp. 79-80.
(13) B. Lamy ('La réthorique ou l'art de parler', 1688, ed. 1968), cit. in G. Genette, cit., pag. 199.

rica del Gruppo μ di Liegi è qualsiasi *metabole* (mutamento) che riguardi la modificazione degli elementi grafici e fonetici della parola (si pensi, ad esempio, all'*aferesi* o all'*apocope*). Ogni *metaplasmo* è ricondubicile al 'piano dell'espressione'. Si veda in 69.2.

Metasemema - Nella neoretorica del Gruppo μ di Liegi è una *metabole* (mutamento) indicante ognuna delle figure di cambiamento di senso delle parole (più propriamente: che sostituiscono un semema con un altro semema). Si pensi, ad esempio, alla *metafora*, alla *sineddoche* e alla *metonimia*. Nella retorica classica ha il nome di *tropo*. Ogni metasemema è riconducibile al 'piano del contenuto'. Si veda in 69.2.

Metatassi - Nella neoretorica del Gruppo μ di Liegi, è termine che indica ogni mutamento (*metabole*) relativo alla struttura della frase. Si pensi, ad esempio, all'*ellissi,* alla *sillessi,* al *chiasmo*, all'*anacoluto*. Ogni *metatassi* è riconducibile al 'piano dell'espressione'. Si veda in 69.2.

Metatesi (dal gr. 'metáthesis' = trasposizione) - Consiste nella trasposizione di uno o più fonemi all'interno di una parola: areoplano (per: aeroplano), padule (per: palude).

Metonimia (dal gr. 'metà' = cambiamento, 'ónyma' = nome; = scambio di nome) - Come per la metafora, anche per la metonimia si ha uno spostamento di significato. Ma, mentre lo spostamento di significato della prima si basa sul rapporto di somigliamza tra un significato proprio, 'reale', e uno figurato, quello della metonimia consiste in un semplice trasferimento di denominazione tra due termini in relazione di contiguità [14] .

Sicché, se la metafora risulta l'immagine di una similitudine più o meno vaga, la metonimia consiste invece nell'uso:

- del nome dell'effetto per quello della causa: guadagnarsi il pane col sudore della fronte (il sudore è l'effetto del lavoro che ne è la causa);
- del nome della causa per quello dell'effetto: Fece una mostra di tutti i suoi ultimi lavori di pittura (lavori [cause] per quadri [effetti]);
- del nome del contenente per quello del contenuto: bere un bicchiere (bicchiere per vino);
- del nome dell materia per quello dell'oggetto: vestire di lino (abiti di lino);

---

[14] "Un grandissimo antropologo, Frazer, e un grandissimo linguista, Jakobson, hanno dimostrato come qualmente la metonimia (che associa per vicinanza) e la metafora (che associa per somiglianza) siano le due polarità entro le quali si articola il nostro pensiero. Nel bene e nel male. Nella magìa e nella poesia. Ci si può divertire un mondo leggendo l'opera omnia di questi Maestri (...). C'è chi si è divertito a stabilire -per dirne una- che il romanzo poliziesco è basato sulla metonimia, il romanzo gotico sulla metafora". (B. Placido, in 'la Repubblica', 14-10-1992)

- del nome del simbolo per quello della cosa designata: morire per la Santa Croce (per ideali cristiani);
- del nome del luogo di produzione o di origine per quello del prodotto: bere un buon Chianti (vino prodotto con uve coltivate nella regione del Chianti);
- del nome astratto per quello concreto: eludere la sorveglianza (i sorveglianti);
- del nome concreto per quello astratto: avere un gran cuore (grandi sentimenti di generosità);
- del nome del sentimento per la denominazione di una persona: tesoro (amore) mio (amico, figlio, marito... mio);
- del nome dell'autore per il nome della sua opera: comprare un Picasso (un quadro di); leggere Dante (leggere libri di).

Omoteleuto (dal gr. 'hómois' = simile, 'teleté = fine) o *omoioteleuto*, *omeoteleuto* - Fenomeno della *omofonia,* consiste nella somiglianza o uguaglianza fonica di due o più parole generalmente poste in simmetria. Casi tipici di *omoteleuto* sono la rima e l'*allitterazione.*

Onomatopea (dal gr. 'ònoma' = nome, 'poiêin' = fare) - Si chiama così un elemento lessicale (parola o espressione) i cui suoni descrivono o riproducono l'oggetto o l'azione significata (un suono, un rumore, un grido ecc.) (20.2, 20.2.1): drin-drin, ping-pong, chicchirichì, pipiare, piopio, miagolio, miagolare, gracidare, gracidio.

L'**armonia imitativa** è una forma di onomatopea prolungata e, insieme, di *allitterazione.* Essa consiste infatti nella riproduzione imitativa, mediante ripetizioni di suoni uguali o consimili, di ciò che si esprime in una sequenza di più parole intensificandone il significato.

E' soprattutto in poesia che questo procedimento fonico è frequente. Nei seguenti tre versi, tratti ancora da "I Sepolcri" di U. Foscolo, si noti come l'armonia imitativa creata dalla iterazione di suoni aspri, quali, in particolare, /s/, /t/ e /r/, concorra a esaltare il tumultuoso scalpitare dei cavalli: "(...) di falangi un tumulto e un suon di tube, / e un incalzar di cavalli accorrenti / scalpitanti sugli elmi a' moribondi, / e pianti, ed inni, e delle Parche il canto."

Si noti ancora l'armonia imitativa dei seguenti due versi: "S'è rifatta la calma / nell'aria: tra gli scogli parlotta la maretta." (E. Montale, "Ossi di seppia").

Ossimòro o **ossìmoro** (dal gr. 'oxymoron', comp. di 'oxys' = acuto, 'morós' = sciocco, = acuto sotto un'apparenza di stupidità) - E' una variante particolare dell'antitesi che consiste nell'accostare, in una stessa locuzione, un termine a un altro di senso contrario: pace armata; eloquente silenzio;

oscuro chiarore; pur tacendo, dicono abbastanza; uno sguardo che la dice lunga. "Urla del silenzio" (titolo di un film del 1984).

Paronomasia (dal gr. 'pará' = vicino, 'ónoma' = nome) o *annominazione* o *bisticcio* - Consiste nell'accostamento di parole che, differenti per significato, e collegate o no per parentela etimologica, abbiano fra loro una qualche somiglianza fonica: traduttore - traditore, meglio - maglio, stelle - stalle - "io fui per ritornar più volte volto" (Dante Alighieri, "Divina Commedia") - "Cred'io ch'ei creddette ch'io credessi" (Dante, cit.) - Chi dice donna dice danno (proverbio) - Le ore del mattino hanno l'oro in bocca (proverbio). Rientrano nell'àmbito della paronomasia i vari giochi di parole satirici, umoristici, paradossali, demenziali, gli anagrammi, i doppi sensi. Ecco alcuni esempi da E. Flaiano: Si sono alcolizzati (coalizzati) contro di me - Saluti dalle pernici (pendici) del Monte Bianco - Ma tutto questo lo discuteremo in separata sedia (sede).

Perifrasi (dal gr. 'períphrasis', comp. di 'perì' = intorno, 'phrázein' = dire = parlare con circonlocuzioni) o *circonlocuzione*- Consiste nel sostituire un termine proprio e unico con una sequenza di parole che lo definiscono (*definizione*) o lo parafrasano (*parafrasi*). E ciò, per motivi di chiarezza o di opportunità o di convenienza o di stile: il padre della lingua italiana (= Dante); l'astro del giorno (= il sole). - "questa bella d'erbe famiglia e d'animali" (perifrasi usata ne "I Sepolcri" da U. Foscolo, per indicare 'la natura').

Pleonasmo (dal gr. 'pleonàzein' = sovrabbondare) - E' una figura di ripetizione che in un'espressione linguistica consiste nella presenza di una o più parole grammaticalmente o concettualmente non necessarie: Il caffè a me mi piace molto caldo. - "(...) un dossier sempre aperto che non si chiude mai." (S. Berlusconi, in 'la Repubblica', 8-10-1995) E' una figura che serve all'enfatizzazione. Si veda *enfasi*, anche in indice analitico.

Polisindeto (dal gr. 'polysýndeton' = molto legato) - Figura sintattica di ripetizione, che, contrariamente all'asindeto, consiste nel collegare varie parole o frasi mediante la ripetizione di congiunzioni coordinative; e ciò, per marcare intensivamente il discorso: "(...) con qualche decisionismo e nepotismo e clanismo e intolleranze e arroganze e selezioni dei peggiori e selezioni alla rovescia il partito contribuiva (...). (G. Bocca, in 'la Repubblica', 13-9-1992) - Sarà pure troppo vivace, ma quanto bello, ma quanto simpatico, ma quanto intelligente!

Polittòto o **poliptòto** (dal gr. 'polýptoton' = "di molti casi") - Figura di ripetizione, consiste nella ricorrenza di una parola con funzioni sintattiche differenti, sia nello stesso enunciato, sia in enunciati vicini: Coscienza del limite o limite dell'incoscienza? (titolo di un dibattito, febbraio 1996) - "Se si vuole fare un governo per le regole, bisogna cominciare rispettando le regole." (in 'il Giornale' 11-2-1996) - La pazienza si esercita con la pazienza.

Preterizione (dal lat. 'praeterire' = passare oltre) - Consiste nel dichiarare di voler tralasciare o tacere qualcosa di cui in effetti si parla: Non ti dico quanto ci siamo divertiti ieri a quella festa. - "Risparmio al lettore i lamenti, le condoglianze, le accuse, le difese, i 'voi sola potete aver parlato', e i 'non ho parlato', tutti i pasticci insomma di quel colloquio." (A. Manzoni, "I promessi sposi").

Prosopopea (dal gr. 'prosopopoiêin' = personificare) o *personificazione* - Consiste nel rappresentare come persone parlanti cose inanimate o astratte: " (...) / e le galline cantavano, Un cocco! / ecco ecco, un cocco un cocco per te!" [15] (G. Pascoli, "Canti di Castelvecchio")

Protesi (dal gr. 'pro' = davanti, 'thésis' = collocazione) o *prostesi* - Consiste nell'aggiunzione di una lettera all'inizio di una parola per ragioni di eufemismo (2.3.1): ignudo; disparito. - Sono sceso in istrada. - per iscritto

Reticenza (dal lat. 'reticere' = tacere) o *sospensione* - Consiste nell'interruzione brusca di un discorso (che rimane dunque come sospeso) privo di una parola o di una espressione che si lascia intendere, ma che non si vuol pronunciare perché ritenuta particolarmente forte (risentita, indignata, minacciosa, violenta, sconveniente, volgare o altro). Al pensiero interrotto ne segue di solito un altro diverso. L'interruzione viene graficamente rappresantata da puntini di sospensione: O lui torna prima di notte, o io... Mi sta facendo veramente arrabbiare!

Si noti nel seguente titolo (da 'la Repubblica' del 9-9- 1992) l'intensità espressiva data al discorso fra virgolette dalle figure della reticenza e, insieme, della metafora gergale ('cantare' = riferire ciò che di compromettente si conosce): "Se quello canta..." Così franò il sistema. Storia di un'inchiesta 'impossibile'".

Ripetizione - Comprende una varietà di figure (*amplificazione, anadiplosi, anafora, annominazione, antanaclasi, epanalessi...*) che consistono nel ripetere elementi di frase, i quali, interrompendo il flusso dell'informazione, ne mettono in evidenza il contenuto e permettono di filtrarlo emozionalmente. Per gli esempi, si vedano le varietà richiamate in parentesi.

---

[15] In questo passo si sarà notato come il poeta dia 'la parola' alle galline imitandone il loro 'coccodè' (armonia imitativa).

Sillessi (dal gr. 'syn' = insieme, e 'lambànein' = prendere) o *sillepsi* - E' una figura grammaticale assai ricorrente, anche (e soprattutto) nella lingua più colloquiale perché (secondo il Gruppo di Liegi [pag. 659]) riguarda qualsiasi tipo di infrazione alle regole di concordanza (della persona, del genere, del numero, del modo, del tempo). Infrazioni (usi) che di volta in volta abbiamo richiamato. Sono infatti forme di sillessi: la concordanza del singolare con il plurale (*concordanza 'ad sensum'* [33.2.2]), l'uso modale di taluni tempi (presente per passato o per futuro ... [ad es., in 25.1.1.1]), l'uso dell'aggettivo in funzione avverbiale, lo scambio di modi (indicativo per congiuntivo o per condizionale...), taluni rapporti sintattici incongruenti come in certe ellissi del predicato ("Voi vi siete annoiati ma noi no.": dove il verbo sottinteso da 'noi no' richiederebbe la prima persona plurale ['non ci siamo annoiati'], anziché la seconda di 'vi siete annoiati'), l'uso della seconda persona singolare o plurale con valore impersonale (22.4.3). Si possono considerare forme particolari di *sillessi* anche l'*anacoluto* (32.4, 53.9, 69.2.1) e l'uso dei tempi verbali del discorso indiretto libero (63.4) in cui coesistono voci del discorso diretto ed indiretto. La retorica classica riconduce le forme di 'scambio' di funzione qui elencate alla figura dell'*enallage* (cfr. *ipallage*).

Ecco un interessante esempio di concordanza 'ad sensum' con anticipo del predicato (al plurale) rispetto al soggetto (collettivo al singolare) seguito dal partitivo (al plurale): "Nella folle corsa verso l'espatrio *sono naufragati* ieri poco lontano da Valona un *gruppo* di albanesi che viaggiavano (...)". (didascalia fotografica in 'la Repubblica', 12-9-1995).

Nell'esempio seguente si noti la strana concordanza fra l'articolo singolare *una* e la denominazione plurale *Botteghe Oscure*. Ciò accade, in quanto rimane sottinteso il reale elemento di concordanza: il sostantivo *via (in una via [delle] Botteghe Oscure)*. L'esempio reca anche una bella *sineddoche*, in quanto attraverso la via (che rappresenta 'un tutto') si vuole intendere la sede (e dunque una 'parte' di questa via) del Partito Democratico della Sinistra (PDS). Questo richiamo del nome della via per fare intendere il partito potrebbe anche configurarsi come *allusione* o come *antonomasia*:

– "(...) in una Botteghe Oscure che insieme agli oneri del governo scopre (...)." (S. Marroni, in 'la Repubblica', 4-6-1996)

Similitudine - E' una figura retorica che si basa sulla naturale tendenza che ha l'uomo ad associare le idee. Essa consiste infatti in un confronto o paragone, di cui è una delle due forme (l'altra è la *comparazione*) fra due termini (parole o espressioni): parole pesanti come macigni; fiero come un leone; mangiare come un bue - "Avrò / stanotte / un rimorso come un / latrato / perso nel / deserto." (G. Ungaretti, "L'allegria")

Dalla similitudine deriva la metafora da cui la prima si distingue per l'uso di parole grammaticali introduttive (come, così come ecc.), e per l'assenza di trasferimento di significati.

Sincope (dal gr. 'syn' = insieme, 'kóptein' = tagliare) - Consiste nella caduta di una lettera o di una sillaba nel corpo di una parola (2.3.1): vienmi (per vienimi); spirto (per spirito).

Sineddoche (dal gr. 'synekdochē = ricevere insieme) - Come la metonimia, anche questa figura consiste in un trasferimento di significato da una parola a un'altra per una relazione di contiguità; ma di tipo quantitativo: nel senso che l'esistenza o l'idea della prima sia compresa nell'esistenza o nell'idea della seconda. Perciò riguarda:

- la parte per il tutto: vivere sotto lo stesso tetto (= nella stessa casa); uno a testa (= per ciascuno); voltare le spalle (= tutto il corpo); "(...) nel mar quattro candide vele / andavano andavano cullandosi lente nel sole" (G.Carducci, "Odi barbare"); "La Liguria ha i capelli bianchi" (titolo in 'il Giornale, 5-12- 1992) (capelli bianchi = persone anziane)
- il tutto per la parte: le dita si muovevano veloci e leggere sul pianoforte (= sulla tastiera del pianoforte);
- la specie per il genere: i mortali (per uomini);
- il singolare per il plurale o viceversa: l'uomo (= gli uomini) è mortale. - Noi, lavoriamo noi! (per: Io, lavoro io!)

Sinestesia (dal gr. 'synaísthesis' = percezione congiunta) - E' una specie di metafora che consiste nell'associare in un'unica espressione due parole appartenenti a due sfere sensoriali diverse: "Tutto pareva più stretto sotto la luce sorda che ne filtrava (...)". (C. Alvaro, "75 racconti") - "(...) in questi giorni di titoloni strillati (...)". (in 'la Repubblica', 18-1-1996). (Si parla dei titoli di articoli di giornali. - "(...) ostentando un fazzoletto dello stesso colore dal taschino della giacca e una cravatta chiassosa, Mellor ha mostrato ancora una volta il suo proverbiale senso dell'umorismo." (in, 'la Repubblica', 26-9-1992) -

Sinonimia (dal gr. 'syn' = insieme, 'ónyma' = nome) - Consiste nella identità di campo semantico di due parole, che, tuttavia, possono distinguersi per tonalità affettive o per diversità di usi: ora/adesso; uccidere/ammazzare; felice/gioioso.

Solecismo (dal gr. 'soloikismós' = sgrammaticatura) - Consiste in una deviazione (errore) dalle indicazioni (o norme) della morfologia e della sintassi (errore di numero, di concordanza, di tempo, di modo ecc.): Spero che viene domani.

Tropo (dal gr. 'trópos' = direzione; dal verbo 'trépein' = volgere, trasferire) o *traslato* - Viene così denominata qualsiasi figura in cui una parola o un'espressione subisca un trasferimento (una trasposizione) del significato suo proprio a un altro figurato. Secondo la retorica classica sono *tropi*: *la metafora, la sineddoche*, la *metonimia, l'ironia, l'enfasi,* la *litote, l'iperbole, la perifrasi, l'antonomasia.* A questi si possono aggiungere: *la personificazione, l'allegoria, l'allusione, la reticenza, il paradosso*, e pochi altri. (Cfr. le singole voci).

Zeugma (dal gr. 'zeugnýnai' = mettere al giogo) - Consiste nel far dipendere da un solo predicato due complementi o due costrutti diversi, dei quali uno solo propriamemente potrebbe collegarglisi: Lascialo stare. L'ho visto che disegnava e canticchiava buono buono. (dove solo 'disegnava', e non anche 'canticchiava', potrebbe semanticamente dipendere da 'l'ho visto'.)

INDICAZIONI BIBLIOGRAFICHE

AEBISCHER V., *Il linguaggio delle donne*, Roma, Armando, 1988.

ACCADEMIA DELLA CRUSCA (incontri del centro di studi di grammatica italiana), *Gli italiani parlati*, Firenze, presso l'Accademia, 1987.

ACCADEMIA DELLA CRUSCA, *La lingua Italiana in movimento*, Firenze, presso l'Accademia, 1982.

AGOSTINI A., *Proposizioni indipendenti - Proposizioni subordinate,* in *Enciclopedia dantesca - Appendice,* Roma, 1978.

AKMAJIAN A. e ALTRI, *Linguistica,* Bologna, Il Mulino, 1994.

ALTIERI BIAGI M.L., *La grammatica dal testo*, Milano, Mursia, 1987.

ARGYLE M., *Il corpo e il suo linguaggio*, Bologna, Zanichelli, 1984.

AA.VV., *L'insegnamento della lingua italiana all'estero*, Torino, Quaderni della Fondazione G. Agnelli, 1992.

BALDELLI I., *La lingua della prosa italiana del Novecento,* in *Letteratura contemporanea* diretta da G. Mariani e M. Petrucciani, Roma, Lucarini, 1982.

BALDINI M., *Filosofia e linguaggio*, Roma, Armando, 1990.

BALDINI M., *Parlar chiaro, parlare oscuro,* Roma-Bari, Laterza, 1989.

P. BARILLI, *Poetica e retorica*, Milano, Mursia, 1969-1984.

BATTAGLIA S. e PERNICONE V., *La grammatica italiana*, Torino, Loescher, 1954.

BATTAGLIA S., *Grande dizionario della lingua italiana*, Torino, Utet, 1961-1990 (fino al vol. XVI).

BATTISTI C. e ALESSIO G., *Dizionario Etimologico italiano*, Firenze, Barbera, 1950-1957.

BECCARIA G.L. (a cura di), *I linguaggi settoriali in Italia,* Milano, Bompiani, 1973.

BECCARIA G.L., *Ricerche sulla lingua poetica del primo Novecento*, Torino, Giappichelli, 1971.

BECCARIA G.L., *Italiano antico e nuovo*, Milano, Garzanti, 1988.

BERARDI W., *Elementi di fonologia generale,* Roma, Edizioni dell'Ateneo, 1959.

BERNARD e COLLI, *Dizionario di economia e finanza,* Milano, TEA, 1990.

BERRETTA M., *Connettivi testuali in italiano e pianificazione del discorso,* in *Linguistica testuale,* a cura di L.Coveri, Roma, Bulzoni, 1984, 237-254.

BERRETTA M., *Linguistica ed educazione linguistica*, Torino, Einaudi, 1977.

BERRETTA M., *Note sulla sintassi dell'accusativo preposizionale in italiano,* in *Linguistica*, XXXI, Lubiana, 1991, 211-232.

BERRUTO G., *La sociolinguistica*, Bologna, Zanichelli, 1976.

BERRUTO G., *La semantica*, Bologna, Zanichelli.

BERRUTO G., *Sociolinguistica dell'italiano contemporaneo,* Roma, Nuova Italia, 1989.

BERRUTO G. e SOBRERO A.A. (a cura di), *Studi di sociolinguistica e dialettologia italiana,* Lecce, Congedo, 1990.

BERTINETTO P.M., *Tempo, aspetto e azione nel verbo italiano,* Firenze, Accademia della Crusca, 1986.

BOLELLI T., *Lingua italiana cercasi,* Milano, Longanesi, 1987.

BOLELLI T., *Italiano sì e no*, Milano, Longanesi, 1988.

BONOMI A. (a cura di), *La struttura logica del linguaggio*, Milano, 1973.

BORTOLINI U., TAGLIAVINI C. e ZAMPOLLI A., *Lessico di frequenza della lingua italina contemporanea,* Milano, IBM Italia, 1971.

BRAMBILLA AGENO F., *Il verbo nell'italiano antico*, Napoli, Ricciardi, 1964.

BRAMBILLA AGENO F., *Congiuntivo*, in *Enciclopedia dantesca - Appendice*, Roma, 1978.

BRAMBILLA AGENO F., *Condizionale,* ibidem.

BRISSONO A., *Linguaggio formale e conoscenza,* Firenze, Le Monnier, 1978.

BROWN G. e YULE G., *Analisi del discorso*, Bologna, Il Mulino, 1986.

BRUNET J., *Grammaire critique de l'italien*, Parigi, Università di Parigi, 1978-1985.

BRUNI F., *Elementi di storia della lingua e della cultura italiana*, Torino, UTET, 1984.

BRUNI F. (a cura di), *L'italiano nelle regioni*, Torino, UTET, 1992.

CANE E., *Il discorso indiretto libero nella narrativa italiana del Novecento,* Roma, Silva, 1969.

CANEPARI L., *Introduzione alla fonetica,* Torino, Einaudi, 1979.

CANEPARI L., *Italiano standard e pronunce regionali,* Padova, CLEUP, 1980.

CANEPARI L., *Manuale di pronuncia italiana,* Bologna, Zanichelli, 1992.

CAPRETTINI G.P., *Aspetti della semiotica*, Torino, Einaudi, 1980.

CARDONA G.R., *Introduzione alla sociolinguistica*, Torino, Loescher, 1987.

CARDONA G.R., *Dizionario di linguistica,* Roma, Armando, 1988.

CARPINATO G.S. e COLLI G., *Dizionario delle parole straniere in uso nella lingua italiana,* Milano, Mondadori, 1989.

CASTELLANI A., *Saggi di linguistica e filologia italiana e romanza*, Roma, Salerno Editrice, 1980.

CECCATO S. e OLIVA C., *Il linguista inverosimile*, Milano, Mursia, 1988.

CEPPELLINI V., *Dizionario grammaticale,* Novara, De Agostini, 1962.

CHOMSKY N., *Aspetti della teoria della sintassi,* in *Saggi linguistici*, vol. II, Torino, Boringhieri, 1970.

CINQUE G., *Teoria linguistica e sintassi italiana,* Bologna, Il Mulino, 1991.

CINONIO, *Osservazioni della lingua italiana,* Verona, P. Berno, 1722.

COLETTI V., *Storia dell'italiano letterario,* Torino, Einaudi, 1993.

COMRI B., *Universali del linguaggio e tipologia linguistica,* Bologna, Il Mulino, 1983.

CONTE M. E. (a cura di), *La linguistica testuale,* Milano, Feltrinelli, 1977.

COOK V.J. *La grammatica universale*, Bologna, Il Mulino, 1990.

CORTELAZZO M., *Avviamento critico allo studio della dialettologia italiana,* vol.III *Lineamenti di italiano popolare,* Pisa, Pacini, 1972.

CORTELAZZO M. e CARDINALE U., *Dizionario di parole nuove 1964-1984,* Torino, Loescher, 1986.

CORTELAZZO M. e ZOLLI P., *Dizionario etimologico della lingua italiana,* Bologna, Zanichelli, 1979-1988.

COVERI L. (a cura di), *Linguistica testuale,* Atti del XV Congresso internazionale di studi della SLI, Roma, Bulzoni, 1984.

CRESTI M., *Frase e intonazione,* in *Studi di grammatica italiana,* IV, Firenze, Accademia della Crusca, 1977.

D'ACHILLE P., *Sintassi del parlato e tradizione scritta della lingua italiana. Analisi di testi dalle origini al secolo XVII,* Roma, Bonacci, 1990.

D'ADDIO W. (a cura di), *La sintassi*, Atti del III Congresso internazionale degli studi della SLI, Roma, Bulzoni, 1970.

DARDANO M., *La formazione delle parole nell'italiano di oggi,* Roma, Bulzoni, 1978.

DARDANO M., *(s)Parliamo italino?,* Roma, Curcio, 1978.

DARDANO M., *Il linguaggio dei giornali italiani,* Roma-Bari, Laterza, 1986.

DARDANO M. e TRIFONE P., *La lingua italiana,* Bologna, Zanichelli, 1985.

DE BEAUGRANDE R.A. e DRESSLER W.U., *Introduzione alla linguistica testuale,* Bologna, Il Mulino, 1884.

DE FELICE E. *Le parole d'oggi,* Milano, Mondadori, 1984.

DE MAURO T., *Storia linguistica dell'Italia unita,* Roma-Bari, Laterza, 1976.

DE MAURO T., *Guida all'uso delle parole,* Roma, Editori Riuniti, 1980.

DE MAURO T., *L'Italia delle Italie,* Roma, Editori Riuniti, 1987.

DE MAURO T., *Minisemantica,* Bari, Laterza, 1982.

DE MAURO T. (a cura di), *Il romanesco ieri e oggi*, Roma, Bulzoni, 1989.

DE MAURO e ALTRI, *Lessico di frequenza dell'italiano parlato*, Etaslibri, 1993.

DERRIDA J., *La scrittura e la differenza,* Torino, Einaudi, 1990.

DEVOTO G., *Lezioni di sintassi prestrutturale,* Firenze, La Nuova Italia, 1972.

DEVOTO G., *Il linguaggio d'Italia,* Rizzoli, Milano 1984.

DEVOTO G. e OLI G.C., *Dizionario della lingua italiana,* Firenze, Le Monnier, 1990.

DIJK VAN T., *Testo e contesto. Studi di semantica e pragmatica del discorso,* Bologna, Il Mulino, 1980.

DUBOIS J. e ALTRI, *Dizionario di linguistica*, Bologna, Zanichelli, 1979.

DUCROT O. e TODOROV T., *Dizionario enciclopedico delle scienze del linguaggio,* Milano, Istituto Editoriale Internazionale, 1972.

DURANTE M., *Dal latino all'italiano moderno,* Bologna, Zanichelli, 1981.

ECO U., *Trattato di semiotica generale*, Milano, Bompiani, 1975.

ECO U., *Lector in fabula*, Milano, Bompiani, 1994.

ELGENIUS B., *Studio sull'uso delle congiunzioni concessive nell'italiano del Novecento,* Lund, University Press, 1992.

FERRERO E., *Dizionario storico dei gerghi italiani,* Milano, Mondadori, 1991.

FIORELLI P., *Corso di pronunzia italiana*, Padova, Radar, 1964.

FOLENA G., *Aspetti della lingua contemporanea. La lingua e la pubblicità,* in *Cultura e Scuola*, 9, 1964, pp. 53, 62.

FORMIGARI L. e LO PIPARO F. (a cura di), *Prospetto di storia della linguistica. Lingua linguaggio comunicazione sociale,* Roma, 1988.

FORNACIARI R., *Sintassi italiana dell'uso moderno,* (1881) ristampa, Firenze, Sansoni, 1974.

FRANCESCATO G., *Congiuntivo e ipotassi in italiano*, in *Fenomeni morfologici e sintattici nell'italiano contemporaneo*, Roma, Bulzoni, 1974, 117-124.

FRESCAROLI A., *La punteggiatura corretta, la punteggiatura efficace,* Milano, De Vecchi, 1968.

GABRIELLI A., *Si dice o non si dice? Guida pratica allo scrivere e al parlare,* Milano, Mondadori, 1976.

GAINOTTI G., *Struttura e patologia del linguaggio,* Bologna, 1983.

GALLI DE' PARATESI N., *Lingua toscana in bocca ambrosiana,* Bologna, Il Mulino, 1985.

GALLI DE' PARATESI N., *Norma in linguistica e sociolinguistica e incongruenze tra norma e uso nell'italiano d'oggi,* in *Linguistica*, XXVIII, Lubiana, 1988.

GENETTE G., *Soglie. I dintorni del testo,* Torino, Einaudi, 1989.

GENETTE G., *Fugure. Retorica e strutturalismo,* Torino, Einaudi, 1969.

GRAFFI G. e RIZZI L. (a cura di), *La sintassi generativo trasformazionale,* Bologna, 1979.

GRAFFI G., *Sintassi,* Bologna, Il Mulino, 1994.

GREGO BOLLI G., *La funzione della finale nell'italiano scritto contemporaneo,* in *Annali Università per stranieri* Perugia, II, 1982, 131-158.

HAL R.A. jr., *Statistica sintattica: l'accordo del participio passato coniugato con avere*, in *Lingua Nostra*, XIX, 1958, 95-100.

HAL R.A. jr., *Il congiuntivo indipendente,* in *Studi di grammatica italiana*, IV, 1974-1975, 109-114.

HAGÈGE C., *L'uomo di parole,* Torino, Einaudi, 1989.

HERCZEG G., *Proposizioni formalmente ipotetiche,* in *Lingua Nostra*, XIV, 94-98.

HERCZEG G., *Valore stilistico dell'inversione del soggetto nella prosa moderna*, ibidem, XVI, 1955, 119-122.

HERCZEG G., *Sintassi delle proposizioni subordinate nella lingua italiana,* in *Acta Linguistica Academiae Scientiarum Hungaricae,* IX, 1959, 261-333.

HERCZEG G., *Sintassi delle proposizioni ipotetiche nell'italiano contemporaneo*, ibidem, XXVI, 1976, 397-455.

HERCZEG G., *Sintassi delle proposizioni comparative nell'italiano contemporaneo*, ibidem, XXVI, 1977, 325-354.

HERCZEG G., *Lo stile indiretto libero in italiano,* Firenze, Sansoni, 1963.

HERCZEG G., *Lo stile nominale in italiano,* Firenze, Le Monnier, 1967.

HERCZEG G., *Proposizioni completive (e interrogative indirette) prolettiche*, in *Lingua Nostra*, XXII, 1971, 10-15.

HERZEG G., *Saggi linguistici e stilistici*, Firenze, Olschki, 1972.

HERCZEG G., *Sintassi delle proposizioni consecutive nell'italiano contemporaneo*, in *Studi di grammatica italiana,* III, 1973, 207- 232.

HERCZEG G., *Sintassi delle proposizioni concessive nell'italiano contemporaneo,* ibidem, V, 1976, 195-242.

JAKOBSON R., *Saggi di linguistica generale*, Milano, Feltrinelli, 1966.

JACQMAIN M., *Vicende dell'imperativo,* in *Studi di grammatica italiana*, III, 1973.

JACQMAIN M., *Il linguaggio della pubblicità*, Sansoni, Firenze, 1973.

JACQMAIN M. e MEERTS E., *Problemi di ausiliare,* in *Studi di grammatica italiana*, X, 1981, 215-242.

JESPERSEN O., *Umanità, nazione e individuo dal punto di vista linguistico*, Milano, 1965.

KLAJN I., *Influssi inglesi nella lingua italiana*, Firenze, Olshki, 1972.

KLAJN I., *Intorno alla definizione del pronome*, in *Linguistica*, Lubiana, 1975, XV, 79-91.

KLEIN G., *La politica linguistica del fascismo*, Bologna, Il Mulino, 1986.

KLEIN G. (a cura di), *Parlare in città. Studi di sociolinguistica urbana*, Lecce, 1989.

LAPUCCI C., *Dizionario dei modi di dire della lingua italiana,* Firenze, Garzanti - Vallardi, 1969.

LAUSBERG H., *Elementi di retorica*, Bologna, Il Mulino, 1969.

LEONE A., *Elisione e troncamento*, in *Lingua Nostra,* XXIV, 1963, 24-27.

LEONE A., *Una regola per gli ausiliari, ibidem*, XXXI, 1970, 24-30.

LEONE A., *Ancora su 'esso' e i pronomi personali, ibidem*, XXXIX, 1978, 121-124.

LEONI F.A. e PIGLIASCO M.R. (a cura di), *La grammatica. Aspetti teorici e didattici,* Roma, 1979.

LEPSCHY G.C., *Saggi di linguistica italiana,* Bologna, Il Mulino, 1978.

LEPSCHY G.C., *Nuovi saggi di linguistica italiana,* Bologna, Il Mulino, 1989.

LEPSCHY G.C. e LEPSCHY A.L., *La lingua italiana,* Milano, Bompiani, 1981.

LOTTI G., *Dizionario degli insulti,* Milano, Mondadori, 1990.

LYONS J., *Introduzione alla linguistica teorica,* Bari, Laterza, 1975.

MALMBERG B., *L'analisi del linguaggio nel XX secolo,* Bologna, Il Mulino, 1985.

MANILI P., *Per un'indagine su vedi, senti, guarda (e forme collegate)*, Perugia, Università Stranieri, 1983.

MARASCHIO N., *Appunti per uno studio della punteggiatura,* in *Studi di linguistica italiana per G. Nencioni,* Firenze, 1981, 195-209.

MARCHESE A., *Dizionario di retorica e di stilistica,* Milano, Mondadori, 1978.

MARCHESE A., e SARTORI A., *Il segno il senso,*Milano, Pricipato, 1970.

MARTINET A., *Sintassi generale*, Bari, Laterza, 1988.

MARTINET A., *Elementi di linguistica generale,* Bari, Laterza, 1977.

MARTINET A. (a cura di), *La linguistica*, Milano, Rizzoli, 1972.

MATTHEWS P.H., *Sintassi,* Bologna, Il Mulino, 1982.

MEDICI M., *La parola pubblicitaria*, Marsilio, Venezia, 1986.

MEDICI M. e SIMONE R. (a cura di), *L'insegnamento dell'italiano all'estero,* Roma, Bulzoni, 1971.

MENCACCI A., *L'imperativo nell'italiano contemporaneo,* in *Annali dell'Università prer stranieri,* Perugia, IV, 1983, 143-188.

MENGALDO P.V., *La tradizione del Novecento*, prima serie: Milano, Feltrinelli, 1975, nuova serie: Firenze, Vallecchi,1987, terza serie: Torino, Einaudi, 1991.

MIGLIORINI B. e BALDELLI I., *Breve storia della lingua italiana,* Firenze, Sansoni, 1964.

MIGLIORINI B., *Dal nome proprio al nome comune,* Firenze, Olschki, 1968.

MIGLIORNI B., *Parole e storia,* Milano 1975.

MOISE G., *Grammatica della lingua italiana,* Firenze, Tipografia del Vocabolario, 1878.

MONESI A. (a cura di), *Le mille parole da sapere,* Milano, Rusconi, 1987.

MORETTI G.B., *Riflessioni sul costrutto causale esplicito nella lingua italiana contemporanea,* in *Annali dell'Università per stranieri,* Perugia, II, 1982, 187-216.

MORETTI G.B., *Riflessioni sul costrutto consecutivo esplicito in italiano, ibidem,* III, 1982, 145-170.

MORETTI G.B., *Riflessioni sulla concessione e sulla ammissione nell'italiano conteporaneo,* Perugia, Università per Stranieri, 1983.

MORETTI G.B. e ORVIETO G.R., *Grammatica italiana, il verbo (i modi finiti),* Perugia, Benucci, 1984.

MORETTI G.B. e ORVIETO G.R., *Grammatica italiana, il verbo (i modi non finiti),* Perugia, Benucci, 1980.

MORETTI G.B. e ORVIETO G.R., *Grammatica italiana, il verbo (morfologia e note generali di sintassi),* Perugia, Benucci, 1983.

MORETTI G.B., *Per una didattica delle proposizioni completive nell'italiano contemporaneo,* in *Linguistica,* XXVI, Lubiana, 1986.

MORETTI G.B., *Per una didattica dell'italiano - Il congiuntivo,* in Linguistica, XXXI, Lubiana, 1991.

MORETTI G.B., *Comunicare, come, perché,* Napoli, Il Tripode, 1990.

MORTARA GARAVELLI B., *La parola d'altri,* Palermo, Sellerio, 1985.

MORTARA GARAVELLI B., *Fra norma e invenzione: lo stile nominale,* in *Studi di grammatica italiana,* I, 1971, 271-315.

MORTARA GARAVELLI B., *Manuale di retorica,* Milano, Bompiani, 1991.

MORTARA GARAVELLI B., *Ricognizioni. Retorica grammatica, analisi di testi,* Napoli, Morano, 1995.

NENCIONI G., *Fra grammatica e retorica,* Firenze, Olschki, 1954.

NENCIONI G., *Parlato-parlato, parlato-scritto, parlato-recitato,* in *Strumenti critici,* X, 1976.

NENCIONI G., *Di scritto e di parlato,* Bologna, Zanichelli, 1983.

NIGULESCU A., *Strutture allocutive pronominali reverenziali in italiano,* Firenze, Olschki, 1974.

NILSSON H. e EHLE, *Les propositions complétives juxtaposées en italien moderne,* Lund-Copenhagen, Gleerup-Muskgaard, 1947.

OLI G.C., *Parole degli anni Novanta,* Le Monnier, Firenze, 1992.

ONG W.J., *Oralità e scrittura. Le tecnologie della parola,* Bologna, Il Mulino, 1986.

ORLETTI F. (a cura di), *Comunicare nella vita quotidiana,* Bologna, Il Mulino, 1983.

PALMER L.R., *La lingua latina,* Torino, Einaudi, 1977.

PANZINI A. *Grammatica italiana*, Palermo, Sellerio, 1989.

PARISI D. e ANTINUCCI F., *Elementi di grammatica,* Torino, 1975.

PECORARO W. e PISACANE C., *L'avverbio,* Bologna, Zanichelli, 1984.

PELLEGRINI G.B., *Saggi di linguistica italiana,* Torino, Boringhieri, 1975.

PERELMAN C. e OLBRECHTS-TYTECA L., *Trattato dell'argomentazione. La nuova retorica*, Torino, Einaudi, 1976.

PIT CORDER S., *Introduzione alla linguistica applicata,* Bologna, Il Mulino, 1983.

POGGI I., *Le interiezioni: studio del linguaggio e analisi della mente,* Torino, Boringhieri, 1981.

PRETA L. (a cura di), *Immagini e metafore nella scienza,* Bari, Laterza, 1993.

QUARTU B.M., *Dizionario dei sinonimi e dei contrari*, Milano, Rizzoli, 1986.

RAIMONDI E., *Scienza e letteratura*, Milano, Einaudi, 1978.

RAMAT P. (a cura di), *La tipologia linguistica*, Bologna, 1976.

RAVAZZOLI F., *Appunti di nuova retorica, tra semantica e pragmatica,* in *Strumenti critici*, 44, pp.154-170.

REGULA M. e JERNEI J., *Grammatica italiana descrittiva su basi storiche e psicologiche,* Berna-Monaco, Francke Verlag, 1965.

RENCHON H., *Etudes de syntaxe descriptive,* Bruxelles, 1967.

RENZI L. (a cura di), *Grande grammatica italiana di consultazione, (La frase. I sintagmi nominale e preposizionale),* vol. II, Bologna, Il Mulino, 1988.

RENZI L. (a cura di), *Grande grammatica italiana di consultazione, (I sintagmi verbale, aggettivale, avverbiale. La subordinazione),* vol. II, Bologna, Il Mulino, 1991.

RICOEUR P., *La metafora viva*, Milano, Jaca Book, 1986.

RIZZI E. e VINCENZI G.C., *L'italiano parlato a Bologna*, Bologna, CLUEB, 1987.

ROBINSON W.P., *Linguaggio e comportamento sociale,* Bologna, 1978.

ROHLFS G., *Grammatica storica della lingua lingua italiana e dei suoi dialetti,* 3 voll. (fonetica, morfologia, sintassi e formazione delle parole), Torino, Einaudi, 1966-1969.

RONCONI A., *L'imperfetto di modestia e l'imperfetto irreale,* in *Lingua nostra,* VI, 1944-1945, 64-66.

ROSIELLO L., *Struttura, uso e funzioni della lingua*, Firenze, Vallecchi, 1965.

SABATINI F., *Linee di tendenza dell'italiano contemporaneo e problemi di norma,* in *La lingua italiana in Finlandia,* (Atti del primo convegno degli insegnanti di italiano in Finlandia), Turku, 1980.

SABATINI F., *L' "italiano dell'uso medio": una realtà tra le varietà linguistiche italiane,* in *Gesprochenes Italianisch in Geschichte und Gegenwart* (a cura di G. Holtu e E Radtke, Tubinga, Narr, 1985, 154-184.

SABATINI F., *La comunicazione e gli usi della lingua,* Torino, Loescher, 1984.

SAPIR E., *Cultura, linguaggio e personalità,* Torino, Einaudi, 1972.

SATTA L., *Parole,* Milano, Mondadori, 1981.

SATTA L., *La prima scienza. Grammatica italiana per il biennio delle scuole medie superiori,* Messina-Firenze, D'Anna, 1978.

SBISÀ M. (a cura di), *Gli atti linguistici,* Milano, Feltrinelli, 1978.

SCAVETTA D., *Le metamorfosi della scrittura. Dal testo all'ipertesto,* Firenze, La Nuova Italia, 1992.

SCHERMA V., *Sulle funzioni della punteggiatura: spunti applicativi,* in *Orientamenti pedagogici,* XXX, 1983, 391-422.

SCHICK G., *Il linguaggio,* Torino, Einaudi, 1976.

SCHMIDT S.J., *Teoria del testo,* Bologna, 1982.

SCHMITT JENSEN J., *Subjonctif et hypotaxe en italien,* Odense, University Press, 1970.

SEGRE C., *Lingua, stile e società,* Milano, Einaudi, 1974.

SEGRE C., *Avviamento all'analisi del testo letterario,* Torino, Einaudi, 1985.

SERIANNI L., *Il problema della norma nell'italiano contemporaneo,* in *Annali Università per stranieri Perugia,* VII, 47-69.

SERIANNI L., *Grammatica italiana. Italiano comune e lingua letteraria,* Torino, UTET, 1988.

SEUREN P., *Qualche osservazione sulla frase durativa e iterativa in italiano,* in *Grammatica trasformazionale italiana,* Roma, 1971, 209-224.

SKYTTE G., *I costrutti infinitivi con i verbi fattitivi e di percezione,* in *Studi di grammatica italiana,* V, 1976, 355-400.

SKYTTE G., *La sintassi dell'infinito italiano moderno,* in *Revue Romane,* supplem., 27, 1983.

SIGNORELLI A., *Movimenti di popolazione e trasformazioni culturali,* in *Storia dell'Italia repubblicana,* Torino, Einaudi, 1995.

SIMONE R., *Parlare di sé,* in E. Della Loggia et Alii, *Il trionfo del privato,* Roma-Bari, Laterza, 1980, 193-230.

SIMONE R., *Fondamenti di linguistica,* Bari, Laterza, 1994.

SOLDANI S. e G. TURI (a cura di), *Fare gli italiani. Scuola e cultura nell'Italia contemporanea,* Bologna, Il Mulino, 1993.

SORELLA A., *Sull'alternanza passato prossimo / passato remoto nella prosa italiana moderna,* in *Cultura e Scuola,* 90, 1984, 7-21.

SORNICOLA R., *Sul parlato,* Bologna, Il Mulino, 1981.

STATI S., (a cura di), *Le teorie sintattiche del Novecento,* Bologna, Il Mulino, 1977.

STATI S., *Teoria e metodo nella sintassi,* Bologna, Il Mulino, 1972.

STATI S., *La sintassi,* Bologna, Zanichelli, 1976.

STATI S., *Manuale di semantica descrittiva*, Napoli, 1978.

STELLA A., *Il linguaggio sportivo*, in *I linguaggi settoriali oggi in Italia* (a cura di G.L. Beccaria), Milano, Bompiani, 1973, 141-152.

STEFILONGO A., *Completive col congiuntivo e con l'indicativo in italiano antico*, in *Critica letteraria*, V, 1977.

TAGLIAVINI C., *Le origini delle lingue neolatine*, Bologna, Patron, 1972.

TEKAVCIC P., *Grammatica storica dell'italiano,* Bologna, Il Mulino, 1972.

TELMON T., *Guida allo studio degli italiani regionali,* Edizioni Dell'Orso, Alessandria, 1990.

TERRACINI B., *Lingua libera e libertà linguistica*, Torino, Einaudi, 1970.

TESTA A., *La parola immaginaria,* Parma, Pratiche Editrice, 1988.

TOSI R., *Dizionario delle sentenze latine e greche,* Milano, Rizzoli, 1991.

TRONCON A. e CANEPARI L., *Lingua italiana nel Lazio*, Roma, Jouvence, 1989.

VALESIO P., *La genesi del futuro romanzo*, in *Lingua e Stile,* IV, 1969, 1-23.

VALESIO P., *Ascoltare il silenzio: la retorica come teoria*, Bologna, Il Mulino, 1986.

WEINRICH H., *Tempus. La funzione dei tempi nel testo,* Bologna, Il Mulino, 1978.

VOGHERA M., *Sintassi e intonazione nell'italiano parlato*, Bologna, Il Mulino, 1992.

ZAMBONI A., *L'etimologia*, Bologna, Zanichelli, 1976.

ZAMBONI A., *Note aggiuntive alla questione dei verbi in -isco,* in *Studi di grammatica italiana*, XII, 1983, 231-237.

ZOLLI P., *Le parole straniere*, Bologna, Zanichelli, 1977.

ZOLLI P., *Come nascono le parole italiane,* Milano, Rizzoli, 1989.

FONTI DELLE ESEMPLIFICAZIONI RIPORTATE NEL TESTO (*)

-A- *Opere di narrativa o di saggistica*

ARPINO G., *La suora giovane*, Einaudi, Torino, 1972.
ARPINO G., *L'ombra delle colline*, Mondadori, Milano, 1974.
ALVARO C., *75 racconti,* Bompiani, Milano, 1975.
BACCHELLI R., *Una passione coniugale,* Mondadori, Milano, 1957.
BARICCO A., *Seta*, Rizzoli, Milano, 1996.
BARTOLINI L., *Ladri di biciclette,* Longanesi, Milano, 1948.
BASSANI G.,*Il giardino dei Finzi-Contini,*Mondadori,Milano, 1976.
BILENCHI R., *Racconti*, Vallecchi, Firenze, 1963.
BONTEMPELLI M., *Miracoli,* Mondadori, Milano, 1958.
BUFALINO G., *Museo d'ombre*, Sellerio, Palermo, 1982.
BUFALINO G., *La Luce e il lutto,* Sellerio, Palermo, 1988.
CALVINO I., *Il sentiero dei nidi di ragno*, Einaudi, Torino, 1973.
CALVINO I., *Il barone rampante,* Einaudi, Torino, 1965.
CALVINO I., *Il visconte dimezzato*, Einaudi, Torino, 1972.
CARETTI L., *Ariosto e Tasso,* Einaudi, Torino, 1976.
CASSOLA C., *Una relazione,* Einaudi, Torino, 1964.
CASSOLA C., *La ragazza di Bube*, Einaudi, Torino, 1965.
CASSOLA C., *Il cacciatore,* Mondadori, Milano, 1976.
CASTELLANETA C., *Viaggio col padre,* Rizzoli, Milano, 1975.
CASTELLANETA C., *Anni beati,* Rizzoli, Milano, 1982.
CHIARA P., *I giovedì della signora Giulia*, Mondadori, 1974.
CICOGNANI B., *L'età favolosa,* S.E.I.,Torino, 1965.
COMISSO G., *Giorni di guerra,* Longanesi, Milano, 1970.
DI LASCIA M., *Passaggio in ombra,* Feltrinelli, Milano, 1995.
ECO U., *Il nome della rosa,* Club degli editori, 1981.
FERRARAG.,in: P.CHIARA,*Le corna del diavolo*, Mondadori, Milano, 1979.

* Gli esempi citati nei riquadri a doppia filettatura al termine dei capitoli recano anche l'indicazione della pagina. Per gli esempi citati in corso di trattazione è solo indicata l'opera di provenienza.

GINZBURG N., *Lessico famigliare*, Einaudi, Torino, 1973.
GINZBURG N., *Le voci della sera*, Einaudi, Torino, 1973.
LAMPEDUSA G.T.di, *Il Gattopardo*, Feltrinelli, Milano, 1959.
LEDDA G., *Padre padrone,* Milano, 1982.
LEVI C., *Cristo si è fermato a Eboli,* Mondadori, Milano, 1958.
LEVI P., *La chiave a stella*, Einaudi, Torino, 1979.
MALERBA L., *Il fuoco greco*, Mondadori, Milano, 1990.
MALERBA L., *La scoperta dell'alfabeto*, Mondadori, Milano, 1990.
MORETTI M., *Mia madre*, S.E.I.,Torino, 1956.
MORAVIA A., *I racconti,* Bompiani, Milano, 1952.
MORANTE E., *La storia*, Einaudi, Torino, 1974.
MOROVICH E., *Piccoli amanti,* Rusconi, Milano, 1990.
PALAZZESCHI A., *Sorelle Materassi*, Mondadori, Milano, 1973.
PALAZZESCHI A., *I fratelli Cuccoli*, Mondadori, Milano, 1973.
PAVESE C., *La luna e i falò,* Einaudi, Torino, 1973.
PAVESE C., *La bella estate*, Einaudi, Torino, 1973.
PAVESE C., *Feria d'agosto*, Mondadori, Milano 1971.
PRATOLINI V., *Un eroe del nostro tempo*, Mondadori, Milano, 1963.
PRATOLINI V., *Il quartiere*, Mondadori, Milano, 1974.
RONCHEY A., *Accadde in Italia: 1968-1977,* Garzanti, Milano, 1977.
SAVIANE G., *Il mare verticale*, Rizzoli, Milano, 1979.
SCIASCIA L., *A ciascuno il suo,* Einaudi, Torino, 1973.
SCIASCIA L., *Il cavaliere e la morte,* Adelphi, Milano, 1988.
SCIASCIA L., *Todo modo*, Einaudi, Torino, 1978.
SGORLON C., *Il trono di legno,* Mondadori, Milano, 1979.
SILONE I., *Una manciata di more*, Mondadori, Milano, 1975.
SOLDATI M., *Le due città,* Garzanti, Milano, 1979.
STARNONE D., *Fuori registro*, Feltrinelli, Milano, 1991.
STRATI S., *I cari parenti,* Mondadori, Milano, 1982.
SVEVO I., *Opera omnia*, volume III, Dall'Oglio, 1968.
TABUCCHI A., *L'angelo nero*, Feltrinelli, Milano, 1991.
TABUCCHI A., *Notturno indiano*, Palermo, 1981.
TECCHI B., *La vedova timida,* Bompiani, Milano, 1964.

TOBINO M., *Il clandestino,* Mondadori, Milano, 1962.
TOBINO M., *Per le antiche scale*, Mondadori, Milano, 1976.
TOMIZZA F., *L'amicizia*, Rizzoli, Milano, 1982.
TOMIZZA F., *L'albero dei sogni,* Mondadori, Milano, 1977.
TOMIZZA F., *Fughe incrociate*, Bompiani, Milano, 1990.
VITTORINI E., *Il garofano rosso*, Mondadori, Milano, 1966.

-B- *Quotidiani e periodici*

la Repubblica	– in particolare delle annate fra il 1980 e il 1996
il Giornale	– in particolare delle annate fra il 1989 e il 1996
il Messaggero	– in particolare delle annate fra il 1978 e il 1985
la Nazione	– in particolare delle annate fra il 1978 e il 1995
Paese sera	– in particolare delle annate 1980-1981
Il Manifesto	– in particolare dell'annata 1995
l'Unità	– annata 1995
Panorama	– in particolare delle annate fra il 1980 e il 1996
l'Espresso	– in particolare delle annate fra il 1980 e il 1996
Epoca	– in particolare dell'annata 1996

INDICE ANALITICO

(N.B. - Le cifre si riferiscono ai paragrafi)

B

D

E

F

G

H

I

L

M

N

O

P

Q

R

S

U

V

INDICE GENERALE

APPENDICE 1

APPENDICE 2

Finito di stampare
nel mese di ottobre 1996
da Guerra guru - Perugia